# 新都年鉴

XINDU YEARBOOK

2021

（总第19卷）

成 都 市 新 都 区 人 民 政 府 主办
成都市新都区地方志编纂委员会办公室 编

方志出版社

**图书在版编目（CIP）数据**

新都年鉴．2021 / 成都市新都区地方志编纂委员会办公室编．— 北京：方志出版社，2021.12

ISBN 978-7-5144-5071-2

Ⅰ．①新… Ⅱ．①成… Ⅲ．①新都区—2021—年鉴 Ⅳ．① Z527.14

中国版本图书馆 CIP 数据核字（2021）第 263966 号

**新都年鉴（2021）**

**编　　者**：成都市新都区地方志编纂委员会办公室
**责任编辑**：王海荣

**出 版 者**：方志出版社
地址　北京市朝阳区潘家园东里 9 号（国家方志馆 4 层）
邮编　100021
网址　http://www.zgfzcb.cn
**发　　行**：方志出版社图书经销中心
电话　（010）67110500
**经　　销**：各地新华书店
**装帧设计**：四川远近文化有限公司
**印　　刷**：成都市新都华兴印务有限公司

**开　　本**：889 × 1194　　1/16
**印　　张**：28
**字　　数**：750 千字
**版　　次**：2021 年 12 月第 1 版　　2021 年 12 月第 1 次印刷
**印　　数**：001 ~ 500 册

ISBN　978-7-5144-5071-2　　**定价**：268.00 元

# 政治 POLITICS

3月9日，中国共产党成都市新都区第十四届纪律检查委员会第九次全体会议举行

3月25日，新都区2020年组织宣传统战工作会议召开

4月13日，新都区召开村（社区）体制机制改革工作推介会暨领导小组第一次会议

4月17日，成都市新都区现代交通产业功能区管理委员会挂牌

4月27日，成都市新都区第十八届人民代表大会第四次会议召开

4月28—29日，中国人民政治协商会议第十一届成都市新都区委员会第四次会议召开

5月14日，参加成都市第十七届人民代表大会第三次会议的新都区代表团

6月1日，新都区委政协工作会议召开

6月11日，新都区纪委监委、大丰街道党工委在大丰太平社区召开“香城夜话 · 阳光问廉”民情民意坝坝会

7月3日，新都区“纵深推进全面从严治党”主题党课举行

7月13日，省委第九巡视组巡视新都区工作动员会召开

7月16日，成都市产业功能区干部人才学习提能计划推进会在新都区中车成都机车车辆有限公司召开

7月16日，省委第九巡视组、新都区委第二联动巡察组联动巡察区人民法院党组工作动员会召开

7月16日，省委第九巡视组、新都区委第一联动巡察组联动巡察区农业农村局党组工作动员会召开

7月29日，新都区2020年“八一”双拥座谈暨表扬大会召开

7月31日，新都区建设成北新中心城区全面深化改革创新先进奖表彰大会召开

8月25日，中共成都市新都区委十四届十一次全体会议召开

9月17日，新都区召开“人民满意窗口”暨“群众工作之家”提能增效示范建设现场会

11月27日，省委第九巡视组巡视新都区情况反馈会议召开

12月8日，中共成都市新都区委第三巡察组巡察区融媒体中心工作动员会召开

# 疫情防控 EPIDEMIC PREVENTION AND CONTROL

1月27日，新都区新型冠状病毒感染的肺炎疫情防控指挥部第3次工作（扩大）会议召开

1月30日，新都区民兵积极参与新冠肺炎疫情防控工作

2月1日，科伦药业紧急组建突击队，向湖北火神山医院运送医疗物资

2月7日，新都街道凉水社区村民为武汉抗击新冠肺炎疫情捐赠芹菜。图为志愿者正在义务采摘芹菜

2月11日，桂湖街道突击队队员为新神风八座隔离住户运送生活物资

2月13日，退役军人向省革命伤残军人休养院捐赠防疫医疗物资

2月15日，新都区委统战部采购防疫物资捐赠给理塘县

2月15日，疫情防控人员在重要交通路口处进行疫情排查

2月15日，志愿者到社区走访调查

2月19日，新都区举行首批援助湖北抗疫医疗队出征仪式

2月22日，新都区人民医院首批支援湖北医疗队驰援方舱医院

2月27日，新都区开通“复工通勤专线”

2月28日，建华香油驰援武汉

2月28日，大丰街道召开中小学幼儿园新冠肺炎防控工作会

2月28日，新都区召开防控指挥部复工复产工作调度会

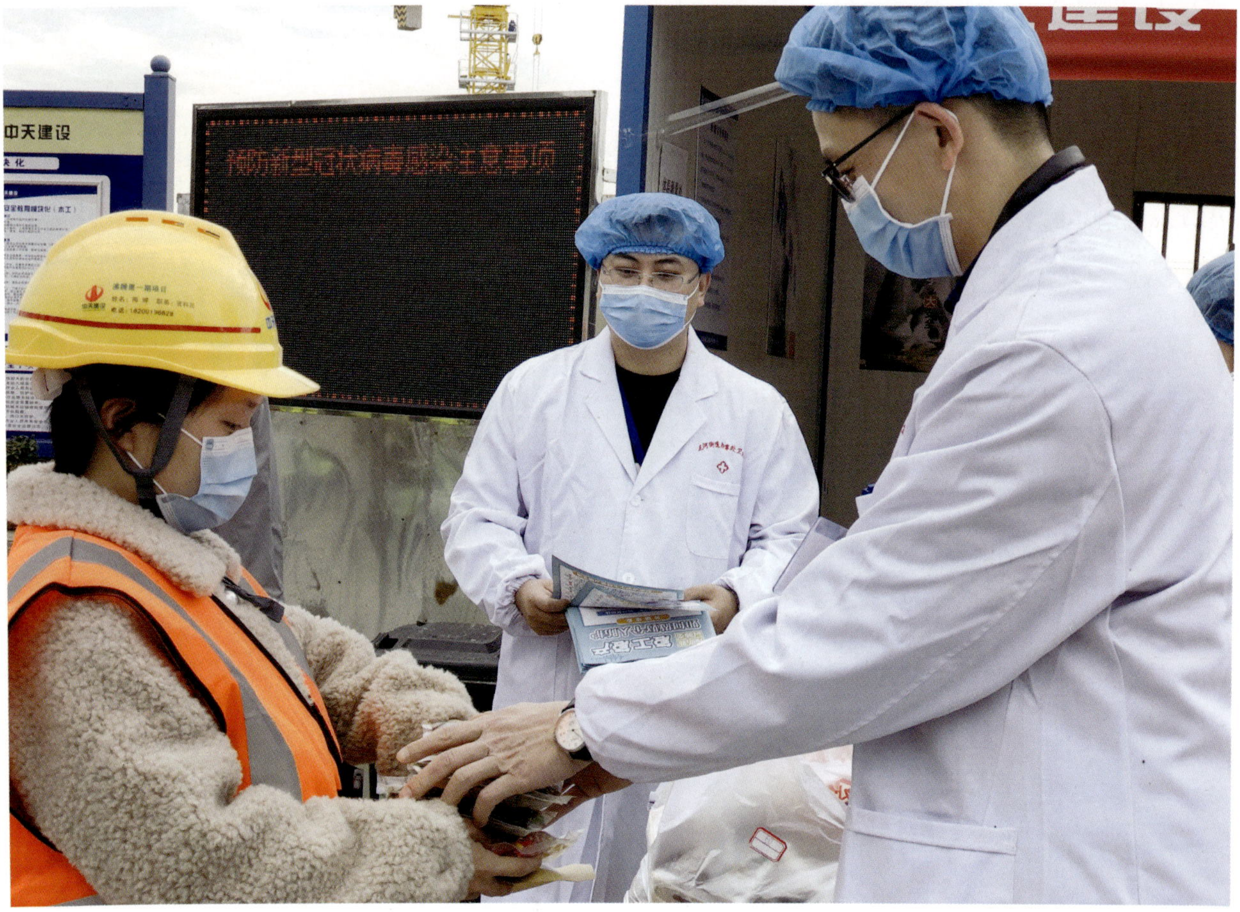


3月2日，三河卫生院为区内重点企业送防疫中药包，助力企业复工复产

3月2日，清流镇卫生院医护人员为外出务工和返岗民工办理健康证

3月5日，区人民医院实行三级分诊，确保患者安全就医

3月9日，成都医学院第一附属医院驰援湖北医疗队

3月19日，“最美逆行者”点亮新都，致敬城市英雄

3月20日，新都区营商环境建设暨复产满产稳增长工作会召开

3月26日，新都智能家居产业城企业综合党委组织举行“同心战‘疫’夺全胜，协力稳产促发展”政企联合主题党日活动

4月7日，学生复学

4月8日，“爱成都爱生活·一起欢乐购”2020成都夏季购物节——新都首届汽车购物节开幕式在三河街道五龙山汽贸园举行

4月24日，新都区进行新冠肺炎疫情防控应急演练

4月26日，执法队员落实疫情防控部署检查疫情防控情况

5月9日，新都区民宗局组织全区14个场所（点）相关负责人开展新冠肺炎疫情防控卫生员第二轮培训

新都区构建立体联防联控网络对来往车辆进行排查

疫情防控人员对社区环境进行全面消杀

# 经济 ECONOMY

1月13日，中共成都市新都区委十四届十次全体会议暨区委经济工作会议召开

3月2日，“新都造”全国时速最快地铁列车如期交付

3月13日，"香城之约 · 毗河之'链'"成都市新都区2020年重大项目集中"云"签约仪式举行

4月26日，四川成都航空产业园项目（二期）开工仪式在新都举行

5月15日，“相约香城·筑梦魅力新乡村”2020年成都市新都区现代农业专题招商推介会暨重大项目签约仪式举行

5月20日，新都区与五矿地产举行战略合作框架协议签约仪式

6月4日，成都市新都区人民政府与捷贝通石油技术集团总部经济项目举行签约仪式

6月23日，“成北新中心　发展新高地”2020成都市新都区医药健康产业推介会暨重大项目签约仪式举行

7月8日，成渝地区双城经济圈行动计划项目——重庆工程职业技术学院刘人怀院士专家工作站揭牌仪式在新都区举行

7月17日，以“共享新机遇　共谋新发展”为主题的新都航空产业生态圈投资推介会暨四川成都航空产业园入园项目集中签约仪式举行

8月31日，新都区企业家座谈会召开

9月10日，成都市新都区（上海）投资环境推介及项目集中签约仪式在上海举行

9月27日，成都市新都区、重庆市九龙坡区结对共建成渝地区双城经济圈协同发展示范区合作协议签约仪式举行

9月28日，以“汇聚川商力量 · 共享新都发展”为主题的泛长三角四川商会联盟第九届（成都）论坛暨新都区投资推介会在新都区举行

9月29日，成都市新都区人民政府与成都航空职业技术学院航空产教园区项目签约仪式举行

11 月 17 日，成都智能制造装备产业园项目签约仪式举行

11月20日，新都区石板滩新城建设动员大会召开

12月3日，成都市新都区、重庆市九龙坡区结对共建成渝地区双城经济圈协同发展示范区合作项目签约仪式举行

# 文化 CULTURE

1月2日，军屯镇升平社区举办“第二届农民运动会”

1月7日，2020年新都区“暖冬行·爱传递”文化志愿服务活动走进清流镇

1月8日，“2020（第18届）成都·新都新春欢乐购”启动仪式在新城市广场举行

8月8日，“爱成都·迎大运”新都区社区运动节启动仪式暨桂湖街道宝光社区运动节举行

9月11日，2020年成都市新都区基层中医药适宜技术竞赛在文广中心举行

9月16日，新都区开展2020年第三届“香城工匠”评议评审工作

9月21日，2020年“中国农民丰收节”系列活动暨四川省“百城千乡万村”业余足球联赛启动仪式在斑竹园街道三河村举行

9月24日，2020年成都市全国科普日新都区专场活动启动

10月16日，2020年全国射箭锦标赛在新都区体育中心举行

10月22日，桂湖街道老年人“庆重阳”文艺展演活动在黄桷树广场举行

10月28日，“金秋十月 翰墨飘香”——四川省川西南八市州暨省直机关第八届老年书画联展在黄桷树广场举行

11月4日，2020年成都市新都区“走基层”文化惠民暨“百姓故事会”主题巡讲巡演活动走进军屯镇金牛村

11月6日，2020年新都区中小学生综合运动会在香城中学拉开帷幕

11月13日，2020年桂湖街道状元社区（西街片区）“我爱您中国”诗歌朗诵比赛在黄桷树广场举行

11月17日，2020年新繁街道四川民歌音乐赏析会暨农商文旅融合助力乡村产业振兴论坛在拾里庭院举行

11月24日，“悦动新城 · 韵味客家”石板滩第三届客家武术文化节开幕

11月29日，理塘县感恩巡演活动走进新都区

12月5日，“爱成都　迎大运”新都区“全民健身　绿动新都”公益能量跑在芳华微马公园举行

# 社会 SOCIETY

1月2日，新都团区委联合区社治委在正因社区举办“正因 · 有你”酷美捡跑活动

4月12日，新都区在芳华微马公园召开“实施香城细管助力公园城市建设大会”

5月8日，成德眉资打通同城化城际“断头路”行动计划暨首批项目启动活动在新都区举行

左：5月19日，新都区综合执法局联合区妇联开展生活垃圾分类市民开放日主题活动

右：5月20日，“你我有约·缘聚漫花”520单身职工联谊活动在三河街道漫花庄园举行

5月31日，蜀龙大道综合改造雏形初现

6月10日，成渝地区双城经济圈劳动关系暨国家级综合配套改革试点合作协议签约仪式在新都区举行

6月10日，军屯镇开展“远离毒品·珍惜生命”禁毒宣传进校园活动

7月24日，新都“丰行侠”全城总动员启动仪式在大丰街道举行

7月28日，新都区人民政府向理塘县人民政府捐赠旅游产业发展资金100万元

8月20—21日，成都市现代医院管理制度现场推进会暨深化医药卫生体制改革培训会在新都区召开

9月21日，珠链锦绣·锦水公园“香城乡巴”旅游专线通车仪式在斑竹园街道夏河溪乡野艺术公园举行

左：9月29日，全省首个便民服务微中心在石板滩街道保利狮子湖小区亮相

右：11月27日，天府市民云新都周年暨特色门户2.0发布会在文广中心举行

2020年，新都区推进农村环境整治，图为鸟瞰九龙村飞龙苑

新都区新城一角

# 数字解读新都（2020）

SHUZI JIEDU XINDU

- 行政区域土地面积：496 平方公里
- 户籍人口：83.31 万人
- 地区生产总值：877.95 亿元
  - 第一产业增加值：36.87 亿元
  - 第二产业增加值：275.14 亿元
  - 第三产业增加值：565.94 亿元
- 第一、二、三产业结构：4.2∶31.3∶64.5
- 人均地区生产总值（以常住人口计算）：57646 元
- 非公有制经济增加值：585.11 亿元
- 建筑业生产总值：64.81 亿元
- 全口径财政收入：200.79 亿元
  - 其中地方财政收入（含基金收入）：144.19 亿元
- 地方财政支出：166.48 亿元
- 社会消费品零售总额：302.67 亿元
- 引进到位外资总额：15.7 亿元
- 外贸出口：38.7 亿元
- 公交客运总量：4825 万人次
- 邮政业务量：13868 万元
- 旅游总收入：35.23 亿元
- 各类学校：335 所
  - 幼儿园：251 所
  - 小学：33 所
  - 普通中学：43 所
  - 特殊教育学校：1 所
  - 中等职业教育学校：4 所
  - 驻区普通高等学校：3 所
- 各类卫生机构共有床位：6 577 张
- 建成区绿化覆盖率：43.58%
- 金融机构存款余额：1201.16 亿元
- 金融机构贷款余额：584.22 亿元
- 保险业务收入：10.01 亿元
- 城镇居民人均可支配收入：50089 元
- 城镇居民人均消费性支出：29045 元
- 农村居民人均可支配收入：29547 元
- 农村居民人均生活消费性支出：19729 元

摘自《新都统计年鉴（2020）》

# 《新都年鉴（2021）》编审领导小组

顾　　问　许兴国

组　　长　王忠诚

常务副组长　马宗祥

副 组 长　张启明　银　飞　徐礼彬　石　军

成　　员　杨　斌　王　亮　谢　纯　何宇生　黄小敏

张　谨　陈桂胜　潘　峰　马兴华　肖玉华

张雪梅　杨永国　刘传银　薛　璞　钟　毅

杨明根　胡棋文　陈光明

办公室主任　石　军

# 《新都年鉴（2021）》编纂人员

主　　编　马宗祥

常务副主编　石　军

副 主 编　黄春茂

责任编辑　张　玲　董　莉　王维忠　张碧莹

编　　辑　吴　晓　石　继

总　　纂　黄春茂

图片编辑　王维忠　张碧莹

图片提供　区融媒体中心及相关单位和个人

# 《新都年鉴（2021）》撰稿单位及人员名单

区纪委监委　苏　欣

区委办公室　钟若曦　唐昌龙　卓　佳　张　应

　　　　　　张　楷　邱兴述　朱　涛

区人大常委会办公室　罗　燕

区政府办公室　钟世敏

区政协办公室　乐惠蓉

区人民法院　李　静　刘淋汭

区人民检察院　易　朋

香投集团　李媛媛　杜　齐　杨　金　蔡春新

　　　　　李　青　吴佩倩　李　雯　甘文艳

　　　　　赖兴懿

区人武部　刘小平　袁　宇

区委组织部　徐小稳　宋　柱

区委宣传部　蒋　锐

区委统战部　陈怀山　张明磊

区委政法委　陈小丹

区委政研室　赖宇飞

区委社治委　张亚婕

区委编办　曾　月

区委巡察办　杨　婧

区委党校（区行政学校）　李　进

区委党史研究室（区地志办）　王维忠

区档案馆　张靖波

区融媒体中心　刘　蜀　陈兆刚

区发改局　周　星

区教育局　邓　韦

区经信局　薛宝坤　李　乔　石楚政　张西贝

区民宗局　谢会明

区民政局　张世明　罗　云

区司法局　韩燕疃

区财政局　赵　昆

区人社局　王利娟　张　旺

区住建局　王　精

区综合执法局　范春风

区交通运输局　刘筱瑗

区水务局　唐　静

区农业农村局　王俊波　谢启强

区商务局　柳　雨

区投促局（中心）　陶朝安　黄佳媛

区文体旅游局　史黎芮

区卫健局　华　倩

区退役军人局　钟　睿

区应急局　王明国　陈国富　王从君　江　林

区审计局　成　娅

区国资金融局　蒋晓艳

区市场监管局　刘妍珂

区行政审批局　刘健　龙义成　陈镜晰

区统计局　曹雪原　郑雅雯

区信访局　叶　凯

区新科局　肖　强

区医保局　游旭贵

交管委　徐玲燕

家管会　黄建军

物管委　邹玉瑾

区住房发展服务中心　魏　丹

区公园城市建设服务中心　谢丰骋

区公共资源交易服务中心　刘显辉

区供销社　周厚彬

区工商联　何智斌　陈　君

区总工会　蒋双岭

团区委　张艺露

区妇联　肖　婷

区科协　唐　文

区残联　苏　东

区社科联　曾雪琴

区红十字会　李　迅　王肖霞

区文联　余　涵

区规划和自然资源局　黄红飞

新都生态环境局　黄美珏

区公安分局　刘　宇

消防大队　瞿方超

区税务局　罗雪纯

区气象局　宋雪平　汪　涯

新都调查队　陈　霞

民盟新都总支　成　娅

民建新都总支　苏琪惠

民进新都总支　王立正

农工党新都支部　胡　茜

九三学社　张　琴

民革新都支部　张　兵

四川广电网络新都分公司　温庆玲　廖静思

人行新都支行　王文佳

新都银保监管组　黄祚秀

人保新都支公司　孙　露

寿险新都支公司　杨韵婕

国金证券新都营业部　汪艳萍

中金财富证券新都营业部　乔　琦

新都供电分公司　罗雨秋

新都邮政分公司　马　静

区烟草专卖局　李轩萱

盐业公司新都支公司　魏盛文

电信新都分公司　任妍玲

移动新都分公司　徐　霞

联通新都分公司　张学文　饶晓军

成都住房公积金管理中心新都服务部　何婷婷

桂湖街道　王颖华　骆妍菲

新都街道　杨春雨

新繁街道　喻文才

石板滩镇　刘泽环

大丰街道　刘　刚　叶　丹　周　扬

三河街道　刘　莉

斑竹园街道　陈　娟

军屯镇　李　馨

清流镇　李　杨

西南石油大学　庄　林

四川音乐学院　陈政锟　林中泉　宋　蔓

成都医学院　周慧敏

# 编辑说明

一、《新都年鉴（2021）》以马克思列宁主义、毛泽东思想、邓小平理论、“三个代表”重要思想、科学发展观、习近平新时代中国特色社会主义思想为指导，坚持辩证唯物主义和历史唯物主义的立场、观点和方法。

二、《新都年鉴（2021）》是全面、客观地记述新都区行政区域内2020年度自然、政治、经济、文化、社会等各方面情况的资料性文献，是新都区2002年以来的第19部综合年鉴。本年鉴由成都市新都区地方志编纂委员会办公室组织编写，经成都市新都区人民政府批准出版。

三、《新都年鉴（2021）》正文采用类目、分目（个别设次分目）、条目的结构层次，以不同字体、字号区别不同层次。条目为主要信息载体和记事单元，由责任单位参照区地志办制发的《〈新都年鉴（2021）〉编写提纲》设置，并指定专人撰稿，单位负责人审定。条目标题均加【】表示。分目文末署撰稿人姓名。

四、《新都年鉴（2021）》设特载、大事记、综述、中共成都市新都区委员会、成都市新都区人民代表大会、成都市新都区人民政府、政协成都市新都区委员会、纪检监察、民主党派、群众团体、法治·军事、综合经济管理、城乡建设·环境保护、农业、工业·建筑房地产业、商贸服务业·通信业、金融业、旅游业、社会事业、社会生活、镇·街道、附录、索引23个类目，有193个分目（含次分目）、1309个条目、13篇文章、101幅前彩照片和96幅随文照片。

五、《新都年鉴（2021）》中的计量单位通常使用公制。对于土地面积，考虑到习惯，仍采用亩。

六、《新都年鉴（2021）》所有资料（文稿、图、表）由各单位提供。主要数据由区统计局提供，相关资料由各责任单位保密员审核。

# 目 录

## 特　　载
## SPECIAL RECORDS



## 大 事 记
## A CHRONICLE OF MAJOR EVENTS



## 综　　述
## OVERVIEW

## 中共成都市新都区委员会
## THE CPC CHENGDU XINDU DISTRICT COMMITTEE

## 区委事务
## District Party Committee Affairs



## 组织建设
## Organization Construction



## 思想文化宣传
## Ideological and Cultural Publicity



## 统一战线
## United Front



## 区委巡察
## Tour Inspection of District Party Committee



## 机关党建
## Organs Party Building



## 机构编制管理
## Organization Establishment Management



## 政策研究
## Policy Research



## 目标管理督查
## Management and Supervision by Objectives

## 政府常务会议

## Government Executive Meetings



## 政府事务

## Government Affairs



## 人事与人才管理

## Personnel and Talents Management



## 行政审批管理

## Administrative Examination and Approval Management



## 台湾事务及侨务

## Taiwan Affairs and Overseas Chinese Affairs

## 政协成都市新都区委员会
## THE CPPCC CHENGDU XINDU DISTRICT COMMITTEE

## 纪检监察
## DISCIPLINE INSPECTION AND SUPERVISION



## 民主党派
## DEMOCRATIC PARTIES

## 群众团体
## MASS ORGANIZATIONS

## 法治·军事
## RULE OF LAW AND MILITARY

### 法治
### Rule of Law

## 城乡建设·环境保护
## URBAN & RURAL CONSTRUCTION AND ENVIRONMENTAL PROTECTION

## 工业·建筑房地产业
## INDUSTRY AND CONSTRUCTION & REAL ESTATE INDUSTRIES

## 金 融 业
## FINANCIAL INDUSTRY

## 社会事业
## SOCIAL UNDERTAKINGS

### 教　育
### Education

・教育事业发展・

Development of Educational Cause



・西南石油大学・

Southwest Petroleum University



・四川音乐学院新都校区・

Xindu Campus of Sichuan Conservatory of Music



・成都医学院新都校区・

Xindu Campus of Chengdu Medical College



### 科学技术
### Science and Technology



### 文化与体育
### Culture and Sports

・文　化・

Culture

## 社会生活
## SOCIAL LIFE

## 镇·街道
## TOWNS AND SUB-DISTRICTS

## 文献资料
## Documents and Literature



## 文件目录
## Catalog of Files



## 调研报告
## Investigation Reports



## 统计资料
## Statistic Data



## 索　　引
## INDEX

# 特　载

# SPECIAL RECORDS

# 高举旗帜　奋勇前行<br>在全面建设社会主义现代化国家新征程中<br>书写新都高质量发展新答卷

——2021年1月12日在中共新都区委十四届十二次全会第一次全体会议暨区委经济工作会议上

中共成都市新都区委书记　许兴国

中共新都区委十四届十二次全体会议暨区委经济工作会议，是在新都初步建成现代化国际范成北新中心城区、开启社会主义现代化建设新征程之际，召开的一次十分重要的会议。会议主要任务是，以习近平新时代中国特色社会主义思想为指导，深入贯彻党的十九届五中全会和中央经济工作会议精神，全面贯彻省委十一届八次全会、省委经济工作会和市委十三届八次全会暨市委经济工作会议精神，总结一年来区委常委会工作和全区经济工作，审议《中共成都市新都区委关于制定新都区国民经济和社会发展第十四个五年规划和二〇三五年远景目标的建议（讨论稿）》[以下简称《建议（讨论稿）》]，安排部署2021年重点工作，动员全区上下高举旗帜、奋勇前行，在全面建设社会主义现代化国家新征程中书写新都高质量发展新答卷。

## 一、坚持"两手抓"实现"两战赢"，奋力夺取疫情防控和经济社会发展"双胜利"

2020年是极不平凡的一年。面对新冠肺炎疫情严重冲击和国内外形势的深刻复杂变化，新都区委常委会坚定贯彻习近平总书记重要指示精神和党中央、省委、市委决策部署，紧紧依靠和团结带领全区广大党员干部群众，扎实做好"六稳"工作，全面落实"六保"任务，战疫情、助复工、稳增长、促发展，新冠肺炎疫情得到有效控制、经济社会秩序全面恢复，用实干实绩交出疫情"大考"优异答卷。

城市运转经受住了疫情的巨大挑战。我们第一时间落实全省重大突发公共卫生事件一级响应，迅即实施"四级包干"、联防联控等最严举措，充分发挥社区治理体系优势，用11天完成全区57万户、142万人的三轮全覆盖排查，毫不松懈抓实"外防输入、内防反弹"和疫情防控十项基础工作，协同高效打好郫都区疫情防控遭遇战，始终牢牢掌握疫情防控主动权。坚持自主生产、外部采购、接受捐赠多措并举，千方百计抓好防疫和生活急需物资供应保障，有力确保市民生活有序、城市加快复苏，展现出新都强大的城市韧性。

经济运行经受住了疫情的巨大冲击。我们统筹兼顾，在全市率先谋划并精准稳妥推进复工复产、复商复市，扎实开展"送政策、帮企业，送服务、解难题"专项行动，出台保障中小企业正常运转18条等扶持政策，主动提前半年兑付产业奖补扶持资金1.03亿元，为企业减税降费14.92亿元，举办夜间生活节、汽车购物节等系列消费促进活动，顶住疫情冲击和经济下行双重压力，实现经济加速企稳回升，地区生产总值由一季度负增长2.8%（同比，下同），拉升到上半年正增长1.2%，全年增长5.2%，高于省市平均水平，一般公共预算收入增长 12.6%，固定资产投资增长 10.9%，其中民间投资逆势上扬增长 15.2%，总量和增速分列全市第一、第四，展现出新都强大的经济韧性。

作风意志经受住了疫情的巨大考验。我们发出“三让一强”行动号召，全区 3 万多名党员干部挺身而出，在抗疫一线高高飘扬的党旗，凝聚起党群同心战“疫”的强大合力。广大医务人员白衣为甲，4 批 31 名援鄂队员逆行出征“以生命赴使命”。9 万多名网格员、志愿者、公安民警、民兵预备役迎“疫”而上，挨家挨户、逐车逐人拉网排查，用“铁脚板”筑起严密防线。众多新都企业踊跃捐款捐物、转产防疫物资、开辟援鄂生命通道，用担当诠释大义。广大群众识大体顾大局，暂舍自由“宅”家抗疫。正是每个人非常时期的“非常之举”，汇聚起香城大地共克时艰的时代强音，展现出新都党员干部群众强大的精神韧性。

经过抗疫大战大考的淬炼，我们更加深刻认识到，以习近平同志为核心的党中央是风雨来袭时最可靠的主心骨，中国特色社会主义制度的显著优势是抵御风险挑战最牢固的压舱石，广大人民群众是战胜艰难险阻最强大的动力源。全区党员干部群众在危急中凝聚、在磨难中成长，思想上政治上精神上得到全方位的洗礼和升华，为我们不断夺取伟大斗争新胜利、加快推动新都高质量发展，积累宝贵的经验和财富、注入不竭的动力与活力。

在抓好疫情防控的同时，我们还抓实八个方面重点工作。

**（一）重大部署落地落实，格局担当更大。**坚持学思践悟新思想，召开 44 次区委常委会会议和 22 次区委理论学习中心组专题学习会，带头学懂弄通做实，不断增强“四个意识”、坚定“四个自信”、做到“两个维护”。深入学习贯彻党的十九届四中、五中全会精神和党中央、省委、市委系列重大部署，扎实做好镇（街道）行政区划调整“后半篇文章”，高质量完成村（社区）体制机制改革和村（居）民小组优化调整，城市现代治理体系的基层基础进一步夯实。集中开展“大学习、大调研、大走访”活动，开门问策、科学系统谋划新都“十四五”发展，研究形成建议（讨论稿），启动编制规划纲要。全面落实成渝地区双城经济圈建设、成德眉资同城化等战略部署，与重庆九龙坡区结对共建成渝协同发展示范区，签署合作协议 33 项，10 个领域的企业合作实质性开展；全力配合天府大道北延线新都段建设，深化与德阳、眉山等地交流合作，积极融入金青新大港区，在主动服务国家和省市发展大局中展现更大担当。持续做好理塘、简阳、凉山等对口支援帮扶工作，为全面小康贡献新都力量。

**（二）项目攻坚成效显著，发展后劲更足。**坚持把项目攻坚作为对冲疫情影响、夺取“双胜利”的关键，创新“云签约”模式，引进项目 16 个、总投资 209.5 亿元，确保投资促进“不断线”。持续发起招商大攻势，抽调 456 名专业人才组建 5 个招商专班，灵活运用招商引资“七种模式”，全年新签约项目 53 个、总投资 681.1 亿元，其中 150 亿元的厚普氢能产业园有望刷新单个项目投资纪录，疫情之下实现项目招引数量和质量“双提升”，在项目招引攻坚行动中排名全市第 3。着力扩大有效投资，聚力做好项目建设专项督导调度，全年新开工项目 75 个，179 个重点项目完成总投资 389.5 亿元，为经济稳增长提供强劲动能。

**（三）功能区建设高位推进，产业实力更强。**高新技术产业园扩区获批，面积由 8.05 平方公里扩大至 12.649 平方公里，产业承载力显著提升。与领军央企五矿集团合作，总投资超 200 亿元的石板滩新城启动建设，57.6 万平方米高品质科创空间加快推进，已建成 52.9 万平方米标准厂房供不应求，人才公寓一期建成租售，活力公园、24 小时企业社区等一批公服配套建成投用，宜居宜业高品质产业社区加快呈现。轨道交通“智造＋服务”实现新突破，时速 160 公里的全国最快新一代全自动市域列车下线，国内首个 2025 智慧型全自动行车试验平台投用，动车组高级修业务全面开展，交铁检验中心成为西部唯一国推城市轨道交通产品认证机构。成都航空产业园跑出项目“加速度”，从 2019 年项目一期当年拆迁、当年建设、当年投产，到二期加快推进、三期启动建设，一年多时间从无到有、起势腾飞，已入驻优质配套项目 42 个，中国商飞 C919、CR929 机头大部件制造基地成功签约落户，航发涡轮院研发总部投入使用、科创中心加快建设，“政府＋龙头企业＋配套企业＋科研院校”发展模式在全市推广。成功举办第21届成都家具智慧云展，三叶家居成为大运会家具类独家供应商。优炫软件西部总部、传化北中心加快建设，京东亚洲一号智能物流年处理量破亿单，传化网上油服业务全国总部营收近50亿元，传统物流加快向“智慧物流＋总部经济”转型升级。

**（四）改革创新持续深化，营商环境更优。**紧扣“创新提能年”主题，连续出台营商环境2.0、3.0政策，推出企业开办4小时等100项新举措，得到国务院“放管服”改革专家组肯定，入选“2020年中国营商环境百强区”。全年新增市场主体3.4万户，注册资本增长31.6%，市场主体活力迸发。扎实推进23项国家省市改革试点任务，深化构建和谐劳动关系、现代医院管理制度等7项改革经验在全国和省市推广，“社区协商指数”项目获评“2020年度全国民生示范工程”；香投集团资产规模超千亿，取得1家AA＋、3家AA的主体信用评级，国资国企改革经验获国务院国资委和省政府充分肯定。深化技改创新，可口可乐建成全球最快生产线，科伦创新制剂生产大楼扩建，将新增产值12亿元，华润雪花技改升级后将实现产能翻番。安东油气融资租赁总部签约落户，开创“油服小镇＋林盘总部”新模式。引进拓米智能制造、音乐蜜蜂等高能级新经济项目，与刘人怀院士团队合作的绿色循环科技园总部建成投产，相关模式和技术在北京推广，硬核科技支撑的新经济高地加快构建。实施高校“握手”计划，上海交大高端数控装备工艺创新研究院、西南石油大学校友企业家联盟、成都航空产教园成功落户，创建全市首个中科协“海智计划”基地，引进全球知名高校硕博人才93名，吸引1928名青年人才落户，产业链创新链人才链加速融合。

**（五）公园营城效应彰显，城市价值更高。**坚持以公园城市理念引领城市价值之变，217公里香城绿道场景遍植，沿线公园绿地、林盘景点串联成势，花舞木兰、兴城足球两大50亿级农商文旅体融合发展项目签约落地，35平方公里“珠链锦绣·锦水公园”加快打造，“沸腾里”项目成功引进“功夫熊猫”“网易云”等顶级IP，天府沸腾小镇、泥巴沱森林公园等4个点位入选2020年首届公园城市网红打卡点。围绕成北消费中心建设，着力培育高能级商圈，国内首个超线性空中立体商业公园即将建成投运，大型商业综合体旭辉广场加快建设，以七一、苏宁为主体的TOD示范项目成为消费新地标，城市更具现代范。持续推进“三治一增”，新增绿地50公顷，空气质量优良天数较2019年增加14天，水质考核断面全部达标，生态环境持续改善。完成新都大道街区一体化改造提升，金凤凰高架新都段加快建设，6条断头路竣工通车，交通格局更加优化。坚持办赛营城，大运会场馆香城体育中心、西南石油大学体育馆整体完工，成功承办2020年全国射箭锦标赛、全国自由式及单板滑雪旱雪大跳台对抗赛、四川省“百城千乡万村”业余足球联赛等高规格赛事，尖锋运动公园成为国家冬奥滑雪队训练基地，三河村荣获“2020年全国体育事业突出贡献奖”，城市影响力显著提升。

**（六）公服配套加快完善，民生获得更实。**积极回应群众关切，大力推进公服设施“三年攻坚”行动，总投资63.1亿元的133个公服项目全部开工，竣工112个，溪桥苑二期等13个安置房项目加快建设。千方百计稳岗就业，举办线上线下招聘会25场，提供就业岗位2.7万个，城镇登记失业率控制在4%以内。持续推动教育、医疗、养老资源均衡优质发展，全年教育投入19.8亿元，占一般公共预算支出19%，完成大丰中学等15个学校新（改扩）建，公办幼儿园学位占比50%以上；区第二人民医院等5个迁（改扩）建项目加快推进，10所医疗卫生机构核酸检测实验室投入使用；城乡社区养老服务设施覆盖率分别达100%、80%，群众幸福感、获得感持续增强。

**（七）城市治理提质增效，社会大局更稳。**坚持党建引领共建共治共享，深化“三联＋”工作机制，打造小区治理“五步工作法”2.0版，“丰行侠”创新做法被新华社等媒体广泛关注。持续推进“五大行动”，改造老旧院落11个，整治背街小巷6条，打造“上班的路”“回家的路”18公里，五龙山国际化社区等23个示范社区（小区）加快建设，社区生活更加舒适宜人。大力实施“香城细管”，治理市容秩序问题30万个，打造口袋公园、可食地景26个，开展城市家具捐赠等系列城市营建活动，城市美誉度、认同感大幅提升。扎实做好防风险、保安全、护稳定各项工作，突出信访问题清单任务化解率100%，群体性事件、信访总量分别下降23.8%、10.8%，社区矫正“异地托管”模式入选全国城乡疫情防控优秀案例，连续三年获评“四川省维稳工作先进区”。

**（八）党的建设全面加强，政治生态更好。**切实加强党的政治建设，严明政治纪律和政治规矩，全力配合省委第九巡视组巡视新都工作，扎实做好中央和省委、市委巡视巡察整改落实。深入贯彻习近平总书记给“荣军院”全体同志回信3精神，举办“初心不改、奋斗不止”主题报告会，引领汇聚爱国奋进正能量，得到省委组织部充分肯定。牢牢把握意识形态工作主动权，新都区新时代文明实践中心等10个示范点位在全市通报表彰，3家单位获评全国文明单位，官方微博微信获评“微政四川2020年度优秀舆论引导政务新媒体”。遴选85名优秀人才开展功能区专题研修，提拔重用一线优秀干部29名，表彰改革创新先进集体30个、先进个人89名，干事创业热情有效激发。强力正风反腐，立案查处违法案件207件210人，政治生态持续净化。支持人大、政协依法履职，支持政府依法行政，法检两院职能作用切实发挥，工会、共青团、妇联、科协、残联、社科联、红十字会、文联等人民团体桥梁纽带作用明显增强，统一战线工作推进有力，党管武装工作和国防后备力量建设切实加强，汇聚起高质量发展强大合力。

回顾过去的一年，我们经受住了疫情带来的空前考验，顺利完成“十三五”主要目标任务，成绩的取得实属不易！2020年12月16日，全市“北改”推进现场会在新都召开，在实地调研过程中，成都市委书记、市长对新都各方面工作给予充分认可和高度肯定，认为“北改”区域是成都五大功能区中活力最强、干劲最足、士气最旺的区域之一，彻底扭转大家对新都作为老工业基地，建成区比较老旧、城市化水平发育不足的传统印象，印刻下高品质现代化城市形态的崭新形象。这一良好局面的形成，靠的是新思想指引新理念导航，以科学理论引领城市实践；靠的是省委、市委坚强领导、科学决策，以有力部署创造有利形势；靠的是全区党员干部群众负重攻坚、齐心奋进，以汗水为墨书写新都“蝶变”。在此，我代表区委常委会，向全区广大党员干部群众和所有关心支持新都发展的各界人士表示衷心的感谢和崇高的敬意！

在总结成绩的同时，我们也要清醒看到新都当前还面临不少挑战和问题：常态化疫情防控还有松懈现象、还存在薄弱环节；发展空间趋紧、发展质效不够高、创新动能不够足、生态质量不够优，转型发展仍需持续攻坚；公共服务供给覆盖面、均衡度、品质化需进一步提升；城市应急管理体系应对风险挑战的能力还需加强；干部队伍能力素养与新形势新要求还有差距。这些问题，都要求我们必须戒骄戒躁、保持定力，从抗疫斗争伟大实践中汲取强大精神力量，在高质量发展道路上披荆斩棘、奋力前行。

## 二、践行“新理念”攻坚“新突破”，奋力推动“十四五”时期新都高质量发展开好局走在前

2021年是中国共产党成立100周年，是“十四五”规划开局和两个百年目标交汇与转换之年，也是全市“大运年”和高质量发展攻坚年，做好今年各项工作至关重要、意义重大。我们要切实把思想和行动统一到党的十九届五中全会精神和党中央、省委、市委系列重大决策部署上来，自觉站位新发展阶段、深入贯彻新发展理念、主动融入新发展格局，积极抢抓成渝地区双城经济圈建设、成德同城化、公园城市示范区建设等重大历史机遇，沉着应对疫情复杂形势、宏观经济下行、区域竞争加剧等严峻挑战，善于在危机中育先机、于变局中开新局，奋力保持全区经济社会稳中快进的良好势头，不断开辟新都高质量发展新境界，努力打造成都都市圈重要增长极和强劲动力源。

今年全区工作的总体要求是：坚持以习近平新时代中国特色社会主义思想为指导，深入贯彻党的十九大和十九届二中、三中、四中、五中全会及中

央经济工作会议精神，认真落实习近平总书记对四川及成都工作系列重要指示精神，全面落实党中央、省委、市委重大决策部署，以建设践行新发展理念的公园城市示范区为统领，以深化供给侧结构性改革为主线，以改革创新为根本动力，以满足人民日益增长的美好生活需要为根本目的，紧扣市委“高质量发展攻坚年”主题，实施“一心四区”总体部署，围绕协同共兴、产业升级、创新驱动、公园营城、共享发展、系统治理“六大任务”攻坚提质，为全面建设社会主义现代化新都而努力奋斗，以高质量发展新答卷向建党100周年献礼！

2021年，全区上下要坚持稳中求进的总基调，保持竞进争先的精气神，努力保持经济增速不低于全市平均水平，一般公共预算收入增长与经济增长趋势一致，城乡居民收入增速快于经济增速，推动新都现代化建设走在全市前列。

**（一）围绕“协同共兴”攻坚提质，以高水平开放合作服务发展大局。**抢抓成都打造“双循环”战略枢纽、“双城记”重要极核的重大机遇，充分发挥节点、走廊和腹地优势，壮大自身综合实力，增强辐射带动能力，更高水平服务大局、当好先锋。

着力构建区域协同枢纽。深化与重庆九龙坡区战略合作，在轨道交通、轻量化材料等产业领域协同互补，在巴蜀文旅走廊、TOD综合开发等领域衔接互动，打造跨区域产业生态圈和创新生态链，合力共建成渝协同发展示范区。全力配合天府大道北延线建设，深化与德阳在能源装备、现代物流等领域合作，策划串联三星堆、宝光寺、沸腾小镇、熊猫基地等景区的精品文旅线路，加快打造成德同城枢纽区。坚持金青新大港区整体成势、相互成就，加快提升“五个一体化”水平，依托蓉欧铁路港发展适欧适铁适港产业，布局发展出口替代型加工业和商贸服务业，协力打造成都都市圈重要经济增长极、链接欧亚陆港门户枢纽和产贸结合高质量发展先行区。

全面加强对外对上争取。保持招商引资攻势，抢抓后疫情时代全球产业洗牌和产业转移机遇，瞄准六类500强、行业领军、关键环节企业和平台型项目，用好招商专班机制，用活招商引资“七种模式”，提升招商精准度和成功率。围绕主导产业强链补链、城市片区综合开发等重点领域，精准绘制招商全景图，力争全年签约引进市级重大项目15个以上，实际到位内资150亿元以上，利用外资实际到位16亿元以上。积极抢抓国家、省市“十四五”规划纲要和专项规划编制窗口期，策划包装一批功能性惠民生的重大支撑项目，加强对上沟通对接，推动更多项目、试点纳入国家、省、市规划大盘子，更好为“十四五”开局起步蓄势赋能。

大力提升办赛营城水平。办好大运会是成都今年的一件大事，也是成都走向世界、融入全球的重大契机。我们要高质量高水平完成好大运会在新都的赛事任务，做好香城体育中心交付运营及测试赛承办，高标准抓好赛会期间环境营造、综合保障等工作，切实展现新都良好形象。要借大运会契机，依托香城体育中心、尖锋运动公园、芳华微马公园等场馆场地，策划举办一批公众关注度高、商业价值大的体育赛事，推动体育事业向体育产业升级。要借势开展城市营销，用国际化理念和新时代话语体系做好新一轮城市形象宣传推广，让世界认识新都、爱上新都。

**（二）围绕“产业升级”攻坚提质，以现代化产业体系厚植竞争优势。**高质量发展，关键在高质量产业。我们要锚定产业功能区主阵地，以推动产业基础高级化和产业链现代化为抓手，努力蹚出一条制造与服务融合、传统与新兴共生的产业升级路子。

推动装备制造业提能升级。全力做大航空产业，加快推动成都航空产业园全面建成、全功能投运，推进“四中心”“四平台”早建设早投用，形成产业集聚和全产业链协作的独占优势；规划建设成都智能制造装备产业园、航空发动机产业园、航空产教园，延伸关注无人机、燃机核心装备等通航动力市场，着力打造国内领先、世界一流的航空发动机和大部件智造基地。做强轨道交通产业，全力争取CRH6A-A型城际动车组本地化制造落地，推进厚普国际氢能产业园落地建设，加快发展氢能源等新制式轨交装备；大力拓展动车组高级修业务，携手成都轨道集团、中国中车合力打造轨道交通西部维保服务中心；联合西南交大、铁科院等优势资源，前瞻布局川藏铁路先进轨道交通产业园，着力打造有核心竞争力的轨道交通装备造修服务基地。做精传统优势产业，力促华为智能家居创新中心落地，推动家具向“智能制造＋智慧家居”转型，引导食品、医药、机电等产业转型提质、扩能增效。

推动先进生产性服务业加快崛起。抢抓能源革命机遇，依托西南石油大学、安东油气融资租赁总部，规划建设国际油服科创城，推进捷贝通、华油能源等项目落地建设，加快构建“一校一城一镇两基地”产业格局，打造技术密集、资金密集、人才密集的国际油服产业集聚区；紧跟现代物流发展趋势，加快发展冷链物流、城市配送、第四方物流等新模式，延伸发展物流装备、数字信息等新业态，打造综合型智慧物流先行区；推动研发设计、检验检测、运营维护等服务型制造创新发展，加快建设高端数控装备工艺创新研究院，支持 JRCC 做大做强，打造与主导产业高度适配的生产性服务业集群。推动总部企业集聚、楼宇经济增效，力争亿元楼“破零”，提升“新都服务”显示度。

推动新经济产业培育壮大。瞄准硬核科技和资本焦点，力促 IBM、神州数码、欧瑞文旅科创等项目签约落地，加快优炫软件、科成云、音乐蜜蜂等项目建成投运，构建“一核三区多点”的新经济功能布局。深入实施高新技术企业倍增工程、新经济“梯度培育”和“双百工程”，着力打造永峰科技、拓米智能制造等一批标杆企业，壮大“独角兽 / 行业领军企业＋准独角兽＋种子企业”发展梯队。推进“场景营城 · 产品赋能”行动，实施“十百千”场景示范工程，打造餐厨垃圾“无废处置”“区块链＋智慧社区”数字化治理等应用场景示范项目，支持人工智能、电子竞技、音乐文创等业态蓬勃发展，力争新经济企业数增长 12% 以上。

突出产业功能区载体建设。集中力量推进石板滩新城综合开发，加快三木路延伸段、西江河公园、新城市民中心等 31 个“大交通、大生态、大配套”项目建设，高水平打造产城融合的“未来之城”。推动轨交科创中心、航空科创大厦等高品质科创空间核心项目年内开工，抓好 41.9 万平方米标准厂房、69.5 万平方米人才公寓建设，增强功能承载力产业支撑力。完善“功能区管委会＋专业运营公司”模式，支持运营公司招引全球优质战略伙伴，提高专业化运管水平。坚持“亩产论英雄”，探索完善资源利用效率评价、要素差别化配置等政策机制，加快推动闲置土地、厂房、楼宇二次开发，提升经济密度和产出水平。

**（三）围绕“创新驱动”攻坚提质，以高浓度要素聚合推动动能转换。**创新是构筑未来竞争优势的关键。我们要努力以创新策源优势、改革先行优势、人才领军优势占据价值链高点，促进高端要素聚合、新旧动能转换，激发高质量发展的内生活力。

把创新摆在突出位置。强化企业创新主体地位，对标深圳“6 个 90%”模式，鼓励龙头企业搭建公共科技创新平台和孵化器，带动引领“专精特新”中小企业联合开展“卡脖子”技术攻关，推动一批硬核科技成果转化，加快形成创新协同、产能共享、供应链互通的新型产业创新生态。拓展协同创新通道，主动衔接“两区一城”，加快西南交大科技园、新都哈工焊接产业园等项目建设，与上海交大、拓璞数控共建“两院两中心”，支持企业、高校院所、校友会、行业协会等组建创新联合体，构建“政产学研用投”一体贯通的技术创新体系。发挥政策风向标作用，研究出台一批精准有效、操作性强的创新专项支持政策，完善知识产权保护和交易制度，营造尊重创新、竞先创新的浓厚氛围。

把改革持续推向纵深。以深化供给侧结构性改革为主线，加快探索新一轮五项制度改革，切实抓好要素市场化、城乡融合发展等重点领域改革，扎实推进紧密型县域医共体建设、社区治理和服务创新等一批国家级改革试点，力争推出更多可复制可推广的“新都经验”。持续深化国资国企改革，推动区属国有企业由功能平台型企业向专业化现代化企业转型，力争新增 1 家 AA＋信用评级公司。持续深化“放管服”改革，聚焦市场的公平性、政策的精准性、服务的便利性，探索“随时办”“就近办”“一次办”模式，推行“企业管家”服务，持续打好减税、降负、融资、用工等精准服务“组合拳”，研究制定经济证券化递增行动计划，全力支持辖区重点企业、区属国有企业挂牌上市，以政府“好服务”助力企业“快发展”。

把人才作为重要支撑。深入实施“香城英才计划”“产业生态圈人才计划”，用活用好人才新政 2.0，编制发布《新都区产业人才目录》，精准引进支撑高质量发展的急需紧缺人才、行业领军人才，努力实现“引进一个人才，带来一个团队，孵化一个企业，带动一个产业”。完善“人尽其才”使用机制、“竞相成长”激励机制，加大人才教育医疗、住房安居等保障力度，营造“拴心留人”的良好环境。把企业家作为最宝贵财富，巩固深化“亲”“清”政商关系，培养造就一支有抱负、有定力、有情怀的企业家队伍。

**（四）围绕“公园营城”攻坚提质，以高品质宜居环境重塑城市价值。**实现美好生活，既是城市初心，也是价值归依。我们要坚持以公园城市理念标定城市新取向、重塑城市新价值，努力打造生态宜居、品质魅力的现代化城市。

坚持以高位规划引领城市空间重塑。坚定落实“北改”“中优”部署，邀请国际国内一流团队参与城市规划设计，以规划“大手笔”谋划城市“大格局”。精心修编《国土空间规划》，编制《毗河公园概念规划设计》，前瞻谋划毗河新都段、天府大道北延线、蓉都大道“一带双轴”产业和功能布局，加快推进医学院、老工业、泥巴沱等“七大片区”策划规划和综合开发，加快形成各板块协调发展、整体提升的城市空间新格局。

坚持以城园相融推动城市形态重塑。突出生态优先，秉持景观化、景区化、可进入、可参与理念，加快白鹤岛生态湿地公园、泥巴沱森林公园二期等公园场景建设，以绿道为轴串联城乡社区、贯通川西林盘、链接大地景观，加强场景营造和价值转化，让城市之美宜游宜憩、可感可及。巩固提升“三治一增”成效，进一步完善大气、水污染防控机制，确保空气质量优良天数比率 75% 以上，水质考核断面全部达标。实施“五绿润城”环境提升行动，力争全年新建绿道 20 公里、小游园微绿地 5 个，加快构建“青山绿道蓝网呼应、公园林盘串珠成链”的全域景观体系。

坚持以消费升级促进城市功能重塑。抢抓成都建设国际消费中心城市机遇，高标准打造以超线公园为代表的高品质特色消费场景，塑造全新的城市名片；加快建设廖家湾等 TOD 消费商圈、旭辉广场等高端综合体和正因等特色商业街区，积极发展首店经济、夜间经济、体验经济等新兴业态，促进消费加速迭代升级。着力畅通消费引流通道，全力支持地铁 8 号线、27 号线和成绵高速第二复线、五环路等重大交通设施建设，力促金凤凰高架新都段年内通车、蜀龙大道街区一体化改造完工，加快布局 5G 基站等新基建设施和“一院五馆”等重大功能设施，着力打造消费便捷易及、体验多元多彩的成北消费中心。

坚持以人文雅韵推动城市气质重塑。文化是一座城市最迷人的气质。要以文明城市创建为抓手，引导市民不断提高道德水准和文明素养，依托公园场景和大运活动，传递绿色低碳、健康文明的生活理念，涵养理性平和、开放包容、积极向上的城市精神。加快天府家风馆建成开馆，推动升庵书香公园、艾芜耕读公园提质建设，打造新都特色文化品牌。坚持以 IP 营销提升文化价值，依托宝光桂湖等传统文化、火锅熊猫等地域文化、音乐电竞等流行文化，开发高附加值文创消费产品，促进城市人文在多元互鉴、古今相融中不断绵延。统筹全域文旅资源，争创“天府旅游名县”“全域旅游示范区”，充分展现文韵香城的别样精彩。

坚持以场景融合赋能乡村价值重塑。把乡村作为城市最大公园、发展最大潜力，以农商文旅体融合盘活乡村资源、撬动价值转化、推动乡村振兴。加快建设“沸腾里”“沸腾乡野”项目，确保大运会前惊艳亮相，向世界展示“中国味道·天府文化·成都生活·沸腾小镇”的新都新名片。推动“珠链锦绣·锦水公园”沿线点位提档升级、串联成势，力促花舞木兰、兴城足球等乡村文旅重大项目落地建设，川音艺谷、白家大院等精品林盘加快呈现，形成乡村振兴新的引爆点。大力建设高标准农田、发展精品高效农业，稳步推进集体经济组织股份化改革，积极引导“资本下乡”“人才进村”“科技入户”，有力促进农业增效、农民增收。巩固提升人居环境整治三年行动成果，持续推进垃圾、污水、厕所“三大革命”，加快完善城乡一体的基础设施和公共服务体系，让广大农村成为美好生活的向往之地。

**（五）围绕“共享发展”攻坚提质，以均衡化优质公服增进群众福祉。**民生连着民心，民生稳则社会稳。我们要统筹资源力量，精准实施幸福美好生活十大工程，持续优化公共服务供给，建设全龄友好包容型社会，努力让发展红利直惠群众、直达民心。

坚持以稳就业稳住基本面。就业一头连着老百姓的“饭碗”，一头连着经济社会发展，是“六稳”“六保”的首要任务。我们要统筹做好疫情下就业工作，实施“创业新都”行动计划，打造“1239”人力资源服务体系，优化提升职业技能培训，鼓励扶持小微企业、个体工商户发展，强化大学生等重点群体就业援助和托底帮扶。切实督导做好农民工工资支付工作，深入实施增收激励计划，推广和谐劳动关系改革试点成果，健全工资集体协商和正常增长机制，加快发展农村集体经济组织，确保城乡居民收入稳步增长。

持续加强优质公服供给。完善现代学校管理制度，推进全民终身教育，稳步提升学前、义务、高中、职业教育质量，加快建设北星中学、新城小学等19所学校幼儿园，确保6所小学建成投用，努力破解学位供给结构性矛盾，打造“家门口”的好学校。深入实施“医联体”合作，推进5G智慧医疗融合发展，精心打造中医康养社区，启动新都疾控中心三甲创建，大力提升区属公立医院公共卫生服务能力，加快实施区第二人民医院医疗用房迁建等6个项目，构建全生命周期医疗卫生服务体系。推动养老产业市场化拓展，实施“智慧养老”试点及家庭照护床位试点，加快建设成都医学院国家智慧医养大数据中心，建设医养融合的养老服务体系。

着力兜牢社会保障底线。加快推动城乡居民社会养老保险和基本医疗保险参保全覆盖，促进商业保险与社会保险、补充保险相互衔接。加强多领域社会救助，重点关注低保户、低保边缘户等群体，鼓励社会力量参与，兜底特殊困难群众基本生活。坚持“房住不炒”定位，加大公共租赁住房保障力度，推进16个安置小区建设，加快在外过渡人员有序安置。持续抓好对口帮扶，强化脱贫攻坚与乡村振兴有机衔接，巩固提升脱贫攻坚成果。

**（六）围绕“系统治理”攻坚提质，以现代化治理水平增强城市韧性。**疫情对城市治理是一场综合性大考，也对城市治理提出更高的要求。我们要认真研判疫情形势及城市化、区域一体化进程带来的治理挑战，坚持系统观念，统筹好安全与发展、把握好治标与治本、平衡好秩序与活力，加快构建与现代化城市相匹配的治理体系和治理能力。

慎终如始抓好疫情防控。根据当前全球疫情传播形势，今后较长时期内，疫情防控仍将是重中之重。我们要扎实抓好市委疫情防控专项巡察问题整改，加强疫情防控十项基础工作“大体检”，查漏补缺、集中攻坚。着力健全防控体系，细化“人”“物”同防举措，严密排查中高风险地区来人和物资，切实加强隔离酒店管理，科学制定大运会疫情防控工作方案，做好相关处置预案，高效应对赛事可能带来的疫情传播风险。着力提升诊疗水平，加快疫情防控定点医院、发热门诊等规范建设，做好防控物资和技术储备，加快提升全员核酸检测能力，切实做好重点人员疫苗接种。全面提升疫情发现、检测、流调、收治能力，确保一旦发生疫情能够迅速反应、高效处置，将疫情传播风险降至最低。

深化城乡社区发展治理。推进社区发展治理与城市综合治理“双线融合”，持续完善“四个一”基层治理机制，构建党建引领下政府治理、社会调节、居民自治良性互动治理大格局。深入实施“一线两廊四片”重点项目建设，以城市形态跃升、社区场景营造、民生难点攻坚增进市民认同感。高标准引育社区人才、社区服务组织，拓展“丰行侠”等社会力量参与渠道，构建15分钟社区生活服务圈。支持社区企业发展壮大，增强社区造血功能。

推进香城细管提质增效。坚持精细管理，广泛发动群众参与，群策群力整治农贸市场、背街小巷、路面交通秩序，有效提升环卫精细化作业水平，促进生活垃圾分类全覆盖，让城市更加干净有序。坚持品质提升，加快制定城市容貌提升设置规划导则，全面抓好“五边一片区”示范建设，以城市空间美学观点改造提升生态景观和建筑风貌，让城市更加气韵不凡。坚持智慧赋能，高标准做好智慧城市建设“十四五”规划，加快建设智慧治理中心，规划布局智能化基础设施，探索建立线上线下融合互动的公共服务供给体系，实施智慧社区建设试点，让城市更加聪明灵动。

深化平安新都、法治新都建设。强化社会综合治理，持续完善“大联动·微治理”和网格化管理服务制度，推进扫黑除恶常态化，严厉打击各类违法犯罪。发展新时代“枫桥经验”,深化“三张清单”工作制度，健全市民诉求“全响应”、矛盾纠纷“全链条”化解体系，扎实开展重复信访专项治理，全力化解稳控涉房地产、涉征地拆迁等领域风险隐患，确保社会大局和谐稳定。提升防灾减灾能力，推动韧性标准融入交通、消防、排水、燃气等重点工程，切实增强城市韧性。全面深化依法治区，推动法治政府建设，加快政府职能转变，实施司法责任制综合配套改革，完善司法救助和法律援助机制，开展“八五”普法、“12·4”国家宪法日、《民法典》宣传，做实村（社区）合同合法性审查，完善公共法律服务体系，营造全社会尊法、学法、守法、用法的法治良序。

## 三、当好“主心骨”建强“主力军”，以高质量党建引领高质量发展

中国共产党的百年历史，深刻昭示我们，实现中华民族伟大复兴，必须始终坚定不移地坚持党的全面领导。我们要切实加强和改进党的建设，全面提高党委统揽全局、协调各方、推动落实的能力水平，引领新都高质量发展破浪前进、行稳致远。

**（一）坚持举旗定向，增强政治领导能力。**始终把党的政治建设摆在首位，坚持用习近平新时代中国特色社会主义思想武装头脑、指导实践，精心开展建党100周年系列活动，巩固深化“不忘初心、牢记使命”主题教育成果，切实增强“四个意识”、坚定“四个自信”、做到“两个维护”。认真抓好理论学习中心组等专题学习研讨，增强从政治上把大局、看问题、作决策的意识和本领，提高政治判断力、政治领悟力、政治执行力，推动中央和省委、市委各项决策部署落地见效。严格落实民主生活会、谈心谈话等制度，不断增强领导班子凝聚力战斗力向心力。深化民主政治建设，全力支持人大、政协依法履职、政府依法行政、法检两院公正司法，扎实做好党管武装、统一战线工作，充分发挥各人民团体积极作用，推动形成同心同向、团结奋进的良好局面。

**（二）坚持凝神铸魂，增强思想引领能力。**牢牢把握意识形态工作领导权管理权话语权，坚持用新思想教育人引导人，大力弘扬社会主义核心价值观，深化拓展新时代文明实践中心建设试点，用好天府家风馆、“荣军院”等教育阵地，引导市民形成“爱党爱国爱家乡”的共同价值取向。切实抓好网络意识形态工作，创新网络宣传理念和形式，着力构建网上网下“同心圆”。压紧压实各级党委（党组）意识形态工作责任，完善重大舆情事件风险预判、信息共享和协同应对机制，切实维护意识形态和文化安全。

**（三）坚持强基固垒，增强群众工作能力。**村社强不强，要看领头羊。要高标准高质量开展村（社区）“两委”换届，紧紧围绕新时代事业发展和人民群众美好生活需要，切实把“双好四强”干部选进“两委”班子，确保换出好班子、好风气、好局面。实施党建引领村级集体经济“破零”“增零”行动，优化集体经济发展要素供给。认真开展“党建惠企”“党建扩链”“党建增流”三大行动，打通党员服务民营企业、经济建设“最后一百米”。开展“家门口党建”集中攻坚专项行动，全力构建区镇村三级联动，机关、企事业单位、居民群众多元参与的区域化大党建工作格局。

**（四）坚持选贤任能，增强干事创业能力。**立足长远发展，加大高素质专业型优秀年轻干部引进力度，打造后备干部人才“蓄水池”。以换届为契机，统筹事业发展需要、班子结构需要和干部成长需要实施精准选配，不断增强班子整体功能。科学实施“9095”计划，突出锤炼“七种能力”，构建优秀年轻干部“一线墩苗、结对帮带、递进提升、视绩选任”全链条培养体系。以细化严管激励“双十条”为抓

手，进一步完善干部考核评价机制，激励干部实心干事、科学作为。统筹用好“员额制”改革、职务与职级并行制度，加大对产业一线和基层干部的关心关爱和支持保障，真正让广大基层干部有“干头”更有“奔头”。

**（五）坚持正风肃纪，增强防腐拒变能力。**以永远在路上的执着推动全面从严治党向纵深发展，坚决落实好中央和省委、市委巡视巡察整改任务，打好常规巡察、专项巡察、回头看“组合拳”，推动常态长效、实现标本兼治。持续保持反腐高压态势，坚决查处重点领域腐败问题，严肃查处不收敛不收手、顶风违纪、群众反映强烈的突出问题，深入整治群众身边腐败问题和不正之风，坚决破除形式主义、官僚主义突出问题。聚焦重点领域、重点岗位、关键环节，强化廉政风险防控，构建长效监管机制；紧紧扭住“一把手”这个关键，加强对重大决策部署贯彻落实情况的监督检查，切实提升复命意识和画句号能力。

同志们，没有等出来的辉煌，只有干出来的精彩。新征程已经开启，让我们更加紧密地团结在以习近平同志为核心的党中央周围，在省委、市委坚强领导下，上下同心、负重拼搏，奋力书写新都高质量发展崭新篇章，以优异成绩向建党100周年献礼！

## 名词解释

**四级包干：**区领导包镇（街道），镇（街道）干部包村（社区），村（社区）干部包片，网格包楼栋住户。

**十项基础工作：**全面深入开展隔离酒店自查整改、全面加强医疗机构和个体诊所防控、严格监管冷链食品风险、加强交通口岸防控管理、落实好特殊重点机构防控措施、压紧机关企事业单位防控责任、持续做好社区防控工作、持续加强文化旅游消费娱乐场所防控、加强防控物资储备管理、加强预警监测和信息发布。

**三让一强：**让党的旗帜飘起来、让战斗堡垒强起来、让先锋模范树起来、强化使命担当。

**七种模式：**龙头招商、环境招商、厂房招商、资本招商、平台招商、高校招商、商会招商。

**海智计划：**海外智力为国服务行动计划简称。

**一心四区：**一心，成都都市圈北部中心；四区，大港一体先行区、产贸融合示范区、智造服务引领区、公园营城典范区。

**五个一体化：**基础设施一体化、产业链协作一体化、公共服务共享一体化、政策协同一体化、空间布局一体化。

**六类500强：**世界500强、中国500强、中国服务业500强、中国民营企业500强、美欧日500强、新经济500强。

**四中心：**物料中心、检测中心、热表中心和交付中心。

**四平台：**园区数字化创新服务平台、航空产品质量和安全共享云平台、科成云大数据平台、川能智网创新平台。

**一校一城一镇两基地：**西南石油大学、国际油服科创城、“油服＋农旅”特色小镇、油气装备制造与技术服务基地。

**一核三区多点：**做强新都主城区创新策源极核功能、提升三个产业功能区产业承载力、丰富公园城市多点场景应用。

**双百工程：**新经济百家企业和百名人才的培育培养工作。

**6个90%：**90%以上的创新型企业是本土企业、90%以上的研发机构设立在企业、90%以上的研发人员集中在企业、90%以上的研发资金来源于企业、90%以上的职务发明专利出自于企业、90%以上的重大科技项目发明专利来源于龙头企业。

**两区一城：**天府新区、成都东部新区、中国西部（成都）科学城。

**两院两中心：**航空先进制造工艺研究院、高端智能数控装备研究院、全自主可控国产化航空航天零部件加工示范中心、国产化高端数控装备配套产业中心。

**七大片区：**老工业、沱江、团结、新东、清源路、医学院站、泥巴沱。

**一院五馆：**剧院、图书馆、文化馆、美术馆、博物馆、档案馆。

**幸福美好生活十大工程**：大力提升居民收入水平、继续保持生活成本竞争力、实施高品质公共服务倍增计划、持续提升城市通勤效率、抓好城市更新和老旧小区改造提升、打造稳定公平可及营商环境、建设青年创新创业就业环境友好城市、建设生态惠民示范城市、提升城市智慧韧性安全水平、建设全龄友好包容型社会。

**1239**：打造1个中心，即人力资源服务平台；实施2种手段，即人力资源服务大厅与“香城职通车”小程序；延伸3个产业功能区；覆盖9个镇（街道）。

**四个一**：一支队伍统管、一张网格统揽、一个平台统调、一套机制统筹。

**一线两廊四片**：超线公园、“珠链锦绣”乡村治理示范廊、“烟火沸腾”场景营建示范廊、“锦簇桂东”老旧小区治理示范片、“幸福高堆”农集区治理示范片、“和乐太平”三区融合示范片以及“精治静安”城市有机更新示范片。

**五边一片区**：场站边、线路边、工地边、铁路边、河湖边、示范片区。

**三张清单**：重大风险清单、历史遗留问题清单、突出信访问题清单。

**双好四强**：思想政治素质好、道德品行好、带富能力强、协调能力强、服务能力强、治理能力强。

**“9095”计划**：在全区重点培养一批1990年左右出生的处级干部、1995年左右出生的科级干部。

**七种能力**：政治能力、调查研究能力、科学决策能力、改革攻坚能力、应急处突能力、群众工作能力、抓落实能力。

# 成都市新都区人民政府工作报告

## ——2021年2月22日在成都市新都区第十八届人民代表大会第五次会议上

成都市新都区人民政府区长　王忠诚

### “十三五”及2020年工作回顾

“十三五”时期是新都发展历程中极不平凡、卓有成效的五年。我们坚持新思想指引、新理念导航，在市委、市政府和区委的坚强领导下，在区人大、区政协的监督支持下，锐意进取、奋发作为，全面完成“十三五”规划确定的主要目标任务，实现经济社会发展稳中有进、稳中提质。

这五年，是经济发展量质齐升，综合实力明显增强的五年。“十三五”期间，地区生产总值年均增速保持在7.6%以上，连跨三个百亿台阶，三次产业结构由“十二五”末的4.3∶60.4∶35.3调整为4.2∶31.3∶64.5。轨道交通、航空等战略性新兴产业实现从0到1的突破，医药、食品等传统优势产业跨越升级。获评全省县域经济进步县，入围全国综合实力、投资潜力、绿色发展、科技创新、新型城镇化质量、政府政务诚信6个“百强区”。

这五年，是改革开放亮点纷呈，发展活力持续迸发的五年。市场主体达到15.8万家，年均增幅16.2%。深化构建和谐劳动关系等30项改革纳入国家级、省级试点。整合94家国有企业和股权组建香投集团，三年实现资产规模增长近3倍、跨上千亿台阶，取得“AA＋”主体信用评级。五年引进重大产业化项目80个，实现投资1331.1亿元，利用外资年均增长10.7%。新经济企业、高新技术企业实现快速翻番，分别达到1.1万家、150家，技术合同交易额较“十二五”末增长230%，国家级创新平台增加 50%。

这五年，是经济地理优化重塑，城市品质加速蝶变的五年。聚力建设现代交通、智慧物流、智能家居三大功能区，辖区服务人口超 150 万，城镇化率由 64.3%提升至 75%。累计建成公园 63 个、绿道 217 公里，空气优良天数达到新标准实施以来最好水平，主要河流出境断面水质全部提升至Ⅲ类以上。全面迈入“双地铁”时代，新改建城区主要通道 8 条，打通断头路 15 条，市民出行更加便捷、畅通、高效。投资 2.8 亿元改造老旧院落 187 个，5 条道路获评全市最美街道。

这五年，是民生福祉不断增进，发展红利共创共享的五年。始终坚持以人民为中心的发展思想，一般公共预算民生支出占比年年超过 65%。城镇新增就业 3.3 万人，城乡居民人均可支配收入年均增长 7.8%、8.8%，社区养老服务实现全覆盖。新（改、扩）建中小学幼儿园 43 所，新增学位 2.2 万个，新（扩、迁）建医疗机构 9 个，新增床位 878 张。实现“15 分钟公共文体服务圈”全域覆盖。社会治理全面深化，正因小区等区域由乱到治，“食安新都”持续创新，人民群众安全感更强。

2020 年，面对较大的经济下行压力和新冠疫情防控的严峻形势，我们坚持以习近平新时代中国特色社会主义思想为指导，全面落实中央和省委、市委、区委决策部署，突出“创新提能年”主题，迎难而上，奋力拼搏，统筹推进疫情防控和经济社会发展，实现地区生产总值 877.9 亿元，增长（同比，下同）5.2%；固定资产投资增长 10.9%；一般公共预算收入 67.6 亿元，增长 12.6%；全口径税收首次破百亿；城乡居民人均可支配收入分别增长 5.9%、8.5%。重点做了以下工作：

## 一、聚力防疫情稳运行，“六稳”“六保”成效明显

统筹兼顾、精准发力，奋力夺取疫情防控和经济社会发展“双胜利”。扎实做好“外防输入、内防反弹”，深入开展“全域”体检，动员 9 万余名干部群众开展地毯式排查，组建 9 个防疫医共体织密基层防疫网，加强冷链及外来物资“人物同防”，实现本地病例零传播、境外输入零扩散。全力服务抗“疫”大局，接机隔离入境人员 26 批次 3191 人，选派医务人员支援湖北，驰援成华区和郫都区。果断处置一起国内中高风险地区寄递物流环境样品呈阳性的突发事件。持续深入开展“送政策、帮企业，送服务、解难题”专项行动，设立企业服务专班、联络专员，下沉解决问题 861 个，助力战“疫”公共就业服务工作入选人社部优秀案例。量身定制保障中小企业正常运转 18 条、惠企抗疫 14 条等扶持政策，提前半年兑付产业奖补扶持资金 1.03 亿元，中小企业担保资本金实现翻番，助力企业获得信贷 56.2 亿元。

## 二、聚力产业功能区建设，发展动能持续增强

**（一）抓好高标准规划。**引入同济规划设计院、深圳设计总院等国内优秀团队，对三大功能区资源禀赋、产业走势、营城策略、空间布局等进行全方位梳理，按照人城境业有机统一的思路，在反复研究论证基础上，逐步形成以产业空间总体规划为引领，以交通、景观、生态、公服等专项规划为支撑，以高品质科创空间设计为引擎的规划体系。现代交通产业功能区空间规划成为全市示范。

**（二）建设高品质科创空间。**与中国五矿集团合作，推动现代交通产业功能区专业化产城运营，以航空动力港、轨交活力城为核心的 57.6 万平方米高品质科创空间启动建设。先后导入航空产业基金、智能智造产业基金、新能源产业基金 28 亿元，以“补投结合”提升资本招商能力。依托北京优炫软件、中航建西南总部等龙头统筹打造智慧物流产业园高品质科创空间。联合华为、中电光谷等领军企业共建智能家居创想园。建成标准厂房 53 万平方米，新建人才公寓 28.5 万平方米，研发设计、场景营造、创新转化、社区服务等科创功能不断增强。

**（三）培育高能级产业生态圈。**投资 108 亿元的科成云项目加快建设，投资 30 亿元的拓米 3D 手机玻璃盖板项目即将投产。投资 100 亿元的成都智能制造装备产业园项目聚集苏州阿诺、昆明台正、华中数控等行业冠军企业。国内首个 2025 智慧型全自动行车试验平台建成投用，时速 160 公里的新一代无人驾驶市域列车下线，动车组四级修业务

全面展开，轨道交通西部维保服务中心、四川振通检测项目落地，JRCC认证平台作用逐步凸显，实现轨道交通产业产值54.1亿元，增长10.9%。成都航空产业园新签约引进企业24家，中国商飞C919、CR929机头大部件制造基地和航空产教园项目签约落户，实现航空产业产值62.9亿元，增长30.9%。厚普国际氢能总部、西部智能国际工业博览中心等7个高能级项目助力物流、家居产业转型升级。

## 三、聚力深化改革开放，发展优势逐步彰显

**（一）产业层级稳步提升。**工业经济稳中有进。规模以上工业增加值增长6.9%，新增规上企业33家。可口可乐建成两条每小时12万罐全球最快生产线，科伦药业、华润雪花等12户企业技改扩能加快推进。农商文旅体融合发展亮点纷呈。总投资100亿元的花舞木兰、兴城足球项目签约落地，35平方公里的“珠链锦绣·锦水公园”加快打造，天府沸腾小镇入选全省十大文旅产业地标。现代服务业持续向好。出台楼宇经济高质量发展扶持政策13条，盘活楼宇资源16万平方米。引进品牌首店5个，培育特色小店2家，苏宁、七一购物广场等TOD高能级商圈初步形成。新经济发展势头良好。聚焦企业发展敏感要素出台政策16条，获得风险投资金额增长近5倍，新经济企业数增长25%。投资100亿元的京东京创5G数字科技产业园签约落户。智汇大实验室成功创建国家级众创空间，环西南石油大学高校知识经济圈加快推进，科学发现、技术发明和产业发展逐步贯通。

**（二）开放合作成效明显。**主动融入成渝地区双城经济圈建设，与重庆九龙坡区结对共建协同发展示范区。深化同城发展，新都与德眉资产品互销分别增长22.1%、7.8%。全力推进天府大道北延线新都段建设。开放合作平台持续拓展，举办泛长三角四川商会联盟第九届论坛等强链补链推介活动44场，达成合作意向35项。香投集团成功发行西南地区首单1.3亿欧元境外债。项目招引攻坚走在全市前列，新引进重大产业化项目16个，总投资316亿元。实际到位内资161.6亿元，利用外资实际到位15.7亿元。

（三）营商环境持续优化。在全市率先实施营商环境3.0政策，减税降费14.9亿元，市场主体新增3.4万余个（户）、增长13.1%。民间投资增长15.2%，占全社会固定资产投资比重达70.8%，居全市首位。持续深化企业承诺制和容缺审批，企业开办整合为1个环节、压缩至0.5个工作日。推动高频次审批服务事项下沉至功能区和镇街，192项服务事项实现“多点办”“就近办”，行政审批事项全部实现一次办。“放管服”改革得到国务院专家组肯定，成功入选“2020年中国营商环境百强区”。

## 四、聚力公园城市建设，科学营建水平实现提升

**（一）城市功能不断强化。**科学谋划城市“成长坐标”，面向全球招标形成毗河公园规划方案，国土空间总体规划编制取得阶段性成果。城市有机更新稳步推进，完成老旧院落改造11个，旭辉广场、龙湖锦宸天街等商业综合体加快建设，新建5G基站1125座，沱江片区综合开发有序推进，石板滩悦动新城开工建设。泥巴沱两岸滨河绿道整体贯通。金河湾路、川丰路等7条断头路竣工通车，新都大道、蜀龙大道完成一体化街区改造，成南E线、金凤凰高架新都段加快建设。新增（调优）公交线路12条，公共交通辐射面持续扩大。

**（二）香城细管凸显温度。**深入实施香城细管九大策略，统筹推进总体规划、局部改善、节点提升，创新制定城市色彩、视觉系统设计导则，整治背街小巷6条，打造“上班的路、回家的路”50条。大力营造精致交互空间，推进还绿于民，26个口袋公园、可食地景建成开放。着力治理城市顽疾，“一月一主题”开展专项整治行动，整治“违脏乱差”等问题31.8万个。持续解决“通行难、停车难”，新增公共停车位3862个。在506条街道全面推行“街长制”，“随手拍”平台解决群众反映问题7100余个，开展城市家具捐赠活动，实现城市有变化、市民有感受。

**（三）低碳发展改善生态。**中央环保督察反馈问题全部完成整改，长江经济带生态环境问题集中排查整改扎实推进。“三大战役”成效显著，空气

质量优良天数增加14天、达到292天，PM2.5平均浓度下降11.9%，新增绿地50公顷；扩能提标污水处理厂7座，对排水设施全时段智慧动态监测，基本实现污水全收集、处理全达标；建成日处理能力300吨的污泥处置厂。完成既有建筑节能改造4万平方米，新房建项目采用装配式建筑比例达60%。城乡生活垃圾分类覆盖率达95.5%，利世康项目实现餐厨垃圾零废弃、零排放和资源化全利用。

## 五、聚力补短板强弱项，发展成果惠民利民

**（一）民生保障做优做实。**101项省市区三级民生实事全面完成，获评"2020年度全国民生示范工程"。启动10宗200余万平方米安置房建设，有序推进安置小区办证工作。新增就业岗位2.7万个，城镇登记失业率控制在1.6%的较低水平。推进社保办理智慧化，城乡养老保险、医疗保险参保率达90%、98%。完善各类帮扶救助机制，发放救助金4117.2万元。大力推行"公益+市场"养老服务融合模式，养老服务指导中心建成投用，新增社区养老服务设施14个、老年人就餐服务点9个。完成简阳、理塘产业帮扶项目25个、拨付资金1449万元，对口帮扶地区顺利通过脱贫攻坚普查验收。

**（二）公共服务不断优化。**111个公服"三年攻坚"项目全部竣工。新（改、扩）建大丰中学等学校15所，新增学位5000余个，公办幼儿园学位占比达50%以上。现代医院管理制度改革等3项国家级试点稳步推进，紧密型县域医共体体系机制基本建立，区人民医院创三甲、区中医院创国家"安宁疗护"试点接受验收，区第二人民医院等5个迁（改、扩）建项目加快推进，家庭医生签约服务实现区域全覆盖。公共体育场馆免费开放50万人次，文化惠民活动举办468场，获得全国体育事业突出贡献奖，获批国家基本公共服务标准化试点先行区。

**（三）社会治理智慧高效。**"爱成都·迎大运"城市共建共治共享行动扎实开展。智慧城市建设成效显著，实现39个业务系统迁移上云，创新推出云上社区治理指数平台，建成10个智慧应用场景，汇聚360大类539万余条数据。省级安全发展示范城市加快创建，安全生产清单制深入实施，新增消防水源347处，食品安全满意度测评全市第一。扎实做好防风险、保稳定工作，建立"多人投诉、重复信访"快速响应机制，信访总量下降10.8%，连续三年获评"四川省维稳工作先进区"。全面打赢防汛减灾突击战。

民宗、保密、档案、地方志、统计、消防、人防、红十字会、科协、妇女儿童、青少年、慈善、兵役、气象、残疾人等工作取得新进展。

## 六、聚力优作风提能力，政府自身建设不断加强

**（一）党的建设纵深推进。**深入学习习近平新时代中国特色社会主义思想，认真贯彻党的十九届五中全会精神，全面落实从严治党政治责任，进一步增强"四个意识"、坚定"四个自信"、做到"两个维护"。严守政治纪律和政治规矩，严肃党内政治生活，坚持重大事项请示报告制度，对巡视反馈问题通盘接受、全面整改。严格执行中央八项规定及其省市实施细则，坚定不移纠"四风"、整作风，政风行风持续好转。不断巩固拓展"不忘初心、牢记使命"主题教育成果，"大学习、大调研、大走访"活动扎实开展。

**（二）依法行政持续强化。**定期向区人大及其常委会报告工作、向区政协通报情况，办理人大代表建议138件、政协提案117件。不断完善区政府常务会、土规会议事规则，严格政务合法性审查，建立专项资金分配和绩效评估机制。推行行政执法"三项制度"，梳理公布行政处罚"三张清单"，整改群众最不满意行政执法突出问题14个。人民调解"新都经验"、司法所地方标准在全省推广，社区矫正"异地托管"模式入选全国优秀案例。

**（三）行政效能有效提升。**建立绩效挂钩督促落实机制，竞进争先、奖优罚劣的干事创业状态有效激发。带头过"紧日子"，"三公经费"压减3%，餐饮浪费现象得到有效遏制。"基层减负年"扎实开展。

这些成绩的取得，是市委市政府和区委坚强领导的结果，是区人大、区政协监督支持的结果，是全区广大干部群众辛勤劳动、共同努力的结果。在此，我谨代表区人民政府，向为统筹推进疫情防控和经济社会发展做出重大贡献的广大医务工作者、

疾控工作人员、科技工作者、社区工作者、应急救援人员、企事业单位职工、工程建设者、志愿者、基层党员干部及全体市民，向人大代表、政协委员、离退休老同志，向驻区部队、武警官兵、政法干警、民兵预备役人员，向所有关心支持参与新都经济社会建设的各界人士表示衷心的感谢，并致以崇高的敬意！

我们也清醒看到前进道路上的问题和挑战：疫情变化和外部环境存在诸多不确定性，创新活力还需进一步激发，资源集约利用度不高，新动能培育仍需加力加劲，传统产业转型升级任重道远，生态环境保护任务艰巨，社会治理存在短板，民生社会事业发展还不平衡不充分，城市韧性安全水平还不够高。我们将采取有力措施，推动上述问题逐步解决和改善。

## “十四五”主要目标任务和2021年工作安排

“十四五”时期全区经济社会发展的指导思想是：坚持以习近平新时代中国特色社会主义思想为指导，全面落实习近平总书记对四川及成都工作系列重要指示精神和省委市委重大决策部署，紧紧围绕成都建设全面体现新发展理念的城市总体目标，以站位新阶段、贯彻新理念、服务新格局为遵循，以建设践行新发展理念的公园城市示范区为统领，以高质量发展为主题，以推动成渝地区双城经济圈、成德同城化、大港区一体化建设为战略牵引，以深化供给侧结构性改革为主线，以改革创新为根本动力，以实施幸福美好生活十大工程提升市民和市场主体获得感为目的，深化落实“北改”“中优”战略，加快提升城市能级、变革发展方式、优化治理体系、改善生活品质，奋力打造成都都市圈北部中心，建设大港一体先行区、产贸融合示范区、智造服务引领区、公园营城典范区，为高水平建设社会主义现代化新都打下坚实基础。

“十四五”时期的主要目标是：推动城市能级大提升，加快成为成都北部区域的重要增长极和动力源；推动产业质效大提升，全面构筑新都产业的比较优势；推动发展动能大提升，为新都高质量发展汇聚强劲动能；推动宜居品质大提升，打造公园营城典范区和美好生活承载地；推动民生福祉大提升，让人民的幸福感获得感更加充实、更有成色；推动治理效能大提升，加快实现治理体系和治理能力现代化。

2021年是中国共产党成立100周年，是“十四五”规划开局和两个百年目标交汇与转换之年，做好今年各项工作至关重要、意义重大。今年工作的总体思路是：坚持以习近平新时代中国特色社会主义思想为指导，深入贯彻党的十九大和十九届二中、三中、四中、五中全会及中央经济工作会议精神，坚持稳中求进工作总基调，以建设践行新发展理念的公园城市示范区为统领，以推动成渝地区双城经济圈、成德同城化、大港区一体化建设为战略牵引，以深化供给侧结构性改革为主线，以改革创新为根本动力，以实施幸福美好生活十大工程提升市民和市场主体获得感为目的，以“四件大事”为抓手，围绕协同共兴、产业升级、创新驱动、公园营城、共享发展、系统治理“六大任务”攻坚提质，更好统筹发展和安全，巩固拓展疫情防控和经济社会发展成果，扎实做好“六稳”工作，全面落实“六保”任务，以数字化转型为基础，持续增强支撑高质量发展的现代产业体系、创新体系和城市治理体系优势，确保“十四五”开好局起好步，加快打造成都都市圈重要增长极和强劲动力源，以优异成绩庆祝建党100周年。

今年发展的主要预期目标坚持以高质量发展指标体系为导向，主要包括：在经济发展方面，地区生产总值增长7.6%左右，常住人口城镇化率75.5%，一般公共预算收入增长5%。在创新驱动方面，全社会研发投入增长13%，每万人口有效发明专利拥有量28.5件以上，数字经济核心产业增加值占地区生产总值比重、先进生产性服务业增加值占服务业增加值比重稳步提升。在民生福祉方面，城乡居民人均可支配收入分别增长7.6%、8.2%，城镇调查失业率控制在5%以内。在绿色生态方面，空气质量优良天数比例不低于76.5%，单位地区生产总值能耗、二氧化碳和主要污染物排放总量均完成市上下达的降低目标。在安全保障方面，粮食播种面积稳定在29万亩左右，高标准农田建设、粮食储备和能源综合保障能力完成市上下达目标。

实现上述目标，首先要夯实疫情防控和安全生产的发展底板。要慎始如终抓好“外防输入、内防反弹、人物同防”各项工作，常态开展十项基础“体检”。深入开展爱国卫生运动，建立“扫码、测温、戴口罩”长效机制。严格入境人员全流程闭环管理，继续加强中高风险地区来（返）蓉人员管理服务。全面加强冷链食品、进口货物、中高风险地区抵蓉物资全链条防控。充分发挥社区诊所、药房和发热门诊哨点作用，强化院感防控管理。加强排查、检测、隔离、救治能力建设，有序推进新冠疫苗接种。加强防控物资储备，大力开展应急演练，进一步提高常态转应急的快处能力。压实安全责任制，落实清单制管理，深入实施安全生产专项整治三年行动、城乡防火专项整治，持续开展排险除患，坚持“四不两直”加强明察暗访、严格执法，坚决做到不安全不生产，以铁腕作风织牢安全网，以扎实工作保护人民群众生命财产安全。

在夯实发展底板的基础上，重点抓好七个方面工作：

## 一、坚持协同共兴，站位全局优化经济地理

以一体化理念、一盘棋思维全面提升协同发展能级，积极在更高层次、更宽领域汇聚资源、推动发展，加快形成优势互补、相互成就的高质量发展区域经济格局。

**（一）当好“双城记”“同城化”的先行示范。**深化与重庆九龙坡区战略合作，建立轨道交通两地市场共享机制，共建航空产业供应链交流平台，推动轻量化材料等领域协同互补，在巴蜀文旅走廊、TOD综合开发等领域衔接互动，打造跨区域产业生态圈和创新生态链。坚持与德阳在能源装备、现代物流等领域深度合作，探索与广汉共建油服装备制造产业基地。策划串联大熊猫基地、三星堆、宝光寺、沸腾小镇精品旅游线路。

**（二）加快大港区一体化进程。**推进基础设施一体化，加快推动成金简一期建设、货运大道东西向扩容改造，提升联通大港区通行能力。推进空间布局一体化，与金堂、青白江谋划共建毗河产业走廊，布局出口替代型加工业和商贸服务业，打造适欧适铁临港贸易产业集群。推进产业链协作一体化，推动公路物流与铁路港多式联运衔接。推动政策服务一体化，完善新青工业连片发展区合作共建机制，策划打造辐射大港区的文化艺术中心。

**（三）以人城产逻辑做强东西两翼。**坚持规划引领，以片区开发、封闭运行的思路，与行业领军企业联手打造集生产生活生态于一体的未来城市、理想社区，推动石板滩悦动新城崛起、新繁繁邑新城复兴。石板滩悦动新城加快推进航空活力公园、新城驿中心等50个大交通、大生态、大配套项目规划建设，年内新（改）建骨干路网16公里，启动建设西江河宜居水岸、新城市民中心。新繁繁邑新城开工建设华为全球智能家居创新中心、商务服务中心，实施北一环、东环路、新犀路等5条主干道路改扩建和整治提升工程，全面完成老成彭路改造，加快城市有机更新进程。

## 二、坚持提能升级，打造现代产业竞争力

坚持存量变革、增量崛起、变量突破一起抓，围绕产业链部署创新链、围绕创新链布局产业链，加快构建以现代服务业为主体、战略性新兴产业为引领、先进制造业为支撑的现代产业体系。

**（一）全力攻坚产业功能区建设。**聚焦“产城共兴”建设现代交通产业功能区，新建标准化厂房25.6万平方米，加快轨交科创中心、航空科创大厦22万平方米高品质科创空间载体建设，同步导入成飞民机、拓璞智能等45个高能级产业项目；按照职住平衡、产城融合、功能复合的思路，高质量编制工业东区片区更新规划，清理盘活闲置低效用地900亩以上，全力推动补齐短板、完善配套、激活存量、提升能级，建设新型产业社区、都市工业新区。聚焦“数字经济”建设智慧物流产业园，加快转化北中心建设，新建源上湾等商业综合体4个，清理传统低效物流仓储用地700亩以上，大力发展物流金融、数字物流、网上油服等衍生业态，加快形成智慧物流科创廊。聚焦“创意设计”建设智能家居产业城，依托网络电商赋能市场拓展，塑造未

来场景引领柔性定制。坚持“大学举旗帜、地方搭平台、央企搞运营、龙头聚资源、校友作支撑”，依托西南石油大学高标准规划建设国际新能（油服）科创城，构建“一城一镇两基地”新格局，打造先进生产性服务业示范区。

**（二）加快推动智能制造成型成势。**着力延伸轨道交通产业链，布局川藏铁路先进轨道交通产业园，全力争取动车组本地化制造和五级修资质，力促货运动车技术落地，加快轨道交通西南研发生产总部基地等项目建设，打造面向“一带一路”的轨道交通装备造修服务基地。全力推进航空产业园全功能运营，加快推动“四中心”“四平台”建设，规划建设智能制造装备产业园、航空发动机产业园，进军无人机、燃气轮机等通航动力市场，打造世界一流的航空发动机和大部件研制基地。依托厚普、法国液空、美国康明斯打造氢能“制、储、运、加”高端装备制造产业集群，建设国际氢能总部。运用新一代信息技术提升医药食品等传统优势产业，引导 7 家以上企业建设数字车间、灯塔工厂。

**（三）持续培育新经济发展生态。**实施高新技术企业倍增、新经济“梯度培育”工程，力争高新技术企业突破 180 家以上，新经济企业数量增长 1500 家以上。推动科成云、音乐蜜蜂、拓米等项目建成投运，促进优炫项目加快实施。全力引进世界 500 强 IT 企业打造万人软件产业园。着力培育科技型服务业，发展新兴金融业，加快打造数字货币创新平台。深入推进绿色金融创新试点，力争新认证绿色企业、绿色项目 20 个，加大新申绿色创投基金投放力度。启动香投大厦、香城孵化中心等甲级写字楼规划建设，全面提升楼宇经济承载能力。将川西林盘作为极其珍贵的稀缺资源、未来发展的战略空间，以安东石油为示范，推动研发、结算、营销中心根植林盘聚落，打造总部经济新赛道。

**（四）大力建设成北新消费中心。**统筹城市级、区域级、社区级消费布局，加快推进旭辉广场等核心商圈建设，改造提升 7 条以上特色商业街区。深入实施新消费提振内需行动，规划建设五龙山汽车主题公园、东方汽车综合服务园，引进各类品牌首店 4 个以上，建成夜间经济示范点位 2 个以上。

**（五）加快乡村振兴步伐。**突出良种繁育、规模经营、专业合作、冷链物流等重点，深化农业品种、品质、品牌“三品”联动，全面提升亩产效益，促进农民增收。与乡伴文旅集团等专业团队合作，对乡村资源进行集成式运作、连片化打造，推进农商文旅体科融合发展。加快花舞木兰农业主题公园、兴城国际足球体育公园、泉印心都等项目建设，打造进则都市、退则田园、彰显大美形态的田园会客厅。实施 1.7 万亩高标准农田建设，坚决遏制耕地“非农化”，防止“非粮化”。

## 三、坚持创新驱动，推进资源要素高效配置

以高水平改革开放为引领，聚力协同创新，促进各类要素资源高效流动、高效配置、高效增值，构建推动高质量发展的动力源。

**（一）打造创新平台。**融合研发设计、生产服务、生活休闲功能，促进各类创新要素向高品质科创空间集聚。以双向补贴方式，推动大学大院大企实验室、科研设施、科学仪器、工业设备开放共享。强化企业创新主体地位，推行科技攻关“揭榜挂帅”机制，鼓励领军企业组建创新联合体，支持企业打好关键核心技术攻坚战。加快 624 所研发总部科技创新中心、西南交大科技园新都分园等项目建设，与上海交大共建“两院两中心”。提高创新链整体效能，探索建设科技成果评估交易统筹协调与服务平台，从产业契合度、转化成熟度等方面挖掘和支持辖区院校企业科技成果转化，力争技术合同交易额突破 15 亿元。

**（二）增强改革实效。**加快探索新一轮五项制度改革，扎实推进紧密型县域医共体建设、社区治理和服务创新等一批国家级改革试点。健全以管资本为主的国资管理体制，推动香投集团降本增效。按照“深耕本土、母子协同”思路进一步做大主导产业细分领域各项基金规模，成就投资回报与产业培育的双赢局面。深化工程建设项目审批等商事制度改革，以业务流程革命性再造打造“极简审批”新都模式。进一步完善农村集体经营性建设用地入市制度。加强企业上市辅导扶持和上规培育力度，

力争新上规企业40家、新申报上市企业4家。

**（三）优化营商环境。**以市场主体和市民获得感为标尺，突出审批服务简约易办、惠企政策精准易享，实现办事不求人、办成事不找人。创新政府投资项目建设和投融资模式，采取股份合作制、股权融资、发行债券等形式引进社会资本参与城市建设。探索实施M0土地供应。聚焦产业前沿、关键领域人才需求，深入实施“香城英才计划”、特需人才计划，探索与投资总额或地方贡献挂钩的“指标到企”人才公寓供给机制，发挥企业主体作用，不拘一格引进急需紧缺、行业领军人才。

## 四、坚持公园营城，全面提升宜居宜业品质

坚持以公园城市理念标定城市新取向、重塑城市新价值，塑造未来城市发展新形态，构筑城市发展的永续竞争优势。

**（一）夯实城市基础功能。**高标准推动清源路等七大片区综合开发。加快公园城市场景营造，启动泥巴沱森林公园二期规划建设，建成泥巴沱体育运动公园。编制“快联内畅贯通”攻坚规划，科学安排时序，力争5年实现新都交通大改善。启动围城路下穿宝成铁路及货运大道隧道节点工程，加快贯通金新路、天歌路等7条断头路，加快学院西路等7条道路改造，提升东西向交通转换效率。全力支持地铁8号线、27号线和成绵高速第二复线、五环路等重大交通设施建设，力促金凤凰高架新都段年内通车、蜀龙大道转盘节点改造完工，加快建设廖家湾TOD站，推动氢能源有轨电车示范线规划建设，加快构建现代综合交通体系。科学布局5G基站、数据中心、新能源汽车充电桩等新基建设施，全面提高城市基础设施现代化水平。

**（二）筑牢城市生态本底。**扎实推进长江经济带生态环境问题整改，做好第二轮中央、省环保督察迎检工作。精准实施大气污染防治，持续开展城市“清尘行动”，推广挥发性有机物在线监测，新建科技治霾项目3个。深化西江河跨区域河流综合治理，加快建设木兰第二污水处理厂，持续推进黑臭水体整治和排水管网修复，加快实现从“治污”迈向“提质”。有序推进固体废物污染防治，加快大丰环境中心规划建设，推进污泥资源化中心运行投用。新建绿道20公里，新增绿地面积30万平方米。

**（三）转化城市生态价值。**把握天府大道北延线经济带、毗河公园产业带、锦城公园生活带未来走势，科学做好新一轮国土空间规划。探索EOD城市开发模式，推动新增商住用地、公服用地向锦城公园两侧集中布局，打造“身憩公园、春暖花开”的高品质宜居生活场景。深入挖掘“熊猫＋火锅”两大世界级IP，加强天府沸腾小镇品牌营销，引入功夫熊猫、网易云等时尚潮流符号，推进沸腾里、沸腾乡野、川音艺谷建成运营，面向全球游客释放吸引力、激发兴奋点，全面提升城市识别度、美誉度。

**（四）擦亮新都文化品牌。**系统梳理新都古蜀文化、宝光文化、书香文化、耕读文化、廉政文化、音乐文化和美食文化内涵肌理，开展龙藏寺等历史建筑保护修复，全力发掘军屯三国历史文化，加快建设大熊猫国际旅游度假区，传承推广新繁棕编等非物质文化遗产，全面彰显文韵香城魅力。主动融入“三九大”旅游生态圈，高标准编制旅游发展规划，推动天府沸腾小镇创建国家AAAA级旅游景区，围绕尖锋运动、芳华微马等“旅游＋体育”特色IP整合打造精品线路，争创“天府旅游名区”。以川音为龙头，以超线公园为承载，以欧瑞、云图等重点企业为引领，大力发展电子竞技、音乐文创产业，构筑时尚体验和文化艺术新地标。

**（五）全力推进办赛营城。**统筹抓好疫情防控和赛事组织，高质量抓好香城体育中心场馆运行管理，高水平组织好水球项目比赛和篮球、排球竞赛训练。实施绕城大道综合整治等17个重要节点提升工程，同步推动交通设施、标识系统提档升级，高标准抓好环境营造、保障服务，以国际化形象展现办赛水平和城市温度。积极谋划“后大运”经济，加快推动香城体育中心市场化运营，加快发展旱雪、乒乓球、足球、轮滑等特色体育，做强三河村乡村足球品牌，推动赛事集聚的资源要素向旅游、餐饮、零售等延伸发展，促进体育事业向体育产业升级，让市民全面分享赛事红利。

## 五、坚持共建共享，创造幸福美好生活

践行人民为中心的发展思想，全面实施幸福美好生活十大工程，用心用情用力办好民生社会事业，努力解决民生突出问题，让市民和市场主体可感可及、深度受益。

**（一）提升社会保障水平。**实施“创业新都”行动计划，建立促进创业带动就业、培育壮大新业态灵活就业机制，打造“1239”人力资源服务体系，提升就业质量，确保城乡居民收入稳步增长。健全完善退役军人服务保障体系。加快推动城乡居民社会养老保险和基本医疗保险全覆盖。统筹完善社会救助、社会福利、慈善公益、优抚安置等制度，重点关注低保户、低保边缘户等群体，兜底特殊困难群众基本生活。持续推进“双限地”上市，有效增加保障性住房供给，全力推进15个安置小区建设，继续做好安置房办证工作。持续抓好对口帮扶，巩固提升脱贫攻坚成果。

**（二）优化公共服务供给。**坚持义务教育优质均衡发展，大力推进强校工程，集中精力推进教育质量攻坚，加快实施北星中学、新城小学等19所学校幼儿园建设，确保11所学校竣工，新增学位13000余个，打造“家门口”的好学校。全力支持成都医学院升格医科大学。深入实施“医联体”合作，启动新都疾控中心三甲创建，完善中医治未病服务体系，加快推进优质医疗资源扩容和区域均衡布局，实施高堆社区卫生服务中心等6个重点项目，完成35个村卫生站公有化标准化建设。聚焦“一老一小”和特殊群体，把柔性关照渗透到城市规建管运各个环节，把人文关怀落实到衣食住行育教医养每个细微处。推进“智慧养老”试点及家庭照护床位试点，规划布局与人口相适配的托育服务体系，推进残疾人辅具适配服务试点。

**（三）丰富精神文化生活。**加快推进新时代文明实践中心建设，大力培育和践行社会主义核心价值观。高水平规划建设服务大港区的香城大剧院、文化馆、美术馆、图书馆、博物馆等文化地标。深入实施文化惠民工程，全力打造国家文体服务标准化试点，持续夯实“15分钟公共文化服务圈”，大力推进镇级图书馆、健身中心等文体设施建设，满足群众多样化、多层次的文化需求。依托荣军院开展红色文化教育，持续增强“最美新都人”等正能量宣传活动影响力。倡导文明绿色健康生活。

## 六、坚持系统治理，加快建设智慧韧性城市

坚持以人为本，以基层社会治理为支撑，以现代化治理为抓手，提升全覆盖、全过程、全天候治理能力，促进城市治理科学化、智能化、精细化。

**（一）全面加强城市精细管理。**聚焦“干净整洁的环境、以人为本的功能、艺术张力的作品、多元参与的机制”抓实香城细管，逐步实现建筑可阅读、街区可漫步、公园可休憩、林盘可消费，让城市更有魅力。广泛发动群众参与治乱拆违、立面整治、植绿增景。通过理顺道路体系、严格执法管理、优化交通组织、升级传统产业、取缔非法仓储，有序推进主城区货车分流。新增智慧停车位1000个以上。系统开展标志性建筑、精品橱窗、“金角银边”设计，整合城市可利用空间打造10个以上口袋公园（可食地景），实施3条突出体验功能、体现空间美学的公园示范街区打造。加快推进街区一体化，完善安全便捷、功能复合的城市慢行系统，建成“上班的路、回家的路”15公里以上。

**（二）全面提升城市安全韧性水平。**建成城市智慧治理中心。持续推进综合防灾减灾救灾能力和应急体系建设，加强人防设施建设、专业救援队伍建设、应急物资储备及保障，提升突发事件响应和处置能力。加强校园、工地等食品安全重点领域监管，高标准推进国家食品安全示范城市创建。健全公共卫生管理体系，完善疫情多点触发预警机制、医疗救助保障机制，提高紧急医疗救援能力。持续深化平安新都建设，完善社会治安防控体系，推动扫黑除恶专项斗争常态化。

**（三）扎实推进城乡社区发展治理。**整合管理服务资源，推进便民服务微中心、智慧微超、万事共享屋等进社区，构建社区生活性服务业新场景。推进社区发展治理与城市综合治理“双线融合”，

下大力气理顺基层组织、业委会、物业之间的关系并依法加强管理，支持社会企业和社会组织参与社区治理，努力实现良序善治。做好镇街行政区划调整和村（社区）体制机制改革“后半篇”文章。

持续推进民宗、保密、档案、地方志、统计、人防、红十字会、科协、青少年、慈善、兵役、气象等工作。

## 七、坚持务实高效，全力建设服务型政府

全面加强党的建设，切实转变职能，狠抓工作落实，不断提高政府执行力和服务效能，加快建设人民满意的服务型政府。

**（一）旗帜鲜明讲政治**。坚持把讲政治摆在首位，把党的领导贯穿于政府工作各领域、全过程，严守党的政治纪律和政治规矩，增强“四个意识”、坚定“四个自信”、做到“两个维护”，提高政治判断力、政治领悟力、政治执行力，不折不扣贯彻落实好党中央国务院、省委省政府、市委市政府和区委决策部署。全面落实从严治党政治责任，切实抓好政府系统党的建设。认真落实意识形态工作责任制。以最坚决态度落实巡视整改任务，强化巡视成果运用，推动长效整改，实现标本兼治。驰而不息整治形式主义、官僚主义，坚决惩治腐败。厉行勤俭节约，严控“三公”经费支出，坚决制止餐饮浪费行为。

**（二）加强法治政府建设**。严格遵守宪法和法律，更加注重运用法治思维和法治方式深化改革、推动发展、化解矛盾、维护稳定，积极创建全国法治政府建设示范城市。坚持问政于民、问需于民、问效于民，自觉接受区人大及其常委会的法律监督、工作监督和区政协的民主监督。主动回应市民关切，努力提高人大代表建议和政协提案办理质量。加强政务公开，加快推进审计监督全覆盖。坚持用制度管钱管事，完善“三重一大”决策机制。开展“八五”普法，加强《宪法》《民法典》宣传，提升公共法律服务水平，在全社会开展诚信文明守法教育。加强依法统计。

**（三）不断提升履职能力**。坚持“案无积卷，事不过夜”，不断提高行政效能。积极推动学习型政府建设，加强调查研究。加强绩效管理、跟踪问效，健全正向激励、容错纠错、考核评价、关心关爱等机制，激发比学赶超、奋勇争先的干事志气。全力推进作风转变，建立全覆盖的“企业管家”制度和“吹哨报到”机制，聚焦解决问题、延链扩圈、科研攻关、供需对接、底线监管“五位一体”，千方百计为企业开拓市场站台，为企业研发创新加持，为企业行稳致远护航！

征途漫漫，唯有奋斗。让我们坚定以习近平新时代中国特色社会主义思想为指导，更加紧密团结在以习近平同志为核心的党中央周围，在市委市政府和区委的坚强领导下，紧紧依靠全区人民，坚定信心、不懈攻坚，奋力开创成都都市圈北部中心高质量发展新局面，用奋斗谱写幸福美好生活新篇章，以优异成绩庆祝建党100周年！

### 名词解释

**JRCC**：交铁检验认证中心。

**TOD**：以公共交通为导向的发展模式。

**片区综合开发**：以土地开发利用和产业导入为基础，以项目、片区自求平衡和增量财力产出为关键，政府与社会资本合作，通过长期契约关系，在规划的封闭片区内进行统筹规划设计、投资、融资、建设、运营维护，实现片区经济、社会、人文、环境、公共基础设施和公共服务等全面发展的新型城乡建设模式。

**香城细管九大策略**：一是坚持共建共享，解决谁来管的问题；二是坚持规划引导，解决科学管的问题；三是坚持项目推动，解决怎么管的问题；四是坚持精准发力，解决管什么的问题；五是坚持综合施策，解决立体管的问题；六是坚持城乡联动，解决管哪里的问题；七是坚持攻坚克难，解决超前管的问题；八是坚持数字赋能，解决智慧管的问题；九是坚持科学调度，解决逗硬管的问题。

**口袋公园**：指利用散落在城市结构中规模很小的开放空间，进行绿化种植、配置相应便民服务设施的公园。

**行政执法“三项制度”**：行政执法公示制度、

执法全过程记录制度、重大执法决定法制审核制度。

**行政处罚“三张清单”**：行政处罚不予处罚事项清单、减轻处罚事项清单、从轻处罚事项清单。

**幸福美好生活十大工程**：居民收入水平提升工程、生活成本竞争力提升工程、高品质公共服务倍增工程、城市通勤效率提升工程、城市更新和老旧小区改造提升工程、稳定公平可及营商环境建设工程、青年创新创业就业筑梦工程、生态惠民示范工程、智慧韧性安全城市建设工程、全龄友好包容社会营建工程。

**四件大事**：唱好“双城记”、服务新格局、建好示范区、办好大运会。

**十项基础**：全面深入开展隔离酒店自查整改、全面加强医疗机构和个体诊所防控、严格监管冷链食品风险、加强交通口岸防控管理、落实好特殊重点机构防控措施、压紧机关企事业单位防控责任、持续做好社区防控工作、持续加强文化旅游消费娱乐场所防控、加强防控物资储备管理、加强预警监测和信息发布。

**四不两直**：不发通知、不打招呼、不听汇报、不用陪同接待、直奔基层、直插现场。

**一城一镇两基地**：国际新能（油服）科创城、“油服＋农旅”特色小镇、新都和广汉油气装备制造基地。

**“四中心”“四平台”**：物料中心、检测中心、热表中心和交付中心；园区数字化创新服务平台，航空产品质量和安全共享云平台，科成云大数据平台，川能智网创新平台。

**两院两中心**：航空航天高端数控装备研究院、航空航天智能制造技术研究院、国产化高端数控装备配套产业中心、国产化航空航天零部件加工示范中心。

**五项制度改革**：财政预算制度改革、国资经营评价制度改革、土地资源配置制度改革、基本公共服务清单标准管理和动态调整制度改革、企业扶持激励制度改革。

**MO**：一种新型产业用地，主要用于融合研发、设计、检测、中试、新经济等创新性业态及相关配套服务的工业用地。

**EOD**：以生态环境主导城市开发模式。

**三九大**：三星堆、九寨沟、大熊猫。

**1239**：打造1个中心，即人力资源服务平台；实施2种手段，即人力资源服务大厅与“香城职通车”小程序；延伸3个产业功能区；覆盖9个镇（街道）。

**双限地**：限地价、限房价。

# 新都区抗击新冠肺炎疫情

面对突如其来的新型冠状病毒肺炎疫情，新都区坚决贯彻落实习近平总书记对疫情防控工作的重要指示批示精神和党中央国务院、省委省政府、市委市政府决策部署，始终把人民群众生命安全和身体健康放在第一位，第一时间成立疫情防控领导小组，组建疫情防控指挥部，坚持防控为先、统筹兼顾、分类指导、精准高效，统筹推进疫情防控和经济社会发展，构建常态化疫情防控长效机制，各项疫情防控工作有力有序，基本实现“两难”变“两全”。

## 一、提高站位，坚决把习近平总书记重要指示精神作为疫情防控的根本遵循

疫情以来，新都区坚决贯彻落实习近平总书记重要指示精神，把疫情防控作为增强“四个意识”、坚定“四个自信”、做到“两个维护”的现实检验，坚决打赢疫情防控人民战争、总体战、阻击战；始终把习近平总书记系列重要指示精神作为疫情防控的根本遵循，通过召开区委常委会、疫情防控指挥

部会议等形式第一时间传达习近平总书记重要讲话和重要指示批示精神，学深悟透习近平总书记关于科学防控、有序复工复产复学、统筹推进疫情防控和经济社会发展等重大要求，切实把全区各级各部门的思想和行动统一到习近平总书记重要指示精神上来，确保疫情防控工作始终沿着正确方向扎实推进。

## 二、周密部署，第一时间打响疫情防控阻击战

新都区始终坚持以最坚决的态度、最有力的行动和最果断的措施贯彻落实市委、市政府防控部署。1 月 21 日，成都市委常委会对突发的疫情作出工作部署后，新都区相继召开区委常委会和专题会安排关口检查、入户排查、专业防治等工作，确保口岸管控不漏一车一人，社区排查不漏一人一户。2 月 23 日，成都市委召开常委会强调“两手抓”“两手硬”，统筹推进新冠肺炎疫情防控和经济社会发展后，新都区先后召开区委常委会和工作部署会议，研究恢复经济社会运行秩序、企业复工复产稳产满产、实现全年经济社会发展目标等工作，确保“两手抓”“两不误”。3 月 19 日，成都市委召开常委会分析国内外疫情防控形势后，新都区召开区委常委会进行贯彻落实，将总体防控部署变为“外防输入、内防反弹”，优化防控措施，严防境外输入病例。12 月 7 日，成都市新冠肺炎疫情防控指挥部第 54 次会议召开后，新都区召开疫情防控指挥部会议，根据疫情防控新要求，全面落实全域体检十项基础工作，启动一级应急响应机制，迅速进入“战时状态”。

## 三、紧深细实，科学精准抓好疫情防控

一是“三级包干”推进群防群控。新都区建立区、镇（街道）、村（社区）“三级包干”工作机制，动员全区 9 万名干部群众参与战“疫”，构建责任清晰、到边到底的防控网络。二是“全面覆盖”抓实社区防控。新都区创新实施社区排查“十六法”开展滚动摸排；采取分类化、差异化、精细化方式，科学做好小区出入口管理、体温监测、“四问四登记”、居家隔离医学观察人员服务等；推广“一支宣传队、一个小喇叭、一个公告栏”做法，充分调动“红马甲”“红袖套”等志愿者和“两新”组织等社会力量参与，发动快递小哥在走街串巷、派件派餐过程中担当疫情防控“移动探头”。三是“物理阻断”严防境外疫情输入。新都区针对机场入境抵新人员，落实专人专车专线接送，确保人员移交无缝衔接并有序实施集中隔离；针对尚在国外的本地常住人员，通过电话问询掌握返蓉计划并提前做好管理服务。四是“重点管控”严防聚集性疫情发生。新都区压实企业主体责任，指导企业制定完善防控方案、防疫措施，确保疫情防控和生产经营两不误；加强机关企事业单位、商场超市、农贸市场、公共交通等人员密集场所规范化管控；持续强化医疗机构防控，组建 9 个防疫医共体全覆盖各类医疗机构，形成自上而下督导、自下而上信息报送的防控机制；抓实教育机构防控，实行校园封闭式管理，加强人员健康状况排查及因病、因事缺课追踪管理，引导师生员工科学佩戴口罩，常态化开展校园环境无死角消杀；持续抓好监所、养老院等特殊区域防控，确保不留死角漏洞。五是“专业周密”开展诊疗服务。加强医疗救治力量储备，加快推进紧密型县域医共体建设，全力提升核酸检测能力，加快推进医疗机构核酸检测实验室建成投用；选派 4 批 31 名医务人员支援湖北，累计调度 507 人应急支援成华区、郫都区疫情防控，服务全国、全市抗“疫”大局。六是“多措并举”加强冷链食品管理。新都区督促企业设置进口冷链食品入库“暂存仓”；持续以冷链食品及包装物、从业人员、生产环境等为重点，实施新冠病毒核酸常态化检测；将“川冷链”平台作为防控冷链食品疫情传播、监控走私冷链食品的重要手段，确保冷链食品来源可查、去向可追。

## 四、下沉服务，加快推动复产满产稳增长

一是落实“专班专员”，驻点开展精准高效服务。新都区建立工业、服务业等 8 个行业“协调专班”，对 633 家企业（项目）落实“一对一”联络专员，驻点办公及时帮助企业纾危解困，切实做到“随叫随到”；建立“协调专班”会、区长专题会、区委常委会三级快速协调机制，流程化破解企

业复产满产难题。二是着眼“雪中送炭”，推动政策惠企应享快享。新都区“真金白银”解决企业资金难题，提前半年兑付各类产业奖补扶持资金1.36亿元，有效缓解企业资金链紧张问题；绘制中央、省、市、区政策兑现“一张图”，确保各项优惠政策“应享尽享”“应享快享”；“全生命周期”支持中小企业稳链保链，出台《保障中小企业正常运转18条》等措施，落实稳岗补贴、社保减免等5.92亿元，搭建银政企平台为企业“输血供氧”56.2亿元。三是推行“一企一策”，抓大稳小优化要素供给。新都区助力重点企业扩产提能，召开全区重点企业座谈会，建立全覆盖联系的“企业管家”制度，为企业提供全流程代办服务，全力解决企业各类难题；着力打通中小企业“痛点堵点”，出台“惠企抗疫”人力资源保障14条，搭建线上线下招聘平台，发布供需对接机会清单，支持企业开拓市场、重构供应链，区属香城担保公司增加一倍注册资本金，增强中小企业融资担保能力。

## 五、迅速行动，抓实抓细全域体检十项基础工作

一是及时响应、迅速行动。郫都区发现新冠肺炎确诊病例后，按照市委、市政府工作部署，新都区赓即进入“战时状态”，第一时间将全域体检工作细化分解为10类20项具体任务，分类制定针对性工作方案，深入开展全域体检，确保工作落地落实，牢牢掌握住疫情防控主动权。二是紧扣关键、科学施策。新都区全面强化隔离场所建设管理，逐一对隔离酒店选址、运行等开展全面风险评估，由区领导“一对一”任每一个集中隔离酒店“点长”，具体负责风险隐患整改和规范专业管理；组建若干工作专班，深入社区、企业、重点场所开展全覆盖、拉网式检查，构建起联动配合、横向到边、纵向到底、协同共检的“大体检”格局；加强应急处置能力建设，完善处置小规模病例流程预案，采购5.5万人份核酸检测试剂耗材、10台PCR检测仪和2台全自动检测仪，启动满足30天满负荷运转需求量的应急医疗物资储备，确保储备充足、应对有力。三是充分宣传、全面动员。新都区充分运用电视台、微信、微博等公共平台，发布权威信息，快速处置涉疫舆情；持续开展爱国卫生运动，引导市民坚持良好卫生习惯，做好自身健康监测；发出《致各级基层党组织、社会群体、广大市民朋友的倡议书》，号召党员亮出身份迅速投入防疫一线，号召社区工作者、志愿者等主动参与疫情防控，形成同心战“疫”浓厚氛围。

## 六、党建引领，激励党员干部主动担当作为

一是发出“三让一强”行动倡议，成立180个临时党组织、385个党员责任区和党员示范岗；抽调4319名机关干部下沉社区开展“两送两排查”，深入交通卡点、农贸市场等抓实抓细“外防输入、内防扩散”，服务企业复工复产；动员10 594名党员志愿者组成417支香城先锋志愿服务队，成立308支社区党员入户关爱服务队，将党旗插在疫情防控斗争第一线。二是注重防疫一线考察识别干部，出台《聚焦一线激励引导党员干部主动担当作为七条措施》《新型冠状病毒感染的肺炎疫情防控工作问责暂行办法》等规定，在一线走访了解、考察干部，并将“两手抓”工作实绩作为干部选拔任用的重要依据。三是发挥督导考核指挥棒作用，组建联合监督督查组，制定疫情防控工作专项考核细则，严格“双通报”和追责问责制度，促进各项工作末端落地。

# 大事记

# A CHRONICLE OF MAJOR EVENTS

## 1 月
January

**6 日** 新都区召开毗河公园概念规划设计全球招标新闻发布会，启动毗河整体规划设计招标。竞赛设计奖金 600 万元，内容包含全长 37.8 公里的毗河总体规划和重要节点城市设计。

**7 日** 新都区“2020（第 18 届）成都·新都新春欢乐购”活动启动，以“国际消费中国年　品质生活购成都”为主题，设置 1 个主会场、7 个分会场，并结合新都区“对口帮扶、精准扶贫”，联合展销“新都造”品牌与甘孜（理塘）、凉山（美姑）地区品牌。

△ 新都区军屯镇行政区划调整改革动员会及挂牌仪式举行。

△ 中国红十字会副会长尹德明到新都区慰问困难群众，实地调研新都区红十字医务社工项目。

**10 日** 新都区召开领导干部大会。王忠诚任新都区委委员、常委、副书记，提名为新都区人民政府区长人选；免去李云新都区委副书记、常委、委员职务，提名免去其新都区人民政府区长职务。

**14 日** 新都区“不忘初心、牢记使命”主题教育总结大会召开。

△ 退役军人事务部副部长钱锋带队到新都区调研退役军人事务和双拥创建工作，实地察看四川省革命伤残军人休养院门诊退役军人之家和荣军博物馆，并走访慰问革命伤残军人。

**16 日** 新都区举行紧密型县域医疗卫生共同体授牌仪式。新都区紧密型县域医疗卫生共同体建设以区人民医院、区中医医院、区第二人民医院为牵头单位，16 家基层医疗卫生机构为枢纽，村卫生站为网底，拟建立 3 个紧密型县域医共体，串联起区—镇—村三级医疗资源，形成医疗资源上下贯通、区镇村一体管理的运行模式。

**17 日** 新都区新繁街道汪家村、军屯镇白碾村、斑竹园街道三河村和双龙村被评选为“2019 年成都市实施乡村振兴战略推进城乡融合发展先进示范村（社区）”。

**18 日** 新都区召开专题研究会，安排部署帮扶企业专项行动。

**20 日** 新都区 2019 年度镇（街道）及行业系统、产业园区党工委书记落实主体责任述职评议会议召开。

△ 新都区 2019 年民生实事工作总结大会召开，总结 2019 年民生实事工作，安排部署 2020 年民生实事工作。

**23 日** 新都区委办公室、区人民政府办公室联合发出《关于印发新都区新型冠状病毒感染的肺炎总体防控方案的通知》。

**26 日** 新都区人民政府组织召开工业企业节后回蓉返岗复工人员疫情防控工作会议。

△ 新都区市场监管局、区商务局联合督查全区 9 个镇（街道）、园区禁止举办群体性餐饮经营活动和暂停茶房营业情况。

**29 日** 新都区委十四届常委会第一百二十二次会议暨区新型冠状病毒感染的肺炎疫情防控指挥部第六次工作会议召开。

## 2 月
February

**4 日** 成都市、新都区两级检查组检查新都区重点企业四川科伦医药、中粮可口可乐、成都光明光学元件有限公司、华润雪花（四川）有限责任公司和成都中电锦江信息产业有限公司疫情防控和复工工作。

**6 日** 新都区部分重点项目推进工作专题会召开，听取新都区 2019 年重点项目推进情况和 2020 年储备项目情况，探讨梳理区级部门重点项目建设存在的困难和问题。

**7 日** 新都区委十四届常委会第 123 次会议暨疫情防控指挥部第 15 次工作会议召开。

**14 日** 新都区委十四届常委会第 124 次会议

暨成都市新都区新型冠状病毒感染的肺炎疫情防控领导小组第19次（扩大）会议召开。

**18日** 新都区项目推进机制工作专题会召开，听取企业开工复工准备工作落实情况汇报，研究新都区疫情防控期间重点项目分类分批复工开工推进机制。

**19日** 新都区举行首批援助湖北抗疫医疗队出征仪式，新都区中医医院4名医护人员跟随国家中医药管理局组建的国家中医医疗队驰援湖北。

**21日** 新都区公园城市建设暨城市有机更新项目推进会召开。

**22日** 《人民日报》第6版以《四川广大党员勇当抗疫先锋》为题，报道新都区36名党员、25名志愿者组成的志愿服务队，用3天时间帮助军屯建利蔬菜合作社抢收215吨蔬菜，为合作社挽回经济损失约34.7万元。

△ 新都区技改转产，首条最高日产20万个的全自动口罩生产线正式投产。

**25日** 新都区召开重大改革工作专题推进会，听取新都区获批全国社区治理和服务创新实验区以来实验工作进展情况汇报和遇到的难点问题，研究部署下一步工作。

**28日** 新都区召开防控指挥部复工复产工作调度会，听取相关部门复工复产工作开展落实情况汇报，安排部署全区疫情防控和复工复产等相关工作。

## 3月
March

**3日** 新都区人民政府召开2020年第一次区长办公会，各区级分管领导通报各自分管领域近期重点工作推进情况及下一步工作安排。

**5日** 新都区2020年一季度重大项目集中开工仪式在川音文创园项目现场举行。此次集中开工共13个项目，包括7个产业功能区支撑项目和6个城市品质提升及民生服务项目，总投资160亿元。

**6日** 新都区召开防控指挥部复工复产工作调度会暨“送政策、帮企业、送服务、解难题”专题行动工作部署会，听取部门复工复产开展落实情况汇报，安排部署下一步工作。

**10日** 新都区召开关于研究高品质产业空间（科创空间）建设规划工作专题会议。

**13日** 新都区以“屏对屏”方式举办2020年重大项目“云签约”活动，签约9个项目，包括中航建西南区域总部、江西江中总部基地等，总投资151亿元，19.6万名网友关注活动网络直播。

**14日** 新都区卫生大扫除活动举行，重点抓好家庭、单位、社区院落、农贸市场、商场、城中村、城乡接合部、主次干道、铁路公路沿线等环境卫生整治。

**17日** 新都区召开加快产业功能区（生态圈）建设专题工作会，听取高品质科创空间规划编制进展情况和轨道航空产业生态圈、现代物流生态圈、智能家居产业生态圈培育建设情况、2020年工作思路及具体工作安排。

**18日** 新都区召开专题研究文体旅游相关工作会议，听取尖锋运动公园项目、成都万朵城暨成都国际滑轮运动中心、芳华微马公园项目、“乒乓球之乡”振兴等方案汇报。

**19日** 新都区获评2019年度成都市农村改革先进区（市）县。

**20日** 新都区召开营商环境建设暨复产满产稳增长工作会，总结2019年度经济工作并安排近期企业复产满产稳增长及营商环境建设工作，通报新都区疫情期间惠企帮扶政策及兑现情况，表彰四川科伦药业股份有限公司、华润雪花啤酒（四川）有限责任公司、成都传化公路港物流有限公司等242家2019年度新都区经济贡献先进企业。

**25日** 新都区2020年组织宣传统战工作会议召开，总结2019年新都区组织、宣传、统战工作，研究部署2020年相关工作。

**27日** 新都区召开氢能源有轨电车应用方案专题研究会，听取中铁二院关于新都区横向城市轨道交通规划建设方案。

△ 新都区组织区人武部、区发改局、武警新

都中队、各社会抢险分队召开区应急处置装备和一般应急物资储备协调会。

**31日** 新都区获评2019年度四川省农民增收工作先进县（市、区）。

## 4月 April

**2日** 新都区召开高品质产业空间规划专题推进会，听取新都现代交通产业功能区建设高品质科创空间规划方案汇报。

**3日** 新都区人民政府召开2020年第二次区长办公会，通报近期重点工作推进情况及下一步工作安排。

△ “爱成都爱生活 一起欢乐购”2020成都夏季购物节——新都首届汽车购物节开幕式举行。

**10日** 新都区与中国十九冶集团战略合作签约仪式举行，签约项目总投资200亿元。

**11日** 新都区被四川省委、省政府、省军区评为四川省双拥模范区。

**12日** 新都区召开实施香城细管助力公园城市建设大会，正式启动实施香城细管行动。

**13日** 新都区召开村（社区）体制机制改革工作推进会暨领导小组第一次会议，传达全省、全市村级建制调整改革和村（社区）体制机制改革工作推进会精神。

**14日** 由新都区委、区人民政府主办，以“未来·家”为主题的智能家居产业创想会在毗河城市会客厅举行。

**15日** 新都区农村人居环境整治2020年第一次推进会召开，汇报2020年农村人居环境整治有关工作，通报“最美院落”评选结果。

**16日** “魅力公园城 成北新中心”2020年成都市新都区现代服务业专题招商推介暨签约仪式举行，签约项目涉及总部经济、现代商贸、文化创意、消费新场景打造等产业领域，总投资额120亿元。

**17日** 新都区现代交通产业功能区管理委员会挂牌成立。

**18日** 新都区公园城市建设专题会议召开。

**26日** 四川成都航空产业园项目（二期）开工仪式在新都区举行。项目位于新都区石板滩街道，占地面积415亩，拟建设26.5万平方米标准化厂房，引进柔性机加专业、交付中心等项目。

**27—28日** 新都区十八届人大四次会议举行，选举王忠诚为新都区人民政府区长。

**28—29日** 新都区政协十一届四次会议举行。

**30日** 新都区与中国建筑第八工程局有限公司举行座谈会，讨论廖家湾TOD项目合作整体定位、打造思路等。

△ 新都区委全面深化改革委员会专题会议召开。

## 5月 May

**7日** 新都区人民政府召开2020年第三次区长办公会，通报全区网络理政平台4月运行情况、4月生态环境保护工作推进情况以及清单制管理推进安全发展示范城市建设推进情况。

**8日** 成德眉资打通同城化城际“断头路”行动计划暨首批项目启动活动在新都区举行，启动项目15个，其中成德间“断头路”项目6个、成眉间“断头路”项目3个、成资间“断头路”项目6个，总投资约172亿元。

△ 新都区召开重点经济及生态指标运行分析会，总结2019年全区经济运行情况，集中部署下一阶段经济运行工作。

△ 新都区召开研究现代交通产业功能区高品质科创空间规划专题会议。

**9日** 新都区总河长会暨西江河流域水环境治理攻坚会召开，总结全区河长制工作，分析当前面临的形势任务，安排部署下一阶段工作。

**11日** 2020年新都区委巡察工作会暨十四届

区委第八轮和九轮巡察工作动员部署会召开，安排部署 2020 年区委巡察重点工作和第八轮、第九轮巡察工作。

△ 新都区与万科（成都）企业有限公司战略合作框架协议签约仪式举行。

**12 日** 新都区召开深化构建和谐劳动关系综合配套改革试点部署会，总结构建和谐劳动关系工作经验，部署国家级和谐劳动关系综合配套改革试点工作。

**14 日** 中粮四川可口可乐饮料有限公司全新引进的每小时生产 12 万罐易拉罐生产线在新都区正式投产。

**15 日** 以“相约香城·筑梦魅力新乡村”为主题的 2020 年成都市新都区现代农业专题招商推介会暨重大项目签约仪式举行。新都区与北京云豪集团、成都兴城投资集团有限公司、华夏农耕科技有限公司等 8 家企业签订投资协议，计划投资 100 亿元。

**20 日** 四川省人社厅批复同意新都区为全省唯一特殊工时管理改革试点单位，试点时间为 2 年，范围覆盖新都区所有企业。

△ 理塘县党政考察团到新都区考察。

**22 日** 新都区、金堂县、甘孜州理塘县对口支援工作第九次三方联系视频会议召开，听取三方区（县）支援工作开展情况汇报。

**25 日** 新都区召开第七次全国人口普查领导小组全体（扩大）会议。

**27 日** 新都区与传化智联项目合作座谈会举行，听取传化智联成都北部物流中心项目推进情况介绍。项目一期占地面积 370 亩，拟投资 18 亿元，将建设传化网油服务业全国总部、运力生态圈、集配中心等。

△ 香城细管“随手拍”正式上线。市民通过“香城细管”微信订阅号或者小程序进入“随手拍”平台，即可上传城市管理问题图片，参与城市智慧治理。

△ 新都区新时代文明实践中心建设试点工作推进会召开。

**28 日** 以“TOD 引领城市发展方向、片区开发助力公园城市建设”为主题的 2020 名企新都行片区综合开发招商推介会举行。推介会以区域价值分析、片区推介和政企主题对话等形式展开，发布六大轨道沿线重点片区资源清单。

**29 日** 成都市轨道交通产业生态圈推进会在新都区召开。

△ 成都市产业功能区产业链强链补链集群化发展工作现场会在新都区召开，实地调研现代交通产业功能区并座谈。

△ 德阳市党政代表团到新都区对接区域合作工作。

## 6 月
June

**2 日** 新都区新型冠状病毒感染的肺炎疫情防控指挥部第 28 次工作会议召开。

**4 日** 捷贝通石油技术集团与新都区签署合作协议，拟投资 10 亿元建设捷贝通石油技术集团总部经济项目。

**10 日** 成渝地区双城经济圈劳动关系暨国家级综合配套改革试点合作协议签署仪式在新都区举行，四川省人社厅和重庆市人社局签订《成渝地区双城经济圈构建和谐劳动关系合作协议》，新都区人社局和重庆市九龙坡区人社局签订《成渝地区双城经济圈国家级和谐劳动关系综合配套改革试点合作协议》。

△《四川日报》第 11 版以《23 个部门局长变身“办事群众”》为题，报道新都区在成都首推“局长”体验办事服务，23 个部门局长变身“办事群众”，以群众视角换位“问诊”，靶向治理服务顽疾，提升营商环境，提升党风廉政建设的群众满意度。

△ 新都区桂湖街道新桥村入选四川省文化和旅游厅发布的 2020 年 100 个四川省乡村旅游重点村名单。

**15 日** 新都区新型冠状病毒感染的肺炎疫情防控指挥部第 29 次工作会议召开，听取区级相关部门防疫工作准备的情况汇报。

**21 日** 新都区与西南石油大学、安东石油技术（集团）有限公司举行三方研讨会。

**23 日** “成北新中心 发展新高地”——2020 新都区医药健康产业推介会暨重大项目签约仪式举行，新都区与四川智同医药、四川桔洲堂医药、四川科泽药业等企业签订投资协议，总投资额 20 亿元。

**25 日** 新都区汛期安全工作会议召开，传达学习成都市市长在《成都气象信息快报》第 23 期上重要批示和成都市副市长视频调度会议精神，安排部署新都区应对方案和落实的具体措施。

**28 日** 新都公安举行七一实战实训汇报演练，400 名巡警、交警、民警、辅警参加徒手格斗控制战术、警犬应用和群体性事件处置等 7 个科目实战演练。

△ 新都区委、区人民政府主办的 2020 新都中日线上投资贸易推介会举行，发布新都区中日合作（成都）城市建设和现代化服务业机会清单，50 家中日机构、企业代表围绕现代商贸、文旅康养、现代物流、中医医疗、美食文创五大领域开展“云交流”。新都区商务局与日本未来株式会社线上签订战略合作协议，与日本大手集团线上签订对日招商委托战略合作协议。

**30 日** 新都区与中国民生银行股份有限公司成都分行签订战略合作协议。

## 7 月
July

**1 日** 《四川日报》第 8 版以《成都市新都区成青苑安置小区成为民生工程标准版本》为题，报道新都区体量最大的在建工程成青苑安置小区把党支部建在项目上，探索党建与项目相融共进，力争建设成为新都区乃至成都市首个建筑工地党建品牌示范点。

△ 新都区召开专题会议研究尖锋旱雪运动公园项目，听取专家关于新都尖锋旱雪运动公园商业策划方案的汇报并交流发言。

**5 日** 新都区斑竹园街道刘氏宗祠（清代）和石板滩街道文昌宫（清代）被列入第七批市级文物保护单位（古建筑类）。

**8 日** 成渝地区双城经济圈行动计划项目——重庆工程职业技术学院刘人怀院士专家工作站揭牌仪式在新都区举行，刘人怀院士专家工作站入驻四川利兴龙环保科技有限公司并将重点研究餐厨废弃物处理工艺技术。

△ 新都区召开专题会议，研究物流企业转型发展及去仓储化相关工作。

**10 日** 新都区与海宁皮革城股份有限公司举行座谈会，双方就进一步深化战略合作交流。

**13 日至 8 月 18 日** 四川省委第九巡视组进驻新都区开展巡视。

**16 日** 成都市产业功能区干部人才学习提能计划推进会在新都区召开，四川省科协授予新都区“中国科协海智计划成都（新都区现代交通产业功能区）工作基地”牌匾，西南交通大学与新都区签订产业功能区人才培养校地合作协议。

**17 日** 以“共享新机遇·共谋新发展”为主题的新都航空产业生态圈投资推介会暨四川成都航空产业园入园项目集中签约仪式举行，签约四川成都航空产业园航空技术装备专业化生产研制基地、成都航空职业技术学院航空产教园区等项目 30 个，总投资约 60 亿元，覆盖柔性机加、技术装备专业和航空专业人才培养等领域。活动同步启动建设四川成都航空产业园功能性平台。

△ 四川省文联、新都区委宣传部、文轩美术馆等主办的“川上行——四川中国画人物画专委会邀请展（川渝巡展·新都站）”在香城国际艺术港内云端美术馆开幕。

**18 日** 新都区项目招引攻坚行动誓师大会召开，区投促局汇报全区项目招引攻坚行动方案，相关镇（街道）、部门围绕项目招引攻坚工作目标及具体举措作表态发言。

△ 2020 四川花卉（果类）生态旅游节分会场暨新都区第 26 届荷桂生态旅游节·新都紫薇赏

花节在军屯镇桂荷月畔开幕。

**23 日** 新都区召开城乡防火专项整治暨安全生产专项整治三年行动工作推进会。

**24 日** 新都区委组织部、区委城乡社区发展治理委员会主办的丰行侠全城总动员启动仪式在大丰街道举行，丰行侠“随手拍”2.0 版本小程序正式上线。

**27 日** 新都区“十四五”规划思路和成德眉资合作专题工作会议召开。

**29 日** 新都区召开市级目标“三重”考评体系“一把手”工程目标推进情况专题会，专题研究市级目标任务中的“一把手”工程各个项目推进情况，梳理相关情况，查找分析问题，研究解决办法和安排部署下一步工作。

△ 新都区 2020 年八一双拥座谈暨表扬大会召开，宣读《成都市新都区双拥领导小组关于表扬双拥先进单位和个人的通报》，为双拥先进单位和个人代表颁奖。

**31 日** 新都区建设成北新中心城区全面深化改革创新先进奖表彰大会召开，表彰在工作中锐意改革创新、敢于探索实践、做出突出贡献的 30 个先进集体和 89 名先进个人。

△ “成北新消费 · 香城夜未央”暨 2020 首届新都夜生活节启动仪式在七一国际广场举行。

## 8 月
August

**3 日** 新都区与中国移动举行合作交流座谈会，双方就“四川移动＋ 5G 成研院”联合打造新都医疗生态链，建立联合相关实验室等事宜沟通交流。

**16 日** 新都区防汛救灾调度会召开，贯彻落实全市防汛救灾工作会议精神，梳理各街镇、各产业功能园区防汛救灾工作中的重点隐患及有可能因汛情所致的其他灾害因素，并对全区防汛救灾工作再安排、再部署。

**18 日** 国家体育总局副局长、大运会组委会副主席李建明到新都区考察乡村足球运动、冰雪运动产业及冰雪运动发展情况。

**20 日** 渠县党政考察团到新都区考察学习新都区家居园区建设和城市规划、夜经济、社会治理、乡村振兴等工作。

**20—21 日** 成都市现代医院管理制度现场推进会暨深化医药卫生体制改革培训会在新都区召开，参观新都区人民医院，现场学习新都区人民医院建立健全现代医院管理制度的经验做法。

**25 日** “成（都）广（元）联动 · 新都—昭化”产业协同发展推介会在新都区举行。

**27 日** 新都区首届应急救援队伍比武活动在石板滩街道举行，设置队伍风貌、防洪技能、救护技能、消防技能 4 个单项比赛科目，17 支救援队伍参加。

**28 日** 成都交子公园商圈项目合作大会暨全市服务业重大项目集中签约活动召开，新都区引进的国茂集团西部家居与全市 11 个服务业重大项目之一的国际工业博览及新材料科创中心项目签约，签约金额 30 亿元。同时，新都区与成都市 10 个对日开放合作项目之一的日本银河株式会社战略合作项目签约。

△ “2019 届中医医院 300 强排行榜”榜单发布，新都区中医医院排名 228 位，在四川省区县级中医医院中排名第一。

## 9 月
September

**2 日** 《四川日报》第 11 版以《新都区注入“金融活水”助力企业纾困稳产扩产》为题，报道新都区为推进落实“六稳”“六保”工作，通过企业走访活动、政银企三方洽谈会、重新编制惠企政策指南等形式，了解企业所需所想所求，主动对接协调。

**4—5 日** 理塘县党政考察团到新都区斑竹园街道三河村考察学习。

**8日** 新都区庆祝第36个教师节座谈会召开，通报2020年获得国家、省、市、区级荣誉称号和受区委、区人民政府表扬的教师名单。

**10日** 以“沪蓉互联智汇香城”为主题的2020成都市新都区（上海）投资环境推介及项目集中签约仪式在上海举行，新都区与上海拓璞、京云数字时代科技、上海上飞、意特利（上海）4家企业签订合作协议，涉及柔性机加、智能钣金、数字化装配等智能制造领域及5G工业互联网等行业。

**11日** “金青新广中乐”医疗保障系统党建联盟签约仪式暨党建活动在新都区举行，金堂、青白江、新都、广汉、中江、乐至医疗保障局党支部代表共同签订“金青新广中乐”医疗保障系统党建联盟共建协议书，旨在共同推动成德眉资同城化医保系统协同发展。

△ 第二届民营医药商业企业家高峰论坛暨2019年度百家优秀民营医药商业榜单发布会在新都区召开，新都区与复星国药（上海）企业管理有限公司、修正药业集团等5家企业签订投资合作意向协议。

△ 国家体育总局副局长杜兆才到新都区斑竹园街道三河村调研乡村足球运动开展情况。

**17日** 新都区创建第六届全国文明城市工作推进会召开，对新都区创建工作再动员、再部署。

△ 以“我的丰收我的节”为主题的柚香乡里·繁盛四方——2020四川·新都“中国农民丰收节”在新繁街道花香果居开幕。

**18日** 《成都日报》头版以《新都牵手理塘 小蜜蜂“酿”出大产业》为题，报道新都区对口支援理塘县的助农项目理塘县拉波乡养蜂基地，依托小蜜蜂，发展大产业。

△ 新都区委、区人民政府、南京航空航天大学四川校友会联合举办的新都—G7校友企业航空专场推介活动在新都区召开。新都区与中国航空学会等单位举行签约仪式，签约落户航空博览中心等项目6个，投资20亿元。活动现场还举行由7所高校（哈尔滨工业大学、北京航空航天大学、西北工业大学、北京理工大学、南京航空航天大学、南京理工大学、哈尔滨工程大学）组成的G7四川校友联盟成立仪式。

**19日** 中国成人教育协会教师继续教育专业委员会第五届年会暨新时代教师教育改革与创新研讨会开幕式在新都区举行。

△ “香城遗韵·新都已故书画家作品展”开幕式举行，展出作品150多件，涵盖书法、国画、漫画等艺术形式。

**20日** 成都市经济和信息化局和新都区委、区人民政府等共同主办的2020成都市新都区轨道交通产业投资环境推介会暨项目集中签约仪式在青岛举行。新都区签约川藏铁路先进轨道交通产业园、中车青岛四方所轨道交通西南研发生产总部基地等项目4个，总投资51亿元。

△ 2020年“中国农民丰收节”系列活动暨四川省“百城千乡万村”业余足球联赛启动仪式在新都区斑竹园街道三河村举行。

**21日** 新都区首条乡村旅游巴士专线——“香城乡巴”旅游专线通车仪式举行。线路全长约25公里，覆盖花香果居、锦绣田园、拾里庭院等10个特色旅游景点。

**22日** 在成都市第三届乡村振兴“十大案例”评选活动中，新都区新繁街道拾里庭院获“十大川西林盘消费新场景”称号，漫花庄园获“十大最美观花公园”称号，斑竹园街道锦城村获“十佳‘三美’示范乡村”称号，斑竹园街道三河村的《党建引领打造三河村足球音乐小镇实现由乱到治的创新实践》、三河街道天府沸腾小镇的《打造天府沸腾小镇 品味成都别样生活》获评“十大乡村基层治理创新案例”。

**24日** 新都区重大项目集中签约仪式举行，花舞木兰国际农业主题公园、新都兴城国际足球体育公园、现代交通产业功能区综合片区开发3个项目签约落户新都，投资350亿元。

**25日** 新都区召开会议专题研究“十四五”规划事项，审议新都区“十四五”规划纲要思路，讨论针对成都“十四五”规划和2035年远景目标的建议。

**26日** 以“更新城市·璀璨生活”为主题的

多弗·生活广场与奥特莱斯（中国）签约仪式在新都区举行。多弗·生活广场位于新都区国际商贸物流港，总占地面积 68 亩，总建筑面积 24 万平方米，由 16 万平方米的商业中心和 3 幢商务办公楼组成，将打造成为成都北地标性商业综合体。

**27 日** 成都市妇联“沉浸式家庭服务馆”开馆暨“蓉城幸福家 社区家庭日”十大主题活动启动仪式在新都区大丰街道太平社区举行，太平社区被四川省妇联授予“四川省首批家政进社区示范社区”称号。

△ 新都区党政考察团到重庆市九龙坡区考察并与九龙坡区签订结对共建成渝地区双城经济圈协同发展示范区合作协议。两区围绕现代产业创新、区域协同发展、生态文脉保护、对外开放交流、民生共建共享五大方面深化合作，建设“双城”一小时通勤协同发展区，助力成渝地区产业、人才、金融等生产要素合理流动和高效集聚，打造川渝协同发展示范区。

△ 新都区原城西派出所更名为桂湖派出所、原城东派出所更名为新都派出所、新增桂林派出所，并揭牌成立。

**28 日** 以“汇聚川商力量·共谋新都发展”为主题的泛长三角四川商会联盟第九届（成都）论坛暨新都区投资推介会在新都区举行。

**29 日** 新都区 2020 年第三季度重大项目开工仪式举行，集中开工 8 个项目，总投资 276 亿元，涉及智能制造、城市建设、公共服务等领域。

△ 新都区与成都航空职业技术学院举行航空产教园区项目签约仪式。项目位于新都现代交通产业功能区，占地面积 800 亩，主要建设航空产业群楼、产教融合基地、大学科技园等科研与服务区，建成后可容纳学生 10000 人、教职工 1000 人。

△ “2020 成都购车狂欢季”新都分会场暨新都汽车嗨购嘉年华活动启动仪式在新都区五龙山汽贸园举行。

△ 成都市创新镇街体制机制工作现场推进会在新都区召开，全市 23 个区县相关部门负责人先后参观考察石板滩街道木兰便民服务中心和狮子湖小区便民服务站。

**30 日** 2020“金秋香城·美好生活”购物节启动仪式暨新都苏宁易购盛大开业仪式在苏宁易购广场举行。

## 10 月
October

**9 日** 新都区铁腕治毒工作推进会议召开，听取桂湖街道、三河街道毒情重点整治工作推进情况汇报，通报 2019 年禁毒示范村（社区）创建验收工作并表扬创建先进单位。

**12 日** 成都市加强老年人活动场所建设经验交流会在新都区召开，各区（市）县老协会成员实地察看新都区华桂村老年活动中心、安乐村老年中心等中心项目周边环境、老年人活动室建设规划情况。

**13 日** 生态环境部副部长庄国泰率队到新都区调研成都市生态文明建设主题公园项目，听取九道堰河流域水生态综合治理示范段工程项目情况。

**14—20 日** 2020 年全国射箭锦标赛（室外）在新都区体育中心举行，全国 31 支代表队 337 名运动员参赛。

**15 日** 中宣部宣传舆情研究中心主任、“学习强国”平台总编辑刘汉俊到新都区调研，实地察看军屯镇新时代文明实践所，了解新都区依托各级新时代文明实践中心（所、站）开展“学习强国”平台宣传、推广及使用情况。

**16 日** 新都区新型冠状病毒感染的肺炎疫情防控指挥部第 31 次工作会议召开。

**16—20 日** 新都区委、区人民政府主办的新都区第五届全民文化艺术周举行，推出成渝德眉资少儿才艺大赛新都获奖选手颁奖晚会、“都市之梦”——成都“知更”室内合唱团专场音乐会、“名家名戏”——川剧表演艺术家陈巧茹专场等 10 场专场活动，举办新都区首届文化旅游集市展、棕编创意摄影展等活动。

**21日** 新都区人大常委会与重庆市九龙坡区人大常委会签署建立推进成渝地区双城经济圈建设协作机制协议。

**22日** 中华全国总工会权益保障部副部长王晓华率队到新都现代交通产业功能区党群服务中心和桂湖街道构建和谐劳动关系公共服务超市调研新都区全国和谐劳动关系综合配套改革试点开展情况。

**22—26日** 2020年四川省中学生田径比赛暨第十四届全国学生运动会田径项目选拔赛在新都区举办，全省84个单位873名运动员参赛。

**23日** “爱成都·迎大运”2020年成都市第七届全民健身运动会暨新都区首届“残健融合载梦前行”残疾人迷你马拉松比赛活动在芳华微马公园举行，全区600多名残疾人及残疾人工作者参加。

△ 徐州市学习考察团到新都区考察文明城市创建和新时代文明实践中心建设工作。

**26日** 《成都日报》第9版以《新都匠心筑城美丽宜居公园城市初具雏形》为题，报道新都区践行公园城市理念，公园城市建设多点开花。

**28日** 四川省老年书画研究会、成都市委老干部局和新都区委、区人民政府联合主办的“金秋十月 翰墨飘香——四川省川西南八市州暨省直机关第八届老年书画联展”在新都区黄桷树广场举行。

**29—30日** 重庆市九龙坡区政协到新都区调研并与新都区政协签订结对共建成渝地区双城经济圈建设协同发展示范区交流协议。

△ 新都区智能制造产业投资推介会暨2020成都拓米双都光电有限公司供应商大会（首届）举行，介绍新都区扶持企业发展政策及成都拓米双都光电的全新技术和发展规划。

**31日** 西南石油大学、新都区人民政府等主办的第六届西部油气论坛在西南石油大学举行，主题为“后疫情时代：世界油气形势与中国方略”，分设“多因素叠加下中国油气产业改革与发展”“新形势下城市燃气创新发展”“青年学者论坛”三大分论坛，举行新都区服务油气科技小镇启动仪式。

## 11月
November

**1日** 西南石油大学全球校友企业家发展联盟年会举行，发布9条成都市新都区能源企业城市机会清单信息、96条全球校友企业家发展联盟机会清单信息。安东石油技术（集团）有限责任公司、北京捷贝通石油技术股份有限公司等4家西南石油大学校友企业与西南石油大学和新都区签署校地企三方战略合作协议，四川光亚聚合物化工有限公司、四川川油科技股份有限公司等3家西南石油大学校友企业与新都区签署战略合作协议。

**2日** 《成都日报》第8版以《家门口摸得着的变化 带来身边“微幸福”》为题，报道新都区启动“邻聚力·迎大运”社区微更新大赛，以社区微更新提高场景营造能力，深化城乡社区发展治理。

**4日** 新都区应对秋冬季新型冠状病毒肺炎疫情快速响应应急演练举办。演练采用视频推演结合现场问答的方式，模拟新都区报告来源不明的本土病例后，立即启动《成都市新都区新冠肺炎疫情快速响应应急预案》，开展各项防控措施，在18天内应急处置完毕的全过程，重点针对联合溯源、应急检测、市场管控等关键环节开展演练和教学示范。

**5日** 重庆市九龙坡区与新都区常务协调会召开，双方分别介绍签署结对共建成渝地区双城经济圈协同发展示范区合作协议以来工作开展情况及下一步工作计划。

**6日** 创想未来·链动香城——2020成都市创交会链博会配套活动暨新都区新经济新产品新场景发布会举行，围绕区块链主题发布新经济应用场景23个、新产品32个，并举行成都市大数据领军人才颁奖仪式。

**7日** 《人民日报》第8版以《四川新都：桂花为乡村添活力》为题，报道新都区桂湖街道芳华微马公园赏花旅游与立体农业等产业实现“多合一”，由政府、村集体、企业等多种主体参与，村民也能依靠土地租金和入股分红增加收入。

**11日** 昆明市五华区党政考察团到新都区考察城乡社区发展治理工作。

**16—19日** 劳动和社会保障科学院劳动关系研究室副主任刘秉泉带队到新都区桂湖、大丰等街道和现代交通产业功能区、智慧物流产业园调研创新小微企业劳动关系公共服务改革试点。

**17日** 四川省抗击新冠肺炎疫情和防汛救灾表彰大会举行，新都区桂湖街道状元社区李文炳、新都区经济和信息化局张容宇获评“四川省抗击新冠肺炎疫情先进个人”，新都区中医医院党委获评“四川省抗击新冠肺炎疫情先进集体”“四川省抗击新冠肺炎疫情先进基层党组织”。

△ 成都智能制造装备产业园项目签约仪式举行。成都智能制造产业园项目计划总投资约100亿元，规划用地约800亩，分2期投资建设。新都区人民政府与投资方签订航空高端智能化示范工厂和研究院项目合作协议。项目为成都智能制造产业园核心项目，计划总投资超30亿元。签约仪式上，新都区同时与其他5家企业签订合作协议。

△ 中国科协2020年海智计划工作会在成都召开，中国科协海智计划四川（成都市新都区现代交通产业功能区）工作基地揭牌成立。

△ 平安新都建设领导小组第一次会议暨新都区市域社会治理现代化试点动员会召开。

**18日** 新都区夏河溪乡野公园、尖锋运动公园在“成渝十大文旅新地标”典礼活动暨成渝文旅发展论坛活动中分别被评为“成渝十大文旅产业地标”“成渝潮流新地标”。

**19日** 《人民日报》第8版以《铁路公交化助力同城》为题，报道铁路公交化拉动区域协同发展。新都区天府沸腾小镇位于高铁综合枢纽站——新都东站附近，是新都区重点打造的文旅项目，小镇80%的客流量来自外地，由于靠近成都大熊猫基地，便捷的高铁交通和接驳系统让“坐高铁到新都看熊猫、吃火锅”成为一种生活时尚。

**20日** 新都区石板滩新城建设动员大会召开，规划设计单位汇报悦动新城规划成果，香投集团、交管委、石板滩街道和区规划和自然资源局就石板滩新城建设作表态发言。

**24日** 民革成都市新都区支部成立大会举行。

**25日** 四川省人民政府发布《关于新都高新技术产业园区扩区的批复》，同意新都高新技术产业园区扩区。开发区主导产业定位为航空航天、轨道交通和生物医药。扩区后，开发区核准面积调整为1264.9公顷，原核准区块面积805公顷四至范围不变。扩区区块一，面积416.4公顷，位于成都市新都区石板滩街道光辉村、光明社区、马家村、天宫社区、新农村，东至规划道路（道路未命名），南至达成铁路，西至规划道路（道路未命名），北至新成赵快速路；扩区区块二，面积43.5公顷，位于成都市新都区石板滩街道通顺村、优胜村，东至新龙石路，南至成金简快速路，西至规划边界，北至达成铁路。

**29日** 大型原创音舞诗画剧《遇见仓央嘉措》——理塘县感恩首场巡演活动在新都区举行。

**30日** 成都市抗击新冠肺炎疫情和防汛救灾表彰大会举行。新都区卫生健康局疾病控制科副科长刘媞等13人获评“成都市抗击新冠肺炎疫情先进个人”，新都区桂湖街道城东社区卫生服务中心医务科科长杜小利等3人获评“成都市抗击新冠肺炎疫情优秀共产党员”，新都区第二人民医院党委、新都区卫生健康局、成都市公安局交通管理局第十分局等7个集体获评“成都市抗击新冠肺炎疫情先进集体”，新都区第二人民医院党委、新都区军屯镇金牛村党委获评“成都市抗击新冠肺炎疫情先进基层党组织”，新都区清流镇九龙村党委书记王明玉获评“成都市防汛救灾优秀共产党员”，新都区石板滩街道仁和场社区党委获评“成都市防汛救灾先进基层党组织”。

## 12月
December

**1日** 新都区2020年“世界艾滋病日”主题宣传活动暨艾滋病检测月、性病防治宣传周启动仪式在黄桷树广场举行，围绕“携手防疫抗艾 共担健康责任”主题开展集中宣传活动。

△ 人社部副部长游钧到新都区调研深化构建和谐劳动关系综合配套改革试点开展情况。

**3日** 新都区被成都市协调劳动关系三方委员会认定为AAAAA级成都市模范劳动关系和谐区（市）县，全区434家单位被认定为市级模范劳动关系和谐单位，总量位居全市第一。

△ 重庆市九龙坡区、成都市新都区结对共建成渝双城经济圈协同发展示范区第二次党政联席会召开，通报两地2020年9月合作协议签署以来工作开展情况，解读《成都市新都区重庆市九龙坡区2021年双城经济圈建设工作要点》，并举行两地企业合作协议签约仪式。

**6日** 第十届全国人大常委会副委员长、中国关工委主任顾秀莲到新都区四川省革命伤残军人休养院调研。

**7日** 新都区入围赛迪顾问城市经济研究中心发布的赛迪营商环境百强区（2020）名单。

**8日** 新都区委十四届常委会第154次会议暨区疫情防控领导小组第14次会议和区防控指挥部第32次工作会议召开。

**10日** 新都区新型冠状病毒感染的肺炎疫情防控指挥部第33次工作会议召开。

**14日** 新都区委十四届常委会第一百五十五次会议暨区疫情防控领导小组会议召开。

**16日** 《成都日报》第12版以《新都区：全力推进“香城细管” 塑造城市优美环境》为题，报道2020年新都区全面启动香城细管工作以来，开展“一月一主题”专项整治，采取由主管部门牵头、涉及单位配合的方式，先后开展“户外广告招牌专项整治、全域增绿、夜生活节、机动车停放”等专项行动8次。

△ 成都市“北改”工作现场会在新都区召开，调研成都永峰科技有限公司、超线公园产业发展情况及城市更新推进情况。

**17日** 新都区以“相聚‘云端’共谋发展”为主题的重大项目集中云签约活动举行，签约项目7个，总投资58.5亿元，涵盖先进制造、总部经济、新经济等领域。

**18日** 四川成都航空产业园（三期）项目开工仪式举行。项目总规划面积1000亩，投资超50亿元，将引进项目20个，打造“钣金、装配、工装”三大制造基地。

**22日** 第八届中国民生发展论坛在北京举行，新都区“创设社区协商指数，打造社区协商共治新格局”项目获全国“2020民生示范工程”奖。

**23日** 新都区新型冠状病毒肺炎疫情防控领导小组第16次会议召开。

**25日** 国家体育总局发布《关于表彰2020年全国体育事业突出贡献集体和个人的决定》，新都区斑竹园街道三河村被授予“2020年全国体育事业突出贡献奖”。

**30日** 新都区地铁建设工作推进会召开，就加快地铁8号线二期、27号线一期涉及的征地拆迁、同体同步工程、管线迁改等项目建设进度进行研究。

△ 2021成都新年音乐会暨劳动模范和成都建设全面体现新发展理念的城市改革创新奖获得者表彰活动举行，新都区朱仲强（四川科伦药业股份有限公司制药工程师）、李文炳（新都区桂湖街道状元街社区党委书记）、罗先海（新都区人民医院大内科主任、急危重症医学部主任）、杨金华（成都市新都区现代交通产业功能区党工委副书记、管委会主任）获评2020年成都市劳动模范，新都区大丰街道办事处获评模范单位，新都区石板滩街道用地保障领导小组、新都区委组织部人才科、巴鲁夫传感器（成都）有限公司BNS小组获评模范集体（班组）。

**31日** 在四川省第十九次地方志优秀成果评选中，新都区申报成果11项，获奖10项，获奖数位居四川省区（市）县第一。

# 综　述

# OVERVIEW

# 新都概览

General Picture of Xindu

【概况】 新都区地处成都北门，是成都的中心城区，地理位置介于北纬 30°40′～30°57′、东经 103°54′～104°16′之间；东连青白江区，南接金牛区、成华区、龙泉驿区，西邻郫都区，北靠彭州市与德阳市广汉市；区政府驻桂湖街道，距成都市主城区 16 公里。2020 年，新都区辖区面积 496 平方公里，辖桂湖、新都、新繁、石板滩、大丰、三河、斑竹园 7 个街道和军屯、清流 2 个镇，共 101 个社区、79 个村；年末常住人口 155.85 万人，户籍户数 32.94 万户、户籍人口 83.31 万人（其中农业人口 21.86 万人）；人口出生率 11.55‰，人口自然增长率 0.12‰，人口密度 3142 人／平方公里。

【历史文化】 新都区建置于春秋末期，是“古蜀三都”之一和省级历史文化名城，素有“天府明珠、香城宝地”之美誉；位列长江流域禅宗“四大丛林”之一的宝光寺和享有“西蜀第一湖”美誉的升庵桂湖坐落其间，宝光桂湖文化旅游区为国家 AAAA 级旅游景区。新都人杰地灵，古有明代三大才子之首的状元杨慎，近有新文化运动代表人物吴虞、“浴血台儿庄”抗日名将王铭章、新文学开拓者艾芜，今有乒坛宿将陈龙灿和潮流偶像李宇春、张杰等。

【地形地貌】 新都区地貌主体为平坝，部分为台地，境域地形狭长，地势西北高、东南低，地面平均坡降 2‰～3‰，平均海拔 510 米。

【气候特征】 新都区属于四川盆地亚热带湿润气候区，气候温和、雨量充足、四季分明；年平均气温 17.6℃左右，无霜期日数 316 天，年总降水量 829.2 毫米，年日照总时数 1108.6 小时，年日照百分率 25%。

【新都荣誉】 新都区连续 24 年跻身四川省县域经济十强，获评四川省县域经济先进县、进步县，入围全国综合实力、投资潜力、绿色发展、科技创新、新型城镇化质量、政府政务诚信 6 个“百强区”。

**2020 年新都区镇（街道）、社区、村一览表**

表 1

| 镇（街道） | 社区居委会 | 村民委员会 |
|---|---|---|
| 桂湖街道 | 毗河、锦水苑、汉城、金都街、施营、新兴、湖滨路、桂东、桂湖西路、谕亭、桂中、状元、宝光、新东、团结、瓦店、西北 | 天元、燕塘、双慈、五桂、新桥、高架、五里、督桥河、天官、封赐 |
| 新都街道 | 马超、肖林、静安、板桥、西南石油大学（社区）、正因、正兴、五四、沱江、君跃、新店子、普河、高筒、泰兴、杨河、永兴场镇 | 朱王、龙虎、桥楼、寂光、白店、同仁、红星、泗义、桂林、福元、万和、观东、观西、议团 |
| 新繁街道 | 繁江、东湖、龙安、金龙、崇光、博钰、锦苑、繁花、金地、新龙桥、湄水、普文、瑞云、澜木 | 清白街、李园、大墓山、同盟、兴堰、黄泥、汪家、天君、青河、蓥水、同裕、龙毅、民安、同心、锦河、清镇、锦源、新石、青桥、杏桂、水云 |
| 石板滩街道 | 门坎坡、仁合场、金三角、合兴场、东风、宁溪、韩娥、狮子、梁胜、农和、清水塘、石马、木兰、长林 | 兴城、土城、集体、兴胜、五一、航纬、解放、双谊、兴宁、石林 |
| 大丰街道 | 崇义、南丰、皇花、铁路、甫家、方营、三元、赵家、双林、王桥、高堆、太平、高家 | — |
| 三河街道 | 回龙、二台子、互助、花园、五龙、江陵路、长龙 | — |
| 斑竹园街道 | 竹友、鸦雀口、忠义、柏水、踏水、廖家湾、金和、公益、福田、旃檀、大江、林泉、石坝 | 安桥、华桂、顺江、三河、骊园、升庵、锦城、双龙、北星 |
| 军屯镇 | 文昌、深水、新民、禾登、高祖 | 清江、郭家、护国、华严、东林、九堰、金牛、石庵、天星 |
| 清流镇 | 清流、顺河 | 广泉、三尺、九龙、翠云、水梨、柳泉 |

【国民经济与社会发展】 新都区全年地区生产总值877.9亿元，三次产业比为4.2∶31.3∶64.5；实现农林牧副渔业总产值59.0亿元，规模以上工业（按可比价格计算）实现增加值增长6.9%，社会消费品零售总额302.7亿元；固定资产投资增长10.9%，一般公共预算收入67.6亿元、增长12.6%，全口径税收首次破百亿元；城乡居民人均可支配收入分别增长5.9%、8.5%。

【交通优势】 新都区位于中国西部成都平原经济区核心地带和成都北联德阳、绵阳咽喉要道，是落实四川省委"一干多支、五区协同"战略、推动成德眉资同城化发展的交通枢纽、贸易节点和产业走廊；紧邻国际铁路港、自贸试验区，是成都"金青新"大港区的重要组成部分，具备融入"一带一路"独特优势；距离双流国际机场和火车客运东站、北站均在30分钟车程内，一个半小时可达天府国际机场，成绵乐城际铁路、成绵高速、成都四环路、第二绕城高速、蓉都大道、北星大道、金凤凰高架等多条高速和快速路纵横贯通，规划地铁线路11条，其中3号、5号线建成通车，基本构建起"七横十一纵多轨"综合交通体系，实现与成都市中心和成都都市圈重点城市的无缝衔接。

【产业优势】 新都区拥有轨道交通、航空、现代物流、智能家居四大主导产业集链成群，机电装备、食品、医药、包装等传统产业优势突出，油气服务、金融服务等生产性服务业蓬勃发展，以数字信息为代表的新经济加快成势，形成较为完备的产业体系；遵循"人城产"逻辑，坚持高质量主导产业圈、高品质产业人生活圈、高效率营商服务圈"三圈融合"思路，建设现代交通产业功能区、智慧物流产业园、智能家居产业城三个产业功能区，形成"以城聚人、以人兴产、以产强城"良性循环；创新资源富集，拥有3个国家级企业技术中心、2个国家级工程技术研究中心、5个国家级重点（工程）实验室（协作）、13个院士工作站、114个省市级创新平台以及在各自领域都有较大影响力的西南石油大学、四川音乐学院、成都医学院三所高校。

【旅游资源】 新都区境内自然环境优美，旅游资源丰富，有国家AAAA级旅游景区宝光桂湖旅游区、锦门丝绸商贸旅游小镇、花香果居旅游景区，全国重点文物保护单位宝光寺、杨升庵祠及桂湖、新繁龙藏寺，四川省文物保护单位新繁东湖、杨慎家族墓、艾芜墓，成都市文物保护单位斑竹园街道旃檀寺、刘氏宗祠、石板滩街道文昌宫以及马家战国墓、马超墓、梁代千佛碑、泥巴沱、白鹤岛、毗河生态带等名胜古迹和旅游景点，并拥有木兰山、五龙山、泥巴沱、白鹤岛等紧靠大都市的生态资源，川西林盘、客家围龙屋民居特色鲜明。

【城乡发展】 新都区建成217公里生态绿道和泥巴沱森林公园（一期）等7个生态公园，加快建设35平方公里"珠链锦绣·锦水公园"，"城园一体、绿轴串联"的公园城市形态日益凸显；以七一、苏宁为主体的TOD示范项目建成投运，以旭辉大型综合体、超线公园为核心的香城中心片区加快成型，消费吸附功能全面增强；依托火锅、熊猫两大文化元素打造的天府沸腾小镇入选四川十大文旅产业地标，尖锋运动公园成为国家冬奥滑雪队训练基地，芳华微马、夏河溪、拾里庭院等特色小镇和林盘聚落星罗棋布，乡村成为成都近郊"最燃"空间；不断优化国际化营商环境，入选"2020年中国营商环境百强区"。

（区委政研室）

## 国际化营商环境建设
International Business Environment Construction

【概况】 2020年，新都区着力打造国际化营商环境，优化营商环境推进机制、市场化营商环境、法制化营商环境和便利化营商环境。

【营商环境推进机制完善】 新都区健全政策体系，对标一流，围绕企业全生命周期服务，连续出台营商环境2.0、3.0政策；建立营商环境例行会议制度，定期组织召开会议，强化业务培训和对上沟通协调；定期对指标牵头单位、责任单位开展问题摸底排查，健全“政企沟通＋专家献策”社会共建机制，对区内企业开展满意度调查和问题建议收集，着力解决经营成本不断攀升、融资难、用工保障不足等问题；通过政府网站、微博平台、报纸媒体等线上平台和政务中心、广场、公交站台等线下场所开展集中宣传，提升群众参与度，4篇典型案例被市营商办报采用转发，40余条经验在《中国改革报》、《中国质量报》、《四川日报》、《成都日报》、搜狐、网易等国内主流媒体发布报道。

【市场化营商环境优化】 新都区推进市场主体非禁即入，实施市场准入负面清单制度，制定发布“机会清单＋投资导则”，鼓励民企民资进入轨道交通、航空、现代商贸物流等配套产品推荐目录，参与基础设施、公共服务等领域共同开发运营，做到国营企业民营企业、内资企业外资企业一视同仁、“一碗水端平”；加强市场主体培育，深入实施以成长为导向的企业培育工程和新经济梯度培育计划，孵化小微企业70余家、培育101家企业进入全市中小企业培育名单，不断激发市场主体活力。全区市场主体总数同比增长19.46%。

【法治化营商环境优化】 新都区规范涉企行政执法，建立区级多部门联合“双随机、一公开”监管联席会议制度，完善“一单两库”，最大限度减少对企业的干扰；推进“互联网＋监管”，实现对企业主体的精准化、智慧化管理；推进包容审慎柔性执法，各行政执法部门采取说服教育、劝导示范、行政指导、行政建议等柔性执法367638件；提升知识产权保护能力，持续推进共建知识产权纠纷人民调解委员会，逐步建立“五位一体”多维度知识产权保护体系，建立国家级知识产权快速维权中心1家，与省知识产权保护中心建立协同保护机制，设立市级知识产权维权工作站（点）14个；推进公共法律服务体系建设，加快完善现代公共法律服务体系，建立服务平台及商事纠纷调解组织，为企业提供上市融资、风险化解等法律服务和援助；组建《中华人民共和国民法典》普法讲师团，开展专题讲座10次，直接服务园区企业100余家；办理涉及企业的公证800余件。

【便利化营商环境优化】 新都区开展区级部门领导体验窗口服务活动100余次，强化问题整改，提升群众和企业的窗口办事满意度；规范运行国际化营商环境政务服务专区，为企业提供线上线下全程咨询服务，人才政策“一窗式”兑现窗口兑拨人才奖励资金990.2万元，为重大投资项目提供“绿色通道”服务76次；深入推进商事制度改革，推行电子化营业执照、容缺受理、证照联办、“先照后证”、企业简易注销等改革措施，将企业开办按照“一件事”标准整合为1个环节，开办时间缩减至4小时，同时为新开办企业提供免费寄递服务以及免费提供一套印章服务，为企业节约经费178.2万元。

（刘　健　龙义成　陈镜晰）

## 精神文明建设
Spiritual Civilization Construction

【概况】 2020年，新都区精神文明建设委员会办公室持续以习近平总书记重要讲话精神为指引，把培养时代新人作为着眼点，培育和践行社会主义核心价值观，引导全社会树立文明观念、提高文明程度、形成文明风尚，不断推动人民在理想信念、价值理念、道德观念上团结在一起，为新都建设现代化国际范成北新中心城区凝聚精神力量。

【文明城市建设】 新都区精神文明建设委员会办公室以定标准、全覆盖、督重点“三步工作法”为抓手，开展“建筑围挡公益广告提档升级专项行动”，全区整改房地产、水利工程、道路等建筑围挡点位300余个，下架老旧破损、形式不规范公益广告1000余幅，新增标准公益广告4000余幅；以“文明习惯养成”为工作目标，开展改变不良习惯专项行动，建立月度考核评分机制，每月考评各镇（街道）的文明活动开展、志愿队伍建设、移风易俗等工作，在农村人居环境整治、乡风文明建设方面取得良好成效；指导各镇（街道）开展“文明健康”“垃圾分类”“诚信做人”等多个主题的友善优雅市民文明大讲堂活动2000余场，用接地气的语言将“垃圾分类”“文明习惯”“友善优雅”等文明知识融入故事中，把“文明”带到基层去，讲给群众听；以清明、端午、七夕等传统文化节日为契机，开展“我们的节日”主题活动1000余场，做好传统优秀文化传承；开展文明创建活动，成功申报全国文明单位2家（新都区检察院、四川建华食品有限公司）、全国文明村1个（新都区清流镇柳泉村），填补新都区文明单位（村）“国字号”空白，精神文明创建取得开创性成果，同时创建省级（最佳）文明单位2个、省级文明村1个、区级文明村6个以及市级“三美”示范村3个、区级“三美”示范村7个。

**【未成年人思想道德建设】** 新都区精神文明建设委员会办公室持续深化“扣好人生第一粒扣子”主题教育实践活动，组织各中小学校通过网上签名寄语、主题班会等形式表达对新时代好少年的学习之情，网上敬礼留言数2460条次，评选市级新时代好少年2名；结合重要时间节点开展节日小报创评活动，收到主题节日小报作品800余幅；开展“爱成都·迎大运”少年画成都——第五届成都市中小学生校园书画创评活动，25幅作品获得一、二、三、特等奖，新都区被授予优秀组织奖；结合“5·25”心理健康日重要时间节点，利用心理课、心理班会课、团辅、黑板报、宣传栏、推文等形式，开展“爱成都·迎大运”心理健康教育活动56场，并依托新都区未成年人心理成长中心在新都四中、旃檀中学开展“爱心送考 助力中考”考前舒压心理网络讲座，惠及学生1500余人；承办成都市未成年人心理辅导工作骨干人员培训班，培训100余人次；在原有5所省级文明校园的基础上，新创省级文明校园1所。11月6日，大丰小学乡村学校少年宫在2020年度全省乡村学校少年宫项目建设工作推进会上代表成都市交流发言。

**【志愿服务】** 新都区精神文明建设委员会办公室持续开展“最美新都人”评选活动，评选出“最美逆行者”“最美税官”“最美法官”等12个类别的基层优秀人物代表，培育“向上向善向美”精神；持续深化拓展新时代文明实践中心建设试点，争创市级新时代文明实践示范点位，全市创建示范点位100个，新都区点位占10个，创建成功数量位居全市第一；创新推进新时代文明实践中心建设全国试点，建成特色示范点位23个，实现中心、所、站三级体系全覆盖。截至年底，新都区新时代文明实践中心建设迎接省内外机关单位和组织团体参观70余次，参观人数1500余人次。新都区获评“新时代文明实践志愿服务工作先进单位”。

**【新都文明网建设】** 新都区精神文明建设委员会办公室发挥网络在交流经验、传承文明、服务大局中的积极作用，把新都文明网打造成深化拓展精神文明建设新渠道、新领域、新平台；开设专题，制作“致敬最美逆行者”“让建筑围挡成为一道文明的风景”“成都市新都区积极推进新时代文明实践”“新都区乡村学校少年宫”“共创文明城市 文明从我做起”五个专题；全年更新信息1157条，有“写好中国字 做好中国人”硬笔书法培训、“爱心送考 助力中考”初三学子考前心理舒压、“全民参与 绿动新都”公益能量跑等特色亮点活动，上报活动文稿158篇，其中6篇被中国文明网采用。

（蒋 锐）

# 中共成都市新都区委员会

## THE CPC CHENGDU XINDU DISTRICT COMMITTEE

## 区委机构
District Party Committee Institutions

【概况】 2020 年，中共成都市新都区委员会有工作部门 9 个，即区委办、组织部、宣传部、统战部、政法委、政研室、社治委、编办、巡察办。

【2020 年中共成都市新都区委领导名录】

书　记：许兴国
副书记：王忠诚
　　　　潘　捷（女）
常　委：钟思勇
　　　　黄安军（3 月离任）
　　　　钟成基
　　　　刘刚毅
　　　　刘怒海
　　　　郑自强
　　　　张　宇（5 月离任）
　　　　吴　昊（3 月任职）
　　　　李　恒
　　　　李秀峰（5 月任职）

（区委办公室）

## 区委全体会议
Plenary Meetings of District Party Committee

【概况】 2020 年，中共成都市新都区委召开区委第十四届全体会议 2 次。

【区委第十四届第十次全委会会议】 1 月 13 日，新都区委第十四届第十次全委会会议召开。会议听取和讨论区委书记代表区委常委会作的工作报告，审议通过《中共成都市新都区委关于贯彻落实党的十九届四中全会精神建立完善全面体现新发展理念的现代化国际范成北新中心城区现代治理制度机制的决定》，明确实现治理体系和治理能力现代化“三步走”总体目标，对当前和今后一个时期工作作出全面安排部署。会议号召，全区各级党组织和党员干部群众要不忘初心、牢记使命，实心干事、科学作为，齐心协力让产业更提神、让城市更迷人、让治理更有效、让人民更幸福，为高标准全面建成小康社会、实现新时代新都“三步走”目标，助力成都加快建设全面体现新发展理念的城市而不懈奋斗。

【区委第十四届第十一次全委会会议】 8 月 25 日，新都区委第十四届第十一次全委会会议召开。会议听取和讨论区委书记代表区委常委会所作的工作报告，肯定区委十四届十次全会以来区委常委会工作，对新都高标准全面建成小康社会、完成“十三五”规划目标作出全面安排部署。会议认为，面对新冠肺炎疫情的冲击和国内外错综复杂的形势，区委团结带领全区各级党组织和党员干部群众坚定信心、迎难而上，经济社会发展呈现加快恢复、持续向好态势。会议指出，成渝地区双城经济圈建设是习近平总书记亲自谋划、亲自部署、亲自推动的国家重大区域发展战略，是新都当前最大的“势”、最好的“局”，是新都开创现代化国际范成北新中心城区高质量发展新局面的重大战略机遇。会议号召，全区各级党组织和党员干部要奋进新时代，服务大战略，加快开创现代化国际范成北新中心城区高质量发展新局面，为成都融入“双循环”、唱好“双城记”、建好“示范区”贡献新都力量。

（朱　涛）

## 区委常委会会议
Meetings of the Standing Committee of District Party Committee

【概况】 2020 年，中共成都市新都区委员会第十四届常委会会议召开 44 次。

【区委十四届第 115 次常委会会议】 1 月 9 日，新都区委十四届第115次常委会会议召开。会议传达学习习近平总书记在中央政治局第十九次集体学习时的重要讲话精神，听取2019年度安全生产工作情况汇报，研究部署下一步工作；传达学习中央财经委员会第六次会议精神，研究新都区贯彻落实工作；传达学习中央农村工作会议精神，听取2019年度扶贫工作开展情况汇报，研究部署下一步工作；传达学习国务院总理李克强出席第八次中日韩领导人会议并在四川开展调研有关指示精神，研究新都区贯彻落实工作；传达学习《中华人民共和国食品安全法实施条例》精神，听取2019年度食品安全工作汇报，研究部署下一步工作；传达学习近期市委常委会会议精神，研究新都区贯彻落实工作；听取区人大常委会、区政府、区政协、区法院、区检察院党组2019年度工作情况汇报；听取2019年度意识形态工作情况汇报，研究部署下一步工作；听取2019年度统战工作汇报，研究部署下一步工作；听取2019年度政法工作汇报，研究部署下一步工作；听取2019年度生态环境保护工作汇报，研究部署下一步工作；听取2019年度工会、共青团、妇联工作汇报，研究部署下一步工作；审议区委十四届十次全体会议暨区委经济工作会议有关事项，审议《中共成都市新都区委关于2020年“三重”工作计划的报告(送审稿)》。

**【区委十四届第116次常委会会议】** 1月10日，新都区委十四届第116次常委会会议召开。会议通报市委考察组反馈的市管副职领导干部考察对象人选推荐大会推荐情况结果，讨论市管副职领导干部考察对象人选。

**【区委十四届第117次常委会会议】** 1月10日，新都区委十四届第117次常委会会议召开。会议审议区委组织部《关于干部工作的请示》。

**【区委十四届第118次常委会会议】** 1月13日，新都区委十四届第118次常委会会议召开。会议听取区委十四届十次全会有关文件讨论修改情况汇报，听取《中国共产党成都市新都区第十四届委员会第十次全体会议决议（草案）》起草情况汇报。

**【区委十四届第119次常委会会议】** 1月20日，新都区委十四届第119次常委会会议召开。会议开展2019年度镇(街道)及行业系统、产业园区党(工)委书记落实主体责任述职评议。

**【区委十四届第120次常委会会议】** 1月22日，新都区委十四届第120次常委会会议召开。会议传达学习习近平总书记关于新型冠状病毒感染的肺炎疫情防控重要指示和国务院总理李克强批示精神以及国务院电视电话会议、省委省政府专题会议、市委市政府有关会议部署要求，研究部署新都区疫情防控工作，审议《成都市新都区新型冠状病毒感染的肺炎总体防控方案（送审稿）》请示；传达学习“成德眉资（成都、德阳、眉山、资阳）同城化发展推进会”（成都、德阳、眉山、资阳）精神，研究新都区贯彻落实工作；传达学习全市公园城市示范区建设现场推进会精神，研究新都区贯彻落实工作。

**【区委十四届第121次常委会会议】** 1月27日，新都区委十四届第121次常委会会议召开。会议学习传达中央政治局常委会会议和省委常委会会议、市委常委会会议、研究全市新型冠状病毒疫情基层防控工作会议精神，听取区防控指挥部各工作组工作汇报，对全区疫情防控再动员、再部署、再强调。

**【区委十四届第122次常委会会议】** 1月29日，新都区委十四届第122次常委会会议召开。会议传达学习习近平总书记关于疫情防控的重要指示精神、中央应对疫情工作领导小组会议精神和中央有关文件精神以及省委常委会会议、市委常委会会议精神，听取区防控指挥部各工作组工作汇报，研究部署全区疫情防控。

**【区委十四届第123次常委会会议】** 2月7日，新都区委十四届第123次常委会会议召开。会议传达学习中央政治局常委会会议精神、中央全面依法治国委员会第三次会议精神以及市委常委会会议暨市疫情防控领导小组会议精神，研究新都区贯彻落实工作。

【区委十四届第 124 次常委会会议】 2 月 14 日，新都区委十四届第 124 次常委会会议召开。会议传达学习习近平总书记在北京调研指导新冠肺炎疫情防控工作时的重要指示精神和中央政治局常委会会议、中央应对新冠肺炎疫情工作领导小组会议精神，省委应对新冠肺炎疫情工作领导小组会议、省应对新冠肺炎疫情工作调度会精神，市委常委会会议暨市疫情防控领导小组会议精神，听取区防控指挥部各工作组工作情况汇报，研究新都区贯彻落实工作。

【区委十四届第 125 次常委会会议】 2 月 24 日，新都区委十四届第 125 次常委会会议召开。会议传达学习习近平总书记在中央政治局常委会会议研究应对新型冠状病毒肺炎疫情工作时的重要讲话精神、在中央全面深化改革委员会第十二次会议上的重要讲话精神及就关心爱护参与疫情防控工作医务人员作出的重要指示精神，中央政治局会议、中央统筹推进新冠肺炎疫情防控和经济社会发展工作部署会议、中央应对新冠肺炎疫情工作领导小组会议精神，以及近期省委常委会会议、市委常委会会议精神，听取区防控指挥部相关工作推进情况汇报，安排部署统筹推进全区疫情防控和经济社会发展；审议区委组织部《关于干部工作的请示》。

【区委十四届第 126 次常委会会议】 3 月 4 日，新都区委十四届第 126 次常委会会议召开。会议传达学习习近平总书记在统筹推进新冠肺炎疫情防控和经济社会发展工作部署会议上的重要讲话精神、对全国春季农业生产工作作出的重要指示精神和在北京考察新冠肺炎防控科研攻关工作时作出的重要指示精神，以及中央政治局常委会、中央应对新冠肺炎疫情工作领导小组会议精神，四川省委常委会会议暨省委应对新型冠状病毒肺炎疫情工作领导小组第六次会议、四川省推进成德眉资同城化发展领导小组第一次会议精神，成都市委常委会会议、成都市统筹推进新冠肺炎疫情防控和经济社会发展工作部署会议精神，听取区防控指挥部相关工作推进情况汇报，安排部署统筹推进全区疫情防控和经济社会发展；传达学习十九届中央纪委四次全会、省纪委十一届四次全会、市纪委十三届七次全会精神，审议区纪委《关于召开中共成都市新都区第十四届纪律检查委员会第九次全体会议的请示》；审议区政府党组《关于审议在新都智能家居产业城试点片区实施综合运营的请示》。

【区委十四届第 127 次常委会会议】 3 月 12 日，新都区委十四届第 127 次常委会会议召开。会议传达学习习近平总书记在中央决战决胜脱贫攻坚座谈会会议上的讲话精神和在湖北省考察新冠肺炎疫情防控工作时作出的重要讲话、指示精神，中央政治局常委会会议、中央应对新冠肺炎疫情工作领导小组会议精神，省委常委会会议暨省委应对新冠肺炎疫情工作领导小组第七次会议、全省决战决胜脱贫攻坚工作推进会议精神，市委常委会会议精神，听取开展“送政策、帮企业、送服务、解难题”专项行动推进情况汇报，研究部署新都区统筹推进疫情防控和经济社会发展以及脱贫攻坚工作；传达学习市委 2019 年党风廉政建设社会评价工作约谈会议精神，审议区党廉办《关于审议〈深入推进 2020 年党风廉政建设社会评价工作全面提升群众满意度实施方案（送审稿）〉的请示》;审议区政府党组《关于审议〈成都市新都区进一步优化提升国际化营商环境建设工作方案（送审稿）〉的请示》，审议区委编办《关于审议〈成都市新都区议事协调机构管理办法（送审稿）〉的请示》，审议区纪委《关于干部违纪问题的请示》。

【区委十四届第 128 次常委会会议】 3 月 19 日，新都区委十四届第 128 次常委会会议召开。会议传达学习中央政治局常委会、中央应对新冠肺炎疫情工作领导小组会议精神以及推动成渝地区双城经济圈建设四川重庆党政联席会议第一次会议精神、成都市委常委会会议精神、成都市产业功能区及园区建设工作领导小组第六次会议精神，听取开展“送政策、帮企业、送服务、解难题”专项行动推进情况汇报，研究部署新都区下一步工作；审议区委办公室、区政府办公室《关于审议〈新都区深化“双通报”工作机制全面推动竞进争先暂行办法（送审稿）〉的请示》，审议区政府党组《关于审议表彰2019年度经济贡献先进企业有关事项的请示》，审议区政府党组《关于审议〈关于以管资本为主推进职能转变完善国有资产监管体制防止国有资产流失的工作方案（送审稿）〉的请示》，审议区委组织部《关于干部工作的请示》。

【区委十四届第129次常委会会议】 3月30日，新都区委十四届第129次常委会会议召开。会前学习《党委（党组）落实全面从严治党主体责任规定》。会议传达学习中央政治局会议、中央应对新冠肺炎疫情工作领导小组会议精神，省委常委会会议暨省委应对新冠肺炎疫情工作领导小组第八次会议、省应对新冠肺炎疫情应急指挥部第二十二次会议精神，市委常委会会议精神，听取开展“送政策、帮企业、送服务、解难题”专项行动推进情况汇报，研究部署新都区下一步工作；传达学习全省乡镇行政区划调整改革工作总结暨村级建制调整改革工作推进会、全省村级建制调整改革工作专题培训会、市乡镇（街道）行政区划调整和体制机制改革工作总结暨村（社区）体制机制改革工作推进会会议精神，研究新都区贯彻落实工作；传达学习成都市2020年信访工作联席会议第一次全体会议精神，研究新都区贯彻落实工作；审议成都市新都区第十八届人民代表大会第四次会议、政协第十一届成都市新都区委员会第四次会议有关事项（《关于召开成都市新都区第十八届人民代表大会第四次会议有关事项的请示》《关于审议〈成都市新都区人民代表大会常务委员会2020年工作要点〉的请示》、区政府党组《关于审议〈成都市新都区政府工作报告（送审稿）〉的请示》《关于审议〈成都市新都区2019年国民经济和社会发展计划执行情况及2020年计划（草案）的报告（送审稿）〉的请示》《关于审议〈成都市新都区2019年财政预算执行情况和2020年财政预算草案报告（送审稿）〉的请示》、区政协党组《关于召开政协第十一届成都市新都区委员会第四次会议的请示》《关于审议〈政协成都市新都区委员会2020年工作要点〉的请示》、区法院党组《关于审议〈区法院工作报告（送审稿）〉的请示》、区检察院党组《关于审议〈区检察院工作报告（送审稿）〉的请示》)，审议区政府党组《关于进一步加强和改进投资促进工作的实施意见（送审稿）的请示》《关于审议〈2020年财政收支预算（草案）〉的请示》。

【区委十四届第130次常委会会议】 4月17日，新都区委十四届第130次常委会会议召开。会议审议区政府党组《关于审议〈成都市新都区关于推进村（社区）体制机制改革的实施方案（送审稿）〉的请示》《关于审议〈成都市新都区部分村（社区）调整改革方案（草案）〉（送审稿）的请示》，审议区委组织部《关于审议〈关于在村（社区）体制机制改革中加强村（社区）班子建设的实施方案〉的请示》。

【区委十四届第131次常委会会议】 4月20日，新都区委十四届第131次常委会会议召开。会议传达学习习近平总书记在中央政治局会议、中共中央政治局常委会会议以及在浙江考察调研时的重要讲话精神、对凉山森林火灾和对安全生产作出的重要指示精神，中央应对新冠肺炎疫情工作领导小组会议、全国安全生产电视电话会议精神，省委常委会会议、省委应对新冠肺炎疫情工作领导小组第九次会议、省应对新冠肺炎疫情应急指挥部第二十四次会议精神，全省、全市森林草原防火灭火暨安全生产工作会议精神，市委常委会会议、市新冠肺炎疫情防控指挥部第41次会议、全市重大项目推进会议精神，听取新都区疫情防控、“送政策、帮企业、送服务、解难题”专项行动、复学复课和安全生产工作情况汇报，研究部署下一步工作；传达学习《中共中央办公厅关于持续解决困扰基层的形式主义问题为决胜全面建成小康社会提供坚强作风保证的通知》精神，听取新都区“基层减负年”工作部署落实情况汇报，研究部署下一步工作；传达学习省委、市委农村工作会议精神，研究新都区贯彻落实工作；传达学习全市锦城公园建设现场办公会会议精神，研究新都区贯彻落实工作；传达学习市总河长全体会议暨锦江流域水生态治理推进会议精神，听取新都区 2020 年一季度生态环境保护工作情况汇报，研究部署下一步工作；传达学习市委政协工作会议精神，研究新都区贯彻落实工作；听取区政府党组《成都市新都区人民政府 2019 年度法治政府建设工作的报告》，听取 2020 年第一季度区委常委暨区人大常委会、区政府、区政协、区法院、区检察院党组书记落实党风廉政建设主体责任情况汇报；审议区政府党组《关于审议〈关于推进教育高质量发展的实施意见（送审稿）〉的请示》，审议区委组织部《关于干部工作的请示》。

【区委十四届第 132 次常委会会议】 4 月 26 日，新都区委十四届第 132 次常委会会议召开。会议传达学习习近平总书记对审计工作的重要指示精神、国务院总理李克强对审计工作的重要讲话要求以及省委书记、省长对审计工作的指示精神和市委书记、市长对审计工作的批示精神、市委审计委员会第三次会议精神，研究新都区贯彻落实工作；审议区委巡察工作领导小组《关于审议巡察有关事项的请示》，审议区委组织部《关于审议〈成都市新都区第十八届人大常委会委员增补建议人选〉的请示》《关于审议〈政协第十一届成都市新都区委员会常委增补建议人选〉的请示》《关于设立成都市新都区第十八届人民代表大会第四次会议临时党组织有关事项的请示》《关于设立政协第十一届成都市新都区委员会第四次会议临时党委有关事项的请示》。

【区委十四届第 133 次常委会会议】 5 月 11 日，新都区委十四届第 133 次常委会会议召开。会前学习中共中央保密委员会《工作秘密管理暂行办法》及《中华人民共和国防洪法》。会议传达学习习近平总书记在中共中央政治局常委会会议以及在陕西考察调研时的重要讲话精神、中央应对新冠肺炎疫情工作领导小组会议精神、国务院督导四川省森林草原防灭火专项整治工作动员会会议精神、省委常委会会议精神和市委常委会会议、全市建设践行新发展理念的公园城市示范区领导小组第一次会议、全市“凝聚社区发展治理新优势激发办赛营城新动能”工作会议、全市村（社区）体制机制改革专题工作会议精神以及成都东部新区领导干部大会会议精神，听取新都区疫情防控、“送政策、帮企业、送服务、解难题”专项行动、复学复课工作情况汇报，研究部署近期重点工作；听取落实中央巡视组、省委巡视组巡视反馈意见整改汇报，研究部署下一步工作；审议区政府党组《关于审议〈成都市新都区统计造假专项整治工作方案（送审稿）〉的请示》《关于审议〈新都区重点经济工作与工作经费挂钩管理的试行办法（送审稿）〉的请示》《关于审议〈2020 年第一批新开工政府投资项目计划（送审稿）〉的请示》《关于调整部分政府性工程建设项目的请示》，审议区委组织部《关于干部工作的请示》。

【区委十四届第 134 次常委会会议】 5 月 25 日，新都区委十四届第 134 次常委会会议召开。会议审议区政府党组《关于审议〈新都区村（社区）建制调整改革方案（送审稿）〉的请示》。

【区委十四届第 135 次常委会会议】 5 月 28 日，新都区委十四届第 135 次常委会会议召开。会议审议区委组织部《关于撤销部分村（社区）党委及设立部分村（社区）临时党委的请示》《关于村（社区）临时党组织书记建议人选的请示》。

【区委十四届第 136 次常委会会议】 6 月 2 日，新都区委十四届第 136 次常委会会议召开。会议传达学习全国、全省、全市两会会议精神、习近平总书记在中央政治局第二十次集体学习时的讲话精神以及四川省传达学习全国两会精神大会、市委常委会会议精神，研究新都区贯彻落实工作；传达学习全国巡视工作会议暨十九届中央第五轮巡视动员部署会、十一届四川省委第六轮巡视动员部署会、省委第九巡视组巡视成都市工作动员会会议精神，研究新都区贯彻落实工作；审议区委办公室《关于审议〈贯彻落实《中共成都市新都区委关于贯彻落实党的十九届四中全会精神建立完善全面体现新发展理念的现代化国际范成北新中心城区现代治理制度机制的决定》责任分工方案（送审稿）〉的请示》。

【区委十四届第 137 次常委会会议】 6 月 18 日，新都区委十四届第 137 次常委会会议召开。会议传达学习习近平总书记在宁夏考察调研时的重要讲话精神，全省抓项目促投资现场会、服务业发展大会精神，全市科技创新大会、产业项目投资促进会精神，听取新都区“六稳”“六保”工作情况汇报，研究新都区贯彻落实工作；传达学习习近平总书记关于应急管理、安全生产、防灾减灾和森林草原防火工作的重要指示批示精神以及国务院督导动员会议精神，全省森林草原防灭火专项整治工作推进会会议精神，全省、全市防汛减灾工作推进会会议精神，听取新都区防汛减灾及仓储物流场所消防安全专项检查工作情况汇报，安排部署下一步工作；听取区委组织部、区教育局关于中央第四巡视组巡视四川省及成都市反馈意见整改工作推进情况汇报，安排部署下一步工作；听取 2020 年上半年全区意识形态工作情况汇报，安排部署下一步工作；审议区政府党组《关于审议〈成都市新都区关于加快推进公园城市示范区建设的行动方案（送审稿）〉的请示》，审议区委办公室《关于审议〈关于配合省委第九巡视组巡视新都区工作方案（送审稿）〉的请示》，审议区委组织部《关于干部工作的请示》。

【区委十四届第 138 次常委会会议】 6 月 23 日，新都区委十四届第 138 次常委会会议召开。会议传达学习习近平总书记全面从严治党思想和巡视工作重要论述精神，学习《关于新形势下党内政治生活的若干准则》《中国共产党廉洁自律准则》《中国共产党纪律处分条例》《中国共产党巡视工作条例》《中国共产党问责条例》《被巡视党组织配合中央巡视工作规定》等党内法规，学习中央巡视领导小组关于深化政治巡视的要求，研究新都区贯彻落实工作；讨论市委十三届七次全会重要文件。

【区委十四届第 139 次常委会会议】 7 月 3 日，新都区委十四届第 139 次常委会会议召开。会议传达学习习近平总书记和国务院总理李克强等中央领导人关于防汛减灾工作重要指示批示精神、全省防汛救灾工作调度会会议精神，研究新都区贯彻落实工作；传达学习省级领导干部和厅级主要负责人读书班精神，市委常委会会议、成渝地区双城经济圈建设调研成果汇报会、成都市锦江公园建设和“中优”推进会会议精神，研究新都区贯彻落实工作；审议区委组织部《关于干部工作的请示》。

【区委十四届第 140 次常委会会议】 7 月 12 日，新都区委十四届第 140 次常委会会议召开。会议审议配合省委第九巡视组巡视相关材料（区委汇报稿）。

【区委十四届第 141 次常委会会议】 7 月 16 日，新都区委十四届第 141 次常委会会议召开。会议审议区委巡察办《关于审议〈配合省委第九巡视组开展联动巡察工作方案（送审稿）〉的请示》。

【区委十四届第 142 次常委会会议】 7 月 21 日，新都区委十四届第 142 次常委会会议召开。会议传达学习省委十一届七次全会、市委十三届七次全会精神，研究新都区贯彻落实工作；传达学习《中共四川省委巡视工作领导小组关于印发〈关于市县党委巡察工作领导小组组成人员主要职责〉的通知》文件精神，研究新都区贯彻落实工作；听取新都区安全生产工作情况汇报，研究部署下一步工作；听取新都区生态环境保护工作情况汇报，研究部署下一步工作；审议区党风廉政建设责任制领导小组办公室《关于审议〈关于推进 2020 年全面从严治党、党风廉政建设和反腐败工作的意见（送审稿）〉的请示》，审议区政府党组《关于审议〈2019 年建设成北新中心城区全面深化改革创新先进奖拟表彰先进集体和先进个人〉的请示》；听取 2020 年第二季度区委常委暨区人大常委会、区政府、区政协、区法院、区检察院党组书记落实党风廉政建设主体责任情况汇报。

【区委十四届第 143 次常委会会议】 8 月 10 日，新都区委十四届第 143 次常委会会议召开。会议传达学习《中国共产党基层组织选举工作条例》精神、习近平总书记在中央政治局第二十一次集体学习时的重要讲话精神，研究新都区贯彻落实工作；传达学习习近平总书记关于防汛救灾工作的重要指示精神、中共中央政治局常委会会议关于防汛救灾工作的部署要求以及省、市关于防汛工作的安排部署，听取新都区防汛工作情况汇报，研究部署下一步工作；传达学习习近平总书记在专家学者座谈会、企业家座谈会上的讲话精神，中央政治局会议关于当前经济形势分析和经济工作的部署要求，全省推动制造业高质量发展工作会议、推进成德眉资同城化领导小组第二次会议精神以及市委常委会会议精神，研究新都区贯彻落实工作；审议区政府党组《关于审议〈2020年新都区省、市、区民生实事目标任务分解方案（送审稿）〉的请示》，审议区委组织部《关于干部工作的请示》。

**【区委十四届第144次常委会会议】** 8月24日，新都区委十四届第144次常委会会议召开。会议审议《区委十四届十一次全会方案》《区委常委会工作报告》。

**【区委十四届第145次常委会会议】** 8月25日，新都区委十四届第145次常委会会议召开。会议听取分组讨论情况汇报，听取《中国共产党成都市新都区第十四届委员会第十一次全体会议决议（草案）》起草情况汇报。

**【区委十四届第146次常委会会议】** 8月25日，新都区委十四届第146次常委会会议召开。会议通报市委考察组反馈的拟晋升二级巡视员进入会议推荐人选谈话调研推荐结果。

**【区委十四届第147次常委会会议】** 8月25日，新都区委十四届第147次常委会会议召开。会议通报市委考察组反馈的区（市）县党政副职考察对象人选和拟晋升二级巡视员考察对象人选会议推荐结果，讨论和表决考察对象人选。

**【区委十四届第148次常委会会议】** 9月9日，新都区委十四届第148次常委会会议召开。会前学习《中华人民共和国公职人员政务处分法》《中华人民共和国档案法》《成都市健全落实信访维稳工作责任制暂行办法》。会议传达学习习近平总书记在经济社会领域专家座谈会上的重要讲话精神和《求是》杂志2020年第16期发表的习近平总书记重要文章，研究新都区贯彻落实工作；传达学习成都市产业功能区及园区建设工作领导小组第七次会议精神，研究新都区贯彻落实工作；传达学习全市档案工作会议精神，研究新都区贯彻落实工作；听取落实中央巡视组反馈意见整改工作汇报，研究部署下一步工作；通报2020年1—7月新都区重点经济及生态环境指标完成情况，研究部署下一步工作；审议区政府党组《关于审议〈"健康新都2030"规划纲要（送审稿）〉的请示》，研究2019年目标绩效有关事项。

**【区委十四届第149次常委会会议】** 10月10日，新都区委十四届第149次常委会会议召开。会前通报区政务中心食堂餐饮浪费现象被曝光的相关情况，学习《关于巩固深化"不忘初心、牢记使命"主题教育成果的意见》。会议传达学习习近平总书记在全国抗击新冠肺炎疫情表彰大会、科学家座谈会、基层代表座谈会、教育文化卫生体育领域专家代表座谈会上的重要讲话精神和对"十四五"规划编制网上意见征求活动的重要指示精神，研究新都区贯彻落实工作；传达学习2020四川省文化和旅游发展大会精神，研究新都区贯彻落实工作；传达学习市委书记在市第十七届人大四次会议第二次全体会议上的讲话精神，市委常委会会议、全市项目招引攻坚行动总结交流会会议精神，研究新都区贯彻落实工作；传达学习市纪委《关于青羊区桂花巷综合整治项目责任追究情况的通报》精神，研究新都区贯彻落实工作；审议区委依法治区办《关于审议〈成都市新都区"七五"普法总结验收工作方案（送审稿）〉的请示》，审议区政府党组《关于审议〈2020年第二批新开工政府投资项目计划（送审稿）〉的请示》，审议区委组织部《关于审议〈成都市新都区关于推进党校分类建设的实施方案（送审稿）〉的请示》《关于干部工作的请示》。

**【区委十四届第 150 次常委会会议】** 11 月 2 日，新都区委十四届第 150 次常委会会议召开。会议传达学习中国共产党第十九届中央委员会第五次全体会议精神、省委常委会会议精神、市委常委会会议精神，研究新都区贯彻落实工作；传达学习习近平总书记在纪念中国人民志愿军抗美援朝出国作战 70 周年大会上的重要讲话精神、习近平总书记给四川省革命伤残军人休养院全体同志回信、省委常委会会议精神、省委书记与革命伤残军人代表座谈会精神，研究新都区贯彻落实工作；传达学习中央政治局、中央政治局常委会会议精神以及省委常委会会议精神、市委常委会会议精神，研究新都区贯彻落实工作；审议区委社治委《关于审议〈“爱成都·迎大运”城市共建共享新都行动实施方案（送审稿）〉的请示》，审议区委办公室《关于审议〈习近平总书记重要批示督办落实工作措施（送审稿）〉的请示》，审议区委政法委《关于审议〈关于加快推进市域社会治理现代化开创平安新都建设新局面的实施方案（送审稿）〉的请示》，审议区政府党组《关于审议〈关于完善重大疫情防控体制机制健全公共卫生应急管理体系的实施方案（送审稿）〉的请示》，审议区委编办《关于审定〈成都市新都区深化事业单位改革试点实施方案（送审稿）〉的请示》；听取 2020 年第三季度区委常委暨区人大常委会、区政府、区政协、区法院、区检察院党组书记落实党风廉政建设主体责任情况汇报，审议区纪委监委机关《关于干部严重违法问题的请示》，审议区委组织部《关于区应急管理局党组改设为党委的请示》《关于确定区管干部 2019 年度考核等次的请示》《关于干部工作的请示》。

**【区委十四届第 151 次常委会会议】** 11 月 13 日，新都区委十四届第 151 次常委会会议召开。会议通报市委考察组反馈的拟晋升二级巡视员进入会议推荐人选谈话调研推荐结果，讨论和表决考察对象人选。

**【区委十四届第 152 次常委会会议】** 11 月 13 日，新都区委十四届第 152 次常委会会议召开。会议审议区委组织部《关于干部工作的请示》，审议拟晋升二级巡视员考察对象人选。

**【区委十四届第 153 次常委会会议】** 12 月 4 日，新都区委十四届第 153 次常委会会议召开。会议传达学习习近平总书记在全面推动长江经济带发展座谈会、中央全面依法治国工作会议、全国劳动模范和先进工作者表彰大会以及中央政治局第二十三、二十四、二十五次集体学习上的重要讲话精神，研究新都区贯彻落实工作；传达学习全国、全省、全市村（社区）“两委”换届工作会议精神，研究新都区贯彻落实工作；传达学习省委常委会、市委常委会、成都市先进生产性服务业发展大会会议精神，研究新都区贯彻落实工作；传达学习全省县级党校分类改革工作会议精神，研究新都区贯彻落实工作；听取区人大常委会、区政府、区政协党组学习贯彻党的十九届五中全会精神情况汇报；听取 2020 年度市级目标完成情况汇报，安排部署下一步工作；审议区委巡察办《关于审议〈十四届区委第八轮巡察综合情况报告〉的请示》；审议《关于做好省委第九巡视组巡视新都区反馈意见整改工作的通知（送审稿）》，安排部署省委巡视整改；讨论市委十三届八次全会重要文件，审议区委办公室《关于审议〈2020 年成都市新都区目标绩效考评实施办法（送审稿）〉的请示》。

**【区委十四届第 154 次常委会会议】** 12 月 8 日，新都区委十四届第 154 次常委会会议召开。会议传达学习省委十一届八次全会、市委常委会会议精神，研究新都区贯彻落实工作；专题研究疫情防控有关工作。

**【区委十四届第 155 次常委会会议】** 12 月 14 日，新都区委十四届第 155 次常委会会议召开。会前学习《成都市社区发展治理促进条例》《党委（党组）意识形态工作责任制实施办法》《关于当前我省意识形态领域情况的通报》《关于当前我市意识形态领域情况的通报》精神，听取当前意识形态工作情况汇报，安排部署下一步工作。会议传达学习市委常委会、市疫情防控领导小组会议精神以及全市新冠肺炎疫情防控专项联动巡察动员部署会议精神，听取疫情防控工作、全域“体检”十项基础工作情况汇报，安排部署下一步工作；审议区委组织部《关于审议〈关于高标准高质量高水平严要求做好村（社区）“两委”换届工作的实施方案（送审稿）〉的请示》《关于干部工作的请示》，审议区委编办《关于审定〈成都市新都区综合行政执法改革实施方案（送审稿）〉的请示》。

**【区委十四届第 156 次常委会会议】** 12 月 21 日，新都区委十四届第 156 次常委会会议召开。会议审议区委组织部《关于成立区委党校（行政学校）校务委员会的请示》《关于干部工作的请示》。

**【区委十四届第 157 次常委会会议】** 12 月 25 日，新都区委十四届第 157 次常委会会议召开。会前学习《县以上党和国家机关党员领导干部民主生活会若干规定》。会议传达学习习近平总书记在中央政治局会议、中央政治局第二十六次集体学习、中央经济工作会议上的重要讲话精神以及省委常委会、市委常委会会议精神，研究新都区贯彻落实工作；传达学习全市“北改”工作推进会会议精神，研究新都区贯彻落实工作；传达学习市纪委《关于彭州市经科信局等部门违规公款采购月饼问题问责处理情况的通报》精神，研究新都区贯彻落实工作；听取落实中央巡视组反馈意见整改工作汇报，研究部署下一步工作；听取 2020 年度统战工作情况汇报，研究部署下一步工作；听取 2020 年度安全生产工作情况汇报，研究部署下一步工作；听取 2020 年度食品安全工作情况汇报，研究部署下一步工作；听取 2020 年度工会、共青团、妇联工作情况汇报，研究部署下一步工作；审议区委组织部《关于撤销部分村（社区）临时党委及成立部分村（社区）党委的请示》，听取 2020 年区委常委暨区人大常委会、区政府、区政协、区法院、区检察院党组书记落实党风廉政建设主体责任情况汇报。

**【区委十四届第 158 次常委会会议】** 12 月 31 日，新都区委十四届第 158 次常委会会议召开。会议传达学习习近平总书记关于平安中国建设的重要指示精神以及平安中国建设工作会议和省、市平安建设暨市域社会治理现代化试点工作推进会议精神，听取 2020 年度政法工作汇报，研究部署下一步工作；传达学习市委十三届八次全会暨市委经济工作会议精神、市委常委会会议精神，研究新都区贯彻落实工作；审议省委第九巡视组巡视反馈意见整改有关事项。

（唐昌龙）

## 区委事务
District Party Committee Affairs

**【概况】** 2020 年，新都区委办公室围绕区委中心工作，切实发挥参谋助手、协调服务保障作用，完成区委下达的工作目标。

**【学习教育】** 新都区委办公室强化主任办公会、室务会、全体干部职工大会和“三会一课”学习制度，充分利用“学习强国”“蓉城先锋·党员 e 家”等线上教育平台，合理制订年度学习计划，推进理论导学、业务培训和实地研学，先后组织开展学习活动 27 次，做到理论学习常态化、业务学习制度化、综合学习系统化。

**【办文办会】** 新都区委办公室精简文件数量，提高文稿质量，做好区委重大决策合法性审查和文稿合法性审查备案，并将文稿质量测评结果纳入目标考核；制发区委和区委办公室文件 770 余件，实现文件制发无原则性差错，无漏发、错发文件现象；为区委会议提供会务保障 212 次，牵头接待 243 批次 3000 余人次。

（钟若曦）

**【基层减负】** 新都区委办公室增强文件会议质效，科学编制并刚性实施年度发文计划，执行省市精简会议规定，完善会议精简措施，全年区委及区委办公室“三类文件”发文46件，较2019年下降10%；完善会议精简措施，加强对区级各部门（含议事协调机构）会议管理，全年精简范围内会议数量完成市级目标；统筹规范督查检查考核，制订印发《2020年区级督查检查考核计划》，计划全年开展督检考事项29项，较2019年压缩50%，每季度开展年度计划执行情况清理排查，上报市委督查室全区督检考计划执行情况4次，协调合并全区督查事项4项，收集全区督查计划、督查报告12份，督促区级相关部门整改41个督查发现问题；清理规范社会评价，拟制下发《关于严格落实省委、市委社会评价工作相关要求的通知》，明确社会评价清理范围，严格规范新增社会评价申报程序；完善基层减负工作机制，制定印发《区整治形式主义为基层减负专项工作机制办公室工作规则》，动态调整区级基层监测点18个，开展走访调研3次，形成《关于“基层减负年”工作落实情况报告》报区委常委会审议，形成《关于区级议事协调机构精文简会情况的报告》报区委领导；向市委减负专项机制推荐市级基层监测点2个，迎接市委副秘书长到新都区开展基层减负调研。

（卓　佳）

【信息参谋】 新都区委办公室为区委领导提供政务服务、事务服务2000余次，形成讲话材料、会议纪要或工作动态300余篇；编辑区内刊物《综合信息》41期、《综合信息（增刊）》11期、《领导参阅》14期、《业务通讯》12期、《市委主要领导讲话汇编》12期，向中央办公厅、省委办公厅、市委办公厅报送信息545条。

【外事管理】 新都区委外事工作委员会办公室全年开展对外交流活动48次；开展领事保护专题宣传及宣讲活动10场，发放宣传资料2000余份，海外领事保护案件、属地涉外案事件处置率100%；开展APEC商务旅行卡宣传活动10场，发放宣传资料500余份；推进“外籍人士之家”建设，举办外籍人士“家在成都”主题活动3次。

（钟若曦）

【档案管理】 新都区委办公室档案管理科督促指导疫情防控期间的文件材料收集，收集疫情档案900多卷宗；做好机构改革档案移交，截至12月25日全区10个涉改镇（街道）和131个村（社区）全部完成移交；完成43个省市级重大项目档案登记，8个省重点项目档案登记卡片报市档案处备案；督查指导区税务局对标对表创“档案工作规范化管理省标一级”，并于10月28日通过验收达标；开展档案建设督查调研，重点调研督查桂湖街道、新繁街道等单位，对发现收集不完整、归档不及时、存放不规范、设施不齐全等问题，现场指导督促单位整改；拓展档案法治宣传，在原有政府网站、报刊等宣传渠道的基础上，借助新媒体宣传档案法规，推动档案法律法规和档案工作走近大众、服务百姓；对全区58个区级部门、5个事业单位、1个国有企业开展2019年度档案统计调查，梳理全区档案事业现状；加强档案人员培训提升，通过集中学习、个人自学、参加省市培训等方式，4名档案局人员一次性全员通过全省执法资格考试；督促指导做好国有企业退休人员社会化管理移交，签订具体移交协议企业71家，完成接收人事档案4930份。6月，全市档案工作会召开，新都区档案局作为全市唯一区县档案局在大会上以《强队伍　促联动　提标准　创实绩　在深化改革中不断加强和提升档案工作》为题进行交流发言。

（邱兴述）

【督查督办】 新都区委办公室紧扣习近平总书记对成都工作指示批示精神进行政治督查，组织区级部门深入学习领会习近平总书记重要指示批示精神，形成125项年度落实任务清单，定期梳理汇总推进情况，组织开展抽查复核30余次，推动习近平总书记重要指示批示转化落实为各单位具体工作；紧扣省市领导批示进行专项督查，梳理省市领导对涉及新都相关工作的重要批示19项，建立台账清单，定期跟踪督促落实；牵头分解全市航空航天产业生态圈现场办公会等会议议定事项任务，形成工作任务14项，收集上报推进情况40余次；迎接市委督查组对疫情防控、“两送一帮一解”等督查8次，工作得到市委督查组充分肯定；紧扣区委主要领导批示进行全面督查，参加区委主要领导调研、专题会、会见会谈200余次，形成区委主要领导批交办事项642件；组织开展专项督查120余次，形成《督查专报》131期；实行每月通报制度，对办理反馈不及时、质量不佳等现象通报批评，形成督办件办理情况通报6期；围绕疫情防控和复工复产，深入500余个小区院落、1000余家企业和个体商户、112所学校等点位明察暗访，采取“四不两直”（不发通知、不打招呼、不听汇报、不用陪同接待、直奔基层、直插现场）方式开展督查100余次，发现问题530余个，下发整改通知100余份，形成督查专报72期，推动疫情防控及复工复产措施落深落细落实。

（卓　佳）

## 组织建设

Organization Construction

【概况】 2020年，新都区组织工作坚持以习近平新时代中国特色社会主义思想为指导，深入践行新时代党的组织路线，全面贯彻落实中央和省委、市委、区委全会精神及各级组织部长会议要求，以政治建设为统领，建强组织体系、选优干部队伍、强化人才支撑，为高质量建设现代化国际范成北新中心城区提供组织保障。

【思想政治建设】 新都区委组织部以学习新思想为指引，强化理论武装与党性修养，深挖荣军院、艾芜故居、督桥河黄霖故居等红色教育资源，构建“一熔炉＋三基地”党性教育体系；举办学习习近平总书记给四川省革命伤残军人休养院全体同志重要回信精神主题报告会，在全区弘扬“初心不改、奋斗不止”的英雄精神，受到《人民日报》等主流媒体关注并报道；深入开展党支部规范化建设巩固提升行动，抓实基本制度落实，规范“三会一课”、主题党日、党费收缴以及规范发展党员等基础工作；淬炼推动发展的“主心骨”，让党旗飘扬在疫情防控一线，发出“三让一强”行动号召，组建417支“香城先锋”党员志愿服务队，建立180个临时党组织、385个党员责任区（党员示范岗），引领党员深度参与疫情防控、复工复产、防汛抢险等，4个党组织、4名党员受到省、市表彰奖励。

【基层组织建设】 新都区委组织部培育市区两级示范社区、小区40个，提升基层治理水平，小区治理“五步工作法”2.0版制度体系入选全市基层党建创新项目；在全区推广“丰行侠”机制，以小切口撬动大治理，打通城市基层治理微循环；成立社会组织综合党委，统揽全区社会组织党建工作，引导社会组织在社会治理中发挥作用；稳妥推进村（社区）体制机制改革，实现城市空间治理格局系统性重塑，基层职责功能全方位改革；调整优化村集体经济组织法人治理结构，将党组织推荐作为依法产生负责人、管理层的前置环节，经验做法在全市交流；探索“珠链锦绣”建设机制，构建党建搭台引领、功能优势互补、产业资源协同的区域发展共同体，推动生态价值转化为发展动能，建设模式受到中央组织部、市委组织部肯定；构建“党工委—功能区综合党委—二级综合党委—基层党组织”的产业功能区组织体系；组建“益企帮帮团”，探索机关、国企、“两新”党组织党员向产业社区报到，推动各行业领域资源向产业一线集聚；探索党建引领产业社区社群自治模式，创建市级物流行业党建示范区，受到中央组织部、国家邮政局、省委“两新”工委肯定。

【干部队伍建设】 新都区委组织部常态化开展干部人才队伍动态考察，选拔招商引资、信访维稳等一线优秀干部29名；使用优秀年轻干部，提拔使用“85后”区管干部13名，“85后”“90后”区管干部破零，干部队伍年龄结构进一步改善；统筹使用各年龄段干部，下半年调整提拔的干部中，“60后”“70后”干部占比45%；聚焦产业功能区干部人才培养，探索订单式专业蓄能培养模式，得到市委主要领导肯定性批示；围绕治理体系和治理能力现代化等重点课题，开展干部培训50余期，培训干部8700余人次，有效提升党员干部能力素养和制度执行力；贯彻落实严管激励“双十条”，研究制定对口支援干部人才延期服务关心关爱措施；制定出台《深化“员额制”改革促进产业功能区高质量发展七条措施》，树立实绩导向，激发入额人员创业热情，提升产业功能区发展活力；加强干部选任监督，结合区委巡察对26个单位开展选人用人专项检查，组织25个单位开展科级干部选拔任用“一报告两评议”。

【公务员管理】 新都区委组织部审核公招考试报考新都区职位人员近5000人，招录比273：1；招录公务员（参公人员）82名，引进选调生32名；调任公务员3名，完成124名公务员（参公人员）登记；成立选调生班委，实现“被动管理”向“自我管理”转变；搭建沟通交流平台，加强内部交流，促进与特需人才交流互动，常态化开展活动；加强选调生培训，10月下旬开展为期5天专题培训；拟定并实施新都区选调生到村任职方案；做好行政执法类公务员划转，拟定机构改革后镇（街道）职级设置调整方案，完成区人民法院、区人民检察院法官、检察官助理职级套转；选派区级机关干部9批次2738人次（含处级区管干部149人）参加疫情防控，充实基层力量。

【人才队伍建设】 新都区委组织部坚持党管人才原则，牵头组建人才发展服务中心，统筹负责全区各领域各层次人才队伍建设，贯通“引育留用”人才生态链条；聚焦产业转型升级需求，研究制订新都人才新政2.0版，兑付资助资金2400余万元；实施“香城英才计划”，引进全球知名高校硕士、博士22名；壮大“蓝领精英”队伍，建设职业技能实训实习基地，评选表彰优秀技能人才120名；完善人力资源协同体系，实现人才绿卡“大港区”互通互认；围绕“成渝地区双城经济圈”建设，与九龙坡区开展战略合作，项目化推进干部人才交流、引进、培训等系列活动；建设正因国际青年聚落·蓉客e家，提供创新企业全链条孵化服务、高标准生活配套；创建“海智计划”基地，搭建聚集海外高层次人才平台。

（徐小稳　宋　柱）

## 思想文化宣传
Ideological and Cultural Publicity

【概况】 2020年，新都区委宣传部以深入贯彻落实习近平新时代中国特色社会主义思想为主线，坚持正确政治方向和舆论导向，着力推动理论武装、意识形态、舆论引导、社会主义核心价值观、天府文化、精神文明建设等工作，为新都建设现代化国际范成北新中心城区提供思想保证和精神力量，特别是在疫情防控中守正创新、锐意进取，为新都区夺取“双胜利”提供有力精神支撑。

【理论学习】 新都区委宣传部落实中心组各层级学习制度部署要求，推进党委（党组）理论学习中心组学习制度化、规范化，印发《关于进一步加强和改进党委（党组）理论学习中心组学习的实施意见》，组织区委理论学习中心组学习会20场，编印参考资料14期、推荐书目10期；将“学习强国”平台作为全区党员理论学习重要载体，经验做法在“学习强国”刊载；做好中共十九届四中、五中全会和省委十一届七次全会、省委十一届八次全会、市委十三届七次全会、区委十四届十一次全会等精神宣讲，开展集中宣讲和微宣讲1000余场次；打造“学习小礼堂”理论品牌，创新“理论＋文艺＋场景＋互联网”模式，不断延伸理论宣讲触角，理论宣传宣讲经验文章在中组部党建读物出版合作指导、四川省委组织部主管主办的《党课》2020年第9期刊发；落实意识形态工作制度机制，抓好专题研究、定期通报、季度分析研判、专题报告等制度落实；配合迎接省委第九巡视组意识形态专项检查，按要求对大丰街道、区委统战部、文体旅局等25个单位开展意识形态专项巡察，全覆盖开展专项督查，持续压紧压实党管意识形态工作责任制。

【对外宣传】 新都区委宣传部围绕成渝地区双城经济圈、主导产业、公园城市等主题，在中央、省、市媒体推出专题和动态报道2400余条次；开展2020“逛沸腾小镇、寻香城美味”火锅音乐节等城市营销活动40余场，举办新闻发布会5场，城市美誉度明显提升，尖锋运动公园获评“成渝潮流新地标”，天府绿道夏河溪乡野公园获评“成渝十大文旅产业地标”；围绕新中国成立71周年、中共十九届五中全会、庆祝建党99周年、成都大运会等主题，开展社会宣传，被市委办公厅、市政府办公厅通报表扬为“群众性主题教育活动突出贡献单位”；对上争取，区委、区政府获评“2020年度人民网网民留言办理工作机制创新单位”，官方微博“@新都资讯”、微信“新，都在这里”被省委网信办等评为2020年度“四川优秀舆论引导政务新媒体”。在人民网发布的《2020年第三季度政务微博影响力报告》中，“@新都资讯”入围“四川十大党政新闻发布微博”。“新都资讯”全年发布微博10603条，阅读量5亿人次。

【文化宣传】 新都区委宣传部建立线上线下互动社会宣传体系，发放宣传资料、标语203万册（幅），在区内200个LED屏播放防疫知识，转发防疫提醒信息1700余万次；协调文学艺术界助力抗“疫”，建立近1万幅图片的抗“疫”数据库，创作诗词、书法、音乐等作品300余首（幅），《号角已吹响》等3首歌曲在“学习强国”平台和中国文明网推广，诗歌《武汉加油　春天就要来临》在“喜马拉雅”APP发布，相关做法得到省市文联主要领导肯定性批示；创新策划“小新”系列新媒体产品100余期，助力疫情防控和企业复工，得到市委常委肯定性批示；选树抗“疫”先进典型，鸦雀口社区党委、状元街社区党委、罗纪荣、张文义分别被评为成都市疫情防控先进集体和先进个人，并被市委办公厅通报表彰。

【文化产业发展促进】 新都区委宣传部支持文创企业复工满产，为云图电竞等3家文创企业争取“文创通”贴息贷款2300万元；弘扬传统优秀文化，“升庵文化研究传承项目”“新都区中医特色街区打造项目”入选成都市“十大文化工程”重点项目库。

【网络空间治理】 新都区委宣传部开展网络空间生态治理专项行动，完成对全区近4000家属地网站4轮内容巡查，有力净化网络空间；处理返成都人员健康情况申报卡系统漏洞、区政协办网站“黑页植入”等问题，未发生重大网络安全事故。

【新闻出版和电影管理】 新都区委宣传部抓好“扫黄打非”进基层，创建市级示范点5个，依法查处有关刑事和行政案件14件；开展公益电影放映活动，全年完成电影进影院50场、电影放映2600余场；强化软件正版化，全区党政机关、香投集团、镇（街道）、卫计系统软件正版率100%；推进“书香新都”建设，建成阅读空间5个，依托农家书屋开展阅读活动500余场次。

（蒋　锐）

## 统一战线
United Front

【概况】 2020年，新都区委统战部坚持深入学习贯彻习近平新时代中国特色社会主义思想、习近平总书记对四川及成都工作系列重要指示精神、中共十九届五中全会精神、省委十一届七次全会精神、市委十三届七次全会精神、区委十四届七次全会精神和“三级”统战部长会议精神等，聚焦新都高质量建设现代化国际范成北新中心城区的战略部署，做好民主党派、民族宗教、民营经济、港澳台侨等工作，各领域统战工作取得新进展。

【多党合作和政治协商】 新都区有民革、民盟、民建、民进、农工党、九三学社6个民主党派基层组织，有党派成员575人，其中市人大代表3人、市政协委员4人、区人大代表17人、区政协委员77人。新都区委统战部落实区委与党外人士协商会、座谈会、通报会、“双月会”制度，召开会议10次；组织各民主党派到南京师范大学培训，指导成立民革新都支部和九三学社新都支社换届升格为九三学社新都基层委员会。民盟新都总支获评民盟市委会“盟务工作先进集体”“组织建设工作先进集体”“思想宣传工作先进集体”“社会服务工作先进集体”，民建新都总支获评民建成都市委会“庆祝中国民主建国会成立75周年评选表彰‘先进集体’”“抗击新冠肺炎疫情工作先进基层组织”“先进基层组织”“参政议政工作先进集体”“思想宣传工作先进集体”“社会服务工作先进集体”“组织工作先进集体”“老龄委工作先进集体”，九三学社新都支社获评九三学社成都市委会“优秀基层组织”“社会服务先进基层组织”“抗击新冠肺炎疫情先进集体”“组织建设先进基层组织”。

**【民族宗教领域统战工作】** 新都区委统战部继续加大对宗教政策法规的宣传力度，对各团体、场所主要负责人政策宣讲2次；在宗教界开展《中华人民共和国民法典》学习培训，印制发放《宗教团体管理办法》《四川省宗教事务条例》300余本；持续做好清真食品企业复工复产和监督管理，调研走访清真食品企业6次；做好少数民族群众服务，按规定和程序完成民族成分更改3人次；规范管理宗教事务，开展宗教活动场所安全检查18次；在全区范围内征集“爱国爱教成都故事”和“蓉城一家亲——讲好民族团结成都故事”，指导宝光寺编纂出版“宝光寺”系列画册第三部《宝光寺藏珍·书画》；加强支持宗教界自身建设力度，支持爱国宗教团体补助资金20万元，补助观音寺、白水寺、弥陀寺维修补助资金40万元，拨付宝光寺文物保护资金300万元；组织宗教界传达学习中共十九届五中全会精神；组织全区宗教系统为抗击新冠疫情捐款捐物121215元。

**【非公有制经济领域统战工作】** 新都区委统战部开展长征干部学院黑水分院民营企业家理想信念教育培训，开展“走基层、访民情”专题活动，组织发动统一战线成员深入新都区中小微企业，走访调研企业200余家，开展座谈10余次，发放问卷调查1000余份，收集问题建议100余条，向企业开展新冠肺炎疫情相关法律政策辅导，现场解答和协调解决问题60余个；组织召开“金青新广”四地商会四方联席会议，共同助力“大港区”建设；与内蒙古包头市、云南保山市工商联开展合作共建活动；贯彻落实成渝地区双城经济圈重大战略，与重庆市九龙坡区委统战部建立联系机制，搭建两地统一战线交流互动平台，推动两地民营企业交流交往与合作；向市委统战部推荐3名青年民营企业家参加厦门大学与省委统战部联合举办的“四川省青年民营企业家成长计划项目”培训班，2名企业家入选。

**【港澳台及海外代表人士统战工作】** 新都区委统战部坚持做好港澳台同胞及海外侨胞人士服务引导，在春节等传统节日和疫情期间，实地走访、慰问台资、侨资企业和侨眷侨属54家，并助力台资、侨资企业全面复工复产；开展资源调查，健全台资、侨资企业数据库，更新台胞台属侨胞侨属名册；推动“蓉城同心·侨之家”建设，将侨之家每年运营经费列入区财政预算；融入“成渝地区双城经济圈”建设，促进新都涉侨企业与重庆政府和企业合作，促成侨资企业正恒动力与西南石油大学机电工程学院签订战略合作框架协议；开展法律法规、办事指南和子女升学加分政策等宣传，维护台资企业、侨资企业及台湾同胞、海外侨胞侨属合法权益。

**【党外人士队伍建设】** 新都区委统战部加强党外干部人才培养，以“换届年”党外代表人士政治安排为考量，分层分类，建立健全660余名党外干部、民主党派和无党派代表人士数据库；制定新都区党外干部5年发展规划，向区委组织部推荐14名科级年轻党外干部、3名处级干部；推荐2名党外知识分子参加成都市党外知识分子专题培训班，5名民主党派干部作为市级民主党派干部数据库人选；引导区知联会、区新联会开展“不忘合作初心，继续携手前进”主题教育活动，区知联会被成都市党外知识分子联谊会表彰为2020年度“社会服务先进基层知联会”；推荐党外知识分子典型张鹏、倪雪微、彭健参加“弘扬爱国奋斗精神、建功立业新时代”征集评选活动，推荐余作强、倪雪微、冯维政加入成都市新联会。

【对口支援理塘县】 年初，新都区采购口罩、隔离服、体温枪、消毒酒精等抗疫物资，捐赠甘孜州理塘县，总价值13万元；5月22日，新都区以视频会议形式主办“一区两县”（新都区、理塘县、金堂县）三方联席会议；5月，理塘县人民政府县长率队到新都区交流对口帮扶工作；7月，新都区人民政府区长率队到理塘县调研对口帮扶工作。新都区人民政府捐赠旅游产业发展资金100万元，帮助理塘县人民政府办好2020四川甘孜山地文化旅游节；从住房保障、教育、医疗、产业就业、社会帮扶等方面对理塘县实施援助，涉及资金1004.48万元、项目9个；引进区内优质企业到理塘县投资兴业，新笑林酒业有限公司、久森农业科技有限公司、绿乖乖农业科技有限公司分别在理塘县注册成立理塘县郎卡卓切蜂业有限公司、理塘县青藏农业有限公司、绿乖乖农业科技有限公司理塘分公司；66名干部人才常驻理塘县帮扶，结对学校、医院开展专业培训、专题培训和业务指导，机关单位、各镇（街道）先后到理塘县开展结对帮扶活动，全年全域结对工作投入其他财政资金260余万元；在建立三方高层联席会议机制基础上，建立“2＋1＋N”的对口帮扶工作制度体系，有效整合省内对口帮扶、省内定点帮扶等资源力量，形成强大帮扶合力；完善“1＋1＋X”（即新都区工作队＋金堂县工作队＋理塘县项目实施相关单位联合进行项目督导）帮扶项目督导机制；落实干部关爱机制，延期帮扶干部每月增加工作补贴3000元，兑现干部津补贴500余万元，召开干部座谈会4次，发放干部慰问金慰问品10余万元。新闻《3万余斤土豆销售一空　新都对口帮扶理塘显真情》《第五届甘孜山地文化旅游节将开幕》分别被新华社、《四川日报》报道，新闻《雪域高原送关怀　加油鼓励暖人心》《甘孜州理塘县500余名师生获资助奖励100万元》《全域结对再加力　成都新都区向理塘县捐赠258.5万元物资》被中央电视台《三农之声》《国际在线》等报道，电视节目《中国影像方志第700集“四川理塘篇”》《观赛马赏歌舞　甘孜山地文旅节精彩纷呈》分别在央视科教频道、四川卫视播出。新都区对口支援全年被中央级媒体报道5次、省级媒体报道31次、市（州）区（县）级媒体报道29次，相关工作经验被市对口支援办《工作简报》采用1次。

2月15日，新都区向理塘县捐赠第一批疫情防控物资
（供图：区委统战部）

5月20日，理塘县县长郑显峰（左二）率党政代表团到新都区调研产业发展帮扶项目　（供图：区委统战部）

【统战课题调研】 新都区委统战部组织全区统一战线基层组织，按照“154”总体部署，围绕“一极两中心两地”目标定位，围绕成德眉资同城化发展工程，围绕践行新发展理念的公园城市示范区建设开展调研，完成《关于药材饮片类应急医疗物资地方储备的调研报告》《关于新都区历史建筑的思考和建议》《新都区律师行业统战工作的思考》《统一战线与城乡基层治理制度创新和能力建设研究》《民主党派成员思想状况研究》《关于发挥统一战线优势作用助力成渝地区双城经济圈建设的思考》《论乡村振兴新都表达的形成、内涵和时代价值》《从新冠肺炎疫情看突发公共卫生事件下普法与依法治理创新》《关于推动成都市体育产业高质量发展的建议与思考》《〈中国共产党统一战线工作条例（试行）〉修订完善探讨》《智慧社区建设的现状及路径探索》《加快现代产业体系建设，助推新都区经济高质量发展》《新都区统筹推进城乡义务教育一体化促进全域

优质均衡发展的调研》等 10 多篇调研报告。

（陈怀山）

## 区委巡察
Tour Inspection of District Party Committee

【概况】 2020 年，新都区委巡察工作坚持以习近平总书记关于巡视巡察的系列重要讲话为指引，贯彻落实中央和省委、市委关于巡视巡察工作的新要求新部署，聚焦政治监督，大胆实践，初步形成“规范、创新、融合、发展”的巡察工作理念，为推动成都市巡察工作“上台阶、创一流”提供新都经验，为推动新都高质量建设现代化国际范成北新中心城区作出巡察贡献。新都巡察工作经验先后被《廉政瞭望》等主流媒体刊载报道，区委书记署名文章《以高质量巡察助推高质量发展》被《中央巡视巡察参考》《中国纪检监察报》专题刊载。

【巡察机制完善】 新都区委坚持书记“挂帅”，以上率下，做到重要工作亲自部署、重大问题亲自过问、重要环节亲自协调、重要案件亲自督办；通过区委常委会、书记专题会、区委巡察工作领导小组会等研究部署巡察工作 15 次，专题听取巡察发现重要问题线索汇报 3 次。

【巡察工作开展】 新都区委巡察办完成 21 个单位常规巡察以及扫黑除恶、营商环境建设和系统治理专项巡察，配合省委第九巡视组、市委疫情防控巡察组开展联动巡察，发现问题 625 个，移送重要问题线索 46 条，立案 15 件 15 人；梳理自查巡察规范化管理上存在的问题 9 个，制定整改措施 4 条，对议事规则、工作规程等全面提标，推动工作运行更加规范有效。

【村（社区）巡察】 新都区巡察办对已巡察的 150 个村（社区）开展专项督导，对未巡的 30 个（社区）党组织，试点“清单式＋点题式”巡察，发挥示范

“察民情　听民意　巡察坝坝会”召开（供图：区委巡察办）

引领效应，打造“一镇一特色”村（社区）巡察示范点，发现“三资”管理不规范、落实“扫黑除恶”不到位、党建引领薄弱等问题 37 个；深化一线巡察，走访群众 500 余人次，收集问题建议 63 条，现场核查问题线索 20 条；联合有关部门、所在镇（街道）及村（社区），采取“村民坝坝会”形式对整改成效回访，把群众“操心事”当作巡察“心头事”，做法被中央纪委国家监委网站以《成都新都：防止巡察整改走过场》为题予以报道；构建村（社区）主要负责人评价分析体系，围绕信访、涉及问题线索、年度考核、群众满意度、表彰奖励等 13 个指标，对全区 347 名村（社区）主要负责人初步画像，并形成综合报告报送区委组织部，为全区村级建制调整、村级党组织换届选举提供参考。

【巡察整改】 新都区巡察办探索构建“区委巡察＋内部督察”立体监督网，以香投集团为试点，建设“常驻不走”内部监督部队，结合巡察方式和手段，开展自查自检，香投集团对多家子公司开展内部督察，立行立改事项 20 余项，成效初显；探索制定《巡察整改工作实施办法》，构建“分管区领导监督、业务主管部门监督、区纪委监委和区委组织部日常监督、群众监督、督导监督”五维一体的巡察整改监督体系，配套制定整改质效评估方案，细化 4 类 71 项评估指标，构建“看病、治病、防病”闭环机制；深化联席会议制度，召开协商会议 1 次，研究历史遗留问题 3 个，研究共性问题 10 类 47 个，向部门提出意见建议 47 个。

（杨　婧）

【中央巡视反馈意见整改】 新都区委拟 2020 年区委落实中央巡视整改重点任务清单，推进 4 个方面 52 项整改任务整改落实，6 项整改任务 26 条整改措施到期并整改到位；完善《新都区中央第四巡视组巡视四川省及成都市反馈意见整改工作任务分工中期调整方案》，调整牵头领导、完成时限等 37 处，优化整改措施 15 条；落实向区委常委会定期汇报制度，7 个单位 4 批次向区委常委会汇报牵头整改事项进展情况。

【省委巡视反馈意见整改】 新都区委规范省委巡视整改措施，制发《省委第九巡视组巡视新都区反馈意见整改工作方案》《省委第九巡视组巡视成都市反馈意见涉及新都区整改责任工作方案》；研究制定《区委落实巡视巡察反馈意见整改工作领导小组办公室工作规则》，建立督查督办、情况收集、台账管理等制度，健全省委巡视整改全流程；加强对各专项整改的统筹，制发《关于省委书记专题会点人点事生态环境专项工作整改方案》《新都区落实省委第九巡视组选人用人专项检查反馈意见整改工作方案》《新都区落实省委第九巡视组意识形态专项检查反馈意见整改工作方案》等专项整改方案；细化省委第九巡视组反馈的 29 个问题 44 个具体任务，形成 127 项整改措施，推进整改落实。

（卓　佳）

【巡察信息化建设】 新都区巡察办新开发“数据智能搜索引擎”以及“信息跟踪预警平台”，提升巡察“智能管理”水平；持续推进巡审联动数据库建设，建成涵盖社保、车管、民政、医疗等基础信息的巡审联动数据库。

【巡察队伍建设】 新都区委巡察办强化干部政治素质，在落实区委新冠肺炎疫情防控上不打折扣，全员参与统筹协调、入户排查、工作督查等环节，为全区打赢防控攻坚战贡献巡察力量；加大素能培训力度，邀请市委第一巡察组组长到新都专题授课，开展巡察干部培训 2 次，组织巡察干部到乡村振兴点位以及廉政警示教育基地等开展党性教育活动 12 次。

【巡察成果运用】 新都区巡察办针对镇、村工程项目管理以及国有资产清产核资两项工作，督促区发改局和区国资金融局牵头开展专项整治，并出台追责问责办法，通过清理整顿，对国有固定资产实现规范管理，推动各项工作再提升、再完善。

（杨　婧）

## 机关党建
Organs Party Building

【概况】 2020 年，新都区直机关有直属党委 25 个、直属党总支部 1 个、直属党支部 37 个，党员总数 4678 名。新都区机关党建工作坚持贯彻落实《中国共产党党和国家机关基层组织工作条例》以及中央和国家机关、省直机关、市直机关、区直机关党的建设工作会议部署要求，坚持围绕中心、建设队伍、服务群众，聚焦成渝地区双城经济圈建设，突出“创新提能年”主题，以党的政治建设为统领，深化理论武装，夯实基层基础，践行“三个表率”，建设模范机关，提高机关党的建设质量和水平，为建设现代化国际范成北新中心城区提供组织保证。

【机关组织建设】 新都区直机关工委落实《中国共产党党和国家机关基层组织工作条例》，理顺机构改革后党组织隶属关系，指导 18 个机关党委设立机关纪委，完成 32 个直属党组织换届、委员调整；深化“五好党支部”创建，按照组织健全、活动经常、队伍过硬、保障到位、作用突出的标准，推进党支部标准化规范化建设；编印机关党建工作实务手册，推进机关党建业务工作标准化规范化，推动党支部工作按照标准做、沿着流程走；抽查 120 个机关党支部工作手册，督促“三会一课”制度落实到位；组织机关 300 余个党支部的党务工作者进行“规范党员发展程序”“基础党务知识”“最新党规解读”

等专题培训班6次，集中培训入党积极分子100名，新发展党员40名，转正预备党员41名；运用全国党员信息管理系统和“蓉城先锋”平台，完善党组织和党员信息化管理。

【机关干部思想教育】 新都区直机关工委在全区机关组织开展“不忘初心、不负韶华”系列主题党日活动，机关各党组织利用区委党校的公仆意识教育主题教室、黄霖故居红色纪念馆、初心与使命馆、新繁荣军院等新都本土党性教育基地和成都周边红色资源组织开展以“回顾初心、展望未来”“感深悟细、滋养初心”“践行初心、以心暖心”等为主题的党日活动200次；结合纪念抗战胜利75周年、抗美援朝入朝作战70周年等，持续深化重温入党志愿书活动，完善重温入党誓词以及党员过“政治生日”等政治仪式；依托“蓉城先锋”平台，开设党员“借力‘云端’培训、助推‘双胜利’”网络专题培训班，量身定制20个“复工复产、最美逆行、党员风采”等专题培训项目，让线上培训更具“新都味”；开展2020年微党课比赛暨“党课开讲啦·香城先锋”活动40余场次。

【机关党建引领】 新都区打造“执法先锋”“党支部+”“香城医生”等机关党建品牌，为全区机关党建起到示范带头作用；区发改局、区司法局、区税务局等机关党委围绕服务国际化营商环境建设，打造党员示范岗、党员先锋岗，在行政审批、法律咨询、办证等方面为群众、企业开展一站式

3月27日，新都区委组织部支部开展“危难面前显忠诚、挑战面前显担当”主题党日活动 （供图：区委组织部）

服务，直接服务新都区招商引资、项目促建和企业服务；区行政审批局、区公共资源交易中心推进“放管服”改革和“互联网+”交易服务，推行“不跑也能办”服务新方式，46项交易服务事项中，37项实现全程网办，4项实现“仅跑一次”，5项实行“即来即办”。疫情防控期间，新都区机关各党组织在防疫一线成立临时党支部20个、建立党小组120余个，加强防疫工作一线领导；组建党员志愿服务队、党员先锋队100余个，协助村（社区）进村入户开展疫情排查；在交通要道、车站等检查点位成立党员先锋岗60余个，24小时对来往车辆进行消毒检查，3902名党员防疫捐款698855.9元。

（徐小稳　宋　柱）

## 机构编制管理
Organization Establishment Management

【概况】 2020年，新都区有行政机构74个，其中纪检监察机关1个、党的工作机关9个、人大机关工作机构3个、政府组成部门27个、派出机构3个、政协机关工作机构3个、法院1个、检察院1个、群众团体9个、街道7个、镇2个、常设议事协调机构8个，核定行政编制1645名，实有1616人。全区有事业机构214个，核定事业编制10990名，实有10596人。

【事业单位改革试点】 新都区被纳入全国深化事业单位改革县级试点，调查摸底全区事业单位机构设置、职责运行、编制配备、实有人员，建立职责、编制、职数、人员等6本基础台账，印发《成都市新都区深化事业单位改革试点方案》《成都市新都区深化事业单位改革组织实施方案》等配套文件，明确改革主体责任，细化改革任务，改革后整合压缩机构32家；制定机构职能编制规定，在医疗、教育、文化等公共服务领域制定政事权限清单、完善事业单位章程管理，实现政事分开、管办分离，

11月3日，成都市新都区深化事业单位改革试点工作推进会召开　（供图：区委编办）

代交通产业功能区、智慧物流产业园、智慧家居产业城3个产业功能区管理机构“三定”规定，编制职责任务、赋权赋能“两张清单”，完善吹哨报到、逆向考核“两个机制”，进一步厘清产业功能区、属地镇（街道）、区级部门之间权责边界；持续深化员额制改革，出台《促进产业功能区高质量发展七条措施》《薪酬制度改革实施方案》《人员身份封存实施办法》等，围绕主导产业实施订单式专业蓄能培养，园区专业人才匹配度从17%提升到73%；深入推进省级高新技术园（功能区）运行评估，实现园区扩区；优化现代交通产业功能区运营模式，实现其管理机构升格。

全面体现加强党的领导、科学民主管理和依法依规运行。

【镇（街道）体制机制改革】 新都区委编办完成镇（街道）区划调整和体制机制改革，按照“6＋X”［6个常设机构，即综合办公室（财政所）、党群办公室、社区发展办公室、社区治理办公室（应急管理办公室）、民生服务办公室、综合执法协调办公室；X个自选机构，即生态环境和自然资源保护办公室、公园城市建设办公室、营商环境办公室］模式调整优化镇（街道）党政办事机构及事业单位，重构职能体系；围绕强权赋能，制定镇（街道）党（工）委规则、事权下放准入制度、事权财权匹配制度，赋予镇（街道）“五方面权限”，改革后每个镇（街道）内设机构由平均5个增至7～9个，增加副局级事业单位15个；审批服务便民化纳入全市创新镇（街道）体制机制改革试点，以“立体化、标准化、体验化、个性化”理念，打造“微中心＋全服务”审批服务新模式，实现政务数字化、功能复合化、设施集成化、场景拟人化、服务便利化，提升治理体系和治理能力现代化，“微中心＋全服务”审批服务改革模式先后被《中国改革报》、中编办网站、“四川观察”、“学习强国”平台刊登宣传。

【产业功能区体制机制改革】 新都区委编办印发现

【用编进人】 成都市委编办批复同意新都区2021年公招用编19名（其中参公单位5名、街道行政编制10名、镇行政编制4名），2021年教育补充教师公招用编150名（含人才引进用编36名），2021年事业单位引进特需人才用编计划100名，其中教育系统36名（包含在公招用编150名内）、卫生系统27名、其他部门和镇（街道）37名。2020年新都区招录选调生31人（公务员31人），招录机要干部2人（公务员2人），引进卫生系统人才24人、其他事业19人。

【编制资源盘活】 新都区委编办建立公共卫生和基层医疗卫生机构编制随服务人口动态调整机制，根据区域人口增长情况，为疾控中心和基层卫生医疗机构调增编制83名，夯实公共卫生服务网络；创新加强中小学教职工管理方式，足额核定中小学教师专项编制，建立教师编制“周转池＋员额”制度，新增中小学教师专项编制319名；结合镇（街道）区划调整，向镇（街道）下沉13家事业单位和343名编制，优化镇（街道）事业单位设置，建立完善派驻单位管理机制，实现农口职能全部下沉镇（街道）一线，为乡村振兴战略提供编制资源保障，夯实基层治理体系和公共服务能力基础。

**2020 年新都区党政群机关、局级事业单位和镇（街道）机构设置一览表**

表 2

| 序号 | 系统类别 | 机构类别 | 机构名称 |
|---|---|---|---|
| 1 | 党委机关（10 个） | 工作机关（10 个） | 区纪委（区监委合署办公）、区委办［保密机要局（保密局、密码局）、政府外办、档案局］、组织部（非公有制经济组织和社会组织工委、机关工委、老干部局、公务员局）、宣传部［文明办、外宣办（新闻办）、新闻出版局（版权局）、网信办］、统战部（政府侨台办，民宗局合署办公）、政法委、政研室、社治委、编办、巡察办 |
| 2 | 人大机关（9 个） | | 监察司法委、经济委、社会事业委、城环委、农业农村委、预算委，常委会办公室、常委会人代工委、常委会信访办（副局） |
| 3 | 政府机关（32 个） | 工作部门（29 个） | 区政府办（机关事务局）、发改局（粮食和储备局）、经信局、教育局、民政局、司法局、财政局、人社局、规自局、生态环境局、住建局（人防办、公园城市局）、综合执法局（城管局）、交通运输局、水务局、农业农村局、商务局、投促局、文体旅游局（广电局）、卫健局、退役军人局、应急局、审计局、国资金融局、市场监管局（知识产权局）、行政审批局（网络理政办）、统计局、信访局、新科局、医保局 |
| | | 派出机构（3 个） | 交管委、物管委、家管委 |
| 4 | 政协机关（10 个） | | 提案委、经济委、社法民宗委、科教医卫体委、城建人资环委、文化文史委、农业农村委、政协办、委员办公室、研究室 |
| 5 | 审判机关（1 个） | | 法院 |
| 6 | 检察机关（1 个） | | 检察院 |
| 7 | 工商联机关（1 个） | | 工商联 |
| 8 | 人民团体和群众团体机关（8 个） | | 总工会、团委、妇联、科协、残联、社科联、红十字会、文联 |
| 9 | 党委政府直属事业单位（12 个） | | 党校（行政学校）、党史研究室（地志办）、档案馆、绩效评价中心、人才发展中心、融媒体中心（电视台）、交易中心（区分中心）、供销联社、住房发展中心、公园城市建设中心、城市细管中心、防震减灾应急保障中心 |
| 10 | 镇（街道）（9 个） | | 桂湖街道、新都街道、新繁街道、石板滩街道、大丰街道、三河街道、斑竹园街道、军屯镇、清流镇 |
| 11 | 其他局级事业单位（26 个） | | 网信中心、事登中心、社保局、就业局、城管执法大队、农业综合服务中心、文化综合服务中心、医院事务服务中心、退役军人服务中心、审批服务和网络理政中心、医保中心<br>桂湖街道综合便民服务中心，新都街道综合便民服务中心、农业服务中心，新繁街道综合便民服务中心、农业服务中心，石板滩街道综合便民服务中心、农业服务中心，大丰街道综合便民服务中心，三河街道综合便民服务中心，斑竹园街道综合便民服务中心、农业服务中心，军屯镇综合便民服务中心、农业服务中心，清流镇综合便民服务中心、农业服务中心 |

说明：表列党委工作机关、政府工作部门排序按市上批复新都区人民政府机构改革方案排序

（曾　月）

## 政策研究
Policy Research

【概况】 2020年，新都区委政研室（区委改革办）围绕区委、区政府中心工作，抓好调查研究和重大文稿撰写，牵头新都区全面深化改革统筹协调，履行以文辅政职能，发挥参谋助手作用。

【调查研究】 新都区委政研室发挥牵头抓总作用，制定《关于切实做好2020年全区调研工作的通知》；紧盯产业功能区建设、公园城市建设、乡村振兴、社区治理、社会民生等重点领域以及群众关切热点难点问题，深入区级部门、镇（街道）、村（社区）专题调研40余次，形成《新都区旱雪产业发展路径分析》等调研成果；按照区委关于“十四五”规划编制安排，围绕重要工作、重大项目、重点问题，结合“大学习、大调研、大走访”活动深入开展调查研究和工作研讨，对区情实际和未来发展再认识再审视，为起草区委“十四五”规划建议提供支撑；刊发《研究与决策》8期；编印《2020年新都区调研文集》，收录调研报告90篇。

【文稿起草】 新都区委政研室以提高文稿思想性、针对性和指导性为目标，致力打造精品文稿，起草完成区委十四届十次和十一次全会报告、区委“十四五”规划建议及说明等重要文稿，撰写经济发展类、社会民生类、纪检党建类等调研汇报、媒体访谈、经验总结等材料200余篇；着眼提升文稿撰写水平，抓好人才培养，常态化开展“每周一课”，先后接收4人跟班学习。

【改革深化】 新都区委改革办围绕市委全面深化改革重大决策部署，系统深入推进全区改革，筹备召开区委深改会2次、区委深改委专题会议4次，审议通过6个专项改革方案；梳理并印发2020年度改革工作要点、改革落实台账，部署改革任务84项，其中承担中央、省、市级改革试点任务23项，谋划芳华微马公园等区级自主创新项目8项，完成6个专项改革方案销账任务和6个专项改革方案中期评估，城乡基层社会治理、现代医院管理制度等4项改革经验被《四川改革专报》《四川改革动态》刊发推广并报送至中央改革办，3项改革经验被《成都改革》刊发推广。2020年新都区全面深化改革市级目标得分排全市第一，改革经验工作位列全市第一。

（赖宇飞）

## 目标管理督查
Management and Supervision by Objectives

【概况】 2020年，新都区深化目标管理规律认识，不断健全目标管理工作机制，持续加强目标运行常态化监控，目标管理质效明显提升，市、区两级目标任务完成情况取得新突破。

【目标任务分解】 新都区分解市级目标任务，逐项锁定到分管区领导、牵头单位主要负责人直至具体工作人员6个层级，压实市级目标责任。

【目标业务沟通】 新都区持续加强对上争取，2次邀请市委督查室领导到新都区开展目标工作培训；对内开展业务交流，7—9月集中走访31家市级目标牵头单位，以座谈会形式逐项梳理解决市级目标工作重点难点问题。

【目标运行管控】 新都区对市级目标考评内容开展全方位管控管理，创新设置《目标管理》刊物，全年制发118期，向区委、区政府领导报告目标运行情况，向牵头单位反馈问题、传达要求，有效推动问题解决。

【目标考评优化】 新都区推进“双通报”工作，印发《新都区深化“双通报”工作机制全面推动竞进争先暂行办法》，为各单位展示工作成效提供明确依据；

紧扣市级目标任务完成情况创新设置针对单位的“市级目标排位加分”“市级目标排位减分”指标和针对个人的“责任奖惩”机制，提升各单位盯住目标干、围绕目标转的思想意识，全区目标工作质效明显提升。

（张　应）

## 保密管理
Confidentiality Management

【概况】 2020年，新都区委保密办（局）以习近平新时代中国特色社会主义思想为指导，全面贯彻中共十九大精神和习近平总书记到四川视察重要讲话精神，贯彻落实中央、省委、市委和区委关于保密工作的决策部署，履行保密行政管理部门职能，开展保密宣传教育、技术防范、检查监管和队伍建设等工作，推动全区保密工作水平提升，确保全区党和国家秘密的安全。

【保密工作会议】 新都区委保密办（局）召开区委保密委员会2020年第一次全体会议和2020年全区保密工作会，传达学习中央、省、市系列会议文件精神，总结2019年保密工作，安排部署2020年保密工作；审定通过《中共成都市新都区委保密委员会2020年工作要点》。

【保密检查管理】 新都区委保密办（局）完成年度保密检查任务，开展保密自查自评督查，按照自查自评评分标准，对区级单位全覆盖督查，对计算机、保密要害部门部位检查，集中整治、通报存在的问题隐患，推动各单位保密工作水平提升；开展重点涉密单位周边文印店专项保密检查，完成相关整改，改善社会保密环境；完成保密监管平台升级改造，严格值班制度、通报制度，发挥监管平台效能；严格执行党政机关和涉密单位网络保密管理规定，加强涉密网络、涉密单机管理，加强微信公众号、政府微博、手机等监管，落实监管措施，促进信息、网络管理规范有序；加强保密行政职能建设，开展保密法规知识培训，强化工作人员保密行政执法能力素质，完善保密行政权力、责任清单。

【保密教育培训】 新都区委保密办（局）开展分层分类保密教育培训，把领导干部、涉密人员作为保密教育培训主体对象，突出领导干部、涉密人员保密教育培训重点；利用党校、行政学院、国家保密学院等教育培训平台，举办保密讲座、短期培训，将保密教育列入干部培训、公职人员入职培训、干部考察必要内容，增强党政机关党员干部职工保密意识和保密技能。

【保密宣传】 新都区委保密办（局）在“4·15”全民国家安全教育日、“12·4”宪法宣传日等时间节点，组织开展保密密码法治宣传，发放宣传资料物品3800余件，受教育干部、群众4000余人，营造国家安全保密社会环境氛围，增强全民保密意识、国家安全责任。

（张　楷）

## 档案工作
Archives Work

【概况】 2020年，新都区档案馆内设办公室、馆务和信息技术科2个科室，有事业编制7名，其中馆长1名、副馆长1名，正科级领导职数2名，实有人数6人。

【馆务管理】 新都区档案馆协助区档案局检查指导20余次，完成2019年档案年报统计，开展重大建设项目档案管理，指导区税务局创建档案工作规范化管理一级单位，完成第13个“6·9国际档案日”宣传活动；坚持底线思维，完善安全应急处置预案，健全人防、物防、技防三位一体的安全防范体系。

【档案接收与管理】 新都区档案馆全年接收71家单位2019年文书档案4605盒158507件、65家国有企业人事档案6110卷，参与“双重”活动采集66次，形成有保存价值照片资料579张，馆藏总量117448卷34698盒757271件；指导13家单位收集新冠疫情防控资料，推进国有企业退休人员档案社会化管理；省委第九巡视组巡视新都期间，派出2名人员协助档案管理，收集文书档案368盒、财务凭证400余卷。

【档案服务】 新都区档案馆完成查档7695人次，其中异地查档122人次、婚姻查档2826人次，利用档案4053卷5257件；依托市档案信息资源共享平台，强化区民政局查询终端利用，推进婚姻档案数据共建共享，为群众查阅利用档案提供方便。

【数字档案馆建设】 新都区档案馆根据国家档案局《数字档案馆建设指南》，推进数字档案馆建设；投入经费60万元，完成2019年度增量、部分以前年度存量档案数字化。

（张靖波）

## 党校工作
Work of Party School

【概况】 2020年，新都区委党校（区行政学校）结合新颁布的《中国共产党党校（行政学校）工作条例》，贯彻落实中央、省、市和区委的重大决策部署，贯彻落实党校姓党的方针原则，围绕党校“好干部红色熔炉、智库型专业党校”定位目标，用学术讲政治，实施开放办学、质量兴校。

【干部培训】 新都区委党校（区行政学校）完成组织调训、委托培训、协助培训等培训61期，培训干部4308人次，其中组织调训20个班次1414人次、委托培训13个班次1364人次、协助培训27个班次1530人次，利用“蓉城先锋”网络培训平台，开展“新都区党员‘借力云培训　助推双胜利’网络专题培训班”1期。

【理论研究】 新都区委党校（区行政学校）申报立项省市委党校课题3项，其中省级课题1项、市级课题2项，成都市新都区“工培研”一体化干部培训效果调查研究被省委党校和市委党校评选为优秀调研课题，也是全市唯一一个同时被两级党校评为优秀的调研课题，《新都区“微党校”师资培育的实践与思考》被《四川党校通讯》（2020年第6期）全文刊载；刊发《党校通讯》6期，刊发《区情研究》7期。

【廉政建设】 新都区委党校（区行政学校）贯彻党风廉政建设和反腐工作的部署要求，做到党风廉政建设和反腐败工作直接抓、亲自督促、主动落实；坚持原则，敢抓敢管，做到管好班子带好队伍；落实主体责任要求，加强重点人、重要科室和重大事项日常监督；抓廉政教育基地建设，不断补充完善基地硬件设施，丰富扩展教育内容，落实将党风廉政建设纳入各级干部培训重要内容要求；组织全体党员、干部学习系列党内法规，要求班子成员和全体干部职工严守党的政治纪律和政治规矩。

【党校分类建设】 新都区委党校按照省委、市委、区委部署安排，启动县级党校分类建设，计划用3年时间，到2022年底建成独立办学类区（县）级党校；成立区党校分类建设工作领导小组，由区委常委、区委组织部部长、社治委主任、党校（区行政学校）校长李秀峰担任组长，10个区级有关部门协同推进分类建设。年底，新都区委党校配齐校领导班子，建强领导力量；优化调整人员编制结构，事业编制占比显著提高。

（李　进）

## 党史与志鉴编纂
Party's History and Local Chronicles & Yearbooks Compilation

【概况】 2020年，新都区委党史研究室（区地方志办公室）编纂出版2020年执政实录、新都年鉴；

参加区疫情防控，抽调 6 人分 2 班，由单位分管领导带队，先后在桂湖街道金都社区和宝光社区 13 个小区入户筛查，筛查住户 4269 户次，收集居民信息 2000 余条，巡查防控点 7 个。

**【党史编研】** 新都区委党史研究室编写出版《中共成都执政实录（新都篇）（2019）》，完成 2020 年度《中共成都市新都区委历史大事记》资料收集和编印，重启编写《中共成都市新都党史（第三卷）》。12 月，新都区委党史研究室在市委党史研究室对各区（市）县党史部门工作考评中，被评为党史工作先进单位。

**【志鉴编纂】** 新都区地方志办公室完成《新都年鉴（2019）》《新都年鉴（2020）》出版发行，《新都年鉴（2020）》首次实现当年编纂当年出版；完成《四川年鉴（2020）》《成都年鉴（2020）》“新都区”编写及图片报送，指导《成都市新都区交通运输局志（1986—2017）》出版；指导《龙安镇志》修改，终审《新繁镇志》；完成《四川乡镇简志·成都卷》新都部分修改及上报，完成 2019 年资料年报整理上报。12 月 25 日，新都区地方志办公室被成都市地方志办公室评为 2020 年度基层志书编纂，地情书籍编纂和地方文献整理，宣传、服务及方志馆工作成效突出单位。12 月 31 日，新都区地方志办公室在四川省第十九次地方志优秀成果评审中获奖 10 项，获奖数量位居四川省区（市）县第一，其中一等奖 1 项（《艾芜年谱》获其他地方文献类一等奖）、二等奖 4 项［《成都市新都区志（1986—2005）》《成都市新都区民俗志》获志书类、《新都年鉴（2018）》获年鉴类、《新都春秋 · 桂湖碑林》获其他地方文献类二等奖］、三等奖 2 项［《新都区新都镇志（1983—2005）》获志书类、《杨升庵传》获其他地方文献类三等奖］、优秀奖 3 项（《青山依旧在——杨升庵与黄峨》《新都英烈》《辉煌历程——新都改革开放 40 周年》获其他地方文献类优秀奖）。《艾芜年谱》成为被四川省地方志工作办公室、四川省地方志学会向四川省第十九次社会科学优秀成果（方志类）推荐的 7 项成果之一。

获四川省第十九次地方志优秀成果奖的10项地方志成果
［供图：区委党史研究室（区地志办）］

**【地情资源开发与利用】** 新都区委党史研究室（区地方志办公室）完成《一个母亲的前半生》编写和印刷出版；完成《新都农村记事》（暂名）编写，进入最后修改阶段；与区关工委共同编辑“两史”教育读本《五卅英烈何秉彝 广州起义英烈钟炳骧》《红岩英烈周从化 广州起义勇士李永梧》《生活在新都的志愿军老战士》，并发放到区级相关部门及各镇（街道）；在“先锋新都”微信公众号开设“微史志”栏目，推出“寻求真理的新都青年”“中共新都地下组织”“共产党员的统战工作”3 个专题 20 期。

**【党史与志鉴服务】** 新都区委党史研究室（区地方志办公室）开展新都区抗击新型冠状病毒肺炎疫情资料征集，为百度百科更新新都区历史沿革及地貌词条；撰写专题文章《情洒理塘》，记录新都支援理塘县干部人才在脱贫攻坚第一线的可贵精神和优良作风；为区委组织部提供 2002—2018 年区委及区政府领导班子任职时间，为区纪委提供田家英在新都等相关历史资料，为市地方志办公室提供区地方志办公室出版的志书、地方综合年鉴及地情读物 PDF 文档；为省地方志办公室提供《浅析杨慎散曲的语言艺术》，被《巴蜀史志》采用；为省地方志办公室提供四川省革命伤残军人休养院简介及图片，被“川观新闻”采用；为省地方志办公室提供《新时代脱贫攻坚在四川》画册图文资料，为川渝方志馆高校分馆提供地方志成果 96 本；参加斑竹园街道大江社区、雷家村党支部“不忘初心、牢记使命”庆七一学习座谈会，赠送《中国共产党成都市新都区历史》《中国共产党成都市新都历史图志》《新都英烈》等史志编研成果 200 余册。

【党史与志鉴宣传】 新都区委党史研究室（区地方志办公室）制作新都首部史志宣传教育片《奋斗》，向省市党史宣传平台上报信息 15 条，被四川党史文献网采纳 6 条、成都党史网站采纳 5 条；上报市地方志办公室信息 14 条，《成都地方志通讯》采用 8 条、成都市方志网采用 14 条，并上报省志办信息 1 条。

（王维忠）

## 离退休老干部管理
Retired Cadres Management

【概况】 2020 年，新都区委老干部局服务管理老干部 1576 人，包括离休干部 25 人，其中正厅级待遇 1 人、副厅级待遇 8 人、副县级待遇 9 人、正处级待遇 1 人、副处级待遇 6 人，平均年龄 90.3 岁，最大年龄 97 岁，最小年龄 86 岁；区级退休干部 53 人，其中正区级实职领导 5 人、副区（县）级实职领导 37 人、享受区（县）级待遇 11 人；代管易地离退休干部 6 名，局级退休干部 754 人，副高和获市以上先进一般退休干部 695 人，新中国成立初期参加革命工作退休干部 43 人。

【老干部政治待遇落实】 新都区委老干部局加强离退休干部“三项建设”，组织离退休干部深入学习贯彻习近平新时代中国特色社会主义思想和中共十九届五中全会精神；坚持订阅报纸杂志，编印老干部读本小红书，运用“蓉城金秋”APP、QQ 群、微信群等平台帮助老干部线上学习交流；举办“与时代同行——新都区老干部情况通报会暨欢度重阳佳节活动”，向老干部通报新都建设发展情况；落实走访慰问制度，走访慰问 1112 名副局级以上离退休干部及遗属，并在中国人民抗日战争暨反法西斯战争胜利 75 周年之际，走访慰问 7 名抗日战争时期参加革命工作的离休老干部；举办离退休干部党支部书记（委员）暨老干部工作人员培训班 1 期，结合离退休干部党组织和党员“三级联创”，提升离退休干部党组织标准化规范化建设。

【老干部生活待遇落实】 新都区委老干部局确保离休干部“三个机制”落实到位，离休费按实发放、医药费按规定实报实销；组织全区离退休干部进行健康体检，按时发放企业离休干部生活补贴；健全完善离退休干部生活困难帮扶救助机制，为符合帮扶救助条件离退休干部和无工作遗孀发放救助金。

【老干部文化活动】 新都区委老干部局承办“川西南八市州暨省直机关第八届老年书画作品联展”，举办端午节茶话会，开展“迎中秋、庆国庆”活动，组织老干部集体过生日；开展“我看脱贫攻坚新成就”专题调研，组织离退休干部参观考察新都区乡村振兴产业，开展“走进东部新区，共谋城市发展”调研考察活动，引导老干部积极建言献策、贡献智慧力量；开展以“助力脱贫攻坚、助推乡村振兴”为主题的蓉城金秋志愿服务活动，助力疫情后期复工复产；发挥“五老”作用，做好关心教育下一代工作。

（徐小稳　宋　柱）

10月28日，四川省川西南八市州暨省直机关第八届老年书画联展在新都区举行　（供图：区委组织部）

# 成都市新都区人民代表大会

CHENGDU XINDU DISTRICT PEOPLE'S CONGRESS

## 人大机构
People's Congress Agencies

【概况】 2020年，成都市新都区人民代表大会设6个专门委员会，分别是成都市新都区人民代表大会监察和司法委员会（简称区人大监司委）、成都市新都区人民代表大会经济委员会（简称区人大经济委）、成都市新都区人民代表大会社会事业委员会（简称区人大社事委）、成都市新都区人民代表大会城乡建设与环境保护委员会（简称区人大城环委）、成都市新都区人民代表大会农业和农村委员会（简称区人大农业农村委）、成都市新都区人民代表大会预算委员会（简称区人大预算委）。成都市新都区人民代表大会常务委员会设办公室、人事代表工作委员会、信访办公室3个办事（工作）机构。

【2020年成都市新都区人民代表大会常务委员会领导名录】

主　任：戴　军

副主任：涂金全

李奇志

杨巧琳（女）

杨盛勇

胡元义

（罗　燕）

## 人大重要会议
People's Congress Important Meetings

【概况】 2020年，新都区主要召开1次人民代表大会、7次人大常委会会议、21次人大常委会主任会议。

【新都区第十八届人民代表大会第五次会议】 2021年2月21—23日，新都区第十八届人民代表大会第五次会议在桂湖街道召开，会期3天。2月22日，新都区十八届人大五次会议举行第一次全体会议，215名区人大代表出席会议。会议听取和审查新都区人民政府工作报告、新都区人民代表大会常务委员会工作报告、新都区人民法院工作报告、新都区人民检察院工作报告、新都区国民经济和社会发展第十四个五年规划和二〇三五年远景目标纲要（草案）、新都区2020年国民经济和社会发展计划执行情况及2021年国民经济和社会发展计划（草案）的报告（书面）、新都区2020年财政预算执行情况和2021年财政预算（草案）的报告（书面）。2月23日，新都区十八届人大五次会议举行第二次全体会议，216名区人大代表出席会议。会议通过新都区人民政府工作报告的决议、新都区国民经济和社会发展第十四个五年规划和二〇三五年远景目标纲要的决议、新都区2020年国民经济和社会发展计划执行情况及2021年计划的决议、新都区2020年财政预算执行情况和2021年财政预算的决议、新都区人大常委会工作报告的决议、新都区人民法院工作报告的决议、新都区人民检察院工作报告的决议。大会期间共收到代表10人以上联名提出的议案2件，经审议决定将2件议案改作建议，与代表提出的133件建议、批评和意见，一并转交区人民政府办理。大会进行选举事项，孙泽晖当选为新都区人民检察院检察长，并报经成都市人民检察院检察长提请成都市人大常委会批准。大会补选王亮为新都区第十八届人民代表大会常务委员会委员，选举杨静为新都区第十八届人民代表大会预算委员会主任委员。

【2020年新都区人大常委会会议】 1月16日，新都区第十八届人大常委会第二十五次会议召开，邀请6名市人大代表、27名区人大代表列席。会议审议区政府关于2019年财政预算调整方案的报告、区政府关于2019年财政预算调整方案的报告、区人大财经委关于新都区2019年财政预算调整方案的审查报告，审议并通过区人大常委会关于批准新都区2019年财政预算调整方案的决议、区人大常委会关于新都区部分镇（街道）行政区划调整有关

问题的决定、区人大常委会关于设立军屯镇选举委员会的决定、区人大常委会关于接受陈全林等人辞去新都区第十八届人民代表大会代表职务的决定、区人大常委会关于补选区第十八届人民代表大会代表的决定；决定免去宋绪福新都区人大常委会三河街道工作委员会主任职务、严家林新都区商务局局长职务、冯敏新都区农业农村局局长职务、郑旭恩新都区综合行政执法局局长职务、成星莹新都区行政审批局局长职务，决定任命王忠诚为新都区人民政府副区长、易维昌为新都区综合行政执法局局长、杜俊兵为新都区农业农村局局长、杨明根为新都区商务局局长、代军为新都区行政审批局局长、朱建华为新都区人大常委会桂湖街道工作委员会主任、张碧波为新都区人大常委会桂湖街道工作委员会副主任、刘蜀云为新都区人大常委会新都街道工作委员会主任、谢涛为新都区人大常委会新繁街道工作委员会主任、薛亮为新都区人大常委会新繁街道工作委员会副主任、王其林为新都区人大常委会石板滩街道工作委员会主任、钟青林为新都区人大常委会石板滩街道工作委员会副主任、余飞为新都区人大常委会斑竹园街道工作委员会主任、刘家玲为新都区人大常委会斑竹园街道工作委员会副主任、陈正银为新都区人大常委会军屯街道工作委员会主任、代晓辉为新都区人大常委会军屯街道工作委员会副主任、李建勋为新都区人大常委会三河街道工作委员会主任、杨阳为新都区三河街道工作委员会副主任、于靖宇为新都区人大常委会办公室副主任；决定接受李云辞去新都区人民政府区长职务并报新都区第十八届人民代表大会备案，决定王忠诚代理新都区人民政府区长职务。

4月10日，新都区第十八届人大常委会第二十六次会议召开。会议审议并通过新都区第十八届人民代表大会第四次会议议程（草案）及日程（草案）、新都区人大常委会工作报告（草案）、新都区人民代表大会常务委员会2020年工作要点、新都区第十八届人民代表大会第四次会议主席团成员和秘书长、主席团常务主席、大会副秘书长建议名单和列席人员名单、新都区第十八届人民代表大会增设专门委员会及部分专门委员会更名的议案、新都区第十八届人民代表大会第四次会议选举办法（草案）和部分专门委员会组成人员人选表决办法（草案）、新都区第十八届人民代表大会常务委员会代表资格审查委员会关于个别代表的代表资格的审查报告（书面）；决定任命彭茚为新都区人民政府副区长、余飞为新都区第十八届任命代表大会城乡建设与环境保护委员会委员，接受吴昊辞去新都区人民政府副区长职务。

5月21日，新都区第十八届人大常委会第二十七次会议召开，邀请3名市人大代表、14名区人大代表列席。会议传达学习《中华人民共和国传染病防治法》，听取并审议区政府关于新冠肺炎疫情对经济高质量发展影响情况的报告、区政府关于贯彻《全国人大常委会关于全面禁止非法野生动物交易、革除滥食野生动物陋习、切实保障人民群众生命健康安全的决定》情况的报告、区政府关于推进背街小巷环境提升工作情况的报告、区人大常委会执法检查组关于检查新都区《中华人民共和国禁毒法》实施情况的报告。

7月3日，新都区第十八届人大常委会第二十八次会议召开，邀请4名市人大代表、9名区人大代表列席。会议听取和审议区政府关于脱贫攻坚工作情况的报告、区政府关于推进特色小镇和川西林盘建设情况的报告、区人大常委会执法检查组关于检查新都区《中华人民共和国消费者权益保护法》实施情况的报告、区政府关于审计查出问题整改情况的报告，听取石板滩街道办事处、智能家居产业城管委会、蓉桂公司关于审计查出问题整改情况的报告并现场进行满意度测评；决定接受陈春地辞去新都区人民政府副区长职务，并报新都区第十八届人民代表大会备案；决定免去蒋宏、吴家平新都区人民法院审判委员会委员职务，免去苏平、李冯新都区人民法院审判员职务，任命张琳、孙丰为新都区人民法院审判委员会委员。

9月11日，新都区第十八届人大常委会第二十九次会议召开，邀请9名区人大代表列席。会议听取和审议区政府副区长关于分管工作情况的报告、区政府关于2020年上半年工作情况的报告、区政府关于2020年上半年国民经济和社会发展计划执行情况的报告、区政府关于2019年度国有资产管理情况的综合报告和2019年度企业国有资产管理情况的报告、区政府关于公共医疗防治体系建设情况的报告，审议并通过区第十八届人大常委会代表资格审查委员会关于个别代表的代表资格的审查报告（书面）；决定免去路振飞新都区人民法院新繁人民法庭副庭长职务，任命陈海为新都区人大常委会新都街道工作委员会副主任、王新培为新都区人大常委会大丰街道工作委员会副主任、罗婧为新都区人民法院审判委员会委员和审判员、路振飞为新都区人民法院新繁人民法庭庭长、蒋建军为新都区人民法院民事审判第三庭副庭长、李静为新都区人民法院审判员、王立国为新都区人民法院审判员、敬坤为新都区人民法院审判员、韦帅为新都区人民法院审判员，任命林武强、周林芳、卿锐、李文良、谢英全、黄龙永、刁礼梅、黄宏、徐杰、舒玉容、胡宗敏、曾梦霜、张友国、黄莉、赵丽丽、郑维国、刘思诗、刘顺冲、王贵军、杨萍、魏绍先、曾德富、肖立华、罗小利、丁红英、刘勇、钟凤琼、刘昌林、廖元珍、郭汝杰、胡本蕾、朱慈富、沈磊、周祖洪、张杰、胡益飞、李世发、艾文英、王银、石德其等40人为新都区人民法院人民陪审员，任命孙泽晖为新都区人民检察院副检察长、检察委员会委员、检察员；决定接受向波辞去新都区人民检察院检察长职务，报成都市人民检察院检察长提请成都市人民代表大会常务委员会批准，并报新都区第十八届人民代表大会备案；决定孙泽晖代理新都区人民检察院检察长职务，报成都市人民检察院和成都市人民代表大会常务委员会备案。

11月20日，新都区第十八届人大常委会第三十次会议召开，邀请5名市（区）人大代表列席。会议传达学习《中华人民共和国预算法实施条例》；听取和审议区政府关于2019年生态环境保护工作的报告、区政府关于2019年财政决算和2020年上半年财政预算执行情况的报告、区政府关于2019年财政预算执行和其他财政收支的审计报告、区政府关于河长制管理工作情况的报告、区法院关于民事审判工作情况的报告，审议并通过区人大常委会关于批准新都区2019年区级财政决算的决议、区第十八届人大常委会代表资格审查委员会关于个别代表的代表资格的审查报告、区人大常委会关于补选区第十八届人民代表大会代表的决定、区人大常委会关于接受周左亚辞去区第十八届人民代表大会预算委员会主任委员职务的决定；决定免去杨静新都区人大常委会办公室主任职务，任命周晓、吴桐为新都区人民政府副区长，周左亚为新都区人大常委会办公室主任，李毅为新都区人民检察院检察员。

12月22日，新都区第十八届人大常委会第三十一次会议召开。会议集体学习《中华人民共和国各级人民代表大会常务委员会监督法》；听取和审议区政府关于2020年财政预算调整方案的报告、区政府关于区第十八届人大第四次会议以来代表建议办理情况的报告、区政府关于推进毗河公园规划建设情况的报告、区检察院关于公益诉讼检察工作情况的报告、区人大常委会执法检查组关于检查《中华人民共和国水土保持法》实施情况的报告、新都区2020年实施乡村振兴战略推进城乡融合发展工作情况的报告，审议并通过区人大常委会关于批准新都区2020年财政预算调整方案的决议、区人大社会事业委员会关于区第十八届人大第四次会议主席团交付审议的代表提出的议案审议结果的报告、区十八届人大常委会代表资格审查委员会关于个别代表的代表资格的审查报告；决定免去易维昌新都区综合行政执法局局长职务、杜俊兵新都区农业农村局局长职务，任命郑旭恩为新都区综合行政执法局局长、马兴华为新都区农业农村局局长。会议对区政府信访工作、人力资源和社会保障工作、商务工作进行专项工作评议并进行现场满意度测评，参会的31名常委会组成人员中，28人对新都区信访工作表示满意，3人表示基本满意；29人对新都区人力资源和社会保障工作表示满意，2人表示基本满意；26人对新都区商务工作表示满意，4人表示基本满意，1人表示不满意。

**【2020年新都区人大常委会主任会议】** 3月2日，新都区人大常委会主任会议召开，讨论《关于重新确定新都区第十八届人民代表大会代表补选日期的决定（草案）》，讨论研究常委会2020年度监督计划。

3月23日，新都区人大常委会主任会议召开，讨论研究区人大常委会2020年工作要点，并提请区委常委会审议决定。

3月27日，新都区人大常委会主任会议召开，审定《关于召开新都区第十八届人民代表大会第四次会议有关事项的请示（送审稿）》，审定《新都区人大常委会工作报告（送审稿）》，审议区第十八届人大个别代表的代表资格审查报告（草案）。

4月8日，新都区人大常委会主任会议召开，讨论决定关于召开区十八届人大常委会第26次会议的时间、议程等事项，听取有关人事事项工作情况的汇报；审定区人大常委会关于专题调研新冠肺炎疫情对经济高质量发展影响情况的工作方案，审定区人大常委会关于专题调研推进背街小巷环境提升工作情况方案。

4月23日，新都区人大常委会主任会议召开，研究决定区第十八届人大四次会议召开时间。

5月11日，新都区人大常委会主任会议召开，审定区人大常委会检查《中华人民共和国禁毒法》实施情况工作方案，审定区人大常委会视察绿道建设情况工作方案。

5月18日，新都区人大常委会主任会议召开，研究决定召开区十八届人大常委会第二十七次会议相关事项。

6月8日，新都区人大常委会主任会议召开，研究确定区人大常委会专题调研推进特色小镇和川西林盘建设情况工作方案，研究决定区十八届人大四次会议重点督办建议。

6月22日，新都区人大常委会主任会议召开，审定《关于开展审计查出问题整改情况满意度测评工作方案》，讨论研究召开区十八届人大常委会第二十八次会议事项。

7月13日，新都区人大常委会主任会议召开，听取和审议区人大常委会开展《中华人民共和国水污染防治法》执法检查工作方案。

9月7日，新都区人大常委会主任会议召开，研究决定召开区第十八届人大常委会第二十九次会议事宜。

9月14日，新都区人大常委会主任会议召开，研究决定区人大常委会视察新都区社区矫正工作方案。

9月24日，新都区人大常委会主任会议召开，研究决定区人大常委会专题调研河长制管理情况工作方案，研究决定区人大常委会专题视察《成都市城乡居民基本医疗保险暂行办法》落实情况工作方案，研究决定区人大常委会评议信访局工作实施方案。

10月12日，新都区人大常委会主任会议召开，研究决定《成都市新都区人大常委会对标学习工作方案（讨论稿）》。

10月19日，新都区人大常委会主任会议召开，讨论决定《区人大常委会评议人力资源与社会保障工作方案》，讨论决定《区人大常委会评议商务工作方案》。

10月26日，新都区人大常委会主任会议召开，研究决定《新都区人大常委会专题调研区人民法院民事审判工作方案》。

11月16日，新都区人大常委会主任会议召开，研究决定区十八届人大常委会第三十次会议建议议程，研究决定《关于补选新都区第十八届人民代表大会代表的决定（草案）》《关于接受周左亚辞去预算委员会主任委员职务的决定（草案）》《关于提名周左亚、杨静2人职务任免的议案》，研究决定《新都区人大常委会办公室关于建设“智慧人大”信息化会议系统有关情况的报告》《新都区人大常委会办公室“智慧人大”信息化会议系统终端设备管理使用规定（讨论稿）》，研究决定《新都区人大常委会专题调研推进毗河公园规划建设情况工作方案》，研究决定区人大常委会开展《中华人民共和国水土保持法》执法检查工作方案。

11月23日，新都区人大常委会主任会议召开，安排区人大及其常委会各委（办）报送2020年工作总结和2021年工作计划，研究决定区人大常委会专题调研区检察院公益诉讼检察工作方案。

11月30日，新都区人大常委会主任会议召开，讨论研究《成都市新都区人大常委会专项工作评议第一小组关于新都区信访工作的调查报告（送审稿）》。

12 月 7 日，新都区人大常委会主任会议召开，研究区人大常委会专项工作评议第三小组关于新都区商务工作的调查报告（送审稿），并决定提请常委会会议审议；研究区人大常委会专项工作评议第二小组关于新都区人力资源与社会保障工作情况的调查报告（送审稿），并决定提请常委会会议审议；研究区人大社事委关于区第十八届人大四次会议主席团交付审议的代表提出的议案审议结果的报告（草案），研究决定区第十八届人大常委会第三十一次会议议程建议草案。

12 月 21 日，新都区人大常委会主任会议召开，研究决定区第十八届人大四次会议以来优秀建议和先进承办单位建议名单。

（罗　燕）

## 人大事务
People's Congress Affairs

【概况】 2020 年，成都市新都区第十八届人大常委会召开常委会会议 7 次，听取和审议“一府两院”专项工作报告 27 个，通过决议决定 22 项，开展执法检查 5 项、专项工作评议 3 项、专题询问 3 项，开展专题调研 41 次、视察 17 次，依法任免“一府一委两院”工作人员 92 人次。

【法制建设】 新都区人大常委会配合省、市人大做好立法、修法，针对《四川省优化营商环境条例》《成都市美丽宜居公园城市建设条例》等 9 个立法修法项目开展调研，提出立法建议 46 条。

【工作监督】 新都区人大常委会组织省、市、区各级代表，深入现代交通产业功能区、智能家居产业城、智慧物流产业园的 13 家企业进行专题调研，同科伦药业、可口可乐、传化物流等 33 家企业开展座谈交流，深入了解企业受疫情影响情况，协调解决实际困难；听取审议区政府关于新冠肺炎疫情对新都区经济高质量发展影响情况的报告，审议政府关于毗河公园规划建设情况、背街小巷环境提升情况、特色小镇和川西林盘建设情况的报告，专题审议政府关于脱贫攻坚情况的报告；审议区法院民事审判情况的报告，推进《中华人民共和国民法典》宣传贯彻，视察社区矫正情况；审议区检察院公益诉讼情况的报告。

【财政监督】 新都区人大常委会落实中央和省委、市委要求，首次审议国有资产管理情况的综合报告和区属企业国有资产管理情况的报告；审议国民经济和社会发展计划执行情况的报告，依法批准 2019 年财政决算，严格审查 2020 年财政预算调整方案；审议 2018 年度审计查出问题整改情况的报告，对石板滩街道、智能家居产业城、蓉桂公司整改情况进行满意度测评；预算联网监督系统全面运行，基本建立预算执行在线实时监督机制。

【民生监督】 新都区人大常委会将《进一步加强对区政府公共医疗防治体系建设监督力度的议案》列为“1 号议案”，8 次组织人大代表深入区内外医疗卫生机构开展实地调查，并专题审议公共医疗防治体系建设情况的报告，视察《成都市城乡居民基本医疗保险暂行办法》落实情况；接待群众来信来访 22 件次。

【法律监督】 新都区人大常委会对《中华人民共和国消费者权益保护法》《中华人民共和国禁毒法》实施情况开展检查，对《中华人民共和国水污染防治法》《中华人民共和国土壤污染防治法》《中华人民共和国水土保持法》实施情况进行“回头看”，审议河长制管理情况的报告；开展疫情防控法规政策梳理和调研，审查各方面报送备案的规范性文件 6 件；听取新都区贯彻《全国人大常委会关于全面禁止非法野生动物交易、革除滥食野生动物陋习、切实保障人民群众生命健康安全的决定》情况的报告。

【人大代表工作】 新都区人大常委会结合疫情防控要求，开展线上履职培训 3 场，培训代表 168 人次；组织代表列席常委会会议、参加视察调研、旁听法

10月21日，重庆市九龙坡区人大常委会与新都区人大常委会签订《关于建立推进成渝地区双城经济圈建设协作机制的协议》
（供图：区人大常委会办公室）

院庭审等300余人次；指导各代表小组开展代表活动36次，加强“代表之家”和“代表联络站”规范化建设，代表履职服务平台实现全覆盖；组织代表对成都市和新都区“十四五”规划建议开展调查研究、提出建议意见，为制定好“十四五”规划凝心聚力；严格执行常委会组成人员联系代表制度，以召开座谈会、走访等形式，保证常委会组成人员和代表保持经常性联系；推行“代表接待日”制度，10名市人大代表、54名区人大代表参加原选区接待日活动，接待选民270余人次，收集建议意见100余条，并交政府办理落实；审议完毕新都区十八届人大四次会议主席团交付审议的1件议案，同时主任会议成员牵头督办重点建议10件，各专门委员会督办建议128件，均在规定时限内办结并答复代表，代表满意和基本满意率100%；开展争先创优活动，组织评选表彰优秀代表建议13件，代表建议办理先进单位11家。

【专项工作评议】 新都区人大常委会对人力资源和社会保障工作、商务工作、信访工作进行评议、开展询问，97名各级人大代表和市民代表参加现场评议，10名代表提出18个问题均得到有关部门现场回应，评议针对性进一步增强，参与面进一步扩大，有力督促政府做好就业服务、兜底保障、产业支持、减税降费、社会稳定等工作。

【人大自身建设】 新都区人大常委会对行政区划调整中的人大工作作出安排，新设立人大常委会街道工委4个，指导和支持街道工委全面做好区划调整后的人大工作；同重庆市九龙坡区人大常委会签订《关于建立推进成渝地区双城经济圈建设协作机制的协议》；持续深入学习习近平新时代中国特色社会主义思想和中共十九届五中全会精神，开展“大学习、大调研、大走访”活动；设立机关党组。新都区人大常委会被市人大常委会评为专题调研活动优秀单位，被省人大常委会评为宣传工作先进单位。

### 2020年度新都区人大代表建议先进承办单位名单

| | |
|---|---|
| 区交通运输局 | 区规划和自然资源局 |
| 区住建局 | 区综合执法局 |
| 区水务局 | 区公安分局 |
| 区农业农村局 | 区卫健局 |
| 新繁街道 | 区公园城市建设中心 |
| 新都街道 | |

（罗　燕）

# 成都市新都区人民政府

CHENGDU XINDU DISTRICT PEOPLE'S GOVERNMENT

## 政府机构
Government Agencies

【概况】 2020年，成都市新都区人民政府有工作部门27个，即区政府办、发改局、经信局、教育局、民政局、司法局、财政局、人社局、住建局、综合执法局、交通运输局、水务局、农业农村局、商务局、促投局、文体旅游局、卫健局、退役军人局、应急局、审计局、国资金融局、市场监管局、行政审批局、统计局、信访局、新科局、医保局。

【2020年成都市新都区人民政府领导名录】

区　长：李　云（3月离任）
　　　　王忠诚（4月任职）
副区长：刘怒海
　　　　孙　辉
　　　　吴　昊（5月离任）
　　　　陈春地（7月离任）
　　　　刘　清（女）
　　　　彭　茚（女）（4月任职）
　　　　周　晓（11月任职）
　　　　吴　桐（11月任职）

（钟世敏）

## 政府常务会议
Government Executive Meetings

【概况】 2020年，新都区第十八届人民政府召开常务会议29次，除第57、58、66次常务会议由副区长主持，其他会议均由区长主持。

【区第十八届人民政府第57次常务会议】 1月8日，新都区第十八届人民政府第57次常务会议召开。会议传达第65次市长办公会相关精神，学习《中华人民共和国食品安全法实施条例》，安排部署新都区相关工作；听取2019年全区食品安全工作情况的汇报，讨论区发改局《关于审议〈2020年新都区经济工作要点（送审稿）〉的请示》、区综合执法局《关于审议〈新都区违法建设综合治理工作实施方案（送审稿）〉的请示》、区农业农村局《关于审议〈关于加快绿色发展高质量推进“菜篮子”工程建设的实施意见（送审稿）〉的请示》、香投集团《关于调整南车安置小区概算投资的请示》。

【区第十八届人民政府第58次常务会议】 1月14日，新都区第十八届人民政府第58次常务会议召开。会议进行人事任免。

【区第十八届人民政府第59次常务会议】 1月21日，新都区第十八届人民政府第59次常务会议召开。会议听取全区新型冠状病毒感染的肺炎疫情防控工作方案的报告，并研究部署相关工作。

【区第十八届人民政府第60次常务会议】 2月7日，新都区第十八届人民政府第60次常务会议召开。会议讨论区发改局《关于审议〈新都区关于坚决打赢疫情防控阻击战保障中小企业正常运转的十八条政策措施〉的请示》。

【区第十八届人民政府第61次常务会议】 2月18日，新都区第十八届人民政府第61次常务会议召开。会议传达学习习近平总书记在北京调研指导新冠肺炎疫情防控工作时的重要指示精神和中央政治局常委会会议、中央应对新冠肺炎疫情工作领导小组会议精神，四川省委应对新型冠状病毒肺炎疫情工作领导小组会议、省应对新型冠状病毒肺炎疫情工作调度会精神，成都市委常委会（扩大）会议暨疫情防控领导小组会议精神、市政府第78次常务会议精神，学习《中华人民共和国传染病防治法》；讨论区卫健局《关于审议〈成都市新都区“十三五”期间基层医疗卫生机构硬件提升工程实施方案（修订）（送审稿）〉的请示》、区国资金融局《关于审议〈成都市新都区行政事业单位国有资产管理暂行办法〉的请示》《关于审议〈成都市新都区行政事业单位国有资产处置实施细则(试行)〉的请示》《关于审议〈成都市新都区行政事业单位国有资产损失赔偿处理规定(试行)〉的请示》、区司法局《关于审议〈新都区加强人民调解员队伍建设的实施方案(送审稿)〉的请示》、区委编办《关于审议〈成都市新都区议事协调机构管理办法(送审稿)〉的请示》、区财政局《关于审议〈2020年财政收支预算草案〉的请示》。

**【区第十八届人民政府第62次常务会议】** 3月4日,新都区第十八届人民政府第62次常务会议召开。会议传达学习中央统筹推进新冠肺炎疫情防控和经济社会发展工作部署会议精神以及省、市有关会议精神,学习《突发公共卫生事件应急条例》;讨论区政府办公室《关于审议〈政府工作报告(送审稿)〉的请示》《关于审议〈成都市新都区人民政府常务会议议事决策规则(送审稿)〉的请示》、区发改局《关于审议〈成都市新都区2019年国民经济和社会发展计划执行情况及2020年计划(草案)的报告(送审稿)〉的请示》、区财政局《关于审议〈成都市新都区2019年财政预算执行情况和2020年财政预算草案的报告(送审稿)〉的请示》、区住建局《关于调整安置房小区物业服务费补贴标准的请示》、区国资金融局《关于审议〈进一步完善区属国有企业法人治理结构工作方案(送审稿)〉的请示》《关于审议〈以管资本为主推进职能转变完善国有资产监管体制防止国有资产流失的工作方案(送审稿)〉的请示》、家管委《关于同意在新都智能家居产业城试点片区实施综合运营的请示》、区行政审批局《关于审议〈成都市新都区进一步优化提升国际化营商环境建设工作方案(送审稿)〉的请示》、区农业农村局《关于审议〈新都区畜禽养殖禁养区划定调整方案(送审稿)〉的请示》。

**【区第十八届人民政府第63次常务会议】** 3月19日,新都区第十八届人民政府第63次常务会议召开。会议讨论区政府办公室《关于审议〈新都区深化"双通报"工作机制全面推动竞进争先暂行办法(送审稿)〉的请示》、区财政局《关于审批区级专项资金细化方案的请示》《关于建议表彰2019年度经济贡献先进企业的请示》。

**【区第十八届人民政府第64次常务会议】** 3月27日,新都区第十八届人民政府第64次常务会议召开。会议学习《大型群众性活动安全管理条例》,听取区水务局《关于落实完善区自来水公司供水特许经营权手续的情况报告》,讨论区投促局《关于审议〈进一步加强和改进投资促进工作的实施意见(送审稿)〉的请示》、区水务局《关于成都市香源供水有限责任公司的股权转让有关事项的请示》、香投集团《关于有偿收购成都市香源供水有限责任公司的请示》、区司法局《关于审议〈成都市新都区人民政府2019年度法治政府建设工作报告(送审稿)〉的请示》。

**【区第十八届人民政府第65次常务会议】** 4月8日,新都区第十八届人民政府第65次常务会议召开。会议专题学习新型基础设施建设,讨论区综合执法局《关于审议〈成都市新都区香城细管实施方案(送审稿)〉的请示》《关于购买大气污染治理服务的请示》、区行政审批局《关于建设成都市新都区智慧治理中心的请示》、区教育局《关于审议〈中共成都市新都区委成都市新都区人民政府关于推进教育高质量发展的实施意见(送审稿)〉的请示》、区应急局《关于申请以清单制管理推进安全发展示范城市建设工作政府购买服务事项的请示》、区卫健局《关于审议〈成都市新都区推进紧密型县域医疗卫生共同体建设试点实施方案(送审稿)〉的请示》,并进行人事任免。

**【区第十八届人民政府第66次常务会议】** 4月17日,新都区第十八届人民政府第66次常务会议召开。会议讨论区民政局《关于审议〈成都市新都区关于推进村(社区)体制机制改革的实施方案(送审稿)〉的请示》《关于审议〈成都市新都区部分村(社区)调整改革方案草案(送审稿)〉的请示》。

【区第十八届人民政府第 67 次常务会议】 4 月 24 日，新都区第十八届人民政府第 67 次常务会议召开。会议传达学习省、市防汛减灾和地质灾害防治工作电视电话会议精神，学习《四川省消防安全责任制实施办法》；讨论区应急局《关于审议〈2020 年成都市新都区消防安全工作要点（送审稿）〉的请示》、区教育局《关于审议〈新都区公办幼儿园发展工作方案（送审稿）〉的请示》、区政府办公室《关于审议〈新都区重点经济工作与工作经费挂钩管理的试行办法（送审稿）〉的请示》、区住建局《关于安置房小区建设相关工作的请示》《关于审议〈成都市新都区人才公寓租售实施细则（送审稿）〉的请示》、区统计局《关于审议〈成都市新都区统计造假专项整治工作方案（送审稿）〉的请示》，并进行人事任免。

【区第十八届人民政府第 68 次常务会议】 5 月 7 日，新都区第十八届人民政府第 68 次常务会议召开。会议学习《中华人民共和国社区矫正法》，通报 4 月香城细管工作推进情况；讨论区交通运输局《关于审议〈新都区农村公路“路长制”工作方案（送审稿）〉的请示》、区农业农村局《关于审议〈进一步规范农村土地经营权流转管理的实施意见（送审稿）〉的请示》、区发改局《关于部分政府性工程建设项目调整的请示》《关于审议〈2020 年第一批新开工政府投资项目计划（送审稿）〉的请示》《关于审议〈新都区应对疫情稳增长的政策举措（送审稿）〉的请示》。

【区第十八届人民政府第 69 次常务会议】 5 月 25 日，新都区第十八届人民政府第 69 次常务会议召开。会议讨论区民政局《关于审议〈新都区村（社区）建制调整改革方案（送审稿）〉的请示》。

【区第十八届人民政府第 70 次常务会议】 5 月 25 日，新都区第十八届人民政府第 70 次常务会议召开。会议听取全区市场主体培育相关情况，安排部署近期工作；讨论区统计局《关于审议〈2019 年成都市新都区国民经济和社会发展统计公报（送审稿）〉的请示》、区税务局《关于减免成都光明光电仪器有限公司等 3 户企业 2019 年度房产税的请示》、区卫健局《关于区集中隔离医学观察服务点相关经费的请示》、区规划和自然资源局《关于成立新都区公园城市建设专家咨询委员会的请示》。

【区第十八届人民政府第 71 次常务会议】 5 月 29 日，新都区第十八届人民政府第 71 次常务会议召开。会议讨论区经信局《关于兑现成都达利食品有限公司产业扶持资金的请示》，进行人事任免。

【区第十八届人民政府第 72 次常务会议】 6 月 2 日，新都区第十八届人民政府第 72 次常务会议召开。会议讨论区融媒体中心《关于新都区持有的成都广电网络投资有限公司自然人股权清退和国有股权划转的请示》。

【区第十八届人民政府第 73 次常务会议】 6 月 11 日，新都区第十八届人民政府第 73 次常务会议召开。会议传达学习全国、全省、全市两会会议精神，习近平总书记在中央政治局第二十次集体学习时的讲话精神，四川省传达学习全国两会精神大会、市委常委会会议精神，研究新都区贯彻落实工作；传达学习习近平总书记关于应急管理、安全生产、防灾减灾救灾和森林草原防灭火工作的重要指示批示精神、国务院督导动员会议精神以及市政府常务会会议精神，研究新都区贯彻落实工作；传达学习全国巡视工作会议暨十九届中央第五轮巡视动员部署会、十一届四川省委第六轮巡视动员部署会、省委第九巡视组巡视成都市工作动员会会议精神，研究新都区贯彻落实工作；学习《关于促进全民健身和体育消费推动体育产业高质量发展的意见》；听取区政府系统中央第四巡视组巡视四川省及成都市反馈意见整改工作推进情况汇报、全区 PPP 项目和新增债券相关情况汇报、全区对上争取项目和资金的情况汇报、5 月香城细管工作推进情况，安排部署近期工作；讨论区应急局《关于审议〈成都市新都区突发事件应急预案管理办法（送审稿）〉的请示》《关于审批 2020 年度安全工作专项资金分配方案的请示》、区司法局《关于审议〈成都市新都区人民政府2020年法治政府建设工作要点（送审稿）〉的请示》《关于审议〈关于成立成都市新都区法治政府建设领导小组的通知（送审稿）〉的请示》、区住建局《关于审议〈成都市新都区关于加快推进公园城市示范区建设的行动方案（送审稿）〉的请示》、新都生态环境局《关于审议〈成都市新都区声环境功能区划分方案（送审稿）〉的请示》、区卫健局《关于审批成都市新都区中医医院固定资产盘亏（报废）处置的请示》。

**【区第十八届人民政府第74次常务会议】** 6月29日，新都区第十八届人民政府第74次常务会议召开。会议传达学习全省安全生产专项整治三年行动推进部署会暨省安委会2020年第二次全体成员（扩大）会议以及市政府安委会2020年第二次全体（扩大）会议暨全市森林草原防灭火和城乡防火专项整治工作领导小组第一次会议精神，听取区委政法委《关于政法工作专项资金分配情况的报告》、区委宣传部《关于2020年外宣活动专项资金分配情况的报告》，讨论区卫健局《关于审议〈新都区人民医院创建三级甲等综合医院实施方案（送审稿）〉的请示》《关于成立成都市新都区公立医院管理委员会的请示》、区住房发展服务中心《关于审批农民安置小区维修专项资金分配方案的请示》、区水务局《关于审议石堤堰水厂扩建及输水干管建设项目有关事项的请示》《关于审批河长制管理专项资金分配方案的请示》、区国资金融局《关于审批2020年度金融业发展专项资金分配方案的请示》、新都生态环境局《关于审议〈2020年度环境治理专项资金分配方案（送审稿）〉的请示》、区经信局《关于审批区级二产业发展专项资金分配方案的请示》、区投促局《关于审议〈2020年招商引资专项资金分配方案（送审稿）〉的请示》、区文体旅游局《关于审议〈2020年度文化旅游发展专项资金分配方案（送审稿）〉的请示》、区审计局《关于审议〈成都市新都区2018年度区级预算执行和其他财政收支查出问题整改情况的报告（送审稿）〉的请示》。

**【区第十八届人民政府第75次常务会议】** 7月6日，新都区第十八届人民政府第75次常务会议召开。会议讨论区市场监管局《关于审议〈成都市新都区基本公共服务（文体服务领域）标准化专项试点实施方案（送审稿）〉的请示》、大丰街道办事处《关于阿坝州玉龙国有林保护局干休所拆迁补偿事宜的请示》、区人社局《关于审议2019年建设成北新中心城区全面深化改革创新先进奖拟表彰先进集体和先进个人的请示》、区卫健局《关于追加疫情防控相关经费的请示》、区农业农村局《关于拨付岳池县区域合作支持资金的请示》。

**【区第十八届人民政府第76次常务会议】** 7月23日，新都区第十八届人民政府第76次常务会议召开。会议传达学习《成都市健全落实信访维稳工作责任制暂行办法》，研究新都区贯彻落实工作；讨论区政府办公室《关于审议〈2020年新都区省、市、区民生实事目标任务分解方案（送审稿）〉的请示》、区委社治委《关于审议〈“爱成都·迎大运”城市共建共治共享新都行动实施方案（送审稿）〉的请示》、区规划和自然资源局《关于审议〈成都市新都区进一步完善征地拆迁安置小区用地及不动产登记手续工作方案（送审稿）〉的请示》、区税务局《关于提请审议调整城镇土地使用税年税额标准的请示》，听取区委社治委《关于2020年城乡社区治理专项资金分配情况的报告》、区委组织部《关于2020年人才专项资金分配情况的报告》、区交通运输局《关于2020年城乡基础设施维护专项资金分配情况的报告》；听取2020年上半年公安工作情况的汇报、2020年第二季度河长制工作情况的汇报，安排部署近期工作；进行人事任免。

**【区第十八届人民政府第77次常务会议】** 8月24日，新都区第十八届人民政府第77次常务会议召开。会议传达学习习近平总书记关于农村乱占耕地建房问题重要指示批示精神和中央省市领导同志批示要求以及有关电视电话会议精神，研究新都区贯彻落实工作；学习国务院办公厅《关于进一步优化营商环境更好服务市场主体的实施意见》，听取新都区市场主体培育工作情况、全区艾滋病防治工作情况的汇报，安排部署近期工作；通报 2020 年 1—6 月全区主要经济指标运行情况，安排部署近期工作；讨论区应急局《关于审议〈成都市新都区安全生产专项整治三年行动实施方案（送审稿）〉的请示》、区卫健局《关于审议〈“健康新都 2030”规划纲要（送审稿）〉的请示》《关于成立新都区尘肺病防治攻坚行动工作领导小组的请示》、区商务局《关于审议〈关于促进新都区楼宇经济高质量发展扶持政策（送审稿）〉的请示》、区住建局《关于延长〈成都市新都区人民政府关于国有土地上房屋征收与补偿工作的实施意见〉有效期的请示》、区财政局《关于审议〈成都市新都区政府性债务管理办法（送审稿）〉的请示》、区综合执法局《关于追加“香城细管”经费预算的请示》、区农业农村局《关于申请农村户用厕所改造提升工作经费的请示》，并进行人事任免。

**【区第十八届人民政府第 78 次常务会议】** 9 月 9 日，新都区第十八届人民政府第 78 次常务会议召开。会议研究 2019 年目标绩效有关事项，并进行人事任免。

**【区第十八届人民政府第 79 次常务会议】** 9 月 10 日，新都区第十八届人民政府第 79 次常务会议召开。会议学习最新修订的《中华人民共和国土地管理法》；通报 2020 年第二季度重点经济工作与工作经费挂钩情况，安排部署近期工作；专题学习特色商业街区建设“8＋4”工具体系，安排部署近期工作；听取 8 月香城细管工作推进情况，安排部署近期工作；讨论新都生态环境局《关于审议〈新都区第三水厂石堤堰集中式饮用水水源地突发环境事件应急预案（送审稿）〉的请示》《关于审议〈新都区集中式饮用水水源地环境保护规划（2019—2025）（送审稿）〉的请示》、区委社治委《关于审议〈新都区“爱成都·迎大运”城市共建共治共享“七大提升行动”任务清单（送审稿）〉的请示》《关于调整锦水苑小区智慧社区及小区入口提档升级项目实施内容的请示》、区国资金融局《关于审议〈关于新都区 2019 年度国有资产管理情况的综合报告和 2019 年度企业国有资产管理情况的报告（送审稿）〉的请示》、区卫健局《关于审批成都市新都区人民医院固定资产盘亏（报废）处置的请示》。

**【区第十八届人民政府第 80 次常务会议】** 9 月 17 日，新都区第十八届人民政府第 80 次常务会议召开。会议传达学习习近平总书记在科学家座谈会上的重要讲话精神，研究新都区贯彻落实工作；讨论区市场监管局《关于成立新都区食品安全示范城市创建工作领导小组的请示》、区发改局《关于审议〈2020 年第二批新开工政府投资项目计划（送审稿）〉的请示》《关于四川省成都市家风家教馆展陈服务项目调整计划投资的请示》、区国资金融局《关于审议〈香投集团 2020 年度投资计划（送审稿）〉的请示》。

**【区第十八届人民政府第 81 次常务会议】** 10 月 27 日，新都区第十八届人民政府第 81 次常务会议召开。会议听取 9 月香城细管工作推进情况、新都区市场主体培育工作情况的汇报，安排部署近期工作；讨论区卫健局《关于审议〈关于完善重大疫情防控体制机制健全公共卫生应急管理体系的实施方案（送审稿）〉的请示》、区经信局《关于审议〈新都区工业稳链补链行动方案（2020—2022 年）（送审稿）〉的请示》、区行政审批局《关于成立新都区智慧城市建设领导小组的请示》、区政府办公室《关于审议〈成都市新都区人民政府办公室人大代表建议政协提案办理工作规则（送审稿）〉的请示》、区新科局《关于审议〈关于支持新经济高质量发展的若干政策（送审稿）〉的请示》、区规划和自然资源局《关于成立成都市新都区农村乱占耕地建房问题整治工作领导小组的请示》、区农业农村局《关于审议〈新都区天然水域禁捕工作实施方案（送审稿）〉的请示》《关于申请新都区农村户用厕所改造提升工作经费相关事项的请示》、区应急局《关于新增消防水源的请示》、新都生态环境局《关于审议〈关于继续实行主要河道跨界断面水质超标资金扣缴制度的通知（送审稿）〉的请示》《关于实施西江河流域水污染生态治理项目的请示》、区综合执法局《关于追加生活垃圾分类工作费用的请示》、区教育局《关于解决按师生比配备教师相关问题的请示》、区国资金融局《关于免去周帆同志成都香城投资集团有限公司董事职务的请示》、区财政局《关于审议〈成都市新都区 2019 年财政决算和 2020 年上半年财政预算执行情况的报告（送审稿）〉的请示》、区审计局《关于审议〈成都市新都区 2019 年度区级预算和其他财政收支情况审计工作报告（送审稿）〉的请示》。

【区第十八届人民政府第 82 次常务会议】 11 月 4 日，新都区第十八届人民政府第 82 次常务会议召开。会议传达学习中共中央政治局常委会会议及国务院常务会议精神，学习《保障中小企业款项支付条例》，研究区政府贯彻落实措施；通报新都区近五年行政非诉执行案件情况，学习相关法律法规；听取农村常住居民人均可支配收入情况的汇报，安排部署近期工作；讨论区应急局《关于审议〈成都市新都区突发事件总体应急预案（试行）（送审稿）〉的请示》；进行人事任免。

【区第十八届人民政府第 83 次常务会议】 12 月 2 日，新都区第十八届人民政府第 83 次常务会议召开。会议传达学习全面推动长江经济带发展第三次座谈会重要精神、《国务院办公厅关于坚决制止耕地“非农化”行为的通知》精神，研究新都区贯彻落实工作；听取 11 月香城细管工作推进情况，安排部署近期工作；讨论区政府办公室《关于审议〈2020 年成都市新都区目标绩效考评实施办法（送审稿）〉的请示》、区水务局《关于申请防汛物资资金的请示》、区卫健局《关于审议〈新都区紧急医学救援体系能力提升实施方案（送审稿）〉的请示》、区农业农村局《关于拨付新都区禁食陆生野生动物退出补偿资金的请示》、区国资金融局《关于修订成都市新都区区属国有企业资产损失财务核销工作规则的请示》、区商务局《关于追加资金预算用于兑现产业扶持的请示》、区财政局《关于审议〈关于 2020 年财政预算调整方案的报告（送审稿）〉的请示》；进行人事任免。

【区第十八届人民政府第 84 次常务会议】 12 月 14 日，新都区第十八届人民政府第 84 次常务会议召开。会议讨论区民政局《关于审议〈关于高标准高质量高水平严要求做好村（社区）“两委”换届工作的实施方案（送审稿）〉的请示》、区教育局《关于增拨 2020 年度义务教育教师与公务员年工资收入差额总量的请示》、石板滩街道办事处《关于申请拨付安置房人防易地建设费的请示》；进行人事任免。

【区第十八届人民政府第 85 次常务会议】 12 月 30 日，新都区第十八届人民政府第 85 次常务会议召开。会议传达学习省委十一届八次全会暨省委经济工作会、市委十三届八次全会暨市委经济工作会会议精神，学习《中华人民共和国固体废物污染环境防治法（2020 修订）》；讨论区公安分局《关于审议〈成都市新都区人民政府关于加强烟花爆竹燃放安全管理规定的通告（送审稿）〉的报告》、区财政局《关于 2021 年财政收支预算的请示》、区人社局《关于与中国成都人力资源服务产业园签订人力资源合作框架协议的请示》《关于中国劳动和社会保障科学研究院与成都市新都区人民政府签订合作共建“劳动和社会保障研究与创新基地”协议的请示》、区市场监管局《关于审议〈成都市新都区党政领导干部食品安全工作责任清单（送审稿）〉的请示》、区卫健局《关于解决拨付第二批新冠病毒疫苗费的请示》。

（钟世敏）

## 政府事务
Government Affairs

【概况】 2020 年，新都区人民政府下发文件 39 件，区人民政府办公室发文 48 件。新都区政府办坚持每季度测评区政府部门、镇（街道）上报公文质量，提升区级部门、镇（街道）公文标准化水平；加强调查研究和政策学习，掌握区情，加强对基层工作指导；提升公文流转效率，落实急件 24 小时收发制；做好区政府全体会议、常务会议及区长办公室会议的会务组织。

【办文办会】 新都区政府办坚持标准化、规范化进行会议事项通知、活动筹备协调及会务服务保障，优化管理、提升服务，完成各项会务、活动保障；区政府常务会、区长办公会均使用无纸化会议系统，实现绿色智能办会；严格疫情防控不放松，优化会务、会场疫情防控工作方案，落实会场、器具消杀及人员体温监测，保障区委、区政府机关各项会议安全有序。

【督查督办】 新都区政府办参与全区目标绩效考评，负责全区重点经济与生态环境指标过程管理，每季度督查督办；负责中央和省市区重大决策及重要工作部署贯彻落实情况、区政府常务会议等重要会议议定事项、区政府主要领导批示和交办事项贯彻落实情况督促检查，承担上级督查部门交办事项跟踪督查，并负责组织办理省市区政府系统的人大代表建议、政协提案。新都区政府办全年开展专项督查 6 次，形成督查专报 6 期；承办市政府督办件 52 件，办结 52 件；承办区领导批交办督办事项 124 件，办结 115 件，持续跟踪办理 9 件；办理人大代表建议 138 件、政协委员提案 117 件，满意率（含基本满意率）100%。

【信息服务】 新都区政府办信息科全年刊发《新都政务》46 期、《香城细管专刊》21 期、《新都政务专刊》3 期，采用各镇（街道）信息 264 条、各部门及驻区单位信息 853 条；承担区政府办公室信息公开，公开政府信息数 241 条；积极向上反映全区经济社会发展成效、特色亮点工作情况和重点工作推进困难建议，上报信息 600 余条，获得采用 240 余条、专刊 3 篇，获得市领导肯定性批示 1 个，信息采编总分位列全市第六，省级采用得分位列全省直报点第三十三，获评“全省 2020 年度政务信息报送工作先进单位”。

（钟世敏）

## 人事与人才管理
Personnel and Talents Management

【概况】 2020 年，新都区人社局做好专业技术人员管理，加强事业单位人员和人才队伍管理，加强业务培训和考核，完成全区事业单位年度考核。

【事业单位人事管理】 新都区人社局组织全区 189 个事业单位完成年度统计报表，完成 723 名镇（街道）划转事业单位人员职级审核；指导 19 个事业单位调整优化岗位设置，完成 1614 名事业单位工作人员竞聘上岗审核备案；审查 146 名拟任中层干部的事业单位人员任职资格，组织 174 名机关事业单位工勤人员报名参加晋升技术等级考核考评。

【机关与事业单位工资管理】 新都区人社局完成机关（参公）工勤人员和事业单位工作人员年度正常晋升工资，20 名机关（参公）工勤人员晋升岗位工资，平均月增资 85 元；9734 名事业人员晋升薪级工资，平均月增资 800 元。

【人事考试管理】 新都区人社局完成甘孜藏族自治州乡镇机关事业单位招录（聘）应届“9 + 3”毕业生考试笔试、教师公招考试、一级建造师考试、二级建造师考试、执业药师考试、上半年公开考试录用公务员考试和消防工程师考试。

【专业技术人员管理】 新都区 189 个事业单位和部分企业人员共 7158 名专业技术人员参加继续教育公需科目学习；选派 10 名专业技术人员（教育 10 人）到基层服务，区财政下发专业技术人员生活补贴 12 万元，待考核期满转入教育部门。

【人才引进】 新都区人社局全年引进急需紧缺专业人才 43 名，其中应届毕业生占 72%，拨付人才补助资金 73.5 万元；引进特需人才 21 名，监督指导教育和卫生系统考核招聘事业单位工作人员 169 名；搭建“校地企”深度融合发展平台，联合中国航发四川燃气涡轮研究院、西南石油大学等单位，举办“航空装备制造与服务业人才融合发展香城高峰论坛”，引进人才项目 2 个。

【人才培训】 新都区人社局与成都市技师学院（成都工贸职业技术学院）等区内职业院校合作，开展“校（院）地企”深度融合交流会并签订合作框架协议，对口培养和选聘企业急需高技能人才。新型学徒制培训 68 家企业 8818 人，线上培训 77 家企业 3088 人，岗前培训 32 家企业 1733 人，困难企业职工培训 27 家企业 2016 人，失保培训 2005 人，全民免费培训 3246 人。10 月，新都区人社局指导并推荐的成都市现代制造职业技术学校经市人社局认定为市级高技能人才培训基地，填补新都区无高技能人才培训基地空缺，并争取到 100 万元市级补贴资金。

【人才创业】 新都区人社局助推创业孵化基地提档升级，为新都区青年（大学生）创业园和西南石油大学国家大学科技园发放就业创业补助资金 30 万元，为新都区青年（大学生）创业园拨付运营经费 33.5 万元；加大创业担保贷款力度，优化、完善创业担保贷款申报办理流程，为 9 家小微企业和 7 名创业个体发放贷款 1302.9 万元；开展在校大学生 SYB 创业培训和创业实训 18 期，培训 558 人，开展返乡下乡创业培训 14 期，培训返乡农民工 406 人；组织参加创业创新大赛，推选项目在 2020 年第四届“中国创翼”创业创新大赛中获得省、市奖项 4 个，其中“航空发动机燃烧室研发生产建设项目”获市级二等奖、“未来油气增产稳产绿巨人项目”和“安钮诺斯——国家油气能源安全守护神项目”获市级三等奖、“欧鲜生白玉苦瓜标准化种植及产业化发展项目”获市级优秀奖，同时“航空发动机燃烧室研发生产建设项目”在四川省决赛中获全省三等奖。新都区就业局分别被四川省人社厅和成都市人社局授予“优秀组织奖”。

【技能大师工作室建设】 新都区人社局搭建以技能大师工作室为基础的带徒传艺和技术创新平台，建成省级技能大师工作室 1 家、市级技能大师工作室 7 家、区级技能大师工作室 3 家，通过技能大师工作室带徒传艺超过 1000 余人次，培养中级工 11 名、高级工 23 名、技师 19 名。

【人才交流合作】 新都区人社局搭建异地人力资源合作平台，联合青白江区、金堂县签订大港区人力资源协同发展战略合作协议，共同举办人才招聘会、高端人才研修班、技能人才大赛等活动 8 期，帮助新都区企业引进人才 1200 余名；与广汉市人社局、重庆市九龙坡人社局等签订对口合作框架协议，在技能人才培养同城合作、求职招聘信息同城共享等 11 个方面达成合作协议，推动两地技能人才活动共办、资源共享、队伍共建。

【人事档案管理】 新都区人才中心全年接收高校毕业生 2712 人，接收人才档案 3382 卷；将库存 39436 卷档案信息纳入四川省流动人员人事档案管理系统，实现全省档案信息共享；通过政府招投标方式引进成都人才有限公司进行流动人员档案标准化、数字化加工服务，总计加工完成 22456 卷。

【志愿者管理】 新都区人社局继续做好“高校毕业生服务城乡基层项目”“选聘高校毕业生到村任职”等计划实施，确保全区行政村（涉农社区）每村（社区）有 1 ~ 2 名、城镇社区有 1 名大学生志愿者；完成 2020 年到四川农业大学现场招募“一村一大”项目志愿者及 2020 年成都市服务基层项目志愿者公开招募，招募“一村一大”志愿者 116 名；完成对 2020 年在岗志愿者年度考核及续签，完成 2020 年服务期满志愿者“三支一扶”证书办理。

（王利娟　张　旺）

## 行政审批管理
Administrative Examination and Approval Management

【概况】 2020 年，新都区行政审批局围绕“创新提能年”主题，纵深推进“放管服”改革，创新以“新理念、馨服务、心沟通、星体验、兴新都”为主要内容的“五星级”政务服务新理念，多项工作得到上级和社会认可，迎接国务院推进政府职能转变和“放管服”改革协调小组调研，相关工作成效得到专家组肯定。新都区政务中心办理审批服务事项 331.71 万件，较 2019 年增加 37.72%；镇（街道）便民中心办结 50 余万件，日均办件 2000 余件。

【行政审批标准化建设】 新都区行政审批局坚持需求导向、受众实用、体系覆盖原则，完善 5 个大体系、22 个子系统、1200 余项的“新都市民标准”体系，形成一套操作性强、覆盖范围广的标准体系；重新编制《镇、村市民服务标准化管理手册》，健全标准化组织架构，实现服务品质化、品牌化，树立服务行业新标杆；推动事项清单标准化，修订完善办事指南、一次性告知书 1280 份，对全区 21 个部门 683 项行政审批事项编制完成标准化审查规程，并在线上线下公开；完善“一窗受理”流程，实现“前台综合受理、后台分类审批、统一窗口出件”的审批服务模式，将业务流程固化为 6 个环节，明确各环节职能，打造标准化审批流程；加强审批环节内控制度建设，不断强化许可事项集中实施后对权力的约束和监督；筑牢风险防控体系，形成 37 个事项 91 个细项的现场踏勘操作规程，踏勘时限压缩 40%，一次性通过率超 80%；通过严格

9月23日，国务院推进政府职能转变和“放管服”改革协调小组到新都区调研指导“放管服”改革工作
（供图：区行政审批局）

制度执行、规范服务礼仪、内强业务素质、畅通投诉渠道等方式促进窗口服务规范化，修订完善首问责任制等 8 项工作制度和《窗口工作人员监督管理与考核办法》等 10 个政务服务管理办法，派发“差评”工单 36 个，发出窗口纪律整改通知书 43 份，违纪率同比下降 14%；制定 39 个专项整治项目 120 条整改措施，限时回应群众需求 95 个，开展业务知识与行为规范培训 12 次，全年无媒体负面曝光。

【智慧治理】 新都区行政审批局抓好城市大脑基础环境和配套设施建设，区智慧治理中心基建开工建设，计划 2021 年底前投入使用；规划区智慧治理中心信息系统功能，完成信息系统框架搭建和 6 大板块、10 个智慧应用场景打造，接入“天网、雪亮”等 4500 路视频资源；加快数据迁移上云和数据汇聚开放，实现全区 39 个业务系统迁移上云，汇聚 32 个区级部门 360 大类 539 万条业务数据，对社会开放 79 类公共数据；推进“互联网＋监管”，组织区级部门认领填报监管事项，已认领监管事项 916 个，填报实施清单 886 项，归集监管行为 2252 条，实现“应认尽认、应填尽填”；推广使用综合执法智慧服务平台，全区在成都市综合执法智慧服务平台办件约 33.1 万件，实时办案率 77.5%。

【网络理政】 新都区行政审批局建立舆情监控分析机制、矛盾纠纷协调处理机制，优化协调沟通机制，解决体制机制改革后职能职责交叉或职权界限不清的问题，召开协调会 15 次，解决问题 40 个；协调解决工作中的堵点问题，先后向镇（街道）和区级部门发出满意度预警通知 17 次，涉及不满意件 2400 余件；强化典型案例研究，建立同类问题的解决预案及答复口径，提高问题解决率和群众满意度；做好剔除件工作，组织业务培训，提高网络理政办理质量，加强业务指导，提升承办单位办理剔除件的能力，采取第三方评议、律师出具法律意见书、部门二次回访等方式剔除不满意件 2000 余件；开展网络理政质效专项督查，检查区人社局、

三河街道、大丰街道3个单位；受理群众来电来信102301件，满意率94.74%，被评为“2020年度四川网络理政十佳县（市、区）理政单位”“2020年度四川日报全媒体‘问政四川’网民留言办理工作先进单位”。

【政务服务环境优化】 新都区行政审批局深化政务公开，组织全区9个镇（街道）、37个政府部门编制发布年度报告，全区各级行政机关通过政府网站、政务微博（微信）、新闻媒体、公示栏（屏）、公开资料等渠道和方式公开政府信息173545条；加强政策解读力度，全区通过政府信息公开目录公开文件及解读信息327条，行政规范性文件解读率100%；强化门户网站建设，按照“重构栏目架构、丰富网站板式、打造特色栏目、强化资源整合”要求，完成区政府门户网站改版升级，创新搭建全市功能最完备的智能客服知识库，实现政策法规、服务事项等问题24小时解答功能，发布信息26425条，开展民意征集32期、网上调查34期，连续11年获评“政府网站精品栏目奖”，在清华大学国家治理研究院发布《2020年中国政府网站绩效评估报告》中，全省仅新都区网站入围全国前20名。

【行政审批便民化推进】 新都区行政审批局推进成都市创新审批服务便民化机制试点，召开现场推进会；推进“证照分离”改革，落实告知承诺制审批，将公共卫生许可、大型连锁店食品经营许可等事项办理时限压减至1个工作日；实施简化企业注销程序，办理简易注销957件；做优“证照联办”主题式套餐式服务，按照一件事一次办，将原来分散的关联审批事项进行“主题式”优化整合，重构办事流程，推出“我要开超市”“我要开餐厅”等102项主题服务事项，办理“证照联办事项”683件；强化容缺受理清单式管理，规范容缺审批事项、办事流程、资料补正时限方式，将容缺受理事项范围扩大至102项，减少企业和群众往返跑，开展容缺受理审批事项1766件；持续开展“五减”行动，精简设置医疗机构申请书、四川省蚕种经营许可证申请表、公司撤销变更登记申请书等申报材料209份，实现政务服务事项承诺提速率85.2%、马上办50.20%、网上可办100%、全程网办86.72%；在推进乡镇（街道）行政区划调整和体制机制改革过程中，优化调整街镇便民服务机构设置，构筑“1个政务中心＋9个街镇＋180个村社＋N个小区”服务网络，以基层党群服务中心为核，延伸覆盖旧城片区、现代商业小区、小微企业聚集区、双创人才流动区等多领域多区域，下沉服务事项192项，实现群众办事“小事不出村社、大事不出镇街”。

【行政审批多元化服务】 新都区行政审批局与重庆九龙坡区、德阳广汉市、乐山夹江县、昆明五华区、新疆石河子市等地政务服务部门建立四省六地通办机制，推进10类70项通办事项；开展审批事项网上申请，推行网上预约，制作视频化的企业开办在线设立申请办理指南，在成都市率先运行“互联网＋踏勘”模式，实现线上预勘压缩时限，企业全程网上新登记3602户，企业开办的“网办率”占新登记内资企业户数的54.39%；优化提升“一站式”便民服务功能，开展灵活多样的东山客家话、智障手语、入户代办、现场核验、微信预约等镇、村代办制度，疫情期间为群众提供代办服务30000余件；着眼未来政务服务集成趋势，依托“互联网＋”打造AI智慧政务综合服务空间站，涵盖政务审批综合管理、智能数据交换、信息查询、办事流程标准化等功能。空间站采取智能化、可视化，实行“网购”自选模式，已试点投放2个空间站。

【政务新媒体建设】 新都区行政审批局坚持“需求导向”，疫情期间增设办事预约、窗口指引、公交查询等服务功能，方便群众预约办事；创新开设#新都区重点企业用工信息#话题，为企业搭建供需平台，解决13家企业难点，帮助50家企业去库存，发布企业用工信息20条，提供就职岗位150余个；按照政务服务和企业服务两主题，对“新都服务”微信公众号服务结构化升级，联通“小曹导税”等20个与群众办事服务密切相关的服务平台和区级部门新媒体；以#新都*政务动态#话题为依托，定期更新审批服务事项清单、办事指南及业务详解，创新发布“许可事项现场踏勘标准化流程”视频8条，让百姓看得懂办事指南；开设“新冠病毒防控期政企对接”专栏和“坚决打赢疫情防控阻击战”专栏，发布区委、区政府关于疫情防控的通知、文件，收集发布防疫信息9000余条；开设#新都服务在行动#话题专栏，向市民公开每一个诉求办理情况，“新都服务”收到群众诉求3450件、处理率100%。“新都服务”拥有粉丝22.76余万人，连续四个季度进入全国十大政务中心微博前三名，连续两次蝉联第一名，入选微博4月优秀政务服务案例，获“2020年微服务卓越奖”。

（刘　健　龙义成　陈镜晰）

## 台湾事务及侨务

Taiwan Affairs and Overseas Chinese Affairs

【概况】 2020年，新都区积极开展与台湾地区及海外的交流合作、互相融合，在助推产业发展、争取凝聚人心、促进全域开放等方面取得较好成效。

【服务企业】 新都区落实新都区复工措施，紧盯台资、侨资企业复工情况，做好企业复工前疫情防控，走访涉台资、侨资企业10余家，复工率100%，企业生产能力恢复90%；收集辖区涉台资、侨资企业复工情况，尤其是湖北籍员工人数、返乡时间等数据采集，第一时间掌握相关信息；下发《疫情期间扶持企业发展政策汇编》《新都人社惠企抗疫十四条》等资料，为企业做好政策帮助；协助推动侨资企业厚诚物流4S店集群建设，与区经信局合作举办汽车展览会，销售收入突破25亿元，上税近5000万元。新都区侨联联系区委宣传部做好侨资企业漫花庄园滞销花销售，通过中央电视台、成都电视台、新都电视台播出宣传片，销售近3000盆，营业额5万元。

【联络联谊】 春节前走访慰问鸿昌塑胶、统实企业、正恒动力、漫花庄园等，送去节日慰问和新春祝福；利用疫情时期在全区范围内进行新一轮涉台、涉侨资源调查，健全台资、侨资企业数据管理库，更新台胞台属侨胞侨属名册；开展走访慰问活动，做好关心关爱，疫情期间实地走访、电话慰问重点侨眷侨属54名，同时新都区早期归国华侨麦莲珠向四川省华侨公益基金会捐赠2000元作为防控疫情资金，西南石油大学“蓉城同心·侨之家”和社区工作人员帮助照顾侨眷侨属，赢得好评。新都区召开“港澳台及侨界人士座谈会”，节目全部由台胞台属侨眷侨属自编、自导、自演，区委统战部、西南石油大学党委统战部、相关社区参加，进一步增进感情、加深友谊、凝聚人心。

【政策宣传】 利用QQ群、微信等媒介宣传对侨法律法规、名词解释和办事指南，为侨资企业提供政策咨询和法律服务；通过“双月会”“港澳台及侨界人士座谈会”等方式开展涉台、涉侨法律法规宣传，推动对台、对侨法律法规在干部群众中学习宣传和贯彻落实；倾听台胞、侨胞的呼声和要求，维护其合法权益，做好新都区台胞、侨胞子女中考、高考升学加分并开展相关政策宣传。

【“侨之家”建设服务】 坚持以“侨之家”建设为抓手，充分利用区内统战资源优势，与西南石油大学党委统战部联合打造集“大学校区、科技园区、大学社区”于一体的“侨之家”工作服务平台，吸引更多华侨华人关注、参与、助力新都区经济社会事业发展。创建统战联盟，协助社区推动发展共赢，区委统战部和西南石油大学党委统战部共同构建完善合作机制；搭建统战平台，拓宽社区治理参与渠道，新都区与西南石油大学共建“蓉城同心·侨之家”为侨服务平台，拓展叠加“联谊交友”“社情民意”“居民议事”“社会服务”等功能平台，通过“蓉城同心·侨之家”平台，区委统战部牵线搭桥涉侨企业正恒动力与石油大学机械学院签署战略合作协议；引入统战力量，增强社区治理服务能力，建立德治教化服务机制，组织民主党派、群众团体中教育、医疗、法律文化等方面专家为社区开办讲座、培训，定期开展“侨之家”联谊沙龙、欧美同学会“春晖讲堂”等，打造服务社会精品活动；链接统战优势，提升社区治理综合效能，引入区级卫计、司法、教育部门参与服务，引入民建、民进等民主党派做好服务。

【双城经济圈建设服务】 新都区融入“成渝地区双城经济圈”建设，促进新都涉侨企业与重庆政府和企业合作；扩大已有与重庆合作，正恒动力与重庆长安福特公司开展合作。9 月 18 日，重庆市合川区钱塘镇副镇长率队到新都区考察“罗氏虾”农业项目并召开座谈会。10 月，新都区委统战部带队到重庆市合川区考察，达成合作意向。

（张明磊）

## 机关事务管理
Organs Affairs Management

【概况】 2020 年，新都区政府办做好机关食堂及新城办公区食堂工作，严格按照食品卫生标准做好就餐保障，杜绝餐饮浪费，完成就餐保障 95.1 万人次，公务接待 3500 余人次；按照标准化、规范化做好会务保障，完成会务保障 4300 余次。

【公共机构节能】 新都区政府办开展低碳绿色办公、绿色出行，实现能源资源消费统计全覆盖；推进能源审计，完成重点用能单位新都一中的能源审计；推进示范单位创建，成功创建国家级节约型公共机构示范单位和市级节约型公共机构示范单位各 1 家；推进节约型机关建设，成功创建 14 家节约型机关；强化水资源管理，推行水平衡测试，完成 2 个单位水平衡测试服务；推进建筑节能改造，对 12 万平方米的既有建筑节能改造；推进垃圾分类回收，以“减量化、资源化、无害化”为目标，全区公共机构生活垃圾分类党政机关覆盖率 100%、其他公共机构覆盖率 90% 以上（学校 100%）；推进“禁塑”工作，全区公共机构因地制宜制定“禁塑”工作措施，深入开展“禁塑”，发挥公共机构示范引领作用；坚持厉行节约，坚决制止餐饮浪费行为；深入开展节能宣传，组织人员参加节能培训。全区 185 家公共机构全年消耗 1.3 万吨标煤，人均综合能耗同比下降 4.6%，单位建筑面积能耗同比下降 2.1%，人均水耗同比下降 3.2%。

【办公用房和公务用车管理】 新都区政府办疫情期间为卫生系统配备救护车编制 11 辆，保障工作需要；建立健全公务用车管理平台，平台处理信息 300 余条；落实公务用车“四定点”（定点加油、定点维修、定点保险、定点租赁）要求，完成配备更新公务用车总量中新能源汽车占比不低于 50% 的目标；落实公务用车标识化管理，全区除党政机关实物保障用车 2 台、涉密车辆 3 台和事业单位 12 台处于待报废状态的车辆外，其余车辆全部完成标识化喷涂管理；按照党政机关办公用房管理办法，规范全区办公用房管理使用。

【机关办公区安全保卫】 新都区政府办完成物业服务社会化外包，区委、区政府机关办公区未发生治安灾害事故；指导、督促物业公司落实疫情防控要求，做好相关措施，做到保障区域零感染。

（钟世敏）

## 退役军人管理
Veterans Management

【概况】 2020 年，新都区退役军人事务局以创新提能为导向，聚力汇智、固本强基，疫情防控精准有力，就业安置成效明显，双拥共建内涵丰富，体系建设基础厚实，社保接续稳妥高效，多项工作成效得到上级肯定，其中社保接续“三个一”工作法得到成都市退役军人事务局主要领导肯定性批示，退役军人关爱援助基金筹资、“两活动一制度”、年度信息宣传、双拥优抚 4 项工作和 1 个党建引领创新项目、1 项调研成果获成都市退役军人事务局通报表扬。新都区连续六届被表彰为省级双拥模范区。

【退役军人服务保障】 新都区退役军人事务局落实“五有”要求，督导189个退役军人服务站调整组建，推动“一中心两站”编制落实、人员到岗、经费到位、保障配套；制定下发两级服务站建设标准和运行规范，举办退役军人服务站站长培训会4期，完成“枫桥式”示范型服务站创建5个；抓实自建自查、整改落实和结果运用三环节，完成全市退役军人服务保障体系建设现场验收。

【退役军人移交安置】 新都区退役军人事务局推动退役士兵安置方式结构性改革，对2020年度符合政府安排工作条件退役士兵实施公开选岗；配合区委组织部完成计划安置军转干部接收安置，做好退役士兵和离退休干部（士官）接收报到，做好退役军人高职扩招身份审核和转改文职干部身份认定及落户，完成自主择业干部档案审核和退役金套改。

【退役军人就业创业】 新都区退役军人事务局聚力平台搭建、渠道畅通和模式创新，建设1个退役军人创业孵化基地，举办2期退役军人创业沙龙和1场政策宣讲会，为退役军人提供免费技能培训；开设网上招聘，举办5场退役军人专场招聘会，提供就业岗位，达成意向协议。

【退役军人社保接续】 新都区退役军人事务局组建两级工作专班，采取“线上＋线下”“阵地＋媒体”“静态＋动态”方式宣传，优化设立35个受理点位，组织3次业务培训会；实行“清单＋台账”管理模式，建立周报告、月分析制度，创新开展社保接续“三个一”工作法，开展疑难个案专项攻坚，抓实数据统计、校验和缴费。

【退役军人优待抚恤】 新都区退役军人事务局启动“戎归香城·医疗优待行动”全省先行先试，发放“健康浓情卡”30055张；举行烈士纪念活动，为32家单位、2800余人清明祭扫做好服务保障；发放中国人民志愿军抗美援朝出国作战70周年纪念章187枚，完成伤残退役军人换证资料审核上报；投入300万元开展春节、“八一”走访慰问，解决再就业困难；发放抚恤金和生活补助，实施医疗救助，代缴两险。

10月14日，新都区2020年退役军人秋季专场招聘会举行　（供图：区退役军人事务局）

11月20日，“军遇良缘·缘聚桂湖”军地单身青年联谊活动举行 （供图：区退役军人事务局）

【双拥共建】 新都区退役军人事务局举行“八一”双拥座谈暨表扬大会，表扬双拥先进单位 44 家和先进个人 28 名；组织 12 场“六进军营”和 11 次“三送”活动，协调解决省荣军院和驻区部队 11 项建设难题，为 3 名军人子女办理转（入）学手续，举办 2 场军民共建文艺会演和 1 场“军遇良缘·缘聚桂湖”军地单身青年联谊活动；开展“情系边海防官兵”拥军优属专项行动，与边海防军人家庭建立“一对一”联系；组织慰问 22 名军队援鄂医疗队成员家庭，为驻区部队筹集防疫物资。驻区部队开展“1 + 1”精准助学、脱贫攻坚行动和“美化城市”活动，投入 3.6 万元为 20 户贫困家庭解决生活困难，举行 3 场消防宣传活动，参加 1 次全民植树活动，参与近百次地方安保维稳和城市志愿服务活动。

【军休宣传服务】 新都区退役军人事务局挖掘推荐 1 名“四川省双拥先进个人”、1 名“四川省模范退役军人”和 3 名“成都市退役军人就业创业之星”，为 23 名立功受奖现役军人家庭送立功喜报；拍摄《让尊崇之光照亮退役之路》和《致敬！香城老兵》宣传片，组织 2 场英雄事迹报告会和 7 批次进基层爱国主义专题教育，举办 1 期“忆峥嵘岁月、葆军人本色”专题影展；拓展“互联网+退役军人服务”模式，推广烈士网络祭奠和“军休服务”APP 平台，落实军休干部“两个待遇”和“六个老有”要求，组织开展 7 次学习实践活动。

（熊　强　钟　睿）

## 群众来信来访
Letters and Visits from the Masses

【概况】 2020 年，新都区信访系统建立完善全面体现新发展理念的现代化国际范成北新中心城区现代治理体系，以“提能增效”为主题，以“减存量、控增量、防变量、强基础、严责任”为主线，推进信访领域治理体系和治理能力现代化，实现信访工作由维稳思维向求解思维转变、被动受理办理向主动源头防范转变、粗放式管理向高效能治理转变，维护群众合法权益，促进社会和谐。

【来信来访办理】 新都区信访局积极受理群众信件，妥善接待和办理群众到省、市、区上访，通过召开研判协调会、开展区领导参与定点接访、落实领导包案等举措，所有信访事项均按期办结，办结率 100%。

【信访清单办理】 新都区信访局健全完善突出信访问题清单“年初集中交办、动态梳理交办”的工作机制，区信访工作联席会议每季度召开督办会，区信访联席办对全区信访工作开展每月调度和每月通报并不定期对区级相关部门、镇（街道）落实领导接访、重点案件化解等情况督查督导，督导结果形成报告上报分管区领导；创新信访积案难案多元调处化解机制，运用人民调解、行政调解、司法调解、公开评议等方式，推进信访积案难案妥善化解，突出信访问题清单任务得到高效化解，化解率 100%，解决一批群众关心、关切的热点、难点问题。

【留言办理】 新都区全年受理人民网网民留言 2451 件，留言数量、办理质量、群众满意率等位居全国前列，区委、区政府被评为 2020 年度人民网网民留言办理工作机制创新单位。

【基层信访管理】 新都区信访局深入学习把握全面

体现现代化国际范成北新中心城区现代治理体系的重大要求，坚持正确政治方向；制度化落实突出信访问题清单专项行动，推动信访积案动态清零；开展初信初访办理质量大提升活动，努力实现让群众“最多访一次”；健全完善信访形势分析研判制度，提升信访工作预测预警预防能力；推动村（社区）群众工作之家提能增效，构建深度融入基层社会治理的信访工作新格局；落实信访工作责任制，形成责任到位、协调有力、高效便民的信访工作新机制；加强信访部门自身建设，打造一支适应治理能力现代化要求的信访干部队伍。

**【“群众工作之家”建设】** 新都区信访局健全完善群众工作之家组织领导、经费保障、表扬激励等机制，5个示范镇（街道）、10个示范村（社区）和典型品牌、典型案例“两示范、两典型”打造完成；优化完善信访全程代理和“呼叫—响应”机制体系，健全完善信访代理补助津贴制度，激发基层代理工作动力；常态开展人民建议征集活动，通过“诉源治理”各类平台及时就地化解矛盾纠纷取得明显成效。

**【信访宣传】** 新都区信访局利用“国家宪法日”、法制宣传日等活动，通过制作小册子、印发宣传单等形式，宣传《信访条例》和信访工作政策、法规、制度及各项信访事项办事程序等，向群众发放宣传资料20000余册，接受群众咨询5000余人次；发挥村（社区）“群众工作之家”作用，在村（社区）宣传信访知识；在接访调处中心大厅，利用LED大屏幕滚动播出信访知识，通过律师及工作人员现场解答群众疑难问题，做到把政策介绍全、解释透，起到解答一个、宣传一片的作用，引导群众依法逐级有序信访，搞好信访宣传，特别是对信访工作中的重点、难点问题，合法、合理、合情做好正面宣传，密切党群、干群联系，营造良好宣传氛围。

（叶　凯）

# 政协成都市新都区委员会

THE CPPCC CHENGDU XINDU DISTRICT COMMITTEE

## 政协机构
Agencies of CPPCC District Committee

【概况】 2020年，政协成都市新都区委员会设办公室、研究室、委员管理办公室以及专门委员会7个，即提案委员会、经济委员会、城乡建设和人口资源环境委员会、农业和农村委员会、科教医卫体委员会、社会法制和民族宗教委员会、文化和文史资料委员会。

【2020年政协成都市新都区委员会领导名录】

主　席：方正行

副主席：黄泽旭

陈善彬

邓学能

詹友军

余朝琼（女）

马宗祥（4月任职）

秘书长：李传术

（乐惠蓉）

## 政协主席会议
Chairman Meetings of CPPCC District Committee

【概况】 2020年，新都区政协召开主席会议10次，均由区政协主席主持。

【区政协十一届二十五次主席（扩大）会议】 2月2日，新都区政协十一届二十五次主席（扩大）会议召开。会议传达贯彻中央、省委、市委、区委疫情防控重要会议精神；传达《中共成都市新都区委成都市新都区人民政府关于疫情防控期间统筹做好机关和企事业单位各项工作确保高效有序运转的通知》精神，安排市管领导干部和机关干部职工到镇

2月13日，新都区政协党组会暨第十一届二十六次主席（扩大）会议召开　（供图：区政协办公室）

（街道）村（社区）一线参与新型冠状病毒感染的肺炎疫情防控，对节日期间休假外出人员建立台账登记管理。

【区政协十一届二十六次主席（扩大）会议】 2月13日，新都区政协十一届二十六次主席（扩大）会议召开。会议传达学习中央、省、市、区委关于新型冠状病毒感染的肺炎疫情防控有关会议精神，安排机关干部职工到镇（街道）村（社区）一线参与疫情防控。

【区政协十一届二十七次主席（扩大）会议】 3月20日，新都区政协十一届二十七次主席（扩大）会议召开。会议传达学习十九届中央纪委第四次全会、省纪委十一届四次全会、市纪委十三届七次全会、区纪委十四届九次全会精神，安排部署区政协机关“两项建设”和党风廉政建设社会评价工作；传达中央政治局常委会议、中央应对新冠肺炎疫情工作领导小组会议、市委常委会议精神，审议2020年区政协重点专题协商和民主监督计划。

【区政协十一届二十八次主席（扩大）会议】 3月26日，新都区政协十一届二十八次主席（扩大）会议召开。会议审议区政协委员调整事宜，审议召开区政协十一届十七次常委会议相关事宜，审议区政协十一届四次会议相关材料，审议表扬2019年度先进委员、优秀提案、提案办理先进单位事宜，

审议《政协成都市新都区委员会2020年工作要点》。

【区政协十一届二十九次主席（扩大）会议】 4月13日，新都区政协十一届二十九次主席（扩大）会议召开。会议审议有关人事任免事项，审议《政协成都市新都区委员会增补副主席、常务委员建议人选名单（草案）》，审议《政协成都市新都区委员会常务委员会关于授权主席会议审议区政协十一届十七次常委会议未尽事宜的决定（草案）》。

【区政协十一届三十次主席（扩大）会议】 4月24日，新都区政协十一届三十次主席（扩大）会议召开。会议审议《关于召开区政协十一届四次会议的决定（审议稿）》，审议《政协成都市新都区委员十一届四次会议议程（草案）》，审议《政协成都市新都区委员十一届四次会议日程（草案）》，审议《关于新增文史委员的请示》。

【区政协十一届三十一次主席（扩大）会议】 5月9日，新都区政协十一届三十一次主席（扩大）会议召开。会议审议区政协领导分工调整事宜，审议《政协成都市新都区委员会第十一届各专门委员会组成人员调整建议名单》，审议《关于新冠肺炎疫情防控工作先进委员候选名单》。

【区政协十一届三十二次主席（扩大）会议】 9月2日，新都区政协十一届三十二次主席（扩大）会议召开。会议传达学习中央、省委、市委、区委重要会议精神，审议有关人事事项，审议《关于召开政协第十一届成都市新都区委员会常务委员会第十九次会议的请示》。

【区政协十一届三十三次主席（扩大）会议】 11月13日，新都区政协十一届三十三次主席（扩大）会议召开。会议传达学习习近平总书记在纪念抗美援朝出国作战70周年大会上的重要讲话精神，传达学习中共十九届五中全会精神，党组成员交流学习中共十九届五中全会精神心得体会；审议《关于2021年度区政协报纸杂志学习资料征订费用和〈四川政协报〉宣传费用的请示》。

【区政协十一届三十四次主席（扩大）会议】 11月26日，新都区政协十一届三十四次主席（扩大）会议召开。会议审议区委统战部《关于届中调整政协第十一届委员会有关人事的函》，审议《关于区政协文化文史委相关工作经费的请示》。

（乐惠蓉）

## 政协常务会会议

Meetings of the Standing Committee of CPPCC District Committee

【概况】 2020年，新都区政协召开常务委员会会议4次。

【区政协十一届十七次常委会会议】 4月16日，新都区政协十一届十七次常委会会议召开。会前，四川信诺达律师事务所律师喻开富就《中华人民共和国传染病防治法》作法学讲座。会议听取区政协十一届三次会议以来的提案办理情况通报，审议委员调整建议草案；传达学习市委政协工作会议精神，审议区政协十一届四次会议有关事项，审议关于授权主席会议审议常委会会议未尽事宜的决定（草案），审议表扬2019年度先进委员、优秀提案、提案办理先进单位事宜，审议区政协2020年工作要点；协商决定人事任免事项。

【区政协十一届十八次常委会会议】 4月29日，新都区政协十一届十八次常委会会议召开。会议听取区政协十一届四次会议各小组讨论情况汇报；审议并原则通过《政协第十一届成都市新都区委员会第四次会议选举办法（草案）》，确定增补的副主席、常务委员候选人名单，确定选举大会总监票员、监票员，总计票员、计票员名单；审议大会决议（草案），听取提案征集情况通报。

【区政协十一届十九次常委会会议】 9月3日，新都区政协十一届十九次常委会会议召开。会议传达学习中央财经工作委员会第六次会议、省委十一届七次全会、市委十三届七次全会、区委十四届十一次全会精神；现代交通产业功能区通报园区航空产业发展情况，区人民政府区长通报全区 2020 年上半年经济社会运行暨疫情防控工作情况；协商讨论政协各专委会和界别小组组成人员名单，审议有关人事事项。

【区政协十一届二十次常委会会议】 12 月 4 日，新都区政协十一届二十次常委会会议召开。会前，四川信诺达律师事务所律师喻开富就《最高人民法院关于审理涉电子商务平台知识产权民事案件的指导意见》作法学讲座。会议传达学习习近平总书记在纪念中国人民志愿军抗美援朝出国作战 70 周年大会上的重要讲话精神，传达学习中共十九届五中全会精神；审议区委统战部《关于届中调整政协第十一届委员会有关人事的函》，区投促局通报 2020 年招商引资工作情况。

（乐惠蓉）

## 政协全体会议
Plenary Sessions of CPPCC District Committee

【概况】 2021 年 2 月 20—22 日，中国人民政治协商会议第十一届成都市新都区委员会第五次会议在桂湖街道召开。

【区政协十一届五次会议】 2021 年 2 月 20—22 日，中国人民政治协商会议第十一届成都市新都区委员会第五次会议在桂湖街道召开。新都区委书记在开幕会上发表重要讲话，充分肯定区政协常委会、政协各参加单位和政协委员为全面建设社会主义现代化新都作出的重要贡献，对加强和改进政协工作，特别是建言资政和凝聚共识双向发力提出要求。会议审议批准区政协主席代表区政协常委会所作的工作报告，审议批准区政协副主席代表区政协常委会所作的十一届四次会议以来提案工作情况的报告；赞同区政府工作报告和其他相关报告，并提出意见建议；审议并通过政协第十一届成都市新都区委员会第五次会议决议。

（乐惠蓉）

## 政协事务
Political Consultative Conference Affairs

【概况】 2020 年，新都区政协就会议协商、专题协商、界别协商、文化文史等开展工作，坚持调研、监督、协商一体推进，组织开展履职活动 60 次；提交提案 151 件，经审查立案 133 件，主席会议成员督办重点提案 7 件；反映社情民意信息 56 篇，形成调研报告 9 篇。

【会议协商】 新都区政协在区政协十一届四次会议期间，组织委员就政府工作报告等协商讨论，归纳整理涉及产业发展、生态保护、民生改善等方面建议 36 条专报区政府；常委会专题听取全区经济社会运行暨疫情防控工作情况以及优化营商环境、党风廉政建设和反腐败工作情况。

【专题协商】 新都区政协开展“社区发展治理推进情况”专题协商，通过调查走访、协商讨论，针对社区治理存在的短板弱项，从网格化管理、放权赋能等方面提出意见建议；开展“新都区文旅体产业发展情况”专题协商，对文旅体产业规划、融合发展、品牌文化、项目打造等提出意见建议。

【界别协商】 新都区政协落实《界别委员小组活动实施办法》，强化履职和建言成果统计评估，提高界别活动制度化水平；探索多界别委员小组联合活动，完善专委会、界别委员小组工作联动机制，拓展界别履职渠道，推进界别工作常态化开展；开展界别视察、调研 18 次，开展惠民活动 15 场，提交界别提案、专报 12 件。

6月11日，新都区政协主席方正行（左三）视察产业功能区建设（供图：区政协办公室）

**【特约监督】** 新都区政协向市、区有关部门推荐36名特约监督员，组织15名委员旁听市、区法院案件庭审，组织60名委员参加规划、卫计等部门座谈会。

**【政协重点视察】** 新都区政协开展专题视察、民主监督活动7次，专题视察垃圾分类管理推进情况、产业功能区建设情况、新都区高品质城市空间示范区建设情况、新都区农村人居环境整治工作推进情况、新都区疾病预防控制工作现状及存在问题。

**【社情民意反映】** 新都区政协向市政协、区政府报送《社情民意反映》56条，社情民意《关于完善社区家庭教育服务体系的建议》被市政协采用并转报省政协，社情民意《四川省抗战资源保护利用情况存在的问题及对策建议》被省委办公厅单篇采用。

**【政协提案工作】** 新都区政协委员提交提案151件，经审查立案133件，其中个人提案116件、联名提案17件。截至12月31日，立案提案全部办理完毕，未立案的18件提案作为意见建议送交有关部门参考。新都区政协主席会议成员牵头督办重点提案7件，区政府分管领导牵头督办重点提案4件。

**【政协专题调研】** 新都区政协组织委员围绕协商民主的理论发展与实践、新都区养老产业发展现状、新都区医疗卫生人才队伍建设、新都区政协委员企业发展现状、轨道交通产业圈发展情况、做强国际商贸物流产业助推“金青新”大港区建设、新都区乡村振兴战略实施情况、公园城市建设发展、西江河流域水环境污染成因及治理开展重点调研，形成《协商民主的理论发展与实践创新》等9篇具有较强参考价值的调研文章。

**【政协文史工作】** 新都区政协在学习习近平总书记给革命伤残军人复信和纪念中国人民志愿军抗美援朝出国作战70周年之际，再次发行重温《致敬英雄——四川省革命伤残军人休养院英雄事迹专辑》；编辑出版《新都文史》第31辑和《杨升庵散文》，举办“香城遗韵·新都已故书画家作品展”。

**【政协对外宣传】** 新都区政协新闻稿件被市级以上媒体采用76篇，“坚持‘知’‘信’‘行’相统一　着力助推成都新都区高质量发展”被学习强国采用，“成都市新都区政协全力以赴防控疫情”等信息被《四川政协报》、四川政协网采用，《蜀中状元杨慎：坎坷人生　惊世才华》被《四川政协报》整版刊载，“重庆市九龙坡区政协与成都市新都区政协签署结对共建成渝地区双城经济圈建设协同发展示范区交流协议”“抗击疫情　新都区政协委员在行动——各民主党派助力打赢疫情防控阻击战”“新都区政协专题视察该区高品质城市空间示范区建设”“新都区政协对农村人居环境整治工作开展专题视察”等信息被成都政协网站采用。

**【政协自身建设】** 新都区政协以“模范政治机关”标准统揽机关建设，“政治、规范、务实、和谐、廉洁”机关建设成型，服务保障政协履职高效有力；依托公务员理论培训、学习强国、蓉城先锋等线上平台和专题培训，“线上线下”双线融合提高机关干部能力素质；通过重要调研视察、区域联动协商、重大活动保障，开阔眼界视野、历练锤炼干部。工作经验《坚持“四点”着力，努力打造一流服务机关》在市政协工作会议作交流发言。

【政协疫情防控】 新都区政协发布《致新都区政协委员的一封信》和疫情防控工作提示，动员政协委员和机关党员干部投入抗疫；主席会议成员、委室主任和机关干部下沉到施营、正因、正兴、普河等社区排查走访辖区居民7000余户，指导企业复工复产65家、行业协会和商会8家，协调解决问题24个，形成调研报告《新都区企业复工复产情况调研及对策建议》供区委决策参考；政协机关干部、政协委员捐款捐物127万元，赖家云、刘茂元、倪雪微、李小海4名委员因贡献突出被市政协通报表扬；开展新都区疾病预防控制专题视察，开展医疗卫生人才队伍建设专题调研，形成《新都区医疗卫生人才队伍建设现状的调查与思考》，对新都区疾病预防控制应急机制、人才队伍、物资筹备等提出意见建议；提交《关于进一步加强新都区防疫物资应急保障能力建设的建议》等涉疫情防控的提案23件，收集、编报《关于保护医护人员不被病毒感染的风险控制建议》等社情民意7件，助推社区依法防疫、院感管控等问题解决。

2020年新都区政协优秀提案一览表

表3

| 提案 | 提案者 |
|---|---|
| 关于加快推动新都物流产业功能区向供应链运营中心转型的建议 | 俞顺红 |
| 关于加快推进新都区生活垃圾分类处理的建议 | 吴晓明 |
| 关于加快我区中小学卫生室或保健室设置的建议 | 唐顺发 |
| 关于新都区优化营商环境的思考与建议 | 吕　娜 |
| 关于加强农产品质量安全监管的建议 | 刘宏刚 |
| 关于强化网络理政体系建设提升社会治理水平的建议 | 兰宜平 |
| 关于加快建设毗河城市生态轴的建议 | 彭觉勇 |
| 关于加强近期入区外籍人士和中国公民疫情防控措施的建议 | 张　鹏 |
| 关于新冠肺炎疫情下我区企业复工复产的建议 | 张　雷 |
| 关于进一步加强我区防疫物资应急保障能力建设的建议 | 谢章波 |
| 关于优化营商环境，推动常态化疫情防控中高质量发展的建议 | 赖家云 |
| 关于加强新都区航空产业发展战略规划的建议 | 李　湉 |
| 关于夯实基层应急管理，提升社会治理能力的建议 | 余昌会 |
| 关于在各级各类公开评先评优中规范使用网络投票的建议 | 牟　卿 |
| 关于加强新都区疾病预防控制中心能力建设的建议 | 高贵彬 |

## 2020年度提案办理先进单位名单

成都市新都区综合行政执法局
成都市新都区教育局
成都市新都区卫生健康局
成都市新都区经济和信息化局
成都市新都区智慧物流产业园管委会
成都市新都区商务局
中共成都市新都区委社治委
共青团成都市新都区委员会
成都市新都区交通运输局
成都市公安局新都区分局
成都市新都区规划和自然资源局
成都市新都区农业农村局
成都市新都区文化体育和旅游局
成都市新都区住房和城乡建设局
中共成都市新都区委宣传部

（乐惠蓉）

# 纪检监察

# DISCIPLINE INSPECTION AND SUPERVISION

## 纪检监察机构
Discipline Inspection and Supervision Institutions

【概况】 2020 年，中共成都市新都区纪律检查委员会与成都市新都区监察委员会合署办公，实行一套工作机构、两个机关名称，履行全区党的纪律检查和国家监察两项职责。新都区纪委监委机关核定行政编制 49 名，下属事业单位新都区纪检监察信息中心事业编制 5 名，派驻纪检监察机构 20 个；机关内设办公室、组织部、宣传部、党风政风监督室、信访室、案件监督管理室、第一至第六纪检监察室、案件审理室、纪检监察干部监督室。

【2020 年新都区纪委监委领导名录】

新都区纪律检查委员会

书　记：钟思勇

副书记：谢　纯

　　　　马　鲜

常　委：谢　敬

　　　　邱志春

　　　　李肖鸿

　　　　石少勇

新都区监察委员会

主　任：钟思勇

副主任：谢　纯

　　　　马　鲜

委　员：刘玉富

　　　　石少勇

（苏　欣）

## 纪检监察重要会议
Discipline Inspection and Supervision Important Meetings

【概况】 2020 年，新都区纪委召开 1 次全体会议。

【新都区第十四届纪律检查委员会第九次全体会议】 3 月 9 日，中共成都市新都区第十四届纪律检查委

3月9日，中国共产党成都市新都区第十四届纪律检查委员会第九次全体会议召开　（供图：区纪委监委）

员会第九次全体会议召开。会议传达学习十九届中央纪委四次全会、省纪委十一届四次全会和市纪委十三届七次全会精神，学习领会区委书记重要讲话，审议通过钟思勇代表区纪委常委会所作的《健全监督体系　提升治理效能　为初步建成现代化国际范成北新中心城区提供坚强纪律保障》工作报告。会议由新都区纪律检查委员会常务委员会主持，区委、区人大常委会、区政府、区政协领导和区法院院长、区检察院检察长出席会议。

（苏　欣）

## 政治监督
Political Supervision

【概况】 2020年，新都区纪委监委坚持用习近平新时代中国特色社会主义思想武装头脑，将学习习近平总书记重要讲话和指示批示精神作为区纪委常委会“第一议题”，学习《习近平谈治国理政》第三卷并同第一卷、第二卷贯通起来思考体悟，增强“两个维护”的思想自觉、政治自觉和行动自觉。

【政治纪律监督】 新都区纪委监委持续严肃党内政治生活，坚决彻底肃清周永康流毒影响，聚焦“七个有之”，严查违反政治纪律问题3件3人。

【政治专项监督】 新都区纪委监委围绕党中央和省委、市委、区委疫情防控部署要求，紧盯属地管理主体责任、职能部门监管责任和群众反映热点问题，精准稳慎监督执纪问责，发现问题500余个，形成《督查专报》95期，严肃查处疫情防控中不作为、慢作为问题28件36人；聚焦成渝双城经济圈建设、“一心四区”建设、产业功能区建设等重大决策部署，对做好“六稳”、落实“六保”任务情况开展监督检查12轮次，发现并解决问题87个。

【政治责任落实】 新都区纪委监委压紧压实管党治党责任，督促全区各级党组织严格落实《党委（党组）落实全面从严治党主体责任规定》，对落实全面从严治党责任不力的21名领导干部实施问责；坚守政治机关定位，严格落实双重领导体制，分别向市纪委监委和区委请示报告。

（苏　欣）

## 监督责任落实
Implementation of Supervisory Responsibility

【概况】 2020年，新都区纪委监委将监督作为首要职责、基本职责，加强对权力运行的制约和监督，推动纪律监督、监察监督、派驻监督、巡察监督一体推进、形成合力，持续提升监督质效。

【监督体系建设】 新都区纪委监委推进党的纪律检查体制改革、国家监察体制改革、纪检监察机构改革，通过深化改革推动监督治理效能提升；加强政治生态综合研判，开展“棱镜式”一线监督，探索建立政治生态评价体系；制定实施派驻机构职能职责清单，明确4类15个方面40条具体职责，有效推动派驻监督更加深实细；建立区委巡察机构与区纪委监委有关单位协作配合机制，强化巡视巡察整改日常监督；统筹区纪委监委职能室、派驻机构、镇级纪委人员力量，完善片区协作机制，形成上下协同、室组联动的监督格局。

【监督方式创新】 新都区纪委监委坚持对苗头性倾向性问题早发现、早处置，全年综合运用“四种形态”处理738人次，各形态占比分别为75.9%、17.5%、4%、2.6%；持续用好“1＋5”述责评议、述责述廉、警示提醒等抓手，强化对下级党组织和“一把手”监督，全区各级纪检监察机构列席民主生活会70余次，约谈领导班子成员、重点岗位人员102人次，推动“关键少数”履责；抓实同级监督，制发《廉情专报》32份，提醒督促防范和解决问题67个；出台实施办理党风廉政意见工作办法，开展党风廉政审查3445人次，提出否定意见

21 人次；加强村（社区）“两委”换届风气监督，会同相关部门对 1500 余名候选人实施资格联审。

【监督信息化系统建设】 新都区纪委监委深化检举举报平台、基础信息查询平台应用，紧盯行政审批、综合执法等重点环节，试点开发“易廉”信息系统，不断提升监督信息化水平。

（苏　欣）

## 反腐败推进
Anti-corruption Promotion

【概况】 2020 年，新都区纪委监委坚决一体推进“三不”，始终保持惩治腐败高压态势；坚持以案促改、以案促建、以案促治，严格落实重大违纪违法典型案件以案促改工作办法，常态运用好纪律检查建议书、监察建议书，督促发案单位党委（党组）抓好整改，针对性补齐制度短板，达到查处一案、警示一批、教育一片、治理一域的治本效果；坚持公正文明执纪执法理念，把深入细致的思想政治工作贯穿查办案件全过程，强化执纪执法全流程监督。

【腐败问题查处】 新都区纪委监委全年受理检控类信访举报 217 件次，处置问题线索 476 件，立案 207 件，处分 172 人，其中立案查处职务违法案件 18 件 19 人、留置 3 人；聚焦工程项目、公房管理、粮食系统等重点领域，加大反腐败力度，严肃查办一批较有影响力的重大案件，追缴涉案款 1540 余万元。

【反腐败机制健全】 新都区纪委监委强化反腐败协作配合，深化运用定期沟通、线索移交和问题通报机制，推动反腐败协调常态长效；完善案件质量评查机制，对全区案件开展定期抽检、交叉检查、协作检查，排查整改 5 类共性问题；制定对受处分干部开展谈心谈话的工作办法，督促各级党组织对受处分处理人员开展谈心谈话 212 人 470 次，各级纪检监察机构主动开展回访教育 102 人次。

【反腐败教育宣传】 新都区纪委监委常态化推进“以案促改”，督促 5 家发案单位召开专题民主生活会，区级制发纪律检查建议书、监察建议书 13 份，推动相关单位制定出台国有资产管理暂行办法及责任追究办法等制度 40 余项；开展典型案件警示教育，到重大典型案件发案单位召开处分决定宣布暨警示教育会议 5 次，现场受教育 1000 余人；构建省纪委监委、市纪委监委、区委三级共建格局，推进“天府家风馆”建设，建成全国一流精品廉洁文化展示馆；加大教育宣传力度，运用廉洁文化基地开展教育 60 批次 2000 余人，在中央级媒体报道全区党风廉政建设和反腐败工作成效 33 次。

（苏　欣）

## 政治巡察
Political Patrol Inspection

【概况】 2020 年，新都区纪委监委坚决抓好中央、省委巡视反馈意见整改，全面加强巡视整改情况日常检查督促，办理省委第九巡视组移交信访件，立案 13 件 15 人。

【巡察实施】 新都区纪委监委紧扣“三个聚焦”巡察重点，启动十四届区委第八、九轮巡察以及扫黑除恶、营商环境建设和系统治理专项巡察，配合省委第九巡视组、市委疫情防控巡察组开展联动巡察，发现问题 625 个，移送重要问题线索 46 件，立案 15 件 15 人；创新方式方法，制定关于深化政治巡察、推动巡察工作“上台阶、创一流”实施方案，试点村（社区）党组织“清单式＋点题式”延伸巡察，打造“一镇一特色”村（社区）巡察示范点。

【巡察整改】 新都区纪委监委做实巡察联席会议制度和研判制度，探索建立巡察整改监督体系和质效评估方案，协调相关部门建立健全整改责任机制、督促机制、评估机制以及追责问责办法，构建整改监督的闭环链条。

（苏　欣）

## 正风肃纪
Party Conduct Improvement and Discipline Intensification

【概况】 2020年，新都区纪委监委持续强化作风建设，纠治“四风”，弘扬新风，督促全区各级各部门严格执行中央八项规定精神，教育引导党员领导干部加强党性修养、作风养成，带头落实接待、差旅、办公用房等制度规定，带头反对特权思想和特权行为。

【形式主义官僚主义整治】 新都区纪委监委坚持从讲政治的高度审视和整治形式主义、官僚主义，持续纠治不担当不作为、文山会海、过度留痕等问题，严肃查处相关问题27件32人；紧盯发改、住建、卫健、人防等重点行业领域突出问题，建立梳理排查、汇总研判、推动落实、通报曝光、多元监督“五项机制”，通过自查自纠、联合督查等方式，发现并推动解决问题482个，督促主责部门健全完善制度20余项，立案查处违纪违法问题7件9人，给予组织处理53人。

【落实八项规定精神监督】 新都区纪委监委紧盯元旦、春节、中秋、国庆等重要节点，强化对中央八项规定及其实施细则精神执行情况的监督检查，狠刹公款送礼、宴请、娱乐及公车私用等“四风”问题，严肃查处违反八项规定精神问题8件12人；落实节约粮食、制止餐饮浪费要求，分片对各镇（街道）、区级各部门开展专项督查4轮次，从严问责处理5人。

【侵害群众利益的不正之风治理】 新都区纪委监委将整治侵害群众利益的不正之风和腐败问题作为重中之重，常态推动“微腐败”治理，持续整治教育医疗、集体“三资”、涉农补贴等民生领域突出问题，严查群众身边腐败和作风问题63件91人；聚焦群众反映强烈的突出问题，在全区开展重复信访举报集中治理，梳理排查并协调化解多年、多层、多头重复举报；深化“三联＋”工作机制，开展“香城夜话·阳光问廉”坝坝会、流动接访等系列活动100余场次，组织参加市纪委《阳光回应·线上坝坝会》新都专场，推动解决群众的痛点难点堵点问题170余个。

（苏　欣）

## 督察效能提升
Improvement of Supervision Efficiency

【概况】 2020年，新都区纪委监委拓展“不忘初心、牢记使命”主题教育成果，开展“大学习、大调研、大走访”、主题党日等活动，持续强化思想政治教育；发挥党建引领作用，加强机关党建质量，审查调查组开展工作、巡察组巡察期间均按要求建立临时党组织；围绕“五查五看强作风，严守纪律树形象”主题，开展全系统作风建设专题活动，分层分级开展谈心谈话158人次，查纠整改问题35个。

【纪检干部能力提升】 新都区纪委监委常态化抓实全员培训，组织开展业务讲堂19次，抽调27名干部到委机关实战轮训、跟班学习，选派9名干部到省市纪委监委帮助工作。

【纪检干部监督】 新都区纪委监委支持特约监察员履职，组织特约监察员列席纪委全会，参与信访接待、庭审观摩、专项监督等活动；坚持刀刃向内，抓实纪检监察干部监督，强化系统内部监管，办理涉及纪检监察干部的信访举报和问题线索，推动系统作风更加严实深细，有效防止“灯下黑”。

（苏　欣）

# 民主党派

# DEMOCRATIC PARTIES

## 中国国民党革命委员会成都市新都区支部委员会

Xindu District Branch Committee of the Revolutionary Committee of the Chinese Kuomintang

【概况】 2020年11月24日，中国国民党革命委员会成都市新都区支部委员会（简称民革新都支部）成立，有党员14人，其中新都区政协委员1人。民革新都支部提高政治站位，坚定政治立场，继承和发扬孙中山爱国、革命和不断进步精神，围绕全区中心工作，积极建言献策，在新都区各项事业发展中发挥积极作用。

中国国民党革命委员会成都市新都区支部委员会主委：郭娟。

【民革新都支部成立】 11月24日，中国国民党革命委员会成都市新都区支部委员会成立大会召开，民革成都市委会专职副主委张健宣读民革成都市委会《关于成立民革新都区支部的通知》，成都市委会主委里赞向民革新都区支部授牌，民革金牛区总支、民建新都区总支分别代表兄弟友好党派致贺词。民革新都支部选举产生第一届委员会委员，郭娟当选委员会主委，张兵、戴兴勇当选委员会副主委，辜永杰、赵莉、刘洪涛当选委员会委员。

（张　兵）

## 中国民主同盟成都市新都区总支部委员会

Chengdu Xindu General Branch Committee of the China Democratic League

【概况】 2020年，中国民主同盟成都市新都区总支部委员会（简称民盟新都总支）设4个支部（卫生支部、教育支部、科技支部、退休支部），设主委1名、副主委4名、委员8名，截至年底有盟员149人，其中区人大代表7人（常委2名）、区政协委员18人（副主席1名、常委2名）。民盟新都总支与民盟江津区委员会、民盟西南石油大学委员会、民盟成都医学院支部结对共建友好合作组织，在文化、卫生、教育等领域开展合作共建活动。

中国民主同盟成都市新都区总支部委员会主委：魏勇。

【民盟思想教育】 民盟新都总支组织20余人次参加盟市委举办的教育研习活动，组织30余人次参加中共新都区委统战部举办的教育活动；4月组织召开总支支委扩大会，集中学习民盟成都市委会主

11月24日，中国国民党革命委员会成都市新都区支部委员会成立大会　　（供图：民革新都支部）

委在2020年基层主委培训会上的讲话和《民盟成都市委会2020年工作要点》；6月组织召开总支大会，集中学习全国“两会”精神、《政府工作报告》要点、2020年成都市政协会议精神，60余名盟员参与集中学习和交流讨论；6月组织全体盟员深入学习盟史，拍摄宣传视频庆祝成都民盟成立75周年；11月组织支委委员集中学习中共十九届五中全会精神，讨论新都区“十四五”发展规划。

【民盟组织建设】 民盟新都总支严把盟员数量、质量关，按照组织发展程序，新发展盟员6人，新任乡科级副职2人，新任区级医疗机构副职1人；强化盟员教育培训，7名盟员参加民盟市委会组织的新盟员培训，20余名盟员参加中共新都区委统战部组织的党外人士专题培训；安排盟内人大代表、政协委员、盟务骨干与近2年新入盟盟员结成对子，指导新盟员开展社会调研、反映社情民意和参与社会服务，助力新盟员迅速成长；推荐后备干部，更新后备干部名单，向盟市委推荐后备干部2名，向中共新都区委统战部推荐后备干部10名。

【参政议政】 民盟新都总支关注热点难点问题，撰写提案议案，全年撰写调研报告4篇，分别是李小海调研组完成的《关于药材饮片类应急医疗物资地方储备的调研报告》、周敏调研组完成的《关于新都区历史建筑的思考和建议》、魏光照调研组完成的《关于2019年新都区义务教育优质均衡发展情况的报告》、张洪飞调研组完成的《新都区律师行业统战工作的思考》；参加参政议政活动，参加新都区政协、中共新都区委统战部组织的座谈、视察和调研活动6次；在政协全体会议期间提交集体提案18件，向盟市委及区政协反映社情民意11条；开展“走基层访民情”活动，通过实地走访和座谈调研新都区国灸堂、新都区艺海舞蹈学校、新都正科咨询等企业，向企业宣传惠企政策，了解企业在复工复产过程中面临的问题和困境。

【社会服务】 民盟新都总支在疫情防控中奉献爱心，盟员李小海腾出千方中药库房作为新都区防疫应急医疗物资中心库，向巴中市、通江县红十字会等捐款80000元，组织预防用中药“防感汤”9500余份捐赠防疫一线；盟员余昌会组织公益组织开展“微爱巾帼行动”主题活动，为群众宣讲防控知识，免费为妇女、老人和小孩赠送专业医用口罩；盟员冯娟带领新都区艺海艺术学校克服自身困难，向区红十字会捐款19569元用于疫情防控；盟员焦娇、兰先春、李晓琴、毛继平、黄艳等坚持在抗疫一线，入户筛查高危人群，配合监测管理重点人群。5月，盟员曹晓玲、叶莉等在三河街道伏龙社区开展健康义诊；6月，盟员焦娇、邹聚芬、兰先春等在新都毗河中学开展艾滋病防控知识宣讲活动，为学生普及艾滋病防控知识；9月，盟内专家到新都街道板桥社区开展老年人群艾滋乙肝梅毒防控宣传及检测活动，加强社区老年人防病控病意识。11月，民盟新都总支创新方式开展“莹莹烛火　情暖特教——烛光行动关爱特校助教活动”，为特校老师送关心表关爱。

（成　娅）

## 中国民主建国会成都市新都区总支部委员会

Chengdu Xindu General Branch Committee of the China National Democratic Construction Association

【概况】 2020年，中国民主建国会成都市新都区总支部委员会（简称民建新都总支）设5个支部，有会员135人，其中市人大代表1人、区人大代表3人（委员1人）、区政协委员21人（常委3人）。民建新都总支被民建四川省委评为“全省先进集体”，被民建成都市委会表彰为2020年度先进基层组织、组织工作先进集体、思想宣传工作先进集体、参政议政工作先进集体、社会服务先进集体，主委庞佑华被民建中央评为“全国优秀会员”。

中国民主建国会成都市新都区总支部委员会主委：庞佑华。

【新冠肺炎疫情防控】 民建新都总支号召全体会员参与抗疫，第一时间将党委政府的决策部署传递到

2月7日，民建会员白雄英捐赠食品等物资120箱
（供图：民建新都总支）

会员、会员企业；募集到70余名会员捐赠的6万余元爱心款项，同时多位会员向一线人员捐赠抗疫物资和食品等3000余件，医护人员、药企负责人、基层干部等会员奋战在防疫抗疫各条战线。民建新都总支参与抗疫事迹得到团结网等中央级媒体宣传报道，被民建四川省委表彰为抗疫先进集体，总支会员巫比娜被民建成都市委评为抗击新冠肺炎疫情工作先进会员，白雄英、刘宏刚被民建成都市委评为“最美抗疫人”。

【民建思想建设】 民建新都总支高度重视思想建设，将学习中共十九届五中全会精神和习近平新时代中国特色社会主义思想作为首要政治任务，并以此为中心推进总支思想建设，突出民建特色开展中国特色社会主义学习实践活动，加强组织领导，丰富主题活动内容，带领全体会员自觉增强“四个意识”，坚定“四个自信”，做到“两个维护”，巩固全体会员思想共识，全年召开总支委员会8次、总支委员扩大会6次、各支部委员会18次，组织全体会员集中政治学习8次以上，组织总支人大代表、政协委员参加双月会及培训会议100余人次。

【民建组织建设】 民建新都总支持续推进基层组织规范化制度化建设，在民建成都市内率先开展领导班子民主测评以及民主生活会，增强组织凝聚力和向心力；专门成立老龄会员工作组，保障和提升老年会员组织生活质量；深入开展组织生活，以会员为中心，以活动为载体，开展集中学习、专题讲座、纪念座谈、考察交流、节庆慰问等形式多样的组织活动，会员参与率85%；开展传达“两会”精神暨迎端午、“迎中秋·庆国庆”“重阳佳节”庆祝等重大活动8次，各支部均开展5次以上组织活动，组织凝聚力显著增强；经过严格考察和报民建成都市委和中共新都区委统战部批准，吸纳4名新会员入会；发现、挖掘、选拔年轻优秀的会员作为后备干部人选，保持队伍朝气和战斗力。民建新都总支成为全省首批验收通过的“五个好”魅力基层组织，并作为代表进行经验交流。

【参政议政】 民建新都总支围绕社会民生、教育卫生、营商环境等中心工作，建言献策；发挥会内人大代表和政协委员资源和作用，引导会员围绕党委政府中心工作，把握群众热点难点问题开展调研，全年会内人大代表提交建议10件、政协委员提交提案15件，提交调研报告5篇，其中《打造千亿企业　培育万亿产业　关于把成都空铁产业打造成成都高新技术支柱产业的建议》获成都市市长批示，《统一战线在加强和创新基层社会治理中的作用发挥研究》等调研成果被市政协、民建市委会采用，为党委政府决策提供有力参考。

【社会服务】 民建新都总支开展“教科文体卫”活动，“运动新都·太极香城”运动在新都的社区、机关、校园、企业、公园、乡村院落和家庭蓬勃发展，会员长期为木兰中学义务传授武术和太极拳；参与举办“运动成都·活力芳华”半程马拉松赛，吸引2000余名爱好者参赛；参与帮贫扶困慈善公益事业，深入理塘县开展扶贫帮困，组织会员企业购买理塘扶贫农作物；开展助学助老活动，开展“三下乡”系列活动，累计捐款捐物30余万元；号召会员企业立足自身发展，聚焦民生就业，以企业稳定发展带动社会就业，维护社会稳定，全年会员企业纳税4000万余元，解决就业3000余人。民建新都总支发挥民主党派优势参与基层社区治理，在桂湖街道桂东社区打造“蓉城星力·香城链动”项目，按照“党建引领、以人为本、法治保障、协商共治、共建共享”基本原则，将区块链技术和社区治理相融合开发“香城链动”系统，拓展传统社区向智慧社区、智慧小区、智慧服务转变。“蓉城星力·香城链动”项目获 2020 年成都市智慧科技型主题社区申报提名、全市首个融合应用区块链技术服务社区治理提名。

【对外宣传】 民建新都总支以思想建设、社会服务、抗疫工作等为重点，提高宣传报道力度；撰写信息和简报，反映总支及各支部工作和活动开展情况，向民建中央、省委、市委和中共新都区委统战部报送信息和简报 30 篇，中央级媒体采用 10 篇；强化理论研究，会员张天健撰写的古文化保护工作理论文章被中共四川省委办公厅采用。

（苏琪惠）

## 中国民主促进会成都市新都区总支部委员会

Chengdu Xindu General Branch Committee of the China Association for Promoting Democracy

【概况】 2020 年，中国民主促进会成都市新都区总支部委员会（简称民进新都总支）设 4 个支部，有会员 138 人，其中市人大代表 1 人、市政协委员 2 人、区人大代表 2 人（常委 1 人）、区政协委员 18 人（常委 2 人、副主席 1 人），被区政府职能部门聘任为各级各类特约监督员 18 人。

中国民主促进会成都市新都区总支部委员会主委：马宗祥。

【参政议政】 民进新都总支会员在区政协第十一届第四次会议以来提交提案 19 件。闭会期间，委员撰写社情民意 20 余件，在区政协第十一届第五次会议上，唐顺发的《关于加快新都区中小学卫生室或保健室设置的建议》被评为 2020 年度优秀提案。成都市人大代表柳晓燕在成都市第十七届人民代表大会第三、四次会议上提出的《关于新都大道蜀龙路转盘改建的建议》，被评为人大优秀建议，获成都市“十四五”规划优秀建议二等奖。

【课题调研】 民进新都总支各支部以“公园营城”“三城三都”建设为核心，围绕经济建设、生态建设、文化建设、社会治理等进行实地调研。10 月 16—17 日，民进新都总支组织会员到西安实地考察学习西安“夜经济”运行模式。

【社会服务】 面对新冠肺炎疫情，民进新都总支会员张大路、谢建德、高兴念等画家将创作作品参加义拍，捐到疫区；会员唐明帅积极组织参与志愿服务，并捐赠当地社区医用口罩 3200 个、医用手套 1000 双；组织会员捐款 6 万元。

（王立正）

## 中国农工民主党成都市新都区支部委员会

Chengdu Xindu Branch Committee of the Chinese Peasants and Workers Democratic Party

【概况】 2020 年，中国农工民主党成都市新都区支部委员会（简称农工党新都支部）由 9 人组成，其中主委 1 人、副主委 3 人；有党员 53 名，其中区人大代表 1 名、区政协委员 8 名；培养入党积极分子 3 名。农工党新都支部被农工党四川省委会评为“庆祝中国农工民主党成立 90 周年”党史和理论先进基层组织，组织建设、宣传思想、社会服务先进集体；被农工党成都市委会评为抗击新冠肺炎疫情先进集体，先进基层组织，“组织建设、对外宣传、社会服务”先进集体。

中国农工民主党成都市新都区支部委员会主委：杨昌富。

【农工党思想和组织建设】 4 月 22 日，农工党新都支部召开 2020 年支委扩大会议，要求政治思想不放松，加强理论学习；增强爱国主义教育，立足岗位建功新时代；组织建设再加强，提升履职水平。5 月 13—14 日，农工党新都支部开展“不忘合作初心，继续携手前进”红色主题教育活动，在烈士纪念碑默哀致敬，并为革命烈士敬献花篮、整理挽联，缅怀成都战役中牺牲的 110 名革命先烈。

11月26日，农工党新都区支部召开学习贯彻中共十九届五中全会精神宣讲会，邀请成都医学院马克思主义学院范习中教授围绕中共十九届五中全会精神，解读《二〇三五远景目标建议》；委员蒲希贤以“新都区城乡规划”为主题，从新都区规划简介、轨道交通规划、产业功能区规划、锦城公园建设等方面分享。

【参政议政】 农工党新都支部积极参政议政，全年就省市区热点难点问题建言献策，完成调研报告2份和社情民意3份，提交人大代表议案1件和政协委员提案5件。

【社会服务】 面对新冠肺炎疫情，农工党新都支部将“抗疫势能”转变为“抗疫效能”，主委杨昌富到医院现场指导培训隔离防护知识；党员、区人民医院放射科方勇超坚守岗位，认真研读每一张病患图片；委员、区人民医院门诊部护士长吴俭平给一线医务人员提供保护，发放发热门诊所需物资，为患者筛查体温，并针对患者情况严格执行医院隔离制度；副主委唐棕发、党员杨攀、入党积极分子黄冯书在军屯镇走村串户，为军屯镇从重庆回来的务工人员测量体温，为一线村民普及政策、宣传抗疫知识；党员、新都区杏林春药店法人刘毅为新都区蓉桂公共交通有限公司联系采购口罩、体温计、酒精、消毒液等，为新都区蓉桂公共交通有限公司900余台公交车、1000余名驾驶员提供健康保障；党员、区卫健局宣传信息科科员胡茜立足自身岗位职责，对接省、市、区级新闻媒体，协助电视台记者深入高速卡点、乡镇卫生院、社区卫生服务中心等重点点位采访卡点值守医务人员、家庭医生、基层群众等，聚焦致敬基层医务工作者、疫情防控知识普及等重点领域，全方位、多维度展示新都区疫情防控情况；党员、新都生态环境局副局长胡棋文，结合生态环境保护职能职责，全身心投入防控。农工党新都支部号召党员为抗击新冠肺炎疫情捐款9900元。

（胡　茜）

## 九三学社成都市新都区委员会

Chengdu Xindu Commitcee of the Jiu San Society

【概况】 2020年，九三学社成都市新都区委员会（原为九三学社成都市新都支社）有社员86人，平均年龄44岁，其中高级职称30人，经济界人士28人，大学以上文化程度68人（博士3人、硕士14人），市政协委员2人，区人大代表和政协委员16人，行风监督员3人，副局级干部1人，正局级干部2人。九三学社新都区委员会被九三学社成都市委评为2020年度优秀基层组织、组织建设先进基层组织、社会服务先进基层组织、宣传信息先进基层组织、抗击新冠肺炎疫情先进集体，刘英、翟沛、游琳被九三学社四川省委员会评为“抗击新冠肺炎疫情先进个人”，欧阳俊梅、刘畅被社市委表彰为“2020年度优秀社员”，李方泉、方均全2名企业家获新都区工商联合会“爱心企业”“爱心人士”表彰。

九三学社成都市新都区委员会主委：刘英。

【九三学社组织建设】 9月9日，九三学社成都市新都区委员会成立，选举产生第一届委员会委员13名。刘英当选委员会主委，李春泉、袁方、欧阳俊梅、李敏惠当选委员会副主委。九三学社新都区委员会严格按照《九三学社章程》和相关规定，严把社员发展关，全年发展新社员6名。

【参政议政】 九三学社新都区委员会围绕中心，服务大局，向市政协、区人大、区政协提交提案建议25条，其中区政协对提交的15个提案建议全部立案处理，占立案提案总数的10.1%；围绕疫情防控，向社市委、市经信局、新都区政协提出《充分利用信息化，建设智慧疫情防控公共服务平台》《关于复工复学后做好防疫工作的几点建议》等6项建议和提案，利用宣传平台组织编写抗疫记录专题简报8篇；为推动复工复产，深入民办学校、私营企

9月9日，九三学社新都区第一届委员会成立大会举行

（供图：区委统战部）

业，宣传惠企政策，联合株洲市九三市委调研中国中车新都产业园及研发基地，助推经济发展；围绕健康事业，深入社会工作服务中心、老年医养服务中心及桂东社区开展调研，助推智慧医养健康规范发展。

【调查研究】 九三学社新都区委员会社员主持课题9项，其中省部级5项、厅局级3项、区级1项；在核心期刊上发表论文8篇，其中SCI 4篇、中文核心期刊1篇、科技核心期刊3篇；获批国家专利2项。社员梅挺主持完成的四川省重大支撑项目“基于物联网的医养结合与信息服务预警平台研究及应用示范”获“最具潜力转化奖”，负责的在全省全国推广应用的“智慧医养大数据公共服务平台”获“最具潜力成果奖”，领导的大健康与智能工程学院（原人文信息管理学院）获先进单位称号，梅挺获先进个人称号；其主编的国家卫生健康委员会“十三五”规划教材、全国高等学校健康服务与管理专业首轮规划教材《健康信息管理》，6月由人民卫生出版社出版发行；社员李敏惠参与的基础医学综合PBL，获批首批国家级一流本科课程（线下课程类）;社员付闽予创作的沙画《新都招商宣传片》被带到上海，专门面向日本招商引资。

【社会服务】 面对突如其来的新冠肺炎疫情，九三学社新都区委员会发布倡议书，社员捐款36000元购买防护服、隔离衣、口罩等医疗物资捐赠新都区新型冠状病毒肺炎防控指挥部。社员杨焱向区武装部、区医保局、三河街道、区人民医院捐赠口罩7000余个，社员曾和元向新都街道办事处捐赠口罩600个，企业家社员筹款9万元通过红十字会向新都区疾控中心捐赠消杀车辆1辆。翟沛等10余名医务社员在疫情一线连轴转，曾亮等体制内社员在小区、院落排查、劝导，守好疫情后线。九三学社新都区委员会持续深入开展“九新合作”，深入基层卫生院开展“九新合作同心健康行”活动；投身脱贫攻坚，社员王萌和蒲莉在理塘、曾骏飞在简阳对口支援；坚持继续开展义诊活动、爱老敬老活动，强化九三品牌，增强九三社会影响力。

（张　琴）

# 群众团体

# MASS ORGANIZATIONS

## 成都市新都区总工会

Chengdu Xindu Federation of Trade Unions

【概况】 2020年，成都市新都区总工会紧紧围绕区委“154”总体部署和“一心四区”建设，抢抓“成渝地区双城经济圈”建设机遇，推进重点工作落实落地，推动实现工会品牌更亮、工会服务更强、工会改革更实。年底，新都区总工会设有3个职能科室（办公室、工会建设管理科、财务审计科）和1个下属事业单位（成都市新都区职工服务中心），主席、常务副主席各1人，副主席2人，二级调研员2人，四级调研员2人，工作人员27人；有镇（街道）总工会13个、园区工会1个、园区工会联合会2个、系统工会20个、直属工会41个。

【工会组织建设】 新都区总工会深入推进“百日攻坚”建会行动，全区707家25人以上100人以下企事业单位，建会637家，建会率约90%；开展基层工会评星定级创建，完成每月竞进拉练任务，申报三星级以上企事业工会57家；打造大丰街道太平社区联合工会、新都街道新店子社区联合工会、新都高新技术企业社区党群服务中心“职工之家”阵地，巴鲁夫传感器（成都）有限公司BNS生产工会小组被推荐为“全国模范职工小家”候选单位。

【“八大群体”入会】 新都区总工会高度重视货车司机、快递员、护工护理员、家政服务员、商场信息员、网约送餐员、房产中介员、保安员“八大群体”建会入会，多措并举扩大工会组织和工会工作有效覆盖，力促“八大群体”建会入会取得新成效。11月24日，新都区军屯镇高祖社区联合工会果品电商信息员分会成立，标志新都区总工会推进“八大群体”入会取得新突破。全区先后组建“八大群体”行业性（区域性）工会联合会、联合工会等26家，涵盖企业83家，单独建会61家，发展“八大群体”会员5000余人。

【新冠肺炎疫情防控评选表彰】 2月，新都区总工会开展新冠肺炎疫情防控工作优秀工会组织、先进班组和先进职工推荐评选，通报表扬新冠肺炎疫情防控工作优秀工会组织9个、新冠肺炎疫情防控工作先进班组11个、新冠肺炎疫情防控工作先进职工178名，其中20人获成都市疫情防控专项五一劳动奖章、3个单位获成都市五一劳动奖状、5个班组获成都市工人先锋号称号。

【劳模工匠评选表彰】 新都区总工会注重典型示范，弘扬劳模工匠精神，做好劳模推荐，1人获评全国劳模，6人获评省级劳模和先进工作者，4人获评市级劳模、1个单位获评市级模范单位、3个班组获评市级模范班组；开展第二届“成都工匠”推荐、第三届“香城工匠”评选，6名“成都工匠”候选人通过公示，实地考察及公示“香城工匠”候选人120名；举办劳模工匠人才交流会，新建区级劳模和工匠人才创新工作室3家。

【厂务公开民主管理】 新都区总工会深化厂务公开民主管理，国有企事业单位职代会、厂务公开建制率实现全覆盖，已建会非公企业建制率稳定在90%以上，20家单位参与厂务公开标准化C级以上达标单位创建，金杯塔牌导体车间拉丝班组被授予四川省厂务公开民主管理示范班组；开展集体协商集中要约行动，签订集体合同810份，覆盖企业4278家；举办集体协商竞赛暨首届成都市集体协商选拔赛，组建代表队参加市级竞赛，位列全市第四。

【扶贫帮困】 新都区总工会慰问企业11家、困难职工200户，发放款物13.19万元；开展“金秋助学”活动，资助建档困难职工子女8名，发放助学金4万元；组织600名环卫工人开展免费健康体检；开展送清凉活动，走访慰问职工25274人次，发放防暑降温物品76.672万元；拓宽职工创业就业服务渠道，联合成都工贸职业技术学院举办“校地企”合作招聘会，举办“金秋招聘月”专场招聘会，推荐7名职工参加市级创客明星评选，1人获“百佳”职工创客明星称号，同时开展小额贷款创业和贴息，

首届成都市工会集体协商竞赛（决赛）新都区代表队与郫都区代表队进行角逐　　（供图：区总工会）

18 人获得补助 15.2 万元；帮助 4 家企业完成复工复产沟通联系，为 31 名援鄂医护人员家属送去慰问金 37200 元。

【职工活动】 新都区总工会举办全市 430 名单身职工参与的“你我有约 · 缘聚漫花”520 单身职工联谊活动，举办女职工生活美学培训活动 6 期和职工“爱成都 · 迎大运”绿动成都能量跑活动，组织开展职工乒乓球赛新都区选拔赛；面对新冠肺炎疫情，举办“新春家庭秀　才艺大比拼”职工网络视频作品竞赛和“春送岗位”网络招聘会活动。

【劳动竞赛】 新都区总工会举办成都百万职工技能大赛新都区比赛，涉及 8 个工种，吸引 167 个单位 411 名职工参加；选拔优秀职工参加市级大赛，获团体第一名、三等奖各 1 个，个人第三名 2 个，个人第四、第六名各 1 个。新都区总工会举办和参与以“成德资同城化”“金青新大港区”为主题的车工、电工、焊工、钳工、汽车钣金工、机器人、火锅美食等工种技能大赛 10 余场次，参与企业 100 余家，参与职工上千人。7 月 21—23 日，成都市总工会、成都市人社局等单位主办的首届成都市工会集体协商竞赛在郫都区举行，新都区代表队获得第四名，队员李德生获得“优秀选手”称号并作为参赛选手代表在颁奖仪式上发言。

11月30日，首届以火锅技能为主题的大赛——2020成都百万职工技能大赛成德眉资同城化暨新都区天府沸腾火锅（美食）技能（邀请）大赛举行　　（供图：区总工会）

（蒋双岭）

## 共青团成都市新都区委员会

Chengdu Xindu District Committee of the Communist Youth League of China

【概况】 2020 年，共青团成都市新都区委员会（简称团区委）坚持“154”战略总体部署，突出“一心四区”建设，各项工作稳步推进。

【共青团组织建设】 团区委新增团组织数 450 个，其中社会组织团组织 29 个、企业团组织 14 个，团中央授予疾控中心团支部“全国五四红旗团支部”称号，属 12 年来新都区首次获此殊荣；推动区青年志愿者协会、区青年文艺体育协会、区创新创业协会建设，全市青年社会组织建设工作现场推进会在新都区举办，《中国共青团》杂志转发新都区经验；理清全区直属团组织架构，严格团费收缴以及“三会两制一课”制度，开展“学社衔接”，确保团员组织衔接闭环；强化少先队工作体制机制建设，全面建立学校少工委，保障学校少工委人员配备，构建阶梯式成长激励体系增强少先队员光荣感；狠抓青年思想引领，开展“青年大学习”网上学习 42 期；联合区关工委六一儿童节走访慰问 5 户困难儿童家庭，送去 3000 元慰问金和节日祝福；为全区 10 家留守儿童之家购买青少年读物，充实留守儿童之家图书储备；联合区检察院，组织区内合适成年人参加成都市合适成年人库入库线上培训及考核，为新都区预防青少年犯罪奠定基础；联合区公安分局、四川航空空保一大队一中队开展"'疫'路有你牵手前行"留守儿童主题活动，举办"送温暖、解困难""禁毒十条"等走访、宣传活动10余次。

【青年创业就业】 团区委进一步加强青年（大学生）创业平台建设，在新都区青年（大学生）创业园建立青年创新创业孵化载体运营机构沟通协调机制，为入驻园区种子期、苗圃期青年创新创业项目提供最长3年的租金减免。新都区青年（大学生）创业园全年新征集创业项目26个，入园孵化项目14个，完成产值4296万元，缴税66万元。

【志愿者服务改革】 新都区青年志愿者主要由三所高校的大学生志愿者、"一村一大"志愿者、区级部门青年团员志愿者、社区志愿者等组成。新都区成立以团区委书记为组长的志愿服务改革小组，由团区委书记带队深入社区、基层，了解到新都区志愿者工作存在组织力度不够、激励措施不到位等问题。改革小组研究通过团区委公众号的登记统筹管理，发放以新都团团购平台为基础的共享卡激励方式的创新志愿者工作方案，并联系驻新都区的三所高校，进一步发挥大学生参与志愿工作的积极性，充分发挥青年志愿服务组织及阵地优势。

【青年志愿者活动】 1月2日，团区委联合区社治委组织"正因有你酷美捡跑"活动，85名志愿者手拿环保布袋沿着正因社区大学路一路跑、一路捡，捡拾垃圾715件129.5公斤。4月，团区委开展"青春志愿爱在社区——手拉手关爱留守儿童，心连心呵护祖国花朵"系列活动，通过"手拉手专项志愿服务"微信群开展线上音乐课程、手工课程、手指游戏、绘本阅读等留守儿童关爱活动9场次，直接服务留守儿童15名。4月30日，"青春心向党建功新时代"成都市新都区五四表彰大会举行，宣读2019年度"四川省优秀红旗团支部""成都市青年突击队""成都市青年突击手"获奖名单，表彰2019年度新都区"五四红旗团委""五四红旗团支部（总支）""优秀共青团干部""优秀共青团员""青年岗位能手""优秀青年志愿者"获得者。

【关工委工作】 新都区各镇、街道、工业园区党委（党组）关工委贯彻落实2020年新都区党建带关建工作推进会会议精神，推动企业关工委组织建设，建立天府沸腾小镇关工委，成都达利食品有限公司等10家企业建立关工委；产业功能区着力符合条件企业建立关工委，辖区48个有党组织的企业已有40个建立关工委。全区全年发展企业关工委组织55个，共有基层关工委组织428个，其中镇（街道）9个、村（社区）180个、企业122个、中小学72个、区关工委直属1个、机关事业单位44个，有31个基层关工委获评区优秀关工委。

新都区参加各级关工委工作的"五老"志愿者2100余人；有青少年教育实践基地13个，其中石板滩龙腾青少年教育实践基地从德、智、体、美、劳和党史国史教育、学军习武等方面，教育培训青少年10000余人次。

【留守儿童关爱】 团区委打造新都区新桂东片区"童伴计划"第三批试点项目，以"规范化运营，亲情式陪伴，功能化分区"为服务理念，从需求端入手，推进中心城区关爱留守儿童。团区委动态更新片区内留守、困境以及残疾儿童档案并持续开展摸底，定期走访儿童家庭并协助解决问题，覆盖片区内三个社区少年儿童900余人；选聘1名"童伴妈妈"，形成"'童伴妈妈'＋志愿者＋社会关爱力量"较为固定的关爱队伍，通过走访排查辖区内留守儿童基本情况，开展登记建档、定期走访、收集需求并回应、指导和督促监护人履行监护责任，为孩子形成亲子式、常态化陪伴；结合儿童及家长需求开展活动，全年开展美术、手工、科学、食育和实践等主题活动9次、覆盖260余人次，开展"青春志愿·爱在社区——手拉手关爱留守儿童，心连心呵护祖国花朵"系列活动、"红领巾欢乐行"关爱留守儿童专项活动，邀请省、市优秀辅导员进童伴之家，加大对留守儿童帮扶力度，有效落实关爱、保护、救助措施，得到团省委书记肯定。

【少先队建设】 新都区少工委办公室制定《新都区少先队分批入队工作方案》，要求所有小学制定完成学校少先队分批入队工作实施细则，建立分批入队评价激励机制，做好学生入队前过程性评价，全区各学校已全面实行分批入队。新都区将少先队改革纳入新都区教育系统党建质量提升工程三年行动计划；把少先队工作作为德育工作重要组成部分，在区教育局德育工作会议上专门部署；将少先队工作纳入学校德育常规检查，少先队工作评分比例占25%。新都区少先队组织学习中共十九届五中全会精神，开展战疫主题“红领巾第一课”；完成指导新都区71所学校建立学校少工委的目标，建成率100%。

举行“初心不改、奋斗不止”少先队日活动　（供图：团区委）

**【少先队重要活动】** 新都区开展少先队评优推优，推荐优秀少先队队员、辅导员、少先队集体参加省、市少先队专项评优，旃檀小学学生陈世勋和蜀龙学校学生许家源获评“四川省优秀少先队员”，西街小学教师魏小梅获评“四川省优秀少先队辅导员”，三河小学少先队大队获评“四川省优秀少先队集体”；6名队员获评“成都市优秀少先队员”，4名辅导员获评“成都市优秀少先队辅导员”，4个少先队大（中）队获评“成都市优秀少先队集体”。新都区少工委组织开展“好书伴成长”读书征文活动，收到征文398篇；组织开展“初心不改、奋斗不止”少先队日活动，通过分享励志故事、撰写征文、讲述抗美援朝志愿军的英雄事迹，激发青少年的爱国热情，培育和践行社会主义核心价值观；开展“爱成都·迎大运”主题教育系列活动，如“爱成都·迎大运——红领巾欢乐行”知识宣讲活动、“爱成都·迎大运——红领巾欢乐行”亲子运动竞赛、“爱成都·迎大运——争做新时代好队员”实践活动、“爱成都·迎大运”红领巾故事会活动、“爱成都·迎大运——红领巾欢乐行”关爱留守儿童专项活动。

**【青少年宫工作】** 新都区青少年宫积极参与防疫，先后抽调5名人员到清流镇、区商务局及产业功能区开展防疫宣传、人员排查等；深入开展公益青少年校外活动，在七一国际广场举办“童心绘爱‘爱与希望’主题书画展”活动，征集近100幅抗疫主题作品，选出50幅作品在活动现场展出；开展“厉行节约，拒绝浪费”主题绘画创作及演讲比赛活动，形成“教育一个孩子，带动一个家庭，影响整个社会”的良好氛围；举办“翰墨飘香”毛笔书法创作及作品展，进一步传承和弘扬中华优秀传统文化；逐步完善秋季班线上报名，将报名流程升级为线上服务，形成健康和安全承诺书填写、学位名额申请、学员信息录入、线上缴费、确认报名等流程。5月，新都区青少年宫获“四川省青少年宫协会2019年度先进集体”称号。

**【“一村一大”管理】** 团区委创新“一村一大”管理服务，提升志愿者服务基层的能力。全区有服务基层志愿者193名，2020年招募服务基层志愿者116名。全区村大志愿者融入基层、认真履职、吃苦耐劳、服务百姓，在村（社区）担任村（居委会）主任助理，为农村经济和社会事业发展做出积极贡献。团区委强化志愿者管理，明确要求各镇（街道）关心他们的生活、工作和发展；开展针对村大志愿者的培训，使村大志愿者了解如何能够更好地开展工作、服务基层、服务群众，为新都建设奉献青春力量。

**【青联工作】** 新都区青联委员参与抗击疫情，投身一线发热门诊、医学隔离观察点服务和慰问一线抗疫人员，捐赠口罩4000个、蔬菜1500公斤，捐款34257元，并为全区3000名网格员提供免费体检服务；带头走上工作岗位，50 名青联委员企业家参与“新好有你”活动，为抗疫志愿者和援鄂医护人员提供优惠，途虎养车、德仁堂等企业参与团区委“共享卡”活动推动志愿者服务闭环工作，服务社区治理。团区委为新都区青年志愿者协会、青年创业者协会、青年文体协会输送人才，筑牢共青团组织基础，团结更多青年在团旗下。

（张艺露）

## 成都市新都区妇女联合会
Chengdu Xindu District Women's Federation

【概况】 2020 年，成都市新都区妇女联合会（简称区妇联）围绕全区工作大局，围绕区委、区政府中心工作，按照市妇联蓉城女性“六大行动”要求，团结带领妇女围绕创新创业、乡村振兴、创优创美等开展工作，实现妇女儿童工作再上新台阶。新都区妇联承接全国妇联专题调研 2 次、省妇联专题调研 3 次、市妇联专题调研 10 次，获省妇联表彰 2 项、市妇联表彰 8 项、区委区政府双通报表扬 7 次。

【妇联组织建设】 新都区妇联深化妇联组织建设改革实施“破难行动”，完成 9 个镇（街道）妇联调整；在区委编办、区新经济和科技局等 5 个部门新成立机关妇委会，新建新都区桂湖商圈区域化妇联、四川科伦药业新都基地 2 个新领域妇联组织；打造 7 个“妇女之家”和 13 个区级“妇女微家”，有效助推城乡社区发展治理。全区有镇（街道）妇女联合会 9 个、村妇联 79 个、社区妇联 101 个、两新组织妇委会 19 个、机关妇委会 48 个。

【妇联思想建设】 新都区妇联持续抓好中共十九大、十九届四中、五中全会精神和中央、省委、市委、区委重大决策部署的学习宣传教育，召开“不忘初心、牢记使命”主题教育总结会；深入开展“大学习、大调研、大走访”活动，深入基层开展调研，收集汇总意见建议 3 条；深入贯彻落实中央“八项规定”，组织全体党员干部学习《中国共产党问责条例》《中华人民共和国公职人员政务处分法》等，召开 5 次专题学习会和 3 次警示教育会；班子专题研究党风廉政建设主体责任、党风廉政建设社会评价等党风廉政建设有关工作 5 次；升级打造 3 个市级“家庭文化示范基地”，组织开展线上线下家庭教育经验分享活动 46 场。

【妇女创业就业】 新都区妇联与重庆市九龙坡区妇联签订合作框架协议，深化两地女性文创领域交流合作，共同推进女性创新创业，助力成渝地区双城经济圈建设；依托斑竹园街道编织艺术中心等创新创业基地，常态化开展文博文创、手工传承等线上、线下手工技能培训 28 期，培训人数 840 人，促进就业人数 168 人，平均月收入 2700 元；积极参与市级“寻找最美民宿女主人”“寻找最美女家政员”“寻找乡村最美女创客”“寻找返乡创业女带头人”“指尖的爱·四寻”系列活动，推评 23 个优秀女性典型，13 人分别获“寻找最美民宿女主人”“寻找最美女家政员”“寻找乡村最美女创客”“寻找返乡创业女带头人”称号。

11月19—20日，新都区妇联到重庆市九龙坡区开展群团工作交流　（供图：区妇联）

**【品牌阵地打造】** 新都区妇联创新打造 8 个“儿童之家”，其中 1 个“儿童之家”被纳入省级民生工程；在大丰街道打造 1 个省级“家庭教育创新实践基地”，在斑竹园街道等镇（街道）打造 3 个市级“家庭教育示范基地”；以区、街道妇联共同搭台、社区牵头、企业运营的模式，在大丰街道太平社区打造“成都市妇联沉浸式家庭服务馆”，深入推进有温度的家庭教育生态圈建设，发挥基地在家庭家教家风建设中的引领示范作用，推动家庭教育持续健康发展。

**【家庭文化建设】** 新都区妇联建立蓉城幸福家“最美家庭”常态化寻找机制，以“晒家庭幸福生活、讲家庭和谐故事、展文明家庭风采、秀家庭未来梦想”等方式，开展寻找“最美家庭”活动，推评全国“最美家庭”1 户、省级“最美家庭”4 户、市级“抗疫最美家庭”5 户、区级“最美家庭”26 户；邀请专家、老师定期给家长、孩子现场授课，贯彻落实习近平总书记关于“注重家庭、注重家教、注重家风”重要指示精神，弘扬新时代家庭观，全年举办家庭教育讲座 36 场，受益儿童和家长 15000 余人；搭建爱心平台，对接帮扶贫困母亲、贫困女童、困难家庭 248 户，慰问金额 12.4 万元。

**【家庭教育活动】** 新都区妇联利用三八国际妇女节、六一国际儿童节及中华传统节日等重要时机，通过“蓉城女性·魅力香城”网站、“香城花语”公众号、“新都妇联”微博等形式，以“线上推广＋线下宣传”模式，把家庭教育的重要性和必要性宣传到千家万户，营造良好社会氛围；抓好“网上妇联＋家庭教育”品牌，依托新都区“明德家庭教育宣教中心”和新都区“家庭教育群”，常态化开展有益于未成年人成长的线上交流、分享活动 29 场。

**【主题活动】** 新都区妇联举办“爱在心中　感恩母亲”——2020 年母亲节主题分享会，邀请各行各业女性代表 40 余人参加；举办“共倡绿色环保·共建美好家园”2020 年垃圾分类巾帼志愿服务项目启动仪式，巾帼志愿服务队代表、群众代表近 100 人参加；举办“童心爱成都·绿色迎大运”活动，全区各镇（街道）100 余户家庭、200 余人参加；举办“军遇良缘　缘聚桂湖”2020 年单身青年联谊活动，驻区部队、机关企事业单位的 60 名单身青年参加；举办“美就在你身边”“最美家庭”故事分享会，各镇（街道）妇联主席、机关妇委会主任、新经济组织妇委会主任、女企业家代表、“最美家庭”代表等 60 余人参加。

9月27日，新都区大丰街道太平社区“和·平驿站沉浸式家庭服务馆”正式开馆　（供图：区妇联）

**【“蓉城幸福家·社区家庭日”十大主题活动启动仪式】** 9 月 27 日，成都市沉浸式家庭服务馆开馆暨“蓉城幸福家·社区家庭日”十大主题活动启动仪式在大丰街道太平社区举行，成都市各相关单位，德阳市、眉山市、资阳市妇联，成都市各区（市）县妇联，新都区各相关单位及优秀妇女儿童类社会组织代表等 150 余人参加。活动发布“蓉城幸福家·社区家庭日”十大主题活动，并为在“四川省暨成都市第三届妇女儿童公益项目评选活动”中脱颖而出的 20 个社会组织颁奖。四川省妇联为新都区大丰街道太平社区授予“四川省首批家政进社区示范社区”称号，成都市妇联为新都区大丰街道太平社区网格员巾帼维权服务队授予“成都市巾帼维权志愿服务示范队”称号。

（肖　婷）

## 成都市新都区科学技术协会
Chengdu Xindu Association for Science and Technology

【概况】 2020年，成都市新都区科学技术协会（简称区科协）在统筹推进常态化疫情防控和经济社会发展的形势下，以实际行动落实省市科协相关会议精神，坚持围绕中心、服务大局，履行“四服务”工作职责，全面实施全民科学素质行动计划纲要实施方案，提升全民科学素质，完成各项目标任务。

【“天府科技云服务”工程建设】 新都区科协推进“天府科技云服务”工程建设，5月申报成为“天府科技云服务”试点单位，组织区内5家科普基地成功申报首批“天府科技云服务科普惠民共享基地”；动员镇（街道）科协、农技协、科技企业、科研单位和高校入驻“天府科技云服务”平台，截至12月新都区注册用户17868人、组织机构用户1361家、注册科技工作者10110人。

【科普信息化建设】 新都区科协进一步加大全媒体科普阅览屏、科普e站等新媒体科普设施、宣传平台的宣传和使用推广力度；推进镇（街道）科协及农村科普示范基地、科普示范社区、农技协等科普信息化建设，构建新都区全方位科普网络体系，形成科普信息化合力；将科普信息化建设与传统科普活动紧密结合，推动信息技术和手段在科普中广泛应用，以科普活动线上线下紧密结合的方式扩大科学宣传普及的覆盖面和影响力；加快推广和普及以微信公众号为代表的新媒体科普宣传模式，促进定时定向精准推送科普服务发展，2020年微信公众号关注人数增加一倍，推送信息每日一更，让信息化建设的成果最大化惠及公众。

【农技协工作】 新都区农村专业技术协会帮助蔬菜协会依托新繁绿色蔬菜电商小镇项目的发展，发挥农技协示范带动作用，有序承接政府职能转移，指导聘请行业专家、科技工作者和种植能手潜心研究共同推广绿色蔬菜标准化生产技术，并以种植、生产、加工、贮藏、营销等为主要任务，定期组织协会内各分会、合作社等开展技术培训与技术交流活动，为协会、合作社、家庭农场、种植专业大户等生产主体提供技术咨询服务，延伸服务，提高农民培训有效性，提升新都区农民科学素质。

【老科协工作】 新都区老科学技术工作者协会组织各专委小组开展形式多样的科普活动，并参与疫情防控，帮助企业复工复产；自发组织捐款捐物，会员个人捐款3万余元，会员单位新都宏亮农机专业合作社、成都建利蔬菜合作社分别通过红十字会向武汉捐赠蔬菜共26.6吨，工业专委基地单位新炬乙炔有限公司通过《绵阳日报》捐赠1000袋便携式氧气袋；各专委依据自身专业优势，开展科普调研，撰写针对性调研报告、学术论文、科普文章20余篇。

【科技工作站建设】 新都区科协推进院士（专家）工作站及海外人才离岸创新创业基地工作站建设，在已成立的企业科协中择优推荐，指导培育自主创新能力强、科技创新成果转化率高的企业创建市级及以上院士（专家）工作站，新都区科技企业新建企业科协1家，成功推荐西油华巍科技有限公司建立市级院士（专家）工作站。10月，成都市级专家评审组实地调研新都区新申报企业，复查验收2017年以前已建立院士（专家）工作站的10余家企业，其中3家工作站在验收中被评为优秀。

【海智计划工作基地建设】 6月18日，中国科协正式批复，同意设立中国科协海智计划成都（新都区现代交通产业功能区）工作基地。11月17日，中科协2020年海智计划工作会在成都召开，现场举行新都区现代交通产业功能区（成都海智计划工作基地）揭牌仪式。新都区从校地合作、会地合作、区域协作等多维度开展引智。

【成渝双城经济圈科协建设】 10月27日，重庆市九龙坡区科协到新都区座谈交流，与新都区科协签订框架合作协议，两地就“绿道科普”“应急科普”等开展有效合作，为两地共同助推双城经济圈建设贡献科协力量。

【科普活动】 新都区科协同区教育局在全区中小学校开展科普体验活动，从全区中小学校选拔作品参加省级、市级科技创新大赛、科技作品比赛、电子作品制作比赛等科技活动。9月17日，新都区科协、区教育局、航空工业联合举办的2020年科普进校园系列活动之“传承冯如精神·共筑航空梦想”航空科普活动在新都一中举行，内容主要由“航模特技表演”“航模拼装与放飞”“航空科普讲堂”“航空史特色展览”等部分组成。5—11月，新都区科协开展绿道科普活动10场，并联合成华区、彭州市科协率先开展区域交流合作，创新打造绿道科普共享基地。

【全国科普日活动】 9月24日，以“决胜全面小康，践行科技为民——喜迎大运　应急于新　趣享科普”为主题的2020成都市全国科普日活动新都区专场活动在新都区即刻反应应急安全体验基地启动。活动突出应急科普特色，采取线上线下相结合的方式，让市民全方位感受科技魅力；通过科普体验展、应急消防措施现场科普演练、“应急显身手”、绿道应急科普教育互动体验展、北京科普资源成都行科普大篷车进新都等科普场景，为市民提供立体直观的科普知识体验；在线上发起“香城绿道科普行”全民绿道应急科普知识挑战赛和“我

9月17日，“传承冯如精神·共筑航空梦想”航空科普活动在新都一中举行　（供图：区科协）

6月29日，青少年代表参与场馆和户外展区互动体验　（供图：区科协）

为科普代言”抖音话题赛，让没有在现场的市民感受科学魅力。12月18日，2020年成都市全国科普日新都专场活动被中科协评为2020年全国科普日优秀活动。

（唐　文）

## 成都市新都区工商业联合会（成都市新都区商会）

Chengdu Xindu Federation of Industry and Commerce (Chengdu Xindu Chamber of Commerce)

【概况】 2020年，成都市新都区工商业联合会（成都市新都区商会）[简称区工商联（商会）]有机关干部编制5人，实有人数7人；有执行委员136人，其中主席1人（兼）、副主席19人、副会长20人、常委38人、执委58人；党组书记由专职副主席兼任，有会员1812个、基层组织13个。

【工商联组织建设】 新都区工商联加强对非公有制经济代表人士引导，优化工商联执委领导班子，5月21日召开区工商联第十一届四次执委会，免去部分执委，新增补11名执委，工商联执委以上人数达136人。

【参政议政】 10月29日，新都区工商联与区检察院、区法院共同举办“服务‘六稳’‘六保’护航民企发展”检察开放日活动，邀请多名民营企业家走进检察机关，走进庭审现场开展系列活动，护航民营经济健康发展。

【教育培训】 新都区工商联（商会）组织会员参加市工商联举办的培训3次，参加企业20余家，参训人员60余人次；组织《疫情下企业复工复产合同履行存在的问题及应对的专项法律》解读培训，参加企业150余家；加强指导民营企业党建工作，先后召开民营企业党建工作会听取意见，调研走访民营企业、商协会党组织20次；10月与区委“两新”工委共同举办非公企业管理者培训班，组织企业参加在黑水县长征学院举办的民营企业家“弘扬长征精神，不忘初心再出发”党性教育专题培训班，参加企业30余家，参训人员40余人。

【经济服务】 新都区工商联（商会）开展“走基层、访民情”活动，走访调研企业108家次，收集会员企业意见建议120余条，整理成疫情期间企业问题台账，形成专报3期报区委、区政府分管领导和市工商联领导，协调帮助解决企业在复工复产中遇到的困难和问题。成都市工商联副主席周光志带领第八调研组到新都区调研4次，分别召开全市统战系统机关干部走进中小微企业专项调研座谈会，收集中小微企业专项调研调查问卷，参与企业100家。

【对外宣传】 新都区工商联（商会）上报信息66条，其中被市工商联杂志《天府商界》和市工商联工作动态采用18条，被省工商联门户网站采用36条；在新都电视台和《新都资讯》开辟《商会之窗》专栏，通过商会微信公众号和商会网站等，宣传企业、政策等128条。

【对外交流】 新都区工商联（商会）与云南保山工商联、重庆九龙坡区工商联、大邑县工商联（商会）开展交流考察活动，深度交流互动、觅寻合作商机，共同推动区域经济社会发展；9月11日邀请全联医药商会在新都区筹办“第二届全国民营医药商业企业家高峰论坛暨2019年度全国百家优秀民营医药商业流通企业榜单发布会”；11月举办“金青新广”大港区商会圈第三次会议，邀请金堂县、青白江区、新都区、广汉市四地工商联领导及四地企业家代表参加，加强联系，为民营企业融入“大港区”建设提供平台；12月走访重庆市九龙坡区，与重庆九龙坡区工商联紧密交流，并签订友好工商联协议。

【光彩事业】 面对新冠肺炎疫情，新都区工商联（商会）发出“齐心协力　共克时艰　助力打赢疫情防控攻坚战”倡议书，会员捐款28.48万元，向防控一线捐赠口罩9万个、防护服4000件、手套1.6万双和其他消毒物资，累计捐款捐物233万元。

（何智斌　陈　君）

## 成都市新都区文学艺术界联合会
Chengdu Xindu District Federation of Literature and Art Circles

【概况】 2020年，成都市新都区文学艺术联合会（简称区文联）围绕中心、服务大局，面向基层、服务群众，履行联络、协调、服务、指导的基本职能，不断强化自身建设，团结和带领全区文艺工作者深入生活、扎根人民，积极开展创作生产，不断促进全区文艺事业繁荣发展，为新都初步建成现代化国际范成北新中心城区提供更加有力的文化支撑和精神动力。

【文联组织建设】 新都区文联争取区委、区政府支持，持续抓好阵地建设，在城市中心申请到200余平方米的创作基地；培养文艺人才取得新进展，新加入国家级会员2名，新加入省市级会员50名；有序推进文联协会基层党建试点。

【文艺创作】 新都区文联策划实施“甘孜州、凉山州、简阳市、新都区对口扶贫成果专题采风创作活动”，美术作品《祥云·松风·踏歌声》入展“把大凉山寄给世界·四川省脱贫攻坚主题美术作品展”，并将参加由中国美术家协会、四川省人民政府在北京举办的“四川省脱贫攻坚主题展览”；反映新都区扶贫干部风采的摄影作品组照入展全国总工会“中国梦·劳动美”第七届全国职工摄影展，并在部分省市巡展；精准扶贫歌曲《爱的火焰》《客人亲人》在“学习强国”平台发布推广。新都区文联参加成都市文联举办的“抗疫”“迎大运”等主题书法美术摄影展和“蓉城一家亲——讲好民族团结成都故事”主题征文等活动，获奖和入展作家艺术家作品21幅；围绕抗击新冠肺炎疫情主题，先后创作文艺作品近300首（幅），其中被《中国日报》（全英文版）、“学习强国”平台、中国文明网及省市主流宣传平台发布推广30余首（幅），邬静的摄影作品入选在西班牙国家展览展举办的全球华人“我的抗疫生活”摄影展。

**【文艺宣传】** 新都区文联成立抗“疫”摄影家志愿者队伍，建立近10000幅抗疫图片库，为全区新闻宣传提供高质量图片220余幅；挖掘抗“疫”先进典型45个，并在《人民日报》、人民网、新华网、《四川日报》等国家、省、市主流媒体报道；开展“献爱心”捐款和艺术作品义捐拍卖、义赠，折合价20余万元。新都区文联抗“疫”工作得到四川省文联主席和成都市文联党组书记肯定性批复。新都区文联实施历史名人传承创新工程，持续推动升庵文化进校园、进课堂活动，开展升庵文化知识讲座8场、“传承天府文化·弘扬升庵精神”——我们的节日·端午暨升庵童谣进校园诵读主题活动等线下活动10场；出版连环画《杨升庵》、人物传记《杨慎》、历史小说《青山夕阳》等精品图书，并分别被推荐参加“2020天府书展”在成都和新都的展销活动，受到“今日头条”关注报道；协助成都全搜索建设杨慎虚拟博物馆。

**【文艺活动】** 新都区文联组织开展“春到香城 福至万家”——迎新春文化进万家集中展示惠民活动，各协会40余名艺术家参与，共送书画春联作

“致敬最美逆行者”书画作品捐赠活动举行（供图：区文联）

品2500余幅；组织开展“我们的中国梦·文化进万家”——千龙千狮闹新春惠民活动20余场，举办“新，都在这里——影像新都摄影作品展”“花飞香城·美丽新都”——2020年新都区庆五一暨四川民歌赏析走进足球音乐小镇特别节目；依托“快乐周末·百姓舞台”文化品牌活动，推出“舞之韵·歌之美·心之声·非遗线上云·市民学校线上云课堂”等线上系列活动170余场，市民点击率626318次；举办“爱成都·迎大运”——2020年新都区首届“玛歌”杯云上广场舞大赛，助推新都沸腾小镇文商旅体农融合发展。

**【文化交流】** 新都区文联举办“川上行——2020年四川中国画人物画专委会邀请展”，来自川渝两地的100件优秀作品参加展览；承办“川西南八市州暨省直机关第八届老年书画联展”；协助做好电视剧《危机先生》在新都区取景拍摄，《危机先生》已入选2019年省委推进全省文化旅游发展重点清

黄桷树广场开展大型义务写春联活动（供图：区文联）

单（振兴四川影视）和省广电局2019—2021年川派精品原创影视剧生产项目；保障市委主要领导、省文联主要领导和市文联相关领导到新都区调研考察，相关工作受到各级领导一致好评；为纪念抗美援朝出国作战70周年，讴歌四川省荣军休养院的英雄，创作主题歌曲《最美华严》《橄榄情》，开展慰问演出活动2场；面向全国征集作品，编印《桂湖文艺》杂志4期，刊物影响力持续提升。

【作品获奖】 新都区文联新创歌曲《号角已吹响》入选由人民音乐出版社主办的“方舱之声·公益征集展播”，《风归有期》获得四川省音乐文学学会主办的“你我携手　抗击疫情”主题歌词征文大赛一等奖；美术作品《川西三月》入展四川美术家协会、陕西美术家协会主办的“丝路豪情　西部放歌——川陕中国画作品交流展”，《钟旭神威抗疫图》参加“2020民进中央抗疫网上作品展”被评为“优秀作品”；书法作品《川渝文史馆携手合作有感》入展由四川省人民政府参事室、四川省人民政府文史研究馆与重庆市人民政府文史研究馆主办的“巴风蜀韵·巴蜀文史翰墨第七届诗书画印艺术展”；摄影作品《战疫中的花园社区人》入展“庚子年四川战疫（COVID-19）专题摄影展”，《有趣的体育课》入选“全球华侨华人——我的抗疫生活摄影比赛”，《为你点赞》《修路建桥》《义务消毒》《劳动者》入选由中国日报社、中国画报主办的《百名摄影师聚焦脱贫攻坚》画册；诗歌《神仙住的地方》获得张家界“国际旅游诗歌节”精美短诗大赛优秀奖。

（余　涵）

## 成都市新都区残疾人联合会
Chengdu Xindu Disabled Persons' Federation

【概况】 2020年，成都市新都区残疾人联合会（简称区残联）按照《关于进一步加强党的领导支持群团组织履职的若干措施》，发挥残联作为党和政府联系残疾群众的桥梁纽带作用，履行好“代表、服务、管理”职能；以解决残疾人需求为出发点和落脚点，开展康复、教育、就业、文体、疫情防控等工作，完成各项目标任务，残疾人安全感获得感幸福感持续提升。

【就业创业服务】 新都区残联推进按比例安置残疾人就业，严格残疾人就业保障金征收管理程序和按比例安置残疾人就业检查，年安置人数较2019年增长25%以上；落实就业扶持政策，帮助3468名残疾人实现居家灵活就业，扶持501名农村残疾人发展生产；对332户农村家庭种养殖业给予补助33.2万元，对168名社区就业发放补助20.16万元，对7名残疾人发放创业补贴4.39万元；组织残疾人专场招聘会4场，建立重度残疾人辅助性就业基地8个，为170余名重度残疾人开展辅助性就业。

【医疗康复服务】 新都区残联全面落实《残疾预防和残疾人康复条例》，推进残疾预防、康复项目、康复设施和康复人才建设，有需求的残疾人家庭医生签约率100%，基本康复服务覆盖率90%；推进全国“互联网＋辅助器具适配服务”试点，为1837名残疾人适配辅助器具1887件，其中助听器、智能手机、轮椅均实现个性化适配，辅助器具适配服务率95.6%；落实康复项目，为1525名视力和精神残疾人提供医疗服务；为281名残疾儿童提供康复训练，提供训练补贴救助金650万元；为210名智力残疾少年儿童、肢体残疾人、视力残疾人提供社区康复训练，为38名残疾儿童提供“送康上门”服务。

【残疾人教育】 新都区残联完善随班就读支持保障体系，出台非公益性幼儿园就读残疾儿童保教费资助和普通高中教育和职业高中教育资助政策，对3～6岁19名残疾儿童就读非公立（公益）幼儿园减免保教费4.86万元，对高中阶段8名残疾学生减免学杂费、住宿费1.7万元；落实残疾学生救助政策，为114名残疾人学生及残疾人家庭中的学生发放自强助学金 14.95 万元，实现随班就读 171 人，在区特殊教育学校、马家培智班和木兰培智班辅读班就读 135 人，开展送教上门 78 人；探索发展教育与康复相结合的特殊教育模式，提升特殊教育机构康复服务能力。

**【残疾人文体服务】** 新都区残联向上向外争取资源，创新性建立“残联制单、残疾人点单、机构接单、政府买单”文体服务机制，科学制作文体活动清单、服务基地清单和第三方机构清单；投入资金 600 余万元，建立残疾人滑雪、跳绳、体育训练基地 3 个，建设残疾人文创基地 2 个，培育引进第三方专业服务机构 9 家，开展活动 100 场，引导 5000 余名残疾人走出家门融入社会。新都区残联被授予“成都市 2016—2020 年群众体育先进单位”称号，《鼓韵》节目获得欧曼蒂斯第二届国际艺术大赛总决赛重奏组一等奖；组建的残疾人滑雪队代表四川参加全国第十届残疾人运动会暨第七届特殊奥林匹克运动会，在冰雪项目中实现全省奖牌零的突破，获得四川省人民政府通报表彰。

**【残疾人社会保障】** 新都区残联坚持尽力而为、量力而行，实现最低生活保障“应保尽保”和成年重度残疾人“单独核定”，困难残疾人生活补贴和残疾儿童康复救助实现提标扩面，残疾人基本养老保险、基本医疗保险和残疾人团体人身意外伤害保险参保率基本实现全覆盖；为 15 名贫困残疾人提供特殊困难临时救助资金 9.2 万元，为 234 人发放居家安养补贴 14 万元，为 105 名贫困残疾人实施“家庭无障碍”改造，金额 20.65 万元；走访慰问贫困残疾人家庭 1800 户，发放慰问品和慰问金 108 万元；资助 1359 名城乡重度残疾人参加养老保险，资助 4735 名残疾人参加城乡居民基本医疗保险，资助 19753 名持证残疾人参加团体人身意外伤害保险。

**【残联新冠肺炎疫情防控】** 新都区残联年初抽调 12 名干部职工到一线开展新冠肺炎疫情防控，班子成员分别联系 4 家工业企业、20 家服务业企业以及 26 家盲人按摩店，指导开展疫情防控和复工复产；强化独居残疾人关爱，对全区 116 名独居残疾人开展帮扶，建立临时监护制度，发放防疫“爱心包”，并协调相关部门对受疫情影响的 15 户困难残疾人给予救助；指导 2 家康复机构、7 家托养点位复工复产，7 月 9 家机构全部复工；对 171 名残疾人进行集中日间托养。

**【关爱残疾人活动】** 新都区残联全年投入文体经费

10月23日，2020年成都市第七届全民健身运动会暨“爱成都 · 迎大运”新都区首届“残健融合 · 载梦前行”残疾人迷你马拉松比赛在新都区芳华微马公园开幕（供图：区残联）

近500万元，较2019年增长5.8倍；举办新都区首届“残健融合·载梦前行”残疾人迷你马拉松比赛活动，约600名残疾人及残疾人工作者参加，人民网、中国新闻网、四川新闻网等媒体相继报道；实施“书香新都·文化香城”残疾人文化周项目，组织开展冰壶、篮球、足球、跳绳等群众性文体活动，全区900名残疾人参与。新都区残联被成都市体育局授予“2016—2020年度成都市群众体育先进单位”称号。

（苏　东）

## 成都市新都区红十字会
Chengdu Xindu Branch of the Red Cross Society of China

【概况】 2020年，成都市新都区红十字会积极参与新冠疫情防控，围绕年初制定的目标，勠力同心，攻坚克难，担当实干，取得明显成效，获评成都市红十字系统2020年度工作先进单位、中国红十字总会2020年度报刊宣传先进集体三等奖、中国红十字总会主办的抗击新冠疫情暨红十字应急救护知识竞赛活动单位组织一等奖。

【红十字会组织和思想建设】 11月23日，新都区红十字会党支部召开支部换届选举，采取无记名投票和差额选举办法，选举王明锐为新一届支部书记。新都区红十字会把深入贯彻学习习近平新时代中国特色社会主义思想作为根本任务，努力将“不忘初心、牢记使命”主题教育成果转化为不断创新发展红十字事业的政治和组织保障；开展“大学习、大走访、大调研”活动，深入学习贯彻落实中共十九届五中全会精神和习近平总书记系列指示精神，增强“四个意识”，坚定“四个自信”，做到“两个维护”；把“大调研”作为立当前谋长远的重要抓手，完成当前工作任务，做好红十字会改革；把“大走访”作为发现问题化解风险的有效举措，优化部门整体功能、建强组织堡垒、增强凝聚力战斗力。新都区红十字会领导班子带头人道救助回访60户、助学回访10户、爱心企业及人士回访13户、团体会员回访16家，收集问题16个并全部解决。

【红十字精神传播】 新都区红十字会作为连接政府和群众的纽带，以自己平台为优势，以“社工＋义工”的专业社会工作方法在各个节点开展“三救、三献”普及宣传活动和志愿服务，深入社区、医院、学校、机关企事业单位宣传“人道、博爱、奉献”的红十字精神，全年通过微博、微信公众号等新媒体发布信息1300余篇，全国性媒体（《中国红十字报》、国际在线网）刊登工作信息3篇、省级媒体“博爱四川”上稿4篇、市级媒体（成都市红十字会微信、官网、微博和成都市宣传官网）上稿24篇，新都电视台刊播8条；以红十字医务社工项目为依托，创建红十字“博爱小屋”新时代文明实践示范点，在医院开展精细化的人道救助和人文关怀、构建多方联动志愿服务机制，开展种类丰富的志愿服务，推进医护减压，强化“医患”互动，促进医患和谐和城乡社区发展治理，营造博爱奉献、友善互助的良好氛围。1月7日，中国红十字会副会长尹德明、赈济救护部副部长李庆华、干部张宗文调研新都区红十字会红十字医务社工项目，对“博爱小屋”给予充分肯定。5月，新都区红十字会“博爱小屋”被新都区文明办评为新时代文明实践试点，参与区委文明实践拉练活动。

【新冠肺炎疫情防控物资捐赠】 新都区红十字会开通并公布微信、支付宝等便捷捐款途径，明确专人负责协调服务，帮助有捐款意愿的捐赠人通过现场捐赠、银行转账、微信支付宝转账等方式捐款；按照资金和物资、定向与非定向，分类别规范细化接收和使用捐赠款物工作流程，严格捐赠意向函、捐赠调拨审批管理，并分类别建立完善捐赠款物收支明细，实行专人负责、动态管理。新都区红十字会针对定向捐赠款物，采取一边联系捐赠人、一边落实接收方的办法，快速制定派送方案，协调安排捐赠人与接收方直接移交物资，减少物资库存周转环节，让捐赠一步到位，疫情期间接收定向捐赠物资11笔；针对非定向捐赠物资，提前与区防控指挥部对接，物资到位后现场移交。新都区红十字会针对定向资金，按照捐赠人意愿，当日拨付转账；针对非定向资金，按照《中华人民共和国红十字法》《中华人民共和国慈善法》等规定和省市区各级指导，并落实“三重一大”会议制度，集体研究决定使用。截至 9 月 30 日，新都区红十字会接受新冠肺炎疫情捐赠资金 2492031.48 元（其中武汉 1102457.33 元、新都 1359467.15 元、甘孜 30107 元），捐赠资金全部拨付，总使用率 100%；接受捐赠物资 54 笔，折合金额 1653446.48 元，全部派送完毕。

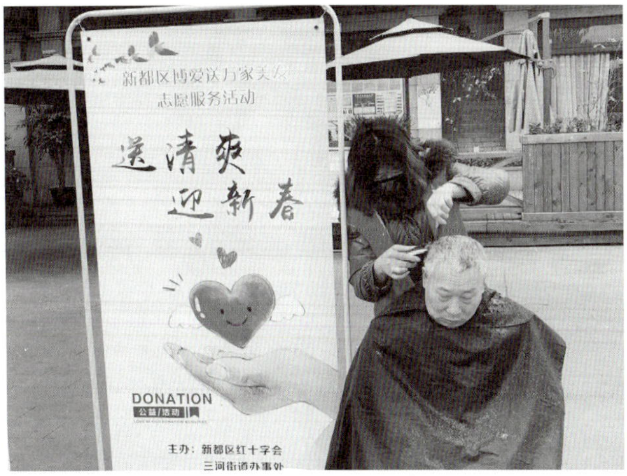

新都区博爱送万家美发志愿服务活动 （供图：区红十字会）

**【社会救助】** 新都区红十字会向四川省红十字会申请社区健康促进项目 3 万元补助金，用于帮助桂湖街道桂中路社区筑牢疫情联防联控第一线；关注失独家庭、困境儿童等困难群体在疫情期间的生活状况，继续做好“生育关怀”“帮教助学”等扶贫基金救助项目，救助困难群众 51 人，发放救助金 10.2 万元；持续做好红十字助医助学项目，通过网上申报、定期入户等举措优化程序，救助困难群众 207 户，发放救助金 57 万元，并为 8 名白血病儿童申请总会小天使救助金 25 万元；针对失独家庭人道服务，向中国红十字总会申请第十期红十字志愿服务一类项目 2 万元资金支持。

**【救护培训】** 新都区红十字会针对疫情特点改进应急救护培训模式，增加视频教学、网络答题等线上培训内容，开展应急救护知识普及培训 120 场，惠及 20000 余人，培训红十字救护员 2800 人；融入全区应急体系，与区卫健局、区应急局合作，开展包括新冠疫情在内各种突发公共事件应急演练，参与制定应急预案，并采购 4 台 AED（自动体外除颤仪）安装在区政务服务中心、泥巴沱森林公园、升庵桂湖、区文广大厦等人员密集场所；为全区 217 个村、涉农社区制定应急救护培训计划，采取个人自学、教育培训和应急演练“三结合”的方式，增强乡村防灾减灾应急处理能力，3 个镇（街道）成功创建四川省级安全社区；举办成都市百万职工技能大赛红十字应急救护技能竞赛，获得赛事团体第一名、赛事优胜单位、优秀组织奖。

捐赠物资派送 （供图：区红十字会）

**【医务社工项目发展】** 新都区红十字会持续扩大医务社工项目运行 6 年来的影响力，统筹每个站点结合医院特点确定一个重点服务方向，各站点资源链接能力不断增强，全年 5 个站点解决特殊个案 81 例，开展活动 180 余场，服务群众 1.8 万人；聚焦医患关系紧张敏感形势，从医护人员和患者两方面入手，推进医护减压，强化“医患”互动，营造出“尊医重卫”的良好氛围，策划开展相关主题活动 100 余场，患者满意度 96%；组织医务志愿者深入农村社区、家庭院落开展病患回访等志愿服务，同时第一时间搜集掌握患者情况，有效帮助 15 名长期滞留医院的困难患者康复出院；着眼更好服务社区老龄群体，开发“长者生命故事”项目，聆听老龄患者倾诉，定期开展上门体检，探索居家照护机制，努力提升老人晚年生活质量，常态化服务慢性病老人 50 余人次，组织医护志愿者出诊 110 余次。

【"红孩儿"助学项目发展】 新都区红十字会发动社会爱心企业和人士参与公益助学，引导社会各界与贫困学生结对帮扶，动员更多的人参与公益助学事业，"红孩儿"品牌逐渐得到社会各界人士的信任，全年通过链接多家爱心企业及爱心人士，募集资金 35.5 余万元，有 55 名学生接受长期帮扶。

【红十字事业同城化发展】 新都区红十字会助力成渝双城经济圈，到重庆市九龙坡区交流访问，与重庆市九龙坡区红十字会签订《红十字事业同城化发展合作协议》。

【慈善事业发展】 新都区红十字会在接收新冠肺炎疫情防控捐赠款物的同时，凝聚人道资源，帮助困难群众，接收社会捐赠款物 84 万余元，其中 15.25 万余元用于帮助理塘县改造老旧厨房，惠及群众 280 户。

【"送温暖"活动】 新都区红十字会组织党员、志愿者、爱心企业慰问医务人员、交警、社区网格员等一线工作人员，开展"中医药七进活动"、大学生志愿者慰问"逆行天使"等活动；1 月开展"红十字博爱送万家"活动，慰问困难群众 470 户，发放慰问款物 20.7 万元。

（李　迅　王肖霞）

## 成都市新都区社会科学界联合会
Chengdu Xindu Federation of Social Sciences Associations

【概况】 2020 年，成都市新都区社会科学界联合会（简称区社科联）按照认识世界、传承文明、创新理论、资政育人、服务社会的要求，围绕"加快推动成渝地区双城经济圈建设"的重大战略部署，为推动成渝地区双城经济圈建设、成都建设高质量发展增长极和动力源、新都建设现代化国际范成北新中心城区贡献力量。

【社科理论研究】 新都区社科联建立理论社科工作联席会议制度，形成大理论研究格局，分批次推出理论社科研究成果；与《成都日报·理论周刊》和市委机关刊物《先锋》杂志加强互动沟通，构建良性互动机制，宣传新都区理论成果，区委领导署名文章《真抓促落实　实干求实效　展现新作为》《发展绿色金融的探索与思考》《突出"四个作用"全面提高机关党建工作质量和水平》等 5 篇在《先锋》刊登；在全区范围开展"大学习"系列主题征文活动，收集上报征文 100 余篇，其中《坚持"三结合"，推动"大发展"新都区在两新组织中扎实开展"大学习、大讨论、大调研"活动》《新都区召开省委十一届三次全会、市委十三届三次全会宣讲报告会》《突出"三大"活动引领　用好"三大抓手"促干训质效提升》《坚定信念　不忘初心》《统计机关如何答好时代问卷》等文章被《先锋》和"先锋成都"微信公众号采用发表。

【升庵文化研究与弘扬】 新都区社科联聚焦升庵文化的深度挖掘整理，杨升庵入选首批十大四川历史名人，升庵文化特色数据库入选中央党校"四大专题数据库"，杨升庵家风家训入选中纪委网站"中国传统中的家规"专栏并纳入中纪委组织编写的《中国家规》，专著《杨升庵年谱》《杨升庵书论》《杨升庵诗词》被评为成都市哲学和社会科学优秀成果，其中《杨升庵年谱》被评为第十一届优秀成果一等奖；加快建设"三中心一工程"（升庵文化研究中心、升庵文化体验中心、升庵文化传承中心、杨升庵名人工程），不断弘扬升庵文化；开展杨升庵 530 周年诞辰系列纪念活动，举行学术论坛、全国书画展、诗歌节、民谣音乐节、升庵文化进校园、升庵文化进机关、升庵遗作遗迹摄影作品展等活动 20 余项，提升城市品牌影响力和文化竞争力。

【社科普及基地建设】 新都区社科联依托区图书馆、新都一中铭章纪念堂、棕编基地等打造区级社科普及基地4所，其中与区图书馆联合打造的“新都区书香文化社科普及基地”和与新都一中联合打造的“抗战文化社科普及基地”被评为成都市级社科普及基地并挂牌；与相关部门联合重点打造升庵文化社科普及基地，全面宣传普及升庵文化。

**【社科理论学习】** 新都区社科联将社科讲坛活动与党委理论学习中心组学习有机结合，拟制下发《新都区委宣传部 新都区委组织部关于2020年全区党委（党组）理论学习中心组专题学习安排意见》，将相关精神纳入各级党委（党组）理论学习中心组学习内容，并印发《关于进一步加强和改进党委（党组）理论学习中心组学习的实施意见》，进一步推进党委（党组）理论学习中心组学习制度化、规范化，组织区委理论学习中心组学习会20场，编印《区委理论学习中心组学习参考资料》14期、《区委理论学习中心组成员学习资料推荐书目》10期；结合“大学习、大讨论、大调研”活动，联合区委宣传部创新打造“香城时代讲堂”特色理论学习阵地，对照区委中心组学习标准将习近平新时代中国特色社会主义思想、习近平总书记来川视察重要讲话精神、省委书记重要讲话精神、市委书记重要讲话精神等作为课程内容，采取邀请专家学者作讲座的方式，系统培训全区各级各部门领导干部和工作人员；持续推广使用“学习强国”学习平台并作为全区党员理论学习重要载体，经验做法被“学习强国”学习平台刊载，同时充分利用四川省党委（党组）中心组网络学习平台、“先锋成都”微信公众号、“新，都在这里”微信公众号开展网上理论学习。

**【社科宣讲】** 新都区社科联加强培育基层理论宣讲队伍，持续深入推动中央巡视组反馈意见整改，做好中共十九届四中、五中全会、省委十一届七次全会、市委十三届七次全会、区委十四届十一次全会精神等宣讲，开展集中宣讲和微宣讲1000余场次；召开专题宣讲14场，受众3000余人，来自驻区高校、区内学校、区级机关和镇（街道）的社科界代表学习交流讨论，推动习近平总书记重要讲话精神在新都社科界落地落实；依托新时代文明实践中心打造“学习小礼堂”理论服务品牌，创新“理论＋文艺”模式，持续推进桂湖讲坛、百姓故事会、香城时代讲堂等理论宣讲特色品牌，并发挥“理论＋互联网”的集合优势，依托“学习小礼堂”线上专题网页和官方网站、微信公众号等载体，延伸理论宣讲触角。

**【社科活动】** 新都区社科联创新“理论＋场景”机制，依托社科基地艾芜初心使命馆等红色场景开展活动，传播主流思想、主流价值、主流文化；指导社科界所属协会组织开展“朝花夕拾”插花艺术沙龙、“品境”茶道沙龙、“品境”茶道实操沙龙、“退伍不褪色，永葆军人本色”学术沙龙、科学育儿社科沙龙、“非遗传承学术沙龙暨非遗演出”等社科沙龙活动。

（曾雪琴）

# 法治·军事

# RULE OF LAW AND MILITARY

# 法治
Rule of Law

## ·依法治区·

【概况】 2020 年，新都区推进民主法治建设、法治政府建设、行政复议与应诉、行政执法监管、法治宣传，不断提升人民群众法治获得感，法治政府建设年度报告制度工作被成都市法治政府建设工作领导小组办公室通报表扬。

【民主法治建设】 新都区完善委员会领导下“1＋4＋N”（“1”即中共成都市新都区委全面依法治区委员会办公室，“4”即立法协调小组、执法协调小组、司法协调小组、守法普法协调小组，“N”即相应的成员单位）工作机制，石板滩法律顾问村（社区）合同合法性审查试点入选四川省依法治农、依法兴农十大法治案例，在网络投票环节排名全省第二，斑竹园街道三河村被命名为第八批全国民主法治示范村；协助做好立法调研，上报反馈意见信息 20 条；办理合法性审查 607 件，区政府机关负责人出庭应诉率 100%；建立新都区刑事速裁中心、全面提高认罪认罚从宽制度适用率、开展民事诉讼程序繁简分流、社区矫正等司法体制机制改革取得突破，深入推进行政调解、人民调解、司法调解“三调联动”，化解矛盾纠纷 12712 件，调解成功率 99.7%；实施“互联网＋明厨亮灶”工程、建立“丰行侠”“香城细管”智慧城市管理机制等社会治理创新举措成效明显。

【法治政府建设】 新都区统筹推进法治政府建设，制定并贯彻落实《新都区人民政府 2020 年度法治政府建设工作要点》；推进政府涉法文件合法性审查标准化，落实合法性审查职责，完成合法性审查及征求意见反馈 607 件，其中常务会议题 171 件、土规会议题 144 件、政府拟签订的协议 124 份、市局立法征求意见反馈 18 件、其他合法性审查 150 件；推进行政规范性文件备案规范化，向市政府、区人大常委会完成行政规范性文件备案 6 件。

【行政复议与应诉】 新都区司法局履行行政复议职责，收到行政复议申请 37 件，依法受理 28 件，不予受理 7 件，申请人主动放弃复议申请 2 件，在受理案件中经释法说理，当事人主动撤回复议申请 8 件，占 29%；提升行政应诉案件办理能力，办理

新都区委全面依法治区委员会第二次会议召开　（供图：区司法局）

以区政府为被告、第三人的行政应诉案件 20 件，出庭应诉 5 件，胜诉率 100%，出庭应诉率 100%。

【行政执法监管】 新都区司法局做好疫情防控，对部门落实包容审慎监管、行政执法“三项制度”等全面部署；深入大丰街道、石板滩街道开展现场执法督导 2 次，指导审查食品安全、医疗器械领域重大行政处罚 2 件；对全区行政执法单位落实行政执法“三项制度”情况开展自查，对照问题整改完善；加强行政执法人员监督管理，完成执法证件年度审验 671 本，组织开展 2020 年度行政执法人员资格考试；组织召开 2020 年度执法协调小组会议，议定《执法协调小组工作细则》；开展“人民群众最不满意行政执法突出问题承诺整改活动”，全区查找整改突出问题 14 个；接受执法单位重大行政处罚、行政强制案卷备案 100 件；组织开展 2020 年度执法案卷评查，重点抽查区公安分局、综合执法、市场监管等在内 18 个重点执法单位 38 卷执法案卷并通报评查情况。

【法治宣传】 新都区制定《2020 年普法依法治理要点》《新都区 2020 年“法治四川行”一月一主题活动清单》《新都区 2020 年“谁执法谁普法”普法责任制清单》，落实“谁执法谁普法”普法责任制；建立国家机关工作人员学法考试机制，各级党委党组学法常态化；完善学校、家庭、社会“三位一体”教育格局，采取青少年“法治课赛”“模拟法庭”、法治主题辩论赛等形式，深入开展“送法进学校”活动 200 余次；以“七五”普法总结验收和“12·4”国家宪法日、“民法典”宣传学习活动为契机，围绕中心工作，针对性开展“百日普法”“法治大讲堂”“民法典网络知识竞赛”等主题活动 1800 余场，教育引导群众 30 万人次，发放法治小物件和普法宣传资料 20 余万份，提高干部、群众法律意识；利用新媒体资源推送法治微信 353 条、法治微博 1600 条；完成土城村、三河村 2 处法治宣传阵地和 1 处市级民生工程一类清流镇广泉村法律之家建设。

（韩燕瞳）

12月4日，新都区司法局在黄桷树广场开展普法活动

（供图：区司法局）

## ·政法综治·

【概况】 2020 年，新都区委政法委坚持“154”总体部署，突出“一心四区”建设，把维护国家政治安全放在首位，做好新形势下疫情防控和经济社会持续恢复，深化扫黑除恶专项斗争，打造一支高素质专业化政法队伍，建设更高水平的平安新都、法治新都，为加快开创现代化国际范成北新中心城区高质量发展新局面、成都融入“双循环”唱好“双城记”建好“示范区”贡献政法力量。

【综治维稳】 新都区委政法委健全维护国家政治安全工作机制，加强国家安全人民防线建设，深入推进反颠覆反渗透反暴恐反分裂斗争，严守驻区高校和网络空间意识形态主阵地；强化维稳工作组织领导，区委、区政府先后召开专题工作会议 6 次，主要领导牵头研究协调涉稳重点事项 7 次，区委政法委召集部门对方面性涉稳问题逐一研究分析，专项督导重点镇（街道）和部门；强化维稳基层基础，建立《每日维稳要情》《每周维稳动态》通报机制，排查不稳定因素 341 条，对全区涉稳重点人员，落实“五包”工作责任制和领导包案，稳控率 100%，群体性事件下降 23%，实现维稳工作连续三年省先进，市委政法委书记对新都区维稳工作经验给予高度肯定和批示，并在全市政法系统推广学习；强化社会稳定风险评估，探索完善第三方参与

举行国家安全宣传活动　（供图：区委政法委）

机制，促进社会力量参与，对木兰等 54 个项目开展社会稳定风险评估。

**【矛盾纠纷多元化解】** 12 月，新都区劳动纠纷“一站式”多元化解联动处置中心投入使用，实现工会调解、人民调解、行政调解、仲裁调解、司法调解“五调联动”，将劳动执法、调解、仲裁、法律援助、司法确认等职能有机衔接，形成链条式一揽子调处能力，实现劳动纠纷化解“一站式”管理、“一窗式”办理、“一条龙”处理，满足职工群众高效公正解决劳动纠纷多元化需求，缩短维权周期，提高维权质效，为促进构建和谐劳动关系发挥积极作用。

**【平安新都创建】** 新都区委政法委开展市级三星级平安街道（镇）、“六无”平安示范社区（村）、平安单位创建，组织行业主管部门开展平安家庭、平安校园、平安医院、平安智慧小区（院落）等创建，石板滩街道农和社区、大丰街道南丰社区、桂湖街道状元社区被评为省级“六无”平安社区，军屯镇护国村、新繁街道兴堰村被评为市级“六无”平安村，新都街道、桂湖街道被评为市级三星级平安街道，新都一中、新都区北星小学、新都区医疗保障局、新都区中医医院、新都区毗河初级中学校被评为市级平安单位。

**【扫黑除恶专项行动】** 新都区委召开 4 次常委会，专题研究部署扫黑除恶专项行动工作；区扫黑除恶专项斗争领导小组召开推进会、工作会议 13 次，在全区开展扫黑除恶专项斗争“回头看”专项整治行动和巡察行动。全区全年收集并登记线索 55 条，办结线索 51 条，办结率约 93%。新都区推动“六清”工作，完成 3 月底前存量问题线索“清零”，完成“线索清仓”“案件清结”“伞网清除”“黑财清底”“逃犯清零”目标；组织镇（街道）、各行业部门深入一线开展大走访、大摸排活动，确保扫黑除恶无死角；在正因、泰兴辖区组建工作专班，开展常态化滚动排查整治，取得阶段性成效；在三河街道开展重点区域专项整治，开展常态性联合执法行动；开展防范通信网络诈骗宣传“十进”活动，覆盖 300 万余人次，侦破公安部挂牌督办全省首例“多卡宝”电信诈骗案件；打击非法传销，查获传销窝点 113 个；破获侵财案件 631 件，打掉侵财团伙 13 个，侦破公安部挂牌督办案件 1 件、省公安厅挂牌督办案件 5 件；破获盗抢机动车案件 8 件，追回被盗机动车 45 辆；破获九类涉恶案件 79 件。

**【治安防范】** 新都区委政法委对全区 22 个治安重点区域开展专项整治，在全区 30 个物业小区、20 个村（社区）综治中心、10 个村（社区）治保会开展示范点位建设，组织各镇（街道）开展“竞进拉练”活动，完成 6 个镇（街道）综治示范点位初步验收；会同区委社治委、区住房发展服务中心和区公安分局对全区 47 个高发案小区实施挂牌整治，已初见成效，高发案小区入室盗窃警情比 2019 年下降 32.9%。

**【群防群治】** 新都区委政法委发挥“1＋3＋N”专群联动优势，全区 800 余名网格员、2500 余名综治巡逻队员、1.6 万余名“红袖套”遍布城乡，构筑群防群控的严密防线；走访村（社区）255 个，走访排查 57 万余户、142 万余人，完成“不漏一户、不漏一人”全覆盖走访入户排查。

**【社区社会管理】** 新都区委政法委推进“雪亮工程”实战化应用，实施“雪亮工程”一期、二期；整合社会资源监控点位接入区综治中心平台，在重点区域整治、社会治安防控、城市管理、应急指挥等方面发挥积极作用。

【执法监督】 新都区委政法委落实诉访分离，分类审查、甄别涉法涉诉信访事项，按程序导入诉讼程序依法处理，并督导政法部门妥善处置，全区政法系统接待处置涉法涉诉信访643件，办结643件，息诉息访64件；定期收集政法系统业务情况和数据，分阶段、不定期汇总政法工作存在的问题，编发《政法每月工作要情》14期，为领导决策提供参考。

（陈小丹）

## ·公　安·

【概况】 2020年，新都区公安分局下设机构35个，其中4个副处级、31个正科级部门，辖16个派出所，先后获全市抗击新冠肺炎疫情成绩突出先进集体、四川省政法系统先进集体、四川省执法质量考评优秀县级公安机关等称号。

【稳定维护】 新都区公安分局坚持底线思维，维护国家政治安全和社会稳定，坚决防范抵御造谣煽动、攻击抹黑、捣乱破坏活动；推动构建“党政主导、主管主责、属地主控、公安主动”工作体系，落实分线维稳工作机制，抓实抓细风险排查化解和特殊利益群体稳控，有效防范民生领域向政治领域传导的风险隐患。

【刑事犯罪打击】 新都区公安分局以扫黑除恶专项斗争为引领，深入推进平安建设，瞄准严重侵害人民群众财产安全的电信诈骗、网络赌博等案件，通过领导包案、成立专班、组建专业队伍等措施攻坚破难，侦破郑某涉疫特大电信诈骗案、公安部挂牌督办全省首例“多卡宝”电信诈骗案等一批社会影响大、群众关注度高的重特大刑事案件。

【治安整治】 新都区公安分局重拳整饬治安乱点区域，解决站街拉嫖和娱乐场所营利性陪侍问题，从源头上铲除滋生黑恶乱象的土壤，并落实常态化治理机制，保持高压态势；持续推进“1362”社会治安防控体系建设提档升级，强化“人像识别技术”综合实战应用；加强重点区域巡控，在敏感节点启动装甲车驻点、携警犬混编巡逻。

【行政管理】 新都区公安分局坚持依法行政、依法管理，着力提高办事人员业务水平、服务意识，探索“一警多能”推动“一窗通办”；将服务时间延伸到8小时以外，在派出所“一站式服务办证点”开通延时和非工作时段预约服务，有效解决“上班没空办、下班没处办”等群众办事难点堵点问题。

【户籍管理】 新都区公安分局以深化实有人口管理、落实出租房屋治安管理为抓手，推进疫情防控人口基础信息排查；利用天府健康通申报数据，将全社会防疫排查转换为“一标三实”的覆盖率和准确率；强化人口状况分析研判，为引导人口要素有序流动、提升人才要素保障能力提供科学支撑。

【交通安全整治】 新都区公安分局以做实做强事故预防、做精做细科学治堵为工作重点，狠抓道路交通隐患源头治理、企业主体责任落实、重点车辆与驾驶人管理；将交通秩序治理融入新都香城细管，严厉打击酒驾、毒驾、无证驾驶、闯红灯、超载、改型等突出交通违法行为，深入推进“一盔一带”安全守护行动。

【安全监所建设】 新都区公安分局坚持监所疫情防控标准高于社会面标准，严格关口前移、源头管控等防护措施，实现“零疫情”；深化安全检查、风险评估、人性化管理和社会矛盾化解等安全管理措施，严格执行刚性制度要求，提升谈话教育、集体教育质效，严防“牢头狱霸”，确保监所绝对安全。

【“110”服务】 新都区公安分局充分发挥指挥中心、派出所综合指挥室两级实战指挥体系作用，实现指挥调度扁平高效、情报信息流转灵敏；通过“情指联动、情勤对接”，加强情报引领，强化多警种联勤联动、多手段同步支撑、一体化合成作战，提

举行实战实训汇报演练　　（供图：区公安分局）

升防控处置水平；遵循“有警必接、接警必处、处警必果”指导思想，开展接处警规范突出问题专项整治自查自纠，提高服务效率，方便群众报警求助。

（刘　宇）

## ·检　察·

【概况】 2020年，新都区人民检察院坚持以业务强院为根本，获评年度全市检察机关“目标绩效考评先进单位”；坚持以文化育院为引领，获评第六届“全国文明单位”；坚持以队伍兴院为路径，推进“基层建设年”专项工作，获成都市人民检察院表彰。

【刑事检察】 新都区检察院深化扫黑除恶专项斗争，起诉“九类涉恶”案件58件122人，完成“六清”行动目标；破解电信诈骗破案难困境，针对为境外诈骗团伙提供通讯帮助和洗钱等犯罪实施的关键环节开展精准打击，批捕帮助信息网络犯罪活动和妨害信用卡管理犯罪嫌疑人17人；持续加强毒品犯罪惩防力度，起诉毒品犯罪嫌疑人88人，针对吸毒人员监管漏洞等问题通过检察建议等形式监督纠正，促进禁毒防控体系不断完善。新都区检察院全年批捕刑事犯罪嫌疑人567人，提起公诉1000人，比2019年分别下降38%和28%。

【民事检察】 新都区检察院持续提升精准监督能力，对民事生效裁判和民事审判活动发出检察建议16件，法院均予以采纳；加大民事执行活动监督力度，持续依托专项行动推动解决执行难，对终结执行不规范等情形提出检察建议6件；对不立案、不支持监督申请的5件民事案件，通过释法说理、公开听证等形式力促当事人解开心结、息诉服判；对14件案件依法支持起诉，帮助15名农民工追回劳动报酬82万余元。

【行政检察】 新都区检察院聚焦行政诉讼程序空转等突出问题，开展专项活动实质性化解行政争议3件；聚焦国土、食药、环保等重点民生领域，开展行政非诉执行监督专项活动，发出检察建议10件，在办理区生态环境局申请强制执行成都市榭丽香家具厂排放超标大气污染物行政处罚决定检察监督案过程中，通过组织召开听证会促成双方达成和解；加大行政审判活动监督力度，提出检察建议4件，法院均予以采纳。

【民生检察】 新都区检察院落实食品安全“四个最严”要求，起诉食品安全犯罪嫌疑人9人，办理的“渝味晓宇”火锅店史某某等人生产、销售有毒、有害食品案，通过同步提起刑事附带民事公益诉讼、在量刑建议中提出从业禁止，使被告人获刑的同时，主犯另被判十倍惩罚性赔偿、三年从业禁止，是全省首例由检察机关在量刑建议中提出从业禁止并获人民法院支持的食品安全犯罪案件，入选省检察院典型案例；聚焦严重影响群众安全感的多发性侵财犯罪，起诉“三盗两抢一诈骗”等犯罪嫌疑人203人，同比下降44%；加强公民个人信息司法保护，起诉非法获取、买卖个人信息等犯罪嫌疑人5人。

【公益诉讼检察】 新都区检察院围绕生态环境保护，构建法律监督与修复治理相结合的监督模式，办理生态环境和资源保护领域公益诉讼案件15件，督促被非法占用的36亩农用地复耕，督促整治造成环境污染的企业2家；围绕群众反映强烈的食品安全、扬尘污染、饮用水安全等问题，发出检察建议22件；深入开展国有建设用地使用权出让领域、违规发放养老金等专项监督整治活动，发出检察建议 6 件，督促收回国有土地出让金和滞纳金 1200 万余元，追回被套取、冒领的国家补贴资金等国有资产 15.91 万元；拓展司法办案监督视野，探索推广“公益诉讼+网格化”工作模式，与区委政法委协作构建公益保护共建机制，利用“大联动·微治理”平台数据共享，精准发现群众公益诉求，推动热点、焦点问题解决，不断开拓公益诉讼检察参与社会治理新局面。

**【未成年人检察】** 新都区检察院针对性侵未成年人案件上升态势，专题开展“打击侵害未成年人犯罪专项行动”，起诉 22 人；推进侵害未成年人案件强制报告和入职查询制度监督落实，开展密切接触未成年人行业入职资格审查 6500 人次；对 5 名具有较大人身和社会危害性的涉罪未成年人予以批捕，依法附条件不起诉 5 人；牵头推进未成年人司法保护社会支持体系建设，对 57 人实施综合救助保护，“强制家庭教育指导”工作经验受到最高人民检察院、全国妇联调研组高度肯定。

**【经济社会发展检察】** 新都区检察院坚持在法治轨道上推进疫情防控，办理销售伪劣口罩、借销售口罩实施诈骗等涉疫案件 4 件，并办理全市首例涉疫知识产权案件，办案效果获成都市检察院主要领导肯定；发挥检察建议在参与社会治理中的作用，制发社会治理类检察建议 8 件，以法治方式推进社会治理向最末端延伸；针对行政机关未及时向食品安全犯罪行为人送达食品行业终生禁入告知书反映出的监管盲区问题，在全省首次以检察建议的形式督促执法机构完善制度、强化监管、堵塞漏洞，做法被四川省检察院推广；坚持以公开促公正赢公信，开展检察公开听证 5 件，公开听证互联网直播工作受到最高人民检察院通报表扬；畅通群众诉求表达渠道，检察长接访 24 人，对 150 件群众来信来访“件件有回复”；聚焦服务“六稳”“六保”，深入推进法治化营商环境建设，打击侵犯市场主体人身财产安全、妨害公司企业经营管理、扰乱市场秩序等犯罪，起诉 102 人；秉持平等保护理念，坚持少捕慎诉慎押，以“宽严相济”的司法政策助力民营企业渡过难关，依法对唐某、张某虚开发票案作出不起诉决定，保障企业正常经营、220 名职工正常就业；融入国家战略实施，与重庆市九龙坡区检察院建立合作关系，促进经验互鉴、办案协作；助力脱贫攻坚，援彝干警被表彰为凉山州禁毒工作先进个人，并代表检察系统在全市政法系统“忠诚为民·平安先锋”先进典型报告会作事迹报告；将司法救助深度融入精准扶贫，对 10 名“因案致贫、因案返贫”刑事案件被害人及其近亲属开展司法救助，发放救助金 13 万元；加大侵犯知识产权犯罪惩治力度，起诉 16 人，办理的刘某等人侵犯网络游戏著作权案获评全省“扫黄打非”暨著作权保护十大典型案例，被国家版权局表彰为查处重大侵权案件有功单位。

**【阳光司法建设】** 新都区检察院树立监督者更要接受监督的意识，加强外部监督和内部制约，确保检察权规范运行；接受人大监督，向区人大常委会专题报告公益诉讼，并根据常委会审议意见研究改进措施；尊重人大代表、政协委员监督主体地位，通过座谈交流、上门走访、邀请视察等方式，听取意见建议，助推检察工作补短板、强弱项；深入推进检务公开，发布案件信息 1684 件、法律文书 955 份，不断增强司法透明度；强化内部监督制约，上线统一业务应用系统 2.0 版本，规范办案权限、办案流程，对司法办案全程监督；坚持以管理树规范、立公信，建立日常评查、重点评查、专项评查相结合的案件质量评查机制，完善落实检察官业绩考评，推动办案质效明显提升。

**【检察队伍建设】** 新都区检察院坚持理论武装，深入学习宣传贯彻习近平新时代中国特色社会主义思想和中共十九届五中全会精神，引导干警增强“四个意识”、坚定“四个自信”、做到“两个维护”；坚持学以致用，深学细悟习近平法治思想，把相关要求落实到检察工作各方面、司法办案全过程；严格执行重大事项请示报告制度，向区委、市检察院请示报告重大事项、重要工作 26 次；推进队伍专业化建设，实施办案质效与司法能力“双提升”工程，开展刑事诉讼实战大练兵，推动干警业务能力有效提升、80项检察办案核心指标持续优化；实施素质兴检，与西南民族大学等高校共建法学理论研究基地，促进理论实践有机融合、相互促进；创新打造“香城·新分享”工作交流平台，通过“员额＋助理，分享＋互动”的培训模式，提升检察干警的业务能力和综合素质。

（易　朋）

## ·法　院·

【概况】2020年，新都区人民法院以“强管理、促改革、提效能”为抓手，深入践行“务实、精进、卓越”工作总基调，坚持“忠诚、公正、廉洁”工作主题，坚持服务大局、司法为民、公正司法，向新时代全国一流基层法院迈进，为建设现代化国际范成北新中心城区提供司法保障。新都区法院全年受理案件19988件，审结19375件，法官人均结案412件，结案率96.93%，比2019年提升5.59%，完成省、市两级法院部署的“未结案件消减”“百日办案攻坚”任务。

【刑事审判】新都区法院打好扫黑除恶专项斗争收官战，完成线索清零、案件清积、黑财清底；保护人民群众生命财产安全，审结抢劫、故意伤害等严重暴力犯罪66件107人，审结盗窃、诈骗等侵财犯罪219件287人，审结参与人数上千人、涉案金额上亿元的“4·11”组织、领导传销活动系列案，打击电信诈骗、非法集资等案件28件36人，唐某某等招摇撞骗案入选《中国法院2020年度案例》；狠抓铁腕治毒，审结黄赌毒案件112件161人，开展毒品犯罪案件态势通报暨典型案例发布会、庭审进校园等禁毒系列活动。新都区法院全年受理刑事案件802件，审结795件，判处被告人1022人，结案率99.13%。

【民商事审判】新都区法院维护诚信交易规则，审结买卖、租赁等案件4281件；促进房地产市场健康发展，审结房地产开发、商品房买卖等案件1377件；防范金融风险，健全金融案件专业化审理机制，“三个集约”模式推动案件办理，审结民间借贷、金融借款、银行卡纠纷等案件1606件；构建和发展和谐稳定的劳动关系，处理劳动争议案件385件，调撤率61.56%；加强人身权益保护，审结人身损害、医疗事故、道路交通事故等损害赔偿案件780件；优化家事审判改革，坚持家事审判柔性司法理念，妥善处理婚姻家庭、继承等案件956件，调撤率73.43%，签发人身安全保护令2份。新都区法院全年审结民事案件10453件，涉案标的额25.85亿元。

【行政审判】新都区法院持续深化“三项机制”，加强司法与行政良性互动，召开府院联席会议8次，向龙泉驿区（行政案件审理实行异地审理模式，新都区法院审理龙泉驿区行政案件）党政机关发送行政案件司法审查报告和司法建议8份，助力法治政府建设；强化行政机关出庭应诉，行政机关负责人出庭应诉率提升至96.62%，同比增长18个百分点；依法支持新都区行政决定执行，办结非诉执行案件30件，发送《关于近五年行政非诉执行案件审查情况的报告》，获得区政府主要领导肯定性批示；参加城市规划、治安管理、征地征收等重要执法活动会议和开展专题培训12次，提前研判司法风险，督促行政主体依法履职。新都区法院全年审结行政案件259件，判决行政机关败诉34件。

【执行工作】新都区法院健全综合治理执行难工作大格局，深化司法惩戒和打击拒执联动协调机制；加大失信惩戒力度，发布260名失信被执行人信息，限制高消费5093人，罚款拘留11人；开展“做好‘六稳’工作、落实‘六保’任务”“司法大拜年”等专项行动，执结案件232件，执行到位1300余万元，工作成效被《人民法院报》报道，获评全市“五类执行案件”先进集体；推行网络司法拍卖，挂网标的314宗，成交金额5.23亿元，成交率55.52%，溢价率34.89%。新都区法院全年受理执行案件7715件，结案7505件，结案率97.28%，执行到位7.6亿元。

11月6日，新都刑事速裁中心正式揭牌　　（供图：区法院）

【法院司法改革】 新都区法院贯彻落实全国人大常委会授权开展的民事诉讼程序繁简分流改革试点，开展“5＋3”（“5”即优化司法确认程序、完善小额诉讼程序、完善简易程序规则、扩大独任制适用范围、健全电子诉讼规则，“3”即优化“分调裁审执”机制改革、深化审判监督管理改革、配套智慧法院建设智能支撑）改革，简易程序适用率、一审独任制适用率、在线办案率3项指标排名全市法院前列；针对集团案件协同采用“示范机制＋就范机制”，通过“示范诉讼＋”改革处理22个楼盘3709件案件，被《人民法院报》头版头条报道，并受邀在全国人大、最高人民法院调研座谈会和全市法院院长会上作现场交流；在区看守所挂牌成立全省首家刑事速裁中心，实现对认罪认罚从宽案件的公安机关移送、检察机关起诉、司法局法律服务、法院开庭审理的一站式办理，刑事速裁新都经验获得市委政法委、市中院肯定性评价。

【智慧法院建设】 新都区法院坚持以业务一线需求为导向，引入法信平台、智审系统、集中送达综合平台等，提供智慧服务助力审执办案；推动在线诉讼全线支撑，持续提升在线立案、在线缴费、在线庭审和电子送达等运行水平；在全市法院中率先引进技术公司完成网络法庭改造，利用网上庭审系统审理第一案，全年线上立案3879件，线上开庭493场，线上送达15048次，在线办案率39.95%，位居全市前列，1件网络庭审获评全市“十佳庭审”；创新打造全智能化中心，借助“物联网技术”和“人工智能AI算法”，在第二办公区建立部署“智能楼宇系统”，实现办公场所的全天候全方位静默化智能管控。

【审判监督管理】 新都区法院持续升级全院、全员、全程“三全”监督管理体系，召开审判管理监督委员会4次、“百日办案攻坚”系列会议11次，发布管理通报100余期、办案优胜榜10期，按季、月、周不同频次检视管理效果；召开专业法官会议177次、审判委员会议13次，监管“四类案件”818件；拓展办案质效管理中心职能，发布督办提示函4份，开展静默化流程监管6次，评查重点案件191件，定期抽检法律文书6000余份，33项重点质效指标考核得分位居全市前列，获评全市法院2020年办案质效管理中心工作先进集体。

【阳光审判推进】 新都区法院落实司法公开概念，构建“新都法院公开体系”，实现审判流程、庭审直播、裁判文书、执行信息网上实时查询，文书公开22079份，文书公开率114.16%，位居全市第一；庭审直播4426场次，观看量356万次，庭审直播总量全省第四，法官人均直播量位居全市第二；接受区人大及其常委会法律和工作监督，向区人大常委会专题报告民事审判情况，并根据审议意见优化民事审判；接受区政协民主监督，报告2020年法院工作情况，听取意见建议；邀请人大代表、政协委员参加旁听庭审、见证执行等活动12次53人，走访代表委员12人次，办结代表建议7件、政协提案15件，如期办结率100%；贯彻监察法，接受纪检监察监督；依法接受检察机关法律监督，邀请检察长列席审判委员会，共同维护司法公正；推进人民陪审员制度改革，新选任人民陪审员40名，全年参审案件973件；聘任10名各界人士担任特约监督员，监督法院工作。

【诉讼服务】 新都区法院诉非协同中心实质化运行，开启融合服务大厅、热线电话、网络终端的全方位、立体化、全天候诉讼服务新模式；坚持全业态、全流程在线办理、系统流转，实现材料收转、网上留言、案件查询、信访投诉等事项跟踪一网通办；

针对常态化疫情防控实际，推广“非接触式”线上诉讼服务，引导群众使用“四川微法院”“12368”诉讼服务热线等平台；办理诉讼服务事项60528件次，其中线上服务42323件次，同比提升409%。

【社会治理参与】 新都区法院破除“就案办案、机械办案”思维，延伸审判职能参与基层社会治理，创新构建“三三四”（“三”即三个转向，解纷主体由单打独斗转向合力共治，解纷思路由全面使劲转向重点突破，解纷关口由司法末端转向治理前端；“三”即三个中心，搭建纠纷联调中心、做强驻院调解中心、做实律师调解中心；“四”即四个服务，培训指导服务、法治宣传服务、风险预警服务、智能便民服务）一站式多元解纷新模式，案件数量同比减少1753件；撬动区级部门联动支点，释放合力解纷效应，建成金融纠纷“投诉+调解+裁决”一站式解纷机制、家事审判改革联席会议制度、道交纠纷联调平台、劳动纠纷“一站式”多元化解联动处置中心；深挖社会资源内聚，做强驻院纠纷调解中心，构建诉前驻院解纷大团队，创新引进行业组织、人民调解员、社区工作者等社会解纷力量入驻线上线下平台；发挥律师专业力量，在2个律师事务所设立律师调解室。

【疫情防控司法保障】 新都区法院落实政法机关依法保障复工复产意见，制定司法保障疫情防控调研报告、实施意见等文件5份；组建5个“党员先锋队”，驰援疫情防控54天，参与干警1105人次；服务“六稳”“六保”，坚持“一企一策”跟踪服务，以“面对面”“点对点”方式督促指导企业复工复产；将涉疫情案件纳入“四类案件”监管，畅通涉疫情案件立审执“绿色通道”，审理涉疫情案件112件，1个案例被评为全市法院涉疫情典型案例。

【民生司法保障】 新都区法院坚决打击危害食品安全的犯罪行为，审结“渝味晓宇”火锅生产、销售有毒、有害食品罪等案件6起，对相关人员实行从业禁止，支持刑事附带民事公益诉讼惩罚性赔偿；开展“防范打击侵害未成年人违法犯罪、关爱保护未成年人健康成长”专项行动，重拳打击侵害未成年人犯罪21件25人，发布侵害未成年人犯罪典型案例，向相关职能部门发送司法建议；依法治理农民工欠薪问题，审结涉农民工权益案件381件，执行兑付金额578.87万元；加强对困难当事人司法关怀，减免缓诉讼费19.18万元，对27名特困当事人发放司法救助金79.67万元。

【营商环境司法服务】 新都区法院制定《全面优化提升服务保障国际化营商环境建设的工作方案》《关于依法服务和保障三大产业功能区建设的实施意见》等文件，为民营经济发展提供服务；瞄准“执行合同”评价指标，在案、人、节点三个维度明确细化任务；以民事诉讼程序繁简分流改革为抓手，实现审判阶段从立案到结案平均用时缩短至62天，提升市场主体司法获得感；瞄准“办理破产”评价指标，服务供给侧结构性改革，联合区政府构建企业破产处置府院联动工作机制，组建专业破产审判团队办理案件8件；瞄准“保护中小投资者”评价指标，审结涉中小股东知情权、优先购买权等案件，走进企业和金融机构法治服务10余次、发送司法建议书20余份。

【审判宣传与普法】 新都区法院通过“两微一端”推送信息3818条，官方微信关注人数同比增加60%，官方微博影响力排名全省法院前列，信息稿件被中办、市委办采用7条，调研文章在市级以上平台刊登获奖27篇次，被评为“2015—2020年成

12月1日，新都区法院开展宪法进校园活动 （供图：区法院）

都市法学研究杰出贡献单位”；依托“香城法治讲堂”走进村（社）、园区、学校等场所普法宣传，开展线上线下宣传31期，发放宣传册5000余册，受益群众10000余人。

【法院队伍建设】 新都区法院深入学习贯彻中共十九届五中全会精神，开展“大学习、大调研、大走访”活动；贯彻《中国共产党政法工作条例》及实施细则精神，请示报告重点工作37次，获得肯定性批示33次；配合省委第九巡视组、区委第二联动巡察组巡视巡察，推动整改落实；在全市法院率先打造党建文化中心，发挥党建教育功能；整治“四风”问题，加强司法廉洁和司法作风管理；制定全面从严治党、党风廉政建设和反腐败工作要点、责任清单，召开党组会专题研究党风廉政建设和反腐败工作，开展廉政谈心谈话200余人次；开展防止干预司法办案“三个规定”（《领导干部干预司法活动、插手具体案件处理的记录、通报和责任追究规定》《司法机关内部人员过问案件的记录和责任追究规定》《关于进一步规范司法人员与当事人、律师、特殊关系人、中介组织接触交往行为的若干规定》）专项整治行动和“三个以案”（以案释德、以案释纪、以案释法）警示教育，定期监督检查“三非”（非因正常办案需要、非正常时间地点会见案件关系人、他人非因履行职责过问案件）填报情况，梳理排查干警是否存在任职回避、近亲属涉及诉讼等情况；依托市级警示教育基地，联合区纪委监委、区委党校针对重点行业突出问题开展互动式警示教育课，筑牢防腐防变底线；逗硬审务督察，开展审务督察12次，通报问题26个；植廉政文化内涵，形成以廉为基、以民为本的“芙蕖清韵　廉行致远”文化品牌，在全市法院文化品牌评选活动中获评二等奖；深化“卓越法官”培养二期工程，开展“三项精品”“十佳文书庭审”“最美法官”等特色评选活动，1名法官获评全市十佳法官，4篇文书被评为省市级优秀文书，6个庭审被评为市级优秀庭审；执行完善员额法官常态化增补、退出和考核机制，实现法官等级晋升24名，其中择优选升高级法官18名；加强司法警察规范化建设，先后获得省高院、市中院表彰；创新聘用制人员队伍链条式管理模式，运用“管理组长”“双通报”等机制优化人力资源配置、激发队伍内生活力。

（李　静　刘淋汭）

## ·司法行政·

【概况】 2020年，新都区司法局推进人民调解、社区矫正、法律援助、律师服务、公证服务、司法所规范化建设，选送的杨某某申请撤销其监护人监护资格案入选首届成都市维护妇女儿童合法权益十大优秀案例并获得全市优秀组织奖，被区妇联评为新都区巾帼维权先进集体。

【人民调解】 新都区在全市率先通过区政府常务会议审议出台《关于加强人民调解员队伍建设的实施方案》，升级个案补贴标准，人民调解个案补贴标准由2009年的50、100、200元/件增加至100、200、300元/件，对重大疑难、复杂案件给予500～3000元补贴，案件类型由原来三类增加至四类，全年各级各类人民调解员调解矛盾纠纷12740件，调解成功12712件，成功率99.8%，调解成功个案数量较2019年增长20.8%，发放个案补贴126万元，比2019年增长88%；巩固发展新都区“人民调解组织、人民调解员等级化管理机制及其实践探索”创新项目成果，在全市率先开展乡镇（街道）行政区划调整后人民调解委员会换届选举，全区180个村（社区）、9个镇（街道）调委会全部完成选举；在知识产权和劳动争议行业（领域）新建专业性人民调解组织2个，分别是新都区知识产权纠纷人民调解委员会、新都区劳动纠纷人民调解委员会，建成劳动纠纷“一站式”联处中心1个，加强非诉讼纠纷解决机制建设。新都区人民调解经验做法入选四川省委改革办主编的《四川省深化改革报告》。

【社区矫正】 新都区司法局坚持贯彻新发展理念、构建新发展格局，在宣传实施《中华人民共和国社区矫正法》、做好特殊人群疫情防控、推进社区矫正工作改革试点、强化执法规范化建设等方面发力，深化社区矫正规范化、法治化、制度化、智慧化建设。2月，四川省司法厅确定新都区司法局为全省11个、全市2个社区矫正工作改革试点单位之一。5月底，新都区成立由区长为主任的新都区社区矫正委员会，组建木兰、马家、新民、大丰4个社区矫正分中心，将原由司法所承担的社区矫正工作移交至分中心管理。疫情期间，新都区率先在全国实施社区矫正“异地托管”新模式，被司法部官网、省司法厅官网、市司法局简报刊登推广。8月，“异地托管”新模式被纳入成渝地区双城经济圈打造“监管安全共同体”的重要内容之一。11月，新都区司法局以“异地托管”新模式“战疫”入选全国城乡社区疫情防控优秀案例，是司法行政系统全国唯一入选案例。

**【法律援助】** 新都区法律援助中心全年办理法律援助案件（包括诉讼、劳动仲裁）568件，其中民事法律援助案件272件、刑事法律援助案件295件、行政法律援助案件1件；办理其他法律援助事项（包括法律咨询、网上预申请、“12348”公共法律服务热线提供来电咨询等）5355件，为城乡困难群众提供法律援助服务5923人次，获赠锦旗2面，超额完成2020年市级为民办实事民生工程目标服务人次任务的247.82%。

**【律师服务】** 新都区司法局组建以党员律师为骨干的疫情防控专项法律服务应急小组，提供专业法律服务；成都市律师协会新都分会组建法律服务团对受疫情影响的企业提供免费法治体检，形成企业法律风险体检报告21份；普联、北新律师事务所编辑《“新冠”疫情法律风控指南》电子书、《法律问题120问读本》，线上向辖区企业和社会公众发布；北新、诚伦、普联律师事务所等针对行业企业发布劳动用工、合同履行等方面疫情影响法律风险提示，帮助企业应对疫情和解决复工复产中的法律问题；北新、集文律师事务所等深入企业走访了解法律需求，调处企业复工复产中遇到的矛盾纠纷。新都律师行业党组织服务企业复工复产先进事迹被《人民

3月31日，新都区村（社区）合同合法性审查试点工作启动仪式在石板滩街道土城村举行（供图：区司法局）

日报》客户端、《半月谈》报道。新都区司法局组织律师服务城乡社区发展治理，新都区村（社区）合同合法性审查试点启动后，与成都市律师协会新都分会选拔20名律师入驻试点村（社区）提供法律咨询、合同合法性审查100余件、法治讲座109场，参与矛盾化解50余件，挽回经济损失181万元，四川电视台、“学习强国”四川频道、四川省司法厅官方微信、成都市委全面依法治市简报等报道新都区合同合法性审查；根据村级体制改革，优化调整村（社区）法律顾问，全区180个村（社区）实现法律顾问全覆盖；推广社区公共法律服务平台，召开社区公共法律服务平台推广培训会，组织镇（街道）司法所、村（社区）网格员等线上线下推广；依托驻村法律顾问开发新都区智慧公共法律服务平台小程序，村（居）民通过微信程序即可拨打驻村律师电话、线上咨询法律问题，提高信息化、智能化水平。

**【公证服务】** 新都公证处围绕2020年政府中心工作，为个人、法人、组织办理公证6509件，其中国内民事类公证事项5156件、经济类公证事项1334件、涉外公证19件。

**【司法所规范化建设】** 新都区司法局以新都区为蓝本，出台《司法所外观及室内标识规范》《司法所队伍建设及内务管理规范》两项地方标准，指导全区司法所做好乡镇行政区划调整后规范化建设，包括硬件建设及相关业务，统一改造新繁司法所和斑竹园司法所。

（韩燕瞳）

# 军　事
Military

## ·人民武装·

【概况】 2020年，新都区人武部全面贯彻习近平强军思想和中共十九届五中全会精神，聚焦主责主业，狠抓国防动员和后备力量建设，完成年度各项工作，党委被成都警备区党委评为“先进团级单位党委”。

【思想政治建设】 新都区人武部坚持以习近平新时代中国特色社会主义思想武装头脑，党委班子始终先学一步、深学一层，将疫情防控教育、职能使命和形势战备教育、安全和保密教育等纳入年度政治教育，跟进习主席最新讲话精神，把理论灌输、政治教育、思想引导和党课辅导、组织生活结合起来，深入推进“传承红色基因、担当强军重任”主题教育与经常性思想教育，统一思想和行动。

【应急应战能力提升】 新都区人武部定期组织党委议战议训，修订完善本级应急维稳、抗震救灾、火灾扑救和抗洪抢险等预案，定期组织拉动演练，确保一有情况能够迅速集结人员物资装备立即出动；突出抓好重大活动、重大节日和敏感时期战备教育、战备值班、战备演练等制度落实，应急应战水平大幅提升；抓好年度民兵军事训练落实，提高应急民兵军事素质和应急应战能力。8月汛期，新都区人武部出动应急民兵执行抗洪抢险任务，其中转移群众700余人、巡查河道100余次、加固堤坝650米、封堵管涌13处、清理淤泥250000平方米。

【国防动员与教育】 新都区人武部更新完善辖区国防动员潜力信息系统数据，核查2018—2020年退役军人详细数据，核查特殊重点专业退伍军人，核查重点企业产品数量及保障部队能力，对高新技术企业进行信息采集和动员保障能力评估；统筹组织学生军训，训练6所高中阶段学校学生，军训全程安全顺利。

新都区民兵参与新冠疫情肺炎防控工作 （供图：区人武部）

【兵役征集】 新都区人武部狠抓兵役登记，全区男性公民登记率100%。全区征集大学生男兵占比96.4%（大学毕业生占比35.9%），完成市征办征集任务且实现“零退兵”。

【疫情防控】 新都区人武部第一时间收拢人员，健全组织领导，制定应对方案预案，全面部署各项防疫工作；响应地方党委政府要求，出动官兵协助开展高速路口设点盘查、社区入户排查和企业市场设点排查，组织对部分公共区域消毒，得到充分肯定和好评；加强疫情常态化防控，坚持定期分析形势、通报疫情、互通军地信息等制度，狠抓营院管理、人员管控、物资筹备等防控措施，最大程度消除疫情蔓延的风险隐患；党员自愿捐款4000元，支持新冠肺炎疫情防控。

【对口支援】 新都区人武部对口支援甘孜州理塘县下木拉乡中下马岩村，投入7万余元援赠手扶推车、义务教育阶段学生学习用品等，助力实现乡村振兴。10月，新都区人武部部长率队到理塘县实地考察脱贫攻坚，深入对口帮扶村了解乡村振兴进展、历年对口帮扶成效和下步帮扶需求，解决1.5万余元自产农产品销售问题。

（刘小平　袁　宇）

## ·人民防空·

【概况】 2020年，新都区人防办按照“战时防空、平时服务、应急支援”的职能使命要求，贯彻与区经济建设协调发展、与城市建设相结合的原则，人防行业突出问题系统治理、工程建设和管理、人防组织指挥信息化、人防宣传等取得显著成绩。

【人防行业突出问题系统治理】 新都区人防办围绕人防行业系统治理重点，落实《全区人防行业突出问题系统治理工作实施方案》，对标对表、自查自纠，实施人防系统专项整治问题“台账式管理”和“销号制落实”，追缴人防易地建设费，对4家建设单位“应建未建”违法行为移交区综合执法局进行行政处罚，组织处理涉及存在突出问题的工作人员；多元推动警示教育，组织观看警示教育片，督促有问题的干部职工主动说清问题，强化全体干部职工敬畏法纪、遵守纪律规矩意识；加强《中国共产党廉洁自律准则》《关于实行党风廉政建设责任制的规定》等重要法规学习培训，坚持强化理论武装，坚固行业监管堡垒；紧抓“新都区政风行风热线”“阳光回应线上坝坝会”活动契机，收集意见建议16项，提升群众对人防工作知晓率、参与度；建立建强工作机制，制定优化《新都区人防廉政建设工作制度》、新都区人防防控流程图、人防行政审批线下初审预警防控流程图等行业制度和工作流程14个，推动事前、事中、事后监管“全覆盖”，实现权力边界划定更加清晰、权力运行可查可控。

【人防工程建设与管理】 新都区人防办加强在建人防工程质量监管，对在建人防工程质量监督检查300余次，督促整改质量问题200余处；采取不定期抽查、定期检查、定期汇报等方式，对各人防工程使用单位加强隐患排查，对存在重大事故隐患的责令整改，压紧压实主体责任。

【人防应急指挥与训练】 新都区人防办完成国务院关于4月4日对抗击新冠肺炎疫情斗争牺牲烈士和逝世同胞的深切哀悼发放“解除警报”信号以及“9·18”警报鸣响任务，防空警报鸣响率100%；对新都区警报系统及终端设备进行数字化升级改造，机动指挥所设备性能完好；组织人防专业队伍训练，参加全市人防应急演练暨通信比武活动和全市人防机动指挥通信专业队伍与重庆市人防跨区支援联合训练。

【人防宣传教育】 新都区人防办以“消除事故隐患、筑牢安全防线”为主题，开展人防法律法规和防空防灾知识宣传，现场发放人防知识宣传手册300余份，增强群众安全生产观念、人防意识和自救互救水平；抓好初级中学人防知识教育课开设，全区初中二年级学生宣传教育面100%；按市人防办要求采购发放人防应急包，完成800套人防应急包发放，推动人防教育宣传进社区、进家庭。

（王　精）

# 综合经济管理

# INTEGRATED ECONOMY AND MANAGEMENT

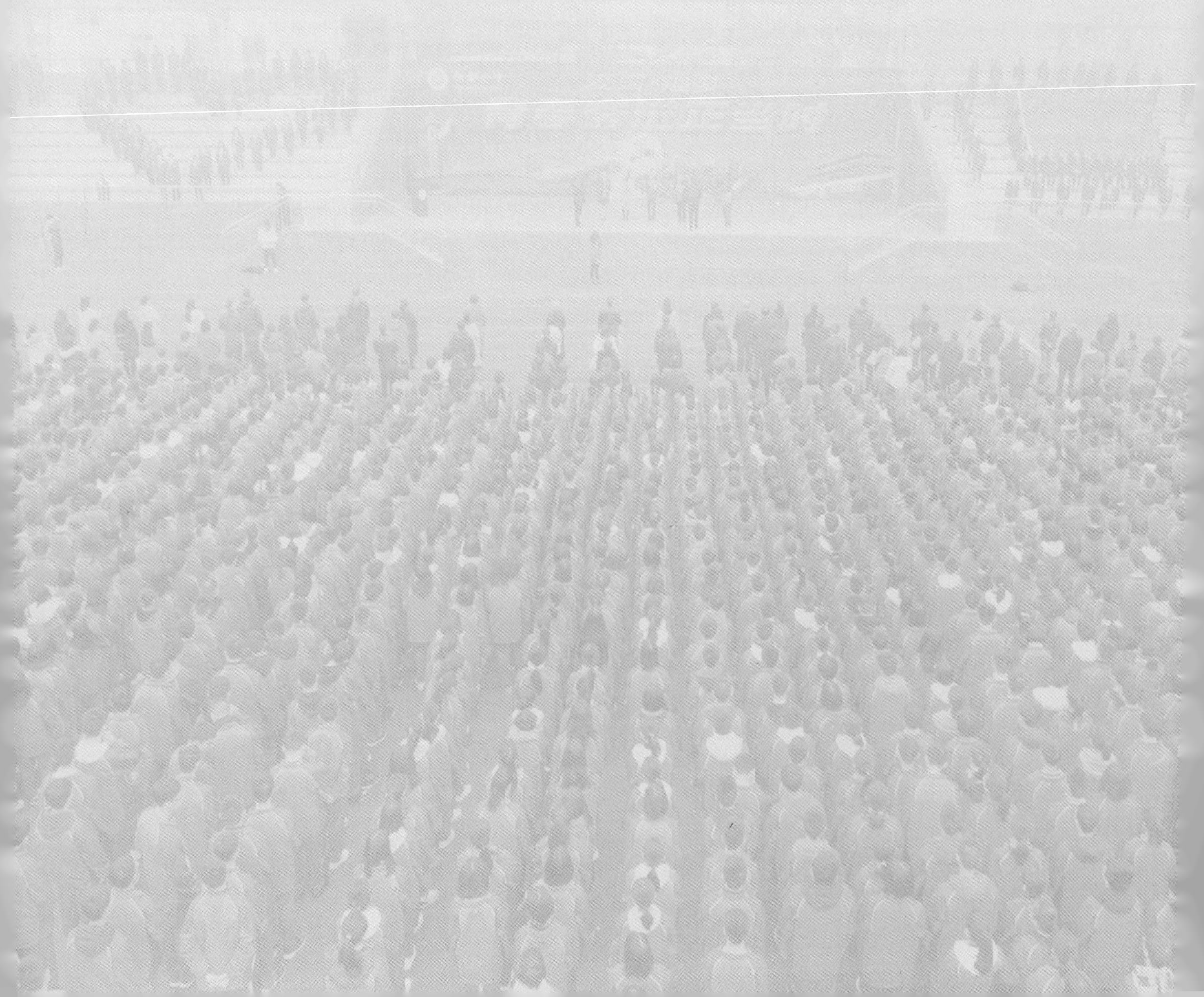

# 改革与发展
Reform and Development

【概况】 2020年，新都区发改局深入贯彻区委、区政府各项决策部署，着力稳增长、调结构、促改革、惠民生，积极推动经济平稳协调发展。全区完成地区生产总值877.9亿元，同比增长5.2%，其中第一产业增加值36.9亿元，同比增长3.8%，第二产业增加值275.1亿元，同比增长3.6%（规上工业增加值增长6.9%），第三产业增加值565.9亿元，同比增长6.5%；社会消费品零售总额实现302.7亿元，同比增长-1.7%，一般公共预算收入67.6亿元，同比增长12.6%；城镇居民人均可支配收入50089元，同比增长5.9%，农村居民人均可支配收入29547元，同比增长8.5%。全区固定资产投资增长10.9%，超目标增速1.9个百分点，高于全市1个百分点；民间投资增长15.2%，高于全市19.3个百分点；民间投资占比70.8%，高于全市28.2个百分点。

【计划管理】 新都区抓好国民经济发展计划工作，形成《2020年上半年国民经济和社会发展计划执行情况及下半年工作安排》《关于成都市新都区2020年国民经济和社会发展计划执行情况及2021年计划草案的报告》；加大经济运行分析监测力度，完成各季度经济运行分析报告，工作措施的针对性、可操作性不断增强；加大课题研究，围绕区委、区政府中心工作，开展"十四五"基本思路等课题研究。新都区入选"2020年中国营商环境百强区"，获批国家基本公共服务标准化试点先行区，天府沸腾小镇入选全省十大文旅产业地标。

【项目管理】 新都区发改局印发《关于进一步优化重点项目促建工作机制的通知》，在原有重点项目包干机制基础上，提出重点项目建设领导小组会、区政府重大项目联席会、包干区领导、行业分管领

新都区2020年第一季度重大项目开工仪式

（供图：区发改局）

导的四级问题分层协调机制，实现全区项目管理全覆盖、问题协调高效精准；狠抓问题协调，区委、区政府聚焦重大项目关键环节、核心要素，一线调度"定解决方案、定责任主体、定完成时限"，区重点办强化跟踪、卡点通报、严格督导，推动成彭路拆迁、联东U谷文勘进场等95项问题按节点解决。全区重点项目开工76个，较2019年增加24个，179个重点项目完成投资389.5亿元，超年度计划投资的12.9%，其中45个省市重点项目完成投资256.2亿元，超年度目标的26.6%。

【产业统筹】 新都区发改局按照"三圈融合"思路，制订《2020年成都市新都区产业功能区建设工作计划》，统筹推进三大产业功能区建设；编制《新都区高品质科创空间名录》，57.6万平方米高品质科创空间有序推进；强化经验总结，2篇经验材料以专刊形式转发全市学习，航空高品质科创空间建设经验在全市产业功能区领导小组第七次会议上书面交流，全市产业功能区产业链强链补链集群化发展现场会在新都区召开；对上争取供应链创新与应用试点等2项国家级改革试点赋能产业功能区；完成省级高新技术产业园扩区，面积由8.05平方公里扩大至12.649平方公里，助力四川成都航空产业园项目加快推进，产业承载力显著提升；协同推进"中优""北改"，推动"中优"非核心功能疏解，配合完善"北改—铁路港大港区"建设实施意见和三年行动计划。

【项目审批】 新都区发改局按照《政府投资条例》

及省、市关于政府投资项目管理的规定，严格政府投资项目决策论证，规范政府投资项目审批，全年批复政府投资项目立项100个，批复项目概算等其他文件91份；落实《企业投资项目核准和备案管理条例》，备案项目434个（含外商投资项目6个）。

【社会信用体系建设】 新都区发改局结合营商环境工作重点，完善信用平台建设，狠抓新型信用监管体系构建，深化四大领域诚信建设、多维拓展用信场景，营造守信重信良好氛围；印发执行新都区信用联合奖惩2019版目录清单和措施清单，涉及目录38项，包括6个联合激励领域、32个联合惩戒领域，联合奖惩措施819项；发布和对上报送信用信息3.2万条；完成新增市场主体赋码2.5万户，报送城市信用状况监测预警指标11期；推进市场主体信用承诺，促进市场准入便利化，办理告知承诺212件，容缺受理1484件，对170家经营异常企业开展失信修复型信用承诺；深化政务诚信、商务诚信、社会诚信和司法公信四大领域诚信建设，拓展信用体系建设全覆盖，推动各行业主管部门探索落实以信用为核心的新型市场监管机制建设，印发《关于推进成都市政府失信治理长效机制落实的责任分工方案》。

（周　星）

## 物价管理
Price Control

【概况】 2020年，新都区发改局着眼民生服务，强化监测分析价格运行情况，提出政策和价格改革建议，依法拟订、调整由区政府管理的重要商品价格和重要收费标准并组织实施，开展价格认定，做好价格宣传。

【价格管理】 新都区发改局落实疫情复工复产价格政策，指导3家供水企业对1万家单位优惠34.02万元；对“工商业及其他用电”电力用户按现行电价水平的95%结算，电价优惠退补到2.61万个用户共7221.24万元；配合相关部门对14家符合条件的中小企业执行30%的电费补贴，发放311.53万元；指导区内7家燃气公司提前执行淡季非居价格，为用户节约357万元；对批发业、零售业、餐饮业、住宿业的非居价格在2月、3月按90%结算，对2630户优惠120万元；指导5家CNG加气站从3月17日零时起将CNG压缩天然气销售价格每立方米降低0.23元，调整为3.46元/立方米，非居燃气调整为2.96元/立方米（时间为2020年11月1日至2021年3月31日）；指导产业功能区内6家燃气公司制定符合主导产业方向、年用气量100万立方米以上的企业具体气价优惠方案；足额发放困难群众价格补贴，元旦、春节一次性生活补贴509.13万元，新冠疫情期间一次性价格补贴517.02万元，1—9月价格临时补贴2570.95万元，发放18.15万人次；经区政府同意，印发《关于新都区城镇管道天然气配气价格有关事项的通知》《关于印发〈成都市新都区非居民用气上下游价格联动机制〉的通知》。

【价格监测】 新都区发改局根据国家发改委和省、市价格监测局工作要求，完成基础农产品、主要副食品、货运价格、重要工农业生产资料、特色经济作物、重要商品和服务收费等价格监测上报，上报监测480期；针对疫情防控需要，增加农贸市场猪肉应急监测点位2个、蔬菜应急监测点位1个，并扩展监测品种和范围，增加监测频次，从疫情初始将44种主副食品零售价格的周监测报送提升为日监测报送，完成疫情期间主副食品及生猪价格应急监测报表699期，撰写价格动态分析16篇；发布新都城区13个品种价格走势43期。新都区发改局获四川省发改委价格监测工作先进集体称号。

【价格认定】 新都区价格认证中心按照《价格认定规定》《价格认定依据规则》《价格认定行为规范》

和《价格认定文书格式规范》等文件要求开展价格认定，受理涉案财物价格鉴证 182 件、标的金额 471.35 万元，受理价格认证 6 件、标的金额 92.92 万元；推进价格认定综合业务平台应用推广，有 243 件存量案件入库，价格入库量达 1141 个。新都区价格认证中心获 2019—2020 年度全省价格认定工作先进单位称号。

【成本监审】 新都区发改局在新冠肺炎疫情初始，全面摸排全区 10 余家口罩生产厂，在加快其投产复产的同时重点对 3 家典型企业进行成本调查；开展城市垃圾成本监审，实地深入垃圾清运及收集公司进行成本调查和数据核实，完成新都区城市垃圾成本监审；为做好长江经济带污水处理厂成本监审，申请参加省上组织的专项培训并落实培训会议精神；召集区水务局、成都市新都金海污水处理有限责任公司（被监审单位）召开工作会，安排部署专项监审工作；完成生猪屠宰流通环节成本调查季报。新都区发改局获成都市成本调查监审系统“新冠肺炎疫情防控先进集体”称号。

【收费服务】 新都区发改局宣传贯彻省、市《关于港澳居民来往内地通行证补发、换发收费标准等有关问题的通知》《关于核定四川省经营性道路客货运输驾驶员从业资格考试收费标准的通知》《关于非免疫规划疫苗接种服务收费标准及有关问题的通知》《关于四川省各级疾病预防控制中心新型冠状病毒核酸检测收费标准及有关事项的通知》《关于政府信息公开信息处理费有关事项的通知》等政策规定；公布 2020 年新都区行政事业性收费目录、政府定价涉企经营服务收费目录，加强行政事业性收费、政府定价经营性服务收费管理；开展行业协会商会收费清理，规范行业协会商会收费行为；开展区内水电气经营企业工程安装收费专项整治，清理规范城镇供水供电供气行业收费行为；开展转供电环节不合理加价问题清理，规范转供电主体收费行为；完成政协委员提案 2 件，处理群众来信来访 640 件。

（周　星）

## 市场监督管理

Market Supervision and Management

【概况】 2020 年，新都区市场监管局严格落实“四个最严”（最严谨的标准、最严格的监管、最严厉的处罚、最严肃的问责）要求，以防范风险为着力点，以治理问题为突破点，以提升监管效能为关键点，坚持疫情防控与中心工作两手齐抓，加强监管和服务。新都区被确定为全国首批国家基本公共服务标准化试点单位，创建国家食品安全示范城市群众满意度调查总评分获全市第一。新都区市场监管局被市委、市政府评为 2020 年度成都建设全面体现新发展理念的城市改革创新奖先进集体。

【市场监管】 新都区市场监管局结合新都区“香城细管”专项工作，拟制《“香城细管”农贸市场集中整治行动工作方案》，召开“香城细管”农贸市场集中整治安排部署会；结合无证无照专项整治行动，规范辖区内 56 家农贸市场及周边经营门户，全年出动执法人员 7585 人次，检查农贸市场 2688 个次，规范无证商户 47 个，活禽宰杀商户 11 个，发现并责令限期整改环境卫生问题 56 个、消防安全隐患 58 处。新都区市场监管局疫情期间印发《关于开展新型冠状病毒肺炎疫情期间市场价格巡查的紧急通知》，对零售药店销售口罩、消毒液、抗病毒冲剂等相关商品执行明码标价情况进行拉网式巡查，查处价格违法行为；向全区医药经营单位发放《关于加强新型冠状病毒肺炎疫情期间经营者价格自律维护市场价格秩序的告诫函》；组织全区 58 个农贸市场负责人召开市场保供工作会，协调组织好市场内商品供应，确保市场物价总体稳定；办理价格相关投诉举报 1378 件，立案查处价格类和产品质量类案件 22 件；开展转供电和 5G 基站转供电加价行为专项整治，检查转供电主体 152 个，对成都市现代制造职业技术学校等 5 家 5G 基站转供电点位开展现场检查，立案查处案件 1 件，清退金额 5.93 万元，罚没金额 5.93 万元。新都区市场监管局建立区级市场监管领域部门联合“双随机、一公开”监管联席会议制度，召开联席会议第一次全体会议，明确工作目标、职责分工及工作安排；指导各部门建立完善抽查事项清单、检查对象名录库和执法检查人员名录库；会同区人社局开展新都区首次部门联合双随机抽查，随机抽查劳务派遣相关单位 4 个，随机匹配执法人员 2 组，检查登记事项、公示信息、订立劳动合同、工资支付等 6 个事项，真正实现“一张清单、一支队伍、进一次门、查多项事”。全区全年自主制定实施部门联合双随机抽查方案 4 个，实施市级层面下发抽查任务 8 个，涉及 9 个部门，联合抽查企业 35 家，随机抽查结果公示率 100%。

【信用监管】 新都区市场监管局推进 2019 年年度报告公示，制定并下发《成都市新都区市场监督管理局关于认真做好 2019 年度市场主体年报公示工作的通知》，定期召开年报专题推进会，建立每周通报制，层层落实责任；通过设立年度报告公示咨询窗口、提供年报流程资料、电话在线咨询等形式，为企业提供咨询指导服务，印发年报公示指南 8000 份，接受电话答疑次数 3000 余次，发送短信 58000 余条，新都区年报工作被省市场监管局通报表扬；开展社会信用体系建设，对公司成立后无正当理由超过六个月未开业的，或者开业后自行停业连续六个月以上的，依法吊销营业执照并列入“黑名单”，力促市场主体树立诚信意识，确保后续监管数据准确性；与区税务局等部门比对数据，清理吊销市场主体 336 户，将 1336 户登记地址无法联系、未按时年报的失信市场主体列入经营异常名录；助力市场主体开展信用修复，移除经营异常企业 162 户，行政处罚信用修复 12 户，处理撤销冒用身份信息 11 件。

【质量管理】 新都区市场监管局制定《成都市新都区开展质量提升行动实施方案》《成都市新都区检验检测质量提升行动方案》等系列提升行动方案，推动全区质量强区暨质量提升重点工作完成；开展各行业（领域）质量提升行动，围绕新都区重点行业、核心产业开展质量攻关、质量改进行动；聚焦产业龙头，组织“门到门”天府质量奖培训，引导企业获评首届“四川省天府质量奖提名奖”2 项、个人提名奖 1 项；聚焦中小企业开展“政企携手，质量惠企强企”行动；聚集企业质量第一责任人，免费开展首席质量官培训，提升质量责任意识，新增首席质量官 101 人；聚焦重点产品领域，开展民生关注家具、电器、口罩等 9 家缺陷产品召回；实施质量素质教育，开展“计量日”“世界标准日”“质量月”“市民有约，走进车检”“市民有约，走进计量”等宣贯活动 6 次，开展标准、计量、检验检测、认证认可等线上线下专题培训 10 场。

【计量管理】 新都区市场监管局强化指导，行政约谈全区 64 家集贸市场开办方和 73 家加油站、加气站等企业主体，督促落实企业计量主体责任；开展多方联动，推行“双随机、一公开”，加强贸易结算、安全防护、医疗卫生等重点领域计量监管，组织实施加油机、民用三表、眼镜制配等民生计量检查整治，移送违法违规计量线索 5 件，有效提升监管效果；发挥计量支撑作用，开展强检计量器具免费检定，检定计量器具 67946 台件，抽查 5731 台件，强制计量器具检定率 100%；开辟绿色通道，联系卫计、交通、镇（街道）、医疗机构、学校等部门、重点场所，开展上门比对服务，对存在误差体温计统一收集送检校准；制作《关于正确使用红外线体温计》宣传视频，印发正确使用红外线体温计要点，指导车站、高速路口、村（社区）、医院等一线防控单位正确使用红外线体温计开展体温初步筛查，助力疫情防控。

【质量认证】 新都区市场监管局根据区域产业特点，鼓励支持成都交铁检验中心（JRCC）于 3 月获得 CNAS 认可；加强部门联动，会同区经信局、西南交通大学等单位开展轨道交通生态圈建设重点项目推进方案讨论；聘请行业专家开展“一企一策”上门问诊，提升检验检测服务能力，服务检验检测、认证发展；加强认证监管，开展防疫用品领域认证活动专项整治行动、认证高风险领域专项监督检查以及省市市场监管局认证认可、有机产品、体系认证检验检测“双随机、一公开”专项检查，发现涉嫌违法违规案件线索12件，移交12件；突出跨部门联合监督，配合省市市场监管局开展四部门机动车检验检测机构监督抽查，抽查车辆检验检测机构3家，限期整改2家，处罚1家；做强技术支撑复工复产，先后4次组织企业参加“防疫物资出口认证要求解读”“出口防疫物资通关要求”等线上公益培训；利用“12315”平台、网站、企业微信等渠道，宣传欧盟公告机构查询地址，引导企业选择合法认证机构进行出口认证。

**【标准化建设】** 新都区市场监管局组织实施标准化战略，开展对标达标专项提升行动，完成“百城千业万企”对标达标企业19家，引导鼓励3家企业争当企业标准“领跑者”；发挥标准示范引领作用，首批“国家标准化基本公共服务（文体领域）标准化试点”项目获批建设，并制定试点实施方案，建立标准化联席会议工作机制，举办国家级基本公共服务（文体服务领域）标准化专项试点项目启动仪式暨“世界标准日”宣贯活动；加强标准实施监督检查，组织开展2019年、2020年企业标准、团体标准“双随机、一公开”抽查检查发现问题督促整改，行政约谈企业64家。

**【食品安全监管】** 新都区市场监管局组织召开区食安委全体会议、创建工作推进会等4次专题会议研究国家食品安全示范城市创建，围绕创建标准聘请西华大学食品安全专家制定相应的打造标准，打造207个标准化点位；针对节日市场消费特点，紧盯重点时段、重点区域、重点行业、重点品种，开展元旦、春节等重要时段食品安全检查以及豆芽、乌鸡、食品标签标识等食品质量安全专项整治，检查生产经营企业和个体户6300余户次，检查商场、超市、集贸市场等市场2600余家次，督促企业落实主体责任，提升食品安全水平；委托成都市食品药品检验研究院对辖区内2019年抽检不合格、连续三年抽检不合格和生产品种风险较高的48家食品生产企业开展管理规范体系检查，规范企业生产行为，提高监管效率；推进农产品二维码溯源体系建设，打造信息追溯链条，基本实现肉菜产品来源可追溯、去向可查证、责任可追究；对12家肉蔬溯源率达70%以上的农贸市（超市）采取以奖代补形式发放奖励金额7.2万元，推动集中交易市场食品安全规范化建设；完成市级食品抽检1039批次、问题发现率10.78%，完成食品快检5697批次、食品区级监督抽检2410批次；邀请区内60余家大中型餐饮服务企业及食品专家到四川成都建华食品有限公司开展产品交流研讨活动，解决餐饮企业原料油采购困难，助推食品产业健康发展，得到区委书记肯定性批示。国家市场监管总局食品协调司副司长带队对新都区食品安全工作专题调研。

**【餐饮服务监管】** 新都区市场监管局开展“地沟

10月14日，新都区举行国家级基本公共服务（文体服务领域）标准化专项试点启动仪式　（供图：区市场监管局）

油”等专项整治，联合区公安分局、区检察院集中约谈辖区内483家火锅、串串店，督促企业提高自律意识；开展餐饮环节风险分级评定和量化等级评定，完成餐饮单位量化等级评定3319家；强化网络餐饮监管，核查处置疑似违规网络餐饮单位837家次；探索建立食品安全监督员、信息员工作制度，向20名美团骑手发放食品安全监督员聘书；加强农村自办群体性宴席工作指导培训力度，将乡村厨师信息录入“中国农村群宴智慧平台”和“食安新都”，依托平台实现农村群宴食品安全智慧监管；结合元旦、春节期间餐饮食品安全专项整治，重点对特大型、大型餐饮单位、农家乐等开展全覆盖检查，督促落实食品安全主体责任，严格排查食品安全隐患并追踪整改到位。1月24日，央视新闻频道报道新都区创新智慧监管模式，加强春节期间餐饮食品安全监管工作。新都区市场监管局作为全国唯一区（县）局在国家市场监管总局组织召开的“新经济新餐饮新生态”座谈会上发言。

**【药品医疗器械监管】** 新都区市场监管局探索创新监管，会同区卫健局，借助“互联网+”技术，率先在区人民医院开展冷链药品和医疗器械信息化监管试点，通过实时监控报警、数据网络化管理和信息无线传输等现代化技术，对冷链药械存储环境实施全过程不间断监测和管理，保障冷链全链条不“断链”，实现冷链药品和医疗器械信息化监管全市首次破冰，国家市场监督管理总局主管、中国工商出版社主办的《市场监督管理》半月刊刊载并推广宣传试点做法；严守医药安全底线，联系镇（街道）、医药企业，通过多方式线上宣传与多点位线下宣传相结合的方式，开展“安全用妆，伴您同行”“药品科技活动周”“全国医疗器械安全宣传周”“全国安全用药月”“禁毒月”等宣传活动，陈列展板、悬挂横幅106个，发放宣传资料10000余份，接受群众咨询3000余人次，营造安全用药用械的氛围；做好药品零售环节换证检查，按照《中华人民共和国药品管理法》《药品经营许可证管理办法》和省、市市场监管局要求，完成药品零售企业筹建检查68家、变更检查72家、换证检查130家；开展中

9月11日，第二届民营医药商业企业家高峰论坛暨2019年度百家优秀民营医药商业榜单发布会在新都区举行

（供图：区市场监管局）

药饮片、第二类精神药品、血液制品、装饰性彩色平光隐形眼镜、医疗器械“清网”行动等专项检查，督促900余家零售药店和医疗机构完成自查，有效强化企业负责人主体责任意识；承办“成北新中心发展新高地”——2020新都区医药健康产业推介会暨重大项目签约仪式、第二届民营医药商业企业家高峰论坛暨2019年度百家优秀民营医药商业榜单发布会，新都区与四川智同医药有限公司等5家企业签订投资协议，与天津红日药业股份有限公司等4家企业签订战略合作意向书，与复星国药（上海）企业管理有限公司等5家企业签订投资合作意向协议，推动新都医药健康产业迈向新高度。

**【特种设备安全监察】** 新都区市场监管局成立全局安全生产工作领导小组，制定《区市场监管局安全生产及火灾防控工作责任制》《新都区市场监督管理局安全生产监管责任清单》，压实工作责任；安排部署特种设备百日安全专项整治行动，制定《新都区市场监管局以清单制管理推进安全发展示范城市建设2020年工作实施方案》，以特种设备安全清单制建设为手段，推进特种设备安全隐患治理；聘请专业技术机构推进特种设备安全隐患治理，排查设备3127台，消除隐患480余起，提升全区特种设备安全水平，保障设备安全运行；开展特种设备安全“五进”宣传活动，组织广场集中宣传9场次，进社区宣传12场次，进企业宣传70余次，发放宣传资料5000余份；组织召开全区电梯安全工作会，

对区内重点电梯使用单位以及全部维保单位开展业务技能培训，提升责任意识。

【广告监管】 新都区市场监管局对重点媒介、重点行业、重点领域组织开展涉新冠病毒虚假违法广告、软色情广告、非法张贴书写广告、虚假违法农资广告、涉“别墅”房地产广告、违法医疗广告、“禁渔”等专项整治行动，查处违法广告案件 18 件，罚没金额 97 万元，有效规范广告行业秩序；持续开展户外广告监测和媒体广告监测，处置涉嫌违法线索 23 条；联合区文体旅游局对区融媒体中心开展广告发布登记联合“双随机”抽查，将国家总局广告司下发的新的《广告违法行为监测编码（2020 版）》向区融媒体中心通报，指导其做好广告审查，从源头上杜绝虚假违法广告。

【知识产权管理】 新都区市场监管局组织 34 家重点企业召开优势示范单位项目申报政策宣讲会，会同超凡知识产权服务公司、区现代交通产业园、区智能家居产业城围绕知识产权试点示范企业及企业知识产权体系（贯标）的打造对企业进行知识产权线上直播培训，联合市区两级检察院到四川科伦药业股份有限公司开展知识产权服务入企活动，联合区教育局向香城中学和部分小学发放“知识产权进校园”宣传册并有针对性地向学生宣传讲解“扫黄打非”、正规出版物的知识，营造良好知识产权社会氛围；构建多元知识产权保护平台机制，成立 14 个维权工作站（点）开展知识产权法律法规及政策

4月23日，新都区市场监管局与中国（四川）知识产权保护中心签署《关于开展知识产权协同保护工作合作协议》

（供图：区市场监管局）

宣传；与省知识产权保护中心知识产权协同保护合作签约，围绕知识产权协同保护、信息共享、优先服务等方面开展合作；与区司法局共建新都区知识产权纠纷人民调解委员会，从律所、知识产权中介服务机构、行政、司法队伍中确定 8 名专职及兼职调解员、30 名专家顾问组成专业调解团队；依托“双随机、一公开”监管手段，对 40 家随机抽查企业开展专利真实性、商标使用行为、印刷行为、代理行为监督检查。

【专利与商标管理】 新都区获批 2020 年度成都市第一批知识产权项目专利导航产业发展项目 1 个、高价值专利培育中心项目 1 个、成都市知识产权优势示范单位项目 16 家，获批资助资金 249 万元；获批省级知识产权项目专项资金及涉外专利资助资金各 1 家，拨付金额 50 万元。新都区市场监管局推荐 6 家企业申报 2020 年省专利奖，推荐西南石油大学申报第十一届全国知识产权优秀调查研究报告暨优秀软课题研究成果征集活动，推荐 2 家企业申报 2020 年四川省自主创新企业品牌价值 50 强评价活动。成都工具研究所有限公司获 2019 年度四川专利奖创新创业奖，西南石油大学分别获 2019 年度四川专利奖一、二、三等奖，新都区农业品牌“蠡都味”获批参加“2020 中华品牌商标博览会”。

【快维中心运营建设】 受疫情影响，新都区知识产权快维中心 1—2 月未开展相关业务，3 月 1 日至 11 月 7 日运行期间新增备案企业 24 家，受理家居外观设计专利申请 238 件，通过中心预审并向国知局递交申请 87 件，已授权 85 件，等待授权 2 件。10 月 19 日，成都市广播电视台新闻综合频道《新天府会客厅》栏目选取中心作为全市全面深化国际化营商环境建设成效点位进行报道，展现新都区在全市全面深化国际化营商环境建设中的主动作为与改革创新。

【依法行政】 新都区市场监管局开展法制培训，邀请民法专家开展民法典专题学习讲座 2 次；开展局长办公会前学法活动 13 期，学习《四川省农村集

体聚餐食品安全管理办法》《价格监督检查学习思路及要点》《浅谈认证与认可》等内容；开展普法宣传，通过“3·15消费者宣传日”“世界计量日”“国际认可日”“食品安全宣传周”等重要节日，依托懿润百货、七一广场、海宁皮革城等人流量集中的大型超市、广场LED显示屏，全方位、多视角、多角度普法宣传，提高经营者主体责任和消费者自我保护意识；按照省、市市场监管局《关于组织开展行政处罚案卷自查工作的通知》评审要求，评查全局2019年4月1日至2020年8月31日期间的390件行政处罚案件；妥善处理行政复议案件45件、行政诉讼案件37件、行政听证案件9件，办理陈述申辩复核6件。

（刘妍珂）

## 市场疫情防控
COVID-19 Prevention and Control in Markets

**【概况】** 2020年，新都区市场监管局为做好新型冠状病毒感染的肺炎疫情防控，维护市场充足供应与社会稳定，坚决贯彻落实上级指示精神，积极投入到疫情防控各项工作中。

**【进口冷链食品监管】** 新都区市场监管局印发《成都市新都区关于加强进口冷链食品疫情防控工作的措施》《成都市新都区进一步加强进口冷链食品从业人员疫情防控工作的通知》等专项文件，强化工作落实。全区有冷链食品生产经营单位171家，其中生产单位63家、流通环节67家、餐饮服务单位32家、仓储服务9家，检查发现并整改问题66个。新都区市场监管局印发《新都区实行冷库库长责任制管理工作方案》，率先在冷链食品冻库企业建立以镇（街道）、产业功能区负责人为“行政库长”，以行业主管部门负责人为“行业主管库长”，以市场监管及卫健部门人员为“技术库长”，以企业法人代表（负责人）为“业主库长”的四重责任管理体系；推广“川冷链”溯源平台，邀请技术人员对冷链食品生产经营、贮存企业进行操作培训，督促企业如实、及时上传数据；引导设置进口冷链食品入库“暂存仓”，待产品核酸检测合格后再转入普通货仓存放，避免交叉污染；加强与电信部门对接，在进口冷链食品贮存场所、装卸货出入地安装摄像头，实施实时监控，确保疫情防控落到实处；以冷链食品及包装物、从业人员、环境等为重点，实施新冠病毒核酸常态化检测；对流入新都区的冷链食品第一时间开展排查，做到迅速精准控制、科学有效处置；要求企业在进口冷链食品到达企业后第一时间上报，待产品检测结果呈阴性后方可转入普通仓储存，进入生产销售环节。

**【农贸市场督促检查】** 新都区市场监管局印发《关于疫情期间加强农贸市场疫情防控工作落实的紧急通知》，以业务科室为主干、12个市场监管所为支点，对全区58个农贸市场进行拉网式、全覆盖检查，督促农贸市场严格落实疫情防控措施；坚持实施“红袖套、红黄牌”制度，安排“疫情监督员”巡查农贸市场，对进场经营人员和消费者不规范佩戴口罩等行为提醒规范，对农贸市场内不按要求做好疫情防控的经营户实行红黄牌警示，每日向属地政府发布农贸市场入口卡点设置和运行情况通报，确保防控措施落实到位。

**【零售药店退烧药登记制度实施】** 新都区市场监管局指导督促零售药店按成都市市场监管局要求，依托“特殊药品查询登记系统”对退烧药、止咳药及含麻复方制剂进行二维码扫码登记并凭身份证购买，发挥零售药店前哨作用。医药监察科会同各监管所派专人通过实地询问消费者、现场检查台账和核对计算机系统销售记录等方式督查辖区零售药店，发现并纠正退烧类药品销售不记录、记录不规范等问题。全区768家零售药店登记总次数为25.8万人次，登记销售退烧药品、止咳药品31万余盒。

**【防疫物资质量监管】** 新都区市场监管局清理全区医用及民用口罩、隔离衣、额温枪等防疫物资生产情况，对1家医用口罩生产企业、19家民用口罩生产企业进行全覆盖监督检查，督促企业按照产品技术标准严格生产，确保防疫产品质量安全；抽检19家企业生产的31批次产品，根据检验结果关停产品质量不达标企业5家，坚决防止不符合质量标准的产品流入市场；突出防疫药品、新冠疫苗质量监管，着重检查桂湖街道城东社区卫生服务中心、蜀都卫生服务中心等四家新冠疫苗接种点，严查疫苗配送、储存和使用情况，督促医疗机构履行主体责任。

【违法犯罪行为打击】 新都区市场监管局集中执法力量严厉打击口罩等防护用品制假售假、哄抬民生商品价格等违法违规行为，查处与疫情有关案件26件，移送公安机关4件；抓紧抓牢餐饮服务、专卖店售卖等重点环节，以食品冷库企业、大型商超、餐饮企业等为重点，严厉打击非法流入和非法经营冷链食品；立案调查经营未按规定进行肉类检疫的企业和商家，查处冷链食品违法行为5起。

（刘妍珂）

## 安全生产监督管理
Production Safety Supervision and Management

【概况】 2020年，新都区安全生产工作不断增强安全“红线意识”和底线思维，坚持“安全第一、预防为主、综合治理”的方针，围绕疫情防控期间安全生产指导服务和常态化疫情防控下城市安全风险隐患排查整治，推动以清单制管理推进安全发展示范城市建设，开展安全生产专项整治三年行动，以保障人民群众生命财产安全为根本出发点，以治理事故隐患为核心，不断夯实安全生产监管的责任链条，在宣传教育培训、坚持依法行政、深化专项整治、强化监督检查、排查治理隐患等方面取得进展，守住全区生产安全的基本盘、基本面，为全区经济社会发展提供基础保障。

【安全事故查处】 2020年，新都区录入国家级事故直报系统平台的生产安全事故起数11起，亡11人、伤6人（道路交通3起，亡4人、伤2人；建筑施工4起，亡3人、伤2人；工矿商贸4起，亡4人、伤2人），比2019年同期分别下降45%、42.1%。全区未发生较大及以上伤亡事故。

【安全生产责任制落实】 新都区应急管理局落实政府安全监管主体责任，根据区政府机构改革和区领导分工调整，修订安全生产组织体系，补充调整区安委会成员单位及任务分工，完善新都区安全生产组织体系；落实国家、省、市地方党政领导干部安全生产责任制规定，印发新都区具体实施方案，对照实施方案推进各项具体工作；健全完善区安委会专业委员会的工作职责、工作制度及机制，上线运行“成都市新都区城市安全清单制管理系统”。

【安全生产执法监督】 新都区应急管理局加强事前执法检查，监督执法检查生产经营单位389家，下达责令限期整改指令书212份，其中立案调查预防性安全生产违法案件78件，收缴处罚罚款133.7万元；按照省安委会部署，开展新都区“铸安2020”专项执法行动，派出检查小组68个、232人次，检查企业60家；保持烟花爆竹监管和危化品“打非治违”高压态势，在区政府依法设立石板滩街道、军屯镇的烟花爆竹禁放区后，协调撤销16个点位的烟花爆竹零售许可证，协助加强宣传引导，保持社会稳定；牵头查获13起非法经营（储存）危险化学品案件，查获非法储存危险化学品68.2吨，并查获非法改装加装汽柴油车辆11台、非法销售汽柴油11.6吨。

【安全隐患排查治理】 新都区级各部门及各镇（街道）、园区以危险化学品、道路交通、建筑施工、城乡消防和特种设备为重点开展岁末年初安全生产集中整治，对所在行业领域所在区域安全生产摸排梳理，查找2019年工作的薄弱点，针对性开展查漏补缺，出动检查组503个，检查企事业单位3674家，排查整治事故隐患4853处。4月初，新都区安委会按照市安委会要求，在全区重点行业领域开展为期3个月的风险隐患大排查专项行动，通过开展城市安全“体检”，推动城市健康运行。新都区级各行业主管部门在企业复工复产阶段，坚持“主动服务、严格审批、管控风险、杜绝隐患”的原则，借助第三方技术力量协助企业做好隐患排查整改、安全教育培训、安全应急演练等开工前安全准备，派出工作组362个，服务指导企事业单位1841家次，查找事故隐患636处，同时利用QQ工作群、微信公众平台、复工复产温馨提示单等形式向企业宣传安全法律法规，推送安全知识。新都区应急管理局按照省安办、市安委会统一部署，围绕“风险辨识管控＋隐患排查整治”两大核心任务，深入研判全区安全风险隐患，持续强化落实企业安全生产主体责任，有效防范和遏制事故；实施新都区瓶装燃气标准化规范化“最后一公里”试点，相关工作做法被市应急局专报刊载。

**【安全生产专项整治三年行动】** 新都区安全生产专项整治三年行动围绕国家、省、市安委会开展整治行动的中心目标任务，制定2个专题和9个专项工作方案，结合实际增加《仓储物流场所消防安全专项整治三年行动工作方案》，同时为保障整治行动顺利推进，成立领导小组，建立工作制度、实体化专班运行和数据信息报送等制度措施。整治行动开展以来，新都区委、区政府会议研究4次，区领导精准调度2次。2020年整治行动结合“排险除患”集中整治，8月以来排查出企业层面事故隐患3142处，行业部门和属地派出督查检查组283个，发现问题498处。全区823家企事业单位依托“成都市城市安全风险信息管理系统”录入安全风险源28324条。

**【安全生产宣传教育】** 新都区应急管理局结合全国“安全生产月”“国际减灾日”等重要活动，开展主题安全宣教活动20场次，向群众宣传普及安全生产常识及法律法规，提升群众公共安全意识和应急避险能力；结合企业复工复产安全、火灾防控、仓储物流消防安全、户外经济消防安全、安全文化建设等专项活动，推进安全教育进企业、进农村、进社区、进学校、进家庭，全方位多角度覆盖，开展专题安全宣教300余场次；结合铸安“2020”监管执法专项行动和“双随机”检查，深入100余家企业开展常态化安全宣教100余场次；结合企业所属行业易发多发的生产安全事故实际，分别到各产业功能区和兴城建设公司、科伦药业公司等重点企业开展针对性安全宣教7场次；结合新媒体开展线上宣教，动员机关工作人员以及企事业单位员工参加“我是安全明白人”活动、“身边的安全谣言”活动、安全知识网上竞赛活动、安全生产清单制管理知识大闯关活动、安全文化作品征集活动，夯实安全生产群众基础。

**【安全生产标准化企业和安全社区建设】** 成都市应急局下达企业安全生产标准化建设的目标任务是全市规模以上工业企业达标率95%，新都区列入企业安全生产标准化建设达标任务的规模以上工业企业总数237家，已达标规模以上工业企业215家，剔除不具备安全生产条件、停产、搬迁、技改企业11家，达标率95.1%，在全市23个区（市）县排第五名。新都区应急管理局推进镇（街道）省级安全社区建设，大丰街道、军屯镇通过复评验收。

**【安全发展示范城市创建】** 新都区应急管理局以清单制管理为手段，坚持权责清晰、条块结合的方法路径，实施安全责任、风险防控、监管执法、应急管理和社会共治五大体系有机融合，清单制管理工作体系全域覆盖，编制完成区级领导责任清单14份、监管层面责任清单309份，理清重点抓、重点盯、重点查“三重点”履职关键要素；在全区14个行业领域推行安全生产清单制管理，坚持下穿三层、直达操作层面，460家企业编制完成8000余份清单，形成从主要负责人到基层监管末端和操作一线清单体系；制定覆盖全区22个行业领域的清单模板，从中选取危险化学品、烟花爆竹、道路客货运输等14个重点行业领域代表性企业，指导企业编制完成安全生产主体责任清单、重大安全风险管控清单、安全生产岗位责任清单等清单70份；以鸦雀口社区消防隐患整治为破冰口，用清单制管理层层压实责任，推动安全隐患整改，分级管控安全风险，发动群众引导村民自治，破解区域性重大事故隐患顽疾；完善优化“新都区城市安全清单制管理工作系统”桌面端和手机 APP 端，将全区 400 多家规上企业和高风险企业纳入系统，逐步实现全覆盖；迎接省应急厅厅长专题调研 2 次以及南宁市应急局、张家港市应急局、双流区应急局、金牛区应急局等区（市、县）调研学习 10 次，得到省应急厅领导充分肯定和高度评价。

（江　林）

## 财政管理
Fiscal Management

【概况】 2020 年，新都区地方财政收入完成 144.1 亿元，增长 16.5%，其中一般公共预算收入完成 67.6 亿元，占预算的 100.5%，增长 12.6%（其中地方税收完成 45.0 亿元，同口径增长 6.3%）；基金预算收入完成 75.8 亿元，占预算的 103.2%，增长 20.2%；国有资本经营预算收入完成 7516 万元，占预算的 100%，增长 19.3%。全区财政支出完成 166.5 亿元，增长 21.0%，其中一般公共预算支出完成 104.2 亿元，占预算的 97.8%，增长 17.7%；政府性基金预算支出完成 62.0 亿元，占预算的 73.9%，增长 27.9%；国有资本经营预算支出完成 1945 万元，占预算的 79.5%。

【财政改革】 新都区财政局继续推进以绩效为导向的财政预算制度改革，实施预算绩效信息化管理，首次将绩效目标与预算草案同步提交人大审查；建立绩效评估机制，对新出台政策、项目开展事前绩效评估；启动重点绩效评价，聚焦产业发展、民生保障、政府购买服务、地方政府专项债等领域，涉及财政资金 19.9 亿元，涵盖 22 个项目、7 个部门；加强专项资金管理，健全专项资金管理办法，细化专项资金分配方案，提高财政资金使用效益；继续推进财政电子票据管理改革，完成 2019 年政府财务报告编制；夯实镇级财政管理基础，强化乡镇财政资金监督，支持村（社区）体制机制改革。

【财源培植】 新都区财政局加强税收政策研究，充分挖掘房地产业、头部企业等税收潜力；加快经营性用地供地节奏，加强土地出让款项催缴；合法合规盘活处置长期低效运转、闲置经营性国有资产，增加财政收入；加大向上争取力度，全年争取转移支付资金 21.6 亿元；争取政府债券资金支持，发行新增债券 10.2 亿元、再融资债券 13.3 亿元；围绕助力实体经济发展，继续落实落细新出台的减税降费政策，新增减税降费 14.9 亿元；财政投入 6179 万元，培植新税源；支持实施项目招引攻坚行动，支持提升新都投资软环境，参与拓米、捷贝通等重点税源企业招引政策制定；成立新都区财源建设工作领导小组，完善财源建设工作机制，探索建立“存量不动＋增量分成”财税利益分享机制，出台《新都区企业跨区（市）县迁移工作实施办法》，确保重点税源企业迁入（出）后新都区的财税利益。

【三次产业财政投入】 新都区财政投入 4.2 亿元，加快建设现代交通、智慧物流、智能家居三大产业功能区，促进企业平稳发展；投入 1.3 亿元，支持发展新兴服务业，重点保障物流、金融、文旅、生活服务发展；投入 4.6 亿元，支持农村人居环境整治、农商文旅体融合发展、农村基础设施建设、农村金融服务等。

【环境与设施建设财政投入】 新都区财政投入 7.3 亿元，保障实施大气污染防治工程、水污染防治工程、土壤污染防治工程、城市容貌综合治理，坚决打好污染防治攻坚战；投入 17.7 亿元，支持构建现代化交通体系，重点保障金凤凰高架新都段、天府大道北延线、地铁 8 号线和 27 号线等建设；支持完善城市公共服务设施，重点保障市容市貌治理、棚户区改造、TOD 项目、大运会跨区配套等建设，并保障城市照明工程、毗河绿道、音乐文创公园、两湖湿地等市政设施维护。

【民生工程财政投入】 新都区财政投入20.0亿元，落实教育资助政策，落实教育减免和补助政策，减免学杂费、课本作业本费等1.7亿元、惠及学生13.7万人，支持第五幼儿园、新新路小学、大丰中学等新（改、扩）建工程、新增学位5000余个；投入11.5亿元，支持基层医疗卫生机构硬件提升工程，推进区医院、区第二人民医院等迁改建，城乡居民基本医疗保险财政补助标准提高到560元/人/年；投入13.9亿元，支持高校毕业生、农民工、贫困人口、退役军人等重点群体就业创业，兑现求职创业、技能提升、灵活就业等补贴1858万元，惠及8857人次；继续做好高技能人才工作，落实人才发展规划和“香城人才工程”等各项就业创业优惠政策；继续推进城乡居民养老保险制度全覆盖，支持残疾群体参加养老保险和医疗保险，由财政出资为19753名持证残疾人购买人身意外伤害保险；保障城乡低保人员、特困人员困难救助，为5.5万人次发放补贴4254万元；解决退役士兵社保接续问题；投入8578万元，继续推动文化馆、图书馆总分馆建设，拓展延伸文化服务；围绕“音乐之都”建设，支持办好“快乐周末·百姓舞台”“文化巴士·美育香城”等惠民活动，保障“成都文化四季风”“四川民歌赛”等文化比赛举办；支持完善旅游设施，加快建设成都全域旅游数据中心新都指点平台和旅游中心；保障大运会筹备，推动香城体育中心建设，支持引进成都国际轮滑中心等重点文体项目，推进尖锋旱雪项目提档升级；支持推进镇级全民健身中心和健身设施建设，构建15分钟体育公共服务圈。

【财政监管】 新都区财政局继续推动落实政府债务和隐性债务风险化解方案，建立债务风险台账，提前谋划明确偿债来源，多措并举化解存量债务，逐步降低债务风险，截至年底，全区地方政府债务余额86.0亿元，控制在批准限额89.3亿元以内，尚有限额空间3.3亿元，债务风险总体可控；配合省委巡视组巡视新都工作，开展对区委巡察移交问题线索核查整改；常态化开展“双随机、一公开”监督检查，加强对会计信息质量、严肃财经纪律的检查力度；拓展惠民惠农补贴资金“一卡通”问题治理成果，推动全面实现“一卡统”，发放惠民补贴资金3.1亿元，受益群众95.6万人次；完成财政暂付款“三年攻坚”行动，消化财政暂付款1212万元；继续规范政府采购行为，加强政府采购监督检查，完成采购项目959个，节约采购资金7023万元，节约率4.3%；开展财政法治建设，打造阳光财政，加大财政预决算和“三公”经费公开力度，扩大公开范围，细化公开内容；推进财政“七五”普法，发挥法治引领和规范作用，办结人大代表建议3件、政协委员提案5件，反馈满意率均为100%。

（赵　昆）

## 税务管理
Taxation Management

【概况】 2020年，新都区税务局落实减税降费工作，做好组织收入，助力成北新中心城区建设，优化营商环境建设，获四川省最佳文明单位等省市级荣誉30项，16人次获省市区级先进表彰。

【收入组织】 新都区税务局全年组织收入121.3亿元，比2019年增长13.0%，增收13.9亿元，收入规模和增幅分别位列中心城区第十、四，其中组织税收收入102.7亿元，同比增长8.2%，增收7.8亿元；组织基金附加收入18.6亿元，同比增长49.7%，增收6.2亿元。全区税收收入结构持续优化，企业所得税同比增长27.8%，占税收总量的21.6%，在总收入中的占比持续提升；第三产业税收占比提高0.6个百分点，税种结构和产业结构更加符合高质量发展要求。新都区税务局组织地方公共财政收入（包括区级税收收入和非税收入）50.4亿元，占全区一般公共预算收入的67.1%，为地方经济发展提供有力支撑；发挥以税资政优势，《从增值税发票数据看企业复工复产情况的报告》等6篇税收分析成果获区委、区政府主要领导批示。在全国税务系统复工复产分析会上，新都区税务局作为四川唯一代表连线税务总局进行专题汇报交流。

2020 年新都区境内纳税额前 20 名企业一览表

表 4

| 序号 | 纳税企业名称 | 2020年税收（万元） |
|---|---|---|
| 1 | 四川科伦药业股份有限公司 | 44282 |
| 2 | 华润雪花啤酒（四川）有限责任公司 | 39889 |
| 3 | 成都市保新房地产开发有限公司 | 27294 |
| 4 | 成都港基房地产开发有限公司 | 20 904 |
| 5 | 成都市保都房地产开发有限公司 | 18011 |
| 6 | 一汽解放汽车有限公司成都分公司 | 14997 |
| 7 | 成都达利食品有限公司 | 13752 |
| 8 | 四川华宇房地产开发有限公司 | 12496 |
| 9 | 成都市新都区保利投资有限公司 | 12259 |
| 10 | 中车成都机车车辆有限公司 | 12374 |
| 11 | 成都市新都香城建设投资有限公司 | 11555 |
| 12 | 成都龙湖锦铭置业有限公司 | 11555 |
| 13 | 成都富博房地产开发有限公司 | 10 321 |
| 14 | 成都市保利兴北房地产开发有限公司 | 10 251 |
| 15 | 成都市保丰投资有限公司 | 10 035 |
| 16 | 成都市新都区土地储备中心 | 9769 |
| 17 | 成都市新都区兴城建设投资有限公司 | 9379 |
| 18 | 成都玖源化工有限公司 | 9377 |
| 19 | 成都万科蓉丰置业有限公司 | 8744 |
| 20 | 四川贵达实业有限公司 | 8494 |

【税收征管】 新都区税务局落实行政执法“三项制度”，编制 8 套权力和责任清单，构建职责明确、依法行政的税收治理体系；推动税收司法协作，与区法院合力打造“法税共建”品牌，重点规范税收执法方式和程序，首次在司法拍卖领域开展协作；推动征管服务一体化，发挥“甘罗”平台优势，实现征管业务、征管事项按类别划分和派单流转，完成重点基础管理事项工单化率 100% 目标；建立《纳税遵从风险管理一体化工作方案》，构建房地产分析指标 20 个，查补税款 4 亿元，风险管理业务模式及经验做法入选市税务局“兴税课堂”；打通社保缴费“三大通道”，完成全区 1.56 万家企业、8.7 万人灵活就业人员征缴，缴费率排名全市第六，企业社保费划转平稳落地。

【税收优惠】 新都区税务局联合区卫健局、财政局、经信局、红十字会等部门建立健全信息交换和沟通

2月24日，新都区税务局走访医药企业 （供图：区税务局）

机制，确保减税政策精准实施；增强银税互动，在全市率先推出“减税抗疫贷”银税互动产品，152 家企业获得贷款 1.12 亿元。新都区税务局助力企业享受“减税抗疫贷”，支持企业参与疫情防控工作情况获四川电视台专题报道。全区新增减税 6.08 亿元。

【纳税服务】 新都区税务局在全省率先完成办税服务厅智能转型升级，纳税人、缴费人平均等候时间压缩在 2 分钟以内，非接触办税率达 98.5% 以上；开发“小曹导税”微信小程序，推出“电子税务局套餐业务辅导”清单；定制“年度纳税人专属报告”，被省政府作为深化“放管服”改革优化营商环境典型经验在全省推广；拍摄短片《一步》，在国家税务总局网站、微信公众号和省税务局公众号对外发布，获“税眼看发展”第一届全国短视频大赛三等奖。新都区税务局在 2020 年全省纳税人满意度测评中总体得分 91.16 分，位列全市第八，优化营商环境举措被区政府列入专刊，相关经验被《中国改革报》、税务总局《税收舆情》刊载。

（罗雪纯）

## 审计管理
Audit Management

【概况】 2020 年，新都区审计局开展审计项目 45 个，发现问题 103 条，涉及问题金额 67.63 亿元，

向区委、区政府报送审计专报、信息等170篇，内部审计调研课题获审计署“新时代内部审计职能定位研究”课题优秀等次，国有企业审计项目获评成都市优秀审计项目。

【财政预算审计】 新都区审计局围绕全面实施预算绩效管理，揭示预算不够细化精准、预算刚性约束不强、往来款长期挂账等问题，推动人大预算审查监督重点向支出预算和政策拓展，推动全区范围内的往来款挂账清理，相关工作经验和成效在《中国审计报》刊载；运用大数据方法首次对全区75个一级预算单位预算执行实施审计全覆盖，并重点对区交通局、区发改局、区经信局、区农业农村局等8家一级预算单位实施现场审计，推增区委、区政府从全区层面开展公务车油卡、安置房分配清理整治，促进部门严格预算约束和财经纪律，落实“过紧日子”要求。

【重大政策跟踪审计】 新都区审计局围绕助力疫情防控，2月起跟踪审计区财政局、区红十字会、区慈善会、区卫健局等10个部门新冠肺炎疫情防控财政资金和捐赠款物，反映防控资金、物资分配管理情况，指出问题、督促整改，推动相关部门加快分配下拨资金和物资，规范管理制度2项；围绕乡村振兴战略实施，对推进乡村治理、“一卡通”治理情况开展交叉专项审计调查，推动从制度机制层面深化乡村治理、完善“一卡通”管理，推动乡村振兴战略更好实施；围绕保市场主体保就业，开展营商环境和就业优先政策审计，对新增财政资金直达市县基层直接惠企利民情况开展专项审计，促进营商环境持续优化。

【经济责任审计】 新都区审计局以促进领导干部规范权力运行和责任落实为目标，建立《成都市新都区区管党政主要领导干部和国有企事业单位主要领导人员经济责任审计工作规划（2020—2024年）》；完成经济责任审计项目6个（涉及单位5个、领导干部6名），其中对1个街道2名领导干部开展全面经济责任审计，对4个部门4名领导干部开展专项经济责任审计，促进领导干部依法履职、依法行政。

【自然资源资产审计】 新都区审计局对新繁街道2名领导干部自然资源资产进行任中审计，重点审计水源地一级保护区管护、基本农田管护、环境治理专项资金使用等，理顺污染防治项目和资金管理，以点带面推动全区生态文明建设制度机制健全完善，促进领导干部履行自然资源资产管理和生态环境保护责任。

【政府投资审计】 新都区审计局落实投资审计“三个转变”，通过跟踪审计、结（决）算审计和专项审计调查，探索由事后监督向事中事前把关转变，做到监督与服务并重，促进边审边改，全年跟踪审计15个项目，完成工程产值47亿元，到位建设资金48亿元，香城体育中心（大运会场馆项目）、金海污水厂、东区污水厂（沱江流域水环境治理项目）、航纬三路西段（航空轨道产业园项目）等6个项目完工；结（决）算审计和专项审计调查覆盖2019年完成结算的485个项目，重点抽查37个项目（送审金额5.38亿元），审计抽查核减680万元。

【国有企业审计】 新都区审计局对区内2家国有公司及其下属公司专项审计，对1个部门1家下属企业延伸审计，审计重点关注企业降成本提效益落实情况、工程管理情况等，其中蓉桂运业审计项目获成都市2020年度优秀审计项目。

【部门内部审计】 新都区审计局以区委审计委员会名义出台《关于加强内部审计工作的指导意见》，配套制定《内部审计工作操作指南》《关于开展内部审计工作分类指导的通知》等制度，完善内部审计制度体系，推动卫健、教育、农业等部门设立内审科。新都区审计局获成都市内部审计指导监督先进单位、内部审计突出贡献单位称号，开展的内部审计研究课题获2020年审计署组织的“新时代内部审计职能定位研究”课题优秀等次（全省共4篇，区县仅1篇）。

（成　娅　骆星霖）

## 国资监管与金融服务
State-owned Assets Supervision and Financial Service

【概况】 2020年，新都区国资金融局围绕贯彻落实中央、省委、市委、区委决策部署，推动金融服务创新，完善国资监管机制，深化国资国企改革，全力服务经济社会发展大局。

【国资监管】 新都区国资金融局在全市率先出台资产损失赔偿规定，国有资产管理追责问责机制已经成型，国资监管体系逐步完善；完成国有资产管理情况报告，首次代表区政府向区人大报告国有资产管理情况，全口径、全覆盖晒出全区国有资产“家底”；清产核资取得阶段性成果，持续推进突出问题专项整治，91家单位完成盘盈入账和盘亏核销，账实不符基本得到解决；持续加大国有资产违规问题督查力度，强化问题整改，对38家单位开展整改落实“回头看”；对87家单位开展经营性用房专项清查，对问题线索开展核查办理，下达整改通知；不断提升资产使用效益，盘活闲置资产66处，公开招租41起，面积1.3万平方米，合同总金额633万元，全区行政事业单位国有资产出租收入4318万元、比2019年增长5.6%；围绕区委决策服务改革发展，支持香投集团做强做优，无偿划转注入估值近亿元的资产；结合镇（街道）区划调整，划转资产价值4.66亿元；服务村（社区）改革，释放国有资产充实社区阵地建设，协调3处房屋（面积0.34万平方米）用于社区建设。

【金融服务】 新都区国资金融局搭建百人金融纾困金融服务专班，服务企业250余家，帮助企业获得贷款近8亿元，开展投融资对接活动62场、特色金融论坛1场；强化金融支持政策，兑现金融业发展专项资金219.23万元；推动金融生态环境持续优化，实现国有控股融资担保公司注册资本金翻番；推进绿色金融创新试点，搭建“绿蓉通”金融服务平台，入驻银行25家，发布金融产品77款，注册企业1092家，撮合成交超12亿元；设立成都绿色评估认证中心，已认证绿色企业43家、绿色项目5个；创新绿色金融产品及服务，组建规模2亿元的新申绿色创投基金，重点投向轨道交通、节能环保、新能源等绿色产业；推进企业上市，上市后备企业扩充至22家，牵头32个区级部门组建上市服务专班，引导11家企业挂牌四板。全区金融机构存贷款规模大幅提高，贷款总额增速位居全市前五。

【国企服务】 新都区国资金融局突出国资监管关键

6月19日，成都市新都区国有企业退休人员社会化管理工作动员会暨业务培训会召开　（供图：区国资金融局）

点，做实企业总体管控，完成香投集团2020年度投融资计划审核，督促指导香投集团制定投资管理、投资风险管理等8项制度；审核完成28辆公交客运车报废；指导相关单位完成区自来水公司100%股权交易，处置总收入24.13亿元；修订完善香投集团经营业绩考核办法，建立“1＋N＋三方”联动模式，联合23个部门细化目标分解确保精准考核，实行考核结果“三挂钩”机制，相关改革经验获省国资委官网单幅刊登；初步建立审计监督机制，规范国有资本经营运作；首次完成对香投集团及下属企业、部门委管、镇属公司工资总额基数清查，企业薪酬水平得到有效调控；支持香投集团对接境内外多层次资本市场，发债利率多次创西南地区历史新低，新都区在西部金融联席会议中作为唯一区县代表作交流发言；承担国有股东确权审批任务，创下全国首家由区县级国资监管部门批复的国有股东确权先例，助力香投集团持股秦川物联在科创板挂牌交易，投资收益率650%；探索三类典型企业改制路径，指导完成区自来水公司、利民公司、科正公司3家企业改制，为国资监管“一盘棋”提供重要改革经验，获国务院国资委官网单幅刊登；统筹推动国企退休人员社会化管理移交，协调区内外78家国有企业与新都区签订退休人员移交框架协议；出台国有资产类租金减免政策，助力防疫复产，全区行政事业单位及区属国企减免中小企业租金1637.78万元。

（蒋晓艳）

## 国土管理
Land Management

【概况】 2020年，新都区规划和自然资源局围绕规划选址、土地报征、项目审批等方面，系统梳理新都区36个省市重点项目、28个安置房建设项目，解决问题16个；延长公告时间，防止疫情影响企业摘牌，确保科成云、金越、新誉、九牧等省市重点项目顺利落地；按防疫政策延长地价款缴纳期限，减轻因疫情为企业带来的资金压力，涉及资金10.56亿元，助力企业复工复产；按政策调整开竣工时间，为企业复工打下基础，为成都人居、香投房产、道森能源3家企业4个项目办理延长开竣工6个月时间。

【土地指标保障】 新都区规划和自然资源局加强土地报征，取得8个批次批文2110亩，保障传化智联项目、泰兴七一小镇等项目用地；组件报征12个批次，面积5206亩，涉及升庵文化基地、新繁电商小镇、成德大道北延线（成都段）项目一期工程等项目用地，第1~7、9~11批次和成德大道北延线项目上报市规划和自然资源局审查，第8批次待空间规划调整批复取得后上报；助推脱贫攻坚，实施增减挂钩项目8个，预计节余挂钩周转指标900亩；审核办理征地参保29宗，面积1728.76亩，农转非安置1804人，参保1785人；做好净地审查，取得经营性土地净地审查报告15宗、面积971.05亩，取得工业用地净地审查报告31宗、面积2250亩，取得非经营性用地审查报告18宗、面积375.51亩；加强土地市场研判和对土地的营销、包装、推介力度，统筹安排土地上市，出让经营性用地14宗、面积923.5445亩，合同总价款68.21亿元，平均738.64万元/亩，出让工业用地27宗、面积1600.9873亩，土地出让价款2.4亿元，平均15万元/亩。

【土地资源盘活】 新都区规划和自然资源局推进低效、闲置土地整治，盘活存量低效工业用地14宗676.44亩；加强供后监管，全区供地率69.19%（市级考核年度目标任务为65%），亩均税收增长率估算为0.06（市级考核年度目标任务为大于0）；推进土地资源优化配置，推进以产出为导向的土地资源配置制度改革，完成国有土地基准地价的建立和更新，于11月1日正式公布实施。

【建设用地审批】 新都区规划和自然资源局不断优化完善审批流程，受理协议出让国有建设用地使用权审核277件、出让合同变更协议25件、土地使用条件变更审查 9 件、建设工程项目竣工并联验收 20 件、签订出让合同 13 件，核发划拨决定书 97 件；核发建筑工程规划土地核实意见书 27 件，完成 4 宗标准厂房协议供地、面积 455 亩。

【土地执法监管】 新都区规划和自然资源局推进大棚房另案处理，完善手续 251 宗 754 亩；加快推进全域督察问题销号，整改耕地认定不实和永久基本农田划定不实两类问题图斑 14 个 124.64 亩，已全部上报并等待省自然资源厅审核；推进商业草坪清退，清退 12700 亩，清退率 100%；加大新增违法用地查处，动态巡查 486 次，发现涉嫌违法用地 158 宗、1100.74 亩，经整改后核实上报 3 宗、24.4 亩；推进卫片执法，下发图斑涉及的违法用地 8 个、85.75 亩；做好耕保金发放和设施农用地管理，完成 2016 年度耕保基金发放数据核实和合同签订，全区应发耕地保护基金 1.06 亿元，备案设施农业用地 4 宗、25.1 亩；做好农村乱占耕地建房专项工作，通过对国家和省级原始图斑进行建设用地占耕分析和内业核实，最终确定工作底图图斑 6377 个、面积 3500 亩，经摸排、梳理、研判，报送问题台账总数 430 个、面积 957.25 亩。

【地籍管理】 新都区规划和自然资源局推进第三次全国土地调查，完成统一时点更新，并通过国家级质检；落实“多测合一”“多验合一”，完成初始登记权籍调查审核和权属调查 40 宗、竣工验收及变更权籍调查审核 240 宗；开展不动产登记，受理业务 132836 件，颁发证书 62209 本、证明 70983 份。

（黄红飞）

## 统计管理
Statistical Management

【概况】 2020 年，新都区统计局内设办公室、综合核算科、农业与投资统计科、工业与能源统计科、服务业统计科、执法监督科 6 个机构，配备行政编制 11 个；下设区统计局普查中心（配备参照公务员管理事业编制 9 个）、区统计监测服务中心（配备事业编制 7 个）2 个事业单位。

【统计改革】 6 月，新都区被定为国家“开展完善名录库动态维护改革试点工作”四川试点区县。新都区统计局通过收集行政审批局、市场监管局、税务局等近 20 个部门数据资料，整理、剔重、分析，建成单位活跃度模型，着力构建单位最全、数据最准、更新最快的基本单位名录库。

【统计基础建设】 新都区统计局印发《新都区固定资产投资统计数据质量管理办法》《新都区固定资产投资项目入库管理办法》《新都区规模以上服务业统计数据质量管理办法》《成都市新都区统计局数据质量管理办法》4 个规范性文件，强化数据质量责任；开展统计“大走访、大调研、大服务”，多点聚焦基层统计规范化建设；对镇（街道）、产业功能区及“四上”企业统计从业人员开展业务培训，培训 2000 余人次。新都区统计局在市统计局业务工作评价中，获优秀等次 7 项，列全市第三。

【统计监测】 新都区统计局疫情期间，启动疫情预警监测“1 + N”响应机制，聚焦疫情对区域经济增长影响大的重点行业、企业、项目等，形成《疫情防控期间复工复产情况日报》43 期、《疫情期间企业复工复产典型做法》16 篇，被市统计局采编 6 篇；围绕区委、区政府重大决策部署，加强经济运行监测，形成简报 368 篇、分析 42 篇、专报 9 篇，获区委、区政府领导肯定性批示 10 次，获全区通报表扬 2 次。

【统计服务】 新都区统计局通过中国成都、新都区人民政府部门内页等政府网站公开政府信息 221 条，官方微博发布信息 252 条，微信推送文章 59 篇；通过新都区人民政府门户网站、《新都资讯》等登载发布《2019 年新都区国民经济和社会发展统计公报》，编印《新都统计年鉴（2019）》300 册和《新都统计月报》《新都投资房地产监测报告》各 11 期；在《统计月报》等统计产品上刊印第七次全国人口普查登记标准时间、普查内容等。

【统计执法管理】 新都区统计局利用专业年报会，对 700 余家“四上”企业（单位）统计人员开展统计法律培训，下发统计法律事务告知书、统计人员统计信用告知书，提高统计调查对象依法统计意识；将履行防范和惩治统计造假、弄虚作假责任情况纳入全区“依法统计工作”重点考核内容，印发《关于统计机构负责人和统计人员防范和惩治统计造假弄虚作假责任制实施办法（试行）》等 6 个规范性文件；全域督导《关于进一步加强和改进统计工作的措施》落地落实情况，采取全面自查、专项检查、“双随机”抽查等方式持续推动统计督察整改“回头看”。

【第七次全国人口普查】 新都区成立以区长任组长、常务副区长任常务副组长的第七次全国人口普查领导小组，9 个镇（街道）、180 个村（社区）均组建普查机构，确保全过程靠前指挥。新都区统计局向镇（街道）发放宣传画、笔记本、背心、口罩等物资，横向调剂“两员”预发经费；构建“3 + 9 + 9 + N”督导制，点对点进行业务指导，确保人口普查完成；倡导推行自主填报，全区自主填报率 38.1%，绝对量列全市第一，填报率列全市第三。新都区人普入户登记工作被中央电视台、四川卫视等中央、省级媒体报道，创新工作方法《成都市新都区：创新工作方法高质量完成人口普查工作》被“学习强国”平台刊登并获全区通报表扬 1 次。

（曹雪原　郑雅雯）

## 社会经济调查
Social and Economic Surveys

【概况】 2020 年，国家统计局新都调查队积极适应疫情防控和经济发展新要求，落实从严治党、从严治队，推进重点调查，突出统计调查服务，推动新都统计调查工作高质量发展。

【常规调查】 新都调查队完成城乡居民收支调查、粮食产量对地遥感调查、主要畜禽监测调查、农产品中间消耗调查、农民工监测调查、农民工市民化监测调查、农产品生产价格调查、月度劳动力调查、工业生产者价格调查、采购经理调查、新设立小微企业调查 11 项定期抽样调查。

【调查服务】 新都调查队围绕社会经济建设热点、难点问题以及民生、三农问题开展调查分析，撰写报送信息分析 210 篇，四川调查总队采用信息分析 106 篇（其中市县动态 31 篇），国家统计局采用 5 篇，《四川调查》采用 2 篇次，新都区各类网络、刊物采用 32 篇次，信息分析采用名次保持全省县级调查队前列；加强对宏观经济形势预测预判，强化城乡居民可支配收入等经济运行指标完成情况的适时分析研判，按季为区委、区政府和区级相关部门提供城乡居民收入消费指标运行分析；开展统计监测预警和深度分析，发挥统计调查参谋智囊作用，完成《新都区城市生活垃圾分类面临的主要问题及对策研究》课题研究，完成《新都区拒绝“舌尖上的浪费”调查分析》《关于做好农民工监测 e 调查工作的体会与思考》《改旧习、树新风　文明“新食尚”还需多方合力》《新都区摊贩经济对居民生活影响情况调查》等调查报告，供领导和部门决策参考，为加快推动社会经济发展起到积极作用。

（陈　霞）

## 公共资源交易服务
Public Resource Transaction Service

【概况】 2020 年，新都区公共资源交易中心贯彻落实区委、区政府决策部署，持续服务地方经济社会发展大局、加快智慧交易提档升级、持续优化营商环境，不断提升平台服务质量和资源配置效益，完成交易764件，交易总额111.51亿元，节约资金1.76亿元，溢价3936.70万元，比2019年上升63.48%，交易总额创历史新高，获评四川省首批公共资源交易服务标准规范化建设“示范交易中心”，并获2020年度全市公共资源交易服务先进单位称号。

**【资产类交易管理】** 新都区公共资源交易中心推行网络竞价方式，对国有公房出租、废旧和淘汰物质处置、行政事业单位资产出租等资产类项目交易全流程网络办理，完成资产类项目74件，交易总额1.30亿元，溢价金额3936.70万元，溢价率43.36%。

**【政府集中采购管理】** 新都区公共资源交易中心梳理政府采购内部控制管理规范，制定《政府采购项目受理工作规程》《政府采购文件编制及公告发布操作规程》《政府采购项目评审操作规程》等12项工作规程；将办事服务指南、岗位指导书、廉政风险防控措施等内容格式化、范本化，做到每个环节岗位有据可依；固化工作时限，统筹把控每个项目完成时限；制定现场应急方案和隔夜监督措施，对接采购人，优质服务；优化营商环境，梳理政府采购负面清单，修改采购文件模板7处，制定网络竞价和电子商城供应商库履约管理办法，实行量化考核机制，对失信供应商采取价格加成或限制参与交易资格方式惩戒；扶持中小企业，新增7家小微企业入围电子商城供应商库，采购文件免费下载，扩大政府采购承诺函代替证明资料，减轻供应商参与政府采购负担；落实“政策贷”和疫情期间政府采购免收保证金政策，免收保证金4000余万元；完成区市县首个政府采购不见面开标项目。新都区公共资源交易中心全年完成政府采购项目451件，交易总额1.38亿元，节约资金618.50万元，节资率4.28%。

**【建设工程交易管理】** 新都区公共资源交易中心开展工程招投标领域突出问题系统治理，制定《成都市新都区公共资源交易服务中心工程招投标领域突出问题系统治理实施方案》，印发工程招投标领域突出问题系统治理工作任务清单，从优化机制制度、加大宣传力度、加强现场管理、协助核实查办、强化数据共享五个方面梳理工作任务11条；强化交易现场管理，制定《成都市新都区工程建设涉密项目进场交易工作规程》《关于进一步优化服务保障重大项目的工作方案》《〈交易场地对外借用管理（试行）办法〉的通知》《成都市新都区公共资源交易服务中心项目交易现场不良行为记录报送工作规程》，规范各方交易主体。新都区公共资源交易中心全年完成工程建设类项目212件，交易总额106.42亿元，节约资金16978.68万元，节资率3.06%；完成不见面开标项目45个和异地远程评标9个，不见面开标项目数量居全市前列；收到352笔工程建设项目“电子保函”，节省1.3亿元交易资金占用。

**【土地拍卖管理】** 新都区公共资源交易中心贯彻执行土地法律法规，遵循“公开、公平、公正、诚实信用”的原则实施土地资源交易，依托成都市公共资源交易服务中心电子云平台实现工业用地出让全流程电子化，全年挂牌出让国有建设用地27宗，面积1600.99亩，交易总额2.41亿元。

**【电子交易服务平台建设】** 新都区公共资源交易中心提升交易服务全项目全流程电子化水平，上线运行政府采购电子化招投标系统（2.0系统），实

10月22日，新都区工程建设项目首个不见面开标现场
（供图：区交易中心）

现政府采购不见面开标；升级工程建设电子辅助评标系统、资产资源电子交易系统和电子保函系统，将5个评标室改成电子评标室，46项公共资源交易服务事项中，44项实现“全程网办”，1项实现“仅跑一次”，1项实行“即来即办”，全程网办率95.6%。

（刘显辉）

## 香投集团

Chengdu Xiangcheng Investment Group Co., Ltd.

**【概况】** 成都香城投资集团有限公司（简称香投集团）内设董事会办公室、党群人力部、综合行政部、监察审计部、投资发展部、财务金融部、建设管理部、合约法务部8个职能部门，下辖成都市新都香城建设投资有限公司（简称香城公司）、成都市新都区兴城建设投资有限公司（简称兴城公司）、成都市新都区兴水投资有限责任公司（简称兴水公司）、成都市新都区蓉桂运业有限公司（简称蓉桂运业公司）、成都香城城市发展公司（简称香城发展公司）、成都市香源供水有限责任公司（简称香源供水公司）、成都香城资产管理有限公司（简称资产公司）、成都香城绿色金融控股有限公司（简称绿色金控公司）8家二级子公司以及镇属委管公司和下属参控股公司，实际管理94家子公司，有员工3522人，服务于城市建设、公共交通、文化教育等各条战线。2020年，香投集团通过开展高成本债务置换以及优化融资结构，新增融资成本6.69%，新增非标占比34.7%；对外投资类项目13个，撬动总规模近200亿元的产业项目落地新都区，包括上海拓璞航空航天智能制造股权投资项目、成都拓米双都光电3D智能制造产业集群股权投资项目、深圳微网力合WiFi6生产研发总部股权投资项目、安东油气融资租赁总部股权投资项目等，其中投资北京优炫软件股份有限公司、捷贝通石油技术集团股份有限公司两个Pre-IPO项目；建设项目154个，总投资315.92亿元，其中新开工项目91个、投资额194.88亿元，续建项目63个、投资额121.04亿元；通过社会化招聘、面向体制内选聘管理人员、接收安置退役士兵等方式，招聘录用管理岗（8人）及专业技术岗（48人）人员56名，其中招聘33人。截至年底，香投集团合并报表资产总额1021.88亿元，净资产369.08亿元。2个已投基金项目持股的秦川物联和纵横股份成功登陆科创板上市交易，是全国首家由区县级国资监管部门批复的国有股东确权案例。

（李媛媛）

**【香城公司】** 香城公司内设部门7个，有三级子公司13家，其中全资7家（成都市新都兴工建设投资有限公司、成都盛丰邦瑞投资有限公司、成都市香城中小企业融资担保有限责任公司、成都市新都区香城金亨融资担保有限责任公司、成都市新都浦银城市发展投资有限公司、成都市香融创业投资有限公司、成都市香锐创业投资有限公司）、控股3家（成都市香城兴申创业投资有限公司、成都辰飞智匠科技有限公司、四川航宇检测技术有限公司）、参股3家（成都市香城酷哇智能机器人有限公司、成都香城五矿产城发展有限公司、新都桂城村镇银行有限责任公司），另有委管镇属公司4家；职工总人数1373人，其中香城公司及下属子公司管理岗位员工132人、香锐公司幼教老师及劳务外包项目1241人。2020年，香城公司获取融资批复120.2亿元，实际到账100.25亿元，总体融资成本6.66%；疫情防控期间向国家开发银行融资3年期1亿元复工复产专项贷款资金，成本3.5%，创下新都区同等期限最低贷款利率；携手合作银行创新开拓多元化业务范畴，开展并实现非融资性担保业务及小额创业贷款担保业务，旗下两家担保公司合计为29家企业提供担保服务，在保余额2.23亿元。香城公司推进建设项目53个，总投资约104亿元，其中拟建项目24个、在建项目29个，重点项目包括新都现代交通产业功能区、金凤凰高架新都段（绕城高速至香城大道）改建工程、新都香城体育中心建设工程等；推进产业园区建设类项目58个，其中在建项目12个、拟建项目32个、建成项目14

个，总投资约118.8亿元；推进股权投资类项目2个。香城公司紧跟新都现代交通产业功能区发展，充分发挥资本招商作用，与上海拓璞、苏州苏轼集团等航空领域高端企业合作，成立成都辰飞智匠科技有限公司、四川航宇检测技术有限公司共同打造轨道交通、航空航天产业生态链；承揽人力资源外包业务21项，遍布全区9个镇（街道）及各区级机关部门，劳务派遣1047人；运营“香宝宝”新都汉城、大丰赵家、木兰江西等8所幼儿园，均通过成都市二级幼儿园评定，开设教学班40个，在园幼儿1278名。截至12月31日，香城公司总资产390.57亿元，净资产132.1亿元。

（杜　齐）

**【兴城公司】** 兴城公司有8家全资子公司（成都市新都区新居工程建设投资有限公司、成都市新都区经济适用房发展中心、成都市桂城文化传播有限公司、成都市香都投资有限公司、成都市新都区香城建筑工程有限公司、成都市新都区科正建筑工程质量检测有限公司、新都一中实验学校、成都市天府文化传播有限公司）、2家控股公司（成都市新申创业投资有限公司、成都市兴城凯瑞石化有限责任公司）、3家参股公司（成都西部建设香投新型材料有限公司、成都市新都区实久基础设施投资有限公司、四川利兴龙环保科技有限公司）。2020年，在新冠肺炎疫情影响下，兴城公司紧密关注金融机构政策动向，实时调整工作方向，积极对接金融机构，融资到位67.63亿元，超额完成集团下达50亿元融资目标的135.26%；发行3亿元短期融资券，票面利率3.2%，创同期同级别短期融资券利率新低；发行7.7亿元公司债，发行期限“3＋2”年，票面利率5.24%，为新都区首单交易所公司债券产品，并创西南地区有史以来同评级项目收益专项公司债券票面最低；取得10亿元中票及8亿元PPN协会批文。兴城公司所管辖的房屋资产总面积29.62万平方米，可用于出租房屋资产面积26.50万平方米，已出租房屋面积25.91万平方米，出租率97.78%，完成租金总收入12370.31万元。兴城公司承建区内民生项目77个，其中在建项目35个、拟建项目24个、竣工项目18个；推动升庵书香公园前期工作，推动大运会配套道路建设，以18天的“香投兴城速度”完成金光路主路段工程，并将“香城细管”融入成青苑安置小区工程建设。兴城公司推动“互联网＋工程”模式，对建设项目前期工作推进、现场形象进度、隐患排查、质量控制等功能全面线上管理，加强安全文明施工监督；开展安全主题活动，创建成都市安全文化建设示范单位；开展安全检查194次，排查隐患626条，发出隐患整改通知书142份，约谈4次，批评通报4次，开出处罚单24份，整改闭合完成率100%。兴城公司24小时完成新都区主要出入口、高速公路口11个点位12个集装箱安装，搭建集装箱测温点，并以38小时的“兴城速度”完成两栋楼共11层362个房间海龙山庄集中安置服务点改造，完成海龙山庄、银潮酒店、荣德山庄、桂湖大酒店、锦门酒店等7个隔离酒店改造，修建发热门诊4个；组织党员、干部职工92人分4批次协助新都街道、大丰街道、新繁街道开展防疫摸排，排查10000余户，设立登记点15个，发放张贴宣传防疫资料1000余份；持续加强自持物业防疫管控，各物业管辖区域进入人次总计184万人，进入车辆36万辆，车上（包括非机动车）人员42万人，同时楼层公共区域消毒0.52万次，卫生间及门把手、电梯间、大堂、垃圾桶等消毒0.66万次；按照《疫情期间减免非国有中小企业实施细则》，通过核税租户47户、金额114.62万元，并比对符合要求的个人、微小型企业进行5—7月租金减半，通过核税30户、金额52.41万元。截至12月31日，兴城公司总资产248.95亿元，净资产97.74亿元。

（杨　全）

**【兴水公司】** 兴水公司内设办公室、财务（投融资）部、排水设施运营管理部、工程建设部、项目部、安全生产办公室6个部门，下辖1家控股子公司（香城市政公司）（出资60%），参股2家SPV公司（香城中水公司、香城电建公司，分别占股5%），2019年12月至2020年12月委管利民公司。2020年，因新冠肺炎疫情影响，兴水公司积极发挥融资租赁优势，启用储备项目，借助集团公司债券筹资政策，加强与银行等20家金融机构对接磋商，多渠道融资筹资，争取项目贷款资金，完成融资7.4亿元，分别是横琴华通1亿元、中车租赁1.2亿元、成都金控2.3亿元、成都银行0.5亿元、金石租赁0.4亿元、茅台租赁1亿元、生活污水处理设施建设项目专项债1亿元。兴水公司全年开展项目前期工作8个，续建项目4个、新开工项目5个，在建项目4个，市级重点项目新都区第二人民医院项目完成总工程量的47%，新都区木兰镇卫生院项目完成总工程量的42%，新都区帝标家居段老锦水河改造工程完成总工程量的32%，专项债项目西江河流域截污治污工程（石板滩片区）完成规划国土手续办理及备案，三河街道学景路道路建设工程、新都区2019年新繁镇和新民镇片区高标准农田建设项目、四川省成都市新都区2018年国家综合开发高标准农田建设项目、地铁5号线一、二期工程新都段同体市政配套工程天柏路（含毗河大桥）项目、"8·11"青白江新农堰水毁堤防抢修加固工程完成。兴水公司运营管理全区城市排水管网1738公里以及6座镇（街道）污水处理厂、86座污水处理站、32座污水提升泵站、2座下穿隧道雨水提升泵站和50座人工湿地，全区各镇、街道、园区管委会辖区内的排水主管及其附属设施雨污管网全部委托香城市政公司负责运营管理，全区市政排水设施智慧化、专业化、一体化运营管理模式基本形成；全年管网运营投入约5700万元，配合大运会完成片区管网排查，完成玛歌庄园、香域中央等病害管网及易涝点位整治25处，完成应急抢险工程57个，为民办实事130件，完成区井盖办未确权井盖治理；完成污水处理站污泥处置67座、加药间改造32座、备用风机安装32座、人工湿地翻新49座，提高出水水质达标率，泵站稳定运行；处理污水1020万吨，处置污泥约3576吨；开展防汛暨安全生产应急演练活动，加强防汛应急抢险队伍建设，开展汛前排水设施集中疏掏，开展防汛抢险，未发生一起内涝引起的人民生命财产受损害事件。8月，新都区出现两次特大暴雨天气，兴水公司组织防汛抢险人员2300人次、防汛抢险车辆160台次、大型抢险设备60台次，堆码沙袋16000个，完成支援石板滩街道、青白江河堤等防汛抢险任务。兴水公司成立疫情防控党员先锋队，组织5批次300人次，到村（社区）、园区等开展疫情防控支援；织牢职责范围内的疫情防控网，做好办公场所、污水处理厂（站）、在建工程项目常态化疫情防控，配合完成新都区防疫集中隔离服务点海龙山庄、荣德山庄、桂湖酒店、银巢酒店等排水保障；开展"送政策、帮企业、送服务、解难题"专项行动，建立联络沟通机制，协调应急防疫物资采购渠道，优化采购审批流程，帮助外包服务企业及项目施工单位解决实际困难，确保项目复工复产有序开展。截至12月31日，兴水公司总资产27.98亿元，负债21.65亿元，净资产6.32亿元。

（蔡春新）

**【蓉桂运业公司】** 蓉桂运业公司内设9个职能部门，下辖成都市新都区蓉桂公共交通有限公司、成都市香城客运站经营管理有限公司、成都市新都区捷易停城市停车管理有限公司、成都市香城汽车租赁有限公司、成都市新都区兴诚机动车检测有限公司5个全资子公司和成都市新都巴士公交有限公司1个参股子公司。2020年，蓉桂运业公司推进"走基层"行动，先后在新都区15所中小学校开设乘车知识讲堂10场次；派驻技术骨干支援理塘县公交企业；办理"香城通"公交卡0.6万张，代办"天府通"老年卡0.7万张；开展安全教育培训133次，参训人员2.5万人次；开展安全检查119次，发现并整改安全隐患55处；疫情期间开展公交车消毒40万次，场站、调停点消毒1万次。蓉桂运业公司开展安全文明施工整治行动，抓好大丰小公交停车场整修等在建工地安全文明施工及环保施工管控；开展公交车辆、公交站点形象提升专项整治行动，清理163台公交车残留车身广告，拆除或移栽设置不规范站牌，抹除占用公交车安全停靠的占道停车泊位；开展服务质量提升整治行动，加强对驾驶员文明服务和安全行车操作的教育培训，有效降低投诉率；定期开展柴油公交车尾气检测和整改，严禁排放不达标车辆上路运营，推进公交新能源化，新购新能源公交车 12 台。蓉桂运业公司获评“蓉城先锋·示范基层党组织”,蓉桂公交公司获评“2019年度成都市新都区建设城北新中心城区全面深化改革创新先进集体”。

（李 青）

**【香城发展公司】** 2020 年，香城发展公司以项目贷款、信托、债券、融资租赁等方式，通过 22 家金融机构，落地融资 28 笔，资金总额 62 亿元；10 月 28 日发行首期 4 亿元中期票据，票面利率 4.8%，创四川省近年来同主体同期限公开产品同期最低利率；筛选募投项目并准备资料，仅用半个月时间，通过 20 亿元项目收益债审批。香城发展公司开展投资并购，匹配资源要素，打通收购全流程，完成成都吉峰聚力公司 100% 股权收购；参与 4 宗土地竞拍，取得 2 宗土地，增加公司资产 14.9 亿元；取得斑竹园街道、清流镇城乡建设用地增减挂钩试点项目社会投资人资格，总投资 9196.89 万元，预计可结余建设用地指标 117.8 亩，获得 12% 的投资回报收益。11 月 20 日，香城发展公司下属香城盈创公司与成都轨道城市投资集团有限公司在西南联合产权交易所正式挂牌转让成都廖家湾轨道城市发展有限公司 66% 股权。12 月 23 日，成都廖家湾轨道城市发展有限公司 66% 股权由保利竞得，此次交易土地价溢价率 117%。香城盈创公司引入合作方后，持有廖家湾公司 16.66% 股权，后续将按照股权比例获得相应开发收益，为实现国有资产保值增值奠定基础。香城发展公司实施租金减免 25 户，减免租金 273 万元；清理公司及下属子公司资产出租和租金收缴情况，加大欠缴租金追缴力度，解决租金拖欠历史遗留问题，追回欠租 170 万元，全年租金收入 1317 万元。香城发展公司承接项目 48 个，总投资 69.2 亿元，其中政府投资项目 18 个、总投资 6.75 亿元，经营性项目 30 个、总投资 62.45 亿元；新开工项目 19 个，开展前期工作 12 个，续建项目 9 个，竣工项目 6 个；完成固定资产投资 60.2 亿元，占目标任务的 101.74%。香城发展公司坚持“安全第一、预防为主、综合治理”的安全生产工作方针，修订应急预案，加强教育培训，增强事故防范和应急处置能力；加强防疫检查，严格落实防疫措施，开展安全生产专项整治三年行动及安全生产“排险除患”集中整治，开展安全检查 50 余次，排查隐患 450 余项，整改合格率 100%；建立健全安全管理体系，完善安全管理制度；开展安全生产标准化二级达标工作，加快推进安全生产标准化建设，饮马河公司修订完善安全管理制度 43 个。2 月 29 日，饮马河公司完成应急储备粮油 4370 吨，3 月 31 日新增临时应急储备粮油 5890 吨，为全区粮油充足储备、粮油市场平稳运行发挥重要作用。饮马河公司全年购进粮油 108673 吨，销售粮油 111259 吨，实现主营业务收入 2.8 亿元，净利润 60 万元，同比增长 50%。香城发展公司新建新都区 2019 年粮食质量安全检验监测体系，完成四川省 2020 年应急粮油大清查和成都市 2020 年政策性粮食库存大排查；按照国有企业退休人员社会化管理服务要求，移交退休人员 232 名。截至 12 月 31 日，香城发展公司总资产 10.86 亿元，净资产 2.5 亿元。

（吴佩倩）

**【香源供水公司】** 2020 年，香源供水公司日供水量 33 万立方米，供水管网总长 4451.2 公里，覆盖全区 7 个街道 2 个镇 180 个行政村（社区），用户数 40 万户；供水生产实现从取水、制水、送水到供水调度整个运行过程的信息化控制，供水设备、生产技术以及经营管理水平在全省同行中均居前列。香源供水公司落实水源保护区划分和管理，完成一二级水源保护区巡查 240 次；开展水厂安全三级教育、职业卫生和人员救助、水厂生产设备故障分析及解决办法、漏氯及反恐应急演练、消防应急演练等，完成培训 10 次；完成农饮水检测 1693 项次，石堤堰水厂及管网水日常检测 16351 项次，新建管网及投诉水样检测 756 项次，防疫检测 510 项次，防汛检测 1188 项次，隔离点水样检测 744 项次；实施完成冲排 22 次，冲排水量 2.2 万立方米；开展安全生产检查 88 次，发现的问题均得到处理；制定《新型冠状病毒感染的肺炎防控期间石堤堰水厂封闭运行方案》，并严格落实上级部门安排部署。香源供水公司采取主动上门向用户宣传节水知识，并在各供水管理所和营业厅放置宣传展板、发放宣传资料，设立服务咨询点开展现场供水咨询服务，提高市民节水、保护水资源意识；实施大规模探漏 4 次，有效减少漏损。7 月，香源供水公司将原“0＋1＋2＋3＋4（6）”的供水模式优化升级，通过精简申请资料（由原 3 项精减为 1 项），优化办理环节（将用水报装由原 2 个环节整合为 1 个环节），打造“1114”［一站式服务，给水报装到通水仅需一个环节完成，用户仅需提供一项资料（营业执照），最快 4 个工作日实现通水］给水接入服务新模式，全年受理微信平台在线申请报装安装项目 12 笔，平均办结时限 2.8 个工作日，其中企业用户 11 笔（无外线工程 3 笔，平均办结时限 1.17 个工作日；有外线工程 8 笔，平均办结时限 3.56 个工作日），个人用户 1 笔，办结天数 2 个工作日；办理行政审批手续 17 笔，均办结；电话回访企业 12 家，实地走访企业 30 家，用户满意度 100%。香源供水公司全年完成供水 10094 万吨，售水 8756 万吨。

（甘文艳）

**【资产公司】** 2020 年 4 月 14 日，资产公司股东变更为成都香城投资集团有限公司，注册资本 1000 万元。资产公司下设招商运营部、资产管理部、工程物业部、合约法务部、综合办公室 5 个部门，以资产经营管理为主业，进行市场化运营，构建集团资产经营管理平台。资产公司完成 62 处资产经营权移交、238 处拟移交资产现场查勘，完成 268 生活区幼儿园、区疾控中心等 10 处资产权证办理；协助集团公司完成 6 处卫健资产及 4 处农贸市场接收，增加集团资本公积 3675.75 万元；优化完善自主开发的香投智慧资产管理平台，录入航拍照片等信息，新增功能 27 项，优化功能 31 项。资产公司针对新春苑农贸市场等体量较大、周边业态较差的资产，打造 4 处专业市场，带动周边整体商业氛围的同时有效提升周边居民生活质量，为低效存量资产注入新活力、新价值；打造香投档案管理中心，拓展经营范围，与 20 家单位达成合作意向，整理档案 1500 卷、8000 件；新增租赁面积 4.2 万平方米，公开挂网招租成交率 95%，平均成交溢价率 42.4%，新增租金收入 2000 余万元。资产公司开工建设项目 10 个，总投资额 2.6 亿元；完成新都街道办事处新办公用房装修项目等 5 个项目，可交付使用面积 1 万平方米；12 月启动成都市重点项目新都区城市智慧治理中心建设项目旧楼加固。资产公司组织安全培训、演练、检查 70 次，房屋安全性及抗震性鉴定 14 次，排查、整改隐患 157 项；5 月设立安委会，12 月通过四川省应急管理厅“安全生产标准化二级企业”评审；提供物业服务 65 个，服务面积 36 万平方米，涉及老旧院落 50 个、企事业单位 15 个。资产公司采购区疫情防控指挥部应急保障组防疫物资和全区复工复产复学等物资，采购防疫物资 303.13 万件 2325.84 万元；落实减免政策，减免租金 204 万元；采购、寄付医用一次性口罩 60000 只，驰援新都区友城日本大阪府泉佐野市政府和人民抗击疫情。资产公司下属企业获评“新都区 2020 年度物业服务行业抗击新冠肺炎疫情先进集体”。

（赖兴懿）

**【绿色金控公司】** 2020 年 6 月，绿色金控公司成立全资子公司成都香城绿色股权投资基金管理有限公司，注册资本金 1000 万元，由绿色金控 100% 控股，主要从事投资管理及相关咨询服务，受托管理股权投资企业。11 月，绿蓉通平台发布。平台在银企对接机制、绿色金融专业化服务、企业信用画像等方面积极开拓、大胆创新，为解决信息不对称导致的企业“融资难、融资贵、融资慢”问题提供新思路和新方法，让惠企政策直达实体经济，助力政府在常态化防疫背景下，稳步推进“六稳六保”工作。12 月，四川弘威航空产业发展投资基金注册成立，总规模 87610 万元，首期规模 2 亿元，绿色金控作为有限合伙人出资 2 亿元；基金投资于航空及相关产业等领域。

（李　雯）

# 城乡建设·环境保护

URBAN & RURAL CONSTRUCTION AND ENVIRONMENTAL PROTECTION

## 城乡建设规划
Urban and Rural Construction Planning

【概况】 2020年，新都区规划和自然资源局深入推进国土空间规划、片区规划、城市建设规划、村庄规划编制，完成《五龙山国际化社区示范点位城市设计》、桂湖街道新桥村村庄规划等编制。

【国土空间规划编制】 新都区规划和自然资源局深入推进《新都区国土空间总体规划》编制，已形成初步成果，进一步提升全区空间结构，优化城市功能布局，为未来发展预留空间。

【片区规划编制】 新都区规划和自然资源局形成现代交通产业园高品质科创空间规划完善成果，形成智慧物流园区高品质科创空间规划初步成果；形成环城生态区城市设计和控规调整方案+编制方案，通过市规划和自然资源局局长办公会审议；完成《五龙山国际化社区示范点位城市设计》编制，形成五龙山特色文化街区一体化改造方案，通过区土规会审议。

【城市建设规划编制】 新都区规划和自然资源局助推美丽宜居新都建设，完成成都市毗河公园概念规划设计全球招标，聘请新都区公园城市规划建设咨询委员会专家；推动TOD建设，编制《新都区轨道交通TOD一体化总体规划》《新都区TOD一体化城市设计——成都医学院站·海都路站》，通过专家会及区政府专题会审议；推动城市有机更新，组织编制完成城市更新年度实施计划和重点城市单元实施规划两个市级考评目标任务，编制《新都区城市更新年度实施计划》，成果报送市规划和自然资源局审议，选取锦水苑片区城市更新单元、编制城市更新单元实施规划，成果通过区土规会审核。

【村庄规划编制】 新都区规划和自然资源局推进马家镇北星村村庄规划、石板滩街道木兰和韩娥社区村庄规划、斑竹园街道三河村村庄规划3项村庄规划编制，完成桂湖街道新桥村村庄规划；有序推进清流镇广泉村村庄规划、三河街道五龙社区村庄规划、长龙社区村庄规划编制，通过区土规会审议。

（黄红飞）

## 城乡建设
Urban and Rural Construction

【概况】 2020年，新都区住建局按照中央和省、市、区重大决策部署，抢抓成渝地区双城经济圈建设机遇，深度融入成德同城化、大港区一体化，统筹抓好疫情防控和经济社会发展，竞进争先、实干担当、主动作为，推进住建领域中心工作。

【主城区建设】 新都区住建局牵头重点项目23个，总投资258.7亿元，年度完成投资36.5亿元。苏宁易购生活广场、雄飞·北尚广场项目、汇景新城、农桃街（清源路—五四街）市政道路及管线工程、香满庭等7个项目完工，新都区长岛荟城项目、毕兴路市政道路及管线工程等16个项目加快建设；区域断头路建成金河湾路、商贸大道、北环路等8条，完成投资3.94亿元；市政道路建成石犀路、新泰东路、汉秀路等7条，完成投资8017万元；中医药特色街区、正因国际化社区（一期）特色街区打造、小街区建设完成。

【无障碍环境示范镇创建】 新都区坚持民生导向、做实服务，深入学习无障碍创建理论，科学谋划推进无障碍设施改造，做好新繁街道无障碍环境示范镇创建，10月接受并通过住建部专家组验收。住房和城乡建设部、工业和信息化部、民政部、中国残联、全国老龄办《关于表彰全国无障碍环境市县村镇的决定》将新繁街道纳入“创建全国无障碍环境示范市县村镇名单”并予以表彰，新繁街道为四川省唯一进入名单的镇级单位。

【北城改造工程建设】 新都区深入实施“快联内畅贯通”工程，地铁5号线开通运行，8号线（二期）、27号线（一期）开工建设；统筹开展“断头路”攻坚行动，打通金河湾路、商贸大道等8条断头路，完善区域路网体系；补齐公服短板，开工建设22个基础性、社区性公共服务设施，香城体育中心建设工程完工，建成学校15所，新增学位5010个。新都区优化产业结构，航空产业引入优质配套项目42个，中国商飞C919、CR929等机头大部件落户新都；轨道交通形成年产600辆地铁整车制造能力，时速160公里新一代无人驾驶市域A型列车即将下线；京东亚洲一号智能物流年处理量破亿单，传化网上油服业务全国总部营收额125亿元，可口可乐建成2条每小时12万罐全球最快生产线，构建产业优势；开创“油服小镇+林盘总部”产业发展新模式，引进优炫、拓米等高端重点项目，推动产业聚群发展。新都区建成以七一国际广场和苏宁易购为主体的TOD示范项目，完成道路绿化提升15条，新建小游园、微绿地8个；建成公园城市示范街区2个，打造完成特色街区、小街区2个；完成“两拆一增”点位50个，建成200公里香城绿道；完成老旧院落改造11个，增设电梯11部；实施背街小巷整治提升6条、社区微更新15个，打造“上班的路、回家的路”50条、口袋公园26个；可食地景建成开放，人居环境逐步优化。

（王 精）

## 公园城市建设
Park City Construction

【概况】 2020年，新都区公园城市建设服务中心高位推进生态修复和生态价值转化，用公园形态重构产业和生活空间，推动生态场景与消费场景、人文场景、生活场景渗透叠加，借生态价值转化撬动城市整体价值提升，立足新都特色和资源禀赋，靶向解决市民诉求和城市有机更新面临的问题，努力实现“公园+”“三新”经济增加值占地区生产总值的35%以上，形成彰显新都城市特质、打造持久竞争力的新模式。

【公园城市建设规划编制】 新都区公园城市建设服务中心建立“总体规划+技术规范+设计导则+实施方案”的一整套规划体系，完成《新都区公园城市建设总体规划》《新都区城市有机更新专项规划》《泥巴沱森林公园二期（体育运动公园）规划设计方案》编制，启动《新都区公园城市十四五公园城市建设发展规划》《新都区城市更新十四五战略课题研究》《新都区老旧小区专项改造规划》编制；做好场景营造和生态价值转换规划，编制《新都区公园城市场景营城典型案例》和《公园城市场景策划方案集》，加强景观设计、场景策划和产业植入，通过“场景营造+IP主题植入”，营造消费、生活和文化相融合的环境。

【示范片区建设】 新都区公园城市建设服务中心稳步推进泥巴沱森林公园、天府沸腾小镇、芳华微马公园和锦绣田园4个示范片区项目，按照“突出公园城市特点、把生态价值考虑进去”、公园“景观化、景区化、可进入、可参与”的要求，将公园形态与城市空间有机融合，构建人城境业和谐宜居的公园城市形态。截至12月底，泥巴沱森林公园示范片区hyperlane超线公园1、2号地块完成主体建设，3、4号地块处于主体建设阶段；旭辉广场项目住宅地块和商业地块处于主体建设阶段，叠香庄园（二期）处于主体施工阶段；泥巴沱体育运动公园兴城公司已对沱江社区段绿道场地平整；基本完成年度目标，12月10日通过市公园局组织的示范片区目标检查。天府沸腾小镇示范片区玛歌庄园二期于5月建成营业，核心区沸腾里项目地下室结构工程全部完成，火锅博物馆及其他楼栋主体完成93%，配套道路建设完成60%。芳华桂城示范片区内桂香路、二期绿道、谷家湾、荷塘月色、紫藤长廊、蜂蜜工坊等项目建成投运。锦绣田园示范片区内水磨花溪、石家院子等重点林盘整治完成，曾家院子处节点标识、花海里及绿道周边鲜花播种、拾里庭院周边观景平台建设以及道路绿化景观提升完成。

泥巴沱森林公园　（供图：区公园城市建设服务中心）

【产业融合发展】 新都区公园城市建设服务中心举办“2020名企新都行暨片区综合开发推介会”和“共享新机遇·共建公园城”项目招引攻坚行动亲商沙龙，吸引中海集团、龙湖集团、富力集团等70家城市运营商和金融机构关注；梳理、对接未落户成都的服务业500强企业6家，重点走访企业1家，包装策划项目2个，在谈重大项目2个，备案有效信息4条；制定《成都市新都区公园城市建设服务中心进一步优化提升国际化营商环境工作方案的通知（试行）》，强化全体干部职工的大局意识、责任意识、公仆意识；按市委、市政府提升场景发布能力的工作要求，对接11个相关单位，邀请19家企业报送“成都公园城市场景机遇图”信息，搭建企业产品服务供需信息对接平台；走访蓝光爱普雍锦府、旭辉集团、七一集团、苏宁集团、香城国际艺术港等企业，了解企业面临问题和困难30条，并协调帮助解决，企业满意度100%。

【城市更新建设】 新都区公园城市建设服务中心有序推进同仁路、泥巴沱、沱江等七大片区综合开发，坚持“政府主导、市场主体、商业化逻辑”理念，拟定《清源路片区城市有机更新实施计划》，完成泥巴沱和沱江片区170亩（5宗）工业土地收购，同仁路片区3户集体和1户国有土地拆迁协议的签订为整合资源引入战略合伙人推进片区功能重构打下基础。

【全域增绿建设】 新都区公园城市建设服务中心依托珠链锦绣·锦水公园绿道建设，新改建乡村绿道10公里，将锦水河片区道路脉络与城区桂水路绿道、毗河绿道无缝对接，构筑可以联系城乡、拉近市民、亲近自然的乡村绿道；基本打造完成锦水苑滨河绿道富力桃园沿河段、新都大道段、蓉都大道段等社区绿道。全区新增绿地50公顷，新改扩建小游园、微绿地8个，建成悦动活力公园1个；新增立体绿化面积12000平方米，打造公园城市示范街区2个，创建市级园林式居住小区4个，建设园林绿化垃圾处理站1个，打造“回家的路（上班的路）社区绿道”网络体系；推进国家生态园林城市创建，按照申报评审国家生态园林城市的要求，查漏补缺各项目标任务，确保2021年6月前达到国家生态园林城市创建标准。

（谢丰骋）

# 交通建设
Transportation Construction

【概况】2020年，新都区公路管理所负责政府投资项目12个（区政府重大项目2个），其中续建项目5个、新开工项目7个，完成政府投资1.42亿元。新都区稳步推进成彭高速公路扩容改造工程涉及的龙桥片区给水管线建设道路破除恢复工程、学院西路道路改造工程，完成“7·11”清白江大桥水毁修复工程、新崇路人行过街天桥工程、G245新都区鸿运大道至新繁镇大修工程、斑竹园镇金山路（C102）周家桥维修整治项目、清流镇同水路村道改扩建工程、干线公路增补标线工程6个项目，完成2018年旧危桥改造项目（续建）大石桥、新曲桥；新（改）建通村公路10公里，提前完成农村公路提档升级市级任务。

【天府大道北延线建设工程建设】天府大道北延线新都新建段全长5.3公里，道路红线宽度80米，贯穿新都区新民镇（2.0公里）、军屯镇（3.3公里），涉及石庵村、郭家村、升平社区、静平村、五灵村，红线范围内占用土地约636亩（新民镇240亩、军屯镇396亩），实际需占用土地809亩（新民镇319亩、军屯镇490亩），涉及农户259户、人口836人、农业企业14家、集体企业5家、国有企业1家。截至年底，项目完成征地拆迁，建设正常推进。

【金凤凰高架新都段（绕城高速至香城大道）改建工程建设】金凤凰高架新都段（绕城高速至香城大道）改建工程设计范围为成都绕城高速至香城大道段，设计道路长5.04公里，并新建3.26公里上跨围城路—惠民路段高架桥，高架桥总宽28.5米，双向

金凤凰高架新都段改建工程　　（供图：区交通运输局）

六车道，设置两对上下行匝道，匝道分别位于兴城大道南侧、汉学路北侧。地面层道路利用40米宽道路，破除路面新建。项目设计内容包括道路工程、桥梁涵洞工程、管线工程、绿化工程、交通工程、消防工程，总投资14.5亿元，其中建安费12.2亿元。项目于2019年5月开工建设，截至2020年底完成水下灌注桩453根，占总量的93.5%，完成承台112个，占总量的68.2%，完成墩柱101个，占总量的76.5%，完成盖梁64片，占总量的68.8%，完成小箱梁预制401片，占总量的58.2%，完成小箱梁吊装42跨344片，占总量的50%，完成道路路基2500米，占总量的48.5%，完成总投资约3.95亿元。

【毗河供水一期工程狮子岭渡槽与大石路交叉道改工程建设】毗河供水一期工程狮子岭渡槽与大石路交叉道改工程起点与四川省都江堰狮子岭渡槽、大石路交叉道改工程（一期）相接，向西北方向前进，约BK1＋295处与毗河引水一期工程狮子岭渡槽相交，最后接上既有大石路，全长0.5公里，宽15～30米。项目总投资2190万元，于2019年3月开工建设，截至2020年底完成主体建设。

【成彭公路改扩建工程建设】新都智能家居产业城配套道路成彭路改扩建工程南起与成都绕城高速相

2020年新都区建成通村公路一览表

表5

| 类别 | 公路名称 | 起止地点 | 建设规模 | 总投资（万元） | 开工时间 | 竣工时间 |
| --- | --- | --- | --- | --- | --- | --- |
| 通村公路 | 三河沸腾小镇配套道路 | 起于三木路，止于叠秀路 | 长1.46公里，宽6.5米 | 900 | 2020.3 | 2020.12 |

交的大丰立交，北至省道S105与清白一路相交处，包括大丰段（人行道工程）、龙桥段（道路、桥涵、交安等附属工程）、家具产业园区段（道路、桥涵、交安、给排水、照明、电力、通信、景观绿化等附属工程）、新繁段（道路、桥涵、交安等附属工程）建设，全长14.543公里，实施范围14.543公里，投资22942.51万元。项目于2020年7月开工建设，预计2022年7月竣工。

【轨道交通建设】 新都区铁路总里程118.8公里，其中普通铁路里程70.3公里、城际铁路里程29.2公里、城市轨道交通（地铁）里程19.3公里，国境线路14条，车站4个；有宝成、成渝等各级铁路9条，通车总里程70.3公里，货运编组站1座、货站2座。成绵乐城际铁路15.7公里，设新都东站1座；成灌快铁彭州支线（郫彭线）1公里，沪蓉线12.5公里。成都地铁3号线三期（新都段）12.3公里，设站9座；地铁5号线（新都段）7公里，设站6座。

【“四好农村路”建设】 新都区将锦水河片区作为示范点，按照建好“绿道、赛道、游道”三条道思路打造33公里，通过串联以“匠心、拾味、养心、听音、耕读、乐活”等为主题的八大已初步成型的产业项目景区，实现农村公路与产业、旅游融合发展；构建“快进慢游”特色化农村旅游路网，开通“香城乡巴”公交专线，打造公路驿站；深入挖掘公路沿线棕编文化、状元故里、川西林盘等主题资源，“四好农村路”为“宝柚杯”足球超级联赛、微型马拉松比赛等金牌赛事添彩，拉动旅游产业升温，盘活整个区域经济发展，展现新都区乡村振兴新风貌。全区已建成“四好农村路”示范路100公里。

（刘筱瑗）

## 交通管理
Traffic Management

【概况】 2020年，新都区公路通车里程1360.4公里（按行政等级分，国道35.2公里、省道31.8公里、县道212.5公里、乡道323.5公里、村道757.4公里；按技术等级分，等级公路1360.4公里、等外公路0公里），公路网密度277公里/百平方公里，镇（街道）公路通达率和建制村（社区）公路通达率均达100%并实现村村通水泥（沥青）路；铁路通车里程71公里。全区有道路旅客运输企业3个，道路旅客运输车辆266辆；有公交线路93条，公交日均发班6908.5班，日均客流量13.16万人次；公交覆盖全区9个镇（街道）180个村（社区），乡镇公交通达率100%，实现“村村通”公交。全区有客运站5个，公交站亭318个、公交停靠点1600余处；有出租车企业5家，出租车205辆；有驾校19户，教练车883辆，训练场地1051.43亩；有汽车维修企业623家。

富民路旁拾里庭院特色林盘　（供图：区交通运输局）

【综合运输管理】 新都区完成大丰公交首末站建设并投入使用，完成物流园区停车场建设并投入使用，完成180个建制村公交线路覆盖。截至年底，全区通客车建制村比例100%，全年客运量4825.4万人次。

**【运输行业监管】** 新都区交通运输局发放县际包车牌264个、市际包车牌536个、省际包车牌14个、县际加班牌7个、市际加班牌17个，下发公交站亭日常保洁督查通知30份；落实网约车平台公司办证，全年发放网络预约出租汽车从业资格证985本，发放网络预约出租汽车运输证594本；开展维修企业专项督查，检查维修企业196家，其中问题企业66家，均现场下达15天整改通知；督促61家汽车维修企业完善危险废物存储间规范设置。

**【交通执法】** 新都区交通运输局开展联合执法700余次，检查货运车辆30000余台次，查处超限运输797起，卸载和转运超限货物3500余吨；查处违章案件2493起、超限运输797起、公路“五违”案件11起，其中违法修建地面建筑物8起，擅自增设平面交叉道口3起；查处客运违章70起，其中不按核定线路行驶、不按批准站点停靠以及无包车手续或不按照包车客运标志牌载明的事项运行23起；查处网约车违章45起，其中未取得道路客运经营许可、擅自从事道路客运经营1起，未经许可从事公共汽车客运或者出租汽车客运1起；查处非法经营货物运输车305辆，其中非法从事货运经营7辆、非法从事危险货物运输车298辆；查处其他路政、运政案件1310起。

**【特大件运输保障】** 新都区交通运输局协调区公安交警、公路管护公司等部门，加强与运输企业沟通联系，向上级请示汇报，做好辖区大件运输交通保障；先后3次组织相关部门对大件路外绕线新都段跨路通信线缆超高限高堪察，完成2020年度大件运输交通安全保障协调，全年完成保障任务40件／21次，合计运输总吨位7453.609吨。

**【公路设施建设】** 新都区全年完成标线3000余平方米，新建道路侧护栏900米，新增红绿灯4套、黄闪2套；沥青预防养护12万平方米，沥青油膏灌封1.8万平方米，沥青修补坑函11万平方米，更换路立石及修复1100余米。

**【公路养护】** 新都区交通运输局全年安排出动洒水车39300余台次、清扫保洁人员34900余人次，冲洗路面12.6万公里，清洗标志、标牌5.2万套，清洗路侧护栏318564米，路侧绿化带及灌木冲洗降尘7446万平方米，对绿化带中存在的裸土现象进行覆盖、补植，补植绿化55332平方米；清理路肩、边坡、护坡上堆积物及杂草24386平方米，并对道路全路段绿化树木修枝，清理枯枝败叶，规定每日对道路清洗次数不低于4次、绿化维护不低于2次，提高道路管理清洁质量；对各路段损坏的路面修复、修补99140.7平方米，油膏灌缝23520平方米，沥青路面裂缝养护18068平方米，更换水篦子184套，更换窨井盖105套，修复、更换路沿石368米。

**【乡村道路环境整治】** 新都区投入2700万元用于乡村道日常保洁、路面破损修补等，100%的乡村公路纳入市场化日常管护。

**【德阳至成都地铁3号线摆渡车开通】** 7月20日，新都区开行“德阳至成都地铁3号线摆渡车”，落实“以人民为中心”思想、贯彻国家“城市优先发展公交”战略、推动成德同城化，有利改善成、德两地市民出行条件。

**【“香城乡巴”旅游专线开通】** 9月，新都区开行首条乡村旅游巴士专线——“香城乡巴”旅游专线。线路起讫点为地铁华桂路站到花香果居游客中心站，全长约25公里，覆盖花香果居、新繁锦绣田园、水磨花溪、拾里庭院、三河村音乐小镇、夏河溪景

香城乡巴　　（供图：区交通运输局）

区、翰源洗心篁、尖锋运动小镇、芳华桂城微马公园等多个特色旅游景点。

（刘筱瑗）

## 公共交通
Public Transport

【概况】 2020年，新都区有成都市新都区蓉桂公共交通有限公司和成都市新都巴士公交有限公司2家公司，营运公交线路100条，营运公交车辆916辆，线路总长约1400公里，公交场站12座，公交停靠站点1600余个，年营运总发班305万车次，年行驶总里程4556万公里，年载客量4911万人次。

【公交站点建设】 香投集团相关部门及车队排查梳理站点，共排查清理2204处，需整改226处，拟报备区交通运输局同意后实施整改。集团全年整改与新增站点37处（不含线路绕行与恢复中的取消新增）。

【停车场点管理】 香投集团有公交临时停车场5个，主要分布于新都、大丰两个片区，停放公交车520台。所有停车场均安装监控系统，覆盖重要部位（通道、围墙）；所有停车场围栏均是硬隔离，其中4个公交临时停车场安装配有智能门禁（自动识别进场车辆）系统；所有停车场每天早上实行驾驶员岗前酒精检测和驾驶员体温检测，所有停车场外来人员严格登记；大丰小公交场站停车场、货运大道小公交停车场、长龙停车场安装新能源充电系统，满足纯电动、电气混合公交车充电需求；五里村停车场、长龙停车场安装轮胎冲洗设备，清洗出场车辆轮胎和治理场内扬尘。

【公交“村村通”工程管理】 香投集团根据建制村的重新规划及发展，结合实际情况与需求调改“村村通”公交，新民片区调改线路4条；石板滩街道村社合并调整后，新增覆盖双谊村，调整县道X303路；因线路重复度较高，优化公交资源，县道X601路及X70路合二为一。

【抑尘车运营】 香城汽车租赁公司经营喷雾降尘服务车辆10台，开设降尘线路10条（其中新都主城区7条、军屯镇1条、石板滩街道1条、大丰街道1条），全年运行公里数269736公里。

【承租车辆管理】 香城汽车租赁公司有车辆155辆（多功能抑尘车10辆、租赁车辆145辆），为区公安分局、区综合行政执法局、区投资促进局、新都街道办事处等55家单位提供租车服务，2020年较2019年新增租赁车辆17辆。

（李　青）

## 自来水生产与供应
Tap Water Production and Supply

【概况】 2020年，新都区有成都市香源供水有限责任公司、大丰水厂2家供水企业，供水覆盖全区7个街道、2个镇，供水人口140万人，自来水普及率100%。供水水源包括成都市、彭州市大管网供水和当地自产水，全年供水总量12666万立方米，比2019年增长4%，平均日供水量34万立方米，供水水质均符合国家生活饮用水卫生标准，满足经济社会发展供水需求。

【饮水安全】 新都区级相关部门和各供水企业按照《生活饮用水卫生标准》（GB5749—2006）要求，加大对水源水、出厂水及管网末梢水水质的抽样检测和自检频次，同时各供水企业落实各项安全制度和措施，保证供水水质安全可靠。全区饮用水水源地水质达标率、饮用水水质达标率均为100%。

【节水宣传】 5月10—16日全国城市节约用水宣传周，新都区水务局围绕“养成节水好习惯，树立绿色新风尚”的主题组织动员各镇（街道）开展节

2020 年新都区自来水用水单价收费标准

表 6

单位:元 / 立方米

| 用水性质 | | 水价(元) | | |
|---|---|---|---|---|
| 居民生活用水 | 居民生活用水户表 | 阶梯水量(年用水量·立方米) | | 阶梯水价 |
| | | 第一阶梯 | 0 ~ 216 | 1.90 |
| | | 第二阶梯 | 217 ~ 300 | 2.68 |
| | | 第三阶梯 | ≥ 301 | 3.83 |
| | 居民生活用水合表 | 1.90 | | |
| 非居民用水 | 工业用水 | 3.00 | | |
| | 机关等事业单位用水 | 3.30 | | |
| | 商业、服务业等用水 | 4.00 | | |
| 特种行业用水 | | 7.00 | | |

2020 年新都区集中式供水工程一览表

表 7

单位:万立方米 / 日

| 地址 | 名称 | 建成时间 | 供水能力 | 受益人数(万人) | 水源类型 | 实际供水 |
|---|---|---|---|---|---|---|
| 新繁街道 | 石堤堰水厂 | 2015 年 | 10.0 | 100 | 地表水外购水 | 28.5 |
| 大丰街道 | 大丰水厂 | 2013 年 | — | 40 | 外购水 | 5.5 |
| 合计 | | | 10 | 140 | — | 34 |

水入社区、小区活动，通过 LED 屏、张贴宣传画、发放宣传手册和宣传袋，向居民宣传、普及节水知识。

（唐　静）

## 电力生产与供应
Electric Power Production and Supply

【概况】 2020 年，新都供电公司有 15 个班组 8 个供电所，担负着新都区 7 个街道、2 个镇 496 平方公里、155.85 万名常住人口的供电任务。

【电网建设与发展】 新都供电公司结合城市新定位和区域产业发展新规划，配合完成《成都市电力设施专项规划（2019—2035）》（新都区部分），推动新都区 7 座 220 千伏、21 座 110 千伏变电站纳入政府总体规划；编制完成新都区发展规划报告（2020 版），完成“十四五”规划 35 千伏及以上新都电网项目框架搭建，确定包括 220 千伏蜀龙站新建工程等 10 个大型电网建设项目；完成 110 千伏万和站 3 号主变新投、110 千伏普河站第二电源启动投运；牵头完成 500 千伏新都输变电工程 220 千伏配套线路工程线路拆迁锁定，针对协调难点创新沟通模式，启动配套线路拆迁，并完成拆迁户资料完善；升级改造农网设备，完成 16 个省公司 630 目标任务以及 41 个配网项目，新建及改造 10 千伏线路 47.32 公里、低压线路 39.99 公里，新增及改造台区 749 个，提高配农网供电可靠性，逐步实现构筑安全可靠、优质高效、绿色低碳、智能互动的现代化配电网目标。

【电力经营管理】 新都供电公司加强采集运维管理，按照“治理存量、严控增量”思路，攻坚营销核心指标整体提升，实现采集接入率 100%，采集成功率 99.97%，提升远程充值成功率，改善客户充值体验；台区线损实行“包产到户”，台区线损合格率提升至 95%，完成负损台区占比低于 0.5%、高损台区较年初压降超 70% 的年度目标；做好新都区三大产业功能区重点项目前期研判，拓展市场、增供促销，新投专变客户 127 户，新增容量 16.9 万千伏安，新都电力客户数量突破 61.4 万户；持续推广“以电代煤、以电代油、以电代气”，已有电能替代项目 13 个，完成替代电量 7757.5 万千瓦时；以线损为导向，以大电量、零度户、高损台区为突破，采取逐线排查、突击检查、夜间巡查等方式持续深入开展“反窃查违”专项行动，查处窃电、违约用电 62 笔，追补电费及违约使用电费 50.9 万元；开展提质增效优化经营管理策略专项行动，围绕投资、资产、成本、收入 4 个方面，形成专项行动计划任务 18 项、重点措施 43 条，狠抓项目、物资、成本管控及往来清理等专项治理，开源节流、挖潜增效，保障公司和电网健康可持续发展。

**【电力安全生产】** 新都供电公司构建“全方位、无死角”安全监督体系，刚性落实“十不干”[ 无票的不干，工作任务、危险点不清楚的不干，危险点控制措施未落实的不干，超出作业范围未经审批的不干，未在接地保护范围内的不干，现场安全措施布置不到位、安全工器具不合格的不干，杆塔根部、基础和拉线不牢固的不干，高处作业防坠落措施不完善的不干，有限空间内气体含量未经检测或检测不合格的不干，工作负责人（专责监护人）不在现场的不干 ]，实施精准日管控，有效把控小型、零散作业现场安全风险，全年督查现场 537 个，发现并处罚违章 73 项；开好新入职人员“安全第一课”，开展“一把手讲安全课”2 次，开展“反违章安全约谈”8 次，违章率同比下降 5.6%；联合区经信局下发《新都区安全用电专项整治和加强安全用电监管工作方案》，建立安全用电监管长效机制；以“新都区电力警务室”为堡垒，携同区经信局、区“三电办”组成电力设施保护“政—警—企”防线，对 78 处固定外破隐患点位开展预防性特殊巡视 1224 次，对在建施工工地组织宣讲涉电安全施工暨发放安全隐患告知书 58 份，输电线路外破跳闸条次同比下降 25%；面对石板滩、斑竹园等地多年不遇洪灾，抗洪抢险保供电，完成 33 条因暴雨停运线路的抢修送电，发现 220 千伏马斑一线 23 号铁塔危急缺陷，携手区政府成立“8·12 特大雷暴雨抗洪抢险先锋队”，连续奋战 11 小时成功解除倒塔断线的重大安全隐患，确保电网安全运行；抽调 100 人驰援金堂抗洪抢险，完成金海岸等 6 个大型小区抢修送电；修订公司应急预案体系，开展综合应急演练 3 次，在新都区应急大比武中获“精神风貌奖”；设置安全生产贡献奖和现场关键人员专项奖，对 3 类 22 种工作分别细化制定量化奖励标准，强化正向激励引导，下发安全生产贡献奖集体类 15 次、个人类 15 人次和现场关键人员专项奖 655 人次，发挥绩效薪金杠杆作用，调动人员安全工作积极性。

**【农电管理与服务】** 新都供电公司将 8 个供电所优化为 7 个供电所和 1 个服务站，优化占比 12.5%，完成 8 个供电所营业厅优化关停，同时进一步明确供电所工作流程、岗位职责、人员管理要求；持续开展供电所月度基础检查和供电所例巡，由公司领导带队，定期对各供电所基础管理、生产运维、安全管理、营销服务等开展例巡，形成问题清单并落实整改措施，提升供电所基础管理水平；以乡镇行政区划调整改革为契机，结合乡镇供电所优化提升和供电所营业厅优化调整，深入开展政电融合，与 9 个镇政府（街道办事处）、171 个村（社区）签订合作协议并入驻便民服务中心，设置 180 个供电联络员与政府网格员结对开展低压网格化服务，将供电服务延伸至村社一级，畅通供电服务“最后一公里”。

**【电力市场服务】** 新都供电公司推行“三省＋三零”（“三省”即省时、省力、省钱，“三零”即零上门、零审批、零投资）办电，践行“内转外不转”工作思路，创新建立“高压业务流转柜”，打造中小企业“极简办电”和小微企业“一日接电”服务品牌，试点对低压小微民营、外资企业提供“上午申请、下午接电”服务，实现“端到端”全流程限时管控，线上办电率突破 98.92%，高、低压平均接电时间压降至 28 天、2 天，压减 70%；疫情期间落实“办电不见面”“欠费不停电”“服务及时享”等服务举措，做好定点医院、定点隔离场所和防疫物资生产企业“一户一策”供电保障，实现防疫物资生产企业 27 小时从申请到送电的“新电速度”；贯彻落实财政电费补贴政策和扶持性基本电价优惠政策及一般工商业降价、电费九五折等优惠政策，释放输配电价改革红利 1.65 亿元，助推企业复工复产和社会经济复苏；通过完善《投诉压降工作绩效考核方案》，建立“客户导向、问题防控、专业协同”的投诉处理机制，签订投诉压降目标责任书，对每一笔投诉的管理责任和执行责任开展"穿透式"分析，实现压降成效与服务业绩有机融合，实现"95598"投诉工单压降35.78%目标。

（罗雨秋）

2020年新都区小水电运营一览表

表8

| 序号 | 名称 | 年发电量（万千瓦时） |
|---|---|---|
| 1 | 同心堰 | 700 |
| 2 | 泰安电站 | 592.67 |
| 3 | 高宁电站 | 79.01 |
| 4 | 清白电站 | 20 |

（石楚政）

## 油气供应
Oil and Gas Supply

【概况】 2020年，新都区油气供应主要以天然气、液化石油气和成品油为主。天然气由成都市银鹏天然气有限公司、成都新都港华燃气有限公司、成都成燃大丰燃气有限公司、四川省明圣天然气有限责任公司、四川省金坤天然气有限责任公司、成都成燃新创燃气有限公司、成都成燃新繁燃气有限公司供应，日供气总量100.5万立方米。液化石油气由成都金火焰燃气有限公司、成都洋海石化有限公司供应，日供气量40吨，覆盖全区9个镇（街道）。成品油主要由中国石油天然气股份有限公司、延长壳牌（四川）石油有限公司、成都市新都区的66座加油站供应，日供应量795吨。面对能源消费需求，新都区深化拓展天然气、石油等能源输入渠道，基本满足经济社会生产、生活需求。

【油气站管理】 新都区科学筹划全区加油（气）站的配置和建设，完善加油站服务体系，提升油气供应保障能力；加快区内油气供应基础设施建设，加强安全管理，增强油气保障能力；完成区内66家加油站年审。全区汽、柴油储备正常，市场供应平稳有序。

【全区供气】 新都区全年天然气用气人口（含外来人口）超过100万人（居民用户55.7万户），天然气覆盖率98.4%，基本达到《新都区城市总体规划》中燃气规划96.2%；总用气量3.67亿立方米，比2019年降低0.66%。全区工业用气0.88亿立方米，城镇居民生活用气2.06亿立方米，日供气量100.5万立方米。

2020年新都区油气供应公司一览表

表9　　单位：万立方米

| 序号 | 单位 | 供气总量 | 居民 | 非居民 | | | CNG |
|---|---|---|---|---|---|---|---|
| | | | | 小计 | 商业 | 工业 | |
| 1 | 明圣 | 4910 | 3644 | 1131 | 679 | 452 | 0 |
| 2 | 金坤 | 1225 | 784 | 440 | 173 | 267 | 0 |
| 3 | 银鹏 | 8964.8848 | 4434.7135 | 4530.1713 | 1327.1873 | 3202.984 | 0 |
| 4 | 港华 | 9121.05 | 4850.47 | 4219.22 | 1062.89 | 3156.33 | 0 |
| 5 | 新创 | 3217.07 | 2606.84 | 610.23 | 417.24 | 192.99 | 0 |
| 6 | 新繁 | 2564.76 | 898.71 | 1657.65 | 239.89 | 1417.76 | 0 |
| 7 | 大丰 | 3966.56 | 3337.15 | 559.6 | 477.02 | 82.58 | 0 |
| 8 | 中川 | 925.12 | — | — | — | — | 925.12 |
| 9 | 创辉 | 570.94 | — | — | — | — | 570.94 |
| 10 | 创智 | 486.97 | — | — | — | — | 486.97 |
| 11 | 盛源 | 358.89 | — | — | — | — | 358.89 |
| 12 | 宜加 | 420.76 | — | — | — | — | 420.76 |
| 合计 | | 36732.0048 | 20555.8835 | 13147.8713 | 4376.2273 | 8771.644 | 2762.68 |

## 2020 年新都区加油站一览表

表 10

| 序号 | 加油站名称 | 加油站地址 | 加油站销售量（吨） | | |
|---|---|---|---|---|---|
| | | | 汽油 | 柴油 | 合计 |
| 1 | 中国石油天然气股份有限公司四川成都销售分公司新都火车站加油站 | 成都市新都区新都镇如意大道 229 号 | 1696.27 | 1796.45 | 3492.72 |
| 2 | 中国石油天然气股份有限公司四川成都销售分公司西北加油站 | 成都市新都区新都镇新军路 | 1752.69 | 361.33 | 2114.02 |
| 3 | 中国石油天然气股份有限公司四川成都销售分公司新都新南加油站 | 成都市新都区新都蓉都大道南三段 340 号 | 4840.10 | 1739.74 | 6579.84 |
| 4 | 中国石油天然气股份有限公司四川成都销售分公司新都城西加油站 | 成都市新都区宝光大道南段 198 号 | 3184.40 | 0.00 | 3184.40 |
| 5 | 中国石油天然气股份有限公司四川成都销售分公司新都山水加油站 | 新都区龙桥镇鱼龙村三组 | 3205.93 | 1327.33 | 4533.26 |
| 6 | 中国石油天然气股份有限公司四川成都销售分公司腾达加油站 | 新都区清流镇利达南街 115 号 | 1057.38 | 2052.73 | 3110.11 |
| 7 | 中国石油天然气股份有限公司四川成都销售分公司新都流花加油站 | 成都市新都区同仁村 4 社 | 6460.46 | 1835.03 | 8295.49 |
| 8 | 中国石油天然气股份有限公司四川成都销售分公司新都金诚加油站 | 成都市新都区大丰街道双林社区 6 组 | 2674.29 | 1664.00 | 4338.29 |
| 9 | 中国石油天然气股份有限公司四川成都销售分公司蜀龙加油站 | 成都市新都区新都绕城大道东一段 1350 号 | 2490.49 | 6981.58 | 9472.07 |
| 10 | 中国石油天然气股份有限公司四川成都销售分公司新都天府加油站 | 新都区新都镇新东村五社 | 2338.78 | 1517.05 | 3855.83 |
| 11 | 中国石油天然气股份有限公司四川成都销售分公司石板滩加油站 | 成都市新都区石板滩镇东环西街 9 号 | 2949.92 | 2690.99 | 5640.91 |
| 12 | 中国石油天然气股份有限公司四川成都销售分公司繁江加油站 | 新都区新繁镇水利村 4 社繁川家具大道南段 2 号 | 1823.33 | 879.82 | 2703.15 |
| 13 | 中国石油天然气股份有限公司四川成都销售分公司新都新民加油站 | 成都市新都区新民镇大成村村一社 | 2976.74 | 1691.40 | 4668.14 |
| 14 | 中国石油天然气股份有限公司四川成都销售分公司新都北新加油站 | 成都市新都区大丰街道高家村一社 | 6179.31 | 2009.24 | 8188.55 |
| 15 | 中国石油天然气股份有限公司四川成都销售分公司金三角加油站 | 新都区石板滩镇金三角社区万源大道 2 号 | 1515.61 | 1163.15 | 2678.76 |
| 16 | 中国石油天然气股份有限公司四川成都销售分公司木兰加油站 | 成都市新都区木兰镇赵石槽共和村二社 207 号 | 2941.80 | 2296.86 | 5238.66 |
| 17 | 中国石油天然气股份有限公司四川成都销售分公司新兴加油站 | 成都市新都区新繁镇繁川家具大道 138~140 号 | 3788.51 | 1631.35 | 5419.86 |
| 18 | 中国石油天然气股份有限公司四川成都销售分公司新都区香城加油站（甲站） | 成都市新都区新都香城大道华桂路段 822 号 | 2624.79 | 1155.77 | 3780.56 |
| 19 | 中国石油天然气股份有限公司四川成都销售分公司新都区香城加油站（乙站） | 成都市新都区新都香城大道华桂路段 621 号 | 2668.13 | 979.93 | 3648.06 |

续表10

| 序号 | 加油站名称 | 加油站地址 | 加油站销售量（吨） | | |
|---|---|---|---|---|---|
| | | | 汽油 | 柴油 | 合计 |
| 20 | 中国石油天然气股份有限公司四川成都销售分公司新都华资加油站 | 成都市新都区龙桥镇渭水一组 100 号 | 2178.15 | 657.67 | 2835.82 |
| 21 | 中国石油天然气股份有限公司四川成都销售分公司新都华美加油站 | 成都市新都区蓉北路三段 235 号 | 4774.50 | 2338.39 | 7112.89 |
| 22 | 中国石油天然气股份有限公司四川成都销售分公司新都高同加油站一站 | 成都市新都区泰兴镇泰北街 369 号 | 2007.55 | 3339.21 | 5346.76 |
| 23 | 中国石油天然气股份有限公司四川成都销售分公司新都高同加油站二站 | 新都区泰兴镇泰北街 349 号 | 3190.07 | 2064.11 | 5254.18 |
| 24 | 成都中油西川石化有限责任公司新都崇义加油站 | 成都市新都区蜀龙大道中段 324 号 | 2392.60 | 722.41 | 3115.01 |
| 25 | 中国石化销售股份有限公司四川成都石油分公司成都第二绕城高速公路新都西（清流）服务区南区加油气站 | 成都市新都区成都第二绕城高速公路新都西（清流）服务区南区 | 2265.75 | 3003.19 | 5268.94 |
| 26 | 中国石化销售股份有限公司四川成都石油分公司成都第二绕城高速公路新都西（清流）服务区北区加油气站 | 成都市新都区成都第二绕城高速公路新都西（清流）服务区北区 | 1004.84 | 2559.82 | 3564.66 |
| 27 | 中石化新益加油站 | 成都市新都区新繁镇和平村新益村四社 | 5256.35 | 2843.67 | 8100.02 |
| 28 | 延长壳牌（四川）石油有限公司大东加油站 | 新都区大东村一社 | 8406.60 | 0.00 | 8406.60 |
| 29 | 延长壳牌（四川）石油有限公司成都新都泰兴加油站 | 新都区泰兴镇兴业大道 2409 号 | 1646.62 | 1060.75 | 2707.37 |
| 30 | 延长壳牌（四川）石油有限公司新都新新路加油站 | 新都区马家镇白螺村五组 | 1075.26 | 781.72 | 1856.98 |
| 31 | 延长壳牌（四川）石油有限公司成都新都三河加油站 | 新都区三河镇宝光大道南段 2096 号 | 2679.94 | 12092.00 | 14771.94 |
| 32 | 延长壳牌（四川）石油有限公司成都新都朱王路加油站 | 新都区新都镇朱王村桂红路 168 号 | 2578.07 | 2887.81 | 5465.88 |
| 33 | 延长壳牌（四川）石油有限公司新都升平加油站 | 成都市新都区军屯镇升平四社附 100 号 | 1486.02 | 1343.17 | 2829.19 |
| 34 | 延长壳牌（四川）石油有限公司成都新都新繁加油站 | 成都市新都区新繁镇花红村一社 | 2972.20 | 1108.83 | 4081.03 |
| 35 | 延长壳牌（四川）石油有限公司成都新都甘露加油站 | 新都区新都镇桂湖街道甘露村 3 社 | 1149.62 | 562.30 | 1711.92 |
| 36 | 盛川新繁加油站 | 新繁镇世丰村 5 社 | 3531.54 | 637.00 | 4168.54 |
| 37 | 盛川三河加油站 | 三河花园社区 2 社 | 5831.91 | 343.58 | 6175.49 |
| 38 | 盛川利济加油站 | 清流镇迎祥村 | 1521.95 | 944.08 | 2466.03 |
| 39 | 盛川马家加油站 | 斑竹园镇马家街道升庵村十一组 | 2193.68 | 553.55 | 2747.23 |
| 40 | 盛川木兰加油站 | 木兰镇共和村 2 社 | 2028.56 | 796.31 | 2824.87 |
| 41 | 盛川木兰农机加油站 | 木兰镇分水村 2 社 | 1642.90 | 925.88 | 2568.78 |
| 42 | 中油能源有限公司天都加油站 | 成都市新都区大丰街道大天路 1042 号 | 3799.63 | 3774.15 | 7573.78 |
| 43 | 中油能源有限公司成彭高速加油站 | 成都市新都区大丰街道双林社区 4 组 111 号 | 2828.58 | 1792.68 | 4621.26 |
| 44 | 成都市龙桥加油站有限公司 | 新都区龙桥镇 | 1348.80 | 737.98 | 2086.78 |
| 45 | 成都市安必胜石化有限公司 | 成都市新都区新东村三社 | 1342.46 | 155.79 | 1498.25 |
| 46 | 成都市新都区新繁镇龙安加油站同心站 | 新都区新繁镇同心村一社 | 147.16 | 48.05 | 195.21 |
| 47 | 新都区清流镇农机加油站 | 新都区清流镇互助村七社 | 362.02 | 245.40 | 607.42 |
| 48 | 成都市新都区柏水加油站 | 成都市新都区斑竹园镇柏水村六社 | 1686.16 | 636.57 | 2322.73 |
| 49 | 新都区斑竹园加油站 | 新都区斑竹园镇忠义村二社 | 1672.36 | 330.39 | 2002.75 |
| 50 | 成都市新都区石板滩加油站 | 成都市新都区石板滩镇光明村一社 | 657.70 | 213.74 | 871.45 |
| 51 | 成都市新都区封赐加油站 | 成都市新都区新都镇封赐村一社 | 686.18 | 99.47 | 785.65 |
| 52 | 成都市新都区大丰加油站 | 成都市新都区大丰街道崇义桥南街 46 号 | 9233.00 | 2859.00 | 12092.00 |

续表 10

| 序号 | 加油站名称 | 加油站地址 | 加油站销售量（吨） | | |
|---|---|---|---|---|---|
| | | | 汽油 | 柴油 | 合计 |
| 53 | 成都中川天然气有限公司中川加油站 | 新都区工业大道西段 528 号 | 253.03 | 0.00 | 253.03 |
| 54 | 成都永之丰能源开发有限责任公司新都绕城加油站 | 成都市新都区学院东路 | 15717.26 | 561.68 | 16278.94 |
| 55 | 成都盛川石化有限公司泰兴加油站 | 四川省成都市新都区泰兴镇张庵村一社 | 796.29 | 232.63 | 1028.92 |
| 56 | 成都市新都区开源加油站 | 成都市新都区新都镇瓦店社区 | 2136.15 | 1234.77 | 3370.92 |
| 57 | 新都区军屯加油站 | 新都区大丰镇太平村 5 社大天路 1999 号 | 3018.43 | 703.88 | 3722.31 |
| 58 | 新都区花园加油站 | 新都区三河街道宝光大道南段 2323 号 | 2111.99 | 1810.90 | 3922.89 |
| 59 | 中国航油集团四川石油有限公司新都区阳光加油站 | 成都市新都区新都街道兴城大道 669 号 | 12300.44 | 639.38 | 12939.83 |
| 60 | 成都传化石油销售有限公司燕塘加油站 | 新都区金芙蓉大道一段 460 号 | 1510.00 | 8064.40 | 9574.40 |
| 61 | 成都市新都区新繁镇农机服务站第一加油站 | 新都区新繁镇新益村五组 | 1655.26 | 1012.69 | 2667.95 |
| 62 | 成都成科皇花加油站 | 新都区大丰镇皇花村三社 | 2148.12 | 417.33 | 2565.45 |
| 63 | 成都市南桥加油站有限公司 | 成都市新都区斑竹园镇回南村 | 1080.98 | 348.97 | 1429.95 |
| 64 | 成都旃檀石化有限公司斑竹园旃檀加油站 | 成都市新都区斑竹园镇旃檀路 285 号 | 1562.07 | 1686.17 | 3248.24 |
| 65 | 成都富鸿石化有限公司新都木兰分水加油站 | 新都区木兰镇分水村二组 | 357.65 | 121.61 | 479.26 |
| 66 | 盛川河屯加油站 | 新都区新民镇金牛村 | 0.00 | 0.00 | 0.00 |
| 总计 | | | 187395.33 | 103066.83 | 290462.16 |

（石楚政）

## 城市管理
Urban Management

### ·城市综合管理·

【概况】 2020 年，新都区综合行政执法局以实施香城细管为契机，聚焦关键全面发力，聚力主业科学管理，以“强转树”等行动为抓手，强化干部职工群众观念和服务意识；以服务大运会为重点实施大运会周边环境整治，以城市环境品质提升为重点组织开展“五边一片区”示范建设，以强化环卫设施建设为重点组织推进生活垃圾分类以及餐厨垃圾资源利用项目；深化落实“街长制”“门前三包”责任制，调动多方力量参与城市管理，确保城市管理成效常态化，实现城市品质新提升。

【市政设施管护】 新都区综合行政执法局完成新都绕城路白加黑治理项目和同仁路、香城南路等道路人行道提升项目，启动桂湖森林广场天香园修缮工程；维修城区路灯 20862 盏，维修路灯专用箱变 44 台，主要街道亮灯率 99%，背街小巷亮灯率 96%；加强植物日常管养和病虫害防治，开展病虫害防治普防 4 次和专防 10 次；在市政广场、黄桷树广场等节点布景 10 万余平方米。

【市容秩序管控】 新都区综合行政执法局深化落实“街长制”“门前三包”责任制，全面推行网格化管理和街道分类管理，划分主城区 32 个执法责任网格，实现主城区 32 平方公里城市管理责任“无死角”；清理“牛皮癣”3.79 万处，清理违规广告、招牌 8700 余处；规范乱停乱放共享单车 31.1 万辆次，清理残破污损车辆 16.29 万辆次。

【环卫清扫保洁】 新都区综合行政执法局贯彻落实疫情防控部署安排，坚持做好疫情防控，消杀垃圾收集点、公厕 9 万余座次，清理积存垃圾 49 吨，设置废弃口罩桶点 3128 个，回收废弃口罩约 5000 公斤；制定新都区环卫清扫保洁精细化作业标准和实施方案，主城区道路清扫保洁机械化作业率90.2%，涉农镇（街道）按照“户分类、村收集、镇运输、区处理”模式，收集运输市场化率100%，转运生活垃圾压缩站渗沥液2万吨，无害化处理率100%。

**【城乡环境综合治理】** 新都区投入资金2938万元，完成中医药特色街（示范街巷）等6条背街小巷环境品质提升；投入资金3000万元，完成大丰街道高堆片区环境连片整治；完成65个高铁沿线环境安全隐患问题和121个普铁沿线环境安全隐患问题整改，完成西成客专三河玛歌示范线段提升；计划总投资24.81亿元，实施城市环境品质提升项目41个，2020年开工项目6个，完工项目15个，完成投资12.21亿元。

**【违建及扬尘治理】** 新都区综合行政执法局深入开展违法建设综合治理及无违建小区、违法建设综合治理示范小区和社区创建活动，全区拆除违法建设247宗、面积77717.3平方米;扬尘治理检查工地2.5万个次，查处违规工地80个次；检查运渣车4万台次，查处违规运渣车3500台次。

**【城乡生活垃圾分类】** 新都区综合行政执法局探索农村生活垃圾分类模式，以大丰街道为试点，采取“脚步丈量法”开展实地走访摸底，总结标准化、可复制、可推广的生活垃圾分类模式；完成87个农村生活垃圾分类试点，逐步全域推进生活垃圾分类，全区新增城乡生活垃圾分类覆盖户数125987户，生活垃圾分类覆盖263548户，新增生活垃圾分类桶3097组、生活垃圾分类收集站点300个，回收13.5万吨，城乡生活垃圾分类覆盖90%。

**【病害井盖治理】** 新都区综合行政执法局加强日常巡查，发现并整改检查井盖病害问题415个，按时完成340座病害检查井盖民生治理任务，安装“三防”球墨铸铁井盖185个，安装防坠网200余个。

**【“两拆一增”专项行动】** 新都区综合行政执法局完成47个“两拆一增”点位整治，拆除违建4000

2020年，新都区以“香城细管”为重要抓手，通过拆违增绿、拆墙透绿、增花筑景，提升城市品质，让城市成为百姓宜业宜居的乐园。图为北城一号口袋公园　（供图：区融媒体中心）

平方米、围墙3300米，增加绿地10.37万平方米，增加开敞空间13.73万平方米；完成川音北侧已征待建地专项整治示范点位，拆除违建140平方米、围墙900米，增加绿地及营造大地景观3万平方米；完成大运会赛事场馆周边已征待建50亩地块拆围增绿，拆除违建2140平方米、围墙2700米，增加绿地50亩。

**【智慧城管建设】** 新都区综合行政执法局开发香城细管“随手拍”子系统并上线运行，开发“街长制”子系统并即将上线使用；落实数字化城管常态化监管要求，不断优化发现、派遣、处置、督办、指挥、协调运行机制，从5月27日开始启用全市集中部署数字化系统，截至12月底数字化城市管理系统平台受理城市管理案件82200件，处置82116件，处置率99.89%。

**【综合行政执法】** 新都区综合行政执法局统筹区、镇两级行政执法管理，加大执法工作指导和监督考核力度，以实施“规范化中队”试点建设为契机，加强执法中队规范化建设；落实执法“三项制度”，开展4次案卷评查活动，总评查件数80余件，合计办理1106件行政处罚案件，所有案件均按照“罚缴两条线”“三项制度”等规定落实；梳理《城市综合执法领域行政处罚基层政务公开标准目录》736项并提交司法审核。

（范春风）

## ·应急管理·

【概况】 2020年，新都区应急救援管理工作严格落实国家“统一领导、综合协调、分类管理、分级负责、属地管理”的总要求，坚持“突发事件应对工作实行预防为主、预防与应急相结合”的原则，突出做好应急管理事后救援处置，统筹协调开展应急预案修订、应急救援演练、应急救援队伍建设、应急物资储备、全区应急物资和应急能力动态数据库建立等工作，取得良好效果。

【应急预案体系建设】 新都区应急管理局制定《成都市新都区应急预案暂行管理办法》，健全全区突发事件应急预案体系，实现应急预案动态化、规范化和科学化管理；完成《成都市新都区突发事件总体应急预案（试行）》和33个区级专项应急预案、91个部门应急预案修订。

【应急准备】 新都区应急管理局制定《成都市新都区应急社会救援队伍管理工作规范（试行）》和《成都市新都区应急社会救援队伍行动补偿方案》，与区人武部、驻区武警部队联合印发《成都市新都区军地抢险救灾协调联动工作机制》，为军地联合应急救援打下基础；重新组建成都安全生产应急救援新都分队，为科学有序处置涉危化品突发事件提供保障；打造以“快速机动、靠前布防、突前侦察”为主要任务的成都应急新都尖刀队；在全市率先开展基层综合应急队伍规范建设试点，构建形成以消防综合救援队为主力、武警民兵队伍为突击力量、专业应急救援队伍为骨干、社会救援队伍为辅助、基层综合应急救援队伍为补充、专家队伍为技术支撑的综合应急救援体系。

【应急值守】 新都区应急管理局严格执行24小时值班人员在岗值守的应急值守制度，印发《新都区值班人员轮训制度》《新都区紧急信息报送责任延伸制度》《新都区紧急信息报送工作规范》，并汇编《成都市新都区委区政府总值班室工作手册》印发各镇（街道）、区级各部门；细化量化应急值守和突发事件信息报送督导考核指标，深入开展督导检查，促进应急值守和突发事件信息报送规章制度落实和值班人员尽职履责；加强与公安、卫健、消防等部门沟通协作，实现信息互通共享，不断拓展和畅通突发事件信息渠道。

【应急演练】 新都区应急管理局会同区级有关部门和镇（街道），以检验预案、磨合机制、提升技能、普及知识为目标，以应急联动、快速集结、现场救援、协同配合、善后处置为重点，有针对性开展综合性应急演练3次，全方位、多层次提升防范应对突发事件能力。5月26日，新都区应急委办公室组织区级各成员单位，开展“香城行动”——2020年新都地震应急响应桌面推演，受到市应急局领导高度评价，得到与会专家肯定。

【应急知识宣传】 5月12—17日，新都区应急管理局组织开展“5·12”全国防灾减灾日和宣传周主题宣教活动，以安全互动体验形式开展应急知识宣传普及，组织6000余名群众到新都区即刻反应应急安全体验基地、大丰安全体验中心、桂林小学安全体验科技馆参加安全体验。6月16日，新都区应急管理局组织25个区级部门（单位）在主会场黄桷树广场开展“安全生产月”咨询日活动，指导9个镇（街道）、3个产业功能区在各自分会场组织开展活动，4000余名群众现场参与。

【应急救援队伍建设】 新都区构建形成以消防救援、医疗救护、卫生防疫等专业队伍为突击力量，以区级应急救援队伍和民兵预备役为骨干力量，以村（社区）、企事业、人群聚集单位等专兼职应急队伍和应急志愿者队伍为辅助力量的应急救援力量体系，建成“突击力量”队伍8支、“骨干力量”队伍14支、“辅助力量”队伍288支，队员8320名；遴选新都区无线电应急救援分队、香城救援分队、安全生产分队的20名队员组建“应急救援通信尖刀队”。4月，香城救援队参加成都市应急局组织的22个区（市）县冲锋舟拉练，获第二名。8月，

转移被困群众　　（供图：区应急局）

新都区应急管理局举办新都区首届基层应急救援队伍大比武活动，活动内容被多家媒体转载报道，并得到市、区领导高度评价。

【突发事件应急处置】 新都区应急管理局2020年新冠肺炎疫情防控期间，在新都区新冠肺炎疫情防控指挥部指导下，调度区重型装备应急分队、香城应急分队、区应急运输保障大队等队伍，完成疫情期间各项应急物资运输保障任务；成功处置“3·8”军屯镇火灾事故、“4·20”新繁家具园市场火灾事故等；在“8·11”“8·16”特大暴雨期间，多次组织香城应急救援分队、安全生产应急救援分队、无线电应急分队、重型装备应急分队等队伍参与防汛，转移被困群众，运送应急灯、食物、矿泉水等生活物资，其中在石板滩街道东风佳苑小区救出1名87岁全瘫老人的救援事迹被人民网转载；驰援周边区县，安排安全生产应急救援分队出动橡皮艇1艘、动力马达1台、运输车1辆到金堂中国会馆小区运输矿泉水、方便食品等生活物资并转移受困群众至安全区域。

（陈国富）

## ·消防安全管理·

【概况】 2020年，新都区消防工作以全面提升队伍防火灭火能力、确保全区火灾形势稳定和队伍管理稳定为目标，狠抓政治教育、队伍建设、规范化执法、社会面火灾防控、后勤保障等，努力建设“服务新都、辐射村镇、全市一流”的消防队伍，全区消防工作和队伍建设呈现良好发展势头。在全市消防队伍2020年度“实战尖兵”比武竞赛暨运动会中，新都区消防救援大队取得团体第六名。新都区消防救援大队代表新都区参加2020年成都市市级机关“迎大运、保安全”运动会，取得团体第二名。

【灭火抢险救援】 新都区消防救援大队参加区级重大活动和重要节日消防安保50场次，完成“3·8”军屯镇东阳针织厂火灾、“4·29”新繁街道玮恒家具有限公司火灾、“8·11”斑竹园街道海龙山庄疫情防控隔离点人员和物资疏散以及“8·16”石板滩街道洪涝灾害等急难险重任务，受到当地政府和人民好评。特别是8月11—12日，大队指战员接警36次，出动车辆39台次、救援人员130人次，连续奋战19小时，参与抗洪救灾31次，处置险情点位31个，救助群众80余人，转移物资300余件。8月16日，石板滩街道发生洪涝灾害，大队指战员连续奋战14小时，成功转移被困群众340余人。大队全年接处警2874起，其中火灾128起、抢险救援1239起、社会救助1507起，出动车辆4178辆次、人员21564人次，抢救被困人员324人，疏散被困人员585人，抢救财产价值8000余万元。全区未发生一起较大及以上火灾，消防安全形势保持持续稳定。四川电视台、成都电视台发布指战员救援专题报道30条次。

【消防基础设施】 新都区人民政府投入810万元用于购买硬体冲锋舟、橡皮艇和干、湿式水域救援服等抗洪抢险救援装备以及指战员个人防护装备等装备器材1400套件，为提升灭火抢险救援战斗力打下基础；从2020年开始每年投入240万元经费用于购买消防车，车辆装备当年更新率达7%。新都区消防救援大队利用区消安委平台，牵头协调新都区消防水源建设，经区政府常务会议审议通过，区政府出资545万元，将在全区新增消防水池8个、消火栓299座、新增消防取水码头3个。

【消防监督检查】 新都区委书记、区长在春节、五一、国庆、元旦等重要节假日前分别带队开展消防安全检查4次，区委常委、副区长分别深入大队

12月31日，新都区人民政府区长王忠诚（前排左二）带队到成都天人压力有限公司进行节前消防安全检查
（供图：区消防救援大队）

调研、指导消防工作；区委宣传部部长到物流园区消防救援站视察调研并指导消防站建设，带队开展消防安全检查 5 次；4 月初区长主持召开区政府常务会议，专题研究部署《2020 年全区消防安全工作的实施方案》《2020 年成都市新都区消防安全工作要点》；4 月 24 日区长主持召开新都区第十八届政府第 67 次常务会，专题学习《四川省消防安全责任制实施办法》，并就抓好贯彻落实提出意见；分管消防工作公安分局局长到队指导调研 3 次，带队检查单位 6 次，现场办公解决消防疑难杂症问题 6 个。新都区消防救援大队多次组织辖区重点单位、企业召开消防工作会，开展应急疏散和培训演练 32 场次；检查单位 8049 家，发现并督促整改火灾隐患 2872 处，下发责令改正通知书 1404 份、行政处罚决定书 134 份，查封单位 11 家，责令“三停”13 家，行政罚款 40.97 万元，拘留 3 人。

【消防宣传】 新都区消防救援大队利用消防宣传车开展宣传活动 48 次；“每周一宣”覆盖辖区各行业单位 3000 余家，发放宣传资料 38000 余份；深入开展消防宣传“五进”，普及火灾预防和逃生自救知识，社会化消防宣传培训 25000 余人次；围绕“关注消防、生命至上”，开展“119”消防宣传月活动，其中户外 12 处大型 LED 屏幕高密度循环播放消防公益短片和安全提示 200 余条次，通过移动云 MAS 短信平台发送消防安全提示短信 15 万余条，协调社区、物业单位悬挂消防安全提示标语、横幅 100 余条；联合西南石油大学举办新都区“119”消防宣传月启动仪式、承办支队首届抖音粉丝见面会被中央及省级媒体报道，受到支队领导和区委、区政府高度肯定。中国网客户端、人民网客户端、《人民日报》客户端、四川在线、川报观察、四川电视台新闻频道、成都电视台二台、成都电视台五台、封面新闻、《成都商报》、红星新闻等媒体对新都大队抗洪抢险、社会救助、护航复工复产、“119”消防宣传月活动等宣传报道 30 余次。

（瞿方超）

## 环境保护
Environmental Protection

【概况】 2020 年，新都生态环境局牢固树立“绿水青山就是金山银山”的生态文明思想，统筹协调推进疫情防控和污染防治，开展各项生态建设，推动生态环境质量持续好转。

【生态文明建设】 新都区委、区政府始终把加强保护环境、推进生态文明建设作为全局性、战略性头等大事来抓，以改善环境质量为目标，以环境综合整治为突破口，开展污染防治，着力解决影响群众健康和社会稳定的突出环境问题；坚持绿色发展不松动，形成绿色循环低碳发展格局；着力打造绿色产业、绿色制造、循环经济、清洁能源、低碳经济，鼓励和支持绿色技术创新，全方位推动产业转型升级。

【大气环境综合治理】 新都生态环境局印发并组织

11月4日，成都市生态环境保护综合行政执法总队新都支队正式挂牌成立 （供图：新都生态环境局）

实施《成都市新都区2020年大气污染防治工作行动方案》，组织开展夏季臭氧和秋冬大气污染防控；分行业推进工业企业专项治理，在家具、物流、印刷等行业推广挥发性有机物在线监测项目，对园区外263家企业实施“油改水”执行情况“回头看”，并同步开展智慧物流产业园生态环境问题、加油站及周边生态环境问题专项排查整治行动，对8家家具企业进行“绿色发展标杆企业”打造，完成71家汽车维修企业烤漆房改造水性漆喷涂；坚持开展扬尘治理一周一执法，持续开展柴油车尾气排放抽检，对全区8家机动车检验检测机构专项检查，发放非道路移动机械环保标志4112个，完成66家油气回收装置指标监测；强化与“大气管家”合作，提升空气质量预警联动能力；引进室外空气净化示范项目和扬尘智慧管理系统，助力解决辖区扬尘污染问题；依托生态环境大数据平台，借助走航监测、卫星遥感等科技手段，对挥发性有机物重点区域、重点行业开展拉网式巡查，对全区803家企业开展有机废气义诊帮扶，新都区是2020年全市臭氧浓度唯一下降的区县，改善幅度最大；定期开展大气问题强化督查，发现问题点位322个，下发督办通知57期，并按期督办整改。新都区全年空气质量综合指数为4.33，全市排名第十七位；实况优良天数292天，比2019年增加14天，增加天数排名全市第四名；$PM_{2.5}$平均浓度39.2微克/立方米，同比下降12%，下降率排名全市第十名。

**【水环境综合治理】** 新都生态环境局强化管控措施，落实《2020年西江河流域水生态环境综合治理工作方案》，制定专项整治及监管方案、联席会议制度，建立水质监测网络，利用大数据平台分析河道污染成因，实现精准治水；通过实施钟家湾沟定向补水工程（修建引水渠、改造闸坝等），保障西江河正常生态基流，同时在西江河重要节点、断面位置实施生态修复工程，促使水质得到改善；推进入河排污口排查整治，印发整治工作推进方案通知，做好入河排污口“查、测、溯、治、管”，完成新都区入河排口资料收集整合。新都区青白江三邑大桥断面平均水质为Ⅱ类，毗河拦河堰断面平均水质为Ⅲ类，西江河梁湾村大桥断面平均水质为Ⅲ类。

**【环境监测管理】** 新都生态环境局全年出具环境质量报告报表212份，出具环境月报12期；出具降尘数据36个、地表水例行监测数据1944个、市扣缴监测数据108个、区市县“十三五”联合监测数据200个、长江流域水质监测点位数据200个、城区集中饮用水源三水厂数据348个、乡镇集中式饮用水源大丰水厂数据116个。全区功能区噪声点位4个，出具数据2688个；网格噪声点位156个，出具数据1560个；道路交通噪声点位50个，出具数据500个；中高考夜噪巡查4天。

**【建设项目环境管理】** 新都生态环境局优化环评手续办理方式，采取免办和承诺制审批，提升行政审批效能，审批新、扩、改建项目200个（其中承诺制项目93个），项目总投资58.9亿元，环保投资1.25亿元；开辟审批“绿色通道”，确保疫情防控项目快速建设投产。

**【企业降耗管理】** 新都生态环境局通过清洁生产审核企业4家，通过清洁生产验收企业14家。

**【企业“环保主任”制度推广】** 新都生态环境局继续推广“环保主任”制度，第二批89家企业正在建设，逐步构建起环保主管部门、属地政府、网格员、企业环保主任四级工作联动体系。

**【环保行政管理】** 新都生态环境局对主动履行行政处罚且改正违法行为的企业，办理环境信用修复审核，消除企业融资贷款和对外业务合作影响，全年完成修复审核49件；继续聘请法律顾问团队，对重大行政决策和重大行政处罚把关，全程参与行政处罚案件，并按照重大行政决策程序执行，确保重大行政决策科学性，律师团队出具法律意见31份；妥善处理环境信访件1126件，案件办结率100%。

**【环境行政执法】** 新都生态环境局采取“日常与专项检查相结合、昼间与夜间检查相结合、工作日与节假日检查相结合、自查与交叉检查相结合”四个结合检查方式，实施“全天候”执法攻坚行动，通

开展环保宣传　　（供图：新都生态环境局）

过“查、看、闻、问、试”等检查方法对家具制造企业涂料使用情况和污染防治设施（措施）运行情况开展现场检查，出动执法车辆400余车次、执法人员1500余人次，检查家具企业431家，对检查中发现的问题提出整改意见和要求，督促企业落实环保主体责任，确保企业规范使用涂料，污染防治设施正常运行，内部环境管理规范有序；完成“双随机”执法检查138家，现场检查企业2000余家，夜查企业140余家，对环境违法行为下达处罚决定书117件，处罚金额939.3571万元，移送法院强制执行9件。

【环保宣传】 新都生态环境局以新媒体平台为引导手段，整合区级媒体台、报、网联动，强化宣传阵地管理，全年发布政务原创微博300余条、政务微信460余条，转载1600余条；深入开展环保公益宣传与志愿活动，组织开展环保“十进”宣传活动9次，发放以环保法、水污染防治法、大气污染防治法、固体废弃物法、土壤污染法、低碳节能、垃圾回收、垃圾分类等为主题的宣传资料1700余份、环保宣传笔记本400余本、环保袋3000余份，接受并解答群众咨询1203人次。

（黄美珏）

## 防震减灾
Earthquake Prevention and Disaster Mitigation

【概况】 2020年，新都区防震减灾工作围绕“保护人民群众生命财产安全、最大限度减轻地震灾害损失”的防震减灾工作目标，贯彻“以防为主、防抗救相结合”的防震减灾工作方针，按照《中华人民共和国防震减灾法》和《四川省防震减灾条例》等法律法规制度要求，普及防震减灾知识，提升全社会防震减灾意识；完善管理机制，保障强震烈度监测点正常运行；突出应急准备，开展抗震救灾应急响应桌面演练。

【地震监测预报】 新都区应急管理局维护地震烈度速报台站的正常运行，保证数据传输连续性达95%；持续对地震烈度速报台站巡查，做好记录台账；建立区、镇（街道）、村（社区）三级地震观测报告信息员队伍。

【防震减灾宣传】 新都区应急管理局开展防震减灾知识宣传“七进”活动，不断提高人民群众的防震减灾意识和避险技能；“5·12”防灾减灾宣传周，利用“新媒体”平台开展防震减灾知识宣传；将防震减灾知识制作成PPT文稿下达镇（街道）、产业功能区、抗震救灾各成员单位，推进防震减灾知识宣传进机关、进企业、进农村、进家庭；通过移动、联通新都分公司，向注册在新都区的用户发送防震减灾提示性短信宣传；利用香城中学、香城小学、桂林小学防震减灾科普示范学校，对学生宣传；利用大丰街道赵家社区、桂湖街道锦水苑社区两个防震减灾科普社区，向所在社区群众开展防震减灾科普宣教。

【防震减灾应急队伍建设】 新都区应急管理局按“三网两员一队伍”建设要求，建立区、镇（街道）、村（社区）三级防震减灾队伍，构建防震减灾机构体系，全区39个抗震救灾指挥部成员单位、9个镇（街道）、180个村（社区）有防震减灾工作人员200人；通过政府购买服务方式，共育社区应急救援队伍14支，为突发灾害应对做好准备。

【灾害信息员队伍建设】 新都区已建立一支由180名村（社区）两委委员组成的灾害信息员队伍，其中大专以上学历占92%，平均年龄36岁。新都区应急管理局通过组织专家对全区灾害信息员开展灾害基础知识、灾害应急处置、灾情统计报送、灾情核查核定、“国家自然灾害灾情管理系统”上线操作等方面业务知识和技能专题培训，常态化灾情报送系统模拟演练，并投入资金保障灾害信息员通信费，实现所有灾害信息员均能及时、准确、客观、全面上报灾情。

**【综合减灾标准化社区创建】** 新都区确定清流镇翠云村等10个村（社区）为2020年新建综合减灾标准化社区（村），下发《关于印发成都市新都区2020年社区（村）综合减灾标准化建设工作方案的通知》，明确建设标准、工作要求、具体任务，各项建设正有序开展。全区已建成国家综合减灾示范社区（村）8个，名列全市第一位，建成省级综合减灾示范社区（村）4个、综合减灾标准化社区（村）50个。

（王从君）

# 农　业

AGRICULTRUE

## 综　述

Summary

【概况】2020年，新都区贯彻落实中央、省、市和区委、区政府关于“三农”工作重要部署，坚持以实施乡村振兴战略为总抓手，发挥农业“压舱石”“稳定器”作用，农业农村各项工作取得新成效，获2020年度全省农村改革工作先进县（市、区）、2020年度全市农民增收工作先进区（市、县）等表彰奖励38项。全区有2个镇、7个街道，180个村（社区），总户数329352户，其中乡村户179849户，较2019年增长0.14%，乡村人口21.86万人，较2019年减少7%，乡村从业人员296548人，较2019年增长0.30%；农村用电量38465万千瓦时，较2019年降低9.08%，年末农机总动力28.06万千瓦，较2019年降低0.18%，全区主要农作物耕播收机械化水平95.85%，较2019年增长1.82%；农用化肥施用量（折纯）8802吨，较2019年降低10.5%，农药使用量155吨，较2019年降低15.76%。

**2020年新都区财政对“三农”投入情况表**

表11　　单位：万元

| 项目名称 | | 一般公共预算区县级 | 基金及其他预算区县级 |
|---|---|---|---|
| 农业 | 农田建设 | 2349 | — |
| | 农、牧、渔业 | 21110 | 1111 |
| | 其中：重大动植物疫病防控 | 117 | — |
| | 农业机械化 | 115 | — |
| | 水利及气象 | 17328 | 775 |
| | 其中：防汛抗旱 | 1294 | — |
| | 林业 | 395 | — |
| | 其中：龙泉山城市森林公园建设 | — | — |
| | 农业保险和农村金融 | 6 | — |
| | 县、乡土地整治复垦 | — | — |
| 农村 | 农村扶贫 | — | — |
| | 农村卫生 | 6771 | — |
| | 农村文化 | 960 | — |
| | 农村计生 | 2160 | — |
| | 其中：独生子女父母奖励 | 337 | — |
| | 独生子女家庭奖励扶助经费 | 540 | — |
| | 农村科技 | — | — |
| | 农村教育 | 165612 | 2244 |
| | 其中：农村中小学标准化建设及危房改造 | 2744 | — |
| | 农村家庭学生补助 | 122 | — |
| | 农村道路 | 2608 | 99 |
| | 农村旅游 | — | — |
| | 农村重点镇基础设施建设 | — | — |
| | 城乡社区发展治理 | 36736 | — |
| 农民 | 农民社会保障补助 | 3285 | 39345 |
| | 农村优抚 | 1462 | — |

续表11

| 项目名称 | | 一般公共预算区县级 | 基金及其他预算区县级 |
|---|---|---|---|
| 农民 | 城乡居民医疗保险 | 3379 | — |
| | 农民工就业培训补贴 | — | — |
| | 农业支持保护补贴 | — | — |
| | 退耕还林补助 | — | — |
| | 农业税费改革及农业税减免 | — | — |
| | 农民新居建设 | — | — |

**【农业经济发展】** 新都区第一产业投资完成11.3亿元，实现农业增加值36.87亿元，比2019年增长3.8%，增幅在全市中心城区排名第五位，全市排名第九位；农村常住居民人均可支配收入29547元，比2019年增长8.5%，增幅在全市中心城区排名第三位、全市排名第七位。

**【现代农业发展】** 新都区农业农村局牵头实施新繁片区、军屯镇高标准农田建设项目，在毗河流域新繁片区安全村、杏桂村、青桥村、山水村、鱼龙社区、瑞云社区、杨建村7个村(社区)建设高标准农田0.7万亩，在军屯镇禾登社区、华严村、护国村3个村(社区)建设高标准农田1.0万亩。新都区建立以新繁、斑竹园、清流、军屯等镇（街道）为核心，以优质粮油、精品蔬菜为主导产业的现代农业产业园。

**【农业设施化装备化水平提升】** 新都区有资产100万元以上的农机合作社25家，全年作业服务面积43.2万亩次；年末有日处理能力10吨以上的粮食烘干设备73台，批次烘干能力428吨；更新改造维修提灌机械5座，蔬菜保护地耕作面积（大棚）9729亩，全区主要农作物耕播收机械化水平95.85%。

**【农村扶贫开发】** 新都区农业农村局开展2020年成都市新阶段农村扶贫开发帮扶对象精准识别动态管理，印发《巩固拓展脱贫攻坚成果确保高标准全面建成小康社会实施方案的通知》，要求对新都区2020年农民人均可支配收入预计将低于本地区平均水平70%的其他行政村（含涉农社区）和农户动态调整为农村扶贫开发对象，新都区没有动态调整为扶贫开发对象的人员；聚力对口帮扶简阳市雷家镇、石钟镇（原望水乡、雷家乡、平窝乡）9个省定已脱贫贫困村和6个经济薄弱村脱贫攻坚巩固提升，开展“查问题、找不足、补短板”，拨付帮扶资金300万元，用于产业帮扶项目15个，进一步巩固简阳市对口帮扶脱贫攻坚阶段性成果，9月两个帮扶镇通过脱贫攻坚普查验收；加强与岳池县友好往来和务实合作，精准聚焦岳池县白庙镇郑家村生态农家产业组团项目，建筑面积2000平方米，新都区拨付资金400万元，打造集餐饮、住宿、娱乐于一体的乡村旅游产业组团，建成后交付村集体。

**【乡村产业振兴】** 新都区推动农商文旅体连片融合发展，规划建设35平方公里“珠链锦绣·锦水公园”，规划乡村绿道慢行系统100公里，串联8个特色小镇和川西林盘重点项目，连片构建“绿道+”“公园+”乡村新兴消费场景，打造公园城市乡村表达样板空间，全年实现乡村旅游收入10.02亿元。

**【农业面源污染治理】** 新都区346家畜禽养殖场粪污综合利用率94.8%，规模养殖场粪污处理设施装备配套率100%，畜禽粪污基本实现资源化利用；完成测土配方施肥技术推广50.46万亩，绿色防控技术推广46.66万亩。

**【农村人居环境整治】** 新都区农业农村局开展农村人居环境整治，打造“美丽蓉城·宜居乡村”示范村（社区）15个，评选出“最美院落”45个、“最美庭院”829个；完成农村户厕改造11093户；召开农村人居环境整治拉练现场会3次，开展镇（街道）农村人居环境整治评比3次，评选出最美乡村30个、最差乡村30个。整治过程中，各镇（街道）探索出一系列可参考、可借鉴的工作模式，形成极具典型示范意义的整治模式基层创新成果，如新都街道以筹集群众“小资本”、凝聚个体“小力量”写好政府“大文章”的“以小拨大”模式，清流镇通过就地取材、“以旧修旧”、深挖本地乡土文化推动环境整治的“因材而笃”模式，军屯镇通过调整社区保障活动专项资金使用“阵地”、提升整治趣味性和村民参与度的“阵地转换”模式和新繁街道通过引产入院推动区域基础设计建设完善和人居环境美化的“产业倒逼”模式。

【移民和征地保障】 新都区农业农村局执行移民后扶资金直发直补，全年发放移民后期直发直补资金13620人次68.1万元；完成毗河供水一期工程建设征地社保安置297人，完成补偿安置投资约3129.8万元。

【农业信息化建设】 新都区农业农村局完成“成都市绿江农业开发有限公司水果种植基地农业物联网项目”建设和验收，推动新都区农村信息化引领带动作用；完善130个益农信息社管理，通过线上乡下培训益农信息社信息员150人次；鼓励农业电商发展，疫情期间鼓励农业企业及种植业业主利用电商平台，线上营销及配送滞销农产品，企业通过微信及电商平台销售农产品20余万元。

【农业对外宣传】 新都区农业农村局管理维护新都农业微信、微博公众号，发布微博2000余条、微信100余条，所报送信息新都区政府门户网站主页采用95条、部门内页采用115条，成都市政府信息公开网站采用106条，成都市基层公开综合服务监管平台采用扶贫动态5条，四川新闻网采用50条，新都区政府门户网站发布通知公告75条，成都市政府信息公开网站发布通知公告68条，宣传新都区农业政策及工作动态。

（王俊波　谢启强）

## 农业和农村体制改革
Agriculture and Rural System Reform

【概况】 2020年，新都区农业农村局推进农村产权制度改革，健全农村产权交易流转服务体系，助推农村经济发展。

【农村集体资产股份合作制改革】 新都区农业农村局推进农村集体资产股份合作制改革，建立农村集体资产管理、经营、利益联系机制，完成156个村股份化改革，对34个农村集体经济组织颁证赋码。

【城乡生产要素自由流动】 新都区农业农村局健全农村产权交易流转服务体系，加强成都市农交所新都分公司建设，引导和鼓励农村产权入场交易，完善农村产权交易鉴证；办理农村土地流转交易570宗、面积8.45万亩，涉及租金收益7360万元/年；开展集体建设用地入市交易探索，组织村集体经济闲置资源入场挂牌交易。

【农村土地经营权流转管理】 截至年底，新都区农村土地承包经营权确权登记311212.19亩，颁证128571本（户）；开展农村土地承包经营权常态化变更登记，年均变更登记1145件次；做好新都区促进规模流转优惠政策宣传和落实，兑现2019年度补贴210.5万元。新都区镇（街道）准入审核100亩以下流转申请112宗、面积0.73万亩，区级联合准入审核100亩以上流转申请32宗、面积1.42万亩，年均产生租金收益0.2亿元，农村土地适度规模化率达80.95%。

【农村金融服务】 新都区农业农村局积极推动新都区“农村产权＋农村金融”协同创新、密切配合，推广“农贷通”服务。“农贷通”平台自运行以来，截至2020年12月底，实现放款笔数374笔，累计放款7.23亿元，落实贷款利息补贴54.87万元，促进新都区农业产业持续发展。

（王俊波　谢启强）

## 农业科技
Agricultural Science and Technology

【概况】 2020年，新都区培育高素质农民117人、市级新型职业农民125人，经评定新增农业职业经理人31人；引进稻麦油新品种22个，与省农科院开展院地合作项目6项。

【新型职业农民培育】 新都区全年培育高素质农民117人、市级新型职业农民125人；新增农业职业经理人31人，共有农业职业经理人434人，其中初级农业职业经理人317人、中级105人、高级12人。

【农业新品种引进与推广】 新都区全年引进稻麦油新品种22个，其中水稻高产优质新品种8个、小麦新品种8个、油菜新品种6个；开展新品种新技术试验5组75个小区，调查油菜典型田块9个；筛选出小麦高产抗病抗倒新品系川麦605、18间1586-90，小麦高产抗病抗倒新品种绵麦907、内麦416、川麦93，优质油菜高产抗病抗倒新品种绵帮油1号、佳油JS-1以及优质稻高产抗病抗倒新品种深两优1177。新都区以清流镇九龙村舒心家庭农场、同义村丰收家庭农场、广泉村138农业合作社、柳泉村汇园乐家庭农场为中心，建立新都区农业产业园水稻绿色高产高效千亩示范片，种植优质稻品种宜香2115、川优6203、野香优莉丝、宜香2168、晶两优534、泰两优5187等，平均亩产580公斤，比全区平均亩产550公斤增产5.45%。

【农业技术培训】 新都区农业农村局科普宣传周举办培训、田间指导等活动3场，发放培训资料300余份，培训指导农户200余人。

【农业科技协作】 新都区农业农村局深化开展乡村振兴院地合作，合作项目有鲜食玉米粮经复合技术集成与示范、特色泡菜复合发酵剂集中示范、特色花卉新品种新技术集成示范、梨园提质增效技术示范、林下中药材种植示范、林上空间紫藤桂花种植示范。

（王俊波　谢启强）

## 农业质量安全管理
Agricultural Quality Safety Management

【概况】 2020年，新都区农业农村局继续深入贯彻落实习近平总书记“四个最严”重要指示精神，全区有食用农产品生产经营主体361个，其中生产企业52个、合作社100个、家庭农场和种养大户209个；有推行食用农产品合格证主体341家，新增“三品一标”5个，主要农产品例行监测合格率在98%以上，未发生重大农产品质量安全事故。

【“三品一标”产品认证】 新都区推进“三品一标”发展，提升农产品品牌效应，截至年底有“三品一标”认证产品32个，认证面积209601.88亩，其中无公害农产品6个，认证面积110385.5亩；绿色食品20个，认证面积46128.38亩；有机食品3个，认证面积600亩；农产品地理标志登记产品、国家地理标志证明商标3个，认证面积52488亩。

【农产品质量检测】 四川省级农产品例行抽检新都17个样品，检测合格率100%；成都市农业质量监测中心抽查新都214个样品，合格率97.7%；新都区农产品质量检测中心例行抽检1011个样品，合格率98.4%；新都区农产品质量检测中心风险监测150个样品，合格率100%。全区农产品质量安全快检室快检样本31483个，合格率99.98%。

【农产品质量安全监管】 新都区持续深化国家农产品质量安全区和四川省农产品质量安全监管示范县

建设，筑牢农产品质量安全防线；健全区、镇、村、生产基地四级监管责任网格，增强农产品质量安全监管力量，配备区级专职监管人员7名，设立镇级农产品质量安全监管员7名，设置村级农产品质量安全协管员114名、村级农残快检室60个，在重要生产基地分别设立农产品质量安全内检员，制定、完善工作职责和考评机制，实现监管全覆盖；狠抓生产过程管控，推动落实食用农产品生产经营主体责任，加大对农业投入品使用、生产档案建立、追溯体系建设和食用农产品合格证制度推行等情况督导力度。监管人员上传监管信息4818条，生产主体上传产品批次34000余条，新都区农业农村局开具食用农产品合格证116762张，附带合格证上市产品28000余吨。

（王俊波　谢启强）

## 种植业
Planting Industry

【概况】 2020年，新都区粮食播种面积28.91万亩、总产量13.83万吨，其中水稻面积19.97万亩，总产量10.9万吨，小麦播种面积6.08万亩，总产量2万吨，杂粮（玉米、红苕、豆类、马铃薯）播种面积2.86万亩，总产量0.93万吨；经济作物播种面积27.42万亩，总产量42.03万吨，其中油菜9.79万亩，总产量1.6万吨，蔬菜14.15万亩，总产量32.25万吨，瓜果类0.56万亩，总产量0.96万吨，花卉0.66万亩，盆栽植物154.56万盆。全区实现种植业总产值46.5亿元，比2019年增长4.5%。

【农业产业化发展】 新都区农业产业化经营组织实现加工、营销收入103.8亿元，其中农产品精深加工营销收入93.8亿元，农产品精深加工率71.6%，出口创汇2.4亿元，联结带动农户7.29万户，联结带动面72.8%。全区有国家级重点龙头企业1家、省级重点龙头企业10家、市级重点龙头企业22家。

【农业项目招引】 新都区农业农村局全年引进、注册重大项目3个，外出招商14次，有效项目信息备案29条，重点项目包装策划12个，开展产业招商营销活动3场。

【农村专业合作社培育】 新都区有经工商注册登记且在区农业农村局备案的农民专业合作社252家，2020年新增农民专业合作社3家，新增区级示范合作社5家、市级示范社2家、省级示范社2家。全区有农民专业合作社国家级示范社3家、省级示范社14家、市级示范社5家、区级示范社15家；合作社有注册商标9个，获得质量认证58个，其中无公害48个、绿色认证2个、有机认证8个。

【家庭农场培育】 新都区有经工商注册登记且在区农业农村局备案的家庭农场99家，2020年新增13家，590家规模户、农场纳入家庭农场名录系统管理，新增区级示范家庭农场7家。全区有省级示范家庭农场9家、市级示范家庭农场11家、区级示范家庭农场16家；家庭农场有劳动力613人，其中家庭成员281人、常年雇工332人。

【植物防疫检疫】 新都区植物产地检疫面积116.3亩，其中玉米10亩产检合格数量3000公斤，甜瓜、南瓜、黄瓜、茄、辣椒等7亩产检合格数量80公斤，垂丝海棠3.5亩产检合格数量20万株，柑橘45.8亩产检合格数量425482株，油菜40亩产检合格数4000公斤。新都区实施调运检疫省外调运280批次335811公斤2万株，其中水稻215批次157191公斤，玉米58批次178610公斤，甜瓜1批次1公斤，南瓜1批次3公斤，黄瓜1批次3公斤，茄子1批次1公斤，辣椒1批次2公斤，柑橘1批次1万株，垂丝海棠1批次1万株；省内调运335批次482120公斤5400株，其中水稻227批次299420公斤，油菜1批次4000公斤，柑橘2批次5400株，玉米105批次178700公斤。

【农作物病虫草鼠螺害防治】 新都区全年病虫草鼠

螺发生 178.82 万亩次，其中病害 43.19 万亩次、虫害 94.48 万亩次、草害 38.15 万亩次、鼠害 1.5 万亩次、螺害 1.5 万亩次，防治 222.49 万亩次，其中病害 91.5 万亩次、虫害 92.14 万亩次、草害 35.85 万亩次、鼠害 1.5 万亩次、螺害 1.5 万亩次，挽回损失 42749.2 吨，防治后实际损失 377.72 吨，农作物病虫危害实际损失低于 2%。

【惠农政策落实】 新都区农业农村局核实兑付耕地地力保护补贴资金 2660.57 万元、稻谷目标价格补贴 767.5 万元、粮食规模化种植财政奖补 1727.49 万元；贯彻落实中央、省、市加快推进政策性农业保险工作精神，巩固开展 23 个农业保险品种，推进新都区农业政策性保险；组织中国人保、中华联合、锦泰、中航安盟等保险公司业务负责人深入各镇（街道）涉农社区宣传，引导农户或业主自主参与农业政策性保险，农业政策性保险补贴资金 845.56 万元。

【农业行政执法】 截至 12 月，新都区农业农村局开展农产品质量安全执法监管等专项行动 7 次以上，农资日常执法检查 200 余次，出动执法人员 1200 余人次、执法车辆 300 余台次，检查农资门市 200 个次、农资生产厂家 15 家次、农产品基地 70 个次；处理种养殖、生猪屠宰、宠物医院方面信访件 30 个，查办案件 12 个，处罚金额 49.21 万元；开展设点宣传农业法律法规 3 次，印发宣传资料 0.3 万份，涵盖人数 2000 人次。

（王俊波　谢启强）

## 养殖业
Breeding Industry

【概况】 2020 年，新都区肉类总产量 7929 吨，出栏生猪 30070 头、牛 549 头、羊 553 只、兔 172173 只、禽 3785856 羽，禽蛋产量 6234 吨，奶产量 3650 吨，实现产值 39579 万元。

【畜禽标准化规模生产】 新都区农业农村局加强全区已有的部、省、市三级 5 个畜禽标准化示范场监管，落实属地管理责任，推进标准化生产，建立质量安全承诺制度。

【动物防疫检疫】 新都区常年存栏生猪保持在 1.1 万头，全年（包括加强免疫）免疫猪口蹄疫 2.25 万头次、免疫猪瘟 2.25 万头次，分别占免疫率占应免数 100%；存栏牛 1174 头，免疫牛口蹄疫 2200 头次；存栏羊 677 只，免疫羊小反刍兽疫免疫 1400 只次；存栏家禽 63.59 万羽，免疫高致病性禽流感 165.32 万羽次，其中规模场 125.23 万羽次、散养户 40.09 万羽次，免疫率占应免数 100%；存栏犬 42853 只，免疫犬 85398 只次，城区免疫率 99.9%，农村免疫率 98.4%。新都区农业农村局采集猪、鸡、牛、羊血清样本和猪全血及环境样本 7700 份，分别对口蹄疫、猪瘟、禽流感进行免疫效果评价和测定，监测牛羊布病、奶牛结核以及非洲猪瘟；使用专用消毒药 15 吨，消毒 190 万平方米，消毒面积 100%。

【生猪屠宰管理】 新都区农业农村局规范开展生猪屠宰检疫，检疫申报率 100%，受理率 100%，屠宰检疫开展面 100%；与区内 2 个生猪屠宰厂签订屠宰检疫工作管理目标任书和瘦肉精自检责任书，派驻 2 个检疫组实施 24 小时驻厂检疫管理，监管率 100%；进入屠宰厂生猪耳标佩戴率 100%；屠宰厂环节实施“瘦肉精”尿检 43198 次，检测结果全部为阴性；屠宰厂年屠宰检疫生猪 76 万头，生猪入厂前产地检疫证回收率 100%，产品出证率和规范率 100%。

【政策性养殖保险】 新都区农业农村局开展生猪保险，加强农业保险培训宣传，全年培训农业保险 435 人次，稻田综合种养及渔业安全生产培训 500 人次。全区水产承保 5 户次，水产保费 29.2 万元，理赔案件 28 件，理赔金额 16.65 万元；小家禽承保 31 户次，保费 114.9 万元，理赔案件 53 件，理赔金额 49.78 万元；能繁母猪及育肥猪承保 11477 头，保费 54.3 万元，其中农户自缴 10.8 万元，赔款 30.92 万元。

【养殖污染综合治理】 新都区农业农村局持续开展畜禽养殖污染专项整治，畜禽粪污综合利用率 94.8%，规模养殖场粪污处理设施装备配套率 100%；发出督办通知 2 期，对涉及直排河道、污染水源的突出问题及时整改、跟踪督办。

【兽药与饲料监管】 新都区有兽药生产企业 3 家、饲料生产企业 6 家，有兽药经营企业 24 家，全部办证，规范化管理率 100%。

【养蜂业发展】 新都区蜜蜂主要品种为意蜂、中蜂。全区养蜂户 516 户，西蜂 39762 群，中蜂 32139 群，蜂蜜 165 吨，王浆 11 吨，花粉 300 吨，蜂胶 0.19 吨。

（王俊波　谢启强）

## 水产业
Aquaculture

【概况】 2020 年，新都区完成水产品产量 2695 吨、比 2019 年增加 91 吨，渔业生产产值 7632 万元，经济总产值 17556 万元，完成市里下达的目标。

【水生野生动物资源保护】 新都区农业农村局禁渔期间在全区沿河重点水域树立宣传牌 80 块，出动宣传车 200 次、渔政宣传人员 600 人次，在农贸市场、各镇便民服务中心及各村村委会等地张贴和发放宣传资料 8000 余份；对区内青白江、毗河、农贸市场、鱼类餐馆等场所开展检查 100 次，并根据工作需要开展夜间巡查 12 次；出动车辆 70 台次、执法人员 210 人次，劝阻非法游钓人员 100 余人次，处理野生鱼举报事件 9 起，非法捕捞刑事追究 3 人；执法检查天然水域、涉鱼餐馆，加强水生野生动物经营利用管理；在毗河流域的绿道香洲半岛段和青白江流域的新民段等点位开展经济鱼类人工增殖放流活动，投放草鱼 2 万尾、鲫鱼 3 万尾、鲤鱼 2 万尾、鳙鱼 1 万尾，规格均为 5 ~ 8 厘米当年鱼种。

【水产品质量安全】 新都区农业农村局协助监督、检查水产养殖户水产投入品、索票索证情况，未发现养殖户有购买和使用违禁药品、不合格饲料；平时检查与节假日专项检查相结合的执法检查，对水产养殖户水产投入品、索票索证情况和生产记录监督、检查，未发现养殖户有购买和使用违禁药品、不合格饲料；向养殖户和消费者宣传，增强食品安全责任意识，增强遵守水产品质量安全管理的自觉性。

（王俊波　谢启强）

## 林业园林
Forestry and Landscaping

【概况】 2020 年，新都区实现林业产值 547863 万元，其中一产业产值 72307 万元、二产业产值 165356 万元、林业旅游与休闲服务产业产值 310200 万元；完成义务植树 106 万株（含管护），实际植树 2.95 万株，新增森林面积 53.9 亩，新增森林蓄积 0.1 万立方米，森林覆盖率 20.66%；年森林采伐限额指标控制在 381 立方米以内；查处林业行政案件 3 件，救护野生动物 36 头（只）。

【义务植树】 新都区农业农村局围绕生态建设总目标，开展以“携手绿化香城、共享公园城市”为主题的领导义务植树活动，建立 1 个领导义务植树点，面积 20 亩，种植樱花、紫薇 1550 株；建立 1 个市民义务植树点，种植紫薇、桂花 700 株，面积 10 亩；指导各镇（街道）完成 420 亩植树造林，种植桂花、紫薇、香樟、樱花、樱花、芙蓉、垂丝海棠等苗木 29500 株。全区直接参加义务植树活动人数 53 万人次，实际植树 29500 株，全年共植树 106 万株（含管护）。

【天保工程管护】新都区天然林保护工程二期面积覆盖全区，其中国有林管护面积573亩；完成《新都区2020年度天然林资源保护工程实施方案》作业设计，对573亩国有林进行管护，并完善管护责任制，加强天保管护巡查。

【森林资源管理】新都区农业农村局依照《中华人民共和国森林法》《四川省林木采伐管理办法》《成都市园林绿化条例》等法律法规要求，加强全区采伐和林地征占用监督管理，由专人负责，全年办理林木采伐许可证1起，采伐蓄积474.8立方米；开展森林资源"双增长"目标核查，加强森林资源监测，完成净增53.9亩森林面积核查。

【森林督查】新都区农业农村局成立森林督查工作领导小组，核查国家下发新都区的22个图斑，其中商品林地3个、面积0.6588公顷，非林地19个、面积8.8385公顷，图斑总面积9.4973公顷。经调查核实，图斑变化原因主要涉及建设项目使用林地、森林抚育经营活动引起林相变化以及人为调查因素，已将涉嫌违法占用林地的3个"建设项目使用林地"图斑移交森林公安查处。

【森林病虫害防治】新都区农业农村局坚持以"预防为主、科学防控、依法监管、强化责任"为林业有害生物防治工作方针，对区内100余家10亩以上苗圃和400家规模木材家具企业上门服务现场检疫，完善检疫资料，前移检疫关口，做到应检尽检，对检疫合格单位签发产地检疫合格证，办理苗木产地检疫合格证100份，苗木产地检疫率100%，签发植物检疫证书4000余份；开展检疫执法宣传，主要对松科植物及其制品复检，复检6批次，材积600余立方米；建立集中开展检疫执法和平时查处相结合的长效机制，进一步规范执法行为；开展林业有害生物菟丝子等监测防控，检查登记经营、加工、使用松木单位，加强监管区内13家松木企业和电力、邮政、广电松木电缆盘使用情况。全区未发现检疫性林业有害生物或疑似症状，无森林病虫灾害，无检疫性危险性林业有害生物入侵，林业有害生物成灾面积为零，成灾率为零。

【集体林权制度改革】新都区农业农村局推进深化集体林权制度改革，共颁发成都市经济林木（果）权证57本、64宗，颁证面积12145.248亩；办理抵押贷款续贷1起400万元，办理森林保险1起。

【林业行政执法】新都区农业农村局对擅自改变林地用途和非法采伐等破坏森林资源的违法行为依法打击，查处林业行政案件3件，其中擅自改变林地用途案3起、罚款26315元，责令涉案企业（个人）停止违法行为，并补植树木或补办征占用林地手续；组织专项检查，分批次对区内木竹材经营加工企业、花鸟市场、野生动物驯养繁殖机构、中药材市场和餐饮企业实地检查和随机抽查，保障区内涉林企业合法、合规有序生产经营。

【野生动物保护】新都区农业农村局加强野生动植物和湿地资源保护，利用媒体办好"爱鸟周""湿地日""野生动物宣传月"等宣传活动，确保候鸟迁徙和湿地安全；抓好野生动物（鸟类）疫病疫情监测防控，加强对全区宠物鸟野生禽鸟的检查和管理，做好重点区域排查巡护，发现鸟类不正常死亡等现象及时取样送检，并向防控指挥部报告，全年未发生野生动物（鸟类）疫病疫情；对花鸟市场和区内餐饮经营单位开展野保执法检查8次，接书记信箱、区长信箱及群众转交野生动物救助36起，救护野生动物36头（只）。

（王俊波　谢启强）

## 农业机械
Agricultural Machinery

【概况】2020年，新都区拥有主要农业机械2824台，农机总动力28.06万千瓦，农机社会化服务完成主要农机作业：机耕39万亩、机播32.9万亩、机收36.5万亩，主要农作物耕播收机械化水平95.85%。

【农机科技推广】 新都区农业农村局以农机购置补贴政策为契机，以丰收、宏亮、昌平等农机合作社为主体，依托现代农业园区开展全程机械化示范基地创建，开展小麦（油菜）机械化直播、水稻机械化育插秧、机械化植保和机械化烘干等重点技术示范推广，新增绿色高性能插秧机 37 台、高效自走式植保机 36 台、大型烘干机 5 台。

【农机社会化服务】 新都区农业农村局加强农机化技术培训，开展服务、协调和保障，做好跨区作业信息采集、传递和发布，为参加跨区作业的机手办理发放 2020 年联合收割机跨区作业证 35 份；积极组织开展跨区作业，引进省内外高性能联合收割机 200 余台次到新都区机收作业，机收稻麦 16 万余亩；加强监管，确保农机作业质量和跨区作业市场秩序，维护机手和农民的合法利益；指导农机合作社规范建设和运作，提高合作社装备水平、作业水平和组织经营能力，拓宽服务领域和范围，农机合作社示范带动作用和农机社会化服务水平进一步增强。全区有资产 100 万元以上的农机合作社 25 家，全年作业服务面积 43.2 万亩次。

【农机购置补贴】 新都区农业农村局落实农机购置补贴政策，着力提高农机装备水平；继续实施市、区级购机累加补贴政策，重点补贴科技含量高和适应新都区现代农业发展的农业机械，引导新都区合作经营组织及农户新购农机具 273 台套；兑付中央补贴资金 544.159 万元、市级补贴资金 224.6655 万元、区级补贴资金 57 万元。

【农机执法与安全管理】 新都区农业农村局开展变型拖拉机专项整治，联合交警执法检查 16 次，出动执法人员 151 人次，查处涉嫌假牌车辆 12 辆、持假证人员 5 人；定期开展安全执法检查，检查农业机械 270 台，检查农机维修网点 5 次，年检拖拉机联合收割机 596 台。新都区全年无农机安全责任事故。

（王俊波　谢启强）

## 水　务
Water Affairs

【概况】 2020 年，新都区水务局推动水资源保护、水污染防治、水环境改善、水生态修复建设，被市委市政府授予 2019 年度成都国际化营商环境建设先进集体称号，被省河长办授予河长制工作先进集体称号，被市水务局评为 2019 年度安全生产先进集体称号并获评新冠肺炎期间水利工程建设领域复工复产先进集体，为全区经济社会发展提供强有力的水务保障。《人民日报》客户端、新华网、中国日报网、《中国水利报》、中国改革报社官方彭湃号、四川电视台、《四川日报》政务周刊、《西南商报》、凤凰网四川综合等媒体平台，宣传报道新都区供水营商环境建设、河长制管理等；市级领导先后到新都区调研防汛、水生态综合治理、水毁修复等，对新都区治水工作给予肯定。

【水利建设】 新都区锦水河分干渠马家镇锦城段调水工程总投资 1061.69 万元，整治锦水河分干渠 797 米，渠道末端配套 1 座气盾坝；整治杜家碾斗渠 219 米，渠道起点处配套 1 座气盾坝，末尾配套 1 座节制闸，斗渠末端堰塘修建竖井式溢洪道 1 座，配套人行拱桥 2 座。新都区水务局完成 3 平方公里水土保持野外复核、133 个水土保持方案审批，收取水土保持补偿费 619 万元，治理 2.4 平方公里水土流失。

【防汛减灾】 新都区全年总降雨量 829.2 毫米，其中汛期（5 月 1 日至 10 月 1 日）降雨量 716.2 毫米，前期降雨少、强度小，进入主汛期暴雨增多、范围集中，河道及城区出现 4 次明显汛情。全区组建防汛应急抢险队伍 295 支，抢险人员 6170 名；开展防汛演练 109 次，参加演练 4612 人次；开展防汛抢险培训 128 次，参加培训 6604 人次；落实机械、车辆 232 台，储备防汛物资 983 万元。全区未出现人员伤亡，群众财产损失得到有效控制。

【给水营商环境建设】 新都区水务局持续深化给水营商环境建设，以优化给水接入、全面提升给水服务质量为目标，通过精简办事流程、降低用水成本、拓展网上服务项目等，形成新都区特有的“1114”[一站式服务，给水报装到通水仅需一个环节完成，用户仅需提供一项资料（营业执照），最快4个工作日实现通水]给水服务新模式。

【污水处理项目建设】 新都区省级农村生活污水治理示范项目设计新建污水处理设备总处理规模为329立方米/天，含42座一体化污水处理站及6座人工湿地，管道总长157.715公里，已完成主体施工及设备安装。

【水环境治理】 新都区深入实施毗河流域水环境综合治理PPP项目，截至12月底完成投资25.39亿元，新建管网569公里；完成11座净水厂提标扩容工程建设，出水水质达《四川省岷江、沱江流域水污染物排放标准》要求。全区主要河流出境断面水质全部提升至Ⅲ类以上。

【河长制管理】 新都区水务局深入实施河长制，建立区、镇（街道）、村（社区）三级河长管理体系，制定出台《新都区基层河长多走一公里行动方案》《新都区2020年河长制工作要点》等方案，推进河湖“清河行动”“清四乱”工作、消黑除劣专项行动、重点流域污染防治、西江河流域水环境治理攻坚战等重点工作，区、镇（街道）、村（社区）三级河长分别完成河道巡查175次、7668次、91350次，发现和上传问题963个，完成整改销号963个，问题整改率100%；召开总河长会2次、月工作例会和工作协调会11次，开展镇村级河长培训3次；实施清河行动，清理河道110条，整理“四乱”问题28个，获评四川省河长制工作先进集体。

【水行政执法】 新都区水务局出动执法车辆105台次、执法人员420人次，立案查处水事案件7件，处罚金额25.9万元，追缴水资源税26万元，纠正违法行为13起，结案率100%。

（唐　静）

## 气象监测
Meteorological Monitoring

【概况】 2020年，新都区平均气温17.6℃，较常年平均16.4℃偏高1.2℃；年内极端最高气温37.9℃，出现在7月27日，较历史极端最高气温38.2℃偏低0.3℃；年极端最低气温0.1℃，出现在12月21日，较历史极端最低气温-5.4℃偏高5.5℃。新都区总降水量829.2毫米，较常年平均812.8毫米正常略偏多；出现4次暴雨天气过程并伴有1次洪涝，9月秋绵雨气候特征明显。新都区总日照时数1108.6小时，较常年平均1073.2小时正常略偏多。

【气候特征】 新都区平均气温偏高，降水正常略偏多，日照正常略偏多；冬春季干暖特征明显，出现2次寒潮天气过程；旱涝交替出现，出现严重冬干、严重春旱、严重夏旱，阶段性高温突出；汛期强对流天气频发，降水过程集中，主要集中在8月中旬，汛期出现暴雨4次并伴有1次洪涝；秋季降水日数多，阴雨寡照突出，秋绵雨强度较常年偏强，出现1次寒潮天气过程，秋季热量条件较常年同期正常。

【气象灾害】 新都区主要气象灾害有暴雨洪涝、高温、干旱。8月，新都区总降水量461.9毫米，创历史新高，较常年同期平均降水量198.1毫米偏多133%，居历史同期第一位。8月11—18日，新都区出现连续区域性强降雨天气过程，24小时最大降雨量接近历史极值，其中8月11—13日降水量102.0毫米，较常年同期偏多345%，居历史同期第三位；8月14—18日降水量256.5毫米，较常年同期偏多556%，居历史同期第1位。新都区日最大降水量出现在军屯金牛292.0毫米（8月11日8时至12日8时），居历史日降水量最大的第二位；

小时雨强最大出现在军屯金牛 79.8 毫米（8 月 11 日 12—13 时），居历史小时雨强最大的第二位。新都区 5 月气温异常偏高，其中 5 月上旬平均气温较常年同期偏高 5.0℃，5 月中旬出现连续 3 天日最高气温大于 35℃的高温时段，5 月 18 日最高气温 37.1℃，刷新有记录以来 5 月最高气温历史极值；7 月 26—28 日连续三天出现最高气温大于 35℃的高温天气，其中 7 月 27 日最高气温达 37.9℃。2019 年 12 月—2020 年 2 月，新都区出现严重冬干，3 月上旬到 4 月中旬出现严重春旱，5 月上旬到 6 月中旬出现严重夏旱。

【气象服务】 新都区气象局加强暴雨、大风、雷电、强降温、雾霾等高影响天气的监测预报预警服务，提高预报精准度和预警提前量，有效实时跟踪监测重要天气的发生发展过程，第一时间向政府、相关部门、重点单位相关责任人和社会公众提供气象灾害预警信息，提高预警信息发布覆盖率和及时率，实现气象预警信息传播城乡全覆盖，共发布气象信息快报 64 期、预警信号 26 期；建立健全覆盖城乡的气象灾害预警信息传播机制，充分利用手机短信、电视天气预报栏目、新都党政网及微信公众号、微博、今日头条、抖音等新媒体发布气象信息，制作发布短信 300 万余条、微博 2000 余条、微信 300 余条、今日头条 300 余条、抖音 60 余条，服务产品 20 余种，接受电视台采访 20 余人次，电话咨询 200 余人次；围绕区委、区政府重点工作和活动，组织精细化天气监测、预报预警服务，先后为新都区 2020 年各季度重大项目集中开工仪式、2020 年四川省中学生田径比赛、“爱成都爱生活・一起欢乐购”2020 成都夏季购物节新都首届汽车购物节开幕式等重大活动提供气象保障服务。

【气象现代化建设】 新都区气象局建成 X 波段双偏振相控阵天气雷达并投入业务运行，进一步提高新都区精细化气象探测能力和气象科技治霾能力；提升新都区域数值预报模式和临近预警预报水平，提升科技治霾气象保障服务能力，为区委、区政府应对极端气象灾害、大气污染治理决策提供技术支持。

【人工影响天气作业】 新都区有新民、泰兴 2 个人工影响天气作业点，有人影作业高炮 2 门、火箭发射系统（BL-1）2 套。新都区气象局严密监测气象条件，做好大气环境综合整治天气预报服务，不断提高人工影响天气作业和指挥业务能力；做好重污染天气应急人工增雨保障，抓住可能的降水天气过程，申请开展地面和空中结合的立体式增雨作业，最大限度增加降雨量，改善大气环境质量，减轻雾霾天气对人民生产生活的影响；完成人工影响天气作业装备安全升级改造，购置人影物联网终端，高炮、火箭发射架加装安全锁定装置，作业点安装“110”联网报警系统；组织全区人工影响天气作业点开展增雨消雹作业 11 次，为全区改善空气质量和防雹减灾提供保障，完成 2020 年新都区级民生实事目标中的“抓住有利天气条件进行地面人工增雨作业”目标任务。

【防雷减灾】 新都区气象局对全区范围内油（气）库、加油加气站、烟花爆竹等易燃易爆和火灾危险场所，学校、医院等人员密集场所，危险化学品生产和存储场所等重点单位进行防雷安全督查，全面排查存在的防雷安全隐患并提出合理化整改意见；加强与区级相关部门的协作联动，就进一步加强防雷安全联合发文，完善防雷安全重点单位信息库，建立防雷监管责任清单制，在推进防雷“五有”规范化建设的基础上，结合防雷安全隐患大排查行动，加大对易燃易爆场所防雷装置定期检测的监督指导，督促企业落实防雷安全主体责任；充实气象行政执法力量，完善执法大队，加大行政执法力度，规范行政执法行为，查处在新都区违规开展防雷检测活动的企业。

【气象科普宣传】 新都区气象局结合“3・23”世界气象日、“5・12”防灾减灾日、“6・5”世界环境日主题开展宣传活动，通过发放气象防灾减灾知识宣传资料、为群众讲解气象知识、网络新媒体宣传等方式，让群众了解、获取和利用气象信息；开展气象科普进校园，联合香城小学、龙虎中学等中小学校开展气象科普活动，丰富群众气象科普知识和气象防灾减灾知识，促进全民科学素质提升；利用微信公众号、微博、抖音等新媒体向公众宣传气象科普知识，提升公众防灾减灾意识；突破传统局限，创新开展“小新说气象”系列短视频制作宣传，根据公众需求、热点天气制作《昱儿说节气》和《香城气象通》原创图文视频科普产品 23 期，各项优秀科普视频正式入驻新都区委宣传部“新，都在这里”公众号。《雷电防护》科普短视频获得成都市 2020 年“安全生产月”安全文化作品三等奖。

**【气象行政执法】** 新都区气象局加大行政执法力度，规范行政执法行为，推进行政执法“三项制度”落地落实；建立随机抽查对象、随机选派执法检查人员的“双随机”抽查机制，随机抽查企业 32 家；组织开展法律知识培训、执法现场培训，不断提高执法水平和能力；加强防雷安全和气球施放安全执法检查，完善防雷安全重点单位信息库，建立防雷监管责任清单制，在推进防雷“五有”规范化建设的基础上，结合防雷安全隐患大排查行动，加大对易燃易爆场所防雷装置定期检测的监督指导，督促企业落实防雷安全主体责任；每周对施放系留气球安全执法检查 1 次，年内未出现防雷安全及气球施放安全责任事故。

（宋雪平　汪　涯）

# 工业·建筑房地产业

# INDUSTRY AND CONSTRUCTION & REAL ESTATE INDUSTRIES

# 工业
Industry

## ·工业综述·

【概况】 2020年，新都区以推进工业经济高质量发展为主线，以产业功能区建设为核心，以重大项目招引促建为抓手，加快构筑产业生态圈、创新生态链，工业经济运行保持稳中有进的良好态势。全区工业形成以轨道交通、航空产业为主导，机电装备、生物医药、食品饮料、智能家具等传统优势产业为支柱的产业发展格局，涉及20个行业，年销售收入2000万元以上的规模以上工业企业261户。

【工业经济运行】 新都区有规模以上工业企业261户，其中产值50亿元以上1家（科伦药业）、产值30亿元以上2家（科伦药业、华润雪花）、产值10亿元以上6家（科伦药业、华润雪花、中车机车、达利食品、可口可乐、中车电机）、产值5亿元以上14家、产值1亿元以上101家；实现规模以上工业总产值464.2亿元、同比增长3.8%，规模以上工业增加值增速6.9%（全市排名第十一位），规模以上工业企业实现税收22.3亿元；完成工业投资130.9亿元，完成亿元以上工业和信息化项目投资38.7亿元；新签约注册移交项目开工15个，重大项目开工7个、竣工8个；实现民营经济增加值增速2.5%，民营经济增加值占地区生产总值的62.7%。新都区规模以上工业企业中，轨道交通产业实现产值54.1亿元，同比增长10.9%；机电装备、食品饮料、医药、家具、包装印刷五大传统支柱产业分别实现产值198.7亿元（同比增长3.9%）、91.5亿元（同比增长2.7%）、76.3亿元（同比增长5.5%）、18.2亿元、24.4亿元（同比增长4.0%），分别占全区工业总产值的42.8%、19.7%、16.4%、3.9%、5.3%（合计88.1%）。

2020年新都区营业收入前20名工业企业一览表

表12

| 序号 | 企业名称 | 序号 | 企业名称 |
|---|---|---|---|
| 1 | 四川科伦药业股份有限公司 | 11 | 成都市东方电力线路构件厂 |
| 2 | 华润雪花啤酒（四川）有限责任公司 | 12 | 成都福斯汽车电线有限公司 |
| 3 | 中车成都机车车辆有限公司 | 13 | 四川省新都美河线缆厂 |
| 4 | 中国航发成都发动机有限公司 | 14 | 成都旭光电子股份有限公司 |
| 5 | 成都达利食品有限公司 | 15 | 四川省宏源防水工程有限公司 |
| 6 | 中粮可口可乐饮料（四川）有限公司 | 16 | 成都诚实大港彩色钢板有限公司 |
| 7 | 成都中车电机有限公司 | 17 | 四川泛华航空仪表电器有限公司 |
| 8 | 四川鸿昌塑胶工业有限公司 | 18 | 成都成发科能动力工程有限公司 |
| 9 | 金杯塔牌电缆有限公司 | 19 | 成都成实钢管有限责任公司 |
| 10 | 成都宝钢制罐有限公司 | 20 | 成都新成量工具有限公司 |

2020年新都区利税总额前20名工业企业一览表

表13

| 序号 | 企业名称 | 序号 | 企业名称 |
|---|---|---|---|
| 1 | 四川科伦药业股份有限公司 | 7 | 四川鸿昌塑胶工业有限公司 |
| 2 | 华润雪花啤酒（四川）有限责任公司 | 8 | 中粮可口可乐饮料（四川）有限公司 |
| 3 | 成都达利食品有限公司 | 9 | 四川泛华航空仪表电器有限公司 |
| 4 | 中车成都机车车辆有限公司 | 10 | 成都市香源供水有限责任公司 |
| 5 | 四川永星电子有限公司 | 11 | 成都旭光电子股份有限公司 |
| 6 | 成都新成量工具有限公司 | 12 | 成都宝钢制罐有限公司 |

续表13

| 序号 | 企业名称 | 序号 | 企业名称 |
|---|---|---|---|
| 13 | 成都市银鹏天然气有限公司 | 17 | 中国航发成都发动机有限公司 |
| 14 | 成都市卓新实业有限公司 | 18 | 成都成保发展股份有限公司 |
| 15 | 成都中车电机有限公司 | 19 | 四川省明圣天然气有限责任公司 |
| 16 | 成都正恒动力股份有限公司 | 20 | 成都裕鸢航空零部件制造有限公司 |

2020年新都区重点优势企业一览表

表14

| 序号 | 企业名称 | 序号 | 企业名称 |
|---|---|---|---|
| 1 | 四川科伦药业股份有限公司 | 16 | 中汽成都配件有限公司 |
| 2 | 华润雪花啤酒（四川）有限责任公司 | 17 | 成都麦隆电气有限公司 |
| 3 | 中车成都机车车辆有限公司 | 18 | 成都西部建设香投新型材料有限公司 |
| 4 | 成都达利食品有限公司 | 19 | 泰富特钢悬架（成都）有限公司 |
| 5 | 中粮可口可乐饮料（四川）有限公司 | 20 | 成都成实钢管有限责任公司 |
| 6 | 成都中车电机有限公司 | 21 | 成都市兴恒泰印务有限公司 |
| 7 | 四川鸿昌塑胶工业有限公司 | 22 | 成都成缸液压设备制造有限公司 |
| 8 | 金杯塔牌电缆有限公司 | 23 | 成都帝标智能家居有限公司 |
| 9 | 四川省新都美河线缆厂 | 24 | 成都金百利包装用品有限公司 |
| 10 | 成都市东方电力线路构件厂 | 25 | 成都力耘建材有限公司 |
| 11 | 成都宝钢制罐有限公司 | 26 | 四川永大电梯设备有限公司 |
| 12 | 成都大有石油钻采工程有限公司 | 27 | 成都光明光学元件有限公司 |
| 13 | 成都新成量工具有限公司 | 28 | 成都统实企业有限公司 |
| 14 | 成都成发科能动力工程有限公司 | 29 | 成都万友滤机有限公司 |
| 15 | 四川省宏源防水工程有限公司 | 30 | 成都正恒动力股份有限公司 |

**【传统支柱产业发展】** 新都区经信局组建工作专班，对科伦药业实施“一对一”联络服务；鼓励华润雪花、可口可乐等食品企业加大技改升级力度；以安东石油总部项目落地为契机，开展油气服务产业生态圈课题研究，打造新都油气服务科技小镇；依托家居制造、展贸、原材料供应等产业基础，发展家具智能制造、智能定制设计、智慧营销等产业。

**【轨交产业能级提升】** 新都区经信局支持中车成都公司做大做强，帮助中车成都公司成功获取CRH380A动车组四级修资质，实现新一代时速160公里全自动市域A型列车和2025智慧型全自动行车试验平台下线，成都轨道集团和中国中车集团联合打造的成都中车轨道装备有限公司落地新都；深入开展轨道交通产业课题研究，形成《新都区做大做强轨道交通制造服务业的路径研究》《新都区川藏铁路产业总体规划》《抢抓成渝地区双城经济圈建设机遇 推动成渝轨道交通产业协同发展策略研究》等研究报告，出台《关于做大做强轨道交通制造服务业的扶持政策》；深入推进校地合作，交铁检验认证中心（JRCC）成功获取CNAS、CURC认证资质，成为西部唯一城市轨道交通产品认证机构。

**【产业项目招引】** 新都区经信局牵头先进制造业招商专班，形成《新都区先进制造业招商专班工作方案》，解决“谁来招”“招什么”“怎么招”问题；签约新都哈工焊接产业园等重大产业化项目3个，主导外出招商拜访中航发燃机集团、中车集团、中国凯利集团等企业13家，完成有效项目信息备案13条，包装策划重点项目2个；举办G7校友会走进新都—航空专场推介会、2020新都（青岛）轨道交通产业投资环境推介会、成广联动·新都—昭化产业协同发展推介会3场投资促进专题活动。

**【产业载体建设】** 四川成都航空产业园项目二期于4月开工，部分厂房钢结构主体施工完成；三期于12月启动建设。园区遴选引进42个项目，预计2021年底实现全功能运营。中国航发四川燃气涡轮研究院研发总部项目投入使用，院地合作打造“人才聚集、项目招引、技术孵化”等平台。

**【企业培育】** 新都区经信局全年培育33家企业进入规模以上工业企业名录库，培育141家企业进入成都市中小企业成长培育名单，培育11家企业申报四川省重点中小企业名单，培育2家企业进入四川省大企业大集团名单，培育2家企业获批国家级专精特新及小巨人企业。

**【企业服务】** 新都区经信局启动新都区“企业管家”服务，实行“一企一管家”服务制度；推进2平台2基地中小企业公共服务体系建设，为1390家企业提供有效服务；搭建银企对接平台，开展银企专题对接会4次，有效运用“壮大贷”“抗疫贷”等专项金融产品缓解企业融资难题，16家企业获授信，22家企业获“壮大贷”贷款。

**【营商环境优化】** 新都区经信局通过上门服务、全程代跑代办，提高用户获得用电用气便利度，新增直购电用户32家;压缩报装材料和报装流程至2个，实现网上并联审批；新设立自助服务机10处，部分营业厅延迟营业时间，开通疫情期间24小时便民服务热线；设立营商环境服务专窗并配置服务专员，实行“零上门、零审批、零投资”服务；建立高压业务“绿色业扩流转柜”。

**【能源保障】** 新都区新建燃气管线长度62.88公里，推进8个行政村管网建设；协调推进天府动力新城电力迁改项目、科伦医贸、木兰安置小区10千伏专线新建工程等6个重点项目建设，建设充电桩742个；印发疫情防控期间电力、燃气行业保供方案等文件，保障电力、燃气供应。

**【工业污染源防控】** 新都区经信局加大落后产能淘汰，完成4家铸造企业6台落后铝壳中频炉拆除；巩固“散乱污”工业企业整治成果，实现“发现一起整治一起”动态清零；实施六大整治攻坚专项行动30次，检查点位231个；开展暗访督查29次，检查企业151家；开展联合执法行动6次，检查企业16家；推进家具、铸造等重点行业深度治理，在园外439家家具企业完成“油改水”基础上，督促家具企业使用低（无）挥发性有机物含量的原辅材料，指导铸造、化工等重点行业提高污染治理水平；开展夏季臭氧防控和秋冬季大气污染攻坚行动，制订《成都市新都区2020年夏季臭氧污染防控行动方案》《成都市新都区工业和信息化系统2020—2021年蓝天保卫战冬季战役方案》等，全区臭氧污染天数较2019年同期减少9天，臭氧浓度较2019年同期降低6.4%。

**【工业节能降耗】** 新都区经信局检查六大高耗能行业，对能耗增长过快或异常的企业预警调控；指导重点用能企业开展节能，成都宝钢制罐有限公司成功创建省级绿色工厂示范单位；开展“绿水青山，节能增效”节能宣传周活动，发放节能手册1000余册；利用专题培训会、微信平台、现场走访等方式向重点用能企业普及工业领域节能低碳法律法规、政策、标准及知识，引导企业自觉参与节能低碳行动。全区单位GDP能耗下降0.1%，规上工业单位增加值能耗下降0.2%。

**【产业合作发展】** 新都区经信局与九龙坡区经信委签订《深化产业发展合作框架协议》，推动两地企业就轻量化材料产业合作、汽摩产业合作签订战略合作协议；与雅安名山区、广元昭化区等地开展5次产业协作对接，与广元昭化区签订《深化区域合作加快协调发展框架协议》并举办80余家企业参加的产业协同发展推介会。《成都市新都区人民政府、德阳市广汉市人民政府、西南石油大学战略合作协议（送审稿）》通过区政府项目评审会审议，拟共同组建四川油气产业联盟，促进两地油气企业深入合作，形成“一校一总部两基地”错位协同发展格局。

【信息化建设】 新都区经信局拟定现代交通产业功能区高品质科创空间5G基站建设方案和智慧园区建设路径，完成1125个5G基站建设；组织企业申报国家级、省级两化融合管理体系贯标试点；组织4家运营商开展通信基础设施联合整治行动3次，开展专项整治行动4次。全区全年实现软件业务收入42.8亿元。

（李　乔　薛宝坤）

## ·机械工业·

【概况】 2020年，新都区规模以上机械工业企业98家，产品涉及城轨地铁车辆、轨道交通客运装备关键零部件、航空发动机大部件及关键零部件、中重型卡车、小型拖拉机、汽车发动机缸体、车架车桥、量刃具、金属切削刀具、压力容器、石油钻井专用设备等200多个类别数千种产品；有中车成都公司、成发集团、航发涡轮研究院、一汽解放成都分公司、成量工具集团、成都工具研究所、中汽成配、正恒动力等一批具有国内外先进水平的机械装备制造企业。全区机械工业规模以上企业实现总产值164.6亿元，较2019年增长3.4%；规模以上企业缴纳税收5.5亿元，较2019年增长9%。

【骨干企业】 新都区有中车成都机车车辆有限公司、中国航发四川燃气涡轮研究院、中国航发成都发动机有限公司、四川泛华航空仪表电器有限公司、一汽解放汽车有限公司成都分公司、成都量具刃具集团公司、成都银河动力股份有限公司、中汽成都配件有限公司、瑞美（中国）热水器有限公司、成都工具研究所有限公司、成都正恒动力配件有限公司、成都成缸液压设备制造有限公司、四川川龙拖拉机制造有限公司、成都青特特种汽车有限公司等机械工业骨干企业。

【中车成都机车车辆有限公司】 中车成都机车车辆有限公司主要从事铁路客车检修、城轨地铁车辆研制生产与高级检修等，业务遍及全国18个铁路局（公司）和众多地方铁路，具备城轨地铁车辆新造600辆/年、地铁车辆检修1000辆/年、铁路客车检修1200辆/年、高速动车组高级修60组/年的能力。公司全年实现产值25.9亿元，缴纳税收1.2亿元。

（薛宝坤　李　乔）

## ·食品工业·

【概况】 2020年，新都区规模以上食品饮料企业34家，年产值过亿的企业14家，其中年产值过10亿的企业3家（华润雪花、达利食品、中粮可口可乐）；产品主要有啤酒、饮料、调味品、休闲食品等，其中华润雪花、达利食品、中粮可口可乐、老川东等最具代表性，在全国及省市范围内具有一定影响力。

【骨干企业】 新都区有华润雪花啤酒（四川）有限责任公司、可口可乐（四川）饮料有限公司、成都达利食品有限公司、四川老川东食品有限公司、成都国酿食品股份有限公司、成都太和坊酿造有限公司、成都香贝儿食品有限公司、四川成都建华食品有限公司等食品工业骨干企业。

【华润雪花啤酒（四川）有限责任公司】 华润雪花啤酒（四川）有限责任公司是华润雪花啤酒在四川最大的啤酒生产工厂，产品包括原浆、零点、纯生、勇闯、冰山勇闯、自然之美等，覆盖7个产品细分档次、60多个品种与规格；产品供应以四川为中心向外辐射，覆盖14个省、直辖市。公司全年实现产值30.5亿元，缴纳税收4亿元。

【可口可乐（四川）饮料有限公司】 可口可乐（四川）饮料有限公司是中粮可口可乐在西南地区经营的瓶装厂，负责四川全省范围的产品供应和销售，主要产品有可口可乐、雪碧、芬达、冰露、果粒橙等饮料。公司全年实现产值14.2亿元，缴纳税收0.46亿元。

【成都达利食品有限公司】 成都达利食品有限公司

主要产品有蛋黄派、软面包、瑞士卷、巧克力派、香脆饼干、曲奇饼干、茶饮料、花生牛奶、八宝粥、功能饮料、豆奶、优先乳等，拥有“达利园”“可比克”“好吃点”“美焙辰”“豆本豆”“乐虎”“和其正”等自主品牌。公司全年实现产值19亿元，缴纳税收1.4亿元。

（薛宝坤　李　乔）

## ·医药产业·

【概况】 2020年，新都区规模以上医药产业企业11家，完成规模工业总产值76.3亿元，比2019年增长5.5%；主要产品有大输液、中成药、胶囊、制剂、粉针剂、片剂、颗粒剂、药品包装及保健器械等，加工药材千个品种，药品质量高，部分产品达到国内领先水平。

【骨干企业】 新都区有四川科伦药业股份有限公司、北京同仁堂（四川）健康药业有限公司、四川中庸药业有限公司、四川千方中药饮片有限公司等医药产业骨干企业。

【医药产业发展】 科伦药业作为行业龙头，是国内产业链最完善的大型医药集团，已形成普通电解质输液、治疗性输液、营养性输液三大类型，大输液年生产能力达10亿瓶以上，生产规模及销售居国内同行业前列。在输液领域，科伦药业实现全面的产业升级，具备高端制造和新型材料双重特点的赢利能力，占据技术创新和质量标杆的战略高地。科伦药业自主研发的可立袋为国内外首创，拥有20多项专利，荣获国家科学技术进步奖。在基本完成输液领域的横向整合后，科伦药业启动抗生素领域的纵向整合，在全国进行“抗生素全产业链”的战略性布局。截至2020年6月30日，科伦药业已申请专利4000余项，获得专利授权2000余项，在肿瘤、细菌感染、肠外营养等疾病领域相继启动500余项重大药物的研制，创新专利实现海外授权，标志科伦药业的药物研发进入“仿制推动创新，创新驱动未来”，并成功进军国际市场的良性循环。科伦药业全年实现产值65.8亿元。同时，千方中药、同仁堂健康药业等一批中小企业正加快技术改造和市场开拓，推动医药企业转型升级、提质增效。

（张西贝）

## ·电子产业·

【概况】 2020年，新都区规模以上电子产业企业25家，完成规模工业总产值34.1亿元，比2019年增长6.4%；主要产品有金属陶瓷电真空器件、电子整机、高低压成套配电装置、开关电器、片状电阻器、电位器、安全电子技术产品、传感器、光纤通信电缆等。

【骨干企业】 新都区有成都旭光电子股份有限公司、成都中电锦江信息产业有限公司、四川永星电子有限公司、成都光明光学元件有限公司等电子产业骨干企业。

【成都中电锦江信息产业有限公司】 成都中电锦江信息产业有限公司是创新型的高科技企业，主要从事电子信息系统、机电液一体化等产品的开发、设计、生产、销售及相关技术服务，产品广泛用于中国航空、气象、水文及防灾减灾等领域。

【成都旭光电子股份有限公司】 成都旭光电子股份有限公司是国内最大的金属陶瓷电真空器件生产企业之一，具有完善的科研、生产和营销体系，拥有一系列发明专利和具有自主知识产权的核心技术。

【四川永星电子有限公司】 四川永星电子有限公司是专业研发制造精密电阻器、电位器、传感器等电子元器件的高新技术企业，拥有28条现代化生产线、1个国际标准化检测中心，年产量100亿件以上，是国内同行业中配套能力最强、产能最大的企业之一；产品广泛应用于航空、航天、工业自动化、新能源、轨道交通、通信、电力、仪器仪表、家电等领域。

（张西贝）

## · 家具产业 ·

**【概况】** 新都智能家居产业城总规划面积108平方公里，核心区6.07平方公里，是成都市唯一以智能家居为主导产业的产业功能区。2020年，新都智能家居产业城因受疫情影响，前四个月产值偏低，后期成稳定增长趋势，全年工业总产值与2019年持平；15家规模企业6月起同比当月平均每月上升20个百分点，其中12月完成1.3亿元，当月增长25%，全年完成工业总产值13.1亿元，同比增长1.8%；规模以上服务业主营业务收入1923万元，194家企业完成全口径税收7317.7万元，同比下降20.6%；完成一般口径税收3253.4万元，同比下降14%，完成目标（全年一般口径目标3982万元）的81.7%；新经济产值增长约20%。

**【骨干企业】** 新都智能家居产业城有成都杏田木业有限公司、成都鹏辉家具有限公司、成都市金虎家俱有限公司、成都洛曼家具有限公司、成都八千里家具有限公司、成都市豆号家具有限公司、成都市威创装饰材料有限责任公司、成都瑞升木业有限公司、成都三叶家具有限公司、成都千树家具有限责任公司、成都市金亿有限公司、成都帝标智能家居有限公司、成都好迪家具有限公司、成都新港海绵有限公司、成都天骄家具有限公司、成都远谊办公设备有限公司、成都繁清家具有限公司、成都梵凰家具有限公司、成都聚典企业管理有限公司、成都市硕泰装饰材料有限公司、裕恒（成都）新型装饰材料有限公司等家具产业骨干企业。

**【园区规划发展】** 新都智能家居产业城紧扣智能家居产业定位，依托家居制造、展贸、原材料供应的生态圈基础，着眼打通产品标准不统一、市场占有率低、产品迭代快、用户体验差、维护成本高等行业痛点，初步明确智能家居系统研发设计的细分发展方向，着力打造以智能制造为基础、以行业标准制定为主导、以应用场景营造为特色的智能家居创想园、未来生活体验地；针对园区规划不成体系、“人城产”融合路径不清晰等问题，携手上海同济院对整个功能区一体化规划设计。

**【项目招引促建】** 新都智能家居产业城聚焦“两图一表”到上海、深圳、北京等地“叩门”招商10余次，洽谈华为智能家居创新中心、京东京业汇、智能家居产业研究院等项目，促成微网力合在新都落地；策划引进“云家居”智能家居综合服务平台，实现常安康医疗器械康养汇项目签约注册，总投资30亿元的西部智能—国际工业博览中心落地。成都市林森木业项目于1月开建，到年底建设完成60%，投资额2.07亿元；成都市金虎家俱项目建设完工，总投资8000万元。成彭路改扩建工程起于绕城高速大丰立交，止于新繁街道泡菜园区清白一路段，全长约14.6公里；由香投集团负责，总投资3.29亿元；5月启动园区核心区路段（成彭高速龙桥出口—香城大道）东侧半幅施工，预计施工建设期25个月。

**【营商环境建设】** 新都智能家居产业城草拟智能家居产业城管委会有机更新方案，提出回购模式、“混改”模式、回租模式三种工作方案并分析优劣势，引导传统市场、闲置厂房提档或转型升级；按照准入要求、经济效益、申报入园流程以及入园后监管四个方面进行详细说明，提高入园企业正规、标准化建设；培育市场经营主体，新增市场主体463家，其中企业128家；按照中央、省、市有关政策，结合智能家居产业城工作实际，制定相关政策，主要涉及壮大产业规模、加强产业引导、鼓励开拓市场、支持平台打造、提升服务活力、鼓励资源

7月1日，第21届成都家具展IES智慧云展开幕式在新都智能家居产业城举行（供图：家管委）

重配六个方面，为企业发展提供支持。

（黄建军）

## ·其他工业·

【概况】 2020年，新都区其他工业主要包括包装印刷、建材、化工、其他行业等，共有规模以上工业企业62家，其中包装印刷行业企业15家、建材行业企业17家、化工行业企业8家、其他行业企业22家。

【骨干企业】 新都区有四川鸿昌塑胶工业有限公司、成都宝钢制罐有限公司、四川省宏源防水工程有限公司、成都悦得包装材料有限公司、成都新图新材料股份有限公司、成都市银鹏天然气有限公司、四川兰德高科技产业有限公司、成都力耘建材有限公司等其他工业骨干企业。

【四川鸿昌塑胶工业有限公司】 四川鸿昌塑胶工业有限公司位于新都工业东区，创建于1994年，是台商投资企业；占地面积40余亩，拥有员工3000余人，主营家居用品及其他清洁用品，单品量达3000余个；获得国内外专利260余项，其自主品牌“美丽雅·maryya”在2009年度被授予“四川省名牌产品”称号，并于2012年被四川省经委评为四川省经济“小巨人”企业，产品综合经济指标位列全省第一。公司全年实现产值9.9亿元。

【成都宝钢制罐有限公司】 成都宝钢制罐有限公司是由上海宝钢集团全资子公司上海宝钢包装股份有限公司投资设立的钢制易拉罐生产企业，拥有国内第一条既能生产钢制二片易拉罐也能生产铝制二片易拉罐的两用生产线，先后通过可口可乐、百事可乐等国际知名品牌的现场质量认证和社会责任审核，并与之建立战略伙伴关系。公司全年实现产值5.1亿元。

【四川省宏源防水工程有限公司】 四川省宏源防水工程有限公司是潍坊市宏源防水材料有限公司全国分支机构中的子公司，取得国家防水施工二级资质证书，被四川省质量监督协会评为“质量、信誉信得过单位”，被中国质量检验协会评为“全国行业质量示范企业”和“全国质量、服务诚信示范企业”，并分别在四川、重庆、云南、贵州取得建设厅颁发的防水材料系列产品推荐证书。公司全年实现产值4.1亿元。

（薛宝坤　李　乔）

# 新都现代交通产业功能区
Xindu Modern Transport Industrial Functional Zone

【概况】 新都现代交通产业功能区前身是成都新都工业园区，成立于1992年，是四川省人民政府批准成立的省级重点开发区和省级高新技术产业园区，总规划面积145.4平方公里，其中核心区面积27平方公里，聚力打造世界一流轨道交通、航空制造基地。功能区先后获“全国模范劳动关系和谐工业园区”“国家新型工业化产业示范基地”“国家级绿色园区”“中科协海智计划成都工作基地”“四川省新型工业化产业示范基地”“四川省知识产权试点园区”“四川省级高新技术产业园区”“四川省级人才创新创业基地”“四川省级循环化改造示范试点园区”“成都加快建设全面体现新发展理念的城市改革创新先进集体”等称号。2020年，功能区已聚集重点企业520家，规模以上工业企业144家，其中世界500强企业9家、中国500强企业12家、民营500强企业2家、上市公司及上市公司子公司45家，实现工业总产值563.76亿元，营业收入701.62亿元，税收22.31亿元。

【功能区规划发展】 新都现代交通产业功能区完成核心区及高品质科创空间规划，编制进度和质量在全市排在前列；推进新都高新技术产业园扩区，将园区由原开发区核准面积8.05平方公里扩至12.649平方公里，成为省级高新技术产业园扩区成功典范；协调成渝中线高铁线型设计方案，得到区委、区政府和成飞集团高度认可；完成功能区

新都现代交通产业功能区航拍图 （供图：交管委）

“十四五”规划项目策划，梳理大交通、大配套、大生态项目 82 个，总投资超 300 亿元，为功能区项目建设按计划实施落地提供指引。

【功能区轨道交通产业发展】 新都现代交通产业功能区基本齐备整车制造的“九大关键技术十大关键零部件”，中车成都公司依托 3 公里动调线，真车实线打造 2025 智慧型全自动行车试验平台，聚力为轨道交通系统全产业链的技术研发、试验测试、性能评价提供全方位服务；全国首列基于 5G 车通信全自动驾驶的最高时速 160 公里新一代市域 A 型列车正式下线，可实现“市中心到市中心”一站直达，零换乘；轨道交通国家质量基础设施（NQI）体系加快建设，交铁检验认证中心（JRCC）获得国家城市轨道交通装备认证（CURC），成为国内五家、西部唯一国推轨道交通产品认证机构；西南交大科技园分园、哈工大科技园新都分园加快建设，5 个项目签约入驻，应用创新与成果转化能力进一步提升；后端市场进一步夯实，中车四方股份轨道交通智能检修总部落户新都，动车组高级修业务全面开展。功能区全年实现轨道交通产业产值 54.1 亿元，增长 10.9%。

【功能区航空产业发展】 新都现代交通产业功能区抢抓航空产业爆发式增长机遇，以四川成都航空产业园项目建设为抓手，深化“政府＋龙头企业＋配套企业＋科研院校”的航空产业发展模式，推动高能级航空制造服务企业加速聚集、产学研深度融合，加快形成航空产业生态圈、创新生态链；拓展航空产业布局，航空智能制造装备产业园、航空产教园等专业片区的谋划、洽谈与签约使功能区航空产业“命运共同体”不断发展壮大。功能区全年航空产业产值同比增长 30% 以上，税收同比增长 80% 以上；新招引签约 18 个航空制造服务业项目，另有 10 个项目达成投资意向。

【功能区改革创新】 新都现代交通产业功能区建立“吹哨报到”机制、“逆向考核”机制、“企业管家”制度持续深入推进员额制改革，提升服务功能区的主动性和实效性，提高办事效率；以“城市综合运营商”思维，创新探索片区开发、综合运营机制，深化“指挥部＋管委会＋专业公司”管理运营模式，加快建设“功能复合、职住平衡、服务完善、宜业宜居”的未来之城、理想社区；坚持以科学架构设计承接航空产业发展机遇，携手航空工业成飞，探索“政府＋龙头企业＋配套企业”发展模式，以联利联心机制构建航空产业发展命运共同体。

【功能区科技创新】 新都现代交通产业功能区拥有

雄厚的科研及技术支撑和良好的“校院企地”合作对接机制，已有 74 家企业与高校、院所共建科研项目，拥有 5 个国家级重点实验室、5 个国家级技术中心、1 个博士后工作站、9 个院士工作站、57 个省市级研发机构。截至年底，功能区高新技术企业 103 家、科技型中小企业 74 家；联合上海交大共建智能制造工艺研究院、智能制造装备研究院，聚焦隐形冠军企业 6 家，开展“卡脖子”技术攻关；与哈尔滨工业大学等高等院校共建科技园，推动科技成果转化；刘人怀院士专家工作站正式落地新都，共建利世康低碳产业园；与成都航空职业学院达成合作协议，新建校区 800 亩，将有 2 万名技术性学员为航空产业提供技术支撑。

【功能区招商引资】 新都现代交通产业功能区实施全员招商，夯实招商力量，拓宽项目信息搜集渠道，狠抓项目签约和落地建设，承办和参与投资促进活动 8 场，列入招商目录的目标招商企业超过 100 家，列入招商引资台账的项目超过 50 家，外出拜访企业 44 次，拜访企业 91 家，完成项目备案 77 条。功能区全年引进项目 82 个，其中一次招商项目 29 个，协议总投资约 147 亿元，包括投资 20 亿元项目 1 个、投资 30 亿元以上项目 2 个，另 2 个投资 100 亿元以上项目完成洽谈；二次招商引进项目 54 个，投资 11.3 亿元，盘活闲置厂房面积 12.94 万平方米。

【功能区项目建设】 新都现代交通产业功能区完善项目领导包干促建责任制，结合项目实际倒排项目建设时序，明确项目建设各阶段涉及职能部门及相关事项办理完结时间，实现项目促建联动服务，打破单一部门项目促建的局限性。达坦装备、仨川航空等 10 个项目建成投产，航空产业园、拓米智能制造等 22 个项目加快建设。14 个市重点项目完成投资 50.53 亿元，完成目标的 117.81%；5 个省重点完成投资 36.84 亿元，完成目标的 122.03%；19 个重大产业化项目完成投资 23.14 亿元，完成目标的 109.2%。

【功能区配套设施建设】 新都现代交通产业功能区完成新改扩建道路 8 条，实现通车 13 公里；完成 110 千伏普河变电站双电源工程和东区污水处理厂扩能工程，启动石板滩再生水厂建设；新建 5G 基站 3 座，完成雨污水、电力、燃气、通信等管网 39 公里；建设近溪公园等小微绿地及口袋公园 6 处，轨交活力公园、新经济活力公园完成建设，活力公园完工验收。新城驿中心、香投创想城一期加快推进施工，展示中心具备参观条件，安置小区完成方案设计。

【功能区土地拆迁】 新都现代交通产业功能区推进石板滩成片拆迁，下达 3900 余亩地拆迁任务，实际完成拆迁交地 1000 余亩。工业东区为打通普河路断头路，启动永兴场镇 5、6 社拆迁，已完成拆迁任务量 90%。

【功能区用地提质增效】 新都现代交通产业功能区开展低效闲置用地摸底调查，建立台账，逐宗分析，按照“一企一策，一事一议”原则，联动区级部门压实责任，推动土地清理盘活，全年清理项目 18 宗、1354.24 亩，盘活土地 12 宗、445.14 亩，收回盘活存量土地 5 宗、651 亩。功能区在全省开发区（园区）土地集约利用产城融合型开发区综合评价中排名第一。

【功能区劳动保障】 新都现代交通产业功能区通过“春风行动”线上招聘会，收集 60 家企业提供就业岗位 1600 余个；联合区总工会、区人社局为企业和求职者搭建网络交流平台，30 余家企业与 300 余名求职者签订劳动合同；开展“校（院）地企”合作新模式，与成都技师学院开展“校（院）地企”深度融合交流并签订合作框架协议；对接四川省就业鉴定中心、四川锅炉高级技工学校、成都市技师学院等培训学校联合开展技能培训，举办钳工、电工等初级、中级、高级、技师技能培训班 20 余个，培训技能人才人数 1700 余人；开展根治欠薪专项行动，组织辖区企业召开工资支付信用承诺倡议行动集中签诺活动，114 家用人单位签订工资支付信用承诺书；学习宣传《保障农民工工资支付条例》，排查农民工工资支付，化解辖区劳资纠纷矛盾；受理线上线下投诉26起，处理率100%，满意率98%。

**【功能区和谐劳动关系构建】** 新都现代交通产业功能区承接深化构建和谐劳动关系综合配套改革试点，先后接待人社部对深化构建和谐劳动关系综合配套改革试点中期评估、人力资源社会保障部副部长游均和人力资源社会保障部劳动关系司司长聂生奎到功能区调研深化构建和谐劳动关系综合配套改革试点、德阳市人社系统考察学习功能区构建和谐劳动关系、全国总工会调研构建和谐劳动关系；召开第二届“五级联动”争创成都市模范劳动关系和谐单位评价工作部署会，185家企业参与“五级联创”，其中交管委获评AAAAA级成都市模范劳动关系和谐单位，77家企业分别获评AA、AAAA、AAAAA级成都市模范劳动关系和谐企业，同时108家企业参与“五级联创”自评；推荐国家、省、市劳模7名，申报成都工匠、香城工匠216名，获批设立中科协海智计划成都（新都区现代交通产业功能区）工作基地，获三八红旗集体、五四红旗团委等称号；推选科伦药业杨琴家庭获“四川省最美家庭”称号。

**【功能区信访维稳】** 新都现代交通产业功能区开展信访维稳、网络理政、依法治理、平安建设、综合治理、网格化管理服务等工作，协同各部成功化解20余起群体性事项调处，办理来电、来信、来访信访件615件；通过网格化服务管理收集巡查发现并提醒企业整改问题3000余个，形成问题清单548份，处理问题313件；创建群众工作之家，致力于职工意见建议征集、合法权益维护、职工困难帮扶，全年收集人民意见41条，参与调解矛盾纠纷7处，办理信访代理事项5处。

建设中的四川成都航空产业园 （供图：交管委）

**【功能区安全生产监管】** 新都现代交通产业功能区坚持红线意识和底线思维，落实“党政同责、一岗双责”责任制和企业安全生产主体责任，定期分析研判功能区安全生产形势；组织开展安全生产专项整治三年行动，危险化学品（液氨）、特种设备、建筑施工等重点行业领域安全专项整治；突出城乡消防及火灾防控，清理整治隐患点位689处，关停取缔违规违法生产经营单位38家；推进安全生产标准化创建，引导51家规模以上企业创建三级安全生产标准化，130余家企业按照清单制管理要求开展工作；建立企业安全监管基础信息台账、特种设备管理台账、危险化学品存储使用企业台账等，分红橙黄蓝分类实施监管。

**【功能区环境保护】** 新都现代交通产业功能区推进夏季臭氧污染防控、秋冬季节重污染天气减排、道路和工地扬尘污染防治、禁烧等大气污染防控；夯实水污染防治，开展园区企业排口“全覆盖整治”行动，排查并建立台账企业257家，完成50家存在问题企业整改；开展水污染防治设施建设，清理沟渠9634米，清理沟渠淤泥8548立方米；推进土壤污染防治，建立固定污染源排污许可清理整顿台账，协助园区532家企业完成国家排污许可证信息污染信息核实及系统填报。

**【四川成都航空产业园项目建设】** 新都现代交通产业功能区完成成渝中线铁路线型优化，通过区域环评修编，“四中心”特别是热表处理中心项目取得重要突破；推进航空产业园标准厂房建设，已开工20.8万平方米，完工5.7万平方米（一期完工，二期加快主体施工，三期完成打围）；航纬一路、航纬三路（西段）道路基本建成通车，成飞民机、热处理厂房、航帆一路等项目开工建设。

【功能区疫情防控与服务】 新都现代交通产业功能区管委会抓实抓细常态化疫情防控，采取“责任领导＋网格片长＋网格组长＋网格员”的模式，全面摸排园区企业、在建工地、学校和其他市场主体；发挥产业功能区规模集聚比较优势，开展“送政策、帮企业，送服务、解难题”活动，实行“片长责任制”，建立“企业管家”服务联系制度等，解决企业个性化问题343个，协助135家企业申报防疫体系建设补助资金141万元，76家企业获稳岗补贴317万元，促进企业有序复工复产、稳产满产；以“保姆式”服务理念，向上争取，衔接省、市、区相关职能部门，协助企业办理工商、规划、立项、环评、报建、国土等审批手续约460余件次。

（徐玲燕）

## 招商引资
Investment Attraction

【概况】 2020年，新都区投资促进局新签约引进并被市上确认重大项目16个，总投资316亿元，其中100亿元项目1个、50亿元项目2个、30亿元项目2个；实际到位内资161.57亿元，利用外资实际到位15.71亿元，主要领导率队到外开展投资促进活动27批次；在全市项目招引攻坚行动中，综合成绩排名全市第三，获评全市攻坚行动先进单位。

【招商引资机制改革】 新都区投资促进局研究出台《关于加强和改进投资促进工作的实施意见（2.0版本）》，打破由投促部门单一牵头模式，按照“区领导＋牵头单位＋成员单位”模式，成立五大产业招商专班，统筹全区力量，构建从项目评估、洽谈到项目签约及落地的全生命周期联动机制；健全督促考核制度，建立“周小结、月调度、季通报、年考核”常态化工作机制，考核结果和奖补资金、年度目标直接挂钩，最大程度体现奖优罚懒导向；与区内624所、132厂等航空龙头企业建立联合招商机制，组建联合招商工作组，安排专人派驻重点企业交流学习，提升招商信息资源共享开放、利用水平。

2020年新都区现代服务业签约仪式举行（供图：区投促局）

【招商模式创新】 新都区投资促进局发挥龙头企业旗帜效应和产业吸附能力，狠抓产业链垂直整合，深挖企业“朋友圈”，实现以企招企、以商招商的良性循环，促进产业链上下游企业加速集聚；践行“公园城市”新发展理念，整体迁入3000亩泥巴沱森林公园，依托公园良好生态本底，植入人文历史、经济产业等新都元素，打造“最美城市会客厅”；深入研判新都区入驻企业特点，前瞻布局超100万平方米标准化厂房和科创大厦，并由区属国企自持运营、集中供给，企业拎包入驻、即签约即落地，提升资金利用效率；通过深化国企改革，依托区属国有企业建立产业基金运作模式，持续优化金融生态，破解企业融资难题，赋能实体经济，为产业发展引来金融“活水”；构建校地利益共同体，搭建“产学研用投”科技创新合作平台，促进研究成果转化，依托高校“朋友圈”拓展招商渠道，发展“校友经济”，提升招引效率；成功争取泛长三角四川商会联盟论坛首次回四川举办，充分发挥八省一市四川商会优势资源，搭建政企合作交流平台，宣传推介新都投资环境和投资热点，挖掘企业投资信息。

【重大项目招引】 新都区投资促进局在疫情影响招商引资一度停滞的情况下，坚持危中寻机，调整工作思路，创新工作举措，灵活运用线上招商、龙头招商、资本招商、高校招商、商会招商等招商模式，成功招引150亿元级项目厚普国际氢能产业园、100亿元级项目上海拓璞智能制造产业园、两大50亿元级项目华西希望花舞木兰、新都国际足球体育公园，签约中航建设西南总部、安东石油、航空产业园配套项目等正式投资协议项目47个，项目数量和能级较往年大幅提升，助推全区经济快速企稳回升。

（陶朝安　黄佳媛）

# 建筑房地产业
Building and Real Estate Industry

## ·建筑业·

【概况】2020年，新都区有建筑企业346家，其中总承包企业88家（一级资质企业13家、二级资质企业18家、三级资质企业57家）、专业承包企业136家、混凝土企业11家、建筑劳务企业111家；新增建筑业企业40家（新增施工总承包企业8家、专业承包企业19家、劳务分包企业13家）。受新冠肺炎疫情、经济转型、建设模式调整、融资困难影响，全区建筑施工企业经营产值增速增量放缓，建筑业产值完成180.58亿元，比2019年增长0.1%，全市排第20位，中心城区排第14位。

【建筑招投标监管】新都区住建局加强对全区范围内国有投资的房屋建筑与市政基础设施新、扩、改建项目的招标投标活动进行监督及中标备案，确保应招标工程项目招标投标程序合法合规，全年房建项目公开招标备案37个、中标金额760005.68万元，市政项目公开招标备案37个、中标金额97216.37万元；提升工程造价治理水平，推进工程造价大数据建设，按照市建委相关要求，做好建设工程招标控制价、合同价和竣工结算价电子化登记管理及安全文明施工措施费费率核定，施工合同登记91个、合同金额605253.99万元，监理合同登记87个、合同金额15558.58万元，竣工结算登记50个、建筑面积2837664.42平方米、结算金额601677.27万元，安全文明施工措施费费率核定48个；加强对全区招标代理机构和工程造价中介机构资质及从业人员执业资格管理和信用评价，推进招投标行业信用体系建设，促进招投标行业健康发展，招标代理合同登记48个，审核招标代理机构业绩19个，造价咨询合同登记375个，审核造价咨询机构业绩200个；按照社会信用体系建设要求，采集上报在新都区从事建筑施工的总承包企业和监理企业的信用业绩，并且在国有投资及政府投资项目招投标活动中进行信用信息应用，采集上报信用业绩178条，在勘察、设计、施工总承包和监理企业招标评标阶段应用信用信息的有333个项目，并定期上报“红黑名单”。

【招投标领域问题治理】新都区住建局对标治理目标，明确责任分工，分类、分阶段集中整治，推动系统治理落地落实；梳理2019年以来公开招标项目，共56个在建房屋建筑和市政工程项目（包含勘察设计、监理招标标段，其中16个EPC方式招标）；对标系统治理重要内容，要求招标人全面自查，通过资料核实、现场核查等方式开展核查，同时通过座谈会、入企调研等方式，了解企业在招投标活动中的难点痛点，摸清掌握问题线索，征求意见建议，畅通信访投诉渠道，全力查找问题；紧盯招投标领域规定，结合社会信用体系管理，落实整改排查出的问题，涉及违法违规的，查处后移交有关部门。系统治理期间，新都区住建局查找发现投标人串标1起，发现评标专家评标不公2起，受理投诉举报1起，均按照要求查处整改并在门户网站上对前期查处的投标人串标违法行为公开曝光，同时开展警示教育，举一反三，坚持“以案促改、以案为鉴”，延伸行业监管敏锐触角。

【工程质量监督】新都区范围内受监项目291个，受监工程面积1283.46万平方米，其中2020年新增在监项目167个，新增受监面积581.07万平方米。新都区住建局持续推进工程质量管理标准化建设，提升项目管理水平，开展“双随机”检查及第三方检测抽查，加强工程质量监督执法检查，抽查在建工程项目 101 个；按照国家法律法规和强制性要求监督管理受监工程，针对监督检查和监督抽测中发现的质量问题，签发整改通知书 122 份，约谈相关责任单位23次，向上级主管部门移交行政处罚4起，确保新都区建筑工程质量。

【建筑安全生产管理】 新都区住建局在施工安全监督执法检查中，对 87 个建设工程下达责令限期整改通知书，对 15 个建设工程下达停工整改通知书，对 44 家企业移交行政处罚处理并作信用扣分处理，发现并消除安全隐患 1320 余处；在文明施工监督执法检查中，对 45 个建设工程下达责令限期整改通知书，对 41 家企业移交行政处罚处理和企业不良信用项目扣分处理。

【建筑工程项目市场行为管理】 新都区住建局运用建筑行业从业人员实名制管理系统、成都市建设领域农民工综合服务平台等互联网系统，结合现场“双随机”检查，重点实时监督建筑工程项目违法分包转包、项目人员到岗、农民工工资拖欠问题，强化施工项目市场行为动态监管，持续推动建筑业市场健康发展；加大《保障农民工工资支付条例》法规学习宣传，按照“一案一策”原则，对农民工工资拖欠案件精准化解，依据企业拖欠性质对其进行行业通报、纳入重点监管、信用扣分等处理，增强企业依法支付工资的自觉性，保障农民工合法权益。

【建筑企业资质审批】 新都区住建局按照中央、省、市关于开展重点领域系统治理工作要求，开展区内建筑企业资质审批许可突出问题系统治理，规范建筑业企业资质申办指南，在住建局官网设置重点领域专项治理专栏，制定优化《新都区建筑业企业资质审查流程》，强化监督环节，完善评审流程，全年受理资质审批申请 349 件，批准 113 件，不批准 236 件；为方便企业和申请人，按照住房城乡建设厅“服务前移”工作要求，为 150 家企业发放安许证书，为 132 家企业发放建筑企业资质证书，为新都区建筑业高质量发展营造良好营商环境。

【建筑企业服务】 新都区住建局为最大限度减少新冠肺炎疫情对建筑行业企业的影响，助力企业复工复产，充分发挥建筑行业协会作用，收集了解企业经营现状，设立“一对一”帮扶专班，深入一线指导企业做好疫情防控，为企业争取防疫补贴，多渠道为企业购买防疫物资、免费接送建筑工人；联合区发改局等五部门研究制定《新都区应对疫情稳增长的政策举措》《关于建筑业企业稳增长政策兑现细则》，降低疫情对企业影响，凝心聚力做好基础服务；推动区内建筑企业做大做强，建立以成长为导向的企业扶持激励和梯度培育机制，初步培育建筑行业领军型企业 2 家、初创型企业 4 家、快速发展型企业 9 家，通过示范带动增强新都区建筑业企业综合竞争力；探索建筑行业企业改革，多次组织本地民营企业与香投集团、成都建工等国有企业就混改研究探索，助推企业转型升级；提档升级全区 10 家商混企业冲淋设施，分站分色，为 100 辆商混车打造专属颜色、专属 LOGO，形成“色彩划分·细管商混”的行业企业特色亮点，有效强化扬尘在线监控管理。

【扬尘治理】 新都区住建局与区扬尘办成立联合检查执法队，每周定时开展扬尘执法检查，针对检查中发现的扬尘问题，建立治理台账，实行清单制管理，定时开会分析研判，提升建筑工地扬尘管理水平，联合检查 43 次，出动检查人员 126 人次，检查工地 82 个；督促指导 156 个符合条件的建设工地安装智慧工地设备，同时利用智慧工地管理系统，开展智慧工地线上安全文明施工巡查，实现噪音扰民和扬尘污染行为早发现、早制止，推动香城细管落地落实，优化城市发展环境、提升城市治理能效。

（王　精）

## ·房地产业·

【概况】 2020 年，新都区房地产投资 187.21 亿元，居全市中心城区第五，比 2019 年增加 19.1%。

【商品房销售】 新都区全年办理新建商品房预售面积 303.85 万平方米，新建商品房交易面积 240.69

万平方米（其中商品住宅145.05万平方米），比2019年增加10.3%，交易金额208.36亿元。

【二手房交易】 5月6日，新都区推出二手房网签备案“不见面”审批业务，实现“数据线上跑，材料网上传，百姓不跑腿”；优化升级二手房网签系统，将原“房源核验、办理网签、购房资格审核、交易确认”四个环节整合为“交易合同网签备案”一个环节办理，提升二手房交易效率，推进二手房交易更便捷、人民财产更安全。全区全年办理二手房交易备案18695件，二手房交易监管资金18.68亿元。

【住房保障】 新都区住建局全年审核公共租赁住房和补贴申请519户，发放租赁补贴44.64万元，减免住房租金70户；梳理8个改建和3个新建租赁住房纳入储备项目，完成租赁备案总量21755件、比2019年增长3.52%，居全市第三；坚持“总体规划、综合整治、分类改造、一院一策”的原则，开展老旧院落改造，改善居民生活环境，建立院落管理长效机制，提升城镇老旧小区综合管理水平，完成老旧院落改造11个，涉及户数613户，建筑面积约6.4万平方米；围绕产业功能区软环境提升，加大人才安居工作力度，促建人才公寓项目，完成投资15.6亿元，其中一期主体完工，二、三期加快推进；开工建设产业园区配套住房1.72万平方米，完成0.42万平方米员工配套公寓建设；审核高端人才申请人才安居349户，配租43户；受理人才购房支持2045户，1247户通过人才购房支持购买商品房。

（王　精）

2020年新都区房屋中介机构规模前20名一览表

表15

| 序号 | 机构名称 |
|---|---|
| 1 | 四川链家房地产经纪有限公司蜀龙大道分公司 |
| 2 | 成都欣科商务信息咨询有限公司 |
| 3 | 四川链家房地产经纪有限公司萃杰路分公司 |
| 4 | 四川宏盛发房地产经纪有限公司 |
| 5 | 成都晟大房地产经纪有限公司桂蕊街店 |
| 6 | 成都众诚房产经纪有限公司 |
| 7 | 成都萱宸房地产经纪有限公司 |
| 8 | 成都房邻居房地产经纪有限公司 |
| 9 | 四川吾家天下房地产经纪有限公司华美东街分公司 |
| 10 | 成都丰伟房地产经纪有限公司 |
| 11 | 房知音房地产营销策划（成都）有限公司 |
| 12 | 西藏保利爱家房地产经纪有限公司新都分公司 |
| 13 | 成都宏洋房地产经纪有限公司新都分公司 |
| 14 | 成都八仙居房地产经纪有限公司新都分公司 |
| 15 | 成都丰伟房地产经纪有限公司成都分公司 |
| 16 | 成都万科物业服务有限公司新都区分公司 |
| 17 | 成都盛世优家房地产经纪有限公司 |
| 18 | 新都区三河康居房地产经纪服务部 |
| 19 | 新都区大丰博雅房产信息咨询部 |
| 20 | 成都万科物业服务有限公司翡翠郡物业服务中心 |

## ·住房发展服务·

【概况】 2020年，新都区住房发展服务中心定清单明责任，多措并举落实房屋安全管理规定；盯难点抓整治，努力维护房地产市场健康秩序；抓细节立制度，围绕服务加强物业管理；摸底数重民生，突出国资加强直管公房管理；依法依规开展房屋维修资金管理与房改管理。

【房屋安全管理】 新都区住房发展服务中心严格审查办理结构安全批准书申报资料，并对搭建夹层项目进行事前、事中、事后监管；加强对举报投诉和信访件办理，接报后安排工作人员第一时间到达现场，踏勘实地情况，了解数据资料，详细鉴定，对不允许的行为严厉制止，督促整改；加强对全区老旧危房摸排，特别是对C级、D级危险房屋摸排，对存在安全隐患的房屋，要求房屋主体责任人采取设置围挡、撤离人员、加固改造、强制拆除措施排险；聘请第三方专业机构对各镇（街道）进行玻璃幕墙管理办法讲解和指导，向街道、社区、业主或物业管理人员宣传文件精神和要求，对排查中发现安全隐患的玻璃幕墙项目，要求按照整改通知整改，消除安全隐患，坚决防止玻璃幕墙发生安全事故；与第三方安全检查机构对部分物业项目进行安全检查，对检查出的安全隐患要求物业企业在规定的时间内完成隐患整改形成闭环；加强安全生产监督管理，将安全生产各项措施要求落到实处，坚决遏制重特大事故；按照新安办《关于开展安全生产清单制管理工作的通知》要求，安排和部署清单制工作，成立安全生产清单制管理工作领导小组，制定下发《成都市新都区住房发展服务中心关于印发〈关于加快推进清单制管理工作的实施方案〉的通知》，完成清单的制定与领导及安全工作人员的账号创建和主要职责、履职清单录入，完成23家首批纳入系统企业的账号创建，并邀请安科院老师培训企业，对23家物业企业利用系统全覆盖安全检查、应急管理，制定新都区住房发展服务中心安全生产领导小组工作职责和制度。

【房地产健康服务】 新都区住房发展服务中心按照区委“五个一”（一案一名包案领导、一个责任单位、一个工作专班、一套工作机制、一案一策）工作要求，对接区市住建部门开展房地产领域突出问题化解信息归集、上报和传达；在省委第九巡视组巡视新都区期间，研究制定并上报省委第九巡视组《关于新都区房地产领域风险化解的情况说明》《新都区房地产领域突出问题原因剖析》等情况，较好执行区委、区政府工作部署；结合省巡反馈整改要求，做实做细工作任务，面向全区有关部门、镇（街道）制发《成都市新都区房地产领域省巡反馈问题专项整改三年攻坚计划》《成都市新都区房地产领域涉稳工作联席会议制度》，明确房地产领域突出问题整改步骤、要求，有效形成整改合力。

【物业管理】 新都区住房发展服务中心持续推进信访工作，信访收件5785件（不包含退件），满意件5663件，满意率97.89%，省巡件满意率100%；按照区政府统一安排部署，完成“香城细管”APP信访投诉件，满意率100%；下发小区管理公约，全区完成小区管理公约项目166个，完成新都区首届最美小区评选，活动累计10万次以上浏览量；以党建引领行业发展，研究制定新都区物业行业党委成立方案，引导建立党员突击队（消防队）、党员示范岗（服务明星岗）等党建工作实体岗位和队伍60余支（个），培育“党建强、业务强”双品牌企业10家，在石板滩防汛中，物业企业党员突击队发挥重要作用；物业行业协助政府、社区在疫情防控、走访摸排、隔离警戒等方面开展工作，登记测量100万余次，发放口罩10万余个、消毒水2.5吨。

【公房管理】 新都区住房发展服务中心贯彻落实省、市、区关于应对新型冠状病毒肺炎疫情缓解中小企业生产经营困难的政策要求，结合“区18条”工作部署，开展公有营业房租金减免，缓解中小企业生产经营困难，支持中小企业发展，审核通过直属公有经营性用房租金减免申请289件，减免租金146.25万元；按片区梳理公房历年租金欠缴台账，分析研究房屋租金欠缴形成的时间、原因等，推进收缴措施，上门送达催缴通知；常态化对所管辖的公房及物业小区开展消防安全大检查及汛前汛期安全大排查，完成文明指数测评、城乡环境综合整治，全年无安全事故，管辖的南阳市场在新冠疫情防控、成都市综合文明指数暨城乡环境综合治理、国家卫生城市复审等工作中成绩突出，被区市场和质量监督管理局评为2020年度先进单位；开展以案促改专题学习教育活动及公房管理专项整治活动，查漏补缺，通过清理整治，有效推动直管公房管理的规范化和准确率；完成新都区兴房物业管理有限公司移交，10月新都区兴房物业管理有限公司正式转让香投集团，所管辖物业小区一并移交。

【房屋维修资金监管】 新都区住房发展服务中心依法归集专项维修资金，2020年归集49个项目，全区维修资金使用共67个业务、400余万元，维修资金余额约21亿元；完成老旧院落改造中的维修资金缴纳，指导10个改造项目责任单位建立院落维修资金管理规约，并交存老旧住宅小区专项维修资金至专户。

（魏　丹）

## ·住房公积金管理·

【概况】 2020年，成都住房公积金管理中心新都服务部（简称新都服务部）坚持“以人民为中心”的工作理念，狠抓工作落实，各项业务得到巩固和发展。

【公积金运行】 新都服务部完成住房公积金新增归集额11.79亿元，历年累计归集住房公积金83.91亿元；提取住房公积金6.92亿元，历年累计提取47.67亿元；归集余额36.63亿元。新都服务部全年向3035名职工家庭发放住房公积金贷款12.91亿元，历年累计发放住房公积金贷款72.09亿元，贷款余额46.16亿元。

【企业抗疫减负政策措施实施】 新都服务部通过电话沟通、上门走访等形式开展摸底调查，了解企业欠缴原因，送政策上门，帮助指导企业选择运用支持政策，解决企业需求，畅通办理渠道，助力企业复工复产，全年辖内企业申请缓缴45家，申请降低缴存比例2家。

【公积金委托扣款签约】 新都服务部为有效推进财政单位委托扣款签约，深入区财政局，沟通委托扣款推进事项，同时召开财政单位委托扣款专题培训，确保财政单位委托扣款签约取得实效，全年辖内财政单位签约41笔，部门整体签约率83.07%，使用率82.34%。

【公积金风险防控】 新都服务部针对稽核检查问题，开展专题培训，做好问题整改，规范业务办理，提升业务和风险防控水平，开展稽核问题专题培训会12次；有效联动，防范业务风险，打击骗提套取，同时针对中心发布的风险信息，组织职工学习，做好风险警示，直接阻止骗提套取行为5笔，发现骗提套取行为16笔、骗贷行为1笔，追回套取资金7笔，追回金额7万元，发现的骗提套取行为中有3起向当地公安机关报案，通过法律途径给不法中介和套取职工以有力打击。

【公积金服务】 新都服务部每周召开部门窗口服务工作例会，从强化服务意识、优化预约服务、规范服务工作和提高服务效能等方向着手，总结工作情况，查找存在的问题，制定解决措施和改进方向，确保服务水平再上台阶；高标准履行窗口服务管理要求，发现问题，立整立改，奖惩斗硬，不断提升服务水平。部门职工连续两届获区行政审批局“政务服务之星”称号。

（何婷婷）

# 商贸服务业·通信业

# COMMERCE & TRADE SERVICE INDUSTRY AND COMMUNICATION INDUSTRY

# 商贸服务业
Commerce and Trade Service Industry

## ·商贸业·

【概况】 2020 年，新都区服务业增加值实现 565.9 亿元，同比增长 6.5%，增速列全市第五位；社会消费品零售总额实现 302.7 亿元，同比下降 1.7%，增速列全市第八位；服务业固定资产投资实现 360 亿元，同比增长 22.5%，增速列全市第五位；服务业重大项目投资完成 103.49 亿元，完成进度列全市第三位；外贸进出口总额完成 43.5 亿元，同比增长 10.4%，完成进度列全市第九位。

【国际消费中心城市建设】 新都区编制《新都区打造区域级消费中心城市三年行动计划（2020—2022 年）》，按照行动计划有序推动；招引 Arcadia 汽车服务中心、钛镁体育公园、家乐福精品店等 5 家国内国际首店（其中国际首店 3 家），完成全年目标 125%，国际首店招引完成全年目标 150%，并培育特色小店 2 家，创建绿色餐饮示范点 4 家；立足项目载体，夯实发展基础，新签约沁彩农湾小镇、上海瀚源花厢创新公园 2 个亿元以上国际消费中心城市场景项目，完成全年目标任务 100%；以品牌为支撑，引进钛镁体育公园省外生活性服务业品牌 1 个，完成全年目标任务 100%；推进商业特色街区建设，夯实国际消费中心城市载体，启动商业特色街区 7 条，力争完成改造提升 2 条，新都街道正因特色商业街区、新中路特色街区 2 条初具雏形，基本实现全年目标任务，其他 5 条完成打造提升方案，按照时间节点和任务节点有序推进；强化标志性消费场景培育，围绕商圈潮购、特色街区雅集、公园生态游憩、体育健康脉动等 8 类消费场景培育七一、苏宁、香城体育中心和芳华微马商圈潮购和体育健康脉动消费场景，建设天府沸腾小镇玛歌庄园夜间经济示范点。

【会展之都建设】 新都区签约五龙山汽车主题公园林肯汽车体验中心、国泰环能节能科技集团西南总部 2 个项目，总投资 2 亿元；引进西部智能国际工业博览中心会展项目 1 个，总投资 30 亿元；先后举办荷桂生态文化旅游节、沸腾小镇火锅嘉年华、沸腾小镇火锅音乐节、首届汽车购物节、成都·新都新春欢乐购、首届夜生活节、第 21 届成都家具展 IES 智慧云展、中国西部家具新品订货会暨西部家具产业直播节、第二届全国民营医药商业企业家高峰论坛暨 2019 年度全国百家优秀民营医药商业流通企业榜单发布会、2020 成都购车狂欢季新都分会场暨新都汽车嗨购嘉年华 10 余个重点节会展，展出面积近 50 万平方米，实现直接销售收入超 20 亿元，带动会展业收入超 20 亿元。

【美食之都建设】 新都区强化“北滩西沙、荆楚人家”等餐饮品牌建设投运，促进新都餐饮发展，完成全年目标任务；强化天府沸腾小镇、川音文创园（超线空间）消费新场景打造和美食重大载体建设，按照时间节点和任务节点有序推进；培育壮大宽席家宴、沸腾码头、二亩二等限额以上餐饮企业 5 家，夯实美食之都基础；先后举办火锅音乐嘉年华、美食节会活动。

【招商引资】 新都区商务局签约引进西部家居国际工业博览城及材料科创中心、北京奥吉通五龙山汽车主题公园林肯汽车体验中心、贵州通源汽车集团西南总部等 6 个重大项目，总投资约 110 亿元；梳理康大集团、港华燃气、物美科技等未落户成都

2020中德楼宇经济发展峰会暨新都区产业合作论坛召开
（供图：区商务局）

的服务业500强目标企业185家，外出走访31次，对接环球融创、北京亿通圣达、阳光集团、三胞集团、恒大集团等优质服务业企业；挖掘有效项目信息96条，举办2020中德楼宇经济发展峰会暨新都区产业合作论坛、第21届成都家具展IES智慧云展、2020成都市新都区（上海）投资环境推介及项目集中签约仪式等行业推介活动8场；围绕“高端楼宇”“经济圈”“消费新场景”“文化教育”等包装策划16个项目。

**【电子商务发展】** 新都区围绕复工复产、提振市场信心、扩大市场消费，组织26家电商企业参加品质川货“十百千万网购节”；推进电商直播平台建设，引导长德电商产业园、商贸物流港中心3G广场电商直播平台、龙河茶城电商直播平台建设；引进精灵梦电子商务有限公司、成都楠铜电子商务有限公司等商务平台企业5家，完成电子商务招引目标任务。长德电商产业园已集聚电商平台近100家，经营种类涉及书类、生鲜、副食；成都国际美博城引进近1000家电商企业，主营各类品牌女鞋。

**【商品交易市场发展】** 新都区依托新都智慧物流产业园、新都智能家居产业，打造成北市场高地，至2020年末全区有专业市场22个，占地面积4231.04亩，营业面积203.9752万平方米，种类有五金机电、医药贸易、家居灯具、家具材料、酒店用品、皮革家纺、电器交易等，经营方式为批发、零售、电商、配送、定制等。

**【商贸流通信用体系建设】** 新都区商务局制定《关于商贸行业开展诚信建设工作方案》，确保新都区商贸行业诚信建设开展；组织区内大型商贸企业负责人座谈，重点学习党中央、国务院关于信用体系建设的方针政策、有关市场监管和规范市场经济秩序的法律法规、信用基本知识和企业信用风险管理知识，并通过讲解重大违法违规、商业欺诈典型案例，要求企业通过诚信经营扩大销售、提高效益、赢得竞争优势；在广场、社区、街道等公共场所，开展现场咨询、发放宣传资料等活动，宣传诚信文化和守信模范，普及信用和防范欺诈知识，同时组织大型商贸企业、再生资源回收站点等企业，在经营场所布置展位、张贴宣传画或悬挂标语，扩大宣传声势；狠抓商业零售行业的质量意识和服务意识，正确引导，要求做到诚信经营；专门组织人员检查区内大型商场超市、餐饮店等，批评指正商贸行业诚信开展中存在的问题，要求企业负责人限期整改。

**2020年新都区商品交易市场一览表**

表16

| 序号 | 市场名称 | 地址 |
|---|---|---|
| 1 | 润茂酒店用品城 | 三河街道承顺街399号 |
| 2 | 西部海峡商贸城 | 三河街道厚城路 |
| 3 | 成都香江全球家居城有限公司 | 家具园区 |
| 4 | 好迪材料市场 | 家具园区 |
| 5 | 运开材料市场 | 家具园区 |
| 6 | 吉宇材料市场 | 家具园区 |
| 7 | 力美材料市场 | 家具园区 |
| 8 | 德润材料市场 | 家具园区 |
| 9 | 中润欧洲家具城 | 家具园区 |
| 10 | 聚森家和家园项目 | 家具园区 |
| 11 | 爱登堡灯饰灯具城项目 | 家具园区 |
| 12 | 中国塑料城（成都）国际贸易中心 | 木兰长林4、5社 |
| 13 | 成都龙河茶城 | 木兰长林2社 |
| 14 | 西部电子电器交易中心 | 智慧物流产业园 |
| 15 | 成都国际美博城 | 智慧物流产业园 |
| 16 | 富森·美家居汽配展销中心 | 智慧物流产业园 |
| 17 | 成都中集车辆分拨中心 | 智慧物流产业园 |
| 18 | 中国西部工程机械展销中心 | 智慧物流产业园 |
| 19 | 成都海宁皮革城专业市场 | 智慧物流产业园 |
| 20 | 中国四川贵达茶都 | 智慧物流产业园 |
| 21 | 成都国际物联港专业市场 | 智慧物流产业园 |
| 22 | 长德新世贸农副产品（物流）批发中心 | 新繁大道198号 |

**【消费促进】** 新都区围绕促消费、稳增长，制定出台《新都区汽车零售行业促消费稳增长工作措施》，先后举办火锅音乐嘉年华、沸腾小镇火锅音乐节、首届汽车购物节、新都首届夜生活节、新都首届购物节等促消费活动。首届汽车购物节为期一个月，实现汽车销售2764台，实现销售收入近6.2亿元，同比增长31.6%。

【连锁便利商店建设】 新都区为加快构建15分钟便民生活服务圈，推进社区便利连锁店建设，引导和支持红旗连锁、舞东风等连锁企业开设直营店184家，经营品种6000余种，涉及日用品、副食品、小家电等，所有商品实行统一采购、统一配送，质量得到可靠保证。社区便利连锁店同时为消费者提供水、电、气缴费和手机话费、公交充值、移动支付等叠加增值服务。

2020年新都区红旗连锁一览表

表17

| 序号 | 分店名称 | 分店地址 |
|---|---|---|
| 1 | 大丰敬成路分场 | 新都区大丰街道敬成路614号 |
| 2 | 新都香城国际分场 | 新都桂湖东路181号 |
| 3 | 新都天龙瑞景分场 | 三河蓉都大道天河路1128、1130 |
| 4 | 新都斑竹园分场 | 成都市新都区斑竹园镇忠义路119 |
| 5 | 新都保利分场 | 新都区三河街道银杏路34、36、38 |
| 6 | 新都新民禾登街分场 | 新都区新民镇禾登街249~261号 |
| 7 | 新繁繁清路分场 | 新繁金地路1号、繁清路388~396号 |
| 8 | 新都斑竹园二分场 | 新都区斑竹园镇五一街283~291号 |
| 9 | 新都三河毗河苑分场 | 新都区绕城大道东一段68~86号 |
| 10 | 新都天府江南分场 | 新都区三河天海路15、17号 |
| 11 | 新都兴城大道分场 | 成都市新都区兴城大道天元小区二 |
| 12 | 新繁繁江北路分场 | 新都新繁繁江北路121~129 |
| 13 | 新都瑞云社区分场 | 新都区龙桥镇地利街70、72、74 |
| 14 | 新都大丰达令港分场 | 大丰街道方营路543、545、547号 |
| 15 | 新都电子路分场 | 新都区电子路311号附11、12号 |
| 16 | 大丰兴想花园分场 | 水碾路649、651、653、655号 |
| 17 | 新都北欧星街分场 | 新都区斑竹园镇中利路169号 |
| 18 | 新都兴业大道分场 | 泰兴镇兴业大道 |
| 19 | 新都新水碾路分场 | 大丰街道新水碾路282号、284号 |
| 20 | 新都临河街分场 | 新都区临河街38号 |
| 21 | 新都工业大道分场 | 新都区新都街道工业大道西段545 |
| 22 | 新都南丰大道分场 | 大丰街道南丰大道东二巷8~14号 |
| 23 | 新都太平碑路分场 | 大丰街道太平碑路200号 |
| 24 | 新都新繁龙安放心店 | 新都区新繁镇农安社区市场口 |
| 25 | 新都福田村放心店 | 新都区斑竹园镇福田村 |
| 26 | 新都泰兴镇放心店 | 成都市新都区泰兴镇兴龙横街21号 |
| 27 | 新都木兰镇放心店 | 新都区木兰镇同兴街159、161号 |
| 28 | 新都芦竹路便利店 | 新都区木兰镇芦竹路338号 |
| 29 | 石板滩东环西街便利店 | 石板滩街道东环西街128、130号 |
| 30 | 新都香樟路便利店 | 新都街道香樟路47号 |
| 31 | 新都新泰东路便利店 | 新都街道新泰东路139号 |
| 32 | 新都万和北路2便利店 | 新都区新都街道万和北路311号 |
| 33 | 大丰桂蕊街便利店 | 新都区大丰街道桂蕊街369~373 |
| 34 | 大丰甫家坝路便利店 | 大丰街道甫家坝路224、226号 |
| 35 | 新都龙秀路便利店 | 三河街道龙秀路87号 |
| 36 | 新都龙秀路二便利店 | 五龙山翡翠郡3-1-12、3-1-13 |
| 37 | 新都医学院地铁站便利店 | 新都地铁3号线成都医学院站A1商 |
| 38 | 新都石油大学地铁站便利店 | 新都地铁3号线石油大学站A1商铺 |

续表17

| 序号 | 分店名称 | 分店地址 |
|---|---|---|
| 39 | 新都锦水河地铁站便利店 | 新都地铁 3 号线锦水河站 G1 商铺 |
| 40 | 新都甫家二路便利店 | 大丰街道甫家二路西段 35 号 |
| 41 | 新都蓉香中路便利店 | 三河街道蓉香中路 168 号、170 号 |
| 42 | 新都百郦锦城便利店 | 新都工业大道东段 69 号 |
| 43 | 新都万科生活广场便利店 | 三河街道蓉香路缇香荟 . 万科生活 |
| 44 | 新都正东街便利店 | 新繁街道正东街 94、96 号 |
| 45 | 新都韵丰路便利店 | 大丰街道韵丰路 266 号 |
| 46 | 新都香岸中路便利店 | 香岸中路 323 号、325 号 |
| 47 | 新都江陵半岛便利店 | 三河绕城大道南二段 716 号 |
| 48 | 新都佳乐澜郡便利店 | 三河街道学景路 135、137 号 |
| 49 | 新广路便利店 | 新都新光路 2、4、6、8 号 |
| 50 | 新都静安路便利店 | 新都天香西路 5 号、7 号 |
| 51 | 新都汉嘉国际分场 | 成都市新都区新都香城大道马超东 |
| 52 | 新都铭章路便利店 | 新都铭章路 43、45 号 |
| 53 | 新都回龙湾便利店 | 回龙路 59 号 21 栋附 105、106、107 |
| 54 | 新都锦水苑便利店 | 新都街道兴城大道 955 号附 284 号 -2 |
| 55 | 新都大丰华美便利店 | 新都区大丰街道华美街 82~84 号 |
| 56 | 新都马家镇便利店 | 新都马家镇普利大道二段 44~60 号 |
| 57 | 新繁东湖路便利店 | 成都市新都区新繁镇东湖路 242–24 |
| 58 | 新都龙桥通江便利店 | 成都市新都龙桥镇通江路 56~60 号 |
| 59 | 大丰北延新居便利店 | 新都区大丰街道振新街 146、148 号 |
| 60 | 新都柏水便利店 | 新都区斑竹园镇锦江街 68~72 号 |
| 61 | 新都四分场 | 电子路段 158–164 号及天缘 1~5 号 |
| 62 | 新都川音嘉苑便利店 | 新都学院东段 963、965、967 号 |
| 63 | 新都红树林便利店 | 新都香城大道华桂路段 258、260 |
| 64 | 新都宝光大道便利店 | 宝光大道南段 50 号附 6~8 号 |
| 65 | 新繁金地路便利店 | 成都市新都区新都镇金地路 288–29 |
| 66 | 新都汉嘉国际 2 便利店 | 新都兴乐北路 53、55 号 |
| 67 | 新都大丰一分场 | 新都区大丰街道三元大道 130~134 |
| 68 | 新都马家镇 2 便利店 | 新都区马家镇升庵东路 82~88 号 |
| 69 | 新都三河分场 | 新都三河镇城区内三河江陵路口 |
| 70 | 新都军屯镇便利店 | 军屯镇正兴街 47、49、51 |
| 71 | 新都金鹏路便利店 | 新都区新都金鹏路 576 号 |
| 72 | 新都享口福便利店 | 新都区龙桥镇龙兴大道 83、85 号 |
| 73 | 新都毗河东路便利店 | 新都街道毗河东路 6 号 1 栋 1 楼 12 号 |
| 74 | 新都正因小区便利店 | 新都区新都镇同心路 151 号 |
| 75 | 新都三河花园便利店 | 三河承顺街 102–108 号 |
| 76 | 新都普文小区便利店 | 龙桥镇普文社区综合服务 3 幢 9~10 |
| 77 | 新都悉尼湾便利店 | 新都区大丰街道华美东街 168 号 |
| 78 | 新都龙虎分场 | 新都桂光街 1 号附 1~3 号 |
| 79 | 新都幸福里便利店 | 大丰街道南丰大道 454 号附 3 号 |
| 80 | 新都尚林花园便利店 | 新都大丰街道大天路 999 号 |
| 81 | 新繁南溪便利店 | 新都区新繁镇南溪商业街 51–57 号 |

续表17

| 序号 | 分店名称 | 分店地址 |
| --- | --- | --- |
| 82 | 新都大丰二便利店 | 成都市新都区大丰街道南丰大道 8 |
| 83 | 新都泰兴镇便利店 | 新都区泰兴镇新业路 65、67 号 |
| 84 | 新都新泰西路便利店 | 新泰西路 212 号、214 号 |
| 85 | 新都蜀龙大道便利店 | 新都区新都学院路东段 295 号 |
| 86 | 三河花园二社便利店 | 三河社区宝光大道南段 2323 号 |
| 87 | 新都泰北街便利店 | 新都区泰兴镇泰北街 291 号 |
| 88 | 新都励志二段便利店 | 新都街道励志路二段 16、18 号 |
| 89 | 新都正兴街便利店 | 石板滩街道和平街 174~180 号 |
| 90 | 新都桂湖西路便利店 | 新都镇桂湖西路 128–130 号 |
| 91 | 大丰保利城便利店 | 大丰街道甫家一路东段 650 号 .654 |
| 92 | 新都清源路便利店 | 新都区街道清源路 418 号 |
| 93 | 新都新园路便利店 | 新都区新都街道新园路 349 号 1 层 |
| 94 | 新都崇义桥街便利店 | 大丰镇崇义桥街 171~175 号 |
| 95 | 新都新九路便利店 | 新都区清流镇新九路 3052 号 |
| 96 | 新都新丰嘉苑便利店 | 新区去大丰街道丰安路 8 号附 128–1 |
| 97 | 盛世名城便利店 | 大丰街道先驱大道 5 号附 13~16 |
| 98 | 华美东街便利店 | 大丰镇华美东街 134~136 号 |
| 99 | 大丰花都大道便利店 | 大丰街道花都大道 706 号附 10 号 |
| 100 | 大丰花都大道 2 便利店 | 大丰花都大道 787 号 2 栋 1 楼 787 号 |
| 101 | 大丰赵家寺路便利店 | 大丰街道赵家寺路 30 号 |
| 102 | 大丰敬成路便利店 | 大丰街道敬成路 305 号 |
| 103 | 赵家寺路二便利店 | 大丰街道赵家寺路 105 号、107 号 |
| 104 | 新都万和北路便利店 | 成都市新都区黄河路 614 号 |
| 105 | 大丰寸龙桥路便利店 | 大丰街道寸龙桥路 180~182 号 |
| 106 | 大丰汇融广场便利店 | 新都区大丰镇汇融广场 |
| 107 | 大丰博雅路二便利店 | 大丰街道博雅路 205 号 |
| 108 | 新都清源路 2 便利店 | 新都镇清源路 66 号 |
| 109 | 蜀龙大道三便利店 | 蜀龙大道中段 1022 号 |
| 110 | 新都蓉北路便利店 | 大丰街道蓉北路三段 223 号 |
| 111 | 新都新丰路便利店 | 新都区斑竹园镇新丰路 129 号 |
| 112 | 新都天府香城便利店 | 新都区新都街道静安路 40、42 号 |
| 113 | 新都书院横街便利店 | 新繁镇书院横街 81、83、85 号 |
| 114 | 新都金都街二便利店 | 新都区新都金都街 212、214 号 |
| 115 | 新都大成路便利店 | 大丰街道大成路北段 37、39 号 |
| 116 | 新都夏家寺路便利店 | 新都区大丰街道夏家寺路 104 号 |
| 117 | 新都丰安路便利店 | 大丰街道丰安路 268 号 |
| 118 | 新都兴城大道便利店 | 新都镇兴城大道 777 号 |
| 119 | 大丰博雅路三便利店 | 大丰街道博雅路 14 号 |
| 120 | 新都棠红路便利店 | 三河街道棠红路 132~138 号 |
| 121 | 新都芙蓉名城分场 | 新都静安路 274 号 |
| 122 | 新都六分场 | 外南街 93、95、97、99、101 号 |
| 123 | 新都锦绣路便利店 | 新都区斑竹园镇锦绣路 126 号 |
| 124 | 新都清源路 3 便利店 | 新都清源路 472 号 |

续表17

| 序号 | 分店名称 | 分店地址 |
|---|---|---|
| 125 | 新都诚信路便利店 | 新都区诚信路308号5栋附101号 |
| 126 | 新都龙桥便利店 | 龙腾大道154~160号 |
| 127 | 新都曲景路便利店 | 三河街道曲景路528号44幢1楼 |
| 128 | 新都雅丽园分场 | 天缘路二段197、199、201、203号 |
| 129 | 新都乐城金街便利店 | 三河街道乐城金街88号1幢1层 |
| 130 | 新都兴乐北路便利店 | 新都区兴乐北路612、614号 |
| 131 | 新都东环路二便利店 | 新都街道东环路51、53、55号 |
| 132 | 新都同福路分场 | 新都街道同福路188~198号 |
| 133 | 新都忠义社区分场 | 成都市新都区斑竹园镇竹韵大道86号 |
| 134 | 新都石板滩东风街分场 | 石板滩镇东风街127号附3附4号 |
| 135 | 宝光大道2便利店 | 新都镇如意大道1号、3号 |
| 136 | 新都建设路便利店 | 新都建设路15、17、19号 |
| 137 | 新都毗河东路2便利店 | 新都区毗河东路6号98号 |
| 138 | 新都三河花园便利店 | 新都区三河街道花园路91号、93号 |
| 139 | 新都金都街便利店 | 新都区新都金都街29号 |
| 140 | 新都紫瑞街便利店 | 新都区桂湖街道紫瑞街12~18号 |
| 141 | 新都三合嘉苑分场 | 新都区三河街道厚诚路144~154号 |
| 142 | 新都思学园便利店 | 蜀龙大道北段165号附24、25号 |
| 143 | 新都经典魅力分场 | 桂路段5~9号,香城大道一巷2~6号 |
| 144 | 新都一品雅居便利店 | 新都街道学院路东段225~231号 |
| 145 | 大丰宝丰巷便利店 | 大丰街道宝丰巷62号64号 |
| 146 | 新都大润丰路便利店 | 新都大润丰路100号 |

（柳　雨）

## ·外贸出口·

**【概况】** 2020年，新都区新增对外贸易经营备案登记企业86家，累计办理对外贸易经营者备案登记企业629家；实现进出口总额43.5亿元，同比增长10.4%；外贸出口以一般贸易为主，一般贸易出口占全区出口总额90.4%。

**【出口结构构成】** 新都区外贸主体队伍主要由国有集体企业、民营企业和外商投资企业构成，民营企业成为出口主力军，有出口上亿元企业1家［巴鲁夫传感器（成都）有限公司］；外贸出口产品结构日趋合理，2020年机械、电子、高新技术产品出口占生产型企业出口总额60%以上，出口产品逐步由劳动密集型向技术密集型转变，产品附加值和企业效益稳步提高，形成以机械、电子、高新技术产品、金属制品为主导，以农产品、医药、化工、日用品等特色产品为补充的出口格局；出口市场日趋多元化、合理化，在进一步巩固东南亚、美国、韩国、日本、中国香港地区等传统市场基础上，不断开拓“一带一路”沿线国家（地区）、欧盟、中东、非洲等新兴国际市场。

**【出口管理】** 新都区商务局深入加大外贸出口孵化，壮大外贸队伍；探索外贸发展新模式新业态，培育新的出口增长点；组织企业参加境内外专业展会，全区分行业组织区内企业参加第127/128届中国进出口商品交易会（网上广交会）、第17届中国—东盟博览会、第三届中国进口商博览会等展会；实现政企互动，促进新都区外贸又好又快发展。

（柳　雨）

## ・粮油储备・

【概况】2020 年，新都区发改局制定新都区粮食发展规划，保障全区粮食安全；落实粮食安全省长责任制，抓好考核牵头工作；规范全区涉粮企业的行业管理，重点监管国有粮食企业；管好职责范围内的各级储备粮油，保护种粮农民的利益和消费者的合法权益；平抑市场粮价，为区政府宏观调控粮食提供依据，发挥粮食经营主渠道作用，调控搞活粮油购销市场；妥善处理历史遗留问题。

【粮食收购管理】新都区发改局抓好国家最低收购价政策和临时收储政策落实情况监督检查，加强社会粮油监管，大小春收购顺利进行；保证正常、良好收购秩序，会同相关部门监管区内粮食收购市场；送检收购的原粮，重点检测农药残留物、微生物、黄曲霉素以及重金属超标情况，防止不符合卫生标准的粮食流入口粮市场。

【储粮安全管理】新都区发改局加强储备粮油监管，推进粮油质检体系建设，确保各级储备粮油数量真实、质量良好、账实相符、存储安全；国有粮食企业不断投入软、硬件仓储设施建设，提高储备能力和管理水平，投运万吨级智能低温现代粮食仓库，提高储备粮油存储安全。

（周　星）

## ・供销合作经营・

【概况】2020 年，新都区供销系统下属企业 23 个，其中直属公司 8 个、股份公司 5 个；片区社 4 个，基层供销社 16 个，集体商业管委会 29 个；打造蠢都味农业公用品牌，建成蠢都味实体馆 4 个、合作服务点位 2 个；农村再生资源回收站 22 个；领办农民专业合作组织 60 个，农民专业合作社联合社 1 个，村级综合服务社 101 个，新型基层社 3 个，现代农业综合服务中心 1 个，村级基层社 1 个；供应肥料 33230 吨、农膜 38 吨、农药 63 吨。新都区

**2020 年新都区三星级以上农村综合服务社一览表**

表 18

| 序号 | 综合服务社名称 | 星级 |
| --- | --- | --- |
| 1 | 新繁镇西街社区综合服务社 | 三 |
| 2 | 新繁镇新庞村综合服务社 | 三 |
| 3 | 斑竹园镇檀木社区综合服务社 | 三 |
| 4 | 新民镇金牛村综合服务社 | 三 |
| 5 | 新民镇新民社区综合服务社 | 三 |
| 6 | 斑竹园镇斑竹园社区综合服务社 | 三 |
| 7 | 新都镇五四社区综合服务社 | 三 |
| 8 | 新都镇西北社区综合服务社 | 三 |
| 9 | 木兰镇共和社区综合服务社 | 三 |
| 10 | 泰兴镇高筒社区综合服务社 | 三 |
| 11 | 军屯镇文昌社区综合服务社 | 三 |
| 12 | 龙桥镇场镇社区综合服务社 | 三 |
| 13 | 大丰崇义社区综合服务社 | 三 |
| 14 | 清流镇均田社区综合服务社 | 三 |
| 15 | 石板滩镇新谊社区综合服务社 | 三 |

供销社获评省、市供销系统综合改革成绩突出单位、经济发展工作成绩突出单位、市“菜篮子”建设先进单位，获目标绩效管理工作先进单位一等奖。

【供销新网工程建设】新都区供销社发挥服务网络与农村、农民、农业联系紧密优势，深入推进“互联网+供销社”农村电子商务，将符合条件的基层社、农资放心店、庄家医院、农村综合服务社等农村经营服务网点进行信息化改造，探索构建乡村电子商务农资配送体系；打造“蠢都味”农业公共服务平台，优化“蠢都味・精品农业网上商城”平台建设，建设蠢都味线下实体店，实现线上线下融合发展，新建蠢都味实体店 1 个、综合服务单位 1 个；优化调整“农资放心店”101 个，举办农资经营业主培训 2 期，培训人员 300 余人。

【现代农产品流通体系构建】新都区供销社打造“蠢都味”农业公用品牌，引领现代农产品流通体系建设；加大对农业经营主体商标设计及应用于品牌建设的引导，开展品牌建设培训；支持合作社和家庭农场注册农产品商标、打造农产品品牌，开展“蠢都味”农产品公共品牌策划与营销，制定出适

合新都区的品牌培育发展规划；以“品牌”和“创意”提升农产品价值，重点营销以“蠡都味——我们自己的味道”的新都区农产品公共品牌主题；在大型超市、农产品市场开设新都区优质农产品展示展销区，举办新都区农业专业合作社成果展；以“蠡都味”为母品牌，通过网络、报刊、电视、电台等媒体宣传推广各具特色的新都区优质农产品子品牌；鼓励农业经营主体使用与推广公共品牌，支持区内各农业企业、专业合作社、家庭农场、种植大户等通过授权“蠡都味”公共品牌宣传、推介农产品品牌，参加市及市级以上节、会、展等活动；建设“蠡都味”线上和线下农产品销售平台，按照“互联网＋实体店”销售模式，整合区内外优质农产品汇聚“蠡都味”销售平台销售，促进现代农产品流通。

【“蠡都味”农业公共服务平台打造】 新都区供销社建设“蠡都味”农业公共服务平台，打造“蠡都味”农业公用品牌，探索“蠡都味公用品牌＋农产品流通O2O公共平台＋社团（农业联合社／流通协会）＋各农业生产基地＋城乡社区营销店＋运营综合服务＋小区配送服务点”的农业经营模式，通过服务市民有效服务农民，为市民提供安全放心的农产品的同时，引导农业企业、农民专业合作社、家庭农场、种植（养殖）大户等按照农产品质量要求生产，通过“蠡都味品牌＋蠡都味平台”的现代流通与服务方式而实现产品的价值。“蠡都味”共建共享的新型农业经营主体60个、农产品加工企业50家，包括理塘农产品（对口帮扶）在内的1000余种农产品进入“蠡都味”平台销售，全年实现销售额1080万元。

【供销合作管理创新】 新都区供销联社创新运行机制，理顺社企关系，密切层级联系，着力构建联合社机关主导的行业指导体系和社有企业支撑的经营服务体系；建立社有资产监管体制，完善系统社有资产财务核算中心建设，实施社有资产经营预算制度，接受同级审计机关和同级财政部门的监督；规范和发展基层供销社，建立完善“片区供销社＋镇（街道）基层社”的基层组织体系，发挥4个片区供销社引领作用，加强对9个镇（街道）基层社的规范管理；建立区级“农合联”运行机制，打造联利联心“农合联”服务载体，制定《新都区农合联章程》，出台《新都区农合联建设指导意见》。

（周厚彬）

## ·盐　业·

【概况】 2020年，四川省盐业总公司新都支公司计划销售口盐2500吨，实际完成2143吨，完成计划的85.7%；行业盐销售实际完成9950吨；非盐销售额实际完成1325万元（不含税），比2019年同期减少284万元，毛利率4.42%。公司全年实现减亏65.2万元。

【盐业经营管理】 四川省盐业总公司新都支公司每月基本安排地推活动3次，为川晶品牌食盐做好宣传、推广与销售；在维护好现有商家的基础上，增加终端零售商家数量，给予零售商家上柜支持，东北片区零售商家达100余家。新都片区签订大经销商5家，销售1500吨；口盐销售采取“兵分两路”的办法，以井字牌、南充500克、竞品盐、绿标盐为主要产品占领大市场份额，对于商超和社区各零售商店以岩盐、精纯盐为主；安排专人对口负责联系、供应各个大专院校、工矿企业及监狱食堂的口盐供应；摸底排查新都城关市场，找出口盐销量上的问题，指派专人归口管理解决问题。

（魏盛文）

## ·烟草专卖·

【概况】 2020年，新都区烟草专卖局（分公司）下设办公室、综合科、市场营销科、营销片区、专卖管理科、物流园区专卖管理所6个部门，在岗员工64人，其中领导班子3人、中层干部12人、一般管理员16人、一线员工33人。

【卷烟营销管理】 新都区烟草专卖局（分公司）落实“稳状态、稳运行、稳预期”工作要求和“高质量发展”工作总基调，在做好疫情防控常态化的同时，坚持严规范调状态、稳增长优结构、管终端强基础，制定更加有力有效管理服务措施、建设更加扎实高效营销体系终端、营造更加健康有序卷烟经营环境，市场状态和企业效益得到进一步提升，全年销售卷烟41004箱，同比增长1.8%，销售川烟15875箱，同比增长6.6%，单箱销售收入44917元，同比增长5.0%，实现税利5.5亿元，同比增长8.71%。

【烟草市场管理】 新都区烟草专卖局（分公司）以加强终端管控为重点，开展各类专项整治行动；以大户治理为重点，有效净化辖区市场；以严格物流监管为核心，加大对运输环节涉烟违法行为的打击力度，落实案件通报、联合检查等多部门协作机制，扎好成北中转篱笆；以规范依法行政为基础，规范案件处理流程，持续抓好内部监督管理；贯彻落实“放管服”改革要求，强化行政许可后续监管，修订《新都区烟草制品零售点合理布局规划》，新办624户，延续1498户；全年查获涉烟违法案件390起，“三烟”查缉数1684.92万支，总涉案金额1206.20万元，其中5万元以上案件55起。

【烟草安全管理】 新都区烟草专卖局（分公司）落实安全生产责任制，以强化安全教育、安全检查和隐患整改为抓手，严防人财物舆情互联网信息等安全风险，力促企业平安运行；开展安全培训16次、应急演练2次，全年无一起安全责任事故。

（李轩萱）

## ・物流业・

【概况】 2019年8月30日，成都市委编办同意设立新都区国际商贸智慧物流产业功能区管委会；12月31日，成都市委编办下发《关于优化调整产业功能区管理机构名称的通知》，新都区国际商贸智慧物流产业功能区管委会更名为新都区智慧物流产业园管委会。新都智慧物流产业园位于新都区主城区，规划面积116.3平方公里，其中核心区域26.9平方公里，建成区面积约10平方公里。园区内已建成七纵五横城市主干道，规划拟建设S10、S11两条市域铁路，地铁1号线、3号线、5号线、27号线四条线路穿境而过，紧邻成绵高速、绕城高速、成德大道、金凤凰高架4条快速通道，交通条件便利，区位优势显著。园区坚持“人城产”发展理念，以“中优、北改”双重使命为抓手，按照成都、德阳、眉山、资阳一体化发展要求和“大港区”建设要求，着力发展现代物流及商贸物流融合发展相关产业；聚焦产业细分领域，重点发展供应链创新、电商物流、城市配送、公铁联运、“物流+”等。2020年，新都智慧物流产业园完成固定资产投资58.31亿元，实现运营收入320亿元，实现全口径税收6.39亿元，区级税收收入2.33亿元。

【园区基础设施建设】 新都区智慧物流产业园建成天柏路跨毗河桥、金河湾道路、悦动公园，金凤凰大道正在施工，繁昌1路1段正在进行前期相关工作。

【园区项目招引与建设】 新都区智慧物流产业园签约中航建设集团西南总部项目，并完成项目公司注册；与重庆高新技术产业开发区九龙园区管理委员会、德阳铁路国际物流港签订战略合作协议，推进合作共赢、协同发展。润茂项目（一期）建成，多弗生活广场、万朵城（一期）、西部电器交易中心项目主体施工；国美、嘉民项目动工建设，优炫项目、国际滑轮馆、中航项目正开展施工前期准备。

【园区物流产业发展】 新都区智慧物流产业园支持传化油服管理平台开展O2O业务，发展物流金融、保险、保理等增值服务，全年完成充值56亿元，累计开发3500余家客户，客户群体分布于全国33个省市。京东亚洲一号引入无人自动化立体库、分拣系统等先进物流装备，构建西南最智能的物流装备应用场景，年最高订单处理能力可达3亿单以上，在全球处于领先地位，全年全口径税收7728万元。

【园区管理服务】 新都区智慧物流产业园开展“五级联创”，推动园区企业参与“成都市模范劳动关系和谐企业”创建，15家企业成功创建，园区获评“成都市模范劳动关系和谐园区（AAAAA）”；持续抓好园区环境保护，整改完成环境问题4个；做好信访维稳、安全生产、香城细管，做实网格化服务管理。

（邹玉瑾）

# 通信业
Communication Industry

## ·邮政通信·

【概况】 2020年，中国邮政集团有限公司成都市新都区分公司（简称新都区邮政分公司）设综合办公室（安全保卫部）、市场营销部、金融业务部、集邮与文化传媒部、渠道平台部、运营监控部，下辖11个邮政支局（所）、4个营业部、8个代办点，在岗人员218人。全区有汽车邮路6条，其中自办邮路4条、外包邮路2条，邮路总长（单程）226公里；城区及农村投递段道有94条，其中城市投递段道56条、农村投递段道38条。新都区邮政分公司全年邮政业务收入7932.92万元。

【邮政经营管理】 新都区邮政分公司推进金融业务转型，打造“户户有人管，人人有户管”的客户维护体系，通过开展“优惠购”、积分换礼、送金融知识下乡等活动，将优质潜在客户转化为实际客户，提升客户粘连度和行业竞争力；加大寄递业务发展力度，在开发和稳定大客户的同时，加强中小微客户摸排，量质并重挖掘开发新客户，做大做强业务规模，同时制定激励政策，发展散件揽收业务，有效拉动收入增长、提升效益。

【邮政服务提升】 新都区邮政分公司开展“治理信实提升客户体验”百日专项整治、“提升金融窗口服务”等12项专项整治活动，强化对营投网点的普服管控，完成区内79个建制村的设点通邮；推进营揽投改革，加大投递设备投入，优化调整揽投业务流程，新增20台电动三轮车，设立5个前置点和8个快邮驿站，完成2个段道甩点建设，打造优质高效的揽投平台，全年接收进口邮件323.19万件、同比增长38.35%；疫情期间统筹抓好疫情防控和生产经营，确保员工生命安全和防疫物资及人民群众生活物资的配送和投递，获成都市总工会授予的“工人先锋号”称号。

【邮政联动建设】 新都区邮政分公司创新文传业务发展方式，打造个性化需求产品，开发“香城美味·一镇一品”项目，销售新民缠丝兔、新繁手工小吃等新都本土特产；创新开展好文化惠民活动，联合新都街道、桂湖街道等7家政府单位开展文化惠民禁毒主题活动，实现收入42.41万元，同比增长421%，获中国邮政集团公司“2020年中国邮政文化惠民活动创新奖”。

（马　静）

## ·电信通信·

【概况】 2020年，中国电信股份有限公司成都新都区分公司（简称中国电信新都分公司）设办公室、客户经营服务组、网络运营分局3个职能部门及下属38个分支局，有员工144人；有各类营业网点128家。

【电信网络建设与维护】 中国电信新都分公司完成区内500个住宅小区的千兆基础网络打造，为20万户居民提供1000兆光网带宽信息化应用接入能力；按照区政府年度工作报告要求，对区内重要场景、大中院校及重点企事业单位进行5G信号全覆盖建设，新建5G基站486个，主城区道路及建筑基本实现5G信号全覆盖；优化4G无线覆盖，新建无线宏站80个，新增无线网络全覆盖小区50个，区内道路无线网络覆盖率提升20%，街道及场镇的覆盖面积提升28%，信号强度提升30%，主要道路及重要场景无线网络覆盖效果优于全市一圈层内所有区县平均水平；新建光缆1800公里，新建全光网络覆盖小区30个，整治光缆高危隐患段落

412段约120公里，整治（更换）光网络设备120处，完成天府绿道东西片区七标段、成彭高速新繁服务区、木兰同心街迁改工程等8处市政迁改项目。

【电信市场发展】 中国电信新都分公司持续推进“五力”发展模式，加速推动新旧动能转换；按照高质量发展要求，坚持规模基础，深化价值经营，夯实基础服务，优化网络品质，提升客户感知。中国电信新都分公司有固话用户数36.5万户，较2019年提升0.6%，宽带用户数35.1万户，较2019年提升4.5%，天翼用户数69.4万户，较2019年提升8.1%，电信电视用户39.2万户，较2019年提升5.9%，年收入5.6亿元，较2019年提升6.9%。

【电信信息化建设】 中国电信新都分公司推广慧眼工程1.0，在农村乡镇共完成8000余户慧眼业务受理，形成农村院落的监控需求，同时推出慧眼工程2.0，提供基层治理人脸识别及抓拍技术服务，实现农村综合治理能力提升；完成教育局教育城域网项目建设，将5G与云计算融入教育领域，同时完成新都区所有公立学校一键报警系统安装，为校园安全提供更好的信息化手段；融入地方党委政府中心工作，持续践行央企的担当与责任，“一键报警”“食安新都”“违停系统”等10个智慧城市项目已见成效。

【电信安全生产管理】 中国电信新都分公司继续锁定“安全第一，预防为主”安全生产总目标，加强监控和治理隐患，减少事故；做好新冠肺炎疫情防控，无新冠肺炎感染；组织员工消防演练，禁止酒驾全员培训，提高员工自我保护意识和自我防范意识，特殊工种作业持证上岗；每月定期开展日常安全检查，及早发现和消除事故隐患；定期对车辆维修和保养，确保行车安全。中国电信新都分公司全年无人身伤亡事故、无火灾事故、无重大刑事案件、无重大交通事故，实现零事故。

【电信服务优化】 中国电信新都分公司实行“服务体验穿越制度”，采用下达体验任务书的制度，每月各线条中层干部、分管副总、主要领导下达服务体验穿越任务书，从渠道、装维等一线现场采集用户不满意点、满意点真实案例，形成服务分享材料，从根源提升服务感知；建立服务风险预警制度，以典型案例为点做深度剖析，从根源遏制重大服务事件、群体服务事件；建立“义务监督员”制度，设立服务回访组，让电信全体用户成为义务监督员，通过每日回访服务来监督各个客户接触点的服务问题，形成通报、整改、提升的闭环环节。中国电信新都分公司2020服务健康年报，装维、渠道、投诉处理三个维度的客户服务评价均为健康、可持续性发展。

（任妍玲）

## ·移动通信·

【概况】 2020年，中国移动通信集团四川有限公司新都分公司（简称中国移动新都分公司）下设综合部、销售中心、集团客户中心、网络建维中心4个职能部门及10个营销分局，在岗员工178人（其中硕士9人、本科158人、大专11人），直接负责营销服务人员111人，占员工总数62.3%。

【移动网络建设】 中国移动新都分公司4G、5G建设投资超亿元，完成所有乡村4G网络覆盖，并将5G延伸到大多数村落；小区宽带投资数百万元，用于家庭互联网端口新建、扩容和改造，实现小区、乡镇场镇、农村安置区光纤入户全覆盖；物理网投资上百万元，新建光缆，为各类基础业务、集团单位专线服务质量提升夯实基础。移动网络覆盖100%的城区和乡镇，行政村营业服务网点覆盖率100%。

【移动市场发展】 中国移动新都分公司市场收入稳步增长，营业网点覆盖全区7个街道、2个镇，服务遍布每个村组；用户市场占有率较高，宽带资源基本覆盖全区，互联网宽带接入用户超20万户。

【移动服务完善】 中国移动新都分公司参与新都区

抗洪抢险　　（供图：中国移动新都分公司）

教育城域专网安全运行平台维搭建服务，提高新都区各学校（单位）内部网络安全防护水平及互联网访问的连续性和高效性；配合新都区卫生健康局就医共体项目，完成新都医疗云平台创新试点项目建设，实现在新都区各个医院、卫生院及乡镇村站的公共卫生信息共享及集中管控，为后期医院间的信息共享、共建、共治打下基础；在防疫工作中，创建发热病人转诊系统，缩短发热病人转诊周期，定时回访了解病人情况，为防疫提供强有力支撑。

**【移动通信保障】** 中国移动新都分公司组建抗洪抢险应急分队，参与全区通信线路应急抢险，保障用户网络通畅；参与第 21 届成都家具展 IES 智慧云展和 2020 年石油大学、医学院、川音高校迎新以及中车集团 5G 智慧机车实验车下线剪彩仪式、2020 年中国农民丰收节系列活动启动仪式、新都区苏宁广场开业典礼、京东亚洲一号“双十一”活动等大型活动及节假日网络通信保障。

（徐　霞）

## ·联通通信·

**【概况】** 2020 年，中国联合网络通信有限公司新都区分公司（简称中国联通新都分公司）设置部门 4 个，有员工 95 人，其中管理序列 3 人、占比 3%，硕士研究生占比 5%，大学本科占比 83%，有集团公司战略人才 2 人。

**【联通网络建设】** 中国联通新都分公司全年规划建站 405 个，截至年底建站 403 个；已建成 5G 基站 700 个，基本建成新都城区、主要干线、园区、街道、镇等全域覆盖的 5G 网络。

**【联通服务完善】** 中国联通新都分公司与区政府在新型智慧城市、政务云、一体化协同办公、智慧治理中心、智慧园区、企业云等项目不断开展合作，助力新都区信息化及新经济发展；在疫情期间，配合区委、区政府、区经信局、区新经济和科技局、区应急管理局、区卫健局、区教育局、区行政审批局、各街道办等政府行政单位，提供创新赋能疫情防控能力清单，提供云视频会议系统、舆情通、优联短信、小鱼易连、好会计、沃秀推等复工复产创新产品，助力复工复产。

（张学文　饶晓军）

# 金融业

# FINANCIAL INDUSTRY

## 中国人民银行新都支行
Xindu Sub-branch of the People's Bank of China

【概况】 2020年，中国人民银行新都支行（简称人行新都支行）认真贯彻人民银行总行实施稳健货币政策、坚决打赢防范化解重大金融风险攻坚战、深化金融改革开放、全面做好“六稳”“六保”等要求，切实做好对外履职、提高工作站位，为新都区实体经济高质量发展营造良好金融环境。

【货币信贷政策落实】 人行新都支行立足辖区经济金融发展实际，贯彻执行上级决策部署，召开金融机构“一把手”专题会议传达稳健货币政策要求，贯彻逆周期调节思路，促进信贷合理、平稳增长；加强辖区LPR监测和引导，督导法人机构提前完成个人住房存量浮动利率转换。截至12月末，新都区存款余额1201.16亿元，比年初增加188.68亿元，增长18.64%，同比多增9.93个百分点；贷款余额584.22亿元，比年初增加99.43亿元，增长20.51%，同比多增11.63个百分点。新都区融媒体中心发布《新都区存贷款实现双增长》，扩大影响力，人行新都支行工作成效受到高度关注。

【普惠金融服务】 人行新都支行加大普惠金融服务力度，指导金融机构分批次完成总行3000亿元抗疫专项贷款、5000亿元支持复工复产专用额度和1万亿元普惠小微支小再贷款发放；截至12月末指导地方性金融机构分别发放并使用支农、支小再贷款1.5亿元、3.23亿元，国开行转贷款500万元；利用两项创新工具（普惠小微企业贷款延期支持工具、普惠小微企业信用贷款支持计划）帮助暂时经营困难的小微及民营企业，办理延期贷款余额3.63亿元、信用贷款余额15.84亿元；开展“服务零距离 融资大畅通”和个体工商户金融甘露行动，名单内企业对接率100%；指导新都桂城村镇银行压降大额贷款0.91亿元，支持388户普惠小微客户获得低息资金。新都区小微企业融资难、融资贵问题明显改善，截至12月末，普惠小微贷款余额94.57亿元，较年初增加24.28亿元，增长34.54%。

【金融稳定维护】 人行新都支行妥善处理新都区“原油宝”客户维权、“明天系”、新都桂城村镇银行大额（预约）走款、包商银行破产公布等可能出现的流动性及舆情风险；常态化监测辖区银行业风险状况、大型问题及重点风险企业等异常情况，抓好法人机构资产质量、盈利能力、流动性和经营业务等潜在风险状况日常监管；推进存款保险信息系统建设，完成核算、缴纳以及风险差别费率核定，完成存保标识启动、宣传和统一挂牌。

【绿色金融试点】 人行新都支行推动成都绿色金融综合服务平台“绿蓉通”正式上线，动员全区25家银行全部入驻，截至12月末，上架信贷产品77个，企业注册1601家，其中融资207家、授信总额28.17亿元，融资234笔、金额20.77亿元；参与绿色金融创新，指导金融机构对1个环境治理项目发放绿色贷款，为新都区首支2亿元绿色基金创设提供技术支持；总结反映创新案例，试点成效获得成都市人民政府副市长肯定批示。截至12月末，绿色信贷统计余额13.36亿元，比年初增加2.54亿元，增长23.5%。

【金融统计管理】 人行新都支行贯彻执行2020年金融统计制度，对金融机构不定期开展金融统计法规执行情况现场检查，确保各类数据真实、准确、完整；开展金融基础数据统计，落实存贷款基础数据全量统计要求，指导新都桂城村镇银行报送数据；加强对村镇银行、小贷公司的数据审核，按时生成统计报表，满足当地政府与金融机构的金融统计服务需求；贴近微观经济主体，完成普惠金融、制度性及临时调查，全面分析“三农”、企业景气、房地产、民间融资、商品价格等数据，动态掌握区域经济金融发展状况。

【人民币管理】 人行新都支行在区政府发文支持下，创建新都区智慧物流产业园现金服务示范区，经上级行验收为市级达标；抓好新版5元券人民币发行培训宣传、网点检测等工作；组织金融机构开展线上反假“小超人答题活动”，新都区在成都各区县中获得第二名；受理区信访部门转办事项35件次，为群众解决蓉桂公交公司库存残损币积压、商户POS机应收款项未到账、刚需住户按揭贷款发放不及时和多起拒收人民币现金等方面的投诉，协助公安机关破获1起假币案件，收到公安部门感谢信和群众高度认可。

【国库与支付结算】 人行新都支行疫情期间畅通应急绿色通道，拨付疫情防控资金905万元，清算财政资金62.49亿元；做好社会保险费征缴入库，落实减税降费政策，办理退税业务4.56万笔、金额5.32亿元；持续深化金融“放管服”改革，办理核准类单位银行结算账户开、销、变、补换发等业务量1825户，受理辖内金融机构核查类取消企业核查账户19131户，平均核查率63.02%；打造44个国库惠民服务平台，2个达到分行授牌要求；加大移动支付便民工程推广力度，建设29个“云闪付”宣传示范点，启用助农取款点403个、提档升级34个；以“人民银行经理国库35周年”为主题，制作2则国债宣传视频被“学习强国”APP收录展播。

【征信服务】 人行新都支行开展县域金融生态环境评价和建设，宣传推广“天府信用通”平台，截至12月末共注册2175户，融资201笔、10.18亿元；执行征信查询风险管理日核查制度，现场督导征信查询点服务合规性；提升对外提供征信查询服务质量，分别办理企业、个人查询数2883笔、48687笔，比2019年增长4.75%、12.52%；国家机关查询个人征信报告1人次，办理异议20人次，移送重点可疑交易报告16份，其中1起正立案调查；督促新都桂城村镇银行完善征信内部管理，提高个人查询质量，加快企业查询功能建设。

（王文佳）

## 新都银保监管组
Xindu Banking and Insurance Supervision and Management Group

【概况】 2020年，新都区有银行金融机构25家，其中法人机构1家、分支机构24家，网点139个；有保险金融机构46家，其中人身险公司17家、财产险公司29家，网点65个；有保险中介机构金融机构31家，网点31个。

【法人监管】 新都银保监管组以辖内法人银行金融机构为监管重点，履行属地监管第一责任；引导和督促辖内村镇银行坚守“支农支小”市场定位，开展与风险管控能力相匹配的业务；通过非现场监管、准入初审和巡查督查、现场检查等方法，督导村镇银行防控风险，促进其安全稳健运行。

【风险监管】 新都银保监管组指导和督促辖内银行保险金融机构做好服务实体经济和风险防控，坚决守住风险底线；收集辖区有关金融风险的信息并向上级机构报告，发现重大风险向地方党委和政府报告并妥善处置。

2020年新都区辖内银行金融机构一览表

表19

| 机构类别 | 机构名称 | 网点名称 | 机构地址 |
| --- | --- | --- | --- |
| 村镇银行 | 新都桂城村镇银行有限责任公司 | 营业部 | 新都区清源路状元府邸66号 |
| | | 三河支行 | 四川省成都市新都区三河街道互江路275号1幢1楼3号、4号 |
| | | 新繁支行 | 四川省成都市新都区新繁镇正东街88号 |
| | | 大丰支行 | 成都市新都区大丰街道方元路222号附14~17号 |
| | | 天缘路支行 | 成都市新都区天缘路二段2号、4号 |
| | | 石板滩支行 | 成都市新都区石板滩镇东风西街家园路一巷79号、81号 |
| | | 绿色金融中心支行 | 成都市新都区新都大道445号、455号 |

续表19

| 机构类别 | 机构名称 | 网点名称 | 机构地址 |
|---|---|---|---|
| 政策性银行 | 中国农业发展银行 | 成都市新都区支行 | 四川省成都市新都区新都东环路五巷46号 |
| 国有大型银行 | 中国工商银行股份有限公司 | 成都新都支行 | 四川省成都市新都区新都镇小北街1巷附2号 |
| | | 成都新繁支行 | 四川省成都市新都区新繁镇正东街64~66号 |
| | | 成都物流大道支行 | 四川省成都市新都区物流大道88号招商楼一层 |
| | | 成都西南石油大学支行 | 四川省成都市新都区新都镇新都大道8号校研发大楼附楼一层 |
| | | 成都花都大道支行 | 四川省成都市新都区大丰街道花都大道763、765、767、769、771、773号 |
| | | 新都工业大道支行 | 四川省成都市新都区新都工业大道东段399号 |
| | | 成都马超西路支行 | 四川省成都市新都区新都镇马超西路128~132号 |
| | | 成都大丰支行 | 四川省成都市新都区大丰街办铁石板街86、88、90、92号 |
| | | 成都城东支行 | 四川省成都市新都区新都兴乐北路151~157号、159号、161号、163号 |
| | | 成都桂湖西路支行 | 四川省成都市新都区新都镇桂湖西路32、34号 |
| | | 成都北星大道支行 | 四川省成都市新都区斑竹园镇北星大道二段877号1栋1层129号 |
| | | 成都利民路支行 | 四川省成都市新都区大丰街道利民路513、515、517、519号 |
| | 中国农业银行股份有限公司 | 成都新都支行 | 四川省成都市新都区新都镇新中路122号 |
| | | 新都斑竹园分理处 | 四川省成都市新都区斑竹园镇227号 |
| | | 新都大丰支行 | 四川省成都市新都区大丰镇南街171号 |
| | | 新都电子路分理处 | 四川省成都市新都区新都镇电子路101号 |
| | | 新都石板滩支行 | 四川省成都市新都区石板滩镇东街40号 |
| | | 新都太兴分理处 | 四川省成都市新都区太兴镇 |
| | | 新都新民分理处 | 四川省成都市新都区新民镇正街 |
| | | 新都香城分理处 | 四川省成都市新都区同仁路22号、新都大道429号、435号 |
| | | 新都马超东路支行 | 四川省成都市新都区马超东路557号附101、附102、附103、附105、附106号 |
| | | 新都新繁支行 | 四川省成都市新都区新繁镇正南街7号 |
| | | 新都三河支行 | 四川省成都市新都区三河街道厚诚路8号2栋 |
| | | 新都新繁西街分理处 | 四川省成都市新都区新繁镇东街72号1栋1层 |
| | | 新都城南分理处 | 四川省成都市新都区物流大道573号19栋19-1、19-2、19-3号 |
| | | 新都龙桥分理处 | 四川省成都市新都区龙桥镇南街59~77号 |
| | | 新都大丰南街分理处 | 四川省成都市新都区大丰街道互惠大道35、37号 |
| | 中国银行股份有限公司 | 新都支行 | 四川省成都市新都区圣谕亭巷80号 |
| | | 新都大丰支行 | 四川省成都市新都区大丰.花都大道789号10幢西侧底层 |
| | | 新都建设路支行 | 四川省成都市新都区新都镇建设路24、26、28、30、32号 |
| | | 新都马超西路支行 | 四川省成都市新都区马超西路金冠华庭12幢1楼4、5、6号 |
| | | 新都新繁支行 | 四川省成都市新都区新繁镇繁江中路143号、145号、147号 |
| | | 新都石油大学支行 | 四川省成都市新都区新都大道8号西南石油大学研发楼附一楼东侧 |
| | | 新都博海路支行 | 四川省成都市新都区新都镇博海路83号1幢5、6、7号商铺 |
| | 中国建设银行股份有限公司 | 成都新都支行 | 四川省成都市新都区桂湖东路58号 |
| | | 成都新都新城花园支行 | 四川省成都市新都区新都镇电子路新城花园二幢1楼8号 |
| | | 成都新都大丰支行 | 四川省成都市新都区大丰街道花都大道783号 |

续表19

| 机构类别 | 机构名称 | 网点名称 | 机构地址 |
|---|---|---|---|
| 国有大型银行 | 中国建设银行股份有限公司 | 新都香江支行 | 四川省成都市新都区家具产业园区列维士路 562 号、564 号 |
| | | 新都新繁支行 | 四川省成都市新都区新繁镇繁江大道与东街交汇处 |
| | | 新都三河支行 | 四川省成都市新都区三河街办厚诚路 8 号 |
| | | 新都西街支行 | 四川省成都市新都区新都镇西街 62~64 号 |
| | | 新都国际广场支行 | 四川省成都市新都区新都镇马超东路 380 号新都国际广场底楼 |
| | | 新都东环路支行 | 四川省成都市新都区新都镇紫瑞街 6~8 号 |
| | | 新都北星支行 | 四川省成都市新都区大丰街道敬成路 425 号 |
| | 交通银行股份有限公司 | 成都新都支行 | 四川省成都市新都区马超东路 289 号 1 楼 |
| | | 成都新都大丰支行 | 四川省成都市新都区大丰街道办花都大道 696 号 17 栋 1 层 1–1 号 |
| | | 成都新都下南街支行 | 四川省成都市新都区外南街 56–58 号 |
| | 中国邮政储蓄银行股份有限公司 | 成都市新都区支行 | 四川省成都市新都区新都育英路 457 号 |
| | | 成都市大丰镇支行 | 四川省成都市新都区大丰街道办事处花都大道 783 号 |
| | | 成都市新都区新民营业所 | 四川省成都市新都区新民镇大成街 61、63、65 号 |
| | | 成都市新都镇清源路支行 | 四川省成都市新都区新都镇清源路 201 号 |
| | | 成都市新都区泰兴营业所 | 四川省成都市新都区泰兴镇泰北街 8 幢 1 层 4 号 |
| | | 成都市新都区斑竹园镇营业所 | 四川省成都市新都区斑竹园镇文锦街 184~190 号 |
| | | 成都市新都镇西街营业所 | 四川省成都市新都区新都街道西街 6 号 |
| | | 成都市新都区三河大道营业所 | 四川省成都市新都区三河街道三河大道 48~52 号 |
| | | 成都市新都区石板滩镇营业所 | 四川省成都市新都区石板滩镇东风东街 68~74 号 |
| | | 成都市新都区新繁镇营业所 | 四川省成都市新都区新繁镇正西街 260 号 |
| | | 成都市新都区石油学院营业所 | 四川省成都市新都区蜀龙大道中段 1088 号 1 栋 1 层 1 号、2 号、3 号、4 号。 |
| | | 成都市新都区龙桥镇营业所 | 四川省成都市新都区龙桥镇南街 348 号、350 号、南街 352 号 1 栋附 101、102、103、104 号 |
| 全国性股份制银行 | 兴业银行股份有限公司 | 成都新都支行 | 四川省成都市新都区香城大道马超西路段 338、340、342、344、346、348 号 |
| | | 新都保利 198 社区支行 | 四川省成都市新都区三河银杏路 55 号、57 号 |
| | | 新都马超路社区支行 | 四川省成都市新都区马超西路 298 号 |
| | | 成都新都双河鹭岛社区支行 | 四川省成都市新都区毗河东路 99 号附 26 号 |
| | 中国民生银行股份有限公司 | 成都新都支行 | 四川省成都市新都区新都镇马超西路 28 号龙虎大厦 1~2 层 |
| | | 成都保利公园 198 社区支行 | 四川省成都市新都区三河银杏路 51~53 号 |
| | | 成都新都物流园小微支行 | 四川省成都市新都区新都物流大道西段 181 号 |
| | | 成都新都新都汇社区支行 | 四川省成都市新都区新都镇桂水路 421、423、425 号 |
| | | 成都新都家具园小微支行 | 四川省成都市新都区新繁镇繁川家具大道南段 219 号 |
| | 中信银行股份有限公司 | 成都新都支行 | 四川省成都市新都区马超东路 559 号附 110~115 号、附 211、213、311 号 |
| | 华夏银行股份有限公司 | 成都新都支行 | 四川省成都市新都区桂湖东路 214 号 |
| | 中国光大银行股份有限公司 | 成都新都支行 | 四川省成都市新都区新都镇马超西路 299 号附 14~15 号、143 号、145 号、147 号 |
| | 上海浦东发展银行股份有限公司 | 成都新都支行 | 四川省成都市新都区马超东路 266 号“新城市中心”第一层第 1110 号 |

续表 19

| 机构类别 | 机构名称 | 网点名称 | 机构地址 |
|---|---|---|---|
| 全国性股份制银行 | 浙商银行股份有限公司 | 成都新都支行 | 四川省成都市新都区马超东路559号商铺之附101、附102、附103、附201、附206及附306号 |
| | 平安银行股份有限公司 | 成都新都支行 | 四川省成都市新都区新都镇马超西路299号1栋1楼1~3号 |
| | 广发银行股份有限公司 | 成都新都马超东路小微支行 | 四川省成都市新都区新都兴乐北路93号、95号 |
| 城市商业银行 | 成都银行股份有限公司 | 新都支行 | 四川省成都市新都区马超西路金荷大厦一单元一层 |
| | | 新繁支行 | 四川省成都市新都区新繁镇繁清大道222号“全球家居CBD项目”一期四栋一楼B-8018、8019号 |
| | | 成都达令港社区支行 | 四川省成都市新都区大丰镇方营路537号 |
| | 四川天府银行股份有限公司 | 成都新都支行 | 四川省成都市新都区马超西路1号 |
| | | 成都新都大丰小微支行 | 四川省成都市新都区大丰镇赵家寺路60号附6~7号 |
| | 长城华西银行股份有限公司 | 成都新都支行 | 四川省成都市新都区香城大道马超西路269号、271号 |
| | 贵阳银行股份有限公司 | 成都新都支行 | 四川省成都市新都区香城大道马超东路段555号附37号、附38号、附39号、附40号、附41号 |
| | 哈尔滨银行股份有限公司 | 成都新都支行 | 四川省成都市新都区马超东路518号汉嘉国际社区 |
| | 重庆银行股份有限公司 | 成都新都支行 | 四川省成都市新都区育英路470号、472号、474号 |
| | 浙江民泰商业银行股份有限公司 | 成都新都支行 | 四川省成都市新都区马超西路298号 |
| 农村商业银行 | 成都农村商业银行股份有限公司 | 新都支行 | 四川省成都市新都区新都镇马超东路289号 |
| | | 新都义和分理处 | 四川省成都市新都区石板滩镇金山角社区万源大道30号 |
| | | 新都高宁分理处 | 四川省成都市新都区新繁镇石云村4组101号 |
| | | 新都公园路分理处 | 四川省成都市新都区新都镇公园路83~85号 |
| | | 新都桂湖分理处 | 四川省成都市新都区新都镇东环路74~80号 |
| | | 新都桂林分理处 | 四川省成都市新都区新都镇桂湖东路144~152号 |
| | | 新都利济分理处 | 四川省成都市新都区清流镇利济兴南街14、16、18、20、22号 |
| | | 新都龙安分理处 | 四川省成都市新都区新繁镇桥北街127~135号 |
| | | 新都马家分理处 | 四川省成都市新都区马家镇升庵中路77号 |
| | | 新都清流分理处 | 四川省成都市新都区清流镇清渔街387、389、391、393、395、397、399、401、403、405号 |
| | | 新都清源路分理处 | 四川省成都市新都区新都镇静安路215号、217号、219号 |
| | | 新都蓉北分理处 | 四川省成都市新都区大丰镇蓉北大道一段180、182、184号 |
| | | 新都石板滩分理处 | 四川省成都市新都区石板滩镇正兴街361~365号 |
| | | 新都太兴农南街分理处 | 四川省成都市新都区泰兴镇泰南街59、61、63、65号 |
| | | 新都外南街分理处 | 四川省成都市新都区新都镇外南街29~31号 |
| | | 新都香城分理处 | 四川省成都市新都区新都镇东街276、278、280号 |
| | | 新都新繁曼时分理处 | 四川省成都市新都区新繁镇荣军路97~101号 |
| | | 新都新繁外西街分理处 | 四川省成都市新都区新繁镇繁川家具大道370~376号 |
| | | 新都新繁正西街分理处 | 四川省成都市新都区新繁镇正西街193~195号 |
| | | 新都竹友分理处 | 四川省成都市新都区斑竹园镇竹友西街90、92、94、96号 |
| | | 新都柏水分理处 | 四川省成都市新都区斑竹园镇柏水路558、560号 |
| | | 新都太兴支行 | 四川省成都市新都区泰兴镇泰北街220号 |
| | | 新都新繁支行 | 四川省成都市新都区新繁镇繁清路89~99号 |

续表19

| 机构类别 | 机构名称 | 网点名称 | 机构地址 |
|---|---|---|---|
| 农村商业银行 | 成都农村商业银行股份有限公司 | 新都正因分理处 | 四川省成都市新都区正因南街129、131号，正因南街西二巷2、4、6、8号 |
| | | 新都天元支行 | 四川省成都市新都区新都镇电子路500-504号 |
| | | 新都物流园区分理处 | 四川省成都市新都区物流园区物流大道199号天旭汽配城办公楼左侧 |
| | | 新都汉嘉分理处 | 四川省成都市新都区香城大道马超东路段610、612、614、616、618号，兴乐北路1、3号 |
| | | 新都新民分理处 | 四川省成都市新都区新民镇福新街27、29、31、33号 |
| | | 新都海宁皮革城分理处 | 四川省成都市新都区斑竹园镇柏水村5社“成都海宁皮革城”内北京路63号 |
| | | 新都桂林路分理处 | 四川省成都市新都区新都镇桂湖东路281号 |
| | | 新都军屯分理处 | 四川省成都市新都区军屯镇嘉荟街16、18、20、22号 |
| | | 新都龙桥分理处 | 四川省成都市新都区龙桥镇古兴街42号、44号、46号 |
| | | 新都状元街分理处 | 四川省成都市新都区新都镇桂湖西路172~178号 |
| | | 新都大丰东街分理处 | 四川省成都市新都区大丰街道新街118、120号 |
| | | 新都斑竹园支行 | 四川省成都市新都区斑竹园镇竹园大道39、41、43号 |
| | | 新都三河支行 | 四川省成都市新都区三河街道三河大道61~69号 |
| | | 新都政务中心分理处 | 四川省成都市新都区市民服务中心D区一层 |
| | | 新都石木路分理处 | 四川省成都市新都区木兰镇芦竹路311、313、315号 |
| | | 新都木兰支行 | 四川省成都市新都区木兰镇同兴街196号 |
| | | 新都龙虎分理处 | 四川省成都市新都区龙虎大道2015、2017、2019、2021、2023、2025号 |
| | | 新都大丰支行 | 四川省成都市新都区大丰街道方元路60、62号 |
| | | 新都锦水分理处 | 四川省成都市新都区新都街道工业大道西段279、281、283号 |
| | | 新都石板滩支行 | 四川省成都市新都区石板滩镇东风西街77、79、81、83、85号 |
| | | 新都大丰三元分理处 | 四川省成都市新都区大丰街道利民路643、645、647号 |
| | | 新都宝光分理处 | 四川省成都市新都区新都街道建设路3、5号 |
| | | 新都龙桥廊桥分理处 | 四川省成都市新都区龙桥镇廊桥步行街39、41、43、45号 |
| 人身险公司 | 中国人寿保险股份有限公司 | 成都市新都区支公司 | 成都市新都区湖滨路382号 |
| | | 成都市新都区支公司斑竹园营销服务部 | 成都市新都区斑竹园镇南岸路124号 |
| | | 成都市新都区支公司湖滨路营销服务部 | 成都市新都区新都街道香城大道马超西路338号 |
| | | 成都市新都区支公司木兰营销服务部 | 成都市新都区木兰镇文化二街13~15号 |
| | | 成都市新都区支公司大丰营销服务部 | 四川省成都市新都区大丰街道方元路53号2栋6层1号 |
| | | 成都市新都区支公司泰兴营销服务部 | 四川省成都市新都区泰兴镇大观街39号8栋1层12号 |

续表 19

| 机构类别 | 机构名称 | 网点名称 | 机构地址 |
|---|---|---|---|
| 人身险公司 | 中国人寿保险股份有限公司 | 成都市新都区支公司新繁营销服务部 | 成都市新都区新繁镇北一环金地三期新居工程 614、616 号底楼商铺 |
| | | 成都市新都区支公司石板滩营销服务部 | 四川省成都市新都区石板滩镇光明小区 280 号一楼 |
| | | 成都市新都区支公司桂湖营销服务部 | 成都市新都区新都镇桂湖东路 210 号 |
| | | 成都市新都区支公司三河营销服务部 | 成都市新都区三河街道厚城路 8 号西部海峡商贸城 1 栋 2 单元 8 层 815、816 号 |
| | | 成都市新都区支公司新民营销服务部 | 四川省成都市新都区新民镇福中街 121、123 号 |
| | 中国平安人寿保险股份有限公司 | 成都市新都支公司 | 四川省成都市新都区新都街道蓉都大道南一段 59 号七一国际广场 9 号楼 9 楼 1~8 号 |
| | | 四川分公司新都新繁营销服务部 | 四川省成都市新都区新繁镇繁清路 508 号附 1 号 2 楼 |
| | | 成都市新都支公司斑竹园营销服务部 | 四川省成都市新都区斑竹园镇宏发路 297 号附 201 号 |
| | | 成都市新都支公司大丰营销服务部 | 成都市新都区大丰镇敬成路 99 号北新国际 2 楼 4 栋 1~3 号 |
| | 泰康人寿保险有限责任公司 | 四川成都新都支公司 | 成都市新都区新都街道马超东路 266 号 1 栋 16 楼 |
| | | 四川成都新繁营销服务部 | 四川省成都市新都区新繁镇正西街 57 号附 51 号 1 栋附 205 号 |
| | 中国人民人寿保险股份有限公司 | 成都市新都区支公司 | 四川省成都市新都区新都镇状元街 198~200 号 |
| | 太平人寿保险有限公司 | 新都支公司 | 成都市新都区新都镇马超东路 266 号 1 栋 20 楼 |
| | 合众人寿保险股份有限公司 | 新都支公司 | 成都市新都区新都街道兴乐北路 88 号 1 栋 12 层 3~4 号 |
| | 前海人寿保险股份有限公司 | 前海人寿保险股份有限公司新都支公司 | 成都市新都区新都街道马超东路 266 号 1 栋 16 层 1609、1610、1611 号 |
| | 天安人寿保险股份有限公司 | 成都市新都支公司 | 四川省成都市新都区新都学院路西段 180 号附 8 号 4 栋 5 层 2 号 |
| | 新华人寿保险股份有限公司 | 新都营销服务部 | 成都市新都区蓉都大道南一段 71 号七一国际广场 9 座 13 层 2、3 号 |
| | 中国太平洋人寿保险股份有限公司 | 成都中心支公司新都营销服务部 | 成都市新都区新都街道桂湖东路 57 号 1 栋 6 层 |
| | 民生人寿保险股份有限公司 | 四川分公司新都营销服务部 | 成都市新都区新都街道兴乐北路 88 号 3 栋 11 层 2、3 号 |
| | 中英人寿保险有限公司 | 四川分公司新都营销服务部 | 四川省成都市新都区马超东路 266 号和信新城市中心 7 楼 710、711 号 |
| | 富德生命人寿保险股份有限公司 | 四川分公司新都营销服务部 | 四川省成都市新都区新都镇马超东路 266 号和信新城市中心 10 楼 1010、1011 号 |
| | 长城人寿保险股份有限公司 | 四川分公司新都营销服务部 | 成都市新都区马超东路 266 号 1 幢 1 单元 12 层 1206 号 |

续表 19

| 机构类别 | 机构名称 | 网点名称 | 机构地址 |
| --- | --- | --- | --- |
| 人身险公司 | 华泰人寿保险股份有限公司 | 四川分公司新都营销服务部 | 成都市新都区缤纷广场二栋 2 楼 5 号 |
| | 东吴人寿保险股份有限公司 | 四川分公司新都营销服务部 | 四川省成都市新都区新都镇兴乐北路 88 号 1 幢 20 层 2、3、4 号 |
| | 华夏人寿保险股份有限公司 | 四川分公司新都营销服务部 | 新都区天缘路 2 段 14 号 |
| 财产险公司 | 中国人民财产保险股份有限公司 | 成都市新都支公司 | 成都市新都区桂湖东路 210 号 |
| | | 成都市新都支公司新繁营销服务部 | 成都市新都区新繁镇海湾路 35、37 号 |
| | | 成都市新都支公司大丰营销服务部 | 成都市新都区大丰街道办事处蓉北路 2 段 97 号 |
| | | 成都市新都支公司石板滩营销服务部 | 成都市新都区石板滩镇家园路二巷 118 号 |
| | 中国平安财产保险股份有限公司 | 新都支公司 | 新都区新都镇马超东路 266 号 1 栋 14 层 1409、1410、1411 号 |
| | | 新都支公司新繁营销服务部 | 成都市新都区新繁镇英才路 98、102 号 |
| | 中国太平洋财产保险股份有限公司 | 成都市新都支公司 | 成都市新都区新都镇马超东路 621 号一、二楼，623 号一楼 |
| | 锦泰财产保险股份有限公司 | 新都支公司 | 成都市新都区新都镇兴乐南路 59、61 号 |
| | 中华联合财产保险股份有限公司 | 成都市新都支公司 | 四川省成都市新都区宝光大道南段 366~368 号 1、2、4 层 |
| | 华安财产保险股份有限公司 | 新都支公司 | 四川省成都市新都区新都镇清源路 219 号 6 幢 1 层 10 号 |
| | | 成都市新都区新繁营销服务部 | 成都市新都区新繁镇繁广路 201 号 1 栋 1 楼 16 号、繁广路 203 号 1 栋 1 楼 17 号 |
| | 永安财产保险股份有限公司 | 成都市新都支公司 | 成都市新都区新都街道马超东路 266 号 1 栋 9 层 904~905 号 |
| | 阳光财产保险股份有限公司 | 成都市新都支公司 | 成都市新都区马超东路 611 号 |
| | 渤海财产保险股份有限公司 | 新都支公司 | 新都镇兴乐北路 88 号 3 栋 13 层 15 号 |
| | 安盛天平财产保险股份有限公司 | 新都支公司 | 成都市新都区新都镇香城大道 33 号 1 栋 1 层 1 号 |
| | 永诚财产保险股份有限公司 | 新都支公司 | 成都市新都区马超东路 629 号 |
| | 紫金财产保险股份有限公司 | 新都支公司 | 四川省成都市新都区新都镇清源路 555 号锦绣香城 1 幢 1 单元 1 层 2 号 |
| | 英大泰和财产保险股份有限公司 | 新都支公司 | 成都市新都区新都学院路西段 487 号附 19、20 号 |

续表 19

| 机构类别 | 机构名称 | 网点名称 | 机构地址 |
| --- | --- | --- | --- |
| 财产险公司 | 鼎和财产保险股份有限公司 | 新都支公司 | 成都市新都区新都镇清源路 555 号锦绣香城壹栋 1 层 3 号 |
| | 中国人寿财产保险股份有限公司 | 成都市新都支公司 | 成都市新都区新都镇马超东路 266 号 1 栋 1 单元 19 层 1902、1903 室 |
| | 安诚财产保险股份有限公司 | 新都支公司 | 成都市新都区蓉都大道南一段 359 号 |
| | 亚太财产保险有限公司 | 新都支公司 | 四川省成都市新都区毕生路 31 号 |
| | 富德财产保险股份有限公司 | 新都支公司 | 成都市新都区新都街道宝光大道南段 386 号 1 楼及 3 楼部分房屋 |
| | 都邦财产保险股份有限公司 | 新都支公司 | 成都市新都区新都街道香城大道 266 号 3 栋 1 层 1 号 |
| | 珠峰财产保险股份有限公司 | 新都支公司 | 成都市新都区香城大道 33 号 1 栋 1 楼 4 号 |
| | 富邦财产保险有限公司 | 成都市新都支公司 | 成都市新都区新都香城大道华桂路 21 号 |
| | 利宝保险有限公司 | 成都市新都支公司 | 四川省成都市新都区毕达路 90 号 |
| | 中银保险有限公司 | 新都支公司 | 成都市新都区新都镇马超东路 615 号 |
| | 中国大地财产保险股份有限公司 | 四川分公司新都营销服务部 | 四川省成都市新都区新都镇金都街 198 号附 1 号 |
| | 天安财产保险股份有限公司 | 成都中心支公司新都营销服务部 | 四川省成都市新都区新都镇马超东路 266 号和信新城市中心 1 栋 10 层 1002 号 |
| | 中航安盟财产保险有限公司 | 成都市新都营销服务部 | 成都市新都区新都香城大道电子路段 348~350 号 |
| | 大家财产保险有限责任公司 | 四川分公司新都区营销服务部 | 成都市新都区新都镇兴乐北路 88 号 3 栋 12 层 47 号 |
| | 华泰财产保险有限公司 | 四川省分公司新都营销服务部 | 成都市新都区新都镇香城大道 226 号红树林 3 栋 1 层 4、7 号 |
| | 太平财产保险有限公司 | 新都支公司 | 四川省成都市新都区马超东路 266 号 1 栋 5 层 503 号 |
| 保险中介公司 | 四川嘉诚创享保险销售服务有限公司 | 嘉诚创享公司 | 四川省成都市新都区新都镇物流大道 88 号 1 栋 D407、D409 号 |
| | 传化保险经纪有限公司 | 四川分公司 | 成都市新都区物流大道 88 号 1 栋 |
| | 德圣保险经纪有限公司 | 四川分公司 | 成都市新都区物流大道 88 号传化物流基地有限公司 C441 号 |
| | 同昌保险经纪股份有限公司 | 成都分公司 | 成都市新都区新都镇中集大道 555 号 2 栋 1~2 楼 107 号 |
| | 成都安特保险代理有限公司 | 新都分公司 | 成都市新都区湖滨路 361 号 |
| | 成都鑫联合保险代理有限公司 | 新都分公司 | 成都市新都区新都街道兴乐北路 88 号 2 栋 9 层 22 号 |
| | 鼎宏保险销售股份有限公司 | 新都分公司 | 成都市新都区新都街道中集大道 557 号 2 栋 1 层 119、144 号 |
| | 佳兴保险销售有限公司 | 中集大道分公司 | 成都市新都区中集大道 555 号 1-104 |

续表 19

| 机构类别 | 机构名称 | 网点名称 | 机构地址 |
|---|---|---|---|
| 保险中介公司 | 升华茂林保险销售服务有限公司 | 新都分公司 | 成都市新都区中集大道 555 号中集车辆园 2 栋 1~2 楼 103 号 |
| | 四川宝瑞保险销售有限公司 | 新都分公司 | 成都市新都区新都中集大道 555 号 1 栋 1 层 1 号 |
| | 四川诚鑫保险代理有限公司 | 新都分公司 | 成都市新都区新都街道蓉都大厦南一段 602 号 |
| | 四川大众联合保险销售有限公司 | 新都分公司 | 成都市新都区宝光大道南段 386 号 3 楼 |
| | 四川恒光保险代理有限公司 | 新都分公司 | 成都市新都区物流中心中集大道 557 号大新汽车商业广场 B 区 2 栋 118、145 号 |
| | 四川远诚保险销售服务有限公司 | 新都分公司 | 成都市新都区新都大道 2 号 |
| | 四川中泰保险代理有限公司 | 新都分公司 | 成都市新都区新都街道马超东路 266 号 1 栋 14 层 1401 号 |
| | 车车保险销售服务有限公司 | 新都营业部 | 成都市新都区新都街道香城北路 8 号 6 栋 2 层 16 号 |
| | 大童保险销售服务有限公司 | 新都营业部 | 四川省成都市新都区鑫盛路 366 号 3 栋 8 层 805~806 号 |
| | 泛华联兴保险销售股份公司四川省分公司 | 新都营业部 | 成都市新都区新都街道兴乐北路 88 号缤纷时代广场 1 号楼 13 层 4 号 |
| | 华康保险代理有限公司四川分公司 | 新都营业部 | 成都市新都区新都街道兴乐北路 88 号 1 栋 9 层 9、10、12 号 |
| | 汇金永信保险销售服务有限公司 | 大丰营业部 | 成都市新都区大丰街道三元社区仁爱路 15 号附 25 号 |
| | 汇金永信保险销售服务有限公司 | 锦宇营业部 | 成都市新都区新都街道新都大道成绵高速路口锦宇汽车园 201 室 |
| | 汇金永信保险销售服务有限公司 | 新都宝源营业部 | 成都市新都区三河街道五龙山路 189 号 |
| | 四川鸿泰保险代理有限公司 | 物流大道营业部 | 成都市新都区新都镇物流大道西段 217 号 1~2 层 |
| | 四川嘉诚保险销售服务有限公司 | 成都传化营业部 | 成都市新都区物流大道 88 号 |
| | 四川嘉诚保险销售服务有限公司 | 成都中集营业部 | 成都市新都区中集大道 555 号中集车辆园 11 栋综合楼 1 楼 |
| | 四川嘉诚保险销售服务有限公司 | 新都鸿运大道营业部 | 成都市新都区新都香城北路 188 号附 20 号 |
| | 四川希望保险代理有限公司 | 新都区城区营业部 | 成都市新都区新都宝光大道中段 576、578 号 |
| | 四川言必信保险销售有限公司 | 新都区城区营业部 | 成都市新都区新都街道中集大道 555 号 2 栋 1 楼 124 号 |

续表 19

| 机构类别 | 机构名称 | 网点名称 | 机构地址 |
| --- | --- | --- | --- |
| 保险中介公司 | 泰源保险代理有限公司 | 新都宝光大道营业部 | 成都市新都区新都宝光大道南段 623 号 |
| | 泰源保险代理有限公司 | 新都区马超路营业部 | 成都市新都区新都镇马超东路 518 号 22 栋 1 层 12 号 |
| | 浙江浙商保险销售有限公司 | 新都营业部 | 成都市新都区工业大道西段 370 号 |

（黄祚秀）

## 证券营业部
Security Exchange Department

【概况】 2020 年，新都区境内有国金、中金等证券营业部，各证券营业部都有较好的交易环境，基础设施完备，交易委托方式多样。

【国金证券】 国金证券股份有限公司成都新都区马超西路证券营业部地处新都区新都街道马超西路 338 号 5 楼，营业面积 480 平方米。2020 年，营业部下设财富金融部、零售理财部、投资顾问部、业务运行部等二级部门，有员工 24 人，有客户 30000 余户，客户资产规模约 30 亿元；有交易类产品、融资类产品、咨询类产品及各类理财产品，满足客户对产品的一站式需求；采用网上、电话、手机等交易委托方式，满足不同客户需求；有研究咨询团队、金融顾问及投资顾问团队，金融顾问、投资顾问、客户顾问借助电话、网络、微信等媒体向新老客户提供全方位服务；定期免费举办投资者入市培训、投资分析报告会、理财沙龙等活动；坚持全体员工安防意识教育、培训，增强员工的安防意识和安防技能，全年无安全责任事故。

（汪艳萍）

【中金财富证券】 中国中金财富证券有限公司成都新都桂湖东路证券营业部位于新都区桂湖东路 58 号。2020 年，营业部有部门 4 个、员工 13 名，其中有投资顾问资格的员工 6 名，有基金从业资格的员工 9 名；托管客户资产 15.7 亿元，客户数量 1.95 万人，营业收入 1170 万元。

（乔　琦）

## 人保财险新都支公司
Xindu Sub-branch of the PICC Property and Casualty Company Limited

【概况】 2020 年，中国人民财产保险股份有限公司成都市新都支公司（简称人保财险新都支公司）下设新繁三农营销服务部、石板滩三农营销服务部、大丰三农营销服务部三家营销服务部和龙桥三农营销服务站、斑竹园三农营销服务站、新民三农营销服务站、泰兴营销三农服务站四家保险服务站，并在新繁、龙桥、新民、泰兴设立警保合作劝导站。

【保险业务发展】 人保财险新都支公司推出法定传染疾病保险、安全疫苗责任保险和教育培训机构责任险等新险种；受疫情和车险综改影响，年保费收入 15829 万元；受夏季暴雨影响，年度赔付支出 12193 万元，其中农险赔付 125 万元；向新都区国家税务局纳税 1626 万元。

【保险服务】 “8·11”暴雨期间，人保财险新都支公司接到因强降雨天气导致受损报案 319 件，安排员工走访新繁家具园区等降雨量较大区域内的企业客户，协助企业加强防汛措施、转移物资、排除内涝，现场查勘已经受损企业，评估损失。8 月 17 日，因石板滩东风佳苑农集小区严重受灾，人保财险新都支公司派出工作人员在东风街农贸市场设立保险报案咨询服务点，接受客户咨询，并提供理赔报案服务。

（孙　露）

## 寿险新都支公司

Xindu Sub-branch of China Life Insurance Company Limited

【概况】 2020年，中国人寿保险股份有限公司成都市新都区支公司（简称寿险新都支公司）内设7个职能部门，下辖10个营销服务部，覆盖8个镇（街道），有员工及保险代理人1400余人。公司被授予中国人寿四川省分公司“先进基层党组织”、新都区爱心企业等称号。

【保险业务发展】 寿险新都支公司业务规模平稳发展、业务结构持续优化，截至12月31日年度总保费规模突破5亿元。

【保险目标管理】 年初，寿险新都支公司将全年业务发展指标、队伍建设指标纳入目标管理，与部门负责人签订业绩目标合同，逐月考核、奖惩兑现，调动各部门工作积极性和主动性；对内勤员工根据不同岗位设置不同的分配系数，坚持岗变薪变，实行浮动工资制，调动员工积极性，保质保量完成公司交办的任务，促进业务快速发展。

【保险服务】 寿险新都支公司在全区设立“扶弱助创”“生育关怀”“帮教助学”基金，依托服务团队开展保险公众宣传活动，传播保险惠民政策；坚持推进向以客户为中心的经营管理体系转变，不断提升优化客户体验，探索彰显人性关怀的高品质服务，丰富服务内容，在推广“重疾一日赔”的服务中，100余件重疾案件均实现一日赔付；持续开展“国寿客户节”活动，开办国寿大讲堂、客户沙龙、公益讲座等活动，组织高端客户健康体检，推进客户服务升级；坚持扩大销售模式，建立起良好的银行保险合作新关系，方便客户在银行就近投保的需求，增加客户投资理财渠道。

【保险队伍建设】 寿险新都支公司从创新人力资源管理机制入手，深化体制改革，坚持靠机制引才、制度用才、培训育才、环境育才、完善市场化的人才选聘机制；加强员工诚信教育，推进职业道德诚信教育制度化、日常化和规范化；加强柜面人员服务素质培养，提升柜面整体服务形象和服务质量，建立起统一的服务模式和服务标准；加强营销员队伍建设，全年举办线上、线下新人签约班、启航班、晋阶班、组养培训等130余期。

（杨韵婕）

# 旅游业

## TOURISM

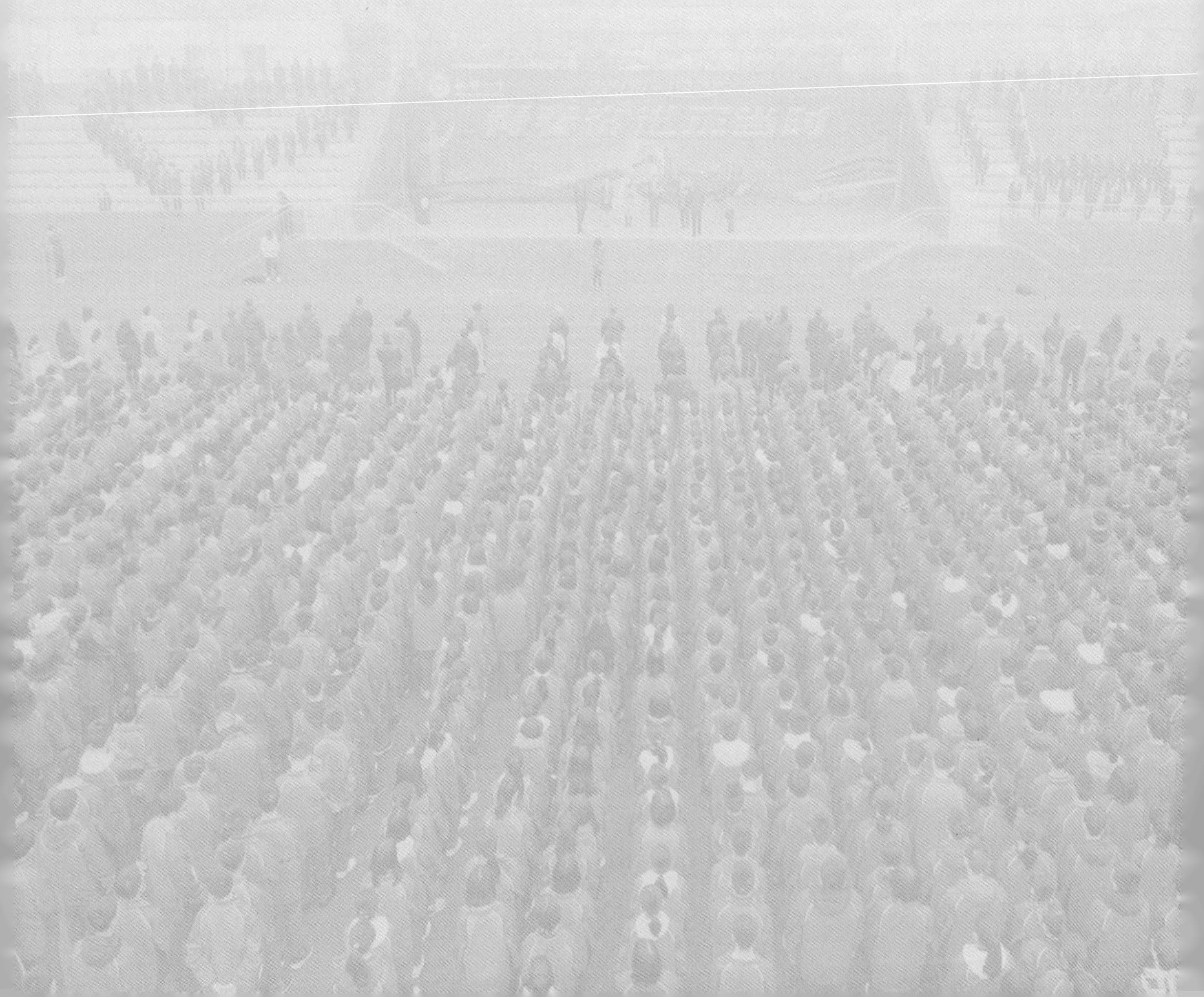

## 旅游业发展
Tourism Development

【概况】2020年，新都区按照国家“乡村振兴”战略部署要求，稳步推进天府沸腾小镇、音乐小镇、尖锋运动小镇等特色旅游小镇建设。全区已打造国家A级旅游景区6家、省级乡村旅游品牌18个、乡村旅游特色镇1个、成都市“新旅游·潮成都”主题旅游目的地9个。天府沸腾小镇获首届公园城市网红打卡新星奖、公园城市网红打卡50强，“音乐·百花谷”入选“烟火成都·春游巴士”成都最受欢迎的十大春游打卡胜地。全区全年接待游客1426.9万人次。

【旅游发展促进】新都区文化体育和旅游局立足“升庵文化”和“天府沸腾小镇”两大特色，打造本地旅游IP；利用数字化管理和精准营销，推动全区旅游业从粗放型向集约型转变；与四川省中国青年旅行社、善美之旅等合作，开发善美之旅浪漫香城二日游、新都研学一日游等旅游线路；实施“旅游+”融合发展行动，将旅游、美食、文创、艺术、音乐等元素融入乡村旅游，助力新都旅游资源宣传造势，促进生态和休闲旅游产业发展，提升新都旅游知名度和影响力；促进旅游产品结构更新升级，提升全区旅游发展综合水平，让游客真正零距离走进新都、认识新都、探寻新都、感悟新都。

【旅游行业管理】新都区文化体育和旅游局强化涉旅重点领域监管，健全全区各涉旅企业的监管机制，加强大型旅游活动安全保卫，完善旅游保险、旅游安全监控、旅游救援等旅游安全保障服务；指导督促辖区涉旅单位做好疫情防控、复工复产和有序开放，完成境外返新人员集中安置；按照疫情防控要求，督促各景区持续落实“限量、预约、错峰”要求，做好旅游景区开放管理；统筹协调、多点布局、分级管理，防范和化解旅游风险，提升旅游安全保障服务能力；开展“安全生产大检查和专项整治行动”等检查，召开专题会议对汛期及暑期、五一、清明、国庆黄金周等旅游旺季和重要时段期间旅游安全生产检查的范围和重点内容、检查方式和时间安排等事宜提出明确要求，加强对重点时段、节假日期间的安全检查和疫情防控检查，有效防范重大安全事故；坚持“日常监管”与“集中检查”相结合，监管全区各涉旅企业。

【农家乐管理】新都区文化体育和旅游局持续对辖区内星级农家乐开展检查与指导，全区有五星级农家乐2家（姊妹庄园餐饮管理有限公司、成都爱吾源生态农业有限公司）、四星级农家乐2家（海龙餐饮娱乐有限责任公司、沁彩苑农家乐）、三星级农家乐7家（北湖活水园休闲庄、岷风园、木兰山谷艺术农庄、双车坊清源农庄、大丰银杏山庄、金博庄休闲庄、佳和酒店），没有被通报批评的星级农家乐；组织各项技能培训，提升乡村旅游从业者从业水平，举办2020年成都市“百名厨师进乡村旅游聚集区”培训活动。

【住宿业企业标准化建设】新都区文化体育和旅游局加大对住宿业企业的标准化建设力度，通过标准化建设提升服务品质，成功创建银树叶级绿色旅游饭店“成都润和柏栎酒店”、成功创建SL三花级商旅酒店“宜尚酒店（新都马超西路店）”。

【旅游宣传】新都区文化体育和旅游局以品牌节会为载体，利用荷桂节等传统节会宣传新都旅游线路，凸显旅游发展的文化魅力；以“逸趣生态·潮玩香城”为主题，举办2020四川花卉（果类）生态旅游节分会场暨新都区第26届荷桂生态旅游节、新都紫薇赏花节，提升影响力、美誉度；利用抖音、微信公众号、微博、头条等平台开展数字化营销，整体推广营销全区景区；利用数字平台宣传推广全区涉旅优惠和最新动态，让游客了解全区涉旅消费的最新动态。

（史黎芮）

## 旅游项目建设
Tourism Projects Construction

【概况】 2020年，新都区有“沸腾小镇·沸腾里”在建项目，董家时光小院林盘成功创建市级AA级林盘，新桥村成功创建四川省级乡村旅游重点村。全区成功创建“新旅游·潮成都”主题旅游目的地3个。

【花舞木兰国际农业主体公园项目建设】 新都区与四川希望花舞实业发展集团有限公司签约“花舞木兰国际农业主体公园”项目。项目将打造集现代农业种植、休闲旅游、国际康养、文创艺术、农业研学为一体的农业主题公园，通过打造木兰文旅景区、国际农博园区、沸腾乡野景区、农业生产园区、乡村示范提振区五大功能区，探索“农业主题公园＋特色小镇”的城乡融合发展模式。项目预计2022年1月开工建设。

【“沸腾小镇·沸腾里”项目建设】 “沸腾小镇·沸腾里”项目位于新都区天府沸腾小镇核心区，将重点打造火锅博物馆及街里商务会所、老成都美食汇等商业形态，与熊猫基地形成联动效应，共同打造“熊猫＋火锅”两大IP，计划2021年建成运营，预计每年将吸纳600万人次客流。截至2020年12月底，沸腾里地下室结构工程完成，其他楼栋主体完成，大区建设施工图完成下发，精装施工图完成，网红建筑设计方案已定且已出施工图。

【董家时光小院林盘建设】 董家时光小院林盘位于新都区斑竹园足球音乐小镇核心区三河村，以典型的川西林盘景观资源为核心吸引物，具有“山水相融、田林交错、城园一体”的农村生产、生活、生态场景，地域特色突出，乡土特色明显。12月，董家时光小院林盘成功创建市级AA级林盘。

【四川省级乡村旅游重点村创建】 新都区桂湖街道新桥村通过整合特色资源打造美丽乡村新典范，通过激活农村土地要素和政策扶持引入方华园农业合作社建设“芳华桂城”重点农业项目，发展桂花产业、赏花经济、林下种植等产业；依托“拾里春风·锦水公园——芳华微马公园”示范点，培育林盘经济、绿道经济、跑团经济，营造多功能绿道消费场景。6月，新桥村成功创建四川省级乡村旅游重点村。

【“新旅游·潮成都”主题旅游目的地创建】 新都区全年成功创建“新旅游·潮成都”主题旅游目的地3个，其中创建原创艺术生活主题旅游目的地巧帆棕编，以传承和发扬棕编文化为核心，在传承传统“新繁棕编”非遗技艺的基础上，深度系统开发棕编技艺，结合艺术展览、讲解、制作体验，传承发展特色非遗技艺；创建农业创意主题旅游目的地芳华桂城，以新都特色桂花文化为底蕴，以荷塘、桂花、花海，围绕田园生态风光，打造集休闲娱乐、文化体验、运动竞技等于一体的旅游休闲娱乐目的地；创建美食品鉴主题旅游目的地沸腾码头生态公园火锅，以“熊猫＋绿色＋火锅＋休闲”为核心，结合特色歌舞表演、音乐、文创，打造独具天府特色的火锅IP。

（史黎芮）

## 旅游节庆活动
Tourism Festival Activities

【概况】 2020年，新都区举办四川花卉（果类）生态旅游节分会场暨新都区第26届荷桂生态旅游节、新都紫薇赏花节，并以此为载体，统揽、统筹斑竹园柚子（柚花）节、军屯紫薇花节、马家草莓节、新民葡萄节、清流梨花节、漫花庄园各类赏花节等节会品牌。

【新都区第26届荷桂生态旅游节·新都紫薇赏花节】 7月18日，新都区通过线上办节的方式举行2020四川花卉（果类）生态旅游节分会场暨新都区第 26 届荷桂生态旅游节・新都紫薇赏花节开幕式。活动围绕“逸趣生态・潮玩香城”的主题，通过“云潮涌”“云享玩”“云直播”三大“云”板块，推出“云端”节日文化体验，与市民相约云端，共赏香城花海，共享香城乡味。

（史黎芮）

## 旅游景区
Tourism Scenic Spots

**【概况】** 2020 年，新都区有 3 个国家 AAAA 级旅游景区（宝光桂湖文化旅游区、花香果居旅游景区、锦门丝绸商贸旅游小镇）和 3 个国家 AAA 级旅游景区（新繁东湖、泉映梨花景区、升庵故里文化小镇）。

**【宝光桂湖文化旅游区】** 宝光桂湖文化旅游区位于新都区新都街道，面积 32.66 万平方米，集合佛教、园林、名人、文物等多种文化景观和资源，特色明显，类型丰富，配套完善，组合良好，2007 年 9 月成功创建国家 AAAA 级旅游景区。景区主要由宝光寺片区和桂湖片区组成，两处核心景点均为全国重点文物保护单位。宝光寺始建于东汉，珍藏有佛祖释迦牟尼真身舍利，是一座历史悠久、规模宏大、结构完整、环境清幽的佛教禅宗寺院，位列长江流域四大丛林之一。桂湖始建于隋唐时期，后来成为明代状元、学者杨慎的书苑，是川派官家园林的代表，也是全国五大桂花观赏地和八大荷花观赏地之一。2020 年，宝光桂湖文化旅游区接待游客 278.59 万人次，实现旅游收入 41675.41 万元。

**【花香果居旅游景区】** 花香果居旅游景区位于新都区新繁街道果居路，南距成都主城区 20 公里，东距新都城区 18 公里，2018 年 10 月成功创建国家 AAAA 级旅游景区。景区建成总面积 3500 亩，其中新都柚标准化果园 2000 亩，主要以田园观光、农耕体验和古迹览胜串珠成链。景区休闲功能日臻完善，有传统文化与现代文明相映的幸福果园，有原野林盘与古朴民俗共赏的谐美村落，有历时数百年的回澜古塔遗址，有传承“非遗”的蜀绣博览园，有成都微电影艺术创作基地，有四川省自然生态教育基地等，先后获成都市旅游特色村、十大乡村美景等称号。2020 年，花香果居旅游景区接待游客 23.5 万人次，实现旅游收入 3084 万元。

**【锦门丝绸商贸旅游小镇】** 锦门丝绸商贸旅游小镇位于成都川陕路和绕城高速交会处的出川门户三河街道，占地面积近 300 亩，建筑面积约 7 万平方米，是成都市“北改”重点工程项目、四川省文化产业示范基地，2016 年 1 月成功创建国家 AAAA 级旅游景区。锦门景区以成都民国百年老公馆、民国建筑博物馆为底卷再现老成都繁华记忆，是一个以“丝绸产业”为背景，集老成都历史沉淀与丝绸文化为核心，融丝绸艺术、非遗活态传承、文化创意、文博收藏为一体的“一馆一文化、多馆多产业”的多元复合产业集群景区。锦门景区由南方丝绸之路起点纪念广场、锦门街区、南丝绸之路纪念公园、润茂酒店用品城四大板块构成，将丝绸核心区、非遗活态传承中心、高定婚庆中心、创意集群中心、文化展会中心和青少年及亲子互动体验中心六大功能有机串联，将博物馆、会馆、展馆、艺廊、公馆与文化商贸街、市融于一体，在商贸经济与商贸文化的交融中，在商业贸易、商业交流、商业展示与吃、住、行、游、购、娱的全面互动中，构筑起丝绸之路商贸文明的街市画卷。

2020 年，锦门丝绸商贸旅游小镇接待游客 51.08 万人次，实现旅游收入 4360 万元。

**【新繁东湖】** 新繁东湖位于新都区新繁街道正西街 112 号，由唐代著名宰相李德裕为新繁县令时开凿，是中国有遗迹可考的两处唐代古典人文园林之一，也是四川省重点文物保护单位。新繁东湖占地面积 1.8 万平方米，水面约三分之一，玲珑别致，布局谨严，韵味高雅，具备中国古典园林中几乎所有的建筑形式和表现手法，2015 年 12 月成功创建国家 AAA 级旅游景区。新繁东湖主体建筑怀李堂始建于宋代，重建于清同治年间，平房青瓦，回廊拥挟，外朴内秀，深寓蜀人缅怀唐贤德裕公在川“镇危疆，保境安民”、维护国家统一、“会昌之政几致中兴”的历史功绩之美好情愫。园内有楼台亭阁等清代建筑 20 处，掩映于古木名花之间，山水佳绝，风光秀丽，自古有“古蜀名园”之称；有纪念明末清初一门四世六乡贤的“四费祠”和纪念唐李德裕、宋王益（王安石之父）、宋邑人梅挚的“三贤堂”遗址，显示出东湖文化名园的特色。新繁东湖历代均为川西名人学士雅集之处，给后人留下大量诗文、匾联、书画作品；碑林中珍藏大量名家书画作品，具有非常重要的历史艺术价值。2020 年，新繁东湖接待游客 7.89 万人次，实现旅游收入 6.72 万元。

**【泉映梨花景区】** 泉映梨花景区位于新都区清流镇境内，是著名流浪文豪艾芜的故乡，2017 年 12 月成功创建国家 AAA 级旅游景区。景区内拥有梨花赏花基地、天然泉眼、青白江绿道、川西林盘等特色生态资源，拥有清流板鸭、“绿宝石”梨、黄金梨、美日红李、信农乐葡萄、富硒大米、棕编等独具特色的名片，每年定期举办木厂会、梨花节、采摘季等节庆活动。乌木泉、黄龙泉、佛陀寺泉等天然泉凼水流潺潺，流过梨花盛放的平原，流过著名流浪文豪艾芜的故居，流过生机勃勃的田野，是“追忆乡愁、溯溪赏花、湿地游憩”的精品乡村旅游目的地。2020 年，泉映梨花景区接待游客 11.8 万人次，实现旅游收入 1180 万元。

**【升庵故里文化小镇】** 升庵故里文化小镇位于新都区斑竹园街道，是明代唯一四川籍状元杨升庵的故里，2019 年成功创建国家 AAA 级旅游景区。景区以“一门七进士，宰相状元家”杨升庵故里文化为特色，有升庵祠堂、尖锋旱雪四季滑雪场、北新花博园、夏河溪文创园、四季花海，形成环形景观；有不少诗词碑刻等文物古迹，弥漫着强烈的文化气息，具有很高的艺术价值。2020 年，升庵故里文化小镇接待游客 12.62 万人次，实现旅游收入 895 万元。

**【天府沸腾小镇】** 天府沸腾小镇位于新都区三河街道，占地面积 6000 亩。小镇结合木屋、园林等形式，已建设有玛歌庄园、沸腾都火公园、五龙外滩、沸腾码头，其中玛歌庄园是天府沸腾小镇的重要节点，绿道从庄园穿插而过，各式火锅散布水陆之间，在亭台间、水面上甚至是树梢上星罗棋布，诠释成都火锅文化、休闲文化的浪漫与创意；沸腾都火公园占地千亩，在遵循火锅本味的基础上，力求为食客营造集休闲、娱乐、亲子于一体的餐饮文化；五龙外滩整体为开放式景观园林，建筑以竹木结构为主，可以在竹林间观青山环绕、赏湖面逶迤，也可以看着高铁、听着歌儿、观着坝坝电影在水上吃野生鱼火锅；沸腾码头以火锅美食文化为核心，兼具“看熊猫吃火锅”的文化创意，山水、瀑布、仙雾、石船、树顶等各类景观次第呈现，古老水车伴随玻璃镂空小道使水磨文化、火锅文化、现代文化相辅相成，恰如沸腾小镇里的“小丽江”。“沸腾里”是天府沸腾小镇的核心功能组团，以丰富的地方特色美食与休闲游逛体验，承接熊猫基地与百花谷的客流消费，以点连线，呈现出一个集美食旅游、趣玩赏览、游逛体验的生态休闲游商业片区。2020 年，天府沸腾小镇接待游客 600 万人次，实现旅游收入 55000 万元。

（史黎芮）

## 旅游产品
Tourism Products

**【概况】** 2020 年，新都区主要有新都姜糖、桂花糕、新繁泡菜、新繁桃片、叶儿粑、新都柚、新繁棕编、清流板鸭、宝光禅茶、锦门丝绸等旅游产品。

**【清流板鸭】** 清流板鸭选材讲究、配料丰富、制作精细，外形美观、色泽红亮、炫耀夺目；口感独特，肉质紧实、皮脆肉嫩、肥而不腻、咸淡适中，鸭香浓郁，回味悠长；安全环保，未添加任何防腐剂、人工色素、合成香料。清流板鸭主材精选清流泉水稻田散养的川西土麻鸭。在天然泉水中放养、生长的川麻鸭，保持大雁和野鸭的原生理特性，食物以米糠、小麦和其他杂粮为主，兼以水草和鱼虾，故肉质紧卷、细嫩化渣。清流板鸭使用30味纯天然香料精心调配，历经宰—腌—晒—熏—晾—卤160个小时和大小28道工序，全手工制作。2016年11月，清流板鸭制作工艺被列入成都市级非物质文化遗产名录。

**【宝光寺佛教素食】** 宝光寺佛教素食具有素菜的纯美特征，又具有中国主要菜系川菜的风味。因宝光寺地处成都平原，其素菜烹饪的方法、种类、辅料、调味品深受川菜影响。素菜的原料为黄豆、面粉等，宝光寺的厨师和厨僧在前人基础上不断创新，做出一道道像鸡、鸭、鱼、肉那样兼具色、香、味、形的仿荤素菜，让人们无不叹服他们变“素”为“荤”的巧计神工。2016年11月，宝光寺佛教素食制作技艺被列入成都市级非物质文化遗产名录。

**【新都姜糖】** 新都姜糖采用上等红糖、优质菜油、糯米粉、芝麻、姜粉等为制作原料，按适当比例配好，经过蒸、炒、熬、拌、擀、凉、刀切等工序精制而成。新都姜糖呈长方条形，大小均匀、深褐色、绵软滋润，细腻化渣、味甜，微带姜味，清香爽口，不含防腐剂，品位独特高雅。姜糖创于清代咸丰年间，新都姜糖产于三河镇，已有200多年的历史。2019年4月，新都姜糖制作技艺被列入成都市级非物质文化遗产名录。

**【新都桂花糕】** 明朝末年，新都有个叫刘吉祥的小贩，从状元杨升庵桂子飘香的书斋中得到启示，将鲜桂花收集起来，洗净晾晒，用糖蜜浸渍，并与蒸熟的米粉、糯米粉、熟油、提糖拌和，装盒成型出售，味道精美，取名桂花糕。新都桂花糕呈正方形块状，造型完整，厚薄均匀；颜色黄白分明，无斑点，无杂质；滋润松软，细腻化渣，不翻粗，无糖子；洁白如玉、清甜爽口、桂香浓郁，有枸杞味、黑芝麻味、蜂蜜味等口味。2019年4月，新都桂花糕传统制作技艺被列入成都市级非物质文化遗产名录。

（史黎芮）

# 社会事业

SOCIAL UNDERTAKINGS

# 教　育

Education

## · 教育事业发展 ·

【概况】 2020年，新都区教育系统坚持“五育并举”和城乡教育优质均衡发展“两大主题”，统筹做好疫情防控和教育教学，规范平稳有序实施招生入学；推进15个“教育基本公共服务三年攻坚行动”新（改扩）建项目，公办幼儿园学位占比50%以上；落实思政课建设主体责任，深化新时代学校思想政治理论课改革创新，区委书记以“古蜀新都邑·现代智造城的光彩与风范”为题为全区干部师生代表作思政课专题辅导；实施高中教育“领航计划”，市教育局评估新都区普通高中教育教学质量为“优秀等级”“进步最快单位”；推动“互联网+”教育理念和模式创新，推进7所“未来学校”试点，24所学校开展“学乐云”平台使用试点；承办四川省中学生田径比赛，创建省阳光体育示范学校1所、省艺术教育特色学校4所、省优秀传统文化艺术传承学校2所、省中小学美育实践基地1所；在新都一中附属初中、木兰中学、大丰中学实施初中强校工程，推动桂林小学、桂湖小学等学校优质发展，加大对薄弱学校和乡村学校扶持力度，培育“家门口的好学校”。

【教育项目建设】 新都区推进总投资40.8亿元的“教育基本公共服务三年攻坚行动”，启动教育类项目39个，陆续竣工毗河中学、锦门小学等18个新（改扩）建项目，新增中小学学位13080个；2019年以来新建幼儿园8个，回收、委托举办公办幼儿园39所，2020年底前新增公办幼儿园学位14430个，公办幼儿园学位占比50%以上。

【学校安全管理】 新都区教育局加强新冠肺炎疫情常态防控，发挥169名“健康副校长”专业指导作用，落实防控措施，实施常态化督导检查，引导学校“新冠肺炎疫情与成都教育应对”课题危机管理研究、智慧教育研究，促进危机时段学校治理体系和治理能力提升；推广使用“成都市学校应急安全管理平台”“蓉e校安”小程序，落实学校封闭式管理；投入200余万元在桂林小学新建“生命安全科技体验馆”，面向全区中小学生、幼儿开放进行安全教育体验。新都区公办中小学、幼儿园“一键式”紧急报警装置建设率100%，公民办中小学、幼儿园食堂“明厨亮灶”工程建设率100%。

【教师队伍建设】 新都区承办中国成人教育协会教师继续教育专业委员会第五届年会暨新时代教师教育改革与创新研讨会，区教育局以“新都区教师队伍建设的实践探索”为主题作交流发言；加强教师待遇保障，投入7660.49万元，实现义务教育教师平均工资水平不低于当地公务员平均工资水平法定要求，建立义务教育教师工资收入动态调整机制和收入保障长效机制，提升教师获得感；投入3485.7万元，解决按师生比配备教师不足问题，较好缓解教师数量不足的矛盾。新都一中教师李大勤获“四川省先进工作者”称号。

【教育科研】 新都区教育局立项国家级规划课题1项、省级规划课题2项、市级规划课题21项，立项成都市“新冠肺炎疫情与成都教育应对”专项课题77项。全国教育科学“十三五”规划课题《后

4月，学生有序返校　　（供图：区教育局）

现代视野下学前教育“田园文化”课程的实践建构》开题，全国仅15项，全省仅新都区成功立项1项。10项教育科研课题（国家级1项、省级1项、市级8项）结题。

**【学前教育】** 新都区教育局多途径扩大普惠性学前教育资源，出台《新都区公办幼儿园发展工作方案》，普惠性学前教育覆盖率82.25%；建立对口帮扶机制，全区9所一级园帮扶36所托管公办园，开展帮扶活动40余次；培训公办幼儿园管理干部和骨干教师400余人，托管公办园办园质量整体提升；印发《新都区应对新冠肺炎疫情影响支持民办幼儿园健康发展的若干措施》，出台6条措施支持民办幼儿园健康发展；组建学前教育联盟组，形成“园、组、区”三级教研网络，辐射全区270所幼儿园（办园点），开展保教基础学习和研究活动27场，7000余人次参加，提升幼儿园保教质量。

**【九年制义务教育】** 新都区教育局贯彻落实义务教育就近入学政策，依法保障6842名新增外来进城务工人员随迁子女在新都区公平入学；执行“减负”规定，开展“阳光体育活动”，推动实施《新都区新优质学校培育计划》，新增优质学校14所；制定实施《新都区强校工程计划》，投入257.8万元启动3项市级科研课题，改善3所实验校办学条件；强化艺术体育科技特色学校建设，创建省阳光体育示范学校1所、省艺术教育特色学校4所、省优秀传统文化艺术传承学校2所、省中小学美育实践基地1所。

**【特殊教育】** 新都区教育局完成《成都市第二期特殊教育提升计划（2018—2020年）》，建成1个成都市级示范性资源中心、5个成都市示范性普通学校特殊教育资源教室、26个特教资源教室，保障461名残疾特殊儿童接受义务教育，86名特殊儿童享受送教上门、送康服务；创新打造“蝶韵文化”，编写《蝶韵羌绘》美术校本教材，蝶韵滑雪队形成“日常旱雪训练＋集中真雪训练”无缝衔接的双训模式，获得成都市第一届青少年滑雪比赛三金三银一铜、2个第四名和1个第五名。“新冠肺炎疫情下”听障学生家庭教育指导实践研究课题获成都市一等奖。

**【普通高中教育】** 新都区教育局推动高中梯次发展，新都一中作为成都市普通高中课程改革市级样本校，通过成都市首批领航高中验收评估；新都二中完成“繁江书院”改造，申报四川省二级示范性普通高中，完成自查和组织的内部模拟验收；香城中学、升庵中学、三原外国语学校3所学校申报特色高中，升庵中学被评为全国青少年排球特色学校；泰兴中学低入高出，高考成绩连续5年增长；成都市现代制造职业技术学校与香城中学合作开设2个普职融通实验班，拉开普职融通教育序幕。

**【职业教育】** 新都区创新人才培养模式，开展“校院企”合作，三方共同制定课程标准；加强实训基地建设，现代制造职校成功创建成都市数控车加工竞赛基地、成都市高技能人才培训基地；开展现代学徒制试点，将企业本位职业培训引入职业教育体系，先后培训500余名学生；开展双师型教师培养，136人参加专业技能培训和企业实践；畅通中高职衔接通道，加强与高职院校深度合作，开设“3＋3”“3＋2”中高职衔接班，就业率100%，对口就业率88.88%；形成“服务功能强、办学模式新、专业优势明、办学成效好”的职业教育特色。

**【社区教育】** 新都区推进学习型城市建设，开展社区教育培训活动448次，培训55000余人；利用“学在新都”平台，开设市民线上教学课程17门，7052人次参加线上学习；扩大教育供给，编印《街巷美食往事》《新都女名家》《婴幼儿的居家护理》等市民读本，编写《教爸妈玩转智能手机》《爱成都·迎大运英语口语学习》教材；开展省、市级课题“市民自主学习团队与社区发展治理融入机制的研究——以成都市新都区为例”研究，完成4个子课题总结报告，形成总课题中期报告；建成区级老年教育示范点19个、市级老年教育示范点6个、市级老年教育星级示范点4个。

【教育惠民】 新都区教育局完成教育精准资助精准扶贫任务，实施各级各类教育资助2000.88万元，资助学生30579人次，确保全区学生无一因贫失学；“帮困助学”、“蛋奶工程”、学前“三儿”资助和“普高国助金、免学费”实现全覆盖，省、市建档立卡贫困特困家庭精准扶贫政策落实到位；实施中职学校各项资助，完成生源地贷款、贫困大学生资助；与理塘县结对“校对校”友好学校17对，派出送教讲学团17次，选派50余名优秀干部教师到理塘县受援学校指导、交流；拨付“高原情·教育梦资助奖励基金”100万元，资助奖励教师、学生821人；选派4名名优教师到凉山州参加攻坚脱贫工作。

【教育国际化建设】 新都区教育局深化国际理解课程内涵，围绕市教育局市级重点课题“基于国际理解的中外人文交流课程建设与实践研究”，成立课程研究中心组，承接市级课题子项目，启动编撰国际理解课程的中小学分段学本；推进“示范校”“特色校”建设，7所中小学通过教育部中外人文中心审批，成为第一批“中外人文交流特色学校”建设学校；提升职业教育国际化水平，现代制造职校与日本大阪YMCA国际专门学校在“高星级饭店运营与管理专业”合作基础上建设“3＋2”模式开设日语特色班级。

【教育信息化建设】 新都区教育局推进教育信息化基础建设，投入5730万元，完成公办中小学网络升级改造，更新22所学校10年以上多媒体设备282套，完成42个班级336套灯光系统改造；开展创新科技活动，香城小学与蜀龙学校获参加世界机器人大会竞赛资格；组织参加“2020年全市课堂教学大比武”活动，晒课教师数3831人，晒课数4743节，视频作品数1913个，完成区级推优99节；运用信息化手段，实行项目负责人制，对项目实施过程20个环节无死角监管，推动项目实施资料规范化、项目实施环节智能化，逻辑检测、项目实施材料自动生成，实现政府采购项目实施的规范管理。

【德育工作】 新都区教育局加强学校德育干部队伍建设，组织开展班主任线上交流65期，218名教师参加成都市学校心理辅导员C级资格培训，139名教师参加成都市学校心理辅导员B级资格培训，开展2020年新都区中小学班主任技能大赛；开设新都区2020年中小学心理健康教育网络微课特别栏目，发布11节心理微课；开通心理咨询热线，提供心理辅导58例；印发《新都区进一步加强家校共育工作的意见》《新都区2020年家校共育工作推进计划》《新都区加强和完善中小学（幼儿园）家长委员会的意见》，推进家校共育项目落实。

【校地共建】 新都区推动“区政府搭建框架协议、宏观指导，区教育局、高校牵头制定具体工作方案、中观把控，联盟学校落地工作方案、微观执行”的校地合作模式，探索实践联盟学校设施共享、人员共享、校地共管、品牌共用、人才共育、课题共研、特色共育7大机制，实现校地、校校资源优化配置、融合共享，培育学生核心素养，网络精品课程线上直播活动成果被“学习强国”四川平台报道；发展成员单位24家，实施项目50个，其中新都区“U-G-S”合作育人模式构建与机制研究被评选为成都市教育科研规划重点课题。新都区教育局与西南石油大学、成都医学院2所高校创建高校基础教育联盟。

【区域合作】 新都区教育局贯彻落实四川省委《关于加快成德眉资教育同城化发展合作协议》，与广汉市教育局签订《结对推进教育高质量发展提升区域教育质量合作协议》，推动开展“组建一个机构、建立一个机制、加强一个交流、开展一次高品质课堂展示、成立一个名家讲师团”等教育交流合作；推进成渝教育合作，贯彻落实《推动成渝地区双城经济圈建设教育协同发展框架协议》，与重庆市九龙坡区教委签订《结对推进教育高质量发展打造共建共享示范区合作协议》，议定“建立两区教育一对一专项合作组”等6项合作事项；与西南大学签订战略合作框架协议，开展特色成果项目培育、高

11月27日，新都区教育局与西南大学签订战略合作框架协议（供图：区教育局）

品质教师培训、基础教育质量监测、小学数学文化等优势项目建设合作。

**【电大新都分校】** 广播电视大学新都分校成立于1978年，是新都区唯一一所经中央广播电视大学批准、由新都区人民政府主办的运用广播、电视、计算机及网络技术等多种媒体和手段进行现代远程教育的新型成人高等学校；开设有电大开放教育本科14个专业、专科20个专业，所有专业均免试入学，实行学分制管理，实行网上自主学习与面授相结合的教学模式，面授课教师均由大专院校教授、副教授或具有中高级职称教师担任。2020年，广播电视大学新都分校有在校专科、本科学员600余人。

（邓　韦）

## ·西南石油大学·

**【概况】** 西南石油大学建校于1958年，是新中国创建的第二所石油本科院校，2013年入选国家中西部高校基础能力建设工程，2017年入选为国家首批“双一流”世界一流学科建设高校。2020年，西南石油大学获评“全国文明校园”，入选全国公共机构“能效领跑者”名单，获评全国厂务公开民主管理先进单位、全国内部审计先进集体、全省教育事业统计工作先进单位、全省基层统战工作创新先进单位，获批国家创新人才培养示范基地、四川省“优秀易班共建高校”，2个支部获评全国党建工作样板支部培育创建单位，1个支部获第五届全国基层党建创新典型案例，1个支部获全省离退休干部先进集体称号。

**【师资建设】** 西南石油大学柔性引进国家两院院士5人，入选四川省重点人才引进计划专家、四川省学术和技术带头人等33人次，1人获孙越崎能源大奖，1人获评四川省先进工作者，3人获评四川省教书育人名师、名辅导员，1个团队获评四川省“劳模创新工作室”。学校获评国家创新人才培养示范基地，在2012—2020年全国普通高校教师教学竞赛排行榜位居全国第七位。

**【人才培养】** 西南石油大学入选四川省首批“三全育人”综合改革试点高校，材料科学ESI排名进入世界前1%；获批1项国家级新工科项目，2项国家级新工科项目结题，新增教育部产学合作协同育人项目30项；新增15个专业入选省级一流专业建设点，新增3个第二学士学位教育专业；8门课程被认定为首批国家级一流课程，5门全英文在线开放课程在爱课程等国际平台上线；在第六届中国国际“互联网+”大学生创新创业大赛中，获银奖2项、铜奖5项；在2020全国普通高校大学生竞赛排行榜位列全国第三十三位。

**【科学研究】** 西南石油大学新增纵横向科技项目1595项，合同经费8.33亿元，实到经费首次突破6亿元（6.17亿元），同比增长23.15%；获准国家重点研发计划项目1项、国家自然科学基金重点项目4项，获准国家社科基金4项、国家自然科学基金优秀青年基金1项，首次获准四川省哲学社会科学规划重点项目1项，首次参加“变革性技术关键科学问题”重点专项课题2项，建设跨学科数据共享平台2个；新增首个省部共建协同创新中心、四川省科技资源共享服务平台、四川省工程技术研究中心，获“111计划”学科创新引智基地1个；发表SCI论文1356篇、SSCI论文22篇、CSSCI论文49篇，授权专利1217项，其中国内发明专利476件、外国专利25件。

【社会服务】 西南石油大学强化校企深度合作，组建全国第一个真正意义的创新联合体——“中国石油--西南石油大学创新联合体”；加入“成渝地区双城经济圈高校联盟”；助力脱贫攻坚，参加凉山支教帮扶团队获评全国“最美教师团队”，1人入选中央广电总台和农业农村部“乡村振兴人物榜”，1人获评“四川省民族团结进步模范个人”，学校被四川省委、省政府评为“省直部门（单位）定点帮扶先进集体”和“高校定点帮扶先进单位”。

（庄　林）

## ·四川音乐学院新都校区·

【概况】 2020年，四川音乐学院新都校区在创新机制体制改革的同时与新都区继续深化合作交流，加强校地合作和工作联系。新都校区在创作展演、学科建设、专业发展、人才培养、校地合作、对外交流、疫情防控等方面取得成绩，为学院实现跨越式发展谋好篇、布好局，助力新都区文化产业、经济发展。

【校地合作发展】 四川音乐学院与新都区召开校地合作座谈，就校地携手合作发展达成一致意见。四川音乐学院作为新都区内唯一一所综合类艺术院校，具备深厚的艺术资源与人才优势，根据新都区发展实际，充分发挥学科、科技、人才、文化等综合优势，助力新都“一心四区”建设。校区双方按照互利共赢原则，进一步深化校地合作，加快推进超线公园片区有机更新项目建设，力争在大运会前实现超线公园项目首期建成并投入运营。新都区人民政府努力打造四川音乐学院新都校区周边区域环高校产业、产学研合作、文旅融合发展、城市更新和海绵城市示范区。

【成渝地区双城经济圈高校艺术联盟成立】 7月2日，四川音乐学院、四川美术学院联合倡议，川渝68所高校联合发起成立“成渝地区双城经济圈高校艺术联盟”。成渝地区双城经济圈高校艺术联盟是为推动成渝地区艺术教育、艺术创作和艺术产业发展而成立的合作性联盟，旨在共同发展成渝艺术教育、共同打造成渝艺术走廊、共同服务成渝经济圈建设。联盟成员共建共享学术讲座、教师交流与研修、艺术家驻留项目、学科建设、专业建设与课程建设、重大科研项目、重大艺术创作项目、科研平台、实习实训基地、创新创业基地等人才培养平台资源，共同举办“成渝地区双城经济圈高校艺术联盟·成渝艺术走廊”项目等。

【“战”疫作品创作】 四川音乐学院与四川省卫生健康宣传教育中心联合，推出《日出》第二版MV，自3月18日在中央电视台综艺频道首播，连续一周在央视综艺频道黄金时间循环播放，并在中宣部“学习强国”总平台、《人民日报》客户端、香港紫荆卫视等平台刊发；举办《在一起》抗“疫”美术作品展，围绕抗击疫情的主题，展览从全校范围内600余幅国画、油画、综合材料、书法、插画、海报、雕塑作品中挑选出的120余件优秀美术作品，讴歌

7月2日，“成渝地区双城经济圈高校艺术联盟”签约仪式举行　　（供图：四川音乐学院）

抗疫群英拼搏奋战的无畏与勇气，鼓舞全国人民战胜疫情的斗志与信心。

**【成都美术学院】** 四川音乐学院新都校区张瑜珂的作品《MOMENT 时刻智能家用灭火器》获 2020 全国大学生工业设计大赛（四川省大学生工业设计大赛）一等奖，蒋艳虹的作品《聚合·概念路灯》、隋志强作品《MOON & DISK——未来城市概念路灯》分别获“挑战杯”中国农业银行四川省大学生创业计划竞赛银奖、铜奖，蒋林佑的作品《尘林间居住区景观设计》获第十届国际园林景观规划设计设计大赛金奖，曾薇睿的作品《交错延续——星河之律》获第七届中国高等院校设计作品大赛二等奖，黄伟威的作品《无垠——成都十二桥烈士墓改造》获第十届四川省高校学生环境艺术设计大赛一等奖，周宇的作品《晶体·生长空间》获 2020 创新中国空间设计艺术大赛一等奖，周敏的作品《流白艺术馆》获 2020 年第十届四川省高校环境设计大展一等奖，邱承雨的作品《再见·菜市场》获 2020 第四届创新中国空间设计艺术大赛（C＋奖）一等奖，张佳的作品《3354 三线建设遗址尖坡顶公园景观设计》获 2020 创新中国空间设计艺术设计一等奖，王英的作品《罗家沱改造设计》获第十届环境艺术大展一等奖，苟媛媛的作品《一窖一世界》获绚丽年华第十三届全国美育教学成果展评一等奖，钟消令的作品《胡家镇道路风貌改造》获绚丽年华第十三届全国美育教学成果展评一等奖，张小丽的作品《摩登服装店设计》《记忆中的校园》分别获“创新杯”全国设计大赛一等奖、“大华杯”全国设计作品大奖赛一等奖，梁皎鲛的作品《草莓娃娃 IP》《智慧农业监控系统》分别获第十四届中国好创意暨全国数字艺术设计大赛一等奖、二等奖，田勇的作品《人生五味》获四川省雕塑协会建党 99 周年公共艺术作品展一等奖，马珀的作品《笑脸里·好久不见青年旅社重庆皇冠大扶梯店》获 2020·第四届创新中国空间设计艺术大赛（C＋奖）一等奖，张小丽的作品《记忆中的校园》获“大华杯”全国设计作品大奖赛一等奖；游雪敏的专著《建筑手绘表现技法入门——马克笔零基础篇》《花语集——线描花卉与马克笔插画创作》出版，董耀华的专著集《董耀华绘画作品集》出版，魏建翔的专著《视觉艺术心理学与表现》《现代中国油画教育研究》出版，田勇编著的《景观规划与设计案例实践》出版，马珀的专著《现代环境艺术设计与中国传统文化融合研究》《艺术设计类专业实践教学体系的构建研究》出版；魏建翔的论文《浅析美育对儿童成长的影响》发表于《中学生导报》教学研究，陈明红的论文《基于互联网背景下新媒体动画的发展与创作研究》发表于《中国广播电视学刊》，高中立的作品《抗疫主题系列作品》《凝思》分别发表于《四川广播电视报》《设计》杂志，马茜的论文《建筑纹样在建筑动画中的运用》《传统元素在现代建筑装饰设计中的运用》《现代室内软装设计中陈设工艺品的应用》《试析版画艺术与设计艺术的联系》分别发表于《艺术品鉴》《中国建筑装饰装修》《居业》《美术教育研究》，邓育林的论文《张大千晚年泼墨泼彩作品的当代性因素研究》《对游戏行业人才市场变化和游戏专业教学定位关系的思考》《定格动画中材料的运用及情感表达》分别发表于《美术教育研究》《动漫研究》，马茜的论文《版画艺术的生活性浅析》发表于《美术教育研究》，刘长青的作品成都《金成府》景观设计、《芙蓉花开》景观小品设计发表于天津人民出版社，钟伟的论文《〈三星堆与古蜀文明〉国画创作方法之我见》《水墨元素在 GIF 格式动画制作中的运用的教学实践及思考》发表于《魅力中国》；傅璟、申明、蒋莉、卢一、申敏、廖一联汇编的教材《空间造型基础》数字教材在中国高等教育出版社出版，曾杨（第二作者）的专著《现代艺术管理理论与实践研究》在中国大地出版社出版；朱博娟的外观设计作品“足凳”、实用新型作品“一种叠拼边柜”以及杨开敏的外观设计作品“包装袋”获国家知识产权局专利。

**【流行音乐学院】** 四川音乐学院新都校区余政仪作词的《温暖的光》、王俞之演唱及作词的《星》、赵祺作词及演唱的《@亲爱的》、赵祺演唱的《温暖的光》《一起面对》获评四川省优秀战疫歌曲，赵祺演唱的《我的战友，我的兄弟》获评“听见中国听见你”行业文联音协系统优秀推选歌曲，赵祺演唱的《我有一个梦》入选“讲述小康故事，传递幸福声音”全国优秀原创歌曲展播；张荣昊获百事校园最强音《寻音计划》原创组一等奖、第四届成都金芙蓉音乐比赛流行音乐组一等奖，谢朗获上海 Jz Music2020“爵士高手 乐坛争霸”爵士乐大赛团队一等奖；王俞之的论文《“岭南风”“西北风”到“中国风”——华语流行歌曲演唱风格变迁》《“唱作人”推动民族音乐发展的重要群体——以凉山彝族流行音乐为例》分别发表于《四川戏剧》《音乐世界》，钟婷婷的论文《论四川金钱板的大众性以及灵活性特征》《论四川金钱板的由来与发展》《论四川金钱板的音乐特征》发表于《戏剧之家》，邱昌杰的论文《美国 SLS 声乐教法在流行演唱教学中的重要性》《新冠疫情下流行演唱教学发展趋势分析》《流行演唱视野下个人魅力的构建》分别发表于《音乐探索》《当代音乐》《北方音乐》，杜晨晨的论文《民族唱法中融入流行歌曲演唱元素的思考》《浅谈流行音乐演唱的个性化表现》《高校音乐教学中古典与流行的结合》发表于《艺术评鉴》，韩蕊岭的论文《流行演唱的“个性化风格”研究》发表于《艺术品鉴》，孟光的论文《力效与运动空间在 Hip-hop 舞蹈 Up-down 律动教学中的应用》发表于《教育教学论坛》，缪珂的论文《〈悟空〉对中国名著角色与流行音乐融合的启示》《中国流行音乐发展中存在的问题与对策》《流行演唱舞台实践课程学习的重要性与原则》分别发表于《软件》《读天下》《新教育时代》，徐莺莎的论文《芭蕾基训在流行舞教学中的作用与意义——以四川音乐学院流行音乐学院现代流行舞系为例》《浅析受众视觉下的现代舞之美》《自觉与自信—浅谈中国街舞民族题材创作》分别发表于《艺术教育》《中国文艺家》《大众文艺》，秦钰东的论文《高校流行萨克斯乐团组建探索》《浅谈流行萨克斯扒谱与转调练习》分别发表于《北方音乐》《中国民族博览》，许淑宁的论文《关于流行键盘即兴伴奏的教学模式思考》发表于《艺术大观》，余世强的论文《民族音乐中架子鼓演奏的运用》《架子鼓的基本演奏教学方法研究》《论架子鼓在音乐演奏中的风格把握》《架子鼓在摇滚乐中的重要作用分析》分别发表于《读与写》《新教育时代》《读天下》《软件》（教育现代化），曾诚的论文《电脑音乐制作中弦乐音源在流行音乐中的应用研究》《Thinking and Research on the Management Skills of Timbre in Contemporary Chinese Pop Music Production》《流行音乐资源在大学音乐教学中的应用方式》分别发表于《高等教育前沿》《Education Reform and Development》《艺术家》，张文博的论文《传播学视角下中国当代流行音乐的发展》发表于《当代音乐》，唐自强的论文《浅忆流行歌舞剧目课训练内容》发表于《大众文艺》，曹烨研的论文《关于和声技法在流行音乐演奏中的应用研究》发表于《当代教育家》。

**【舞蹈学院】** 四川音乐学院新都校区张锦江的作品群舞《我走您的路》获四川省第四届青年舞蹈展演最佳作品奖并入选四川省文学艺术界联合会 2020 年度百家“推优工程”，杨畅的作品群舞《百年》和张锦江的作品群舞《我走您的路》获四川省第九届艺术展演舞蹈乙组二等奖；刘婉婷（2019 级研究生）的作品《It's Possible》获成都市舞蹈家协会“云”上舞蹈大赛表演一等奖，陈楠（2019 级研究生）的作品《等春来》获成都市舞蹈家协会“云”上舞蹈大赛创作一等奖，符丁文（2017 级本科生）等 7 人的作品《护》获“云”舞天府——2020 年成都市“云”上舞蹈大赛专业院团及大专院校组表演一等奖；舞蹈作品《百年》《瓦尔俄足》受邀到央视参加《一起音乐吧》节目录制。

**【国际演艺学院】** 四川音乐学院新都校区孔祥峰获评 2019 中国院校商业摄影大赛优秀导师“金烛奖”并被授予“金白兰”金质勋章，马绍惠、徐晓茹获第九届国际大学生微电影盛典最佳指导教师奖；2017 级编导学生戴展昊导演的短片《爷爷，快点！》入围“意大利罗马独立电影节”最佳短片单元、“美国景深国际电影节”学生作品单元、“金鸡百花节港澳台影展青年短片季”展映，导演的短片《陆上行船》获第九届国际大学生微电影盛典剧情类三等奖；2017 级动画学生张紫涵、张玉佳、谢家佳、曾雨欣的作品《廉洁》和 2016 级动画学生李玉婷、李婧辉、马薇、孟子榆的作品《全家福》分别获第七届全国高校廉洁教育活动公益广告创作大赛优秀奖；2018 级学生陈坤获第 12 届海峡两岸主持新人大赛银奖、四川电视家协会举办的第四届电视主持新秀大赛冠军。

【戏剧学院】 四川音乐学院新都校区毛思懿、魏赛、王俪雅分别获 2020 第十四届新加坡中新国际音乐比赛（新加坡）金奖、第三名、第四名；王小知导演的肢体剧《美若黎明》获第六届大学生艺术节戏剧类二等奖；音乐剧专业学生纪雨晨获 2020 第十七届美国古典声乐家国际声乐比赛音乐剧大学组第一名，郑敏获优秀指导教师奖；魏赛获 2020 亚洲（澳门）国际艺术大赛声乐比赛西南赛区青年组银奖、全国总决赛青年组金奖。《美若黎明》获四川省第九届大学生艺术展演活动艺术表演类戏剧乙组一等奖、艺术表演类优秀创作奖，音乐剧《春之觉醒》获最佳剧目奖，原创话剧《奔向爱》获最佳剧目奖。林蕤的论文《音乐剧中音乐风格的应用特征探析》《音乐剧本体属性及发展方向刍议》《形象与气质在声乐演唱中的影响》《论音乐剧演唱教学中的呼吸教学》分别发表于《鸭绿江》《文艺生活》《文学少年》《社会科学》，宣宁的论文《被抑制的声音——论新世纪以来美国少数民族情景喜剧的种族表达困境》发表于《中国电视》。

【艺术学理论与管理学院】 四川音乐学院新都校区赵崇华的论文《展示“王学”研究前沿　传承先贤学术精神——2019 中国（成都）王光祈学术研讨会综述》发表于《音乐探索》，陈洁的论文《天水旋鼓舞文化源流考略》发表于《四川戏剧》，陈纪文的论文《文化创意产业发展与艺术管理》《现代科技对文化产业的研究》分别发表于《管理学家》《中国科技论文》，周雪的论文《乡村旅游与文化创意产业融合发展的路径研究》发表于《农业经济》，肖虹飞的论文《公共管理视角下的食品安全规制体系建设研究——评食品公共安全规制》发表于《食品科技》，付斌的论文《互联网背景下文化产业多元化发展的困阻与方法》《城市音乐厅运营模式初探》分别发表于《北京城市学院学报》《音乐探索》。

（陈政锟　林中泉　宋　蔓）

## ·成都医学院新都校区·

【概况】 成都医学院是四川省属普通高等医学院校，设新都、天回两个校区。2020 年，学校设置教学院系 12 个，本科专业 21 个、专科专业 5 个、硕士学位授权点数 8 个，被确定为四川省博士学位授权立项建设单位；在校生总数 13566 人，其中硕士研究生 765 人、普通本科生 11844 人、普通专科生 957 人；实际招生 3474 人，其中硕士研究生 403 人、本科 2747 人、专科 324 人；毕业生总数 2880 人，其中硕士研究生 103 人、本科生 2510 人、专科生 267 人，截至 8 月 31 日本专科总体就业率 85.24%，硕士研究生综合就业率（不含灵活就业）96.08%。学校有国家级实验教学平台 2 个、教育部医学人文素质教育基地 1 个、四川省实验教学示范中心 5 个，7 个专业入选首批“省级一流本科专业”。

【新冠肺炎疫情防控】 成都医学院划拨 70 万元专项党费支持抗疫，组织全校 1191 名党员为疫情防控捐款 12.36 万元；刊发战疫前线、抗疫日记等防疫新闻近 300 条以及优秀典型报道、防疫卫生健康知识等推文 600 余条，《人民日报》、新华社等媒体发布成都医学院抗疫新闻 190 余篇。各附属医院派出三批援鄂医疗队员共 44 人到疫情最前线，9 人次获四川省抗击新冠肺炎疫情先进个人及优秀党

11月17日，成都医学院第一附属医院援鄂医疗队获评四川省抗击新冠肺炎疫情先进集体（供图：成都医学院第一附属医院）

员、四川省先进工作者等省级表彰，2个团队获四川省抗击新冠肺炎疫情先进集体、四川省五一巾帼标兵岗。学院获批成都市科技局新冠肺炎防控专项应急项目2项、成都市社科院哲学社会科学“新冠肺炎疫情防控”专项1项。

【学科专业建设】 成都医学院中医学专业通过教育部审批，纳入本科一批次招生；“医学影像学”“生物制药”获批为2020年省级一流本科专业建设点；成为四川省博士学位授权立项建设“重点培育”单位，临床医学硕士学位和生物与医药、公共管理、农业硕士专业学位通过省学位办审核公示。

【师资队伍建设】 成都医学院引进博士、副高及以上人才15人，职称评审通过62人，其中正高级13人、副高级18人、中级31人；送培博士2名、博士后进站2名、国内访问学者1名，国内学术交流访问80人次；组织78名新教师岗前培训，44人获高校教师任职资格；举办教师教学专题工作坊4期，参培200余人次；筹办“医学教育创新发展”线上专题系列培训5场，培训1000余人次。

【本专科教学】 成都医学院完成200个教学班的教学任务安排和10000余名学生选课；春季学期开展为期12周线上教学，开课13819门次，课程开出率87.14%，13个基地教学理论班开课627门次，开出率92.07%；立项建设首批校级“线上线下混合式”教学模式改革项目12项，确立校级本科教改项目93项；获批省级创新创业教育示范课程2门、省级应用型示范课程项目4个，获四川省第五届高校青年教师教学竞赛二等奖1项、三等奖2项；成为四川省高等教育学会应用型本科专业委员会委员单位。

【学生工作】 成都医学院规范疫情防控常态化下学生请销假流程，开发学生外出管理系统；完善智慧学工系统，完成网络迎新；评选国家奖助学金3618人，涉及金额1259.74万元；发放疫情防控专项资助，选修课学生手机流量补贴，资助金额48.33万元；获首届西部高校医学生创新思维与实验技能大赛一等奖2项、三等奖2项。105人获四川省大学生综合素质A级证书，1名教师获第六届全省高校辅导员年度人物提名。学校除1名专项计划外，全额完成8个专业共403名研究生招生计划，遴选新增硕士研究生导师86名，获评四川省2020年度研究生招生考试目标责任完成先进单位；组织对8个硕士学位授权点所在学科开展评估；举办“锦欣杯”成医首届研究生创新学术交流论坛，首次开展研究生科研创新基金项目申报，开创性建成本校同等学力申硕课程网课平台，实现同等学力申硕人员第一阶段课程学习网络化。

【教学科研】 成都医学院立项国家级项目10项，其中国家自然科学基金项目9项、国家社会科学基金项目1项；获批教育部人文社科项目1项、中国科学技术协会青年人才托举项目1项、省科技厅项目25项、省社科联项目2项、厅局级项目45项、其他类别项目9项，获得资助经费约725万元；发表科技论文被SCI、EI、CPCI、A & HCI等收录近100篇，被中文核心期刊、中国科技核心期刊（统计源期刊）、CSSCI和CSCD期刊收录近200篇；获中国中医药研究促进会科技进步一等奖1项、四川省科技进步三等奖2项、中国医药教育协会科学技术奖科技创新二等奖1项，获专利授权11项、软件著作权登记6项，办理专利资助申请7件。

【创新创业教育】 成都医学院在校学生参与创业项目110项，获资助23.8万元；获批大学生创新创业训练计划国家级、省级项目176项；获“挑战杯”国赛银奖1项，省赛一等奖1项、二等奖5项、三等奖10项，创该项赛事最好成绩；获四川省第六届“互联网＋”大学生创新创业大赛铜奖4项，入选第十三届大学生创新创业年会学生论文1篇；规范化运营四川成医科技园管理有限公司，成功获批四川省省级大学科技园。

【数字化校园建设】 成都医学院新建研修室正式启用，开通15个数据库试用访问权限，申请加入Calis、NSTL等文献共享联盟；截至11月中旬验收、加工、编目纸质图书 4.2 万册；基本完成校园移动 APP 一期建设，“易校园” APP 上线运行；推进 OA、财务系统信息化建设，确保学校无纸化办公顺利进行。

【附属医院建设】 成都医学院推进第一附属附院迁建，同时启动可行性研究报告编制、项目概念性设计、项目功能需求征集，麻醉学和儿科获批省医学重点学科立项建设，医学影像学获批四川省一流专业建设点；推进成都医学院附属医院专科联盟建设，持续提升医教研协同发展；与郫都区人民医院共建第三附属医院，与新都区中医院共建第一附属中医医院，与成都市第二人民医院共建“医美学院”，与新都区教育局“共建基础教育联盟”。

【对外宣传】 成都医学院采写编发《成都医学院报》5 期，成医新闻网 / 官网发布新闻 1200 余条，省市委统战部、省教育厅转发学校宣传报道 30 篇，“学习强国”、人民网等刊发学校新闻稿件近 50 篇，获 2020 年“四川省教育政务新媒体”评选的“优秀组织奖”和“成都新闻奖”评选的“媒体融合类报道界面专项奖”“通讯类专项奖”各 1 项。《成都医学院学报》各项评价指标逐年上升，获评 2020 年度中国高校优秀科技期刊，入选 2020 版北大中文核心期刊医学综合类候选期刊。

【教育交流与合作】 成都医学院深化“厅市共建”，与郫都区、新都区、简州新城、高新区等 6 个地方政府加强校地合作；与成都医疗健康投资集团有限公司等 4 家企业开展合作交流，与四川省退役军人事务厅建立合作关系，与四川省卫生健康信息中心签署战略合作框架协议并落地实施具体项目；与新都区成立“成都医学院基础教育联盟”，共建成都医学院附属高级中学、附属初级中学、附属幼儿园；规范运行教育发展基金会，通过公开募集、定向宣传等方式，获社会各界、校企合作单位等资金 137 万元；组织 6 名学生参加由德国拜罗伊特大学主办的暑期线上培训项目，8 名学生被“2020 年新加坡护理医科奖学金项目”录取。

【教育对口帮扶】 成都医学院发挥资源优势，开展医教帮扶、智力帮扶、产业帮扶、特色帮扶，对口帮扶巴中职业技术学院；开展帮扶项目和帮扶工作 54 项，投入扶贫经费和物资 334.2 万元，组织实地帮扶 21 次。2 名驻村干部分别被金口河区、甘孜县评为 2020 年脱贫攻坚暨乡村振兴先进个人、优秀干部。

【健康促进】 成都医学院筹建老年健康学院，打造学校办学与学科专业特色；组织完成与“四川省居民健康档案云平台”对接，构建四川省医共体信息化支撑体系；获批 2020 年成都市第二批科技项目 1 项，入库教育部产教融合实训基地优秀案例 1 个，入库中国高等教育博览会“校企合作　双百计划”典型案例 2 个；组织开展健康养老志愿服务活动 8 次、参与人数 500 余人次，联合附属老年医院共同举办初级护理员（老年照护）技能培训班 8 期。

【社会服务】 成都医学院新都校区开展救护员培训，培训救护员 1600 余人；开展志愿服务活动 120 余次，服务时长近 10000 小时，参与人数 5000 余人次；获成都市大中专学生志愿者暑期文化科技卫生“三下乡”社会实践活动“优秀组织奖”，4 个实践团队获“优秀团队”；获第五届中国青年志愿服务项目大赛国赛银奖、省赛金奖、省赛银奖各 1 项；因疫情防控志愿服务表现突出，被共青团成都市委评为“青年突击队”，1 名教师获“青年突击手”称号。

（周慧敏）

## 科学技术
Science and Technology

【概况】 2020 年，新都区科技工作全面实施创新驱动发展战略，培育企业创新主体，加快推进科技成果转化，着力深化科技体制改革，搭建科技创新平台，推进转型发展、创新发展，推动经济增长动力接续转换，增强区域社会科技创新能力。新都区实施国家省市科技计划项目 82 项，争取科研经费

2252.61 万元；获省级科技进步奖 20 项，其中一等奖 3 项、二等奖 5 项、三等奖 12 项；备案入库科技型中小企业 106 家，高新技术企业达 166 家，实现高新技术产业营业收入 190.12 亿元。

**2020 年新都区获省级科技进步奖一览表**

表 20

| 序号 | 项目名称 | 等级 |
|---|---|---|
| 1 | 天然气检测关键技术和应用示范 | 省一等奖 |
| 2 | 精细控压安全钻井成套技术及工业化 | 省一等奖 |
| 3 | 天然气井安全管控与隐患治理关键技术及应用 | 省一等奖 |
| 4 | 四川盆地深层超深层油气探井钻井关键技术及规模应用 | 省二等奖 |
| 5 | 深井超深井裂缝性地层钻井液漏失动力学与控制关键技术及应用 | 省二等奖 |
| 6 | 油气田钻完井关键技术适应性评价与决策支持系统 | 省二等奖 |
| 7 | 超常载荷下软弱岩体承载性能提升理论与关键技术 | 省二等奖 |
| 8 | 钝化发射极及背面的晶硅太阳电池关键技术集成创新与大规模产业化 | 省二等奖 |
| 9 | 一体式井口与井控装置研制与应用 | 省三等奖 |
| 10 | 复杂条件下油基钻修井液及配套技术的研究与应用 | 省三等奖 |
| 11 | 超高温超深井酸化工作液新型添加剂研制及规模化应用 | 省三等奖 |
| 12 | 贫氧空气 / 泡沫复合驱关键技术及应用 | 省三等奖 |
| 13 | 川西地区大型碳酸盐岩气藏超深井钻完井关键技术 | 省三等奖 |
| 14 | 场指纹管道缺陷远程在线监测技术与应用 | 省三等奖 |
| 15 | 肿瘤精准诊断靶标及技术平台的研发与临床应用 | 省三等奖 |
| 16 | 国产全合一肠外营养产品（多特®）制备体系创新及其产业化应用 | 省三等奖 |
| 17 | 肾脏疾病炎症和纤维化的中西医结合防治研究 | 省三等奖 |
| 18 | 复杂工况环境油井管力学损伤理论及安全评价技术与应用 | 省三等奖 |
| 19 | 高温高压气井井筒完整性研究及应用 | 省三等奖 |
| 20 | 川渝复杂天然气管网系统安全高效输供关键技术及应用 | 省三等奖 |

**2020 年新都区境内高新技术企业一览表**

表 21

| 序号 | 企业名称 | 序号 | 企业名称 |
|---|---|---|---|
| 1 | 四川兰德高科技产业有限公司 | 17 | 成都新图新材料股份有限公司 |
| 2 | 成都工具研究所有限公司 | 18 | 金杯塔牌电缆有限公司 |
| 3 | 四川国统混凝土制品有限公司 | 19 | 中车成都机车车辆有限公司 |
| 4 | 四川川龙拖拉机制造有限公司 | 20 | 成都华精通信设备有限公司 |
| 5 | 成都市新力设备制造有限责任公司 | 21 | 四川正诚石油技术开发有限公司 |
| 6 | 成都俊马密封科技股份有限公司 | 22 | 成都西南石大石油工程技术有限公司 |
| 7 | 四川良川机械设备有限公司 | 23 | 成都岩心科技有限公司 |
| 8 | 成都银河动力有限公司 | 24 | 四川省宏源防水工程有限公司 |
| 9 | 成都金创立科技有限责任公司 | 25 | 四川省新都永志印务有限公司 |
| 10 | 成都宁水科技有限公司 | 26 | 四川思博瀚宇新材料有限公司 |
| 11 | 成都市卓新实业有限公司 | 27 | 成都华药物流有限公司 |
| 12 | 成都三可实业有限公司 | 28 | 四川大金不锈钢有限公司 |
| 13 | 四川固特阀门制造有限公司 | 29 | 成都和谐生物科技有限公司 |
| 14 | 成都成量工具集团有限公司 | 30 | 成都惠灵丰金刚石钻头有限公司 |
| 15 | 成都迪普金刚石钻头有限责任公司 | 31 | 成都伦慈仪表有限公司 |
| 16 | 成都凯赛尔电子有限公司 | 32 | 成都市三宇仪表科技发展有限公司 |

续表21

| 序号 | 企业名称 | 序号 | 企业名称 |
| --- | --- | --- | --- |
| 33 | 四川天剑光电科技股份有限公司 | 76 | 成都中宇光电技术有限公司 |
| 34 | 成都创源油气技术开发有限公司 | 77 | 四川天润德环境工程有限公司 |
| 35 | 成都正恒动力股份有限公司 | 78 | 成都雄关阻路机械制造有限公司 |
| 36 | 四川中曼电气工程技术有限公司 | 79 | 成都成德重型锻造有限公司 |
| 37 | 成都工投电子设备有限公司 | 80 | 成都旭光电子股份有限公司 |
| 38 | 成都前宏通讯有限责任公司 | 81 | 四川永星电子有限公司 |
| 39 | 成都新炬化工有限公司 | 82 | 成都齐沃农业科技有限公司 |
| 40 | 成都皓瀚完井岩电科技有限公司 | 83 | 四川科伦药业股份有限公司 |
| 41 | 四川兆虹油气田技术有限公司 | 84 | 成都工投装备有限公司 |
| 42 | 成都光明光学元件有限公司 | 85 | 成都佳世照明设备有限公司 |
| 43 | 成都国酿食品股份有限公司 | 86 | 成都精密电机厂 |
| 44 | 成都伊斯顿过滤器有限公司 | 87 | 成都美途电子设备有限公司 |
| 45 | 四川川钨硬质合金有限公司 | 88 | 成都明皓机械制造有限公司 |
| 46 | 成都中车电机有限公司 | 89 | 成都若克科技有限公司 |
| 47 | 中汽成都配件有限公司 | 90 | 成都市三海热缩制品有限责任公司 |
| 48 | 成都光圈电子科技有限公司 | 91 | 成都市昊成金属包装有限责任公司 |
| 49 | 成都玄米可可科技有限公司 | 92 | 成都天田医疗电器科技有限公司 |
| 50 | 成都川三网络科技有限公司 | 93 | 成都兴鑫悦环保技术开发有限公司 |
| 51 | 成都康邻科技有限公司 | 94 | 成都杨琳陈设美学文化传播有限公司 |
| 52 | 成都康胜思科技有限公司 | 95 | 四川泛华航空仪表电器有限公司 |
| 53 | 成都市益康堂药业有限公司 | 96 | 四川华益隆环保科技有限公司 |
| 54 | 成都地丰玻璃有限公司 | 97 | 四川兴睿龙实业有限公司 |
| 55 | 成都春天来了建材有限公司 | 98 | 泰富特钢悬架（成都）有限公司 |
| 56 | 四川蓉科强工程管理咨询有限责任公司 | 99 | 北京同仁堂（四川）健康药业有限公司 |
| 57 | 梓宁建设集团有限公司 | 100 | 成都多贝石油工程技术有限公司 |
| 58 | 成都远鼎鸿环保科技有限公司 | 101 | 成都福斯汽车电线有限公司 |
| 59 | 成都希能能源科技有限公司 | 102 | 成都西偌帕斯光电科技有限责任公司 |
| 60 | 四川沃加科技有限公司 | 103 | 四川奥洁消毒设备有限公司 |
| 61 | 四川一贝动力科技有限公司 | 104 | 四川省汉城石油机械有限公司 |
| 62 | 成都盛达强科技开发有限公司 | 105 | 成都鸿泰机械有限公司 |
| 63 | 成都市穆尔西仪表科技有限公司 | 106 | 成都金福来科技有限公司 |
| 64 | 成都市科得机械制造有限公司 | 107 | 成都诺鑫石油科技有限公司 |
| 65 | 明达线缆集团（成都）有限公司 | 108 | 成都叁能锐达能源科技有限公司 |
| 66 | 成都隆航科技有限公司 | 109 | 成都市创杰展示设备有限公司 |
| 67 | 成都金都超星天文设备有限公司 | 110 | 成都蜀冶新材料有限责任公司 |
| 68 | 成都聚深科技有限责任公司 | 111 | 四川吉祥富饶物流有限责任公司 |
| 69 | 成都新润油脂有限责任公司 | 112 | 四川科华展示设备有限公司 |
| 70 | 成都海锐能源科技有限公司 | 113 | 四川龙兴旅游发展有限责任公司 |
| 71 | 四川瑞丰锻造有限公司 | 114 | 四川雅蓉科技有限公司 |
| 72 | 成都运城制版有限公司 | 115 | 中国航发成都发动机有限公司 |
| 73 | 成都特隆美储能技术有限公司 | 116 | 成都金达鑫宸机械设备有限公司 |
| 74 | 四川省西核机电设备制造有限公司 | 117 | 成都千益科技有限公司 |
| 75 | 成都金杉玻璃工艺有限公司 | 118 | 成都云铁智能交通科技有限公司 |

续表21

| 序号 | 企业名称 | 序号 | 企业名称 |
| --- | --- | --- | --- |
| 119 | 成都昊瑞包装材料有限公司 | 143 | 成都市新美加机械设备制造有限公司 |
| 120 | 捷贝通石油技术集团股份有限公司 | 144 | 成都西油华巍科技有限公司 |
| 121 | 四川光兴消防科技有限责任公司 | 145 | 成都友邻文化传播有限公司 |
| 122 | 四川荣创新能动力系统有限公司 | 146 | 四川西油致诚石油技术有限公司 |
| 123 | 四川先然石油科技有限公司 | 147 | 四川兴良川深冷科技有限公司 |
| 124 | 成都三叶家具有限公司 | 148 | 四川中庸药业有限公司 |
| 125 | 成都市凯琢科技有限公司 | 149 | 成都奥尤盖茨科技发展有限公司 |
| 126 | 成都市云集药业有限公司 | 150 | 成都成保发展股份有限公司 |
| 127 | 成都效山精密机械有限公司 | 151 | 成都成发科能动力工程有限公司 |
| 128 | 成都博昱新能源有限公司 | 152 | 成都赐金供应链管理有限公司 |
| 129 | 成都麦隆电气有限公司 | 153 | 成都若克石油技术开发有限公司 |
| 130 | 成都善诚环保工程技术有限公司 | 154 | 成都盛世科隆石油科技有限公司 |
| 131 | 成都市华采制衣有限公司 | 155 | 成都新亨药业有限公司 |
| 132 | 成都市明峰光学仪器有限公司 | 156 | 成都亚沃航空科技有限公司 |
| 133 | 成都市新都风华光学机械厂 | 157 | 成都永峰科技有限公司 |
| 134 | 成都坦诚液压工程机械有限公司 | 158 | 成都永业有限公司 |
| 135 | 四川丰度能源技术开发有限公司 | 159 | 成都梵凰家具有限公司 |
| 136 | 四川金秋新型建材有限公司 | 160 | 成都鑫金臣节能环保科技有限公司 |
| 137 | 四川昆仑石油设备制造有限公司 | 161 | 四川省川煤科技有限公司 |
| 138 | 四川欧菲斯科技有限公司 | 162 | 四川省新都美河线缆厂 |
| 139 | 四川毗河石油科技有限公司 | 163 | 四川杨氏达防水材料有限公司 |
| 140 | 四川视如美电器有限公司 | 164 | 中建铝新材料成都有限公司 |
| 141 | 成都城投城建科技有限公司 | 165 | 今创城投（成都）环境工程有限公司 |
| 142 | 成都明亚科技有限公司 | 166 | 成都裕鸢航空智能制造股份有限公司 |

**【新经济培育】** 新都区新增新经济企业3001户，荣创新能等9户企业被认定为成都市新经济梯度培育入库企业，叁能锐达及其总经理张强入选2020成都市新经济“双百工程”重点培育企业及优秀人才，“基于区块链的智慧社区数字化治理场景”和“餐厨垃圾无废处置场景”2个场景入选成都市2020年示范应用场景支持项目。

新都区新经济应用场景建设企业座谈会暨新经济项目招引攻坚行动场景招商培训活动举行（供图：区新科局）

**【科技项目管理】** 新都区新经济和科技局围绕新都区轨道交通、航空、现代物流等主导产业，以企业为主体，深化产学研合作，突破掌握一批核心技术和自主知识产权；加强企业创新主体建设，全面提升企业自主创新能力，组织实施国家省市各级科技计划项目，推进企业科技成果转移转化。

**【科技成果评审】** 西南石油大学参与主要研究的“天然气检测关键技术和应用示范”等3个项目获2020年四川省科学技术进步奖一等奖，西南石油大学的“四川盆地深层超深层油气探井钻井关键技术及规模应用”等5个项目获四川省科学技术进步奖二等奖，四川科伦药业股份有限公司的“国产全合一肠外营养产品（多特®）制备体系创新及其产业化应用”等12个项目获四川省科学技术进步奖三等奖。

【科技企业发展】 新都区新经济和科技局根据《高新技术企业认定管理办法》，深度解析国家高新技术企业申请认定流程，为企业搭建科技服务平台，同时围绕高新技术企业申报认定加强政策宣传、强化政策解读，为重点企业提供有针对性的一对一指导；开展多场高新技术企业申报认定培训会及政策宣讲会，取得显著成效；指导企业进行科技型中小企业备案，保障科技型中小企业发展，为高新技术企业储备后续力量。

【企业创新创业】 新都区新经济和科技局增强科技型企业新生力量，针对新都区企业创新创业层次普遍不高等问题，持续开展双创活动，实施创新创业宣传计划，开展推介活动，打响新都创新创业品牌，全年全区组织开展企业运营、政策咨询等专业服务、培训活动50余场；搭建“校企双进”交流平台，构建企业与高校院所对接常态化机制，持续开展“企业家进校园”“科学家进园区”以及“百校千企大对接”等活动，同时搭建产业功能区、企业与高校院所对接平台，开展“校企双进”活动12场，推动校企合作项目20个。

【科技宣传】 新都区新经济和科技局组织开展科技活动周、科普活动日等科普活动，进行科技宣传咨询、科技培训、专题讲座、科技进社区等活动；组织科技活动周活动，以“线上＋线下”相结合的方式进行多场科普活动，提高全民科普知识和提升学科学、用科学的热情。

（肖　强）

# 文化与体育
Culture and Sports

## ·文　化·

【概况】 2020年，新都区文化体育和旅游局内设办公室、文化科、文物科（挂非物质文化遗产科牌子）、体育科、广播电视管理科、旅游科、产业科、财务科8个机构和文化市场综合执法大队，下属文化馆（加挂川剧团牌子）、图书馆、文物保护所（挂新都杨升庵博物馆和新都博物馆牌子）和体育中心4个直属事业单位。

【文化服务设施建设】 新都区按照全市撤并乡镇要求，13个镇（街道）文化站（中心）撤并为9个（桂湖街道、新都街道、新繁街道、石板滩街道、大丰街道、三河街道、斑竹园街道、军屯镇、清流镇）。9个镇（街道）在全市第四次镇（街道）文化站（中心）评估定级评选中获评一级文化站（中心）。斑竹园街道、三河街道文化中心基层综合文化服务中心示范点建成投用。4月28日，新都区文化馆电子路直属分馆正式开馆。新都区以区文化馆、图书馆为中心的总分馆制，实现数字文化馆、数字图书馆平台互通互享。全区“文化e管家”的大数据分析系统总体分数位居全市前列。

【文化市场执法监管】 新都区文化体育和旅游局运用全国文化市场技术监管与服务平台、四川省“互联网＋监管”平台、成都市文化执法手持移动执法终端、成都市文化市场守法经营信用平台等线上监管执法平台，结合疫情常态化防控专项执法巡查、无证无照“黑网吧”专项整治、校园周边文化市场专项整治行动、扫黑除恶专项斗争、全区文化娱乐行业安全隐患排查整治等专项执法行动，深化市场监管，出动执法人员1500余人次，检查文化经营场所800余家次，截至12月底责令整改违规经营行为73个，立案查处文化市场违规经营案件12起。

【文艺创作】 新都区组织创作《想对你说》《只是因为爱》《号角已吹响》《抗疫情》4首抗疫原创作品，其中《号角已吹响》入选“学习强国”平台展播，入选四川省《现代艺术》文艺期刊文艺百家“战疫”集结号音乐篇，被人民音乐出版社收录于“方舱之声　公益征集展播”并在全球48个国家和地区公益展播；《想对你说》被新都区委组织部收入转播。原创二重唱《又见毗河》获2020年四川省乡村艺术节三等奖。美术作品《青龙湖湿地之韵》《新村物语》和书法作品《王世贞文先生传》《黄娥词》入选四川省乡村艺术节群众文艺视觉艺术作品展。《冉冉闻天香》入选“爱成都·迎大运”暨第十届“画意成都”美术作品年度展，《富贵花开有风来仪》获“花好月圆迎国庆”成都市美术、书法、摄影展二等奖，《月下融情》获三等奖，《篆书对联》获三等奖，摄影作品《建设者》获三等奖。

**【群众文化活动】** 新都区有群众文化队伍492支（区级15支、镇级117支、村级360支），有群众文化协会10个、专业文艺团体1个；开展群众文化惠民活动4983次，参与群众20余万人次；举办2020年新都区“我们的中国梦·文化进万家”——千龙千狮闹新春惠民活动、“新，都在这里”——影像新都摄影作品展、“花飞香城·美丽新都”——2020年新都区庆五一暨四川民歌赏析走进足球音乐小镇、“致敬最美逆行者”——新都区“5·12”国际护士节抗疫文艺作品赠送仪式、“传承天府文化·弘扬升庵精神”——我们的节日·端午暨升庵童谣进校园诵读主题活动、第五届全民文化艺术周、“唱响中国梦·幸福秀起来”——2020年“快乐周末·百姓舞台”乡镇专场等线下专场活动120场，四川观察、四川改革网、网易新闻、《成都商报》、今日头条、红星新闻、封面新闻等10余家网络媒体对活动宣传报道；以“快乐周末·百姓舞台”品牌活动为重点，推出“舞之韵、歌之美、心之声、非遗线上云、市民学校线上云课堂、爱成都·迎大运”——2020年新都区首届“玛歌”杯云上广场舞大赛等线上系列活动348场，市民点击率961592次。新都区图书馆围绕“文化天府·书润香城”品牌建设，开放数据库29个，开展线上活动157场、讲座培训31场次、知识展览和图片展览52场，图书推荐活动22次，推荐优秀图书1050册、听书节目12场，阅读推广活动40场，接待到馆读者268222人次，线上点击量总点击421806次。

**【文化交流活动】** 新都区“非遗”项目“新繁棕编”到甘洛县开展“树新风助脱贫”——巾帼行动手工编织技能培训，参加2020年“文化和自然遗产日”非遗宣传展示成都市主场活动暨首届成都“非遗”美食节，获2020年成都市“非遗”手工技能大赛最佳技艺奖、最佳美观奖、最佳创意奖等奖项；举办2020“成渝德眉资”文旅区域联动暨“成都文化四季风·音乐消夏”少儿才艺大赛专场活动，书法作品《圣教序节临》入选2020成都重庆德阳眉山资阳文旅区域联动少儿美术、书法作品精品展；组织原创歌曲《岩边边上一棵松》代表成都市参加贵州遵义第八届全国部分省市文化馆百馆联动活动，组织文艺节目合唱《燃烧的信念》、独唱《天府四川》、组合唱《爱的火焰》、川剧小戏《江陵别妻》参加重庆九龙坡区黄桷坪新年艺术节暨首届新龙文化艺术节启动仪式。

4月29日，“花飞香城·美丽新都”——2020年新都区庆五一四川民歌赏析走进足球音乐小镇

（供图：区文体旅游局）

12月30日，“成渝地区双城经济圈·新龙CP”——2021年（第十三届）黄桷坪新年艺术节暨首届新龙文化艺术节开幕

（供图：区文体旅游局）

【大型专场活动】 9月21日，2020年“中国农民丰收节”系列活动暨四川省“百城千乡万村”业余足球联赛启动仪式（成都新都）在新都区斑竹园足球音乐小镇举行，以“庆丰收 迎小康”为主题，以“运动、活力、拼搏、跨越”为运动理念，由主体活动、配套活动两个部分组成。主体活动为足球联赛，配套活动通过农产品、非遗文创展品展销、电子竞技足球体验、农民摄影展、音乐路演等系列活动开展，营造足球音乐小镇“强体育，兴文化、庆丰收”的和谐氛围。9月24日，四川省文化和旅游厅、成都市文化广电旅游局主办，新都区文化体育和旅游局承办的“桂蕊飘香·情寄中秋——四川省2020年万人赏月诵中秋集中展演新都区分会场”在新都桂湖举行，以“桂蕊飘香·情寄中秋”为主题，采取“现场＋线上”方式，通过序、中秋篇、升庵篇、雅辑篇篇章结构，以歌舞、朗诵、舞蹈、独唱等形式，烘托出“月与中秋”传统佳日的文化意蕴。10月16—20日，新都区第五届全民文化艺术周举行，举办专场活动10次以及新都区首届文化旅游集市展、棕编创意摄影展和美术、书法作品专题活动等。

【文化和旅游资源普查】 新都区文化体育和旅游局梳理出杨升庵博物馆馆藏古籍总数为557部3270册，全区可移动文物数量2609件（套）、不可移动文物346处；按照《全国古籍普查工作手册》流程，对标完成数据普查、书影拍摄和数据完善修改等，完成全部数据提交。

【地面不可移动文物保护】 新都区文化体育和旅游局全年投入文保经费540万元，完成龙藏寺抢险加固工程收尾、杨升庵博物馆馆藏珍贵文物预防性保护；编制完成新繁东湖安防、消防、防雷工程设计方案并经专家评审通过，启动宝光寺用电安全智能化系统项目和宝光寺罗汉堂塑像壁画设计方案、龙藏寺大雄殿壁画设计方案等编制。

【文物发掘勘探】 新都区文化体育和旅游局全年接报建项目155处，报建面积3221556.02平方米，完成满足文勘条件报建项目文物勘探及道路调查135个，包含省、市、区重点项目19个，完成率100%；协调推进完成九牧、联东U谷·新都区国际企业港项目文物发掘，发掘面积3700平方米，为企业减轻负担近252万元；按照成都市文物局工作部署，协调解决2020年4月1日前新都区未批先建项目文物勘探发掘历史遗留问题，办理历史遗留问题14个项目。

【博物馆申报】 新都区文化体育和旅游局按照国家文物局《关于进一步推动非国有博物馆发展的意见》《四川省博物馆备案确认申请办事指南》等规定，协助新繁“四川省荣誉军人休养院荣誉馆”申报国有博物馆和新都建华香油厂申报非国有博物馆，其中四川省荣誉军人休养院荣誉馆成功申报为四川荣军博物馆。

【杨升庵研究中心】 新都区杨升庵研究中心对馆藏二级文物《杨升庵先生批点文心雕龙十卷》四册珍贵古籍进行数字化扫描、复制再造，完成古籍印刷装函、交付成书；举办升庵文化系列展览，展出内容包括“升庵眼中的诗画云南”“云南升庵相关碑刻拓片展”“云南升庵文化书法作品展”。

（史黎芮）

## ·体 育·

【概况】 2020年，新都区已建体育场地2590处，健身绿道182公里，镇（街道）和村（社区）体育设施覆盖率100%，人均拥有体育场地面积2.0平方米。

【体育设施建设】 新都区投入资金21万元，维修和更换全民健身器材160余处，新增全民健身设施建设34处，全民健身设施“建、管、用”长效机制有序运行；完成5个街道（镇）9个乒乓球场地及10个学校乒乓球场地示范点位建设，共5070平方米。新都区香城体育中心完成竣工验收。

【体育组织建设】 新都区有新都区体育总会、新都区老年人体育协会、新都区门球协会、新都区武术协会、新都区乒乓球协会、新都区篮球协会、新都区棋类协会、新都区网球协会、新都区足球协会、三河村农民健身足球俱乐部等体育类社会组织27个，协会会员5500余人；9个镇（街道）和180个村（社区）均配备专、兼职体育工作者，全年培训社会体育指导员380名。全区共有社会体育指导员1628名。

【全民健身活动】 新都区以“爱成都·迎大运”全民健身活动为主线，扶持和依托体育社团开展足球、羽毛球、网球、棋类、太极拳、健步跑等项目活动和竞赛，全年开展区级大型体育活动和竞赛20余次，完成区、镇（街道）、村（社区）三级全民健身活动220余次。新都区体育中心向社会免费开放，接待参加锻炼的市民50余万人次。

【体质监测】 新都区文体旅游局健全新都区国民体质监测站，常年开展国民体质监测，全年监测人数5200人。

【青少年体育发展】 新都区文体旅游局在全区中小学校开展乒乓球活动月、排球活动月、百日游、田径班级赛、棋类进校园等青少年主题体育活动，开展特色体育项目进校园活动，促进青少年特色体育项目普及和推广；完成380名体育教师（教练员）培训；组队参加成都市第十四届运动会，18个项目代表队参赛，注册460名运动青少年运动员，其中电子科技等项目取得优异成绩。

【体育产业发展】 新都区有健身房、游泳池、体育用品销售、体育彩票等体育经营场所300余处，全年销售体育彩票2.81亿元；尖锋旱雪四季滑雪场接待市民滑雪爱好者20000余人次，国家体育总局冬季运动管理中心5支国家队，四川、北京、内蒙古、广西、吉林、黑龙江、河南等7支省级队伍，约150名运动员在尖锋旱雪大跳台完成反季节滑雪训练。9月27—29日，新都区体育产业项目投资推介会在上海国家会议中心举办，50余家业内企业和体育相关协会、社团组织参加，30余家媒体予以报道和信息推送。

2020全国射箭锦标赛（室外）举行（供图：区文体旅游局）

【体育赛事活动】 新都区文化体育和旅游局承办成都市第十四届运动会田径项目比赛、2020年“中国农民丰收节”系列活动暨四川省“百城千乡万村”业余足球联赛启动仪式、2020年全国射箭锦标赛、“国庆冰雪乐——中国冰雪国际集训队队内对抗系列赛”之单板及自由式滑雪大跳台对抗赛、四川省中学生田径比赛、成都市中小学生定向越野锦标赛等赛事活动，为承办2021年夏季大学生运动会水球项目比赛积累办赛经验。

（史黎芮）

# 传 媒
Media

## ·融媒体发展·

【概况】 2020年，新都区融媒体中心下设行政管理部、综合服务部、策划运营部、编务部、采访部、视频编辑部、平面编辑部、新媒体研发部、全媒体创作部、播出技术部，有职工116人，其中事业编制51人、聘用人员48人、退休职工17人。新都区融媒体中心以“打造区域性新型主流媒体”为目标，建成一次采集、多种生成、多样传播的“策、采、编、审、发”指挥中心——“中央厨房”，打通传统媒体与新媒体资源通道，整合新都区人民广播电台、新都区电视台、《新都资讯》、“这里是新都”微信公众号、“香见”APP客户端、新都视界网、“新都融媒”抖音号、“新都融媒”微信视频号八大媒体平台，形成立体传播的媒体新形态，9月通过县级融媒体中心的省级验收。

【新都电视台】 新都区融媒体中心围绕区委、区政府中心工作，做好区委十四届十一次全会、区人大会、区政协两会报道，深入学习贯彻习近平总书记给四川省革命伤残军人休养院全体同志重要回信精神、提升全区工作满意度测评、民生实事等重点工作宣传；策划开设“全力以赴，坚决打赢疫情防控阻击战”“统筹兼顾　精准发力　奋力夺取疫情防控和经济社会发展双胜利”“送政策　帮企业　送服务　解难题”“香城细管　绣美新都”“致敬最可爱的人——纪念中国人民志愿军抗美援朝出国作战70周年系列专题报道”“民生实事直通车”等专题栏目，《特别关注》《农事天地》《家住新都》《乐享香城》《农安新都》等民生栏目进一步明确定位、创新形式、充实内容，深化服务百姓民生的能力；参与四川电视台“主播看四川——乡村振兴区县行”大型电视行动，通过拍摄电视纪录片的形式体现新都区结合本土特色发展乡村旅游，破解一、三产互动发展新格局。新都电视台综合频道播出5840小时，平均每天播出16小时；影视文艺频道播出5657小时，平均每天播出15小时；制播《农事天地》《家住新都》《乐享香城》《健康新都》等电视专题240期，播出电视剧5475集；制作《新都新闻》317组，播出634组次，播出电视新闻2195条。在年初疫情防控中，新都电视台在重要时段开设“众志成城抗疫情”“新型肺炎防控，你应该知道的事”“全力以赴，坚决打赢疫情防控阻击战”等专栏，发布防控知识和新都区防控疫情动态消息，完成报道1673条，刊播公益广告2115条次，其中采写的《集结号再次吹响！成医附院10名医护人员今赴湖北武汉》等新闻稿件，通过区委宣传部，上报到人民网，展现新都区坚决打赢防疫阻击战的决心和毅力。

【《新都资讯》】《新都资讯》加快转变发展方式，着力打好宣传思想文化战线阵地战、服务全区推进“154”总体部署主动战和重大项目、重大活动新闻宣传攻坚战，推出“壮丽70年·奋斗新时代”“香城细管　秀美新都”“走向我们的小康生活”“以‘154’总体部署为统揽，突出‘一心四区’建设高质量建设现代化国际范成北新中心城区新思想、新时代、新天府”“继承和弘扬抗美援朝精神，为实现中华民族伟大复兴而奋斗”“致敬英雄”“晒出成绩单　提升满意度”“集中整治形式主义、官僚主义，努力提升人民群众满意度”“不忘初心、牢记使命”“聚焦功能区”“乡村振兴”“香城工匠·向劳动者致敬”“我们都是追梦人”“美丽香城、宜居乡村”等专题专栏；报道区“四大班子”活动，政务报道更加深入、生动；围绕中心工作，在学习运用群众语言、提升吸引力和感染力上狠下功夫；利用策划会，完善照排、编辑学习交流、读者意见反馈制度；做好报纸进社区、进企业，有效解决服务群众“最后一公里”问题；推动与新都视界网、香见APP、“这里是新都”微信公众号等新媒体“报网”合作，提升新闻传播力和影响力。《新都资讯》全年编发96期，赠阅量268.8万份。

【新都人民广播电台】 新都人民广播电台在“新都新闻”的基础上，充分运用“阳光政务·政风行风”热线，以“小信箱、大民生”为宗旨，以书记、区长信箱为依托，反映群众关心的热难点问题，架起沟通的桥梁，全年播出25期“阳光政务·行风政风”热线节目，有25家单位进入“阳光政务·政风行风”热线直播间，现场接听听众热线103个，其中线上热线97个、线下热线6个，回复率99%；每周一到周五17：30—18：00，FM90.5继续创新“家有宝贝”“谈笑风生”“音乐带回家”“耳朵想旅行”4档节目，播出160期。新都人民广播电台全年播出总时长6750个小时，其中自办节目235小时。

【新兴媒体融合发展】 新都区融媒体中心继续融合运用“香见”APP图、文、视频等手段，做到内容丰富、形式多样，将广播电视节目推向移动终端市场，突破广播电视地域和空间限制，搭建起沟通官方和民间两个舆论场的桥梁。新都视界网根据最新的模式建立视频广播、新闻资讯、热点报道、视界探索等栏目，视觉效果更新颖，内容更丰富、更有可读性。“这里是新都”微信公众号有粉丝30万人，全年增加粉丝20%，发送推文1198条（原创文章177条），图文总阅读量378万次，其中《@所有新都人！这封信一定！要！转！》首发新都防疫指挥部通告，解析疫期政策，成为“10万+”爆文，获得12.99万次阅读量；《“新神风八座”最新动态！》关注普通群众在疫情期间的生活精神状态，获得6.7万次阅读量；《定了，新都打造未来之城！》阅读量达2.5万次。新都区融媒体中心策划“最美逆行者”等榜样投票评选活动，在七一广场举行点亮仪式，用新媒体方式开展线下落地活动，全方位、立体化宣传引发全城热议，《邓婕：新都，我们回来啦！》在今日头条头条号中展现量58.6万次，阅读量4.9万次，13篇稿子进入成都热搜榜前十，其中1篇稿子进入今日头条德阳热搜榜前十。7月26日，新都区融媒体中心打造的“新都融媒”抖音号重新调整上线，在坚持正确的舆论导向基础上，以趣味性、创造性、文艺性的短视频风格为主，以群众化、现代化、多样化的视角关注新都本地动态，策划主题活动，配合全区重点工作及主题教育活动开展，推出抖音作品191条，收获点击量350万次，其中推出的短视频《不负年轻 × 蔡飞》获中国电视艺术家协会第八届推优展播活动短视频类最佳作品，《神兽的夏天》获闪亮之星成都小向导第一名，短视频《不忘初心　矢志奉献》获“精彩短视频　记录新时代”2020年四川省短视频创作传播活动第三季度提名奖。

【新闻作品评奖】 新都区融媒体中心在第八届“全国市县电视台优秀电视节目及广播电视媒体融合先导单位20强推选活动”中获3个一等奖、2个二等奖，并有15件作品获市级奖项。《新都新闻》获2019年度（第37届）成都新闻奖广电媒体三等奖，《状元故里　活力马家》获优秀二等奖，《一片树叶吹响〈我和我的祖国〉》获专项奖；《听障孩子惊艳国际舞台无声世界“鼓”舞人心》获2019年度（第37届）成都新闻奖专项奖；《梦想·情怀》获2019年度（第37届）成都新闻奖平面媒体三等奖，《简阳农户生姜滞销　火锅企业联手买空》《边远村的“发展梦”》《红脸出汗　提醒紧弦　共同提高17单位“一把手”述责述廉“应考”》《京东亚洲一号成都新都项目部分投入运营》获专项奖；短视频《不负年轻 × 蔡飞》获第七届全国市县级电视台推优活动最佳短视频，短视频《手边的春天｜缠绵烂漫沉醉500年“滕王”花开》获优秀短视频二等奖，新媒体《原谅我，我哭了！》获专项奖，媒体融合类创意互动《乡约拾里　庭院生活》获专项奖，新媒体专题《新！都！超！红+红+红+红+红=祝福祖国！》获专项奖；《农事天地》获第七届全国市县级电视台推优活动最佳电视栏目一等奖，综艺晚会《新都区首届最美河湖长颁奖典礼》获第七届全国市县级电视台推优活动最佳综艺晚会一等奖，《中华小当家——拾里庭院亲情之旅》获“神兽的夏天 Vlog——暑期/周末游成都　我来当向导”主题宣传活动最具人气作品奖，主持人刘语珊获《主播看四川——乡村振兴区县行》大型媒体行动“十佳区县主持人”称号。

（刘　蜀　陈兆刚）

## ·有线广播电视网络·

【概况】 2020年5月，四川省有线广播电视网络股份有限公司新都分公司通过资产整合，所属个人股份由新都区香投集团下属子公司（成都香城绿色金融控股有限公司）全额收购，成为新都区香投集团全额控股的国有股份公司，原属融媒体中心股份制同时划拨至成都香城绿色金融控股有限公司。截至年底，公司有有线数字电视用户102000余户，新增有线电视用户10122户，用户续费率75.32%，全年经营收入8607万元。

【广电民生工程建设】 四川省有线广播电视网络股份有限公司新都分公司加大电视“户户通”、广播“村村响”工程维护力度，提高网络维护服务质量；打造微厅平台，融合新都电视台、便民政务等渠道，宣传

举行四川广电网络新都分公司“营、装、维”一体化技能大比武活动（供图：四川广电网络新都分公司）

区委、区政府经济和民生工作；在全区有线电视通达地区免费提供6套有线电视节目，减免城乡低保家庭、城镇“三无”人员和农村“五保”对象收看高清数字电视费用；增加内容供给，缴纳最低收视费用户收看节目增加到215套（包含68套高清频道）。

【智慧广电建设】 四川省有线广播电视网络股份有限公司新都分公司推出“超高清全彩监控系统”，集全彩高清化、网络化、高可靠及易维护于一体，在保证开放性和实用性原则的基础上，系统采用先进的视频采集、录像存储技术，通过适当的网络组合，使其发挥最佳效果，保证在相当长一段时间内系统整体运行处于领先地位;推出“应急广播系统”，充分利用网络技术，重点实现上下系统联动、平台互联互通、应急指令和应急广播信息内容和传输标准化、安全保障、终端管控等方面关键技术；针对区委、区政府城市治理要求，在智慧公交站台建设、文物保护用电项目、雪亮工程建设、智慧安防、农民集中安置小区安防建设等方面取得较好成绩。

【广播电视公共服务】 四川省有线广播电视网络股份有限公司新都分公司协助推进全省数字化、智慧化、长效化的广播电视现代公共服务体系建设，完善“县级及以上有机构管理、乡镇有网点支撑、村组有专人负责、户户有专人服务”的广播电视运行维护体系；探索创新政府主导、局网共建、五级贯通、社会化发展的公共服务长效机制建设，协助制定系统完善、衔接配套、层次分明、科学适用的运维标准体系、制度规范体系、监督管理体系、绩效评价体系；协助推进四川省广播电视公共服务信息化平台数据录入、采集汇聚、分析评估等，依托四川省广播电视公共服务信息化平台协助开展常态化监督服务和绩效评价。

【广播电视安全播出】 四川省有线广播电视网络股份有限公司新都分公司成立安全播出领导小组，针对安全播出重要时期时段，制定安全播出应急预案；坚持24小时值班制度，坚持双人双岗值班制度、定期巡线制度，坚持“零报告”制度，完成“零插播”目标任务；将安全播出责任和任务层层分解，重点抓工作落实，完成全年安全播出任务及重要安全播出时段保障任务，有线电视传输无重大责任事故。

（温庆玲　廖静思）

# 卫生与健康
Health

## ·卫生和健康事业发展·

【概况】 2020年，新都区各级各类医疗卫生机构675个，专业公共卫生机构3个，其他卫生机构2个，床位数6577张，卫生技术人员8926人，其中执业（助理）医师3459人，注册护士4168人，全年公立医疗机构门（急）诊480.91万人次、住院16.20万人次。

【公立医院改革】新都区深化公立医院综合改革，推进新都区人民医院建立健全现代医院管理制度国家级试点及新都区中医医院、新都区第二人民医院建立健全现代医院管理制度市级试点；组建公立医院管理委员会，代表政府履行办医主体责任，公立医院治理体系进一步健全；出台公立医院岗位设置管理试行办法，允许医院在岗位总量内统筹设置管理专业技术岗位，解决"编制瓶颈"对专业技术岗位竞聘限制；开展公立医院薪酬制度改革试点，为试点医院核增不纳入绩效工资总额管理的改革绩效工资；建立取消药品加成政策亏损性动态补偿机制，每年通过核定上一年度实际产生的药品销售额计算下一年度政府补偿经费。现代医院管理制度改革试点经验在国家医改经验培训班、省市医改工作推进会和《国务院深化医药卫生体制改革领导小组简报》《四川改革专报》《成都改革》《成都医改专刊》等交流推广。

2020年新都区民营医院一览表

表22

| 序号 | 机构名称 |
|---|---|
| 1 | 成都新都西桥医院 |
| 2 | 成都新都桂湖医院 |
| 3 | 成都泰兴医院 |
| 4 | 成都新都竹友医院 |
| 5 | 成都北新医院 |
| 6 | 成都欣元医院 |
| 7 | 成都新都高霖医院 |
| 8 | 成都宝康医院 |
| 9 | 成都红星老年病医院 |
| 10 | 成都新农医院 |
| 11 | 四川爱琪康医疗投资管理有限公司新都东湖康复医院 |
| 12 | 成都新都力泰医院 |
| 13 | 成都新都新繁龙安医院 |
| 14 | 新都静雅老年病医院 |
| 15 | 成都新都大爱老年病医院 |
| 16 | 成都新都恒轩医院 |
| 17 | 成都汉和中医治未病医院 |

【医共体建设】新都区深入开展紧密型县域医共体试点建设，通过重塑体系、机制重建、深化内涵、创新发展，着力构建优质高效的整合型医疗卫生服务体系，解决基层医疗卫生服务能力不足问题，基层服务质量和能力显著提升，门（急）诊人次基层占比较试点前增长7.24%，初步形成"小病在基层、大病到医院、康复回基层"的就医格局。

【计划生育】新都区实施"全面二孩"政策，全年出生8161人，人口自然增长率3.77‰；全员流动人口15.12万人，其中流出1.45万人、流入13.67万人；开展3岁以下婴幼儿照护服务，截至12月31日，完成网上备案8家；完成母婴室创建点位35个，配置率100%；在全市率先试点避孕药具免费发放网络地图，打造免费避孕药具发放区、镇（街道）、村（社区）医院（社区卫生服务中心）三级服务体系，有免费避孕药具发放网点220个，安装第二代身份证刷卡避孕药具领取智能机70台、避孕药自取箱206台、二维码避孕药具机8台，免费避孕药具发放率95%。新都区卫健局落实国家计划生育利益导向"二项制度"，完成农村部分计划生育家庭奖励扶助对象资格确认47828人和计划生育家庭特别扶助制度对象资格确认2759人，发放扶助金7216.94万元；开展新都区计划生育特殊家庭扶助关怀，严把资格确认关口，落实经济扶助、再生育扶助、养老扶助、医疗扶助、安居扶助、社会扶助、走访慰问7个方面14项扶助关怀政策，扶助19871人次，发放扶助金770.4万元。

【妇幼保健】新都区基层医疗机构创建妇女保健规范化门诊15家，创建率93.8%，创建儿童保健规范化门诊15家，创建率93.8%，其中AAA级以上机构4家（市级复核通过），达26.7%；管理孕产妇14917人，其中高危孕产妇11040人，高危率74.01%，管理重点高危孕产妇1624人，其中红色高危28人；启动区级产科危重孕产妇急救22人，孕产妇系统管理率98.01%；孕产妇死亡1例，死亡率8.16/10万，婴儿死亡率1.22‰，5岁以下儿童死亡率2.12‰，5岁以下儿童死亡率持续下降，保持低位；建卡孕妇 8837 人，HIV 检测率 100%，管理 HIV 阳性孕妇 33 人，管理 HIV 阳性母亲所生儿童 9 人，实现儿童零艾滋目标；优化婚前、孕前、孕期、产时和产后服务流程，提供免费婚检 6854 人，提供免费孕检 5147 人；新增叶酸服用人数 5343 人，完成宫颈癌筛查 5040 例，乳腺癌 585 人，产前筛查 7361 人，新生儿先天性疾病筛查 7754 例，新生儿听力筛查 7755 例；办理出生医学证明 8134 份，首发 7869 份。

**【中医药管理】** 新都区加强中医药体系建设，新增 4 个成都市级重点专科建设单位，区中医医院被列为成都市推进现代医院管理制度建设试点单位；基层医疗机构强化"两馆一角"内涵，开展 3 个"示范中医馆"、10 个"规范化中医角"提档升级建设；加强校地合作，区政府和成都医学院签订战略合作协议，区中医医院成为成都市医学院第一附属中医医院；促进中医药传承创新发展，推荐 32 名中医医术确有专长人员参加考核，举办"成都名中医流动车"进新都暨《中华人民共和国中医药法》实施三周年大型中医药文化宣传活动，区内中医诊所备案 59 家；落实成渝地区双城经济圈建设，区中医医院与重庆市渝北区、大足区、九龙坡区中医院分别签订战略合作协议，推动成渝两地中医药事业协同发展；推进国家中医药综合改革试验区建设，开展 3 项省级治未病科研课题研究，启动新都区"治未病中心"建设，成都市卫健委批准区中医医院牵头"成都市中医治未病专业医疗质量控制中心"工作，基层医疗机构设立"治未病工作室"；推进紧密型县域医共体建设，区中医医院与 6 家镇（街道）卫生院、社区卫生服务中心组建紧密型医共体；提升基层中医药服务能力，中医药参与的家庭医生签约服务团队 157 个，提供中医治未病签约服务 371776 人次，基层中医药服务量占比 53%；举办新都区基层中医药适宜技术技能大赛，获成都市基层中药传统技能竞赛个人一等奖、成都市基层中医药适宜技术竞赛个人三等奖。全区老年人中医药健康管理率 70.28%，0 ~ 36 个月儿童中医药健康管理率 84.31%。

**【医政管理】** 新都区建成区域心电中心，开通远程医疗，实践"基层检查＋区级医院诊断＋城市医疗专家疑难会诊"模式；依托全区 27 个医疗质量控制中心，强化医疗机构、从业人员、医疗技术应用等医疗服务要素规范化管理；根据实际制定临床路径管理病种，按临床路径出院管理的出院人数 28541 例；推进同级医疗机构检验检查结果互认，检查检验结果互认 10965 人次，派出业务骨干到基层医院 1368 人。全区参加无偿献血 10920 人次，献血 398.42 万毫升，其中组织应急献血 3789 人次，献血 141.31 万毫升。

**【家庭医生签约服务】** 新都区卫健局按照"1＋3＋N"（即"牵头医院专科医生＋基层医疗机构全科医生、公卫人员、护士＋乡村医生、计生专干、妇女主任等"）模式组建 163 个家庭医生签约服务团队，以慢性疾病规范管理为突破口，通过信息化技术实现服务流程规范化、绩效考核科学化，全区签约 38.1 万人，签约服务率 42.07%，重点人群签约率 82.35%。

**【卫生执法】** 新都区卫健局推行"双随机、一公开"监管模式，对 266 家单位实施监督抽检，任务完成率 100%，上报及时率 100%，公示率 100%，对监督抽检不合格的 37 家单位实施行政处罚；开展专项整治 20 余起，对 700 余家医疗机构开展医疗乱象及卫生健康行业领域突出问题专项整治；开展打非联席会 4 次，打非联合行动 36 次，检查集贸市场 100 个、社区街道 180 个、有证医疗单位 600 户次，检查医疗美容及生活美容机构 300 余户次，查处取缔无证行医单位及摊点 15 个，立案 6 起，罚款 4.17 万元；联合区文化体育和旅游局、区公安分局对全区 9 家住宿业公共场所开展部门双随机监管工作；与区教育局、市场监督管理局、各镇（街道办）配合完成全区 98 所学校和 225 所托幼机构春、秋季开学前学校卫生专项检查；对 2014 年以来未开展过学校卫生综合评价的 20 所中小学校进行学校卫生综合评价；对辖区内供水单位开展汛期生活饮用水卫生专项监督检查，开展 2020 年水质三方检测工作，共检测水样318个，合格水样318个，合格率100%，其中检测集中式供水水样122个，合格122个，合格率100%，检测二次供水水样180个，合格180个，合格率100%，检测现制现售水水样16个，合格16个，合格率100%；进行职业病危害项目新申报系统和职业卫生安全知识培训6次，培训人员1000余人次；开展四川省矿山、冶金和化工行业领域尘毒危害专项治理及成都市尘毒危害专项治理，立案查处7起职业卫生案件，罚款45.6万元；在2家室内游泳馆安装游泳池水质综合在线监测设备；受理举报投诉138起，处理率100%，回复率100%；查办案件一般程序113件、简易程序93件，罚款78.32万元，无因行政处罚不当而引起的行政复议和行政诉讼。

**【健康扶贫】** 新都区卫健局派出15名专业技术人员对口支援甘孜州理塘县、南充市营山县卫健系统，对口支援全体人员通过深入临床坐诊值班、“一对一”手把手带教，充分利用设施设备开展新技术新项目，做好“传、帮、带”，全面提升理塘县、营山县医疗服务质量；组织理塘卫健系统人员开展基层适宜技术、急诊急救及相关设备操作、执业证资格考试和职称晋升考试等业务培训，帮扶营山县中医院于10月通过全国基层中医工作先进县评审。

（华　倩）

## ·公共卫生·

**【概况】** 2020年，新都区公共卫生服务项目包括12项，即城乡居民健康档案管理、健康教育、预防接种、0～6岁儿童健康管理、孕产妇健康管理、老年人健康管理、慢性病患者健康管理（包括高血压患者健康管理和2型糖尿病患者健康管理）、严重精神障碍患者管理、肺结核患者健康管理、中医药健康管理、传染病及突发公共卫生事件报告和处理、卫生计生监督协管。

**【艾滋病防治】** 新都区级配套艾滋病防治项目经费181.12万元，较2019年减少78.59万元，达到人均2元（不低于1元）；围绕“检测发现”艾滋病防治核心策略，以落实院内PITC为核心，主动为12类人群提供HIV检测，各级医疗机构完成HIV检测48.94万人次。新都区抗病毒治疗覆盖率97.91%，位居全市第二位；病毒载量检测比例97.71%，位居全市第八位；病毒抑制率97.69%，位居全市第十三位；20天内治疗率85.95%，位居全市第三位；CD4检测比例98.04%，位居全市第二位；配偶检测比例97.23%，位居全市第六位；检测覆盖率54.04%，位居全市第五位；基层检测覆盖率19.60%，位居全市第十五位；孕早期检测率86.88%。

**【结核病防治】** 新都区疾控中心对282名因症就诊者、324名病原学阳性患者的密切接触者、2166名HIV感染者、94256名老年人、22675名糖尿病患者开展结核病筛查，总体到位率99.16%，病原学阳性率64.64%，耐药肺结核高危人群筛查率100%，新病原学阳性患者耐药筛查率98.90%，耐药肺结核患者纳入治疗率100%，耐药患者成功治疗率100%；继续开展第三轮省级结核病综合防治示范区创建，对学校托幼机构开展结核病防控培训，对辖区学校托幼机构开展全覆盖指导，对辖区学校新生秋季入学开展全覆盖结核病筛查，规范处置39起学校结核病疫情，分别聘请省疾控专家及市传院质控专家组成员对新都区结核病防治开展指导及质量控制。

**【传染病防控】** 新都区法定传染病（甲乙类）报告发病率156.64/10万（控制在250／10万以下），比2019年同期降低26.46%；乙类传染病发病率156.64／10万，丙类传染病发病率388.45／10万，报告发病数前十位病种为手足口病、其他感染性腹泻病、流行性感冒、梅毒、乙肝、肺结核、艾滋病、丙肝、流行性腮腺炎、淋病。新都区疾控中心组织全区345所中小学校（含幼儿园）新聘任的175名“健康副校长”进行专题线上培训，增强学校疫情防控队伍专业技能；落实学校复课联合督导，上半年对3所高校、84所中小学（公立63家、私立21家）、245所幼儿园（公立4家、私立241家）、129家培训机构开学评估，下半年对全区各高等学校、公民办中小学、职校、特校共102家秋季开学督导。

【免疫规划管理】 新都区疾控中心继续深入实施免疫规划，严格执行非免疫规划疫苗采购，实施全区疫苗冷链配送；推进预防接种门诊规范化建设，全区有19家预防接种门诊，其中3家AAAAA级预防接种门诊、1家AAAA级预防接种门诊、12家AAA级预防接种门诊，AAA级及以上预防接种门诊84.21%，超过全市平均水平；各预防接种单位2020年底前医用冰箱和自动温度监测设备配备率100%，实现疫苗接种信息全程可追溯；在新冠肺炎疫情防控期间，落实预约接种制度，在保证人群不过度聚集的情况下满足群众的疫苗接种需求，降低疫苗可预防传染病的发生可能性；推进接种上岗证培训考核，提高接种人员业务素质，保障接种安全、有效；通过“4·25”全国儿童预防接种宣传日，加大疫苗接种宣传，提高群众认识。

【食品风险与食源性疾病监测】 新都区监测食物污染物及有害因素309件样品，其中省级监测样品103件、市级监测样品206件，任务完成率100%；开展食源性疾病网络报送，6家哨点医院报送1422例（新都区人民医院166例、新都区第二人民医院165例、新都区第三人民医院139例、新都区中医院435例、新都区妇幼保健院386例、成医附院131例）。新都区中医院病原学监测病例271例，新都区妇幼保健院病原学监测病例312例。

【严重精神障碍患者管理】 新都区疾控中心继续实施阳光救助民生工程，开展重性精神病人线索调查，加大重性精神疾病患者检出力度，截至12月31日全区严重精神障碍患者登记在册人数4119人，管理3940人，管理率95.65%，规范管理率95.46%，服药率86.23%，规律服药率68.88%，精神分裂症治疗率83.76%，精神分裂症规律服药率64.87%，重性精神病人参保率100%。

【慢性病监测】 新都区疾控中心报告高血压患者管理55803人，任务完成率97.22%，其中新发病例6487例，报告发病率778.61/10万；糖尿病患者管理23421人，任务完成率102.72%，其中新增6088例，报告发病率730.72/10万；制定《新都区儿童口腔疾病综合干预项目实施方案》，开展儿童口腔疾病综合干预项目，提高儿童口腔疾病防治水平。新都区完成口腔健康检查人数13954人，口腔健康检查率93.12%；对自愿参加的5933名儿童第一恒磨牙实行免费窝沟封闭，封闭19780颗牙齿，窝沟封闭率41.45%。新都区疾控中心开展死因监测、重点慢性病发病和儿童伤害监测，推进肿瘤随访，定期评价和通报报告情况，加强与相关部门信息交流共享。

【血吸虫防治】 新都区疾控中心完成国家、省、市下达血吸虫病监测任务，建立健全监测网络体系，巩固全区血吸虫病消除达标成果；完成查螺面积11338882平方米，占全年目标任务的113.39%，灭螺面积3225003平方米，占全年目标任务的107.5%；询检查病5.02万人次，人群普查25017人次，粪检查病1209人次，扩大化疗3634人次，流动人口监测21219人次，达任务数的106.1%。

【狂犬病防治】 新都区疾控中心加强犬伤门诊规范化建设和运转督导，落实24小时应诊服务，做好犬伤规范处置和狂防健康教育，配合医保部门做好犬伤处置费用报销政策宣传与执行，全年全区接诊犬伤患者14396例，对所有患者伤口均规范化处理，犬伤规范处置率100%，Ⅱ级、Ⅲ级疫苗接种率100%，并为其中1092名Ⅲ级提供免疫球蛋白接种；对辖区24家犬伤门诊开展上、下半年全面督导，4月通过公众号等新媒体开展春季狂犬病防制宣传，9月27日在斑竹园街道柏水社区开展以“联防联控，同一健康，消除狂犬病”为主题的宣传活动，发放宣传资料400余份，接受咨询50余人。

【地方病防治】 新都区疾控中心加强疟疾疫情监测，实现发热病人血检乡镇、社区医疗机构全覆盖

（发热病人血检人数占辖区人口数0.5‰以上），全年医疗机构未诊断疟疾病人，其他医院诊断1例新都辖区疟疾，进行规范疫点处置；完成碘缺乏病监测，300份居民盐样检测发现3份非碘盐，碘盐覆盖率99.00%，盐碘合格率97.31%，合格碘盐食用率96.33%；开展尿碘检测，200份8～10岁学生尿样中位数为233.44微克/升，100份孕妇尿样中位数为127.85微克/升；开展甲状腺B超监测，200名8～10岁儿童有8名儿童甲状腺肿大，甲肿率4.0%。

**【卫生监测】** 新都区疾控中心完成全区38个水龙头水监测点"水十条"监测，检测水样152份，合格152份，合格率100%，任务完成率100%；完成枯水期、丰水期主动监测，枯水期监测水样52件，合格51件，合格率98%（其中出厂水2件、合格2件，管网末梢水40件、合格40件，二次供水5件、合格5件，农村散式供水5件、合格4件），丰水期监测水样52件，合格52件，合格率100%（其中出厂水2件、合格2件，管网末梢水40件、合格40件，二次供水5件、合格5件，农村散式供水5件、合格5件）。

**【卫生检测检验】** 新都区疾控中心开展流感、禽流感、手足口、诺如、霍乱和食物中毒等核酸检测，开展细菌性传染病信息与菌株收集、菌株复核上送、数据填报、疫情调查处置，完成辖区流感哨点和禽流感、手足口等监测，全年无检测检验质量事故和安全事故，参加省市质控比对成绩均合格；完成食品检测371份（风险监测212份、主动监测85份、学校食品74份）、饮水检测574份、公共场所检测139家、游泳池检测55家、健康体检48266人、院感及托幼机构检测16家、工地检测49家、职业卫生检测9家、尿碘监测300份、盐碘监测300份、结核检测167份（涂片培养97份、Xpert检测70份）、麻疹和风疹检测27份、疟原虫检测1份、HIV检测49309份（扩大检测43764份、VCT258份、CD41853份、确证实验241份、尿液检测3193份）、血吸虫检测血检1049份、粪检319份、压螺12614只、禽流感病毒检测74份、流感病毒检测30份、手足口病毒检测33份、诺如病毒检测242份，应急突发卫生事件处置52起。

（华　倩）

## ·健康促进·

**【概况】** 2020年，新都区依托区镇（街道）村网络体系，以技能培训、专题讲座、现场指导、线上线下融合开展宣传及项目考核等方式为抓手，以《中国公民健康素养66条》及《国家公共卫生服务规范（第三版）》为主要内容，以新冠肺炎疫情防控及健康细胞建设为契机，以各级医疗机构健康教育力量为依托，狠抓健康教育与促进。全区居民健康素养监测水平为20.2%，居民健康行为形成率78.90%，居民健康知识知晓率84.80%，居民基本公共卫生服务项目知晓率83.50%，各项指标均处于优良水平。

**【卫生城市创建】** 新都区爱卫办牵头国家卫生乡镇创建，大丰街道、三河街道、石板滩街道、军屯镇、新民镇、马家镇、泰兴镇具体落实。由于2019年乡镇机构改革，新都区7个镇（街道）保留4个（大丰街道、三河街道、石板滩街道、军屯镇）。4个镇（街道）高度重视爱国卫生及国家卫生乡镇巩固，加大经费投入，完善设施建设，高标准建设一批基础设施，特别是道路改造、环卫设施、农贸市场、店招店牌综合整治成效显著，群众关心的环境卫生问题得到解决，城镇整体环境卫生提升，居民工作和生活环境明显改善。2020年8月，7个镇（街道）通过技术评估，被全国爱卫办命名表彰。新都区爱卫办注重提升卫生村、卫生单位水平，全区创建省级卫生村120个，占比66.67%，年底新申报创建清流镇均田社区等16个省级卫生村、区行政审批局等16个省级卫生单位和区经信局等14个省级无烟单位；抓星级院落创建复评，城区新创建星级院落11个（新都区星级院落达324个）；结合农村人居环境整治、乡村振兴战略、"百村容貌整治"等，在农村地区继续开展以"四清五改"为主题的庭院综合清洁行动，改善农村居民院落环境卫生，新创建农村星级卫生院落38个（新都区农村星级卫生院落达373个）。

**【健康城市建设】** 新都区健康细胞工程建设涉及1个健康示范镇（新繁街道）、5个健康示范村（社区）（大丰街道崇义社区、清流镇清流社区、石板滩街道集体村、桂湖街道桂东路社区、新都街道正因社区）、5个健康示范单位（区委编办、区统计局、石板滩街道办事处、木兰小学、区综合行政执法局）和100户健康家庭，增加1家健康企业（成都千树家具有限责任公司）。新都区爱卫办完成涉及单位的申报、基线调查（调查报告已上报）、培训（3次）、现场督导（1轮），10月邀请市级专家开展第二轮督导，完成区级审核和评估验收；申报的“十佳”案例有2个案例入围20强，其中新繁街道《认真落实“三个步骤”，织就健康乡村梦想》获网络投票第一名。

**【病媒生物防制】** 新都区卫健局做好病媒生物防制消杀，坚持环境治理与药物防治相结合、季节性集中预防与市场化运作相结合、专业队伍与群防群控相结合的发展策略，有效防制媒传疾病；组织开展春季灭鼠，3月起灭蚊蝇，“四害”密度控制在国家标准之内；开展病媒生物密度监测，落实监测人员和经费，组织病媒生物防制技术培训2次；按照国家标准要求，做好灭前、灭后密度监测，完善考评机制，资料规范完整；巩固病媒生物防制成果，加强“四害”密度达标管理；创建病媒生物防制示范点，开展市级病媒生物防制示范单位（商品房物管小区3个、安置房物管小区3个、农贸市场1个、餐饮店5个、酒店2个、医院1个）创建，9月17—18日通过四川省对新都区巩固国家卫生城市病媒生物专项复审（新都区21个点位）。

**【五大常态专项行动】** 新都区开展市民文明健康素养提升专项行动，翻印1500余本《新冠肺炎疫情常态化防控健康教育手册》发到各镇（街道）、各中小学校、各医疗卫生单位、有关区级部门，各镇（街道）、区级各部门通过广播、电视、报纸、官网、微信公众号、手机短信等线上线下方式，结合新冠肺炎疫情防控和爱国卫生运动，加强卫生防疫和健康知识专题宣传，增强群众树立“每个人是自己健康第一责任人”的理念，引导群众养成良好的卫生行为习惯和健康、文明、科学的生活方式；面向全区常住人口派发24万套“健康生活工具包”，占常住家庭户数的81.07%，66%已派发工具包的家庭在使用工具包，47.14%的家庭能正确使用工具包，居民健康素养达30%以上。新都区综合行政执法局牵头负责城乡环境卫生整治专项行动，以城中村、城乡接合部、背街小巷、居民院落、铁路沿线、沟渠河边、闲置地块等卫生薄弱地区为重点，加强公共卫生基础设施建设，保持卫生整洁，规范消毒杀菌，落实垃圾分类，加强清运管理，消除监管盲区、卫生死角，实现“全民参与、全面整治、全域干净”目标；巩固“厕所革命”成果，持续加强全区公厕高标准精细化管理，加大农村无害化卫生厕所改造力度，从源头控制疾病传播流行，改善人居环境卫生。新都区卫健局牵头负责病媒生物防制专项行动，采取以环境卫生治理为主、药物消杀为辅的综合防制措施，有效预防和控制传染病；落实环境治理和药物消杀，将“四害”密度控制在国家标准范围内。新都区市场监管局牵头负责市场环境卫生整治专项行动，完善农贸市场卫生管理制度，规范管理，确保市场分区规范、布局合理，通风设施完备，信息公示内容完整;清理卫生死角，有效整治乱堆杂物、乱扔垃圾现象；严格落实市场清扫保洁、环境消毒、定期休市制度，强化健康教育并督促做好个人防护，为群众营造整洁、卫生、放心的市场购物环境。新都区爱卫办牵头负责健康细胞工程建设专项行动，以健康家庭、健康单位、健康村社、健康镇街等创建为重点，通过普及健康知识，倡导健康生活方式，推动健康理念进家庭、进单位、进村社、进镇街，建立更多具备健康素养的家庭以及具有良好健康环境和健康文化的单位，提升居民健康水平。

**【健康教育活动】** 新都区爱卫办组织区疾控中心、

区级医疗机构开展健康教育下街（镇）活动，利用各种卫生日在各镇（街道）开展宣传义诊活动；利用第32个爱国卫生月开展以“防疫有我，爱卫同行”为主题的宣传活动，印发《关于开展第32个爱国卫生月活动为全面打赢新冠肺炎疫情阻击战营造良好环境的通知》，全方位多层次推进爱国卫生运动；组织开展世界无烟日主题宣传活动，区卫健局、区文明办、区直机关工委、区教育局、区机关事务局、区爱卫办6个部门联合开展无烟机关（单位）建设，区经信局等14个单位创建省无烟单位（省级无烟单位达131个），年内区级部门、学校、医院全面建成无烟单位；结合农村幸福美丽乡村和“三美”（风尚新美、环境秀美、生活富美）示范村建设，普及新农村健康素养知识，提高农村居民健康水平；通过街道、社区（村、组）为市民提供宣传栏500余个，开展健康卫生知识、健康生活方式、疾病预防控制尤其是常见病、慢性病防治的健康教育4期；加强农村改厕宣传、培训、监测等，印制改厕宣传资料10000余份、海报1000份，监测2个镇（街道）100户改厕农户厕所。全区全年需改厕14076户，改造完成11918户［镇（街道）核减2158户］，完成目标任务。11月13日，新都区通过市人居办对农村人居环境整治验收考核。

**【“六项一月一主题”活动】** 7月起，新都区各镇（街道）、区级各有关部门开展每月一个主题活动，查找长期以来群众关心、社会关注的重点、热点问题，以条块为主，分部门、分主题、分步骤制定工作方案，细化工作措施，确保年底前各行业环境卫生、群众满意度得到较大提升。新都区7月以“党旗飘扬，全民动员”为主题，向群众宣传爱国卫生运动意义；8月以“活力成都，健康生活”为主题，推进全民健身生活化、倡导文明绿色旅游、提高交通安全意识；9月以“百万师生，三讲一爱”为主题，改善校园环境，形成校园爱国卫生运动长效机制；10月以“美丽乡村，健康企业”为主题，开展农村人居环境整治行动、健康科普宣传；11月以“健康优先，宜居蓉城”为主题，着力创造美丽宜居的生产生活环境；12月以“垃圾分类新时尚，食品安全有保障”为主题，开展垃圾分类活动和餐饮行业卫生专项整治活动。

**【2020年度健康城市共建共享知识大赛】** 11月，新都区卫健局在全区开展2020年度健康城市共建共享知识大赛，全区9个镇（街道）参加，围绕社会主义核心价值观和成都市健康城市建设实践、《健康中国行动（2019—2030）》《中国公民健康素养——基本知识和技能（2015年版）》《中国公民健康素养——基本知识与技能释义（2015年版）》读本内容开展竞赛，清流镇代表队获区级决赛第一名。11月27日，清流镇代表队代表新都区参加成都市健康相伴文明同行知识大赛，获三等奖。

（华　倩）

## · 新冠肺炎医疗救治 ·

**【概况】** 2020年，新都区加强医疗机构预检分诊和院感管理，及时救治确诊病例、无症状感染者、疑似病例、发热患者等。

**【发热门诊建设】** 新都区按照国家卫健委《关于完善发热门诊和医疗机构感染防控工作的通知》要求，区人民医院、区中医医院、区妇保院、区二医院、区三医院、成医附院、省革命伤残军人医院、成都北新医院、成都新都西桥医院完成发热门诊改造建设并运行。

**【核酸检测能力建设】** 新都区成立以区人民医院为主体，第三方检验机构为补充的新都区城市核酸检测基地，“平时”每日核酸检测能力1万份，“战时”每日核酸检测能力可达3万份。全区10家二级及以上医疗卫生机构建成核酸检测实验室，满负荷每日核酸检测能力可达2.13万份。检测基地与市域内外第三方检测机构签订核酸检测协议储备，确保应急状态下，第三方检测机构保障新都区每日单检量不低于15000份。

**【救治能力建设】** 新都区改造完成隔离病房44间，

负压病房9间，配备救护车3辆；构建"区—院—科"三级专家会诊机制，组建区应急医疗救治队150人。

**【后备医院建设】** 新都区人民医院石板滩分院储备床位200张（其中ICU床位10张）。新都区卫健局在区人民医院新院区收治疑似患者达床位数的50%时或受市卫健委指令启动区级定点医疗机构时，启动区人民医院石板滩分院整体腾空应急预案，腾空区人民医院石板滩分院为救治确诊及疑似患者做好准备。

（华　倩）

# 社会生活

# SOCIAL LIFE

# 民生工程

People's Livelihood Projects

【概况】 2020年，新都区实施完成省市区三级民生项目101项，其中省市民生项目73项、区级民生项目28项，涉及交通出行、市容环境、就业创业、扶弱助困、教育助学、医疗养老、食药安全、住房安居、文体惠民、便民服务10个方面，投资约28亿元。

【交通出行工程】 新都区加快推进成彭路、学院西路改造工程，打通金河湾路、石犀路2条断头路，完成清流镇同水路村道改建、斑竹园北星村道路硬化；新开“香城乡巴”公交线路1条，优化公交线路10条；完成区内公交刷卡系统改造升级，实现交通一卡通互联互通。

【市容环境工程】 新都区建成并开放北城一号、钟楼街头、医学院站C口等小游园、微绿地8个；推进桂水路、育英路2处公园示范街区建设，创建凯旋东岸、听蓝湾、麦田国际、堤亚纳河谷园林式居住小区4个；建成锦水苑滨河绿道、新都大道段回家的路和石木路上班的路，将幸福社区绿道打通至“家门口”；实施主城区“有路无灯、有灯不亮”照明提升改造工程18个；建成清流镇水梨村、新都街道新店子村水美乡村2个；实施基本公共服务设施攻坚行动，22个新建项目全部开工，续建项目建成18个。

【就业创业工程】 新都区开展补贴性职业技能培训4.1万人次，城镇新增就业7069人，新增吸纳大学生就业创业2150人，失业人员再就业4013人，农村富余劳动力向非农产业转移就业5002人；新增示范性青年之家1个、退役军人创业园（孵化基地）1个；运营青年人才驿站1个，为本科及以上学历外地来蓉求职青年大学生提供7天以内免费入住。

【扶弱助困工程】 新都区改造特困人员供养服务设施（敬老院）护理型床位200张，新增老年助餐服务点9个；落实城乡特困人员救助供养政策，有意愿且符合条件的特困人员集中供养率100%；为重度、困难残疾人发放护理补贴804万元、生活补贴490万元，向困难群众发放价格临时补贴3597万元；为困难群体代缴城乡居民基本养老保险金167万元，政府代缴率100%。

【社会事业工程】 新都区采取新建、回收、委托社会资源举办公办幼儿园，增加学位14430个；完成大丰中学、大丰小学、新新路小学改扩建工程，新增学位1680个；完成1家社区卫生服务中心（乡镇卫生院）基础设施提升改造，完成3家社区卫生服务中心（乡镇卫生院）诊疗设备提档升级，完成35家卫生室公有化标准化建设；持续为89.03万名城乡居民免费提供国家基本公共卫生服务；实施全民参保计划，城乡居民基本养老保险参保覆盖率保持在90%以上。

【食药安全工程】 新都区建成农贸市场肉蔬二维码溯源系统试点41个，实现流通领域肉类蔬菜“来源可追、去向可查、责任可究”，食品安全案件查处率100%；开展食品安全科普体验宣传活动8场，全区学校、养老机构明厨亮灶率100%；支持零售药店开设含特殊药品复方制剂“互联网+智慧监管”，试点零售药店669家。

【住房安居工程】 新都区完成老旧院落改造11个，既有住宅自主增设电梯21户；新开工建设人才公寓28.5万平方米，为133户市民发放公租房租赁补贴44.69万元；改造农村户厕11963户，新（改）建公共厕所12座；完成静安农贸市场标准化建设；建成综合减灾标准化村（社区）10个、省级安全社区2个，完成电动自行车消防安全规范示范点建设5个。

【文化惠民工程】 新都区新建斑竹园街道、三河街道2个基层综合性文化服务中心示范点，完成香城体育中心体育馆和游泳馆建设；实现区文化馆、图书馆、博物馆和9个镇（街道）文化站免费延时，区体育中心免费开放44万人次；开展“文化四季风”群众文化活动4场、“走基层”文化惠民演出40场、全民健身活动220场。

**【便民服务工程】** 新都区依托天府市民云APP，上线集政务服务、公共服务、便民服务等领域的新都特色门户服务；选取五龙社区、宝光社区等5个社区打造智慧应用场景示范社区，让智慧城市的便利浸润到市民日常生活；建成土城村“儿童之家”，为儿童开展绘画、舞蹈、手工等主题活动55场；建成清流镇广泉村法律之家，全区180个村（社区）实现融入式村（社区）法律之家全覆盖。

2020年新都区省级民生实事目标任务分解情况表

表23

| 序号 | 目标内容 | 牵头单位 |
| --- | --- | --- |
| 一、就业促进 | | |
| 1 | 组织开展各类补贴性职业技能培训6823人次 | 区人社局 |
| 二、做好扶弱助困 | | |
| 2 | 代缴1820名贫困人口、低保对象、特困人员等困难群体城乡居民基本养老保险个人缴费 | 区人社局 |
| 3 | 提高1858名困难残疾人生活补贴标准 | 区民政局 |
| 三、教育助学 | | |
| 4 | 减免非民族自治地区3443名幼儿保教费 | 区教育局 |
| 5 | 为584名义务教育阶段家庭经济困难寄宿生提供生活费补助 | 区教育局 |
| 6 | 为257名义务教育阶段家庭经济困难非寄宿生提供生活费补助 | 区教育局 |
| 7 | 支持选派7名教师到“三区”支教 | 区教育局 |
| 8 | 免除中职学生学费（全市为15.16万名，因各学校、各专业收费标准不一致，资金根据招生实际情况确定） | 区教育局 |
| 四、医疗养老 | | |
| 9 | 持续为89.03万城乡居民免费提供国家基本公共卫生服务 | 区卫健局 |
| 10 | 为符合条件的计划生育对象提供计划生育扶助保障，奖励扶助45031人，特别扶助2662人 | 区卫健局 |
| 11 | 提高50.39万名城乡居民基本医疗保障水平 | 区医保局 |
| 12 | 落实6.24万名城乡居民基本养老保障待遇 | 区人社局 |
| 13 | 采取减免费用或提供补贴等方式做好政策范围内的基本殡葬服务，推进实现基本殡葬服务的普惠性、均等化 | 区民政局 |
| 五、住房安居 | | |
| 14 | 实施城镇棚户区住房改造（涉及中央、省级住房保障补贴资金） | 区住建局 |
| 15 | 实施整村推进农村“厕所革命”，13个行政村新（改）建农村户厕4837户 | 区农业农村局 |
| 六、文体惠民 | | |
| 16 | 实现“五馆”免费开放［1个图书馆、1个文化馆、10个乡镇文化站、3个城市社区（街道）文化中心、1个博物馆或纪念馆］ | 区文体旅游局 |
| 七、便民服务 | | |
| 17 | 建成1个安全社区 | 区应急局 |
| 18 | 建设1个城乡社区儿童之家 | 区妇联 |

2020年新都区市级民生实事目标任务分解情况表

表24

| 序号 | 目标内容 | 牵头单位 |
| --- | --- | --- |
| 一、交通出行 | | |
| 1 | 打通中心城区“断头路”2处 | 区住建局 |
| 2 | 新开、优化公交线路1条，加快推进中心城区公交融合，完成交通一卡通互联互通改造 | 区交通运输局 |
| 3 | 完成城市道路检查井盖病害治理340座 | 区综合执法局 |

续表24

| 序号 | 目标内容 | 牵头单位 |
|---|---|---|
| 二、提升市容环境 | | |
| 4 | 新建小游园、微绿地8处 | 区住建局 |
| 5 | 打造公园城市示范街区2处，创建公园小区2个 | 区公园城市服务中心 |
| 6 | 规划建设50条“回家的路（上班的路）”社区绿道 | 区公园城市服务中心 |
| 7 | 打造背街小巷环境综合整治示范街1条 | 区综合执法局 |
| 8 | 新改建公厕12座 | 区综合执法局 |
| 9 | 建成长江经济带（岷江、沱江）水质自动监测站1个 | 新都生态环境局 |
| 10 | 建设水美乡村2个 | 区水务局 |
| 三、就业促进 | | |
| 11 | 城镇新增就业5283人 | 区人社局 |
| | 失业人员再就业3652人 | |
| | 新增吸纳大学生就业创业2000人 | |
| | 农村富余劳动力向非农产业转移就业5000人 | |
| 12 | 新增示范性青年之家1个 | 团区委 |
| | 开展活动60场 | |
| | 服务青年蓉漂、青年人才1200人次 | |
| 13 | 运营青年人才驿站1个 | 团区委 |
| | 为本科及以上学历外地来蓉求职青年大学生提供7天以内免费入住，全年入住800人次 | |
| 14 | 举办退役军人专场招聘会2场 | 区退役军人局 |
| | 提供就业岗位1500个 | |
| | 建立退役军人创业园（孵化基地）1个 | |
| | 为退役军人提供免费技能培训37人次 | |
| 15 | 农民工劳务品牌培训100人 | 区人社局 |
| 四、做好扶弱助困 | | |
| 16 | 向符合条件的困难残疾人、重度残疾人分别发放生活补贴、护理补贴 | 区民政局 |
| 17 | 有意愿且符合条件的特困人员集中供养率100% | 区民政局 |
| 18 | 免费救助严重精神障碍患者，做到应救尽救，社区管理率85% | 区卫健局 |
| 19 | 按照社会救助和保障标准与物价上涨挂钩联动机制的要求，向困难群众及时、足额发放价格临时补贴 | 区发改局 |
| 20 | 为符合条件的建档困难职工每人每年提供800～1500元的生活、医疗救助 | 区总工会 |
| 五、教育助学 | | |
| 21 | 通过新建改建公办幼儿园等方式，2020年新增公办学位14430个 | 区教育局 |
| 22 | 新建、改扩建中小学和幼儿园3所 | 区教育局 |
| | 新增学位1680个 | |
| 23 | 实施公办初中“强校工程”，培育“家门口的好学校”3所 | 区教育局 |
| 24 | 对义务教育阶段公办学校城乡低保家庭学生及特困供养人员中的优秀非住宿学生给予助学补助，小学每生每年1000元，初中每生每年1250元 | 区教育局 |
| 25 | 对公办中职学校成都籍学生及非成都籍但家庭经济困难学生免除住宿费，对民办中职学校符合免费条件的学生给予住宿费补助 | 区教育局 |
| 六、医疗养老 | | |
| 26 | 完成1家社区卫生服务中心（乡镇卫生院）基础设施提升改造 | 区卫健局 |
| | 完成3家社区卫生服务中心（乡镇卫生院）诊疗设备提档升级 | |
| | 完成35家村卫生室公有化标准化建设 | |
| 27 | 完成3个“示范中医馆”提档升级 | 区卫健局 |
| | 完成10个“规范化中医角”提档升级 | |

续表24

| 序号 | 目标内容 | 牵头单位 |
|---|---|---|
| 28 | 新生儿疾病免费筛查率95% | 区卫健局 |
| 29 | 为600名建档困难职工和环卫工人免费健康体检 | 区总工会 |
| 30 | 城乡居民基本医疗保险参保登记率达98%,参保居民住院医疗费用政策范围内报销比例达75% | 区医保局 |
| 31 | 城乡居民基本养老保险参保覆盖率保持在90%以上,符合代缴条件的建档立卡贫困人口、低保对象、特困人员等困难群体实现城乡居民基本养老保险政府代缴率100% | 区人社局 |
| 32 | 改造特困人员供养服务设施(敬老院)护理型床位200张 | 区民政局 |
| 33 | 新增老年助餐服务点9个 | 区民政局 |
| 七、食药安全 | | |
| 34 | 在药品零售环节开展含特殊药品复方制剂“互联网+智慧监管”试点,试点药店80家 | 区市场监管局 |
| 35 | 在全区中小学(含幼儿园)推行明厨亮灶工程,公办学校明厨亮灶率95%,民办学校85% | 区市场监管局 |
| 36 | 开展食品安全科普体验活动8场 | 区市场监管局 |
| 八、住房安居 | | |
| 37 | 实施基本公共服务设施攻坚行动,项目开工建设22个,累计建成15个 | 区住建局 |
| 38 | 中心城区既有住宅自主增设电梯5台 | 区住房发展服务中心 |
| 39 | 实施中心城区易涝区整治2处 | 区水务局 |
| 40 | 完成老旧院落改造11个 | 区住建局 |
| | 发放公租房租赁补贴63户 | |
| 41 | 全区城镇社区和农村集中居住区生活垃圾分类覆盖率60%,新增覆盖居民户数3.46万户 | 区综合执法局 |
| 42 | 完成农村户厕改造5317户 | 区农业农村局 |
| 九、文体惠民 | | |
| 43 | 完成新都香城体育中心体育馆和游泳馆建设 | 区文体旅游局 |
| 44 | 新建基层综合性文化服务中心示范点2个 | 区文体旅游局 |
| 45 | 开展“文化四季风”群众文化活动4场 | 区文体旅游局 |
| | 开展“走基层”文化惠民活动40场 | 区委宣传部<br>区文体旅游局 |
| 46 | 为行政村、涉农社区及特殊人群放映公益电影2634场 | 区委宣传部 |
| | 开展“公益电影进影院”免费放映50场 | |
| 47 | 公共体育场馆免费(低收费)开放25万人次 | 区文体旅游局 |
| | 开展全民健身活动115场次 | |
| | 国民体质监测5200人 | |
| | 培训社会体育指导员100名 | |
| 48 | 新建科普教育点位2个 | 区公园城市服务中心 |
| | 开展绿道科普教育活动8场 | 区科协 |
| 十、便民服务 | | |
| 49 | 推广运营“天府市民云”平台,每个区(市)县特色门户项目达15项以上 | 区委社治委 |
| | 依托“天府市民云”建设智慧应用场景示范社区5个 | |
| 50 | 新建社区(村)法律之家1个 | 区司法局 |
| | 为群众提供法律援助服务2390人次 | |
| 51 | 新建(改造)标准化菜市场1个 | 区商务局 |
| 52 | 新建省级安全社区1个 | 区应急局 |
| | 新建综合减灾标准化社区10个 | |
| 53 | 新建电动自行车消防安全规范管理示范点5个 | 区消防大队 |
| 54 | 打造城乡居民两险“网格化”服务管理模式,服务基本养老保险城乡居民缴费人数5.14万人以上 | 区税务局 |
| 55 | 打造城乡居民两险“网格化”服务管理模式,服务基本医疗保险城乡居民缴费人数50.12万人以上 | 区税务局 |

2020 年新都区区级民生实事目标任务分解情况表

表 25

| 序号 | 目标内容 | 牵头单位 |
|---|---|---|
| 一、交通出行 | | |
| 1 | 完成学院西路改造主体工程 | 区交通运输局 |
| 2 | 完成清流镇同水路村道改建 | |
| 3 | 完成山西沟桥、四堰桥、鄢家榨桥改造 | |
| 4 | 完成斑竹园街道北星村 2.3 公里道路硬化 | |
| 5 | 新增、优化公交线路 5 条 | |
| 6 | 打通“断头路”金河湾路 | 区住建局 |
| 7 | 打通“断头路”商贸大道（敬成路至桂蕊街段） | |
| 8 | 成彭路改造工程 | 家管委 |
| 9 | 完善晓初滨河路等 7 条道路的标线 | 区公安分局 |
| 二、提升市容环境 | | |
| 10 | 抓住有利天气条件进行地面人工增雨作业 | 区气象局 |
| 11 | 加快排水管网建设，年底建成污水管网 15 公里 | 区水务局 |
| 12 | 新都区主城区“有路无灯、有灯不亮”照明提升改造工程 | 区综合执法局 |
| 13 | 开展全区 5 条人行道整治提升 | |
| 三、就业促进 | | |
| 14 | 培训农业职业经理人 60 人 | 区农业农村局 |
| 四、做好扶弱助困 | | |
| 15 | 为经济困难老年人提供基本养老服务 | 区民政局 |
| 16 | 完善“三社联动”机制，整合社区、社会组织、专业社工和社区志愿者等多方力量，实现区域内老年人精准帮扶、就近养老 | |
| 17 | 计划生育特殊家庭扶助关怀 | 区卫健局 |
| 五、教育助学 | | |
| 18 | 新都第三幼儿园完工 | 区教育局 |
| 19 | 新城第一小学主体施工 | |
| 20 | 大丰第三小学主体施工 | |
| 21 | 石板滩第二小学主体施工 | |
| 22 | 新都一中实验校扩建工程主体施工 | |
| 六、医疗养老 | | |
| 23 | 新都中心卫生院改（扩）建工程 | 区卫健局 |
| 七、食药安全 | | |
| 24 | 农贸市场肉蔬二维码溯源系统建设项目 | 区市场监管局 |
| 25 | 食品安全案件查处率 100% | 区公安分局 |
| 八、住房安居 | | |
| 26 | 新开工建设人才公寓 28.5 万平方米 | 区住建局 |
| 九、文体惠民 | | |
| 27 | 建立区级职工书屋 4 个 | 区总工会 |
| 十、便民服务 | | |
| 28 | 开展“夏季送清凉”活动，慰问一线职工 15000 人以上 | 区总工会 |

（钟世敏）

## 社区发展治理
Community Development and Governance

**【概况】** 2020年，新都区委城乡社区发展治理委员会（简称区委社治委）内设综合科、社区发展科、社区治理科、改革统筹科4个科室，配备行政编制12人；内设社会治理中心、社区人力资源中心2个公益一类正科级事业中心，配备事业编制12人。

**【改革统筹】** 新都区委社治委有序推进党建引领城乡社区示范社区创建，建立区领导联系指导、区级部门包点联系、党建指导员驻点指导示范建设工作机制，开展精准提能培训和“竞进拉练”，成功创建市级示范社区10个、示范小区11个；开展基层减负清牌，制定《新都区减负清牌工作方案》，严格宣传标语口号管理，组织各级各部门清理规范污损宣传标语10余次，规范横幅标语1万条；精简、清理户外LED屏公益广告，压缩、淘汰过时宣传资料100余个（条）；将社会宣传内容纳入意识形态督查，开展督查检查30余次，确保中央和省委、市委、区委精神传达到基层干部群众；稳步启动“十四五”规划，根据“十四五”专项规划要求，联合省社科院启动新都区城乡社区发展治理“十四五”专项规划编制；总结提炼“树袋熊之家”等全区城乡社区发展治理优秀案例13例，上报石板滩街道、区司法局全国城乡社区疫情防控优秀案例2例；总结形成“桂花锦簇·锦簇桂湖”老旧小区治理片区“五小工作法”被《四川改革动态》刊发，《成都市新都区创新举措破解城乡基层治理“四个难题”》被四川省委改革办刊发，《成都市新都区党建引领“双线融合”在疫情防控中发挥关键作用》被《四川行政管理》刊发。

**【社区发展】** 新都区委社治委围绕公园城市、公园社区发展新理念，以党建引领“共建、共治、共享”为总牵引，制定“1248”社治总体规划体系，提出四大规划策略、八大社区场景营造行动指引，从项目建设、人才培育、平台建设等方面提出指导性意见；举办“邻聚力·迎大运”社区微更新大赛，评选出20余个优秀项目，通过落实国际化服务标准、植入清单式功能，用多场景集成实现正因国际化社区、五龙山国际化社区功能升级，实施夏河溪、拾里庭院乡村林盘绿道消费场景植入，推进建设现代交通产业功能区24小时高新技术企业社区、智慧物流产业园“56司机聚落”产业社区，打造“和乐居”、丰收湾老旧小区和谐邻里场景，实施中医特色街、锦水苑滨河绿道示范区社区生活消费场景，累计投入区级社治专项资金5000万元。

**【社区治理】** 新都区委社治委持续推进党建引领城乡社区发展治理，建成区级社区发展治理支持中心、成都市社区营造创生学社，完善社治委牵头的枢纽型平台；结合“香城细管”，以“可食地景”等系列活动推进小区治理自组织培育孵化；逐步完善天府市民云新都特色平台，推进“社智在线”在疫情防控中的运用，集成13项各部门行政便民服务事项；构建新冠肺炎疫情社区疫情防控体系，在疫情防控中发动群众，形成机制，贡献社区力量。新都社区发展基金会建成20支社区基金，初步构建社会力量参与社区治理的框架。

**【社区保障和激励资金管理】** 新都区2020年城乡社区发展治理专项保障资金以区公安分局2019年“一标三实”人口数据为编制预算依据，测算并划拨2020年全区社区保障资金10426.95万元；市

11月19日，新都区2020年度十佳社区保障激励资金案例评选会召开
（供图：区委社治委）

级匹配社区激励资金165.5万元，区级匹配社区激励资金1046.5万元，通过以示范奖补、以奖代补、重点支持等激励部门、镇（街道）、村（社区）、社会组织（单位）、个人，评选并印制《新都区2020年度十佳社区保障激励资金案例集》。

【社区人力资源管理】 新都区委社治委深化以《新都区社区专职工作者管理办法》《新都区社区专职工作者职业化岗位薪酬体系实施办法》为基础的社区专职工作者职业发展体系；协助成都市委社治委完善成都市社区工作者信息管理系统，实现全区社区工作者档案、信息线上集成；组建新都区社区人力资源培训顾问团，打造“成都市基层社区治理人才学院”，出台培训课程大纲以及打造教育实训基地，实现人力资源培训本地化供给，并向外承接系列培训活动；配合完成基层行政体制改革任务，将全区255个社区撤并为180个，设定“专项员额”解决社区专职工作者进退流转难题。

【社区发展治理调研】 新都区社治委负责城乡社区发展治理工作理论政策实践的调查研究，牵头进行课题研究，形成《成都市新都区党建引领“双线融合”在疫情防控中发挥关键作用》《从社区疫情防控看社区发展治理工作》《新都区产业社区发展治理路径探析》《新都区城镇社区发展治理调研报告》等具有指导性的研究成果。

（张亚婕）

# 劳动与社会保障
Labor and Social Security

## ·就业促进·

【概况】 2020年，新都区城镇新增就业6788人，完成目标任务的128.5%，失业人员再就业3777人，完成目标任务的103.4%，就业困难人员再就业218人，完成目标任务的100.93%，城镇登记失业率控制在4%以内；发放创业担保贴息贷款1302.9万元，完成目标820万元的158.89%，发放大学生创业补贴94万元，完成目标任务75万元的125.33%，新增吸纳大学生就业创业2150人，完成目标任务的107.5%；组织开展返乡下乡创业培训14期，培训返乡农民工406人，完成目标任务300人的135.33%；为8854家企业发放普惠性稳岗补贴4284.54万元，惠及企业职工257373人；为92家暂时困难企业发放暂困稳岗补贴4618.64万元，惠及企业职工7682人；为7924人发放失业保险金6953.11万元，为23630人发放失业补助金；为在新都区领取失业保险金期间的失业人员发放价格补贴322.98万元。截至12月，新都区农村富余劳动力新增转移就业5000人，完成5002人，完成目标的100%；劳务品牌培训800人，完成871人，完成目标的108.8%；组织开展补贴性职业技能培训6823人次，完成18000人次，完成目标的263.81%。

【“1239”人力资源服务体系打造】 新都区人社局打造“1239”人力资源服务体系，即建设1个中心、实施2种手段、延伸3个基站、覆盖9个镇（街道）。新都区人社局指导区内人力资源服务机构成立行业协会，以区人力资源市场为中心，打造一站式多功能服务大厅，对市场重新规划布局和功能，实行市场化运作，建立起就业供需站、人才服务站、投诉维权站、咨询服务站等，实现人力资源市场转型升级；以“线上线下”两种手段，依托线下服务窗口与“香城职通车”线上服务小程序，开发全区统一的人力资源供求信息查询系统、远程面试系统等，全方位为企业和劳动者提供更加便捷高效的招聘求职服务；依托第三方机构，深入产业功能区，打造3个服务站，建立适应各产业区产业特点的“就业超市”，整合人力资源服务机构、培训学校等资源，满足企业用工需求、培训需求，帮助企业解决用工难题；以镇（街道）便民服务中心为载体，在村（社区）、活动广场等地设立便民就业服务专栏，安排专人负责维护，发布最新用工信息，持续宣传就业创业政策，方便劳动者就近就地求职、就业。

【就业政策宣传】 新都区人社局通过“香城职通车”小程序，定期在线上推送和发布就业政策，第一时间将政策福利送达企业和人民群众；制定《新都人社“惠企抗疫”十四条》和《稳岗促就业政策指南》两套宣传手册，向企业和劳动者发放10000余份；组织业务骨干组建“稳岗惠企政策宣讲团”深入镇（街道）和产业功能区现场宣讲和解读，面对面向企业讲政策，点对点为企业答疑；深入科伦药业、京邦达物流、永星电子、达利食品等重点企业进行调研式指导，开展“滴灌式”宣传、“跟进式”辅导，让就业优惠政策惠及更多企业和劳动者。

【就业平台搭建】 新都区人社局打造“线上+线下”就业服务平台（即“香城职通车”小程序+专场招聘会），帮助企业和技能人才实现精准职业对接，举办网络招聘会9场、现场招聘会16场，发布岗位信息2.2万个，推荐6000余人上岗；搭建“线上+线下”共享员工服务平台，组织京东物流、桂湖国际大酒店、成都工投电子设备有限公司等人力资源供需错位的企业“共享”员工100余人；在区人力资源市场、各镇（街道）、村（社区）便民服务中心设置“灵活从业人员服务窗口”，为灵活就业人员提供服务，全区有市外灵活从业人员302人。

2020年新都区境内职业介绍机构一览表

表26

| 序号 | 机构名称 |
|---|---|
| 1 | 新都区新都镇东方职介所 |
| 2 | 新都区信誉职业介绍所 |
| 3 | 新都区如意职介所 |
| 4 | 新都区鑫三龙职业介绍有限公司 |
| 5 | 成都市卓越人力资源服务有限公司 |
| 6 | 新都区金都职介所 |
| 7 | 新都区宏盛发职业中介服务部 |
| 8 | 新都区幸达职介所 |
| 9 | 成都乐邦人力资源服务有限公司 |
| 10 | 成都鑫麒麟人力资源管理有限公司 |
| 11 | 新都区和信职介所 |
| 12 | 四川众人邦人力资源有限公司 |
| 13 | 成都市香锐创业投资有限公司 |
| 14 | 成都市叁和人力资源有限公司 |
| 15 | 四川机会多多人力资源有限公司 |

【就业帮扶】 新都区人社局抓好抓细建档立卡等困难家庭高校毕业生就业帮扶，单人单表建立纸质台账，掌握就业意愿，动态跟踪管理，保证就业服务不断线，全区当地生源高校毕业生就业率97.3%，有就业意愿的困难家庭高校毕业生就业率100%；加大公益性岗位开发力度，鼓励各镇（街道）根据工作情况开发公益性岗位，用于安置高校毕业生，并按规定给予岗位补贴和社会保险补贴，全年开发公益性岗位141个（含就业援助基地）；扩大就业见习规模，新认定成都市拾里庭院文化传播有限公司为新都区2020年高校毕业生（青年）就业见习基地，组织237名高校毕业生到区内15家见习基地参加就业见习，兑现见习补贴85.86万元；扩大事业单位和国有企业招聘高校毕业生岗位，引导大型企业特别是区属国有企业进一步挖掘潜力，增加就业岗位。疫情期间，新都区人社局全力帮扶企业缓解用工需求，助推企业复工复产，11月新都区《助力战“疫”有序推动复工复产》案例在由人社部举办的公共就业服务专项业务活动竞赛中被评为优秀就业服务案例二等奖，新都区是成都市唯一获此表彰奖励的区县。

（王利娟　张　旺）

## ·劳动保障·

【概况】 2020年，新都区劳动人事争议仲裁院全年受理劳动人事争议案件831件，结案790件，劳动人事争议结案率约为95%。

【劳动薪酬保障】 新都区人社局利用《新都区劳动关系和谐程度评价规范》和企业薪酬调查，掌握新都区执行最低工资标准情况；在全区组织开展劳动关系政策法规实务培训，解读劳动标准；完成2019年国有企业职工平均工资测算，基本兑现2019年国有企业负责人薪酬；调查区内199家企业薪酬，并形成新都区企业薪酬报告，指导区内企业合理确定薪酬。新都区企业最低工资标准为每月1780元（每日81.84元），非全日制用工小时最低工资标准每小时18.7元。

【劳动监察管理】 新都区人社局加大与区社会治安综合治理委员会办公室对接，完善网络服务功能，充分发挥齐抓共管体制优势，完成“大联动·微治理”平台建设，实现政府治理和社会调节、居民自治良性互动；强化“互联网+劳动监察”，推广“成都劳动监察”微信公众号，劳动者在任意地点、任一时间，可对工资拖欠、劳动合同、社保等问题进行微信投诉，提高基层受理协调案件能力。新都区人社局受理处置无故克扣、拖欠工资案434件，涉及人数5862人，追收克扣、拖欠工资2238.4万元；受理非法收取风险抵押金案67件，涉及人数74人，清退风险抵押金34.18万元；受理补缴社会保险费案185件，补缴社保185人，补缴金额121.3万元；受理不依法签订劳动合同案218件，督促用人单位补签劳动合同254份。

（王利娟　张　旺）

## ·社会保障·

【概况】 2020年，新都区人社局围绕“惠民生”，线上线下结合，多渠道推送社保政策30万余条次，发放政策宣传单5万余份；推广“互联网+社保”智慧办理模式，区内13160家参保单位开通网上经办，“天府市民云”手机认证15万余人次，网上办件量34万余件；在20家区内企业实施工伤预防项目试点，推动全区工伤保险事业健康发展。

【养老保险】 新都区城乡居民基本养老保险参保人数19.94万人、城镇职工养老保险参保人数41.03万人，参保覆盖率保持在90%以上；为2093名符合代缴条件的建档立卡贫困人员、低保对象、特困人员等困难群体代缴城乡居民基本养老保险，养老保险待遇领取资格核查认证率99%；开展养老保险关系转移，办理养老保险关系转移3694件次。

【失业保险】 新都区失业保险参保人数20.98万人，累计为7924人发放失业保险金6953.11万元，为23630人发放失业补助金，为在新都区领取失业保险金期间的失业人员发放价格补贴322.98万元。

【工伤保险】 新都区人社局完善工伤预防项目实施方案，开展工伤预防宣传活动，深入企业和社区开展《四川省工伤保险条例》宣传解读，联合开展“工伤预防进建筑工地”专题培训10次。全区工伤保险参保人数21.56万人，建筑业新开工建设项目工伤保险参保率90%。

（王利娟　张　旺）

## ·和谐劳动关系构建·

【概况】 2020年，新都区劳动关系工作获部、省、市人社部门和新都区委、区政府领导肯定性批示9次，以劳动关系为内容的区级层面双通报事项9项，其中目督办表彰事项8项、疫情指挥部表彰1次。4月27日，新都区人社局代表全国区（市）县级人社部门在国家协调劳动关系三方办公室召开的2020年“和谐同行”千户企业培育行动工作部署会上分享经验。

【和谐劳动关系综合改革】 5月20日，四川省人社厅批复同意将新都区特殊工时管理制度改革试点纳入省级专项改革试点范围。6月10日，重庆市九龙坡区人社局和成都市新都区人社局签署《成渝地区双城经济圈国家级和谐劳动关系综合配套改革试点合作协议》。11月16—20日，中国劳动和社会保障科学研究院对新都区开展深化构建和谐劳动关系综合配套改革试点中期评估并表示肯定。

【和谐劳动关系公共服务构建】 新都区规划并推进

“成渝地区双城经济圈”国家级和谐劳动关系综合配套改革试点合作协议签署仪式在新都区举行　（供图：区人社局）

在区级建立构建和谐劳动关系公共服务中心、在各个镇（街道）、产业功能区建设构建和谐劳动关系公共服务超市、在企业较为集中的村（社区）及商业综合体建设构建和谐劳动关系公共服务驿站的三级公共服务体系，将辖区人力资源管理人员纳入数据库，智能配置劳动关系调解、政策指导等功能，推动人力资源管理信息化加快成势，建立1个公共服务中心、5个公共服务超市和12个驿站；开展16场构建和谐劳动关系“魅力香城·和谐同行”行动，以“拉网式+全覆盖”模式，对全区9个镇（街道）、3个产业功能区1000余家企业进行劳动关系领域法规定制培训，满足企业构建和谐劳动关系公共服务的需求。

**【和谐劳动关系研究】** 新都区人社局承接或完成课题3项，其中部级课题2项、本级课题1项，《党建在构建和谐劳动关系中的作用》部级课题结项成果被评为优级，“新都区龙头企业在构建和谐劳动关系中的作用实证研究”课题获中国劳动和社会保障科学研究院批准立项；与西南交通大学合作探索“新发展阶段新都区构建和谐劳动关系发展动力培育”课题。

**【模范劳动关系和谐单位创建】** 新都区人社局继续深入开展成都市模范劳动关系和谐单位创建，组织企业人员参加国家劳动关系协调员（师）鉴定考试并提供免费考试培训，新都区被认定为AAAAA级成都市模范劳动关系和谐区（市）县，区内434家单位被认定为成都市模范劳动关系和谐单位，总量位居全市第一。新都区实现企业劳动合同签订率97.2%，企业在职职工养老保险参保人数同比增加14.12%。

**【劳动关系和谐企业认定】** 新都区构建和谐劳动关系领导小组办公室印发《关于对劳动关系和谐企业给予激励的意见》《关于开展成都市新都区劳动关系和谐文化示范企业认定工作的通知》，首批认定11家和谐文化示范企业。

**【和谐劳动关系宣传】** 2月29日，新都区构建和谐劳动关系领导小组办公室印发《关于开展构建和谐劳动关系宣传月活动的通知》，决定在区内开展第三届构建和谐劳动关系宣传月活动，并将每年3月20日确定为新都区“劳动关系日”；全年撰写工作信息171篇，其中人社部官网采用1篇、《中国劳动保障报》采用2篇、《人力资源社会保障工作信息》采用1篇、国家级媒体报道1篇，省委改革办采用1篇、省人社厅官网采用5篇、《四川劳动保障》杂志采用6篇、省级媒体报道2篇，市人民政府官网采用1篇、市人社局官网1篇、市人社局内刊转发15篇，4项经验成果在全国推广，7项经验成果在全省推广。

（王利娟　张　旺）

## 民政事务
Civil Affairs

**【概况】** 2020年，新都区民政局设办公室（机关党办）、社会组织管理科、社会救助和养老服务科、基层政权和社区治理科（区划地名科）、社会事务科、计划财务科6个内室科室，下属婚姻登记处、综合社会福利中心、新繁中心敬老院、三河中心敬老院、新民中心敬老院、殡葬管理所6个事业单位，在编人员57人。

**【行政区划调整】** 新都区民政局牵头完成村（社区）体制机制改革，调减村（社区）75个（村48个、社区27个），调整后全区有村（社区）180个，其中村79个、社区101个；牵头完成村（居）民小组优化调整改革，调减村（居）民小组936个，调减比例29.12%，调减后有村（居）民小组2278个。

**【地名与边界管理】** 新都区民政局完成道路命名26条、建筑物名称备案24件，完成“互联网+”区划地名信息平台建设市级试点；完成与广汉市、成华区、龙泉驿区边界联检、平安边界创建，签订毗邻镇（街道）友好公约8份、村（社区）友好公约16份；完成镇（街道）行政界线勘定，正在进行勘界成果报批。

【最低生活保障】 新都区低保标准为每人每月 850 元，实行低保补差制。全区全年城乡低保对象保障 42653 次，发放低保金 2673.77 万元。

【社会救助】 新都区民政局建立健全特困人员供养工作机制，有意愿且符合条件的散居特困人员集中供养率 100%；强化低保、特困人员供养、临时救助信息核对，提升社会救助动态数据管理水平；规范残疾人两项补贴发放和服务，发放特困人员供养金 1370.49 万元、低保金 2672.98 万元、残疾人两项补贴 1294.19 万元、临时救助金 67.81 万元；救助流浪乞讨人员 332 名，帮助 113 名流浪乞讨人员返乡；实施住房救助 84 户，使用资金 246.8 万元。

【特殊儿童关爱救助】 新都区有留守儿童 78 名，新增的农村留守儿童监护人 100%签订农村留守儿童监护责任确认书。新都区民政局为 36 名孤儿发放基本生活补贴 51.12 万元，为 4 名困境儿童发放生活补贴 2.65 万元，为 32 名事实无人抚养儿童发放生活补贴 31.57 万元。

【专项社会事务管理】 新都区民政局办理结婚登记 5208 对、离婚登记 3157 对，补发结婚证 2124 对、离婚证 296 对，出具婚姻证明 2 人次，没有一例违规办证和无效婚姻；依法办理收养登记 9 件，对困境儿童 4 人分类发放生活补贴费，合格率 100%；规范殡葬服务和收费行为，火化遗体 10098 具，火化率 100%，为 4240 户逝者家庭发放惠民殡葬补贴 234.86 万元。

【社会组织管理】 新都区民政局依法登记社会组织 482 家，其中社会团体 96 家、民办非企业单位 386 家；开展 2019 年度社会组织年检，应检 461 家，参检 443 家，参检率 96.1%，完成率 95%；组建社会组织综合党委，下辖金东社会工作服务中心、鑫麒麟社会工作服务中心和雨露公益社会工作服务中心等 23 个党支部，社会组织党建覆盖率提高到 82%。

【社区建设】 新都区民政局推进全国社区治理和服务创新实验区建设，社区协商评价体系在首批试点的 6 个村（社区）使用；启动社区协商智慧程序开发，新都区创设“社区协商指数”打造社区协商共治新格局经验材料被《四川改革专报》刊发，并获评《人民日报·民生周刊》“2020 年度全国民生示范工程”；配合完成民政部实验区第八跟踪指导组对新都区指导，承办“第八届全国村官大讲堂”活动；申报成都市级社区营造项目 6 个，拨付 15 万元推动 10 个市级党建引领示范社区成立社区基金，全区已建慈善微基金 10 余支，基金规模 30 余万元，10 余支社区基金正加快筹备成立。

【社工人才队伍建设】 新都区有持证社工 1094 人。新都区民政局发放 2020 年社工人才职业资格奖励资金 37.1 万元，对入选首届和第二届“社会工作服务机构递进培养计划”的社工机构第三次拨款 21.6 万元。

【慈善事业发展】 新都区民政局建立健全慈善工作机制，推动多渠道募捐，加强慈善人才培养、慈善文化宣传，增强慈善公信力；组织开展慈善一日捐活动，接收善款 27.44 万元；纵深推进社会关爱援助体系，收集个案 85 个，关爱援助 21 人，成立关爱援助基金 9 支，募捐关爱援助基金 141.83 万元。

（张世明　罗　云）

## 医疗保障
Medical Security

【概况】 2020 年，新都区医疗保障局稳步推进医疗保障各项工作，完成年度目标任务，获区委、区政府双通报表扬 2 次，获区新冠病毒感染的肺炎疫情防控指挥部通报表扬 1 次，获市医保局通报表扬 6 项，区医保中心获市医保中心通报表扬 5 次。

【城乡医疗保险筹资登记】 新都区医保局强化参保政策宣传，加强与区税务局、区退役军人保障局、区民政局、区残联等区级部门和各镇（街道）协调联动，做到应保尽保；提升优化服务，创新完善“医保＋税务”线上服务平台，持续完善“登记不见面”服务流程，便利群众参保。新都区城乡居民参保筹资人数50.45万人，参保登记率104%，征缴率98.51%；城乡居民基本医疗保险财政补助标准年人均560元。

【生育保险办理】 新都区医保局贯彻落实《国务院办公厅关于全面推进生育保险和职工基本医疗保险合并实施的意见》，推进生育保险与职工医疗保险参保同步登记、基金合并运行、征缴管理一致、监督管理统一、经办服务一体，全面优化报销流程。全区生育保险结算4073人，增长10.8%，支付4549.4万元。

【长期照护保险管理】 新都区医保局深入推进“智慧长照”试点，做好居家上门照护服务、长护智能管理云平台搭建、照护服务人员培训制度完善、长照便民服务圈打造，支付732人长期照护保险待遇885.94万元；委托经办机构派出评估人员207人次，支付评估费用2.9万元。全区全年申请长期照护保险262人次，评定通过197人。

【医保定点医药机构管理】 新都区医保局通过与行政审批局等部门数据联动，简化定点医药机构申请流程，新增定点医药机构评估时限缩减至30个工作日，并同步开展贯标、异地就医申请等服务；同全区37家医院签订按病组分值付费补充协议，指导定点医院调整管理方式，实现按项目付费到按病组分值付费转变。截至年底，新都区有定点医药机构1171家，其中定点医院40家（三级医院4家、二级医院6家、一级医院15家、乡镇卫生院及社区卫生服务中心15家）、定点诊所258家、定点零售药店873家。

【异地就医】 新都区医保局加大异地就医业务开通宣传力度和业务指导，鼓励新都区定点医药机构主动开通异地就医结算业务，推进异地就医业务一窗办理、掌上办、网上办，提升业务经办质效；制定异地就医服务工作提要，推动各定点医疗机构建立“异地结算绿色通道”及异地特殊问题核查、无等待服务和结算问题处置机制。截至年底，新都区有开通异地就医直接结算定点机构1110家，17家纳入西南五省跨省门诊费用直接结算试点，完成结算926人次，结算费用15.2万元。

【医疗救助】 新都区医保局创新推动医疗救助，在全市率先建立医疗救助信息平台和医疗救助电子档案系统，实现困难群众“一站式”结算，定点医院费用结算周期由30个工作日降低到10个工作日；率先引入大数据监控手段，对交替诊疗、重复报销、虚假申报等救助风险事前防范，实现医疗救助资金安全平稳运行。新都区医保局全年资助困难群众参保4559人次，支付252.92万元；救助30129人次，支付465.37万元。

【医保待遇审核】 新都区医保局组织2019版国家药品目录和新审核规则培训，严格执行三级审核制度，适时开展第三方专家评审；贯彻落实支付方式改革试点，7月1日起全区37家定点医疗机构实施总额控制下按病组分值付费，实现智能审核扣款、次均住院费用“两降”和病组入组率“一升”，医疗机构诊疗行为和主动控费意识增强。新都区定点医疗机构住院费用智能审核扣款810.84万元，门诊特殊疾病费用智能审核扣款70万元，中心端手工报销扣款1502.70万元。

【医保监督核查】 新都区医保局统筹推进2020年度医保基金专项治理、规范使用医保基金专项治理、重点行业领域突出问题医保系统治理等多项基金监管，开展“四治理一行动”；强化组织保障和机制保障“两个保障”，用好正面宣传、教育引导、大众宣传“三种形式”，抓好问题摸排、自查自纠、现场检查全覆盖、飞行检查与区域协同监管“四个落实”，提升监管实效；完成定点医药机构现场巡查1302家次，实现全覆盖，查处违规违约定点医药机构256家次，违规金额269.59万元。

【医疗保障协同发展】 新都区医保局贯彻落实“成

“蓉城医保客厅”走进新都区　　（供图：区医保局）

渝双城经济圈”部署和成德眉资同城化发展战略，建立成渝“新都—九龙坡”、成德眉资“金青新广中乐”和“新都区—东部新区”区域医保事业协同发展机制，提升医保便捷化服务，推进医保资源区域共享，强化医保经办区域合作，加强基金监管信息互通、检查互动。

【医药健康产业发展】 新都区医保局利用医保政策杠杆、资源杠杆、平台杠杆三大优势，建立新都区“医保沙龙”政企交流平台，定期与定点医药机构、医药健康企业沟通交流，收集意见建议，举办医保沙龙 3 期；联系市医保局举办“蓉城医保客厅”新都专场活动，邀请医保专家、市医疗消费中心保障战略联盟成员单位与新都区医药企业面对面交流，为新都区医药企业送政策、送服务、解难题。

（游旭贵）

## 老年人权益保护
Protection of Rights and Interests of the Elderly

【概况】 2020 年，新都区完善社会化养老服务，做好老年人权益保障和保护，区民政局制定《新都区养老服务设施规划 2020—2035》。

【养老服务】 新都区民政局采取购买服务方式建成养老服务指导中心，新增老年助餐服务点 9 个；完善“三社联动”机制，整合社区、社会组织、专业社工和社区志愿者等多方力量，实现区域内老年人精准帮扶、就近养老；为经济困难老年人提供基本养老服务，改造特困人员供养服务设施（敬老院）护理型床位 200 张；发放高龄津贴 2716.42 万元、日间照料中心运营补贴 555.6 万元、养老机构床位补贴 113.78 万元。

（张世明　罗　云）

【老年人健康促进】 新都区卫健局开展老年健康西部行项目，制定《新都区实施老年健康西部行项目方案》，加强老年健康宣传，举办社区老年健康大讲堂，开展老年健康服务，提高老年人健康素养和健康水平；组织开展老年人医养需求调查，形成调查分析报告，为新都区医养结合提供科学决策参考；做好老年人疫情防控，强化宣传教育引导，加大劝导引导力度，加强医养机构管理，落实疫情监测制度；做好四川省医养结合示范机构创建，联合区民政局，对照医养结合示范机构评估指标，加强红星老年病医院和恒轩医院的督促指导和完善提升，做好迎接省卫生健康委和省民政厅评估验收准备；推进国家级“安宁疗护”试点机构建设，区中医医院通过“国家级安宁疗护试点机构”验收。

【老年人活动场所建设】 新都区推进 39 个村（社区）老年活动中心建设（新繁街道 11 个、新都街道 6 个、桂湖街道 5 个、石板滩街道 5 个、斑竹园街道 5 个、大丰街道 3 个、军屯镇 3 个、清流镇 1 个），总投资 1033 万元，其中市老协专项资金 20 万元、区财政专项资金 200 万元、区老协补助 33 万元、村（社区）自筹 780 万元。10 月 12 日，成都市老协在新都区召开“加强基层老年人活动场所建设经验交流会”，全市 21 个区（市）县老协负责人共 100 人参加。12 月 1—3 日，新都区委、区政府、区卫健局、区民政局及区老协组成两个考核小组，对 39 个村（社区）老年活动中心，按六项标准逐个核查验收，均全部合格达标。

【老年人心理关爱试点】 新都区开展四川省老年人心理关爱试点项目，按照《四川省老年人心理关爱项目实施方案》，指导试点东环路社区内常住 65 岁及以上的特殊老年人开展心理健康调查、评估、干预，了解和掌握老年人心理健康状况与需求，改善老年人心理健康状况。

**【老年人教育培训】** 7月，新都区各基层老协通过印发资料、举办讲座、文艺表演等形式开展《中华人民共和国老年人权益保障法》宣传教育活动，印发宣传资料4600余份、挂图400余张、标语700余条；举办防诈骗知识讲座，《中华人民共和国民法典》专题培训275场，参训11800余人。

**【老年人文体活动】** 新都区开展网络和宅家培训，先后在网络上发布体育培训项目10个、文艺类项目3个，参训人数989人；把集中培训化整为零，采取分片设点培训，区上教练员、辅导员深入每个点位（村、社区）辅导培训，培训文艺骨干412人、体育骨干964人，参加网络培训2365人。新都区老协重阳节在黄桷树广场举办"爱成都·迎大运暨成都市第十九届老年艺术节新都分会场"活动、新都区第六届村（社区）老年文体健身项目展演，各镇（街道）以分会场的形式举办庆重阳活动，共举办65场次，参演人员4300余人，观众36500余人，159个村（社区）老协组织展演，占村（社区）总数88%，参演人员13000余人，观众8万人。

2020年底新都区百岁老人一览表

表27

| 序号 | 姓名 | 户籍所在地 | 年龄（岁） | 序号 | 姓名 | 户籍所在地 | 年龄（岁） |
|---|---|---|---|---|---|---|---|
| 1 | 包昌林 | 桂湖街道 | 105 | 31 | 郭福秀 | 斑竹园街道 | 100 |
| 2 | 简正珍 | 桂湖街道 | 106 | 32 | 戴先崇 | 斑竹园街道 | 101 |
| 3 | 林万年 | 桂湖街道 | 100 | 33 | 杨淑平 | 斑竹园街道 | 100 |
| 4 | 廖传富 | 桂湖街道 | 102 | 34 | 朱玉蓉 | 斑竹园街道 | 100 |
| 5 | 田家会 | 桂湖街道 | 101 | 35 | 赖伯云 | 斑竹园街道 | 100 |
| 6 | 刘秀云 | 桂湖街道 | 103 | 36 | 范述珍 | 清流镇 | 101 |
| 7 | 许桂芳 | 桂湖街道 | 103 | 37 | 谢志琼 | 清流镇 | 100 |
| 8 | 黄桂元 | 桂湖街道 | 102 | 38 | 张李氏 | 石板滩街道 | 109 |
| 9 | 梁明绿 | 桂湖街道 | 102 | 39 | 张术清 | 石板滩街道 | 102 |
| 10 | 莫　英 | 桂湖街道 | 101 | 40 | 刘李氏 | 石板滩街道 | 101 |
| 11 | 王玉成 | 桂湖街道 | 101 | 41 | 周素华 | 石板滩街道 | 101 |
| 12 | 雷仲贵 | 桂湖街道 | 105 | 42 | 杨昌执 | 石板滩街道 | 103 |
| 13 | 柯国林 | 桂湖街道 | 101 | 43 | 王琼芳 | 石板滩街道 | 101 |
| 14 | 代明秀 | 桂湖街道 | 101 | 44 | 纪素华 | 石板滩街道 | 100 |
| 15 | 冯世书 | 桂湖街道 | 100 | 45 | 钟素芳 | 石板滩街道 | 100 |
| 16 | 温立林 | 桂湖街道 | 100 | 46 | 易述清 | 新繁街道 | 103 |
| 17 | 陈德良 | 桂湖街道 | 100 | 47 | 徐守清 | 新繁街道 | 105 |
| 18 | 曾桂方 | 新都街道 | 101 | 48 | 钟丙香 | 新繁街道 | 102 |
| 19 | 黄德琼 | 新都街道 | 105 | 49 | 代成明 | 新繁街道 | 101 |
| 20 | 陈明金 | 新都街道 | 101 | 50 | 唐淑芳 | 新繁街道 | 101 |
| 21 | 黄继富 | 新都街道 | 101 | 51 | 邱素芬 | 新繁街道 | 101 |
| 22 | 曾道琼 | 新都街道 | 100 | 52 | 徐桂芳 | 新繁街道 | 102 |
| 23 | 张福林 | 新都街道 | 100 | 53 | 潘志清 | 新繁街道 | 104 |
| 24 | 李桂香 | 三河街道 | 106 | 54 | 王茂琼 | 新繁街道 | 102 |
| 25 | 周淑义 | 三河街道 | 107 | 55 | 宋作芬 | 新繁街道 | 100 |
| 26 | 邓光玉 | 三河街道 | 101 | 56 | 李宗福 | 军屯镇 | 101 |
| 27 | 吴相友 | 三河街道 | 102 | 57 | 吴尚清 | 军屯镇 | 100 |
| 28 | 邱太秀 | 斑竹园街道 | 101 | 58 | 杨正兰 | 军屯镇 | 102 |
| 29 | 王龙光 | 斑竹园街道 | 101 | 59 | 曾世如 | 军屯镇 | 101 |
| 30 | 蔡玉兰 | 斑竹园街道 | 101 | 60 | 吴大秀 | 军屯镇 | 105 |

（华　倩）

【“敬老月”活动】 新都区各基层老协按照成都市老协《关于深入开展2020年“敬老月”活动的通知》要求，组织走访慰问困难、高龄、空巢老人6686人，175个村（社区）老协组织志愿者3433人结对帮扶困难、残疾、失能、高龄老人2242人，70个村（社区）老协召开孝亲敬老表彰会，表彰好公公、好婆婆、好儿媳713人，23个村（社区）老协重阳节举办坝坝宴让全村（社区）老人欢度节日。

（何 昆 张 吉）

## 妇女儿童权益保护

Protection of Rights and Interests of Women and Children

【概况】 2020年，新都区妇联法律服务中心、新都区“姐妹心灵驿站”、9个“蓉姐对你说”维权工作室以及9个镇（街道）和180个村（社区）妇女儿童维权服务点通过开展法制宣传活动、困难妇女儿童救助活动，做好全区妇女儿童权益保护。

【妇女儿童法治宣传】 新都区各级妇女儿童维权服务点利用“三八”维权周、“6·26”禁毒日、“12·4”宪法日等节日，开展法律“进家庭”宣传活动，开展《中华人民共和国宪法》《中华人民共和国民法典》以及与妇女儿童相关的法律法规宣传406场，进一步强化妇女法治思维，引导妇女群众办事依法、遇事找法、维权用法。

【妇女儿童困难救助】 新都区妇联帮扶慰问全区253户困难妇女儿童家庭，慰问金额13.12万元；通过设立在区红十字会的扶弱助创公益基金帮助困境妇女儿童3人，母亲节期间走访慰问困难母亲2人；推动农村妇女“两癌”筛查，免费为5500名妇女“两癌”筛查，为贫困妇女赠送“关爱女性保障计划”保险200份。

【妇女儿童维权保护】 新都区妇联联合区法院、区检察院等区级部门，建立妇女儿童维权“五项机制”；依托“姐妹心灵驿站”，接待来信来访85件次，办结率100%。

（肖 婷）

## 消费者权益保护

Protection of Rights and Interests of Consumers

【概况】 2020年，新都区市场监管局妥善处理投诉举报1.5万件、群体性投诉290件，为消费者挽回经济损失146.1万元，召回缺陷产品9批次，开展专项执法行动17次，连续七年获省“春雷行动先进集体”表彰。

【投诉案件受理】 新都区市场监管局、区消费者协会通过“12315”等投诉平台受理投诉举报1.5万件，办结率100%，满意率92%，为消费者挽回经济损失146.1万元；有效化解涉稳群体性投诉290件，案件查处期未发生一起集访、闹访事件。

【商品质量监管】 新都区市场监管局制定2020年区级工业产品质量监督检验工作计划，抽检危险化学品及其包装物容器、食品相关产品、消防产品、电线电缆、妇女儿童用品等重点工业产品250个批次；组织开展岁末年初危险化学品及消防产品、电动自行车消防安全、城市安全风险隐患大排查、防护用品、食品质量安全等7项产品质量专项整治，检查防护用品、食品相关产品、危化品及其包装物容器等生产、经营企业155户次；对上级交办的60件国家、省、市监督抽查产品质量不合格企业进行质量后处理，召回缺陷产品9批次。

【消费环境净化】 新都区市场监管局根据夜间经济特点，每天17：00—24：00安排执法人员重点检查涉及人民群众食品安全的大型超市、夜市、餐饮行业和正因小区重点整治区域KTV、酒吧，快速检测流通量大、群众关注度高的食品，准确掌握食品质量数据，消除食品安全隐患，实现夜间监管专业化，全年出动执法人员 545 人次，检查路边摊贩摊点、KTV、酒吧等 937 个次；通过包容审慎柔性执法方式，引导被检查路边摊贩摊点确保食品安全卫生、严禁油烟扰民、及时补办“三小”备案证，要求 KTV、酒吧规范经营，杜绝“黄赌毒”。

【打假治劣行动】 新都区市场监管局以“‘春雷行动 2019’暨整治‘保健’市场乱象百日行动”为契机，组织开展“2020 年知识产权执法‘铁拳’行动”“2020 年知识产权执法‘蓝天’行动”“2020 年电子商务领域专利执法维权专项行动”“防疫物资产品质量和市场秩序专项整治行动”“价格违法行为专项整治”“市场流通领域乱象整治”等专项执法行动 17 次，立案查处扰乱市场经营秩序、侵权假冒伪劣等案件 170 件，捣毁制假售假窝点 4 个。

【传销打击与预防】 新都区市场监管局持续坚持打防结合，组织开展“深化开展平安社区建设排查整治小区内传销及欺诈性销售行为专项整治”“打击侵权假冒和打击传销”等专项整治，查获传销窝点 126 个，挡获传销人员 493 人，行政处罚 268 人，教育遣返 466 人，刑拘 26 人，不予处罚 1 人，成功捣毁多个传销组织链条，有效遏制传销发展势头。

（刘妍珂）

## 民族宗教
Ethnic Groups and Religions

【概况】 2020 年，新都区有少数民族常住人口 16147 人，族别 23 个，其中回族人数最多（2251 人），主要分布在桂湖街道、新都街道、新繁街道和大丰街道。全区宗教主要有佛教、伊斯兰教、天主教、基督教四类。4 月 8 日，新都区民族宗教事务局被市民宗局评为 2019 年度“信息工作先进单位”。

【民族事务管理】 新都区民宗局积极开展民族团结进步创建活动，深入社区、学校、清真寺、清真食品生产企业、民族特需品定点生产企业开展民族团结进步宣传活动，发放《成都市清真食品管理规定》《成都市少数民族服务指南》《四川省城市少数民族流动人员服务指南》等书籍和宣传资料；完善全区清真食品企业台账，规范“一企一档”档案管理制度。

【宗教事务管理】 新都区民宗局做好全区宗教活动场所疫情防控，暂停一切宗教活动，暂停场所对外开放，6 月 8 日起 8 个宗教活动场所经区民宗局和区疾控中心联合评估检查且整改完成存在问题后有序恢复开放，9 月底 6 个基督教临时活动地点经各属地镇（街道）检查达标后有序恢复宗教活动；继续巩固和谐寺观教堂创建成果，深入推进全区佛教场所文明敬香、建设生态寺观，全区寺院取消高香大蜡；开展宗教活动场所安全检查 18 次，全区宗教领域安全稳定；邀请省市领导到新都区调研宗教工作；加强支持宗教界自身建设力度，补助全区爱国宗教团体资金 20 万元，补助观音寺、白水寺、弥陀寺宗教场所维修资金 40 万元，拨付宝光寺文物保护资金 300 万元。

【宗教文化活动】 新都区民宗局组织宗教界传达学习中共十九届五中全会精神；组织全区宗教系统为抗击新冠疫情捐款捐物 121215 元。

（谢会明）

1月23日，新都区委副书记、代理区长王忠诚（前排左一）带队检查宝光寺节前安全工作　　（供图：区委统战部）

# 镇·街道

# TOWNS AND SUB-DISTRICTS

## 桂湖街道
Guihu Sub-district

【概况】 桂湖街道地处新都老城区，是新都区人民政府驻地；东邻新都街道，西接斑竹园街道，南临三河街道，北与青白江区弥牟镇接壤；街道办事处驻桂湖街道紫瑞街9号。桂湖街道于2019年12月由原新都街道行政区划调整后设立，下辖27个村（社区），其中行政村10个（五里、高架、督桥河、封赐、天元、燕塘、双慈、五桂、新桥、天官）、城镇社区13个（桂湖西路、宝光、施营、谕亭、桂中、状元、桂东、湖滨路、金都街、锦水苑、毗河、汉城、新兴）、涉农社区4个（西北、新东、瓦店、团结）。2020年，桂湖街道辖区面积43.55平方公里，其中耕地面积18778亩；常住人口27万人，户籍户数62498户（其中农业户18021户），户籍人口12.45万人（其中农业人口16459人），流动人口15万人；全年人口出生率5.5‰，人口密度3763人/平方公里。

桂湖街道历史文化底蕴深厚，独有的“三香”（佛香、书香、花香）文化是天府文化的核心元素和重要名片；有全国重点文物保护单位宝光寺、杨升庵祠及桂湖，宝光桂湖文化旅游区是国家AAAA级旅游景区，宝光寺佛教素食、姜糖、白米酥、桂花糕系辖区地方特产；区位交通优越，地铁三、五号线通达辖区，成德大道、蓉都大道等4条主干道纵贯南北，正在建设中的金凤凰高架建成通车后将更快通达主城区。

2020年，桂湖街道完成全口径税收总收入27.87亿元，规模工业产值完成4.3亿元，限上企业销售额75.41亿元，限上企业零售额3.67亿元，规上服务业营业收入4.92亿元，房地产投资19亿元，工业投资2.15亿元，实际到位内资2.9亿元。

【村（社区）体制机制改革】 6月，桂湖街道调整山王村等24个村（社区）建制，村（社区）由原有的39个减少到27个，完成村（社区）体制机制改革；完成283个村（居）民小组优化调整，村（居）民小组由465个减少到325个，调减村（居）民小组140个，总体调减比例30.11%，其中村民小组调减51个，调减比例32.69%，居民小组调减89个，调减比例28.80%，完成小组优化调整改革。

【农业发展】 桂湖街道做好与都正达、瑞耕农机等农业项目对接服务，加强惠农政策扶持，配合开展技术服务，开展农机安全培训2次、农机安全检查200台次；以特色小镇和川西林盘保护修复为抓手，完成二期绿道建设，打造芳华桂城农商文旅体融合发展的公园城市建设示范区，乡村振兴成果获《人民日报》宣传报道。全街道农业固定资产投入10800万元，小麦种植面积6684亩，产量2164吨，油菜籽种植面积3750亩，产量627吨，大春

芳华微马公园紫藤长廊　　（供图：桂湖街道）

稻谷种植面积 9322 亩，产量 5108 吨，蔬菜种植面积 3841 亩，产量 8732 吨（其中食用菌 90 吨），中药材种植面积 1830 亩，产量 1138 吨。

【工业发展】 桂湖街道有工业企业 194 家，其中优势企业 30 家、规模以上企业 7 家，涉及家具、食品、机械加工、建筑装修、能源等行业，成都伊斯顿过滤器有限公司生产的石油过滤设备在国内行业中占行业主导地位，通过街道培育孵化，已进入工业园区。全街道工业投资 1.3976 亿元，入库 2.5969 亿元；规模工业产值完成 4.3 亿元，规模以上工业企业营业收入 41614 万元。

【第三产业发展】 桂湖街道限额以上企业销售额 76.4282 亿元，限额以上企业零售额 3.67 亿元，规模以上服务业营业收入 6.6883 亿元，房地产投资 19.6977 亿元；培育市场主体 6638 家，其中新增个体 5171 家，新增注册资本 8.8227 亿元，新增企业 1467 家，新增注册资本 60.5683 亿元。

【拆迁安置】 桂湖街道启动地铁 27 号线、玖源片区、新东片区有机更新 3 个项目，新东二期、粮食物流二期 2 个项目完成供地，金凤凰高架、团结城中村等 5 个续迁项目有序推进；有序推进芳华桂城等项目 82 人入保；推动 12 个安置房小区不动产登记，完成团结 7 社等住房安置 959 人；召开“新新街 394 号院（玖源一生活区）模拟搬迁动迁会”，全部签订搬迁意愿书。

【新农村建设】 桂湖街道全面实施农村人居环境整治，定期组织开展“爱国卫生大扫除”活动，清理农村生活垃圾 958.5 吨、村沟村塘淤泥 284.41 吨、农业生产废弃物 107.81 吨，清理村内水塘 12 口、沟渠长度 118 公里，整治再生资源回收站（点）61 个，治理非法张贴书写广告 1926 处，清理卫生死角 3492 处；完成户厕改造 3858 户，农村公厕建设和维护开展 26 处，农村污水调查排除 128 处，农村生活污水处理设施建设和管护 77 处，完善农村生活垃圾收运处理设施 39 处，整治农村非正规垃圾堆放点 137 处。

整治后的新桥村农村院落　（供图：桂湖街道）

【城乡社区发展治理】 桂湖街道改造老旧院落 7 个，完成天官村等 3 个党群服务中心提质升级，丰收湾 10 号小区等 5 个社区微更新项目、2 个优秀案例获得表彰；完成锦水苑片区拆违 9000 平方米，加快推进“回家的路”滨河绿道建设；培育宝光社区等市级示范社区小区 5 个，老旧小区治理“五小工作法”和“楼道客厅”经验获全区推广，接待省内外学习交流 276 次；成功打造“锦簇桂湖”老旧小区治理示范片，承办全市现场拉练会 1 次。

【环境保护】 桂湖街道以夏季大气污染防治和冬季战役为关键，实施扬尘治理和全域禁烧，大气各项指标排名位居全区前列；推动河长制工作“有名”向“有实”转变，解决水环境问题 225 个，完成 5 个长江经济带专项问题整治；完善散乱污企业关闭

治理后的毗河水　（供图：桂湖街道）

全员责任制，核查已关闭企业 250 家，排查新增散乱污 66 家，完成联合认定 30 家，处置信访投诉 66 件。

【社会事业发展】 桂湖街道受理并办结服务事项 94729 件，其中办理社保类业务 79983 件、工商类业务 11800 件、计生类业务 2946 件，按时办结率和群众满意率均为 100%；率先在全省打造首家构建和谐劳动关系公共服务超市，以劳动纠纷“一站式”多元化解联动处置中心为载体调解劳动关系矛盾纠纷 50 余起，获得人社部肯定并获评“示范街道”称号；完成 4000 余人养老保险养老金发放，城镇登记失业率 3.98%；实施根治欠薪行动，完成调查 120 余家，涉及农民工 2576 人；组织 16 期失业人员培训班，培训失业人员 500 余人次；处理劳动监察网络投诉纠纷，处理率 98%；推进多层次养老体系建设，整合养老服务点 38 个，联合区民政局、成都医学院打造桂东片区“智慧养老”服务平台；推进国家级社区教育示范区创建，建成村（社区）教育教学点 8 个；开展文化体育活动 140 场，文化工作获得省市荣誉表彰 5 次；打造图书分馆村（社区）分馆 1 个，桂东片区获评市级阅读主题街区。

【妇女儿童工作】 桂湖街道完成行政区划调整后妇联换届选举，组建新一届街道妇联组织；依托妇女儿童中心和妇女儿童之家，采取“线上+线下”模式，组织辖区妇女儿童开展主题活动 500 余次，服务 6 万余人次，其中街道妇女儿童中心获成都市优秀儿童之家示范类三等奖；探索“社区+公益”模式，引入社会组织和社会资本，在香橙艺术港、芳华微马公园打造妇女微家 2 个，在桂湖商业街区建成区级妇女儿童之家 1 个；升级打造桂东“树袋熊的家”“咔卡剧场”优质儿童活动空间，营造儿童友好型社区氛围。

【城乡环境综合治理】 桂湖街道健全街长网格体系，针对辖区 98 条街道设立两级街长 106 个；按照“吹哨报到”工作机制，联合相关部门拆除西门菜市违建；加强城乡环境整治，有序推进生活垃圾分类和机（电）动三（四）轮车整治，清理垃圾 24456 吨，整治三（四）轮车 441 辆。

【社会治安综合治理】 桂湖街道深化大联动治安防控体系建设，建成综治中心工作站标准化示范点位 2 个、禁毒教育微基地 1 个，建立联合巡防队伍 27 支；实施新泰西路、天元小区等治安热点乱点区域重点整治，各类治安案件发案率下降 15% 以上；创新信访调处机制，成功调处矛盾纠纷 3193 件、来信来访 2683 件。

【新冠肺炎疫情防控】 桂湖街道坚持内防扩散、外防输入，宣传排查全覆盖；落实“服务专班+服务专员”制度，帮助 110 家企业解决物资不足、融资困难等问题；完成全区第一例确诊病例小区新神风八座管控，获省级防疫先进个人表彰 1 人、市级防疫先进个人表彰 1 人。

（王颖华　骆妍菲）

## 新都街道
Xindu Sub-district

【概况】 新都街道地处成都北部新城、北部商城核心区域，距成都市区北面 16 公里，是新都区社会经济发展核心区域；东北与青白江区城厢镇、弥牟镇接壤，西与桂湖街道、东和东南与石板滩街道、西南与三河街道相邻。2019 年 12 月行政区划调整后，新都街道辖原泰兴镇 11 个村（社区）和原新都街道 31 个村（社区），街道办事处驻新都街道育英路 838 号。2020 年，新都街道辖区面积 67.37 平方公里，其中建设用地面积 35.81 平方公里、耕地面积 25131.15 亩；辖 30 个村（社区），其中行政村 14 个（万和、桂林、福元、同仁、朱王、龙虎、泗义、议团、观东、观西、白店、寂光、桥楼、红星）、社区 16 个（正因、正兴、五四、静安、肖林、马超、板桥、永兴场镇、西南石油大学、君跃、沱江、普河、泰兴、高筒、新店子、杨河）；有基层党组织63个，党员4100人，其中村（社区）党委23个、党总支部5个、党支部2个，机关党总支部1个，退干党支部1个，“两新”党支部31个；年末常住人口31.08万人，户籍户数60605户，户籍人口15.1万人（其中农业人口17316人）；全年出生1115人，死亡691人，人口密度2154人/平方公里。

新都街道位于成都市中优、北改战略和新都区“一心四区”发展叠加区域，在经济、交通等方面具有显著的比较优势。成绵乐城际铁路穿境而过，蓉都大道、成绵高速、成（金）青快速通道纵贯南北，香城大道横贯东西，毗河穿境而过。境内有泥巴沱森林公园，客家文化繁荣，是爱国将领王铭章将军故里，驻有西南石油大学、四川音乐学院、成都医学院3所高校。

2020年，新都街道完成税收4.5亿元，完成年度税收目标的138%；完成规模以上工业产值6.35亿元，完成年度目标的100.32%；完成全口径固定资产投资50.31亿元；规模以上服务业中营利性服务业营收同比增速42.44%，科学技术行业营收同比增速53.66%，道路运输行业营收同比增速150.14%。

**【村（社区）体制机制改革】** 新都街道开展村（社区）体制机制改革，下辖村（社区）由42个调整为30个，11个涉改村（社区）于6月5日挂牌；批复涉改村（社区）调整村（居）民小组204个，调减村（居）民小组107个；指导30个村（社区）规范调整181名监督委员会成员，完成23个村（社区）109名“两委”干部调整选任。

**【农业发展】** 新都街道完成农业固定资产13000万元入库目标，农业固定资产10500万元投资目标；做好农村户厕无害化改造，完成4232户厕改造，完成区级验收2156户；开展动物疫病指导防控，强化动物及其产品产地检疫，完成生猪产地检疫786头，重大动物免疫工作免疫率100%，免疫生猪5965头、犬4144只、禽类175359羽；加强“非洲猪瘟”等重大动物疫病防控，开展“大消毒、大培训、大宣传”夏季行动，落实防控措施，加强消毒，圈舍消毒面积24.35万平方米；加强农业技术培训，新增职业经理人4人，农业职业经理人知识更新培训2人，组织开展农民实用技术培训5场、参与培训400余人；完成2020年耕地地力保护核实与公示，完成2016—2018年度耕保合同签订，完成2020年稻谷补贴面积核实；开展高标准农田建设实施计划调查摸底，拟建17000亩高标准农田；筑牢农产品安全屏障，不断完善监管体系，构建监管到村工作机制，做到全区域农残检测全覆盖，无害化处理病死生猪38头、小家禽3625羽、犬5只，农残检测蔬菜样品3714个，合格率100%，瘦肉精检测86头份，农业投入品执法检查36次。

**【工业和服务业发展】** 新都街道做好“六稳”工作，落实“六保”任务，完成规模以上工业产值6.35亿元、完成年度目标的100.32%，完成全口径固定资产投资50.31亿元；新增市场主体注册5169家（其中新增企业1122家），新上规模以上、限额以上单位5个，规模以上服务业3家；营利性服务业营收同比增速42.44%，科学技术行业同比增速53.66%，道路运输行业同比增速150.14%。

**【招商引资】** 新都街道外出招商3次，实际到位内资1.7亿元，到位外资53万美元；持续深化“放管服”改革，开展“领导包片”“专班联络”等行动，解决企业难题45个；开展项目招引攻坚行动，走访高能级企业3家，对接服务业500强企业7家，开展楼宇运营主体座谈会1次，梳理可用资源25条，发布楼宇（林盘）机会清单3次，获取有效项目信息9条（其中重大产业化项目信息1条），2个重大项目进入实质性谈判阶段，营商工作获区委双通报表扬。

**【拆迁安置】** 新都街道启动新建街、鑫盛路、大运会沿线综合整治、新泰路南侧、清源路片区城市有机更新及朱王2社等项目，拆迁面积1650亩，涉及人员367户、国有土地上企业39家；完成沱江片区及泥巴沱片区200亩国有土地上企业建议收购价，泥巴沱森林公园片区、七一森林综合体、毗河供水工程取料场及大运会综合整治等项目签订协议124户；推进沱江片区城市有机更新、毗河引水工程取料场、毗河引水工程一期排涝箱涵、西南石油大学排洪沟、区妇幼保健院东侧地块、红星三期、红星四期、永兴5社、永兴6社、泥巴沱森林公园片区及七一森林综合体等项目，在新青联片安置小区、兴业花园四期等统建房安置70余户、近200人；完成涉及8个批次1400余亩建设用地报征，推进万和三期、工业东区、红星三期、红星四期、七一森林综合体等7个项目1700余亩涉及1400余人的土地征地参保；完成323亩土地征地参保，确保辖区肖林社区、万和社区149.94亩宗地以全区历史最高价出让。

【新农村建设】 新都街道创建示范村（社区），实施农新路与环山路景观绿化工程、环山路泰兴社区段景观绿化和风貌提升工程，9个院落获评区级“最美示范院落”，112个农户庭院获评区级“最美庭院”；农村人居环境整治获国家级媒体宣传报道6次、省市区级媒体宣传报道10余次，议团村“廖家新瓦房”院落整治“七字工作法”逐步得到推广运用，新店子社区以人居环境整治提升助力乡村振兴成为农村资源转化利用优秀案例。新都街道年度人居环境整治综合排名全区第三名。

【环境保护】 新都街道全区域实现大小春秸秆综合利用面积3万余亩，利用率100%，其中实现机械还田2.6万余亩；围绕建设“成都北部生态绿肺”目标，以开展植树造林、推进扩绿增绿、恢复提升生态系统功能为重点，推进全域增绿行动，区、街道部门工作人员和志愿者、市民85600余人参与栽种紫薇树、樱花树、垂丝海棠等品类树苗4180余株；开展河湖“清河行动”和河湖“清四乱”专项行动，清理整治街道河湖管理范围内存在的乱占、乱采、乱堆和乱建等突出问题，其中清河行动发动11716人次，清掏沟渠39.426公里，清淤16000余立方米，清理河道垃圾1300余吨；通过“政府投资＋社会融资”方式，政府投资240万元，在新店子社区开展水美乡村建设，集中收集处理院落污水，对沟渠、塘、堰进行生态提升打造和微景观塑造，建设生态绿地和生态停车场；创新实施跨区域河道共治，与桂湖街道、三河街道签订河长制跨区域联防联控协作机制合作协议，建立河道共治、协同处置机制和联系通报机制，强化水环境治理交流合作，形成区域治水一体化新格局，并联合兴水公司、区住建局开展协作机制，召开多次现场会，对泗崇小区低沟开展专项整治，泗崇低沟环境得到显著改善。

【教育事业发展】 新都街道辖区内有大学3所、中学5所、小学8所、特殊教育学校1所、幼儿园31所，落实完成2020年非新都户籍务工人员随迁子女接受义务教育，接受现场、电话、网络咨询2500余人次，受理网上申报1291人，线下现场初审通过1151人，复审通过1149人；开设春夏季“最成都·市民课堂”线上课程7次，参与学习人数180人次；完成3个规范化社区教育工作站创建，开展社区教育课堂活动195场，10000余人次参加。

【社会保障】 新都街道先后为20名农民工联系到杨河社区牛牛农场工作，解决七一国际广场300名酒店人员用工需求，在新城市广场实现43人就业；8月举办“政企搭台，职等你来”专场人才招聘会，邀请70余家优质企业到场参加，1000余名求职者成功就业；践行“政策找企业，资金找企业，服务找企业”理念，面向重点企业建立微信群，发布、解读惠企政策，提供“8小时＋”即时服务，推动减免社会保险费、延缴缓缴社会保险费、吸纳就业补贴、就业创业补贴等等惠企政策落地；加大创新创业扶持力度，坚定创业带动就业思路，鼓励大学生创新创业，发放创业担保贷款89万元；引导劳资双方协商解决矛盾，协调处理劳动纠纷、网上微信投诉10起；开展失业金技能培训12个班次、培训400余人，开展劳务品牌培训2期、培训123人，开展返乡创业培训2期、培训32人；开展“送政策送服务”活动，引导群众申领、使用实体社会保障卡和电子社保卡，加大电子社保卡推广应用力度，完成原老农保退领费人员3363人、101569元，完成社保业务网上经办企业 386 家；落实劳动合同和集体合同制度，依法规范劳务派遣用工，辖区劳动合同签订率 96%，企业集体合同签订率 95%；组织 68 家优质单位参加和谐劳动关系“五级联创”评审，协助 55 家企业达到 AAAA 级以上标准，新都街道办事处获评 AAAAA 级。

【妇女工作】 截至 12 月，新都街道有已婚育龄妇女 29305 人，新申请奖励扶助对象 655 人、特别扶助对象 22 人、地方扶助对象 22 人，为 351 名特扶人员明确计生特殊家庭双岗联系人，发放慰问金 38.06 万元；开展生殖健康普查服务，组织已婚育龄妇女（含流动人口）生殖健康检查 1 次，参检人数 22340 人次，完成“两癌”筛查 935 人；办理生育服务登记 1177 例，完成婚检 1059 人、孕检 452 对。

【便民服务】 新都街道开展“代办陪办帮办”服务，定期组织窗口工作人员作风建设、服务理念、服务标准、政务礼仪等培训，组织窗口工作人员参加区级业务培训 5 期，强化业务技能，规范服务行为，提高服务效率和质量；推进“仅跑一次”改革，执行周末延时服务，提升服务质效，全年办件量 60000 余件，村（社区）代办 5520 件，村村快办 4800 件；从居民群众和村（社区）实际出发，拓展各村（社区）便民服务功能，在杨河社区、新店子社区新增社保服务，接入社保专网，配备社保自助一体机，建成 24 小时自助政务服务大厅。

【信访工作】 新都街道完善矛盾纠纷多元化解体系，完成街道调委会 17 名调解员配备，优化原村级人民调解队伍，组建形成 419 人的街道、村（社区）二级委员会；排查矛盾件数 2298 件，化解矛盾纠纷 2255 件，涉案金额 1968 万元，化解率 98.13%；完成九街农贸市场进场等 4 项维稳工作，完成“三张清单”李某某化解工作，信访系统受理群众来电、来信、来访 4514 件，办结率 100%。

【社会治安综合治理】 新都街道泰兴派出所管辖范围发生治安案件 253 件，刑事案件立案 141 件，较 2019 年同期治安案件发案率上升 244%，刑事案件案发率上升 105%；城东和桂林派出所管辖范围发生治安案件 2058 件，刑事案件立案 1887 件，较 2019 年同期治安案件发案率下降 14.92%，刑事案件案发率上升 41.99%。新都街道全年刑事拘留 28 人、治安拘留 10 人，挡获在逃人员 6 人，查获从事异性有偿陪侍 2420 人，对比 2019 年同期总体警情下降 18%，其中举报涉黄警情下降 51%；建成 103 个网格、116 名专职网格员的街道—村（社区）—网格梯次互动网格三级管理体系，发展二、三级网格队伍超过 2200 人，匹配村级视频会议 26 套，其中网格员开展网格化巡查 45657 次，录入人口信息 302476 条、房屋信息 98239 条、重点场所信息 3565 条、特殊人群信息 1556 条，办结“网格 E 通”平台事件 19730 件，“大联动”事件上报 21384 件，办结率 100%；抓好禁毒防艾，成立帮教小组 117 个，排查制毒场所 635 次、涉及地点 345 处，配合区禁毒办查获制毒窝点 2 处，抓获制毒人员 3 人、贩卖毒品人员 1 人、非法持有毒品人员 7 人；完成 40 余平方米“关爱工作站”建设，邀请物业、民政、禁毒、司法、网格员等参观学习 200 余人次；抓好应急管理，完成 30 个村（社区）报灾队伍建设，发挥网格“1 + 3 + N”专群联动机制，组建街道—村（社区）应急救援队伍 500 人，并根据街道易灾行业、村（社区）分布情况，完成辖区 10 个总面积 42500 平方米、容纳人数达 21200 人的应急避难场所梳理，同步落实 10 个村级应急物资储备库更新维护；深化平安联创体系建设，通过对上争取、

6月8日，复旦大学到新都街道正因社区调研党建引领社区发展治理工作
（供图：新都街道）

街道及村（社区）自筹的方式投入资金 30 余万元实施正因社区、静安社区、新店子社区“综治中心示范点”打造。

【新冠肺炎疫情防控】 新都街道形成三级组织协调体系，构建群防格局，出动排查力量超 10 万人次，完成核酸检测 1233 人，防疫工作多次被新华社、《人民日报》等媒体报道；建立领导联系包干和驻企联络专员制度，开展“送服务、帮企业，送温暖、解难题”行动，协助七一置业、苏宁商业等 20 余家企业申报产业扶持和疫情补贴，推动辖区 77 家工业企业、2462 家服务业企业于 4 月前全部复工，5 月实现社会销售品零售总额止跌回正，固定资产投资超额完成半年目标，经济社会发展大局保持总体稳定。

（杨春雨）

## 新繁街道
Xinfan Sub-district

【概况】 新繁街道地处新都区西北，是新都区“一主两翼”城镇规划的“西翼”副中心；东邻军屯镇、斑竹园街道，西接郫都区，南临大丰街道，北靠彭州市；街道办事处驻新繁街道繁清路 413 号。2020 年，新繁街道辖区面积 107.52 平方公里，其中城镇建成区面积 19.1 平方公里、耕地面积 7.8 万亩；辖 35 个村（社区），其中行政村 21 个（青桥、李园、水云、杏桂、大墓山、同盟、蓥水、锦源、同裕、新石、龙毅、兴堰、民安、黄泥、同心、汪家、青河、天君、锦河、清镇、清白街）、社区 14 个（繁江、东湖、金地、龙安、渭水、普文、新龙桥、瑞云、澜木、崇光、金龙、繁花、博钰、锦苑）；常住人口 23 万人，户籍户数 48501 户（其中农业户 14456 户），户籍人口 126206 人（其中农业人口 50596 人）；全年人口出生率 12.67‰，人口自然增长率 4.75‰，人口密度 1169 人／平方公里。

2019 年 12 月 25 日，新繁镇、龙桥镇撤销，设立新繁街道，以原新繁镇和龙桥镇所属行政区域为新繁街道的行政区域。新繁街道 1992 年被评为“四川省历史文化名镇”，境内有全国重点文物保护单位新繁龙藏寺、四川省重点文物保护单位新繁东湖，国家 AAAA 级旅游景区花香果居、亚洲最大四川龙桥黑熊救护中心、西南最大古家具博物馆香迪红馆等现代人文自然资源；有成德绵高速复线、成都第二绕城高速公路、香城大道西延线、成彭路等多条快速出入通道，青白江、毗河、锦水河贯穿全境。

2020 年，新繁街道完成规模工业产值 26.6 亿元；固定资产投资完成 12.16 亿元，其中工业投资完成 6.5 亿元、一般性服务业完成投资 3.85 亿元、农业投资完成 1.81 亿元；限额以上企业社会销售额完成 7.58 亿元，零售额完成 2.59 亿元。

【村（社区）体制机制改革】 新繁街道根据《成都市新都区关于推进村（社区）建制调整改革的实施方案》安排部署，完成村级建制调整改革，并完成村（居）民小组优化调整改革。新繁街道调整前有村（社区）35 个、村（居）民小组 677 个，其中社区 14 个、居民小组 246 个，行政村 21 个、村民小组 431 个；调整后有村（社区）35 个、村（居）民小组 492 个，其中社区 14 个、居民小组 188 个，行政村 21 个、村民小组 304 个。

【农业发展】 新繁街道辖区内 42 家农业专业合作社和 13 家家庭农场等农村新型经营主体不断发展壮大，带动现代农业产业化规模化发展。“锦绣田园”绿色蔬菜片区已规模流转土地 7000 亩，建成辰希缘生态农业园、优耕农业、长德“菜易通”现代农业示范园等现代农业精品项目，被列为成都市七大都市现代农业精品园区、成都市现代农业产业园。新繁街道全年完成重点农业项目总投资 18706 万元，实现农村居民人均纯收入 29547 元。

【工业发展】 新繁街道食品、家具、机械、医药、建工建材门类齐全，拥有银河动力、统一企业、建华香油、罗莎蛋糕、国酿食品、新繁食品、回头客食品、新力设备等行业知名企业和品牌；有工商注册企业 1800 家，其中规模工业企业 36 家，全年完成规模工业产值 26 亿元；引导企业转型升级，向高端化、智能化、绿色化“工业 4.0”迈进，逐步形成“北食品、中家居、南装备”的制造业多极发展格局。

**【第三产业发展】** 新繁街道对标成都国际消费中心城市、公园城市建设部署，发展三产服务业，建成长德新世贸农副产品（物流）批发中心等一定规模的行业专业市场 11 个以及吉选超市、金地市场等便民商超场所 13 个;结合特色商业街区规划,在“繁湖盛肆”片区以“蜀都国风”为呈现主题，利用新繁深厚的传统文化底蕴深度契合天府文化“老成都、国际范、蜀都味”精髓，打造老川西、老成都的文化传承和市井生活特色百味体验,推进成都首个“新国风”主题文化街区建设。新繁街道全年完成一般服务业投资 4.21 亿元，实现社会销售品零售总额 2.59 亿元。

**【招商引资】** 新繁街道围绕特色、智慧、共享、健康等新经济元素，建立招商引资项目信息库，重点推进智能家居产业新城、“锦绣田园”美丽乡村、都市近郊生态健康、二三产业“线上融合”四大经济新场景构建；深化“企业管家”服务模式，解决投资方用地、融资、人员以及属地协调等后顾之忧，促成“成都区块链汽车小镇”等重点项目落地促建。新繁街道全年实际到位内资完成 2 亿元，利用外资实际到位 140 万美元。

**【供地拆迁】** 新繁街道完成外北街 9 号地整合及蓟家村新气站用地供地,加快推进 5 号地、38–1 号地、蓟家片区供地；完成新都区第二人民医院迁建项目用地及配套安置小区用地拆迁,保障项目进场施工。

**【新农村建设】** 新繁街道 35 个村、社区共建成通社道路 8.6 公里、院户道路 6.4 公里，完成 9 条市政道路、6 处公共建筑以及人行横道信号灯等无障碍设施改造，高院二期新型社区全面竣工，世丰新村总平施工进入尾声，澜木社区新型社区完成房屋主体建设;启动水磨花溪片区—水磨樸院风貌改造，在汪家村“拾里庭院”依托川西林盘保护开发，借力大数据和先进商业模式，打造“共享庭院+智享体验”空间，建成全国第一所乡村共享经济庭院，受到上级领导肯定以及新华社、《四川日报》、《成都日报》等中央、省市媒体持续关注。

**【精神文明建设】** 新繁街道、村（社区）两级开展宣讲活动 65 次，“学习强国”学习平台纳入组织架构比例上升 35 个百分点；街道党工委中心组集中学习 12 次，专题研究辖区内意识形态形势，并通报 2020 年意识形态工作 1 次；利用政府网站发布信息 23087 条，微信公众号推送信息 602 条，微博发布信息 2263 条，回复网友关注舆论 14 条；制作主题公益广告 305 处，在中央、省、市级媒体发稿 127 篇；组织开展爱国主义主题教育活动 5 次，开展“家风力量，勤廉传家”主题学习活动 6 次，以天府文化为主题开展活动 55 场;开展“我们的节日”主题活动，以端午等传统节日为重点，开展节日活动 128 场；建设 1 所 35 站 1 基地 1 点位，新时代文明实践所、汪家村新时代文明实践站建设成为市级示范点位，新时代文明实践所（站）共 31000 余人次志愿者开展志愿服务超过 700 场次，其中 22800 余人次投入到疫情防疫志愿服务；指导四川成都建华食品有限公司创建成为第六届全国文明单位。

**【环境保护】** 新繁街道打好大气、水、土壤污染防治“三大战役”，抓好生态治理修复和环保督察问题整改，开展夏季臭氧污染防控专项行动、秋冬季大气污染攻坚行动、压减燃煤行动、“散乱污”工业企业清理整治的百日攻坚行动，268 家涉气工业企业编制重污染天气应急减排“一厂一策”，对 380 家工业企业下发成都市 2020 年夏季臭氧污染防控行动告知书，370 余家家具企业通过新都区家具行业绿色发展专项治理评估，233 家整改规范类“散乱污”企业完成营业执照变更；投入 12 万元增设农村生活垃圾分类基础设施，完成居民分类注册 2457 户;整改扬尘治理不规范工地 67 次,检查“抛、洒、漏”及乱倾倒现象车辆2600余台次，现场整改车辆229台次；排查治理50条干支斗渠下河排污口，对233公里河道实施社会化清扫保洁，水环境质量得到有效改善。

**【便民服务】** 新繁街道综合服务便民服务中心推行不见面办事，推广宣传天府市民云APP、天府“蓉易办”微信小程序在线查询办理，对需到实体大厅现场办理的事项，推行自助终端办理、线下预约办理、邮递材料办理；强化帮办代办服务，便民服务中心第二办公区、第三办公区和街道35个便民服务室实现代办服务全覆盖；在“一窗式无差别受理服务”模式基础上，加强窗口人员作风建设、服务内容、服务理念、服务标准、政务礼仪等业务培训，实现“全程服务无差别受理”，提高办件质量，缩短办件时间；设置无障碍通道、打造无障碍服务台、安装语音提示服务器、组织学习手语培训等，打造国家级无障碍环境示范镇信息交流公共服务机构并通过验收。新繁街道综合服务便民服务中心全年办理服务事项133094件，即时办结率100%；为企业及个人办理延时服务事项1063件，群众满意度100%。

**【教育事业发展】** 新繁街道全面落实义务教育“两免一补”政策，基础教育不断夯实；加强对10所中小学（其中民办3所）、51所幼儿园（其中公办8所，民办43所）食品卫生、安全监管，未发生食品卫生和安全事故，确保正常教学秩序；开展留守儿童结对帮扶活动，帮助留守儿童重塑心灵、走出困境；完成外来务工人员子女入学登记943名。

**【文化事业发展】** 新繁街道举办“四川民歌赏析会暨农商文旅融合助力乡村产业振兴论坛”“我的丰收我的节·美丽乡村健康跑”等大型文化惠民活动4场，开展非遗进村社区系列群众文化活动2场；结合各类节庆开展文化四季风“欢歌庆秋”“劲舞暖冬”等镇级专题文化活动10场，开展村居专题文化活动100余场；开展“七夕药浴香囊情”等特色乡村民俗活动3场，开展社区活动节30余场；依托新繁书画院、书画创作基地及书画交流中心，常年服务于村（社区）、机关、企业、学校，开展“爱成都·迎大运群众美术书法作品展览”“我们的心永远和最可爱的人在一起”为伤残军人献爱心、送文化下乡书画展等活动30余场次；落实乡村振兴战略，整合旅游资源，秉承“传承、开放、创新、共治、共享”产业理念，深挖花香果居及拾里庭院“全国休闲农业乡村旅游示范点”旅游资源，打造“精品民宿＋庭院商务＋绿色餐饮”为主体的花香果居·锦绣田园景区；传承非物质文化遗产，开展新繁棕编传承系列培训活动20余场次。东湖诗词楹联社每月在文化站组织一次东湖文化交流会，编印《东湖新咏》15期。

**【卫生健康事业发展】** 新繁街道打击非法行医，监督检查医疗机构157家、药品经营单位40家，取缔游医20次、坐诊2家，净化医疗卫生环境；加强基层医疗卫生机构建设，新建村级卫生站10家，改建村级卫生站1家；提高夏季汛期应急卫生保障，继续强化公共卫生管理，加强艾滋病、H7N9禽流感、血吸虫、狂犬病等重大疾病防治；开展灭鼠、灭蝇、灭蚊等除害防病活动，发放药物2400公斤；开展健康教育知识宣传，提高群众防病意识，举办健康教育讲座70次，开展健康宣传、义诊、健康咨询活动85次，发放宣传资料16万份。新繁街道围绕“大卫生、大健康、大服务、大共享”理念，开展健康街道创建，建设健康街道、健康乡村、健康机关、健康学校、健康医院、健康企业、健康家庭七大载体，落实控烟措施、职业病健康检查、职业防护、安全管理制度，营造相互尊重、和谐包容、文明卫生的健康文化。11月，新繁街道通过市、区两级创建中心验收，获成都创建案例网络投票第一名。

**【计划生育】** 新繁街道依法实施全面两孩政策，全年出生人口706人，其中男孩356人、女孩350人，符合政策生育率100%；落实计生“两项制度”和计生特困家庭地方扶助政策，计划生育独生子女父母奖励发放人数12512人，农村计划生育家庭奖励扶助14142人、特别扶助634人、地方扶助687

人，政策兑现率 100%；强化计生服务，购买计划生育家庭综合保险 5262 份；宣传妇幼健康保健知识，发放宣传资料 6 万余份，婚检率 93%，孕检率 104%。

【社会保障】 新繁街道做好就业创业工作，开展培训活动 13 期约 600 人参与；完善就业服务平台，实时发布用工岗位信息 13000 余个，达成就业协议 3500 余个，引导 14 名就业困难人员灵活就业；推进构建和谐劳动关系综合配套改革试点，整合多部门资源形成具有综合服务能力的劳动纠纷一站式多元联动处置中心并投入使用，受理咨询 3000 余件，办理劳资纠纷 68 件，处理率 100%，并开创“共同富裕，和谐共生”拾里庭院模式、大墓山村“红色引领·村企联盟”及建华香油“柔和共处”等区域化和谐劳动关系构建新模式；推广企业社保“互联网+”办理模式，发放 K 盘 500 余份；做好“医保”“惠蓉保”及社保惠民政策宣传，提升居民政策知晓度与参与度；依法开展劳动监察，村（社区）全部建立基层调解组织，依法处理劳动争议案件 100 余起、群体性拖欠工资案件 5 起，处理结案率 100%。新繁街道推进养老保险、医疗保险、失业保险、工伤保险、生育保险新增参保扩面 1000 余人，实现全街道参保率 99.96%，并完成城乡居民医疗保险筹资；建立覆盖城乡的社会救助体系，城镇低保 80 户 95 人，农村低保 502 户 689 人，发放保障资金 591 万元；管理分散“五保”93 人、孤儿 5 人，发放保障资金 114.5 万元；有 80 岁以上高龄老人 3441 人、90 岁以上高龄老人 506 人、100 岁以上高龄老人 10 人，发放高龄津贴 447.016 万元；临时困难救助 25 户 53 人，发放救助资金 12.56 万元；医疗救助 6 人，发放城乡医疗救助金 1.1 万元；1762 名重度残疾人享受重度残疾人护理费用补贴，394 名残疾人享受困难生活补贴；301 名重度残疾人申请参加养老保险，资助 46 名残疾儿童及 934 名符合条件的残疾人免费购买 2020 年少儿医疗保险和城乡居民医疗保险，795 名参加大病互助保险的残疾人申领大病互助补贴。

【共青团工作】 新繁街道推进团组织“青年大学习”教育，深化理论学习；定期通过“青聚锦官城”平台学习，引导团员青年自觉践行社会主义核心价值观，在青年中发挥模范带头作用；加强队伍建设，针对全镇各村（社区）、学校和机关青年团员开展“厉行节俭，反对浪费”主题团日活动、“防震减灾”专题学习；开展“传承红色基因·争做时代新人”主题教育活动，组织各村（社区）青年学习习近平总书记贺信精神；推进“青年像素”计划，指导 35 个村（社区）青年公众号的名称规范、维护及文章发布，以线上阵地联系青年；通过智慧团建平台，对接高校服务团员 510 人次，完成团员转接 485 人；开展课业辅导及关心关爱活动 35 次，服务儿童近 300 人次；开展志愿服务活动 45 次，服务群众 850 人次。

【妇女儿童工作】 新繁街道夯实阵地，新建博钰社区儿童之家；完成妇联届中调整，提高妇女干部队伍素质；妇联干部、巾帼志愿者投身防疫工作和防洪抢险，组织巾帼志愿者制作一次性口罩 6000 个；开展“弘扬好家风　传承好家训”、垃圾分类、妇女维权专题讲座、插花培训、棕编培训，提升妇女综合素质；以三八妇女维权周、“6·26”禁毒宣传日、“12·4”宪法宣传日等为契机，开展妇女儿童维权宣传活动，发放《中华人民共和国婚姻法》《中华人民共和国妇女儿童权益保护法》《中华人民共和国反家庭暴力法》等宣传资料 4300 余份；维护妇女儿童合法权益，为妇女提供免费维权法律咨询 12 次，接待因家暴来访妇女 4 人；关爱妇女健康，宣传“乳腺癌、宫颈癌”防治知识，配合卫计部门完成“两癌”筛查 550 人；三八妇女节、六一儿童节和“母亲节”期间，开展贫困妇女、贫困儿童家庭走访慰问活动；评选出区级三八红旗手 1 人、优秀巾帼志愿者 1 人、维权个人 2 人、维权集体 1 个，“指尖的爱·四寻”活动评出最美创客 1 人、返乡创业女带头人 1 人，评选出最美抗疫家庭 2 个、成都市文明家庭 1 个。

【食品安全监管】 新繁街道通过设立咨询服务台、发放宣传手册、布置展板等方式，开展食品药品安全宣传活动 8 次，接待学习、咨询群众 600 余人，发放宣传资料 2500 余份；开展食品专项整治 16 次，出动检查人员 257 人次，检查食品生产企业 160 户次；开展食品“三小”备案登记，备案登记小食品店 62 家、小餐饮店 204 家、小作坊 5 家；处理投诉举报 146 起，农产品农药残留快速检测 305 批次，取缔无证无照小作坊 8 家，立案 33 起（食品案件）；加强对农贸市场的食品安全监管，重点抓好“两章一证”索取公示；加强对学校幼儿园食堂监督检查，检查项目突出制度建立、信息公示、食品留样、餐具消毒、人员健康证明五个环节，出动检查人员 160 人次，检查校园周边食品药品经营户 180 余户，召开幼儿园负责人约谈会 2 次；召开流动厨师培训会 3 次，截至 12 月 25 日申报农村家宴 923 起 15711 桌，农村家宴申报率达 99%以上，有力确保全年食品安全“零事故”。

【社会治安综合治理】 新繁街道按照“群防群治、联防成片、整体联动、立体防控”工作思路，建立健全“1833”（1 个指挥中心、8 个片区、3 支队伍、3 项机制）立体化防控体系，发挥 1800 余人“红袖套”和志愿者队伍、112 名综治巡逻队伍、229 名治保巡逻队伍作用，提高街面、农村见警率，群众安全感、获得感和满意度得到较大提升；加强基层基础建设，在 35 个村（社区）治保委员会建设完成的基础上重点完成 1 个（金地社区）治保委员会示范建设，完成综治中心 3 个（大墓山村、兴堰村、锦苑社区）、物业小区平安建设 3 个（毗河新居、美林国际、老工房）示范点位建设，完成 3 个（清白街村、鱼龙社区、崇光社区）防灾减灾示范点位建设；加强重点区域整治，完成黄泥小区、同裕小区 2 个农集区整治，完成 4 个（锦江路、南溪街、洪山堂中路、滨江西路）重点区域整治；完善重点群体管理机制建设，落实“5 + 3 + N”管控工作模式，开展铁腕治毒百日攻坚、毛发检测、城市生活污水抽样，完成 35 个村（社区）禁毒队伍建设，完成 4 个禁毒示范村（社区）创建，并强化特殊人员和群体管控，完成邪教人员教育转化，全年未出现失控漏管情况；加强工作宣传，印发应知应会手册、漫画折页、围裙等宣传资料 18 万余份，制作标语 300 余条、大型广告墙 30 余处、宣传栏 60 余处以及公交站台宣传栏 40 余处，受众面积 100%；深入推进“法律七进”，实施“1 + N”专项普法项目，常态化开展普法活动；召开街道扫黑除恶专项斗争工作会议 8 场、行业座谈会和村（社区）扫黑除恶专题会 7 场，开展集中普法宣传 60 余次。新繁街道全年社会治安形势良好，刑事打击 154 人，破获案件 117 件，行政拘留 230 人。

【信访工作】 新繁街道按照“12345”工作方法（1 个中心、2 个理念、3 个平台、4 个抓手、5 个机制）做好群众信访，对重点人群、重要群体和重点区域实施立体化防控，做到情报准确、反应迅速、处置妥当；通过提升硬件设施、服务水平、业务规范、办理质量等措施创建群众来访接待“人民满意窗口”，获得成都市认定授牌。新繁街道全年受理办结信访件 5594 件，按期办结率和回复率均为 100%，获评 2020 年新都区建强群众工作之家先进单位，信访工作经验获《人民日报》刊发。

【人口普查】 新繁街道制定“两员”培训方案，编写《人口普查近期常见问题解答集》，统计各村（社区）普查进度、总结提炼经验做法等，引导人普工作有序开展，街道人普工作受到上级领导肯定和央视、中国新闻、学习强国、四川卫视、新都资讯等多家主流媒体报道。

（喻文才）

## 石板滩街道
Shibantan Sub-district

【概况】 石板滩街道位于成都平原与龙泉山系之丘陵地带，处于成都东北隅、新都东南隅；东邻青白江区福洪乡，西接三河街道、成华区龙潭街道，南临龙泉驿区西河镇，北靠新都街道、青白江区龙王镇；街道办事处驻石板滩街道东风西街 66

号。2019年12月，行政区划调整和体制机制改革，原木兰镇、石板滩镇合并为石板滩街道。2020年，石板滩街道辖区面积78.2平方公里，其中建成区面积6.2平方公里、耕地面积5.6万亩；辖社区14个（宁溪、仁和场、木兰、东风、韩娥、合兴场、金三角、狮子、梁胜、农和、清水塘、门坎坡、长林、石马）、村10个（兴城、土城、集体、兴胜、航纬、五一、解放、双谊、兴宁、石林），有村（居）民小组282个；年末常住人口105061人，户籍户数33449户，户籍人口10.057万人（98%系广东客家人）；全年人口出生率4.52‰，人口自然增长率0.02‰，人口密度1306人/平方公里。

石板滩街道物产丰富，交易繁荣，自清道光以来便是“东山五大场镇之首”（石板滩、洛带、西河、龙潭寺、清泉）。石板滩是成都东山客家聚居区域的中心地带，客家传统保持较为完好，客家语言、风俗、礼仪承续不辍，有文昌宫、火神庙、廖家祠堂等客家古建筑，是巴蜀女中豪杰廖观音、“蜀中木兰”韩娥故乡；“二月二”木兰山“木兰会”吸引游客数十万人。石板滩境内多为浅丘，兼有低山、平坝；西江河穿境而过，属四川盆地亚热带湿润气候区，气候温和，地方特产有仔姜、二荆条辣椒、大头菜等。石板滩处于“中优”“北改”“东进”战略影响叠加区，是全市66个产业功能区之一的新都现代交通产业功能区核心承载地，聚力发展轨道交通、航空装备制造两大主导产业；按照“一年有变化，三年大变样，五年基本建成”目标计划，全力建设支撑新都未来可持续发展、承载人民幸福生活的未来之城——“悦动新城”。

2020年，石板滩街道完成固定资产投资24.00亿元，超目标任务的22.08%，工业总产值64794.3万元，比2019年降低5.3%；社会消费品销售额23050.5万元，比2019年增长28%，完成零售额10800万元，比2019年增长9.95%；实际到位内资5.25亿元，占目标任务的262.5%。

**【村（社区）体制机制改革】** 石板滩街道完成村（社区）体制机制改革，村（社区）由原37个调减至24个，调减率35%，128名涉改村（社区）社区专职工作者全部调整到位；村（居）民小组由原379个调减至282个，村、居民小组各141个，调减至97个，调减率28.06%。

**【农业发展】** 石板滩街道耕地大部分为姜石黄泥水稻土和姜石黄泥土，主要农作物有稻谷、油菜、蔬菜、玉米等，其中稻谷产量15767吨、油菜籽产量4737吨、蔬菜产量82631吨、玉米产量2143吨，全年农业固定投资1.4亿元。

**【工业发展】** 石板滩街道有食品、家具、建材、化工等行业注册工业企业112家，其中规模以上工业企业8家，分别是申丰实业、金城栅栏、绿生源食品、川锋榜胶、新润油脂、宝创建材、梓宁建设有限公司、科龙化工试剂厂，全年完成工业总产值6261万元，较2019年同期5654万元增长10.73%。石板滩街道坚持深入企业调研，做好企业特别是规模企业服务，帮助企业解决生产经营方面的问题，加强了解规模工业产值变动趋势及重点企业实际运营情况。

**【第三产业发展】** 石板滩街道第三产业固投入库683259.28万元，其中房地产业完成11000万元。第三产业资投包括东风后街、招商雍锦府、科伦医贸、云集、七喜肿瘤医院、人才公寓等项目。

**【招商与合作】** 石板滩街道引进落地一批生产性和生活性项目，引进新都花舞木兰国际农业主题公园和新都国际足球体育公园重大项目签约落地；与重庆市九龙坡区石坪桥街道签订协同发展合作框架协议。

**【产业功能区和新城建设】** 石板滩街道做好产业功能区和新城建设要素保障，完成成飞一期、二期（第一、二批）、成金简道路、污水处理厂、航纬三路、成飞安置小区、活力公园等3785.3亩农户拆迁，启动航空产教园区、航空发动机产业园拆迁；加速新城建设，启动三大片区搬迁，涉及范围约4300亩，涉及企业42家、临街商铺（住改商）184个、小学1家。锦城绿道交地9788.05亩，交

产业功能区　　（供图：石板滩街道）

地率 94.78%，绿道线型已贯通。石板滩街道轨道交通产业链已完备，具备年产 600 辆地铁的整车制造能力；航空产业集聚配套企业 40 余家，获批“省级高新技术产业园区”的成都航空产业园加快建设。

**【新农村建设】** 石板滩街道按照“建好、管好、护好、运营好”总体要求，加快双谊村、五一村、兴城村、兴宁村、石林村、清水塘社区等村（社区）村道建设，完成 17.6 公里，同时整治修复老石龙路、皇友路、十里路等损坏的道路路面 28 公里；深入推动人居环境整治，建立激励机制，强化资金保障，开展村级人居环境整治现场拉练 9 场次，厕改任务目标 7127 户，完工 6503 户，在建户数 624 户。

**【川音艺谷项目建设】** 石板滩街道与四川音乐学院及地方企业合作，采用校地企合作模式，以点带面，辐射周边村落，建设“川音艺谷”。川音艺谷位于石板滩街道韩娥社区叶家大院，占地面积 330 亩，其中院落面积 110 亩、农田部分面积 220 亩。川音艺谷以全国首个“大学＋乡村”模式为核心，采用校、地、企三方联动机制，构建川音艺谷文创实践基地，打造大学生创业孵化平台和艺术家特色村落，实现产教融合、城乡融合、艺术与生活融合、传统与现代融合，推动以艺术点亮乡村、用艺术提升乡村价值魅力，促进当地文创经济发展；吸引高学历人才落户，扩大人才竞争力，实现区域经济及旅游快速增长，形成新都区“拜宝光，游桂湖，赏川音艺谷”三位一体的文化旅游格局，探索乡村振兴新模式。石板滩街道梳理成都方向至川音艺谷项目点位沿线周边景观风貌存在问题，制定形成景观风貌整治方案，重点整治解决乱搭乱建、路面破损、标牌污损、绿化破坏、风貌杂乱、环境脏乱等突出问题；推进招引项目“森宏鱼庄”建设，原拆原建主体建筑结构基本完成；完成水系栈道景观设计方案。“川音艺谷”艺术创业园已引进 9 名川音艺术家入驻园区，有 8 户动工改造，主体建筑改造、加固等工程基本完成。

**【城乡社区发展治理】** 石板滩街道以 2020 年区级“十大攻坚”产业社区建设为引领，打造“企业＋社区＋居民”的共建共治农耕体验园，土城客家新居被列为 2020 年市级示范小区点位；建立 2 个新时代文明实践所和 24 个实践站，东风社区评为市级新时代文明实践站；建立小区精细化管理机制体制，对不同类型小区采用分类管理服务治理模式，

土城村客家新居　　（供图：石板滩街道）

其中在狮子湖、湖心岛两个商品楼盘小区试点探索构建党建引领小区管理新模式；残疾人融乐园活动中心、东风社区全国社区治理和服务创新试验区建设试点建成投运。

【环境保护】 石板滩完成钟家湾沟改造工程，实现北支一向西江河生态补水；完成合兴场社区等6个村居散居院落污水收集管网工程，完成北支一10号斗渠、东支12号斗渠等河渠清淤整治，整治管网雨污混流问题15处；街道、村、社河长巡河8713次，解决涉水问题256起；落实“两断三清”，对“散乱污”企业实施断电措施70余家；拆除违法建筑物10182平方米。全街道生态环境显著提升。

【社会事业发展】 石板滩街道发放低保救助、特困供养、医疗救助等救助金460万余元；获评区级教育先进单位，获评市级老年教育示范点1个、市级学习型社区1个；获评国家卫生乡镇，市级紧密型医疗卫生共同体建设试点现场会在石板滩召开；创建全国示范型退役军人服务站，获评拥军优属先进单位；文昌宫作为古建筑被列入成都市第七批文物保护单位；举办“悦动新城，韵味客家”第三届武术文化节，综合文化活动中心被评为市级一级站点；开展群众文化活动90场、公益性培训30场，将开展的文化体育活动与成都市文旅“e管家”大平台同步，“e管家”大平台排名居全区第一、全市16名；举办“中华人民共和国成立71周年”文艺会演活动和“爱成都·迎大运”乒乓球比赛大型活动，承办“2020年新都区‘走基层’文化惠民暨‘百姓故事会’”“快乐周末　百姓舞台”石板滩专场；组织文化、体育队伍到区、市参赛10场，取得奖项6个，其中区级奖项4个、市级奖项2个；24个社区开展“体育+”社区运动节，金三角社区被评为“运动成都活力社区”示范社区。

【审批服务便民化打造】 石板滩街道聚焦破解政务服务单一、不能满意群众多元化需求的问题，整合便民服务站点功能，对街道、村（社区）便民服务中心（室）的硬件设施、服务事项、服务管理等标准化、规范化、便利化建设；打造狮子湖小区政务服务微中心，集成“党建+公共服务+生活服务”等功能，投放集成“AI智慧政务服务空间站+自助终端设备+手机APP”自助终端，社保、生活缴费等事项线上全自助办理，实现远离市区群众办事能够“马上办、就近办、一次办、一网办”，有效探索位置偏远社区自治新模式，成为具有全省借鉴意义的第一个小区便民服务“微中心”；打造木兰便民服务中心，着力打造“审批最少、流程最优、效率最高、服务最好”的审批服务模式，实现企业服务、政务服务、生活服务“一站式”业务办理，为全国市民服务标准化工作提供可供复制的“新都样本”，起到引领示范作用，成都市创新镇街体制机制工作现场推进会在木兰便民服务中心召开。《中国改革报》《四川日报》《成都日报》等媒体报道石板滩街道创新审批服务便民化工作。

【社会治安综合治理】 石板滩街道全年开展联防行动167次，出动派出所民警456人次、村（社区）治保队员3000余人次，各娱乐场所和木锦新城小区查处刑事案件2件、行政案件10件，行政拘留8人、刑事拘留1人，停业整顿酒吧5家，关闭违法经营茶铺6家；在东风小区、蝶舞合兴安装人脸识别系统8套，治安复杂区域新增雪亮探头9个。全街道发生违法犯罪案件740件，其中刑事案件受理383件、行政案件受理357件，总发案率较2019年下降3.8%。

【法制村（社区）建设】 石板滩街道推动村（社区）合同合法性审查，完善村（社区）公共法律服务体系，优化配置律师、基层法律服务工作者等法律服务资源，完成和平社区“亲民化改造党群服务中心”，完成木兰、韩娥社区“农民集中建房土地整理和产业发展投资合作协议”等5个合同合法性审查、所涉金额100余万元。石板滩街道挂牌成立新都区社区矫正木兰分中心，统一监管石板滩街道、三河街道、新都街道所有社区矫正对象；推进“智慧矫正”新模式，引进“翰矫通”APP要求管辖范围内160余名社区矫正对象每日分时段刷脸签到，确保矫正对象人机不分离；开展“文化引领、‘四德’夯基、助力新生”教育专项教育活动，引导社区矫正对象保持爱心、善心、善行，为其融入社会营造良好社会环境。

（刘泽环）

## 大丰街道
Dafeng Sub-district

【概况】 大丰街道位于成都市北部、新都区西南，地处天府大道北延线门户位置，是成都市“中优”战略的重要区域；东邻金牛区天回和凤凰山两街道，西接郫都区安靖和团结两街道，南临金牛区沙河源街道，北靠新都区斑竹园和新繁两街道；街道办事处驻大丰街道仁爱路99号。2020年，大丰街道辖区面积17.5平方公里，其中城市建成区面积12.5平方公里、耕地面积2520亩，辖城市社区2个（崇义、南丰）、涉农社区11个（三元、赵家、双林、王桥、高堆、皇花、铁路、甫家、太平、高家、方营），有居民小组153个；常住人口40余万人，户籍户数27987户，户籍人口7.9万人；全年人口出生率15.47‰，人口自然增长率13.02‰，人口密度4460人/平方公里。

大丰街道拥有“十纵十二横”交通格局，天府大道北延线、金芙蓉大道、金丰高架穿境而过，三环路、四环路环城而立，主次干道畅通便捷。

2020年，大丰街道实现全口径税收11.48亿元，一般口径税收5.85亿元，一般公共预算收入18242.44万元，固定资产投资51.56亿元，城镇居民人均可支配收入54802元。大丰街道被评为“成都市模范单位”，继续保持“国家卫生乡镇”称号，“四川省级安全社区”复评成功。

【农业发展】 大丰街道耕地主要分布于双林、王桥、高堆3个社区，以种植蔬菜、水稻和油菜为主，全年粮食产量74.8吨、油菜产量129吨、蔬菜产量5550吨，农产品抽检合格率98%，农业机械化综合水平达90%以上；建立常态化管理机制，巩固和完善农村产权制度，建立健全农村产权管理与服务体系，完善窗口接办件服务及办事效率。

【工业发展】 大丰街道有规模以上工业企业7家，主要生产汽车配件、阀门、油漆、仪器仪表、光学设备、天然气供应等，其中汽车配件1家、阀门1家、仪器仪表1家、光学设备1家、油漆1家、天然气供应1家、自来水厂1家，规模以上工业产值3.36亿元。

【第三产业发展】 大丰街道有农贸市场6个、个体工商户22585户，有限上医贸企业28家、限上汽车零售企业4家，限额以上销售额174亿元，限额以上零售额18.1亿元；完成第三产业投资502006万元，其中一般服务业投资62542万元、房地产投资439464万元。

【招商引资】 大丰街道到重庆、南京、厦门开展招商引资活动，外出走访六类500强企业11家，实现到位内资2.2亿元、外资0.05亿美元，备案重大投资促进项目10个；招引北京攻错医药西南总部项目和重庆龙湖地产成北商业中心2个重大项目，总投资15亿元。

【拆迁安置】 大丰街道完成大丰段九道堰河流域水生态综合治理项目用地拆迁，农户拆迁113户，集体租地企业拆迁6户，国有土地企业拆迁1户；加快推进锦城公园绿道用地拆迁，签订协议978户，拆除房屋8万平方米；完成国有企业阿坝州林业筑路工程处拆迁协议签订，人员撤离、房屋拆除后续工作有序进行；加强安置小区管理，开展安全检查、抽查50余次；严格拆迁房屋结算制度，办理发放过渡费、安置补助费、政策咨询等接待群众280余次。

【党建引领社区发展治理】 大丰街道加强党建引领城乡社区发展治理公共服务投入力度，示范试点开展社区（小区）治理，推进和乐太平“三区”融合、幸福高堆老旧小区（街区）改造，高家社区成功创建“2020市级百佳示范社区”，绿地城小区、红湖公园城小区成功创建“2020市级百佳示范小区”；优化创新城市治理机制与生活物流配送企业党企联建“丰行侠”2.0机制，相关做法被新华社、中新社等央级媒体关注，启动开展“‘爱成都 迎大运’丰行侠全城总动员”活动，成立丰行侠爱心联盟。大丰街道获评“党建引领城乡社区发展治理示范单位”。

【新农村建设】 大丰街道13个社区决策村级公共服务项目77个，使用专项资金1692.84万元，用于党组织服务群众、社区居民素质提升、社区志愿者服务和社区总体营造等方面；深入推进农村人居环境治理，以“三清四改”为抓手，改善村容村貌，推进宜居乡村建设，集中排查柴草杂物、废旧生产生活用品乱堆乱放情况，整治583处，清理垃圾2905.4吨、漂浮物400余吨，清理私搭乱建23起，清理道路两侧、院落私搭乱接电线2000余米，清理“牛皮癣”和乱涂乱画603处，清理违规横幅标语101处，整治再生资源回收站（点）26个，维护社区“雪亮工程”3处，实施村庄绿化40000余平方米。

【精神文明建设】 大丰街道开展“道德模范”“最美新都人”推荐评选表彰和学习宣传活动；依托道德讲堂、友善优雅市民文明大讲堂、百姓故事会等活动载体，宣传社会主义核心价值观，引导群众学习文明新风尚；在春节、元宵等传统节日期间，开展“我们的节日”主题活动，树立节日新风，打造“我们的节日”示范点1个；深化拓展新时代文明实践中心建设试点，建成实践所1个、特色实践站4个、普通实践站9个，常态化开展新时代文明实践活动；不断建立完善志愿服务工作机制，依托成都志愿者网和成都志愿者APP，规范化开展文明劝导、环境保护、邻里互助等志愿服务活动579场。太平社区获评2020年度区级“三美”示范村。

【环境保护】 大丰街道投入195万元开展幸福街背街小巷品质提升整治，完成利民路同仁堂外侧、敬成路与方元路交叉口西北角等6个点位绿化提升，增绿面积144199.2平方米；推进辖区成建制生活垃圾分类，实现生活垃圾分类投放设施全覆盖，设置生活垃圾分类固定收集站点476处，在93个小区安设箱体式固定收集站点205处，在61个小区安设亭式固定收集站点161处，改建农村区域生活垃圾分类站点110处；以“垃圾分类引领生活新潮流”为主题，开展宣传活动49场，印制生活垃圾宣传物料90500份；强化工地扬尘源头管控，检查督促工地2328次，更换破损污染的覆盖网，覆盖裸置场地和临时堆放的建筑垃圾约13000平方米；推进河湖“清四乱”工作，对安家河、车站明月排洪渠、天星堰斗渠、刘家堰斗渠等7条河道清淤，清淤9800立方米，清理沿河垃圾5吨。

【社会事业发展】 大丰街道有公立中学1所（大丰中学）、公立小学4所［大丰小学（大丰中心小学和大丰小学三元校区）、石犀小学、北星小学、蚕丛路小学］、民办学校4所（扬帆学校、新徽鸿儒、雨禾学校、甫家学校），全年为1807名外来务工人员随迁子女办理入学登记手续；深入打造“‘民’星‘丰’采秀”一月一主题本土文化品牌，组织开展大型和较大型文体活动16场次、一般文体活动97场次，街道综合文化活动中心开办艺术类培训班15个以上，培训2000人次以上，为群众提供文艺演出、公众教育、公益展览、书报阅览、全民健身、公益讲座等公共文体惠民服务，被成都市文化广电旅游局推荐评为一级站；完善就业服务平台的人员、场地、经费和设施设备，多渠道开发就业岗位，组织辖区失地农民和就业困难人员参加技能培训班，培训青年劳动力300人次，实现农村富余劳动力向非农产业新增专业就业80人、城镇新增就业320人、城镇失业人员再就业160人、就业困难人员再就业20人次，动态消除“零就业”家庭；组织80余家用工企业举办“春风行动”网络用工现场招聘会，提供空岗1900个，490人达成用工意向；实现城乡居民新增办理养老保险620人、失业保险新增参保560人、工伤保险新增参保480人，发放新一代金融社保卡3600余张，完成新增人员信息采集1700余人次，促进社保全覆盖。大丰街道获“成都市模范劳动关系和谐街道（2018—2020年度）AAAAA”称号。

**【共青团工作】** 大丰街道组织“一村一大”、各社区、企事业单位团干部开展主题团课6次，培训团干部300人次；深入开展青年大学习、青春脑航员、青聚锦官城等志愿服务活动，每周组织社区团干、团员网上共青团主题团课学习；整合宣传资源，落实“青年像素”计划，指导13个社区建立团组织微信公众号；建立“社工＋志愿者”人才队伍，以邻里守望为主题，以社区服务为重点，围绕空巢老人、留守儿童等四类重点人群，开展志愿服务活动。

**【妇女儿童工作】** 大丰街道打造“一站式”妇女儿童综合服务平台，在太平社区建成市级示范“妇女之家”、市级家庭教育示范基地“和·平驿站沉浸式家庭服务馆”；组建垃圾分类、巾帼维权等巾帼志愿者队伍15支，其中太平社区巾帼维权志愿服务队被市妇联授予“成都市巾帼维权志愿服务示范队”称号；完善和发挥妇联信访窗口作用，参与调解化解家庭纠纷8件；在三八妇女节、六一儿童节等节日期间，开展具有妇联特色的群众性教育纪念活动，走访慰问26户贫困妇女、儿童家庭。

**【便民服务】** 大丰街道深入构建街道、社区、小区三级便民服务体系，13个社区和10个重点商业小区完成服务站点标准化建设；建成保利城三期、蓝光花满兰庭等5个以党建引领、小区物业搭建、社区管理、各职能部门协同、社会组织参与的“3＋X”15分钟便民服务生活圈；梳理审批服务事项权责清单，围绕“一门、一次、一网”改革目标，精细化梳理行政许可和公共服务事项，向社区、小区下放服务事项权限61项，均能在1个工作日内办理。大丰街道便民服务中心全年受理并办结服务事项37万件，社区和小区便民服务室受理并办结服务事项12.5万件。

9月27日，大丰街道“和·平驿站沉浸式家庭服务馆”开馆
（供图：大丰街道）

**【市场监督管理】** 大丰街道全面铺开市场监管，检查集贸市场、企业和个体户380户次；实行工商、质监、食药等“一站式”服务，深入开展餐饮经营单位整治，检查食品、餐饮户数1700余户，责令整改132户；开展学校食堂及周边食品安全等专项检查125次；宣传食品安全知识，深入开展食品安全培训，制定2020年食品安全培训计划并组织食品安全监管人员、学校食堂、大中型餐饮单位负责人、流动厨师及社区信息员开展食品安全培训会24次，与社区签订食品安全承诺书13份；开展药品、医疗器械监管，检查零售药店540次；管理网吧、KTV、游戏室、健身馆等场所，坚持每月至少检查1次文化市场，关停无证网吧6家、无证歌舞娱乐场所2家；加强治违力量，治理84处违法建设，拆除违法建筑约13500平方米。

**【社会治安综合治理】** 大丰街道依托三级网格化管理、社会治安“三级巡逻”、社区“大联防”机制，推进市域社会治理，实现网格数据库与“大联动”系统有机整合；推进新冠疫情防控、“铁腕治毒”行动、治安重点区域整治等平安建设，对5个入室盗窃案高发小区进行区级挂牌整治，对10个小区实行重点整治；调解疫情用水、农民工工资拖欠等纠纷1836件，南丰社区被评为全区“三星级调委会”，范宗祥等6人被评为全区“二星级调解员”。大丰街道全年入室盗窃案183件，比2019年下降23.8%，机动车盗窃案106件，比2019年下降3.6%，涉毒案件34件，比2019年下降29.2%。6月，大丰街道获市委、市政府颁发的“中华人民共和国70周年大庆安保维稳信访工作”嘉奖。

【信访维稳】 大丰街道完成赵家、双林等6个社区群众工作之家建设，不断强化信访代理，被评为全区群众工作之家优秀组织单位，太平社区群众工作之家通过市信访局考核验收；落实“吹哨报到”流程和限时办理制度，办理信访案10386件，比2019年上升50.195%，其中市长公开电话8336件、市长信箱756件、书记信箱184件、区长信箱65件、“96110”文明热线133件、网络理政29件、人民网留言376件、区长公开电话179件，群众满意度总体较好。网络理政《数百名农民遭拖欠工资近千万，大丰街道协调多单位解决》被评为2020年度四川网络理政十佳典型案例。

（刘　刚　叶　丹　周　扬）

## 三河街道
Sanhe Sub-district

【概况】 三河街道地处成都北门，位于新都区南大门；西与金牛区天回街道相连，南与成华区青龙街道为邻，东与石板滩街道接壤，北与新都街道相望；街道办事处驻三河街道三河大道23号。2020年，三河街道辖区面积26.33平方公里，其中建成区面积23.33平方公里、耕地面积1692.9亩；辖7个社区（花园、互助、江陵路、长龙、回龙、二台子、五龙），有居民小组140个；年末常住人口16万人，户籍户数25144户，户籍人口5.3万人，流动人口8.9万人，人口密度2125人/平方公里。

1952年4月，成都县撤销，三河乡划归新都县。1993年，三河乡撤乡建镇。2004年，三河镇撤镇设街道。2011年末，三河街道辖花园、互助、江陵路、长龙、龙伏、回龙、二台子、五龙8个居民委员会。2020年6月，三河街道辖花园、互助、江陵路、五龙、回龙、长龙、二台子7个社区。三河街道地势处于浅丘和平坝地形相交区域，河渠134条；辖区内有香城湿地公园、保利198音乐文化主题公园、泥巴沱森林公园等生态项目，有三河锦门、漫花庄园、锦门丝绸文化景区等景点，有天府沸腾小镇以及在建的“沸腾里”项目；区域交通发达，绕城高速、蓉都大道、成绵高速、蜀龙路、成绵乐城际铁路等在此交会，地铁三号线穿城而过，是成北重要的交通枢纽。

2020年，三河街道一般公共预算收入9589.75万元，工业产值完成2.4亿元；限额以上商业销售额完成48.67亿元，限额以上商业零售额完成47.32亿元；营业性服务业收入完成3311万元，同比增长146.4%；完成固定资产投资28.15亿元，其中农业投资1.04亿元、工业投资0.69亿元、服务业投资6.10亿元、房地产投资20.32亿元。

【农业发展】 三河街道耕地主要分布在长龙、五龙社区，以生产水稻、油菜为主，水稻总产量502吨，油菜总产量42吨，农产品抽检合格率98%，农业机械化综合水平97%左右，动物重大疫病防治率100%，秸秆综合利用率100%；全年农业完成项目入库13850万元，完成投资10441万元。

【工业发展】 三河街道有成都人民营养食品厂、成都成燃新创燃气有限公司2家规模以上工业企业，全年2家规模以上工业总产值24007万元，固定资产投资额6900万元。成量、成发、一汽、诚实集团均划入工业区管委会管理。

【第三产业发展】 三河街道提升天府沸腾小镇建设，集中力量打造核心项目“沸腾里”，营造出多功能叠加的高品质生活场景和新经济消费场景；结合五龙山汽车主题公园打造，促进农商文旅体融合发展；同重庆市九龙坡区石桥铺街道在社区治理、汽车产业和文旅方面“结对”。三河街道全年第三产业完成项目入库86910万元，完成总投资61015万元；举办2020年新都首届汽车购物启动仪式，实现销售台数近2800台，销售收入6.2亿元，同期分别增长10.69%和31.46%。

【招商引资】 三河街道全年招商内资6.27亿元；编制楼宇经济机会清单，梳理出可用面积超40万平方米的优质资源；建立林盘经济机会清单，梳理出林盘院落 10 处；拜访重点目标企业 4 家，对接未落户中国服务业 500 强企业 7 家，召开“共享新机遇”项目推介会 2 次，备案有效信息 11 条；完成花厢创新公园、五龙山·汽车主题公园重大项目签约注册 2 个，新引进国际品牌首店 1 家（田原创生活·日本自然元素体验店）；引进重点项目 2 个（其中市级重点项目 1 个），完成项目投资 9.52 亿元。

**【拆迁安置】** 三河街道推进满足办证条件的已建农民安置房不动产证办理，完成 170 套安置房分配。物流基地安置小区配电工程施工完成并接入正式电源，二台子 C 区附属配套设施竣工并投入使用，金河湾小区东门外侧绿地维修改造项目快速推进，解决居民用电、停车等难题，改善安置小区条件。10 月下旬，二台子嘉苑、二台子小学进场动工建设。

**【新农村建设】** 三河街道完成特色林盘项目“沸腾乡野”规划设计并启动建设，竹隐私房菜等轻奢餐饮正常营业；持续性开展院落、林盘等环境综合整治，完成长龙社区农村人居环境示范社区创建；维护修缮二台子社区连接回龙社区的回龙村道（双龙路）、香城湿地公园连接道路（连香路）、连香路木兰段三木路接口和花园村道；建立“路长制”制度，负责农村道路日常巡查工程，在龙秀路和五龙山路十字路口增设红绿灯及交通标识标牌。

**【精神文明建设】** 三河街道深入开展践行社会主义核心价值观活动，打造特色文化街区“民风廊”“文化廊”和社会主义核心价值观、家风家训点位，并结合各点位开展评选“道德好人”“最美家庭”以及爱国主义教育等活动，弘扬社会主义核心价值观和传统优秀文化，宣扬三河特色文化；开展天府文化建设，打造“天府沸腾小镇”文化品牌，推动天府文化深入群众；坚持高标准建设新时代文明实践所（站），打造特色文明实践所 1 个、特色文明实践站 3 个，通过志愿服务凝聚群众、引导群众，壮大志愿队伍，在成都市志愿者网站注册志愿者累计 8072 人，注册比例 17.16%；有党员 1441 人，党员志愿者 1152 人，志愿者队伍 92 支；常态化开展政策宣讲、法律服务、扶贫帮困等八大类文明实践活动 448 场次；在花园社区，组织志愿者上门服务，为有需求的家庭群体提供买菜、量体温、收生活垃圾等服务；由川藏线货运爱心小组向甘孜藏族自治州输送爱心物资 5000 余件，为甘孜州新龙县银多乡小学定点捐赠校服 200 余套；做好创建文明城市宣传，提升居民文明素质、提高城市文明水平，利用辖区 10 处 LED 屏滚动播放公益广告，通过微博、微信公众号、今日头条等新媒体平台日常发布科普知识、文明知识等 2170 余条，完成区文明办网络文明传播任务 20 余次。

沸腾乡野　（供图：三河街道）

**【环境保护】** 三河街道成立督查工作组 1 个，开展对环卫、绿化、河道、清运、路灯、市政公司日常监管；落实“街长制”和“门前三包”责任制，明确 34 条街道街长，完成 43 个公示牌安装上墙，市政设施维修及更换 600 余处，路灯亮灯率 99.5% 以上；开展“两拆一增”整治，3 个点位增绿 4950 平方米，拆除建新街废旧房屋 1200 平方米；开展扬尘治理专项整治行动 50 余次，规范施工工地打围 120 余处次，覆盖裸土 12 万平方米；开展生活垃圾分类，清运生活垃圾 3.6 万吨，互助社区为 2020 年生活垃圾分类示范社区；推行智能化全域保洁，保洁面积 65 万平方米，龙展路和叠秀路入围 2020 年“最美街道”30 强；落实巡河制度，完成巡河 3000 余次，问题处理率 100%；开展“清河行动”，全面排查整治辖区内河道，整治岸线的“乱占、乱采、乱堆、乱建”行为，清除淤泥 2000 余吨，清理岸存垃圾、建渣150余吨，清理捡种面积4万余平方米；推进水环境综合整治PPP项目（4个子项目）协调；做好“河长制”跨区域联防联控，和石板滩、新都街道签署联防联控合作机制，开展流域水资源保护、水环境治理、水生态修复等方面双边协同共治协作。

【社会事业发展】 三河街道做好80周岁以上老人高龄津贴发放和老年优待证办理，发放高龄津贴11720人次，金额1289580元；为46名困难老年人购买居家养老服务，为6户重度残疾人进行居家无障碍改造；建设完成2个长寿食堂（花园社区、五龙社区）；5月开始运营龙伏社区融乐阳光家园，实现精神、智力、重度肢体残疾人日间托养；地方经济扶助3人，发放扶助金9000元，养老扶助16人，发放扶助金44132.64元，医疗扶助26人，发放扶助金15970元；建立困难群众主动发现机制，主动发现困难群众12户，帮助其申请低保4户5人，临时救助1户2人，发放救助经费7100元；资助63名重度残疾人参加城乡居民养老保险，资助成人97人、儿童42人参加城乡居民医疗保险；完成2020年非新都籍务工人员随迁子女入学线上审核登记，审核人数1058人，合格人数972人，其中小学632人、中学340人；完成辖区无证培训机构、幼儿园摸排统计，按时上报相关材料；“最成都·市民课堂”开课9门，参与1039人次；做好新冠肺炎疫情防控，巩固国家卫生城镇创建，开展健康教育宣传，发放健康工具包16000套，倡导健康生活方式。三河街道开展“我们的节日”“爱成都·迎大运”等主题系列活动，为不同年龄段、不同文化背景、不同利益诉求的新老居民搭建才艺展示舞台和竞技舞台；组织文艺爱好者在家参与“宅家唱”“宅家跳”“宅家说”活动，先后有10人获奖；组织太极队员参与新都区最美街道叠秀路宣传拍摄活动，选送太极拳《八法五步》视频参与成都市第七届全民健身运动会——“线上运动会”太极拳比赛并获一等奖；开展“成都文化四季风·欢歌庆秋”活动，协助区文体和旅游局开展“百姓舞台”乡镇专场暨“成都文化四季风·劲舞暖冬”活动；开展社区运动节系列活动，参加成都市“爱成都·迎大运”柔力球比赛、太极拳比赛、广场舞比赛并获二等奖及三等奖；开展较大型活动6场、小型活动22场、线上活动10期、公众教育及读书活动86场。

【共青团工作】 三河街道团工委10月进行届中调整，选举产生新任团工委书记；设置社区团总支7个，并在其下设团支部33个；发展建立非公企业团支部6个与公益组织团组织2个；紧扣爱国爱党教育，开展“传承红色基因·践行初心使命”党史主题教育活动，展开相关团日活动；联合街道关工委慰问困难儿童29人次，参与“99公益日”号召爱心人士为“梦想行囊计划”募捐7000元；以“青聚锦官城”为媒介，发展大学生志愿者，常态化开展志愿服务；在抗击新冠肺炎疫情斗争中，青年干部带头奋战于基层一线。

【妇女儿童工作】 三河街道重点打造二台子社区“妇女之家儿童之家”，巩固其他社区妇女之家建设点位；做好困难妇女儿童帮扶，在春节期间慰问贫困妇女儿童，摸排了解困难妇女儿童的信息并跟进，指导各社区做好辖区内家庭纠纷事件，化解家庭矛盾，建设和谐家庭；常态开展关爱儿童、关爱妇女、关爱弱势群体的专项行动，1—10月指导各社区每月开展乡村振兴巾帼学院妇女培训活动和“指尖的爱·四送”活动；开展巾帼志愿者活动，重点开展成都市生活垃圾分类巾帼志愿服务项目，宣传垃圾分类知识，为成都市全面开展垃圾分类打好基础；每月不定期开展以“蓉城幸福家·社区家庭日”和“爱成都·迎大运”为主题的活动，丰富儿童假期生活，促进亲子关系和谐发展。

【便民服务】 三河街道持续优化营商环境，加快推进服务便民化，打通服务群众“最后一百米”；协调业务骨干充实到窗口一线，承接由行政审批局委托下放街道个体工商户及合伙人新登记注册、变更、注销等15项业务，营造宽松便捷市场准入环境；改革窗口人员管理机制和考核办法，调动工作人员积极性，接待群众咨询 15000 余人次，为群众办理、代办事项 9256 件，办结 9256 件，办结率 100% ；在各社区设立 9 名代办帮办服务专员，上门为三河中心养老院 70 名老年人集中办理离退休人员社保年审服务。

【信访工作】 三河街道着力化解信访积案，回应群众关切，推动社区群众工作之家建设；发挥联系群众作用，化解矛盾，建言献策提出建议意见 40 余条；网络理政接件 3142 件，办结率 100% ；大数据信访信息系统办理 227 件，完成“三张清单”积案办理，按时完成省委巡视组 9 件交办案件；全面排查辖区风险矛盾纠纷，协同区级相关部门化解矛盾。

【社会治安综合治理】 三河街道深入开展扫黑除恶专项整治，以天府江南、海峡茶城、三河大道为重点区域整治点位，结合治安热点难点问题，加强整治，完善四防体系，各类治安发案比 2019 年下降 30% ；完善街道综治中心建设，将“雪亮工程”“天网”“大联动”“智慧城市管理”一并纳入中心平安建设，在花园社区和 198 社区打造社区综治中心示范点位，在花园社区打造社区治保会示范点位，并健全工作制度，形成社区、小区、单位大联防工作格局；加强重点群体管控，推进禁毒工作落实到位；划分 51 个网格，配备专职网格员 59 名，制定调整网格化服务管理体系建设，完善网格事件上报制度，在防疫工作、社会治安、人口普查中发挥作用。

（刘　莉）

## 斑竹园街道
Banzhuyuan Sub-district

【概况】 斑竹园街道位于新都区以西，地处天府大道百里中轴线北部、成德一体化发展的桥头堡位置；东邻新都街道及金牛区天回镇街道，西接新繁街道，南临大丰街道，北靠军屯镇；街道办事处驻斑竹园街道复兴街 66 号。2020 年，斑竹园街道辖区面积 68.66 平方公里，其中建成区面积 8.21 平方公里、耕地面积 60159.90 亩；辖社区 13 个（金和、大江、公益、廖家湾、忠义、柏水、竹友、踏水、旃檀、福田、鸦雀口、石坝、林泉）、行政村 9 个（安桥、华桂、三河、北星、顺江、骊园、升庵、锦城、双龙），有居民小组 258 个；常住人口 13.37 万人，户籍户数 29186 户（其中农业户 1.38 万户），户籍人口 7.83 万人（其中农业人口 39533 人）；全年人口出生率 8.6‰，人口自然增长率 4.7‰，人口密度 1191 人／平方公里。

1980 年正式命名为斑竹园乡，1992 年合并柏水乡建立斑竹园镇，2004 年合并竹友镇，2019 年撤销马家镇、斑竹园镇，设立斑竹园街道，以原马家镇和原斑竹园镇所属行政区域为斑竹园街道的行政区域。斑竹园街道位于古蜀都江堰灌区，境内渠系密集，河道纵横，有河道 47 条，其中毗河流域生态走廊 13.8 公里，占毗河新都段三分之一；有国家 AAA 级旅游景区升庵故里（夏河溪乡野公园），有杨氏宗祠、刘家祠堂、旃檀寺地下特支旧址、白水寺等市级历史建筑文化遗址。北星大道、香城大道、兴城大道、地铁 5 号线等纵横贯通，地铁 27 号线在建。

2020 年，斑竹园街道全口径税收完成 3.27 亿元，一般口径税收完成 1.15 亿元；规模以上工业产值完成 33.9 亿元，全社会固定资产投资完成 20.02 亿元；限额以上商业零售额完成 9000 万元，限额以上商业销售额完成 2.55 亿元。

【产业发展】 斑竹园街道产业以农业及食品加工、商贸物流、乡村旅游为特色，有企业 1110 家，其中工业企业 259 家、服务业 851 家。智慧物流园区位于成都市现代物流、现代商贸产业集中发展区，已成为全国最大的公路物流枢纽，运营网络辐射全国。辖区以毗河为界分为北部老镇组团和南部新区组团，其中北部老镇组团重点对老场镇优化改造，完善城镇居民生活配套；南部新区组团重点发展房地产、教育、医疗等产业，先后引入华润、新希望、中梁集团等知名企业，入驻海宁皮革城、奥园玖俪湾、多弗生活广场等商业项目，酒店、学校、医院等配套完善，城市功能与品质不断提升。

【项目建设】 斑竹园街道持续加强党的创新理论武装，践行新发展理念和乡村振兴战略，采取“党建+”模式，通过在“珠链锦绣·锦水公园”产业链上建立党建联盟、组建地铁27号线临时党委等方式，搭建地企共建交流平台，助力重大项目建设有力有序推进。足球音乐公园入驻小坐、晨光熹微、小蔓家等文创项目，连续举办6届“宝柚杯”、4届“柚宝杯”足球联赛，享有“成都农民足球第一村”美誉；尖锋运动公园建成全国最大、配套最完善的四季滑雪场，新建国际化标准大跳台，成为国家冬奥队训练基地，年接待游客超10万人次，被评为成都市运动休闲主题旅游目的地、成渝潮流新地标。

【乡村振兴】 斑竹园街道聚焦公园社区特质，融合乡村产业和文化振兴，吸引社会资本介入，按照“农商文旅体融合发展”理念，植入餐饮、休闲、运动等新兴业态，引导城市功能和旅游功能叠加耦合，逐步打造足球音乐小镇、尖锋运动公园、夏河溪乡野公园、花厢·洗心篁、升庵书香公园等项目，初步形成连片发展态势，成效凸显。足球音乐小镇连续举办6届“宝柚杯”、4届“柚宝杯”足球联赛，享有“成都农民足球第一村”美誉；尖锋运动公园建成全国最大、配套最完善的四季滑雪场，新建国际化标准大跳台，成为国家冬奥队训练基地，年接待游客超10万人次；夏河溪乡野公园以乡村大美

夏河溪乡野公园　　（供图：斑竹园街道）

风光成为“网红打卡地”；三河村获评“四川生态宜居村”“四川省实施乡村振兴战略工作示范村”“全国体育事业突出贡献奖”等，锦城村获评“成渝潮流新地标”“成都夜间经济示范点”。

【新农村建设】 斑竹园街道新建乡村绿道23公里，新增小公交线路2条，新开通香城乡巴旅游专线，15分钟公共服务体系初步构建；北星小区、竹柚塘居、仁和新居等农村示范小区实现入住。

【精神文明建设】 斑竹园街道以春节、元宵、清明、端午节等传统节日为契机，开展“我们的节日”活动；加强精神文明创建活动，推进公筷公勺倡议活动，开展市级“三美”村、区级文明村、区级“三美”村评选活动，开展“斑马线前停一停　安全文明伴我行”专项活动，倡导文明让行，培育友善优雅风尚；建成新时代文明实践所2所，新时代文明实践站完成挂牌22站，城市文明稳步提升；争取四川省天府家风馆落地建设，着力打造升庵文化廉洁品牌，营造崇廉尚实的社会氛围。杨氏宗祠全年接待160余场次5500余人次来访。

【环境保护】 斑竹园街道建立完善“班子成员、机关干部、村社干部、组长队长”四级网格机制，制定街道《生态环境排查整治工作方案》，采取历史问题“回头看”、环境问题全覆盖摸排、群众举报等方式，对辖区生态环境问题全面拉开“普查”“体检”；针对排查出的问题，制定措施，实行销账管理，全年整治农村人居环境问题14085个、大气污染防治“八大专项行动”问题194个（处）、“散乱污”企业106家。

【社会事业发展】 斑竹园街道围绕群众关心关注的“医、教、水、住、行”等问题，补齐工作短板，优化资源供给，辖区有2家公立卫生院，另有北新医院、竹友医院等私立医院，新都一幼马家分院、旃檀中学、新川外国语学校、巴德美际学校（成都校区）等学校建成招生，北星小区、竹柚塘居、仁和新居等农村示范小区先后实现分房入住；推进

15 分钟公共服务体系构建，新建乡村绿道 23 公里，打造小游园 5 处，建成景区公厕 2 座，新增小公交线路 2 条，新开通香城乡巴旅游专线，群众幸福感获得感持续提升。

【共青团工作】 斑竹园街道通过座谈、培训、讲座、宣传等形式，开展作风建设活动，组织青年党员、团员学习《中国共产党章程》《中国共产主义青年团章程》《共青团中央关于进一步加强团干部作风建设的决议》，并根据学习内容开展大讨论，激发青年学习和工作热情；开展未成年人思想道德建设，寓教于乐，正面引导未成年人争做品德优良、素质全面的新市民；组织辖区 428 名团员参加社区建设、环境保护、文明倡导等活动，以扎实有效的工作服务中心大局。

【妇女儿童工作】 斑竹园街道妇联完成原斑竹园镇和原马家镇合并后的斑竹园街道届中人事调整，增补 9 名执行委员会委员，选举产生主席 1 名、副主席 4 名、常务委员 4 名；以妇女儿童得实惠为目标，以服务妇女、教育妇女、维护妇女合法权益为根本任务，组织妇女参与经济建设，引领妇女参与环境综合整治，带领妇女促进文化建设，凝聚巾帼力量共建共享美丽家园；先后推荐雅雀口社区邱伟家庭为"成都市最美抗疫家庭"，推荐"升庵祠堂"为成都市家庭文化示范基地；成立巾帼志愿服务分队，参与成都市生活垃圾分类巾帼志愿者项目，在固定点位常态化开展生活垃圾分类宣传推广活动。

【残联帮扶】 斑竹园街道对 150 名家庭贫困残疾人进行"温暖万家行"走访慰问，为 50 多名贫困残疾人送去防疫物资和生活物品；组织 40 名有就业能力及就业需求的残疾人参加网上"春风行动"招聘会和社区现场招聘会，发放残疾人就业补助 1.8 万元，申请种养业扶持金 5.6 万元；为 1500 多人购买意外保险，为 111 名重度残疾人申请养老保险补贴金额；资助 28 人次重性精神病患者享受"阳光救助"免费住院治疗，资助 63 人次精神病患者享受特殊门诊救助，并每月定时定点发放药品；开展白内障无障碍区创建，为 230 名有眼疾的患者免费筛查白内障，为 68 名白内障患者提供免费复明手术。

【社会保障】 斑竹园街道坚持"紧、深、细、实"要求，充分发挥网格化管理的优势，抓实抓细常态化疫情防控，筑牢疫情防控基础防线；开办"网上招聘会"31 期，结合就业创业超市新增就业 483 人；推进困难群体帮扶，推行全民参保质量提升计划，养老保险新增参保扩面 1420 人，失业保险新增参保扩面 368 人，工伤保险新增参保扩面 368 人；深化扫黑除恶专项斗争，落实突出信访问题清单专项行动，推动"群众工作之家"提能增效，有效化解历史遗留问题及社会风险，维护辖区稳定。

【便民服务】 斑竹园街道按照"应进尽进、涉群必进"的要求，有针对性梳理街道、村（社区）两级便民服务事项目录清单 192 项，提高群众办事的精准性，实现群众办事"只进一扇门"和"就近服务"；改进便民利民服务方式，实行值守窗口错时延时服务，持续推进镇便民服务中心午间 12 ：00—13 ：00 延时和周六 9 ：00—17 ：00 延时服务；优化调整窗口设置，开设"综合一窗"，将民生高频事项纳入"一窗通办"业务范围，设置综合服务窗口 12 个；强化综合业务技能培训，培养"一岗多能"全能通才，为群众提供计生、教育、民政、房屋租赁备案、社保、医保、就失业等服务事项。

【安全生产监管】 斑竹园街道深化"领导包片、办所包村、村社包组、组队包户"机制，逐户摸排辖区生产企业，做到应统尽统，确保底数清、任务明；结合区域摸排情况，联合三方公司开展"全覆盖"安全检查，绘制 22 个村（社区）消防安全"一张图"，建立工作台账和问题台账，实行动态管理；对能够整改的安全生产问题限期整改，对隐患巨大且难以整改的企业关停腾退；推广"群众出材料、街道出人工"安全隐患整治模式，联合供电所、移动、电信、广电等整改强弱电线路，加快消防取水点、消火栓建设，下大力气治理隐患顽疾，维护群众生命财产安全和社会稳定。

【城乡环境综合治理】 斑竹园街道开展城郊接合部环境问题突出区域专项整治，集中整治斑竹园场镇以北和涂城市中心公园西侧区域，通过抓硬件提质，治乱象、补短板、优功能、提品质，整治环境卫生、市容秩序、广告招牌、市政环卫设施、标识标牌标线等，提升薄弱区域环境面貌和设施品质；推进垃圾分类，辖区 90%的小区完成垃圾四分类，餐厨垃圾收集有序开展；推进城乡“厕所革命”工作，投资 48 万元，改建马家普利大道、柏盛苑小区、舒家碾公厕 3 个；整治“有灯不亮”“有路无灯”问题，维修更换林泉社区白螺路 16 盏路灯，双龙村 6.4 公里道路安装 180 盏太阳能路灯，顺江社区小普路安装 20 盏太阳能路灯，丽都路安装 8 盏太阳能路灯；强化城市日常管理，建立场镇规范点 10 个，对流动商贩、乱摆摊设点的商家进行文明劝导、规范和取缔；组织开展农户庭院大扫除，每月 7 日定期开展“爱国卫生大扫除”活动，农村人居环境有效提升。

【社会治安综合治理】 斑竹园街道加强小区自治组织建设，健全党的基层组织，健全网格体系，完善防范体系，在杨柳苑小区、柏水小区、壹品檀小区开展平安小区示范点建设，打造三河村、廖家湾社区综治中心示范点位；将忠义、杨柳片区、雅雀口社区和毗河路、大江社区列为重点整治区域，增强治保巡逻力度，设点防控；完成竹园丽都、仁和新居环境综合整治及基础设施提档升级，增设监控点位 40 个；加大日常检查和突击夜查，开展“三盗两抢一诈骗”“铁腕治毒”、黄赌毒等专项整治行动；发动驻村干部、村（社区）两委、综治巡逻队员、网格员深入物业小区、村（居）院落、重点区域、重点场所，多元化向群众宣传扫黑除恶基本常识、举报电话及举报奖励方式，开展扫黑除恶专项斗争集中“回头看”专项整治行动，健全完善排查摸底、联动协作等常态长效机制。

（陈　娟）

## 军屯镇
Juntun Town

【概况】 军屯镇是新都老城所在地，东与青白江区毗邻，西与新繁街道相连，南与斑竹园街道接壤，北与清流镇、彭州市、德阳广汉市隔河相望；镇政府驻军屯镇金府路 88 号。2020 年，军屯镇辖区面积 53.74 平方公里，其中建成区面积 1.85 平方公里、耕地面积 17200 亩；辖村 9 个（金牛、清江、护国、华严、郭家、石庵、东林、天星、九堰）、社区 5 个（文昌、新民、禾登、高祖、深水），有村（居）民小组 235 个；总户数 20894 户，人口总数 58718 人，其中城镇人口 26495 人、乡村人口 32223 人；全年人口出生率 7.58‰，人口自然增长率 -0.1‰，人口密度 1068 人／平方公里。

军屯镇是巴蜀国开明王朝营建的一座古城，已有 2800 年历史；因诸葛亮屯兵而得名，地理位置独特，为新、青、彭、广两区两市交汇之地，与德阳、成都市中心各相距 29 公里，是天府大道北延线的正中点。境内 15.9 公里青白江蜿蜒而过，森林覆盖率 41.62%，纳入新都区 2018—2035 年川西林盘保护规划林盘 60 个，其中重点林盘 28 个，生态本底良好。军屯镇以农业为本，坚持“生态立镇、产业强镇、旅游兴镇”；以花果为媒，多次举办“紫薇花节”“油菜花节”“葡萄采摘季”等节会活动；融入北星大道都市现代农业示范带，实施一、二、三产业融合发展。

2020 年，军屯镇一般口径财政收入 3193 万元，固定资产投资 8.56 亿元，限额以上服务业单位销售额 4500 万元，规模以上工业总产值 13.4 亿元，农民人均纯收入 2.6 万元。

【农业发展】 军屯镇土地流转面积 43125 亩，土地流转率 85%，农业规模经营面积 43125 亩；培育农业新型经营主体，家庭农场 38 家（其中省级示范农场 1 家、市级示范农场 2 家、区级示范农场 5

家）、农业合作社 50 家（其中省级示范社 3 家、区级示范社 2 家）；有农业企业 11 家，培育出稻松大米、御樱蟠、东林有李、吉选蔬菜等农业品牌。

**【工业发展】** 军屯镇支持传统经济创新发展，引导香贝儿、雄健粉业、稻香村食品、幸福家具等企业投入 2.5 亿元完成技术改造，降低能耗和用工成本，提升企业经济效益；依托流航冷链物资建立军屯镇农村电商平台，并注册成立“新都区军屯镇食品专营店”，引导镇域食品企业开辟线上销售路径，助力食品企业长续发展。

**【第三产业发展】** 军屯镇开展招商引资活动，引入 14 个农商文旅项目签约，引入稻虾综合种养和蟠桃、车厘子、青脆李、柑柚、药材、花卉种植等项目落地投产；牵头成立新都区果品协会，引领企业从传统生产模式向产业融合发展转变；逐步形成沁彩农庄、滨江农业、五彩天星、东林有礼等有代表性的农商文旅体示范项目。

**【项目招商与建设】** 军屯镇围绕省市区级乡村振兴战略示范和先进镇、村（社区）建设，打造 6 个综合类招商引资重点项目；邀请区领导带队到福建、广东、德阳三地 5 家企业和广东行业协会联合进行招商引资活动，新增 2 条项目信息。军屯镇深入推进沁彩港湾项目、清江印象项目、耶米熊主题乐园·桂荷月畔综合开发项目，带动青白江沿线、天府大道北延线农商文旅发展示范带产业提档升级；完成“天府花香”赏花基地项目和 7900 亩高标准农田建设。

**【土地拆迁与巡查】** 军屯镇推进天府大道北延线新增拆迁；落实、推进农村乱占耕地建房问题摸排行动，深入走访调查，详细摸排辖区内乱占耕地图斑近 1000 个；定期国土巡查，全年国土巡查约 550 人次。

**【新农村建设】** 军屯镇结合城乡社区发展治理、人居环境整治、香城细管等，推动村（社区）资源整合，建立“村（社区）—片区—街段—院落”综合管理模式；深入实施农村人居环境整治“三清四改”动态化管理机制和“3 + 3 + N”模式，完成清江村、金牛村区级农村人居环境整治示范村建设；深入推进治“乱”、治“堵”、治“违”、添“彩”等行动，打造金牛村“无人菜摊”“黄金屋”等特色点位、高祖“吴家大院”微更新项目。

**【精神文明建设】** 军屯镇深化“不忘初心、牢记使命”主题教育成果，坚持党要党管、全面从严治党，常态化召开警示教育；用好用活“学习强国”平台，日人均积分、参学率长期保持镇（街）第一名，获市级“学习强国”优秀学习组织表彰；建成新时代文明实践所——“香城新耕”，打造文明实践大矩阵。

**【环境保护】** 军屯镇全年出动环卫工人 2340 人次，清理绿化带内垃圾 157 处，清理农村生活垃圾 23880.5 吨，冲洗道路 2686236.4 平方米，精细化清理街道 41 次，改建环卫公厕 1 座；推进“两拆一增”专项行动、环境卫生治理、散乱污整治、道路交通专项整治、河长制等工作，镇村环境改善明显。

**【社会事业发展】** 军屯镇对 158 户 247 名计划生育特殊困难家庭发放慰问金 240500 元，“8·11”洪灾为 1 户计生特扶家庭申请房屋改造资金 6500 元；扶残助残精准到位，完成“互联网+辅助器具适配服务”，深入推进“温暖万家行”活动；成立军屯镇关爱援助慈善专项基金，受捐 18 余万元；针对退役军人管理服务，建立“大走访一人一档”1950 份，发放抗美援朝出国作战 70 周年纪念章 18 人；提高全民健康素养水平，免费发放“健康生活工具包”17000 份。

**【文化活动】** 军屯镇结合传统节日、民俗节日、大型节假日，以“成都文化四季风”“快乐周末·百姓舞台”“紫薇小镇”爱情季等为主题，以紫薇花为亮点、农耕体验为特色、多样节庆为切入组织、承办、参与群众文体活动、公益培训 600 余次，放映电影 900 余场次；为丰富疫情防控期间群众文化生活，携手运营“紫薇·幸福里”“紫薇·欢乐颂”的三方机构，利用文化站场馆、网络、微信公众号等方式开展线上线下活动 114 场。

【共青团工作】 军屯镇召开共青团军屯镇第七届第一次代表大会，选举产生新一届共青团军屯镇委员会委员、副书记；开展线下“初心不改　奋斗不止”等主题团日活动 12 次，组织青年志愿者参与志愿活动 24 次、线上学习教育活动 12 次，联合工会、妇联、关工委慰问困难群众 5 次。

【妇女儿童工作】 军屯镇做好妇女创新创业，开展“羊毛毡”手工制作、插花、茶艺培训，促进妇女灵活就业，实现增收致富，获评成都市“妇女之家”示范基地；举办“奇思妙想·变废为宝——亲子环保手工制作”“我们的节日·端午主题活动”等活动 69 场，其中文体活动 14 次、读书活动 34 次、公益培训 21 次。

【便民服务】 军屯镇便民服务中心规范窗口服务流程，完成业务办理 54330 件；设立添薪服务窗口，群众求职登记 170 人、企业招聘登记岗位 325 个，推荐就业成功 130 人；推进政府信息公开，公开政务信息 10278 条，其中政府网站公开政府信息 8932 条；利用“樱薇花美”微信平台等新媒体，发送政务信息 370 条；利用政府短信平台向群众发布便民信息 36 次，覆盖 2.4 万名居民群众。

【信访工作】 军屯镇 14 个村（社区）全部建成“群众工作之家”，信访全程代理、人民建议征集、矛盾纠纷排解机制运行良好。全区全面建设“群众工作之家”提质增效现场观摩学习在军屯镇九堰村召开，接受市信访局验收和区人大调研并给予高度评价。全镇全年办理信访和网络理政 1620 件，回复率 100%；矛盾纠纷 76 件，调解成功 76 件，调成率 100%。

【社会治安综合治理】 军屯镇深入开展扫黑除恶专项斗争，持续开展“沟边会议”机制和“党员＋巡逻队＋治安岗亭”模式，构建“1 ＋ 3 ＋ N”群防群治防控体系，完成清江村和九堰村社会治安重点区域整治、2 个综治中心提档升级及 2 个平安小区创建，新增 3 个治安岗亭，各类案件下降 50%以上。

（李　馨）

## 清流镇
Qingliu Town

【概况】 清流镇地处新都区西北面，距新都城区 26 公里、成都市区 33 公里；东与彭州市濛阳镇相邻，西至彭州市致和镇，南以青白江为界与新繁街道、军屯镇相隔，北与彭州市九尺镇、濛阳镇接壤；镇政府驻清流镇新九路 3506 号。2020 年，清流镇辖区面积 32.76 平方公里，其中建成区面积 5 平方公里、耕地面积 35656.5 亩；辖 2 个社区（清流、顺河）和 6 个村（水梨、柳泉、九龙、广泉、翠云、三尺），有村（居）民小组 111 个，其中居民小组 34 个、村民小组 77 个；常住人口 32688 人，户籍户数 12500 户，户籍人口 33014 人（其中农业人口 19104 人），人口密度 943 人／平方公里。

清流镇古名清渔镇，为西蜀古镇，1929 年更名为清流镇。2004 年 10 月，利济镇撤销，两镇合并为清流镇。清流镇是当代流浪文豪艾芜故里，地势平缓、土地肥沃，地下水资源极其丰富，有乌木泉、黄龙泉、佛陀寺泉等 10 处大型天然泉凼；镇域有成彭路、成彭高速、成都第二绕城高速、新九路、利清路和成汶铁路，有紫皮大蒜、百年富民酒辖区地理标志品牌和成都非物质文化遗产“清流板鸭”，有泉水宝石梨、太空莲、富硒大米等。

2020 年，清流镇完成一般公共预算收入 6841 万元，规模以上工业总产值 69777 万元，同比增长 35.13%，限额以上企业销售额 30916 万元，同比增长 3.77%，社会消费及零售总额 2942 万元，同比增长 24.17%，固定资产投资 44597 万元，完成目标任务的 116.44%，农村常住居民年人均可支配

泉映梨花　自在清流　　（供图：清流镇）

收入 27895 元。清流镇成功创建四川省级乡村振兴战略先进镇，通过四川省加快推进新型城镇化工作领导小组第二批“百镇建设行动”考核验收，在疫情防控、社区治理、应急救援、项目攻坚等方面受到区委、区政府通报表扬 10 次。

【农业发展】 清流镇建成高标准农田 30682 亩，重点培育壮大优质粮油、生态蔬菜 2 个主导产业，水稻播种面积 26120 亩，小麦播种面积 9530 亩，油菜播种面积 6470 亩，蔬菜生产播种面积 18916 亩；推进农业信息化建设，实施智慧农业物联网项目，建成 9 个村益农社，农业综合信息化水平 85%，粮食作物机播、机收水平分别为 92%、97%；实施品牌农产品培育工程，泉水宝石梨、紫皮大蒜、泉水太空莲、清流板鸭、富民酒业等声名远播；培育新型农业经营主体，成功申报省级家庭农场 2 家、市级家庭农场 1 家，新增职业农民 10 人，农业职业经理人更新培训 18 人。全镇土地流转面积新增 1950 亩，总流转面积 12600 亩。新都区泉映田园现代农业产业园被成都市人民政府命名为成都市三星级现代农业园区。

【工业发展】 清流镇以农业发展为主、工业企业为辅，有工业企业 113 家，其中四川省宏源防水工程有限公司是全国第二大防水企业，拥有全国驰名商标 1 个，生产的高等级公路改性沥青占西南地区用量 50% 以上。四川省宏源防水工程有限公司始建于 2002 年，集建筑科技研发、材料生产、销售、施工于一体，先后承接华润置地等知名开发商几百个地产防水项目以及中国中铁等国内著名建筑企业隧道、桥梁、高铁、轻轨和高速公路等大量基建防水项目。全镇全年完成工商税收 5162 万元，固定资产投资 44597 万元，规模以上工业总产值 69777 万元。

【第三产业发展】 清流镇坚持农商文旅融合发展主线，推进乡村旅游项目提质升级，持续扩大“三大片区”集约发展优势效应；建设艾芜耕读公园文化旅游片区，推动艾芜故居林盘保护修复，提升以艾芜纪念馆、乌木泉、曹家水碾串联的核心区功能，织就文旅休闲网；建设清流大书房林盘聚落新经济片区，以清流大书房板块百亩良田及林盘院落为依托，打造集品牌设计、文创艺术、农事体验、旅游康养等功能于一体的近郊都市文化聚落；建设清白流香生态带滨水体验片区，推动青白江沿河生态带11.8 公里全线贯通，植入水上体验、乡村驿站、假日集市等业态，形成滨水生态绿色休闲廊道。全镇全年旅游收入 1018 万元，实现在疫情中乡村旅游活力再迸发、品牌再提升。

**【招商引资】** 清流镇坚持“投资唱主角”，组建投资促进工作专班，构建“1＋1”工作体系，实地走访浙江颐高、百欧通种业、厦门百利控股等企业，完成有效招商 5 次，引入绿翠集团、朗基尚善、东丰华裕等社会资本，落地及深化泉印心都、清流大书房、艾芜耕读公园等区镇重点项目。

**【新农村建设】** 清流镇以 4 个“美丽蓉城·宜居乡村”示范村为标杆，带动一般村提标优化，打造 24 个“最美院落”、50 个“最美庭院”；投资约320 万元实施人居环境示范村建设，全年农村人居环境整治考核稳居全区前三；完成三年改厕任务，改造无害化户用卫生厕所 4858 户，覆盖率 100%；配备镇村保洁员 126 人，垃圾有效处理的村覆盖率100%；以绿道为脉络，新建乡村绿道 15 公里，促进分割独立的零散林盘聚合成为串联成网的景观体系，提升乡村宜居度。

**【精神文明建设】** 清流镇严格落实意识形态工作责任制，召开意识形态联席会研究意识形态工作 4 次，分析、研判、解决意识形态领域问题 2 个方面 5 个问题；紧盯文明村镇创建，新申请创建全国文明村镇 1 个（柳泉村），新申请创建区级文明村镇 1 个（三尺村）；提升家风家训馆 1 个，提升农家书屋 1 个，组织开展文化下乡、运动会、广场舞大赛、浓浓端午情等文化活动 20 余次；强化对辖区宗教活动常态监督。九龙村新时代文明实践案例入选中央文明办《建设新时代文明实践中心工作方法 100 例》，柳泉村被中央文明委授予“全国文明村”称号。

**【环境保护】** 清流镇推进水环境保护，开展餐饮行业水环境治理力度，走访检查餐饮门店 82 家，整改乱排、乱倒等违规行为 13 件；推进沿河企业污水排放整治，专项督查沿河企业 12 家；狠抓农业养殖场整治，重点摸排 12 家畜禽养殖场，集中整治存在沼气池不合规、农药量过大等情况；推进大气防控，制定《2020 年大气污染防控专项实施方案》，严格管控道路交通扬尘、建筑工地裸土、工业企业废气粉尘以及其他生活类污染源；每日对交通要道、村社干道开展垃圾动态清理 3 次，出动消防车洒水 3 次；联合城管执法队、交通巡逻员对重要道路扬尘检查开展 86 次；开展工业企业生活垃圾分类，排查 103 家企业，对生活垃圾分类处理；按新都生态环境局要求，指导 52 家企业填报环境信用评价。

**【社会事业发展】** 清流镇持续抓好兜底保障，有城镇低保 3 人、农户低保 242 人，走访慰问低保户、特困户、受疫情影响的困难群众 236 户，中秋节走访慰问院外“五保”59 人；为 88 名白内障患者免费提供复明手术，为 108 名贫困残疾人适配基本型辅助器具，救助 31 名贫困精神病患者免费服药；开展关爱援助，申请“宏志生”7 人，申请“阳光圆梦”3 人，申请关爱援助资金 1 户，为 3 户重病低收入家庭申请慈善大病救助金 23199.17 元；推进老龄工作，办理老年证 94 个，其中省级老年证47 个、市级老年证 47 个，重阳节走访慰问 90 岁以上老年人 124 人；实施职业病健康体检，完成400 余名企业员工职业健康卫生体检；开展职业病防治法律法规宣传 2 次、会议 1 次；开展尘肺病防治攻坚行动，完成 100 余个企业职工情况摸底。清流镇获评成都市社区教育先进集体，清流镇综合文化站在成都市第四次乡镇（街道）综合性文化服务中心等级被评为一级站，清流镇综合文化服务中心被评为成都市民生目标示范点。

**【文化活动】** 清流镇举行纪念艾芜 116 周年诞辰文学采风交流会，省内外专家、学者 30 余人出席；开展学习型家庭、“百姓学习之星”遴选活动，评选新都区学习型家庭16户、百姓学习之星1名；组织参加新都区社区雏鹰线上才艺大赛，参选选手10名获奖；承办香城社区家庭教育讲座走进学校2场、送教进社区1场，艾芜书画院取得2020年新都区优秀市民自主学习团队称号；与四川电视台公共·乡村频道举办《乡村大篷车》网络“云直播”，观看人数突破50万人。艾芜纪念馆入选成都市干部教育培训现场教学基地，接待各级领导、单位团体80余次。

【共青团工作】 清流镇抓好智慧团建系统建设，注册登记管理全镇140余名团员，所有团员全部注册成为志愿者；7名镇团委委员分别联系各村（社区）、学校、企业团支部，通过建立微信群、定期走访等方式，倾听青年诉求，引导青年思想；结合“党史学习教育”活动，通过召开坝坝会、机关干部下基层、四句话、解三事等活动，带领青年团员走到群众中去，开展活动30余次。

【妇女工作】 清流镇将艾芜纪念馆打造为家庭教育示范基地，聘请社会知名人士杨守年、马树海为老师，开展关爱女生公益讲座、“解密家庭幸福密码”专题知识讲堂等讲座；以三八妇女节、宪法宣传日等为契机，发放《中华人民共和国妇女权益保障法》《中华人民共和国婚姻法》《中华人民共和国未成年人保护法》等知识宣传手册1000余份，并利用妇联通、蓉城女性等线上平台宣传妇女权益维护知识，利用《中国妇女》《婚姻与家庭》《中国妇运》等妇女报刊线下组织妇女学习典型案例，提升妇女依法维护自身合法权益的能力。

【便民服务】 清流镇围绕“放管服”改革要求，推进基本公共服务均等化、畅通群众办事“最后一公里”，打造“一站式”便民服务平台，提升便民服务水平。清流镇便民服务中心服务事项办件34419件，村（社区）便民服务办件25539件，办结率100%；与属地邮政快递协调合作，开展邮政便民服务26414件；开展政务延时服务，为群众延时服务办件1552件。

【社会治安综合治理】 清流镇深化“扫黑除恶”专项斗争，推动构成“大联动·微治理”治安防控体系；完成清流社区和顺河社区综治中心规范化建设以及顺河社区治保会建设；加强信访工作，全年受理承办信访件659件，办结率100%。全镇群众平安满意度测评位列全区前列，综合治理得到群众认可。

（李　杨）

**2020年新都区镇（街道）基本情况表**

表28

| 镇（街道） | 土地面积（平方公里） | 总户数（户） | 人口数（人） | 人口密度（人/平方公里） | 居委会个数（个） | 村委会个数（个） | 一般公共预算收入（万元） | 规模以上工业 | |
|---|---|---|---|---|---|---|---|---|---|
| | | | | | | | | 营业收入（万元） | 利润总额（万元） |
| 合　计 | 496 | 329352 | 833149 | 1680 | 101 | 79 | 204769 | 5506592 | 415824 |
| 桂湖街道 | 40 | 62498 | 150510 | 3763 | 17 | 10 | 11777 | 157675 | 16036 |
| 新都街道 | 67 | 60605 | 144335 | 2154 | 16 | 14 | 56336 | 3340393 | 306481 |
| 新繁街道 | 108 | 48501 | 126206 | 1169 | 14 | 21 | 14880 | 423105 | 14047 |
| 石板滩街道 | 77 | 33449 | 100571 | 1306 | 14 | 10 | 16995 | 530829 | 25774 |
| 大丰街道 | 18 | 36575 | 80272 | 4460 | 13 | 0 | 60104 | 40672 | 3964 |
| 三河街道 | 27 | 25144 | 57377 | 2125 | 7 | 0 | 24302 | 493138 | -1830 |
| 斑竹园街道 | 69 | 29186 | 82146 | 1191 | 13 | 9 | 11931 | 298057 | 42097 |
| 军屯镇 | 55 | 20894 | 58718 | 1068 | 5 | 9 | 3212 | 138987 | 4295 |
| 清流镇 | 35 | 12500 | 33014 | 943 | 2 | 6 | 5232 | 83736 | 4961 |

（摘自《新都统计年鉴（2020）》）

# 附　录

# APPENDIX

# 名录

（截至 2020 年 12 月）

## 2020 年成都市新都区区级部门主要负责人名录

区纪委监委
书　记、主　任　钟思勇

区委办公室
主　任　张启明

区人大常委会办公室
主　任　周左亚

区人大监察和司法委
主任委员　李敬文

区人大经济委
主任委员　李光水

区人大社会事业委
主任委员　严家林

区人大城环委
主任委员　何兴万

区人大农业农村委
主任委员　冯　珂

区人大预算委
主　任　杨　静

区人大常委会人代工委
主　任　吴春华

区人大常委会信访办
主　任　廖仲芳

区政府办公室
主　任　薛　明

区政协办公室
主　任　赖德萍

区政协提案委
主　任　薛德先

区政协经济委
主　任　刘文康

区政协城建人资环委
主　任　刘全生

区政协农业农村委
主　任　陈佐国

区政协科教医卫体委
主　任　谢劲松

区政协社法民宗委
主　任　唐　军

区政协文化文史委
主　任　粟　建

区政协研究室
主　任　黄兴文

区政协委员管理办公室
主　任　吴　军

**区人民法院**

院　长　龚桂莲

**区人民检察院**

代理检察长　孙泽晖

**香投集团**

董事长　刘　洁

**区委组织部**

部　长　李秀峰

常务副部长　王　亮

**区委宣传部**

部　长　郑自强

常务副部长　杜俊兵

**区委统战部**

部　长　吴　昊

常务副部长　杨天福

**区委政法委**

书　记　刘刚毅

常务副书记　曾德雷

**区委政研室**

主　任　杨　斌

**区社治委**

主　任　李秀峰

常务副主任　曾义娟

**区委编办**

主　任　欧如章

**区委巡察办**

主　任　黄　斌

**区委党校（区行政学校）**

校　长　李秀峰

常务副校长　罗贵文

**区委党史研究室（区地志办）**

主　任　徐礼彬

**区档案馆**

馆　长　郭亚强

**区融媒体中心**

主　任　刘友聪

**区发改局**

局　长　李　娜

**区教育局**

局　长　陈桂胜

**区经信局**

局　长　席　敏

**区民宗局**

局　长　张胜利

**区民政局**

党组书记　黄庚攀

局　长　兰宜平

**区司法局**

局　长　潘兴建

**区财政局**

局　长　张雪梅

**区人社局**

局　长　黄小敏

**区住建局**

局　长　杨永国

**区综合执法局**

局　长　郑旭恩

**区交通运输局**

局　长　代明海

**区水务局**

局　长　何　军

**区农业农村局**

局　长　马兴华

**区商务局**

党组书记　肖玉华

局　长　杨明根

**区投促局（中心）**

局　长　李　娜

主　任　潘　峰

**区文体旅游局**

局　长　宋昌文

**区卫健局**

党委书记　薛　璞

局　长　何宇生

**区退役军人局**

局　长　熊　强

**区退役军人服务中心**

主　任　游　罡

**区应急局**

局　长　贾　涛

**区防震减灾应急保障中心**

主　任　何孙刚

**区审计局**

局　长　李　俊

**区国资金融局**

局　长　刘跃江

**区市场监管局**

局　长　刘传银

**区行政审批局**

书　记　成星莹

局　长　代　军

**区统计局**

局　长　徐　鹏

**区信访局**

局　长　高应涛

**区新科局**

局　长　刘晓艳

**区医保局**

局　长　石　军

**交管委**

主　任　杨金华

**家管委**

主　任　汪　强

**物管委**

主　任　张　谨

**区住房发展服务中心**

主　任　伍　勇

**区公园城市建设服务中心**

主　任　刘　驰

**区公共资源交易服务中心**

党组书记　李继承

主　任　胡昌辉

**区供销社**

主　任　刘全生

**区工商联（商会）**

主　席、会　长　陈善彬

**区总工会**

主　席　钟成基

常务副主席　黄自韬

**团区委**

书　记　刘泽雷

**区妇联**

主　席　罗雪梅

**区科协**

主　席　张　平

**区残联**

理事长　谭小琳

**区社科联**

主　席　郑自强

常务副主席　吴　敏

**区红十字会**

会　长　彭　茆

常务副会长　王明锐

**区文联**

主　席　余　麒

**区规划和自然资源局**
局　长　胥学彬

**新都生态环境局**
局　长　杨大伟

**区公安分局**
局　长　孙　辉
政　委　陆　宏

**区税务局**
局　长　冯黎明

**区气象局**
局　长　旷云米

**新都调查队**
队　长　巫　韧

**四川广电网络新都分公司**
总经理　陈　飞

**人行新都支行**
行　长　周华明

**新都银保监管组**
组　长　廖永方

**人保新都支公司**
经　理　曾　新

**寿险新都支公司**
经　理　刘　利

**新都供电公司**
总经理　陈　力

**新都邮政分公司**
总经理　何　阳

**区烟草专卖局**
局长（经理）　王　军

**盐业公司新都支公司**
经　理　钱　峰

**电信新都分公司**
总经理　柏在军

**移动新都分公司**
经　理　孙喜良

**联通新都分公司**
总经理　张学文

**成都住房公积金管理中心新都服务部**
主　任　敬利华

# 2020年成都市新都区各镇（街道）主要负责人名录

**桂湖街道**

党工委书记　张明忠
街道办主任　吴亚军

**新都街道**

党工委书记　姚　勇
街道办主任　刘　磊

**新繁街道**

党工委书记　钟　毅
街道办主任　唐　婷

**石板滩街道**

党工委书记　易维昌
街道办主任　莫　丹

**大丰街道**

党工委书记　许玉川
街道办主任　敖浩翔

**三河街道**

党工委书记　陈　易
街道办主任　李琳琳

**斑竹园街道**

党工委书记　银　飞
街道办主任　余　飞

**军屯镇**

党委书记　庄跃林
镇　　长　高　宇

**清流镇**

党委书记　冯　敏
镇　　长　陈祥君

# 荣誉榜

## 国家部（委）级先进单位和个人

2020 年新都区获评国家部（委）级先进单位一览表

表 29

| 获奖单位 | 荣誉称号 | 颁奖单位 | 颁奖时间 |
|---|---|---|---|
| 新都区 | 国家基本公共服务标准化试点 | 国家市场监督管理总局、国家发改委、财政部 | 2020 年 3 月 |
| 新都区纪委监委 | 2020 年度学刊用刊工作先进单位 | 中国纪检监察杂志社 | 2020 年 9 月 |
| 新都区信访局 | 2020 年人民网网民留言办理工作机制创新单位 | 人民网 | 2020 年 10 月 |
| 新都区总工会 | 2019 年度基层职工互助保障工作“优秀单位” | 中国职工保险互助会 | 2020 年 8 月 |
| 共青团新都区疾控中心团支部 | 全国五四红旗团支部 | 共青团中央 | 2020 年 5 月 |
| 新都区红十字会 | 2020 年报刊宣传先进集体三等奖 | 中国红十字总会办公室 | 2020 年 9 月 |
| 新都区红十字会 | 抗击新冠肺炎疫情暨红十字应急救护知识竞赛活动单位组织一等奖 | 中国红十字总会办公室 | 2020 年 10 月 |
| 新都区公安分局网络安全保卫大队 | 国家版权局奖励查处重大侵权盗版案件有功单位 | 国家版权局 | 2020 年 11 月 |
| 新都区人民检察院 | 一点号政法榜“明察秋毫榜” | 中国长安网（中共中央政法委员会）、北京一点网聚科技有限公司 | 2020 年 1 月 |
| 新都区人民检察院 | 一点号政法榜“明察秋毫榜” | 中国长安网（中共中央政法委员会）、北京一点网聚科技有限公司 | 2020 年 2 月 |
| 新都区人民检察院 | 一点号政法榜“明察秋毫榜” | 中国长安网（中共中央政法委员会）、北京一点网聚科技有限公司 | 2020 年 7 月 |
| 新都区人民检察院 | 一点号政法榜“明察秋毫榜” | 中国长安网（中共中央政法委员会）、北京一点网聚科技有限公司 | 2020 年 8 月 |
| 新都区人民检察院 | 一点号政法榜“明察秋毫榜” | 中国长安网（中共中央政法委员会）、北京一点网聚科技有限公司 | 2020 年 9 月 |
| 新都区人民检察院 | 一点号政法榜“明察秋毫榜” | 中国长安网（中共中央政法委员会）、北京一点网聚科技有限公司 | 2020 年 10 月 |
| 新都区人民检察院 | 第六届全国文明单位 | 中央精神文明建设指导委员会 | 2020 年 11 月 |

续表29

| 获奖单位 | 荣誉称号 | 颁奖单位 | 颁奖时间 |
|---|---|---|---|
| 新都现代交通产业功能区 | 中国科协海智计划作基地 | 中国科学技术协会办公厅 | 2020 年 6 月 |
| 石板滩街道 | 2017—2019 周期国家卫生乡镇 | 全国爱国卫生运动委员会 | 2020 年 7 月 |
| 大丰街道 | 2017—2019 周期国家卫生乡镇 | 全国爱国卫生运动委员会 | 2020 年 7 月 |
| 三河街道 | 2017—2019 周期国家卫生乡镇 | 全国爱国卫生运动委员会 | 2020 年 7 月 |
| 斑竹园街道三河村 | 全国体育事业突出贡献奖 | 国家体育总局 | 2020 年 12 月 |
| 泰兴镇 | 2017—2019 周期国家卫生乡镇 | 全国爱国卫生运动委员会 | 2020 年 7 月 |
| 西南石油大学 | 全国党建工作样板支部培育创建单位 | 教育部办公厅 | 2020 年 1 月 |
| 西南石油大学 | 第五届全国基层党建创新典型案例 | 中国浦东干部学院、人民网、中国共产党新闻网、中国组织人事报社 | 2020 年 4 月 |
| 西南石油大学 | 国家创新人才培养示范基地 | 科学技术部 | 2020 年 4 月 |
| 西南石油大学 | 全国文明校园 | 中央精神文明建设指导委员会 | 2020 年 11 月 |
| 西南石油大学 | 全国内部审计先进集体 | 中国内部审计协会 | 2020 年 11 月 |
| 西南石油大学 | 全国厂务公开民主管理工作先进单位 | 全国厂务公开协调小组 | 2020 年 12 月 |

2020 年新都区获评国家部（委）级先进个人一览表

表 30

| 姓　名 | 工作单位 | 获奖名称 | 颁奖单位 | 颁奖时间 |
|---|---|---|---|---|
| 杨　帆 | 新都区公安分局网络安全保卫大队 | 2019 年度国家版权局奖励查处重大侵权盗版案件有功个人 | 国家版权局 | 2020 年 11 月 |
| 阮玉梅 | 新都区人民检察院 | 从检 30 年荣誉勋章 | 最高人民检察院 | 2020 年 1 月 |
| 冯　彬 | 新都区人民检察院 | 从检 31 年荣誉勋章 | 最高人民检察院 | 2020 年 1 月 |
| 肖义红 | 新都区税务局 | 2018—2019 年度全国无偿献血奉献奖 | 国家卫生健康委员会 | 2020 年 12 月 |

# 四川省级先进单位和个人

2020 年新都区获评四川省级先进单位一览表

表 31

| 获奖单位 | 荣誉称号 | 颁奖单位 | 颁奖时间 |
|---|---|---|---|
| 新都区 | 2020 年四川省级安全发展示范城市 | 四川省政府安全生产委员会办公室 | 2020 年 1 月 |
| 新都区 | 2019 年度全省农民增收工作先进县（市、区） | 四川省委办公厅、省人民政府办公厅 | 2020 年 3 月 |
| 新都区 | 第十一届四川省双拥模范区 | 四川省委、省人民政府、省军区 | 2020 年 4 月 |
| 新都区 | 第七届中国成都国际非物质文化遗产节组织工作先进集体 | 四川省人民政府 | 2020 年 5 月 |
| 新都区人大 | 2019—2020 年度宣传人民代表大会制度先进单位 | 四川省人大常委会办公厅 | 2020 年 9 月 |
| 新都区人民政府 | 2020 年度四川网络理政十佳县（市、区）理政单位 | 四川省委网信办、四川新闻网传媒集团 | 2020 年 12 月 |
| 新都区人民政府 | 2020 年度四川日报全媒体“问政四川”网民留言办理工作先进单位 | 四川省委网信办、四川日报社 | 2020 年 12 月 |
| 新都区公安分局 | 2019 年度全省公安机关执法质量考评优秀县级公安机关 | 中共四川省公安厅委员会 | 2020 年 3 月 |
| 新都区公安分局经侦大队 | 2019 年度全省公安机关“最强支部” | 四川省公安厅 | 2020 年 2 月 |

续表31

| 获奖单位 | 荣誉称号 | 颁奖单位 | 颁奖时间 |
| --- | --- | --- | --- |
| 新都区公安分局新繁派出所 | 2019年度全省公安机关“最强支部” | 四川省公安厅 | 2020年2月 |
| 新都区公安分局交警十分局 | 四川省文明单位 | 四川省精神文明建设委员会 | 2020年12月 |
| 新都区人民法院 | 全省法院2019年司法警察执法规范化建设先进单位 | 四川省高级人民法院 | 2020年1月 |
| 新都区人民法院 | 全省法院2019年档案规范化管理工作先进集体 | 四川省高级人民法院 | 2020年4月 |
| 新都区人民法院民事审判第三庭 | 全省法院司法技术工作先进集体 | 四川省高级人民法院 | 2020年12月 |
| 新都区人民法院司法行政装备办公室 | 全省法院智慧法院建设先进集体 | 四川省高级人民法院 | 2020年12月 |
| 新都区人民法院法警大队 | 全省法院司法警察庭审警务保障工作先进单位 | 四川省高级人民法院 | 2020年12月 |
| 新都区交通运输局 | 四川省文明单位 | 四川省精神文明建设委员会 | 2020年12月 |
| 新都生态环境局 | 2019年生态环境保护执法大练兵表现突出集体 | 四川省生态环境厅办公室 | 2020年5月 |
| 新都区农业农村局 | 2020年度四川省植保工作绩效考核优秀单位（农作物病虫监测预警工作、绿色植保示范县工作、农药管理工作） | 四川省农业农村厅 | 2020年12月 |
| 新都区农业农村局 | 2020年四川省植物检疫工作突出单位（监测防控工作突出单位） | 四川省农业农村厅植物检疫站 | 2020年12月 |
| 新都区农业农村局 | 2020年度县级畜牧统计监测工作突出单位 | 四川省农业农村厅 | 2020年12月 |
| 新都区农业农村局 | 2020年度农机合作社安全生产清单制管理工作突出单位 | 四川省农机监理总站 | 2020年12月 |
| 新都区农业农村局 | 2020年农业交流合作工作突出单位 | 四川省农业援外办公室 | 2020年12月 |
| 新都区供销合作社联合社 | 四川省供销社综合改革成绩突出单位 | 四川省供销社 | 2020年1月 |
| 新都区供销合作社联合社 | 四川省供销社经济发展工作成绩突出单位 | 四川省供销社 | 2020年1月 |
| 新都区市场监督管理局 | 2019年度全省企业年报公示工作先进单位 | 四川省市场监督管理局办公室 | 2020年10月 |
| 新都区市场监督管理局 | “春雷行动2020”暨知识产权保护执法行动先进集体 | 四川省市场监督管理局、省知识产权服务促进中心、省药品监督管理局 | 2020年5月 |
| 新都区税务局 | 四川省最佳文明单位 | 四川省精神文明委员建设委员会 | 2020年12月 |
| 新都区税务局 | 四川省一级档案工作规范化管理证书 | 四川省档案局 | 2020年10月 |
| 新都区审计局 | 四川省审计系统先进表彰 | 四川省审计厅、省人社厅 | 2020年2月 |
| 新都区人才流动服务中心 | 2019年度大学生就业创业服务先进单位 | 四川省人力资源服务行业协会 | 2020年3月 |
| 桂湖街道 | 第三批历史文化街区 | 四川省人民政府 | 2020年12月 |
| 桂湖街道 | 2020年度农村信息化工作先进单位 | 四川省经济和信息化委员会 | 2020年12月 |
| 桂湖街道新桥村 | 2020年四川省乡村旅游重点村 | 四川省文旅厅、省发展和改革委员会 | 2020年6月 |
| 桂湖街道桂东社区五四小区 | 全省基层治理示范小区 | 四川省城乡基层治理委员会 | 2020年12月 |
| 新繁街道汪家村 | 2019年度四川省实施乡村振兴战略工作示范村 | 四川省委、省人民政府 | 2020年3月 |
| 石板滩街道 | 第五届四川省文明村 | 四川省精神文明建设办公室 | 2020年12月 |
| 大丰街道 | “家政进社区”示范点 | 四川省妇女联合会 | 2020年9月 |
| 斑竹园街道三河村 | 2019年度四川省实施乡村振兴战略工作示范村 | 四川省委、省人民政府 | 2020年3月 |
| 斑竹园街道夏河溪乡野公园 | 成渝十大文旅产业地标 | 四川省委宣传部、四川日报报业集团、四川省文旅厅、重庆市文旅委 | 2020年11月 |
| 斑竹园街道尖锋运动公园 | 成渝潮流新地标 | 四川省委宣传部、四川日报报业集团、四川省文旅厅、重庆市文旅委 | 2020年11月 |

续表31

| 获奖单位 | 荣誉称号 | 颁奖单位 | 颁奖时间 |
|---|---|---|---|
| 中国人寿保险股份有限公司新都区支公司 | 2020年上半年“县域发展”优秀单位 | 四川省中国人寿保险股份有限公司 | 2020年7月 |
| 中国人寿保险股份有限公司新都区支公司 | 2020年上半年“短险发展”优秀单位 | 四川省中国人寿保险股份有限公司 | 2020年7月 |
| 香城公司 | 安全生产标准化二级企业 | 四川省应急管理厅 | 2020年5月 |
| 兴水公司 | 安全生产标准化二级企业 | 四川省应急管理厅 | 2020年7月 |
| 香城发展公司 | 安全生产标准化二级企业 | 四川省应急管理厅 | 2020年12月 |
| 成都香城资产管理有限公司 | 安全生产标准化二级企业 | 四川省应急管理厅 | 2020年12月 |
| 西南石油大学 | 全省基层统战工作创新先进单位 | 中共四川省委统战部 | 2020年1月 |
| 西南石油大学 | 全省离退休干部先进集体 | 四川省委组织部、省委老干部局、省人社厅 | 2020年1月 |
| 西南石油大学 | 四川省“劳模创新工作室” | 四川省教科文卫工会 | 2020年11月 |

## 2020年新都区获评四川省级先进个人一览表

表32

| 姓　名 | 工作单位 | 获奖名称 | 颁奖单位 | 颁奖时间 |
|---|---|---|---|---|
| 马　成 | 新都区公安分局 | 四川省维护稳定工作先进个人 | 四川省委政法委员会、省人社厅 | 2020年1月 |
| 易　朋 | 成都市新都区人民检察院 | 全省政法机关“万案大评查”活动先进个人 | 四川省委政法委员会 | 2020年8月 |
| 徐　嘉 | 新都区人民法院 | 全省法院系统先进个人 | 四川省高级人民法院、省人社厅 | 2020年9月 |
| 廖晶晶 | 新都区人民法院 | 全省法院2020年度行政审判先进个人 | 四川省高级人民法院 | 2020年12月 |
| 王　敏 | 新都区交通运输局 | 凉山脱贫攻坚交通先行工作组先进个人 | 四川省交通运输厅党组 | 2020年9月 |
| 李文炳 | 桂湖街道状元社区 | 四川省抗击新冠肺炎疫情先进个人 | 四川省人民政府 | 2020年11月 |
| 李　凯 | 西南石油大学 | 四川省民族团结进步模范个人 | 四川省人民政府 | 2020年9月 |
| 谭宁君 | 新都区作家协会 | 四川省作协系统先进个人 | 四川省作家协会 | 2020年5月 |
| 曹雪原 | 农工党新都支部 | “庆祝中国农工民主党成立90周年”优秀党员 | 中国农工民主党四川省委会 | 2020年7月 |
| 吴俭平 | 农工党新都支部 | “庆祝中国农工民主党成立90周年”优秀党员 | 中国农工民主党四川省委会 | 2020年7月 |
| 刘明军 | 农工党新都支部 | “庆祝中国农工民主党成立90周年”优秀党员 | 中国农工民主党四川省委会 | 2020年7月 |
| 方荣军 | 农工党新都支部 | “庆祝中国农工民主党成立90周年”优秀党员 | 中国农工民主党四川省委会 | 2020年7月 |
| 付　强 | 农工党新都支部 | “庆祝中国农工民主党成立90周年”优秀党员 | 中国农工民主党四川省委会 | 2020年7月 |
| 胡　茜 | 农工党新都支部 | “庆祝中国农工民主党成立90周年”优秀党员 | 中国农工民主党四川省委会 | 2020年7月 |
| 胡棋文 | 农工党新都支部 | “庆祝中国农工民主党成立90周年”优秀党员 | 中国农工民主党四川省委会 | 2020年7月 |
| 朱永红 | 农工党新都支部 | “庆祝中国农工民主党成立90周年”优秀党员 | 中国农工民主党四川省委会 | 2020年7月 |
| 周　建 | 农工党新都支部 | “庆祝中国农工民主党成立90周年”优秀党员 | 中国农工民主党四川省委会 | 2020年7月 |
| 刘　毅 | 农工党新都支部 | “庆祝中国农工民主党成立90周年”优秀党员 | 中国农工民主党四川省委会 | 2020年7月 |
| 刘建玲 | 农工党新都支部 | “庆祝中国农工民主党成立90周年”优秀党务工作者 | 中国农工民主党四川省委会 | 2020年7月 |
| 郝　跃 | 农工党新都支部 | “庆祝中国农工民主党成立90周年”优秀党务工作者 | 中国农工民主党四川省委会 | 2020年7月 |
| 杨昌富 | 农工党新都支部 | “庆祝中国农工民主党成立90周年”优秀党务工作者 | 中国农工民主党四川省委会 | 2020年7月 |
| 周晓蓉 | 农工党新都支部 | “庆祝中国农工民主党成立90周年”优秀党务工作者 | 中国农工民主党四川省委会 | 2020年7月 |
| 唐棕发 | 农工党新都支部 | “庆祝中国农工民主党成立90周年”优秀党务工作者 | 中国农工民主党四川省委会 | 2020年7月 |
| 秦桂琼 | 农工党新都支部 | “庆祝中国农工民主党成立90周年”优秀党务工作者 | 中国农工民主党四川省委会 | 2020年7月 |
| 董蜀华 | 农工党新都支部 | “庆祝中国农工民主党成立90周年”优秀党务工作者 | 中国农工民主党四川省委会 | 2020年7月 |

续表32

| 姓　名 | 工作单位 | 获奖名称 | 颁奖单位 | 颁奖时间 |
|---|---|---|---|---|
| 蒲希贤 | 农工党新都支部 | “庆祝中国农工民主党成立90周年”优秀党务工作者 | 中国农工民主党四川省委会 | 2020年7月 |
| 宋义琼 | 农工党新都支部 | “庆祝中国农工民主党成立90周年”优秀党务工作者 | 中国农工民主党四川省委会 | 2020年7月 |
| 李国科 | 农工党新都支部 | “庆祝中国农工民主党成立90周年”优秀党务工作者 | 中国农工民主党四川省委会 | 2020年7月 |
| 杨昌富 | 农工党新都支部 | “庆祝中国农工民主党成立90周年”组织建设先进个人 | 中国农工民主党四川省委会 | 2020年7月 |
| 周晓蓉 | 农工党新都支部 | “庆祝中国农工民主党成立90周年”组织建设先进个人 | 中国农工民主党四川省委会 | 2020年7月 |
| 杨天宝 | 农工党新都支部 | “庆祝中国农工民主党成立90周年”参政议政先进个人 | 中国农工民主党四川省委会 | 2020年7月 |
| 袁　敏 | 农工党新都支部 | “庆祝中国农工民主党成立90周年”参政议政先进个人 | 中国农工民主党四川省委会 | 2020年7月 |
| 王　威 | 农工党新都支部 | “庆祝中国农工民主党成立90周年”宣传思想先进个人 | 中国农工民主党四川省委会 | 2020年7月 |
| 秦　伟 | 农工党新都支部 | “庆祝中国农工民主党成立90周年”宣传思想先进个人 | 中国农工民主党四川省委会 | 2020年7月 |
| 蒲希贤 | 农工党新都支部 | “庆祝中国农工民主党成立90周年”社会服务先进个人 | 中国农工民主党四川省委会 | 2020年7月 |
| 刘运军 | 农工党新都支部 | “庆祝中国农工民主党成立90周年”社会服务先进个人 | 中国农工民主党四川省委会 | 2020年7月 |
| 方均全 | 九三学社新都区委员会 | 2019年度优秀青年企业家 | 四川省服装商会 | 2020年5月 |
| 刘　英 | 九三学社新都区委员会 | 抗击新冠肺炎疫情先进个人 | 九三学社四川省委员会 | 2020年12月 |
| 翟　沛 | 九三学社新都区委员会 | 抗击新冠肺炎疫情先进个人 | 九三学社四川省委员会 | 2020年12月 |
| 游　琳 | 九三学社新都区委员会 | 抗击新冠肺炎疫情先进个人 | 九三学社四川省委员会 | 2020年12月 |

# 成都市先进单位和个人

### 2020年新都区获评成都市级先进单位一览表

表33

| 获奖单位 | 荣誉称号 | 颁奖单位 | 颁奖时间 |
|---|---|---|---|
| 新都区纪委监委 | 2019年纪检监察工作考核先进单位 | 成都市纪委监委 | 2020年3月 |
| 新都区委组织部人才科 | 2020年度成都市模范集体 | 成都市委、市人民政府 | 2020年12月 |
| 新都区总工会 | 2020年成都市工会评星定级工作先进单位 | 成都市总工会 | 2020年12月 |
| 新都区总工会 | 2020年成都市工会劳动纠纷一站式多元化解工作先进单位 | 成都市总工会 | 2020年12月 |
| 新都区总工会 | 2020年成都市工会女工工作先进单位 | 成都市总工会 | 2020年12月 |
| 新都区总工会 | 2020年成都市工会财务工作先进单位 | 成都市总工会 | 2020年12月 |
| 新都区公安分局 | 中华人民共和国成立70周年大庆安保维稳信访工作中表现突出的公务员集体（记二等功） | 成都市委、市人民政府 | 2020年6月 |
| 新都区公安分局特巡警大队 | 中华人民共和国成立70周年大庆安保维稳信访工作中表现突出的公务员集体（嘉奖） | 成都市委、市人民政府 | 2020年6月 |

续表33

| 获奖单位 | 荣誉称号 | 颁奖单位 | 颁奖时间 |
|---|---|---|---|
| 新都区公安分局新繁派出所 | 中华人民共和国成立 70 周年大庆安保维稳信访工作中表现突出的公务员集体（嘉奖） | 成都市委、市人民政府 | 2020 年 6 月 |
| 新都区公安分局交警十分局 | 成都市抗击新冠肺炎疫情先进集体 | 成都市委、市人民政府 | 2020 年 11 月 |
| 新都区人武部 | 先进团级单位党委 | 成都警备区党委 | 2020 年 6 月 |
| 新都区信访局 | 中华人民共和国成立 70 周年大庆安保维稳信访工作中表现突出的公务员集体嘉奖 | 成都市委、市人民政府 | 2020 年 6 月 |
| 新都区泉映田园现代农业产业园区 | 成都市星级现代农业园区 | 成都市人民政府 | 2020 年 12 月 |
| 新都区市场监督管理局市场秩序监督管理科 | 成都市抗击新冠肺炎疫情先进单位 | 成都市委 | 2020 年 11 月 |
| 新都区卫健局 | 成都市抗击新冠肺炎疫情先进单位 | 成都市委 | 2020 年 11 月 |
| 新都区住建局 | 中华人民共和国成立 70 周年大庆安保维稳信访工作中表现突出的公务员集体（嘉奖） | 成都市委、市人民政府 | 2020 年 6 月 |
| 新都区经信局 | 新冠肺炎疫情防控工人先锋号 | 成都市总工会 | 2020 年 3 月 |
| 新都区经信局 | 成都市抗击新冠肺炎疫情先进集体 | 成都市委、市人民政府 | 2020 年 11 月 |
| 新都区商务局 | 2020 年成都市抗击新冠五一劳动奖章 | 成都市总工会 | 2020 年 3 月 |
| 桂湖街道 | 中华人民共和国成立 70 周年大庆安保维稳信访工作表现突出的公务员集体 | 成都市委、市人民政府 | 2020 年 6 月 |
| 桂湖街道 | 2019 年安全生产先进集体和消防工作先进单位 | 成都市人民政府 | 2020 年 9 月 |
| 新都街道 | 中华人民共和国成立 70 周年大庆安保维稳信访工作中表现突出的公务员集体嘉奖 | 成都市委、市人民政府 | 2020 年 6 月 |
| 新都街道 | 成都市 2019 年度消防工作先进单位 | 成都市人民政府 | 2020 年 9 月 |
| 新都街道 | 平安合格单位 | 成都市人民政府 | 2020 年 9 月 |
| 新繁街道 | 2019 年安全生产和消防工作先进街道（镇） | 成都市人民政府 | 2020 年 9 月 |
| 石板滩街道 | 成都市模范集体 | 成都市委、市人民政府 | 2020 年 12 月 |
| 大丰街道 | 中华人民共和国成立 70 周年大庆安保维稳信访工作嘉奖 | 成都市委、市人民政府 | 2020 年 6 月 |
| 大丰街道 | 2020 年成都市模范单位 | 成都市委、市人民政府 | 2020 年 12 月 |
| 军屯镇金牛村党委 | 成都市先进基层党组织 | 成都市委 | 2020 年 11 月 |
| 军屯镇金牛村党委 | 成都市抗击新冠肺炎疫情先进集体 | 成都市委、市人民政府 | 2020 年 11 月 |
| 新都区第二人民医院党委 | 成都市抗击新冠肺炎疫情先进单位 | 成都市委 | 2020 年 11 月 |
| 四川科伦药业股份有限公司 | 成都市抗击新冠肺炎疫情先进单位 | 成都市委 | 2020 年 11 月 |
| 巴鲁夫传感器（成都）有限公司 BNS 小组 | 2020 年度成都市模范班组 | 成都市委、市人民政府 | 2020 年 12 月 |
| 蓉桂公交保洁班组 | 新冠肺炎疫情防控工人先锋号 | 成都市总工会 | 2020 年 3 月 |

## 2020 年新都区获评成都市级先进个人一览表

表 34

| 姓　名 | 工作单位 | 获奖名称 | 颁奖单位 | 颁奖时间 |
|---|---|---|---|---|
| 庄　健 | 新都区委组织部 | 成都市五一劳动奖章 | 成都市总工会 | 2020 年 5 月 |
| 金　骁 | 新都区委组织部 | 庆祝新中国成立 70 周年活动作出突出贡献公务员（嘉奖） | 成都市委、市人民政府 | 2020 年 6 月 |

续表34

| 姓　名 | 工作单位 | 获奖名称 | 颁奖单位 | 颁奖时间 |
| --- | --- | --- | --- | --- |
| 李小海 | 四川千方中药饮片有限公司 | 成都市政协新冠肺炎疫情防控先进委员 | 成都市政协 | 2020年5月 |
| 李良才 | 新都区公安分局城西派出所 | 中华人民共和国成立70周年大庆安保维稳信访工作中表现突出公务员（记三等功） | 成都市委、市人民政府 | 2020年6月 |
| 龙　江 | 新都区公安分局大丰北派出所 | 中华人民共和国成立70周年大庆安保维稳信访工作中表现突出公务员（记三等功） | 成都市委、市人民政府 | 2020年6月 |
| 秦晋繁 | 新都区公安分局刑警大队 | 中华人民共和国成立70周年大庆安保维稳信访工作中表现突出公务员（嘉奖） | 成都市委、市人民政府 | 2020年6月 |
| 薛正勇 | 新都区公安分局户籍管理大队 | 中华人民共和国成立70周年大庆安保维稳信访工作中表现突出公务员（嘉奖） | 成都市委、市人民政府 | 2020年6月 |
| 李　波 | 新都区公安分局三河派出所 | 成都市抗击新冠肺炎疫情先进个人 | 成都市委、市人民政府 | 2020年11月 |
| 林清茜 | 新都区人民法院 | 成都市中院个人嘉奖 | 成都市中级人民法院 | 2020年1月 |
| 丁　莉 | 新都区人民法院 | 成都市中院个人嘉奖 | 成都市中级人民法院 | 2020年1月 |
| 张黎明 | 新都区人民法院 | 全市法院在新中国成立70周年大庆安保维稳信访工作中成绩突出个人 | 成都市中级人民法院 | 2020年1月 |
| 徐　勇 | 新都区人民法院 | 成都市中院个人三等功 | 成都市中级人民法院 | 2020年2月 |
| 刘　伟 | 新都区住建局 | 成都市抗击新冠肺炎疫情先进个人 | 成都市委、市人民政府 | 2020年11月 |
| 张文义 | 新都区交通运输局 | 成都市抗击新冠肺炎疫情先进个人 | 成都市委、市人民政府 | 2020年11月 |
| 罗　宇 | 新都区文化体育和旅游局 | 成都市抗击新冠肺炎疫情先进个人 | 成都市委、市人民政府 | 2020年11月 |
| 刘　畅 | 新都区发展和改革局 | 2020年度成都建设全面体现新发展理念的城市改革创新先进个人 | 成都市委、市人民政府 | 2020年12月 |
| 辜　曾 | 新都区人社局 | 安保维稳信访工作优秀公务员 | 成都市委、市人民政府 | 2020年6月 |
| 刘　媞 | 新都区卫健局 | 成都市抗击新冠肺炎疫情先进个人 | 成都市委、市人民政府 | 2020年11月 |
| 邹　敏 | 桂湖街道桂东社区 | 成都市抗击新冠肺炎疫情先进个人 | 成都市委、市人民政府 | 2020年11月 |
| 李文炳 | 桂湖街道状元社区 | 成都市劳动模范 | 成都市委、市人民政府 | 2020年12月 |
| 孟　杰 | 新都区第二人民医院 | 成都市抗击新冠肺炎疫情先进个人 | 成都市委、市人民政府 | 2020年11月 |
| 邓　菲 | 新都区疾病防控中心 | 成都市抗击新冠肺炎疫情先进个人 | 成都市委、市人民政府 | 2020年11月 |
| 薛小林 | 新都区第二人民医院 | 成都市抗击新冠肺炎疫情先进个人 | 成都市委、市人民政府 | 2020年11月 |
| 黄　莺 | 新都区中医医院 | 成都市抗击新冠肺炎疫情先进个人 | 成都市委、市人民政府 | 2020年11月 |
| 黄　统 | 四川泛华航空仪表电器有限公司 | 成都工匠 | 成都市委、市人民政府 | 2020年4月 |
| 徐顺柳 | 四川科伦药业股份有限公司 | 成都工匠 | 成都市委、市人民政府 | 2020年4月 |
| 王世伦 | 富泰华精密电子（成都）有限公司新都分公司 | 成都工匠 | 成都市委、市人民政府 | 2020年4月 |
| 周勇军 | 成都新都港华燃气有限公司 | 成都工匠 | 成都市委、市人民政府 | 2020年4月 |
| 王国辉 | 华润雪花啤酒（四川）有限责任公司 | 成都工匠 | 成都市委、市人民政府 | 2020年4月 |
| 何昌元 | 成都市紫丹家具有限公司 | 成都工匠 | 成都市委、市人民政府 | 2020年4月 |
| 杨金华 | 新都现代交通产业功能区 | 成都市劳动模范 | 成都市委、市人民政府 | 2020年12月 |
| 朱仲强 | 四川科伦药业股份有限公司 | 成都市劳动模范 | 成都市委、市人民政府 | 2020年12月 |
| 罗先海 | 新都区人民医院 | 成都市劳动模范 | 成都市委、市人民政府 | 2020年12月 |

# 文献资料

## 成都市新都区人民代表大会常务委员会工作报告

——2021 年 2 月 22 日在成都市新都区第十八届人民代表大会第五次会议上

成都市新都区人民代表大会常务委员会主任　戴　军

### 2020 年的主要工作

在新都区委坚强领导和市人大常委会有力指导下，区人大常委会坚持以习近平新时代中国特色社会主义思想为指引，牢牢把握“两个机关”职能定位，紧紧依靠人民群众和人大代表，围绕统筹推进疫情防控和经济社会发展工作大局，认真履行宪法法律赋予的各项职责，为促进新都经济社会发展和民主法治建设发挥积极作用。

一年来，共召开常委会会议 7 次，听取和审议“一府两院”专项工作报告 27 个，通过决议决定 22 项，开展执法检查 5 项，专项工作评议 3 项，专题询问 3 项，开展专题调研 41 次，视察 17 次，较好完成区十八届人大四次会议确定的目标和任务。

#### 一、自觉坚持党的领导，确保人大工作正确政治方向

常委会始终牢记人大是党领导下的重要政治机关，必须旗帜鲜明讲政治，自觉把党的领导贯穿于人大工作的全过程各方面。

始终坚定正确政治方向。把坚持党的领导作为做好人大工作的首要政治原则，深入学习党的十九大和十九届二中、三中、四中、五中全会精神，不断增强“四个意识”、坚定“四个自信”、做到“两个维护”，自觉在思想上政治上行动上同以习近平为核心的党中央保持一致。立足新都高质量发展需要，制订议题和监督计划。坚持重大事项请示汇报制度，及时请示汇报人大工作中的重大事项、重要活动安排，始终将人大工作置于党的领导之下。

助推区委决策部署有效落实。主动把人大工作置于区委中心工作和新都经济社会发展大局中去思考、谋划和推进。常委会作出决定，对行政区划调整中的人大工作作出安排，新设立人大常委会街道工委 4 个，指导和支持街道工委全面做好区划调整后的人大工作，助力做好乡镇行政区划调整改革“后半篇”文章。主动同重庆市九龙坡区人大常委会签订《关于建立推进成渝地区双城经济圈建设协作机制的协议》，切实发挥人大制度优势和职能作用，推

动两地签署的协同发展示范区合作协议落地落实。

人事任免工作不断完善。坚持党管干部与人大依法任免有机统一，依法任免地方国家机关工作人员92人次，开展任前法律知识培训考试、任职陈述、宪法宣誓，增强被任命人员的宪法意识和公仆意识。强化任后监督，定期听取区政府副区长报告分管工作情况，促进被任命人员自觉接受人民和人大监督。

## 二、积极主动履职尽责，助力“两手抓、双胜利”

常委会全面贯彻习近平总书记关于统筹推进疫情防控和经济社会发展工作的重要讲话精神，及时落实中央和省委、市委、区委部署要求，以实际行动体现责任担当。

发挥人大职能优势，助力“两手抓”。2020年4月17日至5月8日，组织省、市、区各级代表，深入现代交通产业功能区、智能家居产业城、智慧物流产业园的13家企业进行专题调研，同科伦药业、可口可乐、传化物流等33家企业开展座谈交流，深入了解企业受疫情影响情况，协调解决实际困难。听取审议区政府关于新冠肺炎疫情对新都区经济高质量发展影响情况的报告，以及新都区贯彻《全国人大常委会关于全面禁止非法野生动物交易、革除滥食野生动物陋习、切实保障人民群众生命健康安全的决定》情况的报告，支持政府坚决打好疫情防控和经济社会发展“两场硬仗”。一系列监督活动的开展，组成本届常委会任期内，开展时间最长、范围最广、程度最深、解决问题最多的一次专题监督活动，为推动复工复产切实贡献人大力量。

广泛凝聚代表力量，确保“双胜利”。发布《致新都全区各级人大代表的倡议书》，全区397名各级人大代表积极响应常委会号召，投身疫情防控，助推复工复产，在不同的战线上履职尽责、担当作为。他们有的在危急关头挺身而出，以生命守护生命，成为最美“逆行者”；有的带领员工加班加点，生产出最急需的物资送往战疫一线；有的立足本职岗位，做实做细基层防控，织牢抵御疫情的严密防线；有的积极协助做好服务保障、宣传引导、维护稳定和捐款捐物等工作，用实际行动诠释“人民选我当代表，我当代表为人民”的庄严承诺。王成龙、古翔儒、苟刚等32名人大代表的先进事迹被《光明日报》、人民网、新华网、《成都日报》等媒体宣传，生动展现人大代表为夺取疫情防控和经济社会发展“双胜利”所迸发出的巨大力量。

## 三、切实发挥监督作用，助推经济社会高质量发展

常委会始终牢记人大监督是党和国家监督体系的重要组成部分，坚持问题导向，不断增强监督的刚性和实效。

积极参与立法工作。全力配合省、市人大做好立法、修法工作，针对《四川省优化营商环境条例》《成都市美丽宜居公园城市建设条例》等9个立法修法项目开展调研，提出立法建议46条；争创“基层立法联系点”，探索建立立法建议收集新渠道，助推立法质量不断提升，努力实现良法善治。

大力开展法律监督。市区两级上下联动，对《消费者权益保护法》实施情况开展检查，努力维护消费者权益，助力打造良好营商环境。对《禁毒法》实施情况进行检查，支持政府全力依法做好禁毒工作。对《水污染防治法》《土壤污染防治法》《水土保持法》实施情况进行“回头看”，审议河长制管理工作情况的报告，持续用力推进生态环境保护，努力为打造天更蓝、地更绿、水更清的美丽新都注入法治力量。开展疫情防控相关法规政策梳理和调研，认真审查各方面报送备案的规范性文件6件，着力维护法制统一。

扎实推进工作监督。积极贯彻落实区委建设“一心四区”部署要求，审议政府关于毗河公园规划建设情况、背街小巷环境提升工作情况、特色小镇和川西林盘建设情况的报告，助力公园城市建设打开新局面、社区发展治理迈上新台阶、乡村振兴取得新突破、香城细管行动实现新进步。专题审议政府关于脱贫攻坚工作情况的报告，全力支持新都对口帮扶理塘，号召人大代表参与脱贫攻坚，努力为打赢脱贫攻坚战、全面建成小康社会作出人大贡献。审议区法院民事审判工作情况的报告，大力推进《民法典》宣传贯彻工作，视察社区矫正工作情况，着力促进经济行稳致远、社会安定和谐。审议区检察院公益诉讼工作情况的报告，督促检察

机关积极发挥作用，筑牢维护国家利益、社会利益的法治堡垒。

创新完善财政监督。落实中央和省委、市委要求，首次审议国有资产管理情况的综合报告和区属企业国有资产管理情况的报告，监督政府管好、用好、发展好国有资产。审议国民经济和社会发展计划执行情况的报告，依法批准2019年财政决算，严格审查2020年财政预算调整方案，推动财政经济平稳健康运行。审议2018年度审计查出问题整改情况的报告，对石板滩街道、智能家居产业城、蓉桂公司整改情况进行满意度测评，预算审查监督刚性持续增强。预算联网监督系统全面运行，预算执行在线实时监督机制基本建立。

全力做好民生监督。始终把人民群众对美好生活的向往作为工作目标，做到民有所呼、我有所应。将《进一步加强对区政府公共医疗防治体系建设监督力度的议案》列为“1号议案”，先后8次组织人大代表深入区内外医疗卫生机构开展实地调查，并专题审议公共医疗防治体系建设情况的报告，视察《成都市城乡居民基本医疗保险暂行办法》落实情况，督促政府更多引进实用性医疗技术人才，强化应急物资储备，加快完善新都区疾病控制和治疗体系，加快提升医疗卫生机构检测能力，加快建立合作办医新平台。用心用情做好群众来信来访工作，全年累计接待群众来信来访22件次，积极维护群众合法权益。

持续规范评议监督。为减小疫情对企业和群众的影响，按照“精准点穴、闭卷考试、开门评议、立行立改”的工作要求，对人力资源和社会保障工作、商务工作、信访工作进行评议、开展询问，97名各级人大代表和市民代表参加现场评议，10名代表提出的18个问题均得到有关部门现场回应，评议针对性进一步增强，参与面进一步扩大，有力督促政府切实做好就业服务、兜底保障、产业支持、减税降费、社会稳定等各项工作。

## 四、改进完善代表工作，有效发挥代表主体作用

常委会始终牢记尊重代表主体地位就是尊重人民主体地位，服务代表、受代表监督就是服务人民、受人民监督，全力支持保障代表依法履职。

优化履职服务保障。结合疫情防控要求，开展线上履职培训3场，培训代表168人次。提升代表对常委会活动的参与度，组织代表列席常委会会议、参加视察调研、旁听法院庭审等300余人次。指导各代表小组开展各类代表活动36次，加强“代表之家”和“代表联络站”规范化建设，代表履职服务平台实现全覆盖。组织代表对成都市和新都区“十四五”规划建议开展调查研究、提出建议意见，努力为制定好“十四五”规划凝心聚力。

密切代表与群众联系。严格执行常委会组成人员联系代表制度，以召开座谈会、走访等形式，保证常委会组成人员和代表保持经常性联系。广泛推行“代表接待日”制度，10名市人大代表、54名区人大代表参加原选区接待日活动，共接待选民270余人次，收集建议意见100余条，并及时交政府办理落实，代表同人民群众的联系更加密切。

增强议案建议办理实效。常委会坚持将代表满意、群众认可作为工作的第一标准，切实加强督办力度，努力让代表的“好声音”成为部门的“真行动”。区十八届人大四次会议主席团交付审议的1件议案，已审议完毕。主任会议成员牵头督办重点建议10件，各专门委员会督办建议128件，所有建议均在规定时限内办结并答复代表，代表满意和基本满意率为100%。开展争先创优活动，组织评选表彰优秀代表建议13件，代表建议办理先进单位11家。

## 五、着力优化自身建设，提升人大工作整体水平

常委会主动适应新时代对人大工作的新要求，不断加强自身建设，着力提升履职能力，努力建设“两个机关”。

政治建设坚强有力。持续深入学习习近平新时代中国特色社会主义思想和党的十九届五中全会精神，开展“大学习、大调研、大走访”活动，自觉把思想和行动统一到党中央决策部署上来，推动新时代人大工作高质量发展。常委会党组切实履行全面从严治党主体责任，设立机关党组，机关党的建设进一步加强。不断强化党风廉政建设，认真落实

中央八项规定及其实施细则精神，驰而不息整治“四风”，为全面做好人大各项工作奠定坚实基础。

履职能力有效提升。持续开展“内强素质·外树形象”活动，规范开展对标管理工作，不断提升履职水平，努力为做好新时代人大工作锻造高素质干部队伍。加快推进“智慧人大”建设，率先建成数字阅文系统，信息化建设走在全市人大前列。完善人大组织建设，加强对专门委员会的工作指导和制度化建设，专门委员会履职水平不断提高。大力做好调研工作，被市人大常委会评为专题调研活动优秀单位。

宣传工作与时俱进。精心做好人大重要会议、重点工作和重大活动的宣传报道，全年各类媒体报道新都人大工作 100 余次，被省人大常委会评为宣传工作先进单位。高度重视意识形态工作，以宣传人民代表大会制度为主线，进一步提高门户网站、微信公众号的宣传质量，努力讲好人大故事，唱响人大好声音。

基层人大工作不断进步。进一步优化对镇人大工作的指导，强化对街道人大工作的领导。在执法检查、专题调研、代表活动等工作上实施联动、密切配合。坚持主任会议成员联系指导镇（街道）人大工作制度，定期深入镇（街道）人大、代表讲习所开展调研、进行座谈，促进基层人大依法履职行权，充分发挥作用。

各位代表，回顾过去一年的工作，我们深切地感受到，人大工作前进的每一个足迹、发展的每一个环节，都离不开区委的坚强领导，离不开全体代表的辛勤付出，离不开区政府、区政协、区监委、区法院、区检察院和各镇（街道）人大的通力协作，离不开全区人民的信任支持。在这里，我代表区人大常委会，向各位代表、各个方面，表示衷心的感谢，并致以崇高的敬意！

总结成绩的同时，我们清醒认识到，常委会工作还存在一些问题和不足。主要是：监督工作方式需要进一步完善、监督力度需要进一步增强、监督成效需要进一步提升、联系代表的深度需要进一步拓展、自身建设的水平需要进一步提高等。我们将认真听取全体代表和各方意见，采取有效措施，在工作中不断加以改进。

## 2021 年主要工作安排

2021 年，是中国共产党建党 100 周年，是第二个百年奋斗目标和“十四五”规划的开局之年，更加扎实做好今年工作，意义重大。2021 年区人大常委会工作的总体要求是：高举习近平新时代中国特色社会主义思想伟大旗帜，深入贯彻党的十九大和十九届二中、三中、四中、五中全会精神，认真贯彻习近平总书记对四川及成都工作系列重要指示精神，全面落实省委、市委、区委全会精神和省委、市委人大工作会议要求，坚持党的领导、人民当家做主、依法治国有机统一，紧扣“高质量发展攻坚年”主题，立足“两个机关”定位，依法履职、担当尽责，积极参与建设践行新发展理念的公园城市示范区，主动服务“一心四区”建设大局，助力“六大任务”攻坚提质，为全面建设社会主义现代化新都作出新的更大贡献，以优异成绩献礼中国共产党成立 100 周年！

一是以更高站位坚定正确政治方向。以习近平新时代中国特色社会主义思想为指导，深入贯彻落实习近平法治思想、习近平总书记关于坚持和完善人民代表大会制度的重要思想，不断提高政治判断力、政治领悟力、政治执行力。贯彻落实省委、市委人大工作会议精神，努力做好新时代地方人大工作。

二是以更大作为增强监督工作实效。聚焦中心工作、民生关切，聚合代表力量，督促推动“十四五”规划和幸福美好生活十大工程有效实施。围绕“协同共兴”攻坚提质，深入落实成渝地区双城经济圈战略，积极助推成德同城化、大港区一体化，密切同重庆市九龙坡区人大的工作协同，监督支持做好“大运会”筹办工作，助力打造成都都市圈北部中心。围绕“产业升级”攻坚提质，审议新经济发展情况的报告、农商文旅体融合发展情况的报告，推动现代化产业体系加快完善。围绕“创新驱动”攻坚提质，督促做好人才工作，助推传统优势产业转型升级，支持航空动力、轨道交通等新兴支柱产业发展壮大。围绕“公园营城”攻坚提质，持续对生态环境保护工作进行监督，推动毗河公园建设，助力打造高品质宜居环境。围绕“共享发展”攻坚提质，跟踪监督政府加快完善公共医疗卫生防治体系，加快健全退役军人服务保障体系，不断增进民生福祉。围绕“系统治理”攻坚提质，督促政府尽快补齐短板，筑牢疫情防控安全屏障；监督支持“香城细管”工作，助力提升城市治理水平；对律师法、公路法实施情况进行检查，对行政审判工作、认罪认罚工作开展监督，全面发挥人民代表大会制度在推进治理体系和治理能力现代化进程中的重要作用。依法审议计划、预决算、审计问题整改等报告，加强对国有资产管理的监督，推进预算联网监督向基层延伸。统筹做好重大事项决定、人事任免工作，确保区委主张通过法定程序得到不折不扣贯彻实施。

三是以更实举措保障代表履职尽责。贯彻习近平总书记关于人大代表工作的重要指示精神，加强和改进代表工作。更加注重发挥代表主体作用，全面做好“双联”工作。丰富代表小组活动，引导支持代表“走基层，进社区”。进一步优化代表建议处理机制，有序推进建议办理从“重满意率”向“重解决率”过渡。严格依法做好换届选举工作，坚决确保选举圆满成功。认真做好群众来信来访工作，努力在来信来访中了解掌握群众关切。

四是以更严要求提升自身建设水平。深入贯彻全面从严治党要求，加强机关党的建设，抓好省委巡视整改工作，打造忠诚、干净、担当的高素质人大干部队伍。进一步完善专门委员会设置，保障各项工作有序高效运行。加强和改进调查研究工作，创新做好理论研究和宣传工作。抓好基层人大规范化建设，健全街道人大工委工作机制，提升新都人大工作整体水平。

各位代表，雄关漫道真如铁，而今迈步从头越。让我们更加紧密地团结在以习近平同志为核心的党中央周围，在区委的坚强领导下，不忘初心，牢记使命，奋力拼搏，砥砺前行，为全面建设社会主义现代化新都而努力奋斗，以优异成绩献礼中国共产党百年华诞！

### 名词解释

**两个机关**：即中共十九大报告中提出的“使各级人大及其常委会成为全面担负起宪法法律赋予的各项职责的工作机关，成为同人民群众保持密切联系的代表机关”。

**建设践行新发展理念的公园城市示范区**：2020年1月，习近平总书记在中央财经委员会第六次会议上，明确要求支持成都建设践行新发展理念的公园城市示范区。

**幸福美好生活十大工程**：市委十三届八次全会提出实施幸福美好生活十大工程，包括大力提升居民收入水平、继续保持生活成本竞争力、实施高品质公共服务倍增计划、持续提升城市通勤效率、城市更新和老旧小区改造提升、打造稳定公平可及营商环境、建设青年创新创业就业环境友好城市、建设生态惠民示范城市、提升城市智慧韧性安全水平、建设全龄友好包容型社会。

**六大任务**：即协同共兴、产业升级、创新驱动、公园营城、共享发展、系统治理六大任务。

# 中国人民政治协商会议第十一届成都市新都区委员会常务委员会工作报告

——2021 年 2 月 21 日在政协第十一届成都市新都区委员会第五次会议上

成都市新都区政协主席　方正行

## 2020 年工作回顾

过去的一年，是极不平凡的一年。在中共成都市新都区委坚强领导下，在成都市政协有力指导下，区政协坚持以习近平新时代中国特色社会主义思想为指导，全面贯彻党的新思想新观点新论断新要求，突出团结和民主两大主题，忠诚履职，潜心竞进，在危机中寻新机，在挑战中探新路，为新都实施“154”总体部署和“一心四区”建设、夺取疫情防控和经济社会发展“双胜利”贡献政协力量。

### 一、齐心向党，在发挥制度优势中锤炼政治品格

强化政治引领。着力筑牢共同思想政治基础，坚持把提高政治判断力作为根本前提。区政协常委会以政治安全为大，以人民利益为重，将讲政治内化于心、外化于行，始终保持政治敏锐性和政治鉴别力，在抗击新冠疫情、落实成渝地区双城经济圈发展战略等重大问题和关键环节上保持清醒认识，确保立场正确、方向坚定。坚持把提高政治领悟力作为根本保证。把理论学习摆在更加突出的位置，重点围绕习近平新时代中国特色社会主义思想，党的十九届四中、五中全会和省委、市委、区委重要会议精神，通过区政协党组理论学习中心组学习会、常委会会议、主席会议、专委会会议等形式，引导班子成员、政协委员和各界人士深刻领会习近平治国理政，尤其是习近平关于加强和改进人民政协工作重要思想，深刻认识“中国之治”的政治优势和制度优势，坚定把“四个意识”“四个自信”“两个维护”落实于思想和工作实际。坚持把提高政治执行力作为根本要求。区委切实加强对政协工作的全面领导，把政协工作纳入总体工作，区委统战部长兼任区政协党组副书记，支持政协依法依章独立开展工作，召开区委政协工作会议，专题研究安排政协工作。区委书记高度重视政协工作，多次听取政协工作汇报、参加政协重要活动，对全区政协工作提出明确要求。区长亲临政协通报政府工作，亲自协调办理政协提案建议。区政协党组主动担负党的领导的政治责任，坚决执行区委各项决策部署，重要会议、重要事项、重要活动及时向区委请示报告，切实做到区委中心工作推进到哪里，政协履职就跟进到哪里。

增进团结联谊。着力广泛凝聚共识，加强合作共事能力建设。坚持和深化党组成员、主席会议成员联系民主党派基层组织和工商联，政协机关各委室联系界别工作机制。支持成立民革新都区支部，支持各民主党派基层组织、工商联通过政协大会发言、提交提案、联合调研等形式履行参政议政、民主监督职能。进一步加强同党外知识分子、非公有制经济人士、新社会阶层人士联系交往，厚植“清”上加“亲”氛围。加强联系群众能力建设。结合“领导干部联系指导复工复产”“送政策、帮企业、送服务、解难题”和“大学习大调研大走访”等活动，

主席会议成员带队开展调查研究和宣传宣讲，把党中央大政方针和上级决策部署宣传下去，汇聚起同心抗疫、共克时艰、共谋美好生活的磅礴力量。加强团结联谊能力建设。充分发挥政协联系广泛优势，区政协主席会议成员带队前往上海、深圳、珠海、昆山等地开展投资促进活动。与重庆市九龙坡区政协缔结《共建成渝地区双城经济圈协同发展示范区合作协议》，促进两地政协开展战略合作。

筑牢履职根基。着力强化纪律作风，抓制度落实。坚持以习近平总书记关于加强作风纪律建设的系列重要论述和贯彻落实中央“八项规定”为指引，抓关键少数，认真组织召开党组班子民主生活会，扎实开展委室主任述职述廉，通过示范引领，进一步营造风清气正、干事创业的良好氛围。抓教育培训。把党的纪律要求落实到履职活动中。通过常委会会议、主席会议、机关干部会，用好违纪违法典型案例“活靶子”，常念党风廉政规定“紧箍咒”；组织机关干部和部分政协委员赴延安开展“不忘奋斗初心、勇于担当作为”主题培训，重温艰苦岁月，再鼓奋斗干劲。抓问题导向。针对中央第四巡视组巡视四川反馈问题、省委第九巡视组巡视新都反馈问题和“不忘初心、牢记使命”主题教育查找问题，以改促建，进一步修订完善制度机制。

## 二、融入大局，在奋力攻坚克难中履行职责使命

聚焦一线，投身疫情防控阻击战。疫情来袭，不令而行齐上阵。面对突如其来的新冠肺炎疫情，区政协认真贯彻落实习近平总书记关于疫情防控的系列重要讲话精神和中央、省委、市委、区委部署，多次专题召开党组会议、主席会议安排落实，及时发布《致新都区政协委员的一封信》和疫情防控工作提示，动员广大政协委员和机关党员干部投入抗疫主战场。生命至上，阻击疫情有担当。主席会议成员、委室主任和机关干部以高度的政治责任，扎实开展疫情防控，下沉到施营、正因、正兴、普河等社区排查走访辖区居民7000余户，指导企业复工复产65家、行业协会和商会8家，协调解决问题24个，调研形成《新都区企业复工复产情况调研及对策建议》供区委决策参考。工商界委员响应号召，克服困难及时复工复产，为经济社会稳定作出积极贡献。为民尽责，无私奉献显情怀。政协机关干部、政协委员立足实际作贡献、守土尽责不添乱，捐款捐物127万元。赖家云、刘茂元、倪雪微、李小海4位委员因贡献突出被市政协通报表扬。立足长效，问题导向促提升。开展新都区疾病预防控制工作专题视察，开展医疗卫生人才队伍建设专题调研，形成《新都区医疗卫生人才队伍建设现状的调查与思考》，对新都区疾病预防控制应急机制、人才队伍、物资筹备等提出意见建议。提交《关于进一步加强新都区防疫物资应急保障能力建设的建议》等涉疫情防控的提案23件，收集、编报《关于保护医护人员不被病毒感染的风险控制建议》等社情民意7件，有效助推社区依法防疫、院感管控等问题的解决。

紧扣中心，投身经济发展攻坚战。受疫情影响，经济下行压力加大，区政协依托“区委点题、政协搭台、委员协商、政府落实”的履职闭环，坚持调研、监督、协商一体推进，组织开展各类履职活动60余次，助推全区经济高质量发展。紧扣经济地理重塑、抢占发展先机建言献策。开展产业功能区建设、“金青新”大港区建设专题视察，提出意见建议16条，报送区委区政府供决策参考。协助市政协完成北改工作推进情况联合调研。提案《关于促进成渝双城经济圈高速发展制度建设的建议》，高度契合中央决策部署和新都发展实际，为新都区加快融入成渝双城经济圈建设、制定产业发展政策措施提供借鉴和参考。调研报告《关于做强国际商贸物流产业，助推成都“金青新”大港区建设的调查与思考》得到区政府主要领导的肯定性批示。紧扣产业发展、提升经济竞争力建言献策。提案《关于加快推动新都物流产业功能区向供应链运营中心转型的建议》,助力物流产业转型升级,加快传统物流向“智慧物流＋总部经济”转型；提案《关于加强新都区航空产业发展战略规划的建议》被职能部门吸收采纳，助力成都航空产业园跑出项目加速度；精心组织区内轨道交通产业发展情况调研，形成调研报告《关于新都区轨道交通产业圈发展情况的调查与思考》，得到区委区政府主要领导肯定性批示。对区内委员企业的发展开展问卷调查和企业走访，形成调

研报告《新都区政协委员企业发展现状的调查与思考》，提出意见建议供区委区政府和委员企业参考，得到区政府主要领导的肯定性批示。紧扣乡村振兴战略、深化城乡协调发展建言献策。开展乡村振兴、特色小镇建设调研视察，高质量完成调研报告《关于新都区乡村振兴战略实施情况的调查与思考》，对全区乡村振兴提出12条意见建议。协助市政协完成《成都市现代农业从业主体培育调研报告》，得到成都市委常委、市人民政府副市长的肯定性批示。

## 三、体察民情，在聚焦群众期盼中展现情怀担当

助力民生服务优化。倾力社会治理。开展社区治理专题协商，通过调查走访、协商讨论，针对社区治理存在的短板弱项，从网格化管理、放权赋能等方面提出真知灼见，供区委区政府决策参考。对区内养老产业发展进行调研，形成调研报告《养老产业的调查与思考》，提出意见建议4条。倾力食药安全。提案《关于加强农产品质量安全监管的建议》，就农产品质量监管提出建议，被相关部门吸收采用；调研夜市经营管理，针对食品安全、交通安全、环境污染等问题提出解决对策，助力舌尖上的安全。倾力教育均衡。对现代学校教育制度开展调研，就发展规划、政校关系、监督评价体系等进行深入探讨并提出改进建议。提案《关于加快新都区各中小学卫生室或保健室设置的建议》，有效推动中小学生疾病预防控制。社情民意《关于完善社区家庭教育服务体系的建议》被市政协采用并转报省政协。倾力扶贫济困。政协委员全员参加“我为扶贫攻坚做件事”活动，深入基层、深入群众、捐款捐物、献智献计，全年委员个人捐款58.87万元，撬动社会资金232.52万元。元旦春节和疫情期间重点关注困难党员群众生产生活，及时走访慰问，传递温暖、鼓舞信心，让新都发展更有温度，民生幸福更有质感。

助力城市品质升级。聚焦生态环境。开展农村人居环境整治专题视察，提出对策建议7条；关注西江河流域污染和治理，形成调研报告《关于西江河流域污染成因及治理的调查与思考》；提案《关于加快建设毗河城市生态轴的建议》，就毗河生态建设提出意见建议。聚焦公园营城。开展高品质城市空间示范区建设、垃圾分类管理专题视察，提出意见建议12条；提案《关于加快推进新都区生活垃圾分类处理的建议》、调研报告《关于公园城市典范区建设的调查与思考》，围绕美丽宜居公园城市建设出谋划策，助力城市品质提升，增强人民群众获得感、幸福感。

助力文化名城建设。围绕产业发展，建言文化产品供给。开展文旅体产业发展专题协商，对文旅体产业规划、融合发展、品牌文化、项目打造等提出意见建议；聚焦“一院五馆”和大运会场馆建设，推动宝光桂湖等传统文化、火锅熊猫等地域文化、音乐电竞等流行文化的高附加值文创产品开发，满足群众文化生活需求。围绕宣传营销，参与城市文化推介。党组主要负责人在“学习强国”平台等媒体发表署名文章2篇，助力宣介新都文化，讲述新都故事，展示“古蜀新都邑·现代智造城”大美形象，增强群众文化归属感。围绕文史资政，深化文化底蕴挖掘。在庆祝中国人民志愿军抗美援朝出国作战70周年和习近平总书记给革命伤残军人复信之际，再版《最坚强的人——四川省革命伤残军人休养院伤残军人故事专辑》，致敬英雄、祈卫和平。编辑出版《新都文史》第31辑和《杨升庵散文》；举办“香城遗韵·新都已故书画家作品展”，传承文化基因，增强群众文化厚重感。社情民意《四川省抗战资源保护利用情况存在的问题及对策建议》被省委办公厅单篇采用。

## 四、忠诚务实，在坚定追求卓越中提高能力水平

创新履职机制。全面实施《成都市新都区政协协商实施办法》，认真落实和创新协商民主的基层实践，完成调研报告《关于加强协商民主建设的实践与思考》。建立提案两级交办和提案办理工作机制，落实《成都市新都区人民政府办公室人大代表建议政协提案办理工作规则》，实现提案工作规范化制度化。完善社情民意编报转报、办理回复工作机制，解决群众关心、委员关注的问题“短平快”。

发挥委员作用。依托委员管理办公室和委员服务中心，落实委员全员培训和履职考核制度，健

全委员履职档案管理、履职情况定期通报机制，实现委员履职全过程管理和信息化管理。落实《界别委员小组活动实施办法》，强化履职和建言成果统计评估，提高界别活动制度化水平。探索多界别委员小组联合活动，完善专委会、界别委员小组工作联动机制，大力拓展界别履职渠道，推进界别工作常态化开展。一年来，开展界别视察、调研 18 次，开展惠民活动 15 场，提交界别提案、专报 12 件；委员参加重点履职活动 600 余人次，担任特约监督员 20 人，展现新时代政协委员新担当新作为的良好形象。

建好"五型"机关。以"模范政治机关"标准统揽机关建设，"政治、规范、务实、和谐、廉洁"机关建设成型，服务保障政协履职高效有力。依托公务员理论培训、学习强国、蓉城先锋等线上平台和专题培训，"线上线下"双线融合提高机关干部能力素质。通过重要调研视察、区域联动协商、重大活动保障来开阔眼界视野、历练锤炼干部。工作经验《坚持"四点"着力，努力打造一流服务机关》在市政协工作会议作交流发言。

过去的一年，各位委员为抗击疫情奔与忙，为经济发展思与谋，为民生福祉鼓与呼，为基层治理议与商，为文化生态践与行，取得新都区政协工作的卓越成绩，为全区"十三五"主要目标完成作出积极贡献。走过风雨，终见彩虹，这些成绩的取得，是市政协悉心指导、区委坚强领导的结果，是区人大、区政府和社会各界大力支持的结果，凝结着各民主党派基层组织、工商联、无党派人士、政协各参加单位、全体政协委员和政协机关干部的心血和智慧。在此，我代表区政协常委会，向大家致以诚挚的敬意和衷心的感谢！

同时，我们清醒地认识到，面向新发展阶段，对照新部署、新要求，区政协的工作还存在差距和不足，主要是：对新时代加强和改进人民政协工作部署要求的学习领会还不够深刻，把政协制度优势转化为治理优势的工作机制还不够健全，委员履职的服务管理还需优化，委员意见建议的质量还需提高。对此，我们将在今后的工作中认真研究、努力改进。

## 2021 年工作安排

2021 年是中国共产党成立 100 周年，是"十四五"规划开局和两个百年目标交汇与转换之年。区政协工作的总体要求是：坚持以习近平新时代中国特色社会主义思想为指导，深入贯彻中共十九大和十九届二中、三中、四中、五中全会精神，认真落实习近平总书记关于加强和改进人民政协工作的重要思想、习近平总书记对四川及成都工作系列重要指示精神，全面落实省委、市委、区委重大部署，在区委的坚强领导下，紧紧围绕全区中心工作，坚持发扬民主和增进团结相互贯通、建言资政和凝聚共识双向发力，全力助推"一心四区"建设和"六大任务"攻坚提质，为全面建设社会主义现代化新都努力奋斗，以高质量发展新答卷向建党 100 周年献礼！

### 一、坚持党的全面领导，巩固共同思想政治基础

中国共产党的领导是人民政协的初心所在，是社会各界的共同选择，是政协事业发展进步的根本保证。要切实坚持党的领导。把坚决维护习近平总书记党中央的核心、全党的核心地位，坚决维护党中央权威和集中统一领导作为最高政治原则和根本政治规矩，牢固树立"四个意识"，坚定"四个自信"，确保政协事业正确的政治方向。要切实加强政治引领。坚持资政建言和凝心聚力双向发力，把省委、市委、区委的重要决策部署宣传下去，把广大群众智慧力量凝聚起来，寻求最大公约数，描画最大同心圆，努力使上级的决策部署成为社会各界的广泛共识、共同意志和自觉行动。要切实强化理论武装。把深入学习贯彻习近平新时代中国特色社会主义思想作为首要政治任务，认真学习党的十九大及历次全会精神、习近平总书记关于加强和改进人民政协工作的重要思想，贯彻落实省委、市委、区委政协工作会议精神，进一步夯实团结奋斗的共同思想政治基础。要切实建强政治组织。人民政协是党领导的政治组织和民主形式，要自觉接受区委领导，进一步突出区政协党组领导核心作用，切实抓牢政协

党的建设，完善党员委员参加双重组织生活会，党组成员联系民主党派基层组织、工商联等制度机制，实现党的组织对党员委员的全覆盖、党的工作对政协委员的全覆盖。

## 二、坚持服务中心大局，不断提升履职质效

坚持同向同频，建睿智之言、谋务实之策，确保党中央和省委、市委、区委重大决策部署落到实处、见到实效。慎终如始助力疫情防控。践行“人民至上、生命至上”要求，聚焦疫情防控十项基础工作开展履职，助力区委区政府提升应急能力；继续发挥政协委员联系广泛、智力密集优势，筹资聚智、献计出力。全力以赴助推“协同共兴”。聚焦贯彻落实成渝地区双城经济圈建设、成德眉资同城化发展、大港区建设等重大部署，探索政协间联合开展协商议政、联合提交提案和社情民意、联合调研、联合开展委员活动等制度机制，形成“人来人往、常来常往”的生动局面。协力招引助推“产业升级”。聚焦产业功能区建设、支柱产业发展和项目攻坚等开展履职，助力完善产业链上下游，提升高科技附加值，推动装备制造业提能升级、现代服务业加快崛起、新经济产业培育壮大，构造“制造与服务融合、传统与新兴共生”的高质量现代产业体系。思近谋远助力“创新驱动”。聚焦技术攻关、成果转化、供给侧结构性改革等开展履职，助力促进高端要素聚合、新旧动能转换，用好用活人才新政2.0，激发经济高质量发展的内生活力。献计出力助推“公园营城”。聚焦城市空间规划和城市形态、功能、气质及乡村价值重塑开展履职，助力打造生态宜居、品质魅力的现代化城市。心系群众助力“共享发展”。聚焦群众关注的就业就医、教育养老、特殊困难群体帮扶等领域开展履职，推动发展红利直惠群众、直达民心。汇智聚力助推“系统治理”。聚焦社区发展治理、城市精细管理、平安法治建设开展履职，助力构建与现代化城市相匹配的治理能力和治理体系。

## 三、健全完善制度机制，持续推动政协自身建设

把“健全规章、建强队伍”作为基础工作，提升政协工作科学化、制度化、规范化水平。探索完善广泛、多层协商民主制度，为政协各参加单位、各民主党派基层组织和各族各界人士参与协商搭建平台；探索完善协商式监督机制，把握好监督的方向和原则、节奏和力度；探索完善委员分批次列席常委会会议和委员履职考核等制度，为更多委员参与政协活动提供实践平台，以科学严谨的履职考核促进委员高效务实履职；探索完善专委会定期向主席会议报告工作等制度机制，切实发挥专委会基础性作用，强化质量导向、精品意识，推动政协履职从“做了多少”向“做出了什么效果”转变。以理论武装为牵引，进一步强化作风纪律，着力建设“懂政协、会协商、善议政，守纪律、讲规矩、重品行”的委员队伍和“讲政治、勇担当、有作为”的机关干部队伍，进一步深化“政治、规范、务实、和谐、廉洁”“五型”机关建设，使政协机关成为让区委放心、让群众满意的模范政治机关。

没有等出来的辉煌，只有干出来的精彩。让我们更加紧密地团结在以习近平为核心的党中央周围，在市政协大力指导和区委坚强领导下，不忘初心、牢记使命，围绕“一心四区”建设，坚定信心、砥砺前行，以政协工作高质量发展的优异成绩庆祝中国共产党成立100周年！

### 名词解释

**“金青新大港区”**：据规划，大港区以成都国际铁路港为核心，以新都、青白江、金堂为主体，以周边市州为一体化协作区域。作为成都推动区域经济一体化发展的大手笔，建设大港区是顺应国际、省、市发展的需要，也是重塑区域经济形态的需要。

**“154”总体部署**：即1个总体定位，现代化国际范成北新中心城区；5大功能支撑，做强现代轨道交通航空装备研发制造中心、国际商贸物流中心、天府文化音乐文创中心、国际智能家居研发制造中心，筑牢成北生态屏障；4大发展目标，国际开放新城区、创新智造新城区、品质魅力新城区、生态宜居新城区。

**“一心四区”**：一心，成都都市圈北部中心；四区，大港一体先行区、产贸融合示范区、智造服务

引领区、公园营城典范区。

**“模范政治机关”**：全国政协副主席、机关党组原书记夏宝龙提出，当前全国政协机关正在创建“模范政治机关”。“模范政治机关”的八条标准是绝对忠诚的政治品格、勇于担当的精神脊梁、甘于奉献的价值追求、苦干实干的行动自觉、精益求精的工匠精神、开拓创新的蓬勃朝气、团结奋斗的干事氛围、风清气正的政治生态。

**“一院五馆”**：剧院、图书馆、文化馆、美术馆、博物馆、档案馆。

# 成都市新都区2020年国民经济和社会发展计划执行情况及2021年计划草案的报告

——2021年2月22日在成都市新都区第十八届人民代表大会第五次会议上

成都市新都区发展和改革局

## 一、2020年国民经济和社会发展计划执行情况

2020年，面对新冠肺炎疫情严重冲击和严峻复杂的国际形势，在市委、市政府和区委的坚强领导下，在区人大、区政协的监督支持下，全区以习近平新时代中国特色社会主义思想为指导，深入贯彻党的十九届四中、五中全会精神和中央、省委、市委、区委系列重大部署，坚持稳中求进工作总基调，落实高质量发展要求，扎实做好“六稳”工作，全面落实“六保”任务，新冠肺炎疫情得到有效控制、经济社会秩序全面恢复、各项事业协调并进，确定的15项计划指标中，14项指标实现年度计划目标，1项指标存在短板。

——地区生产总值完成877.9亿元，增长5.2%（同比，下同），超计划目标1.2个百分点，其中：第一产业增加值36.9亿元，增长3.8%，超计划目标2个百分点；第二产业增加值275.1亿元，增长3.6%，超计划目标2.4个百分点，规上工业增加值增长6.9%，超计划目标1.4个百分点；第三产业增加值565.9亿元，增长6.5%，超计划目标1.5个百分点。

——固定资产投资总额增长10.9%，超计划目标2.9个百分点。

——社会消费品零售总额实现302.7亿元，增长-1.7%，短计划目标7.2个百分点。

——一般公共预算收入67.6亿元，增长12.6%，超计划目标9.6个百分点。

——城镇常住居民人均可支配收入50089元，增长5.9%，超计划目标1.1个百分点；农村常住居民人均可支配收入29547元，增长8.5%，超地区生产总值增速3.3个百分点。

——城镇化率，完成计划目标。

——万元GDP能耗降低，完成市级下达目标。

——主要污染物排放总量降低，完成市级下达目标。

——城镇登记失业率控制在1.6%，控制在计划目标内。

——人口自然增长率7‰，控制在计划目标内。

### （一）疫情防控和经济社会发展取得“双胜利”

1. 疫情防控有力有序成效显著。第一时间落实全省重大突发公共卫生事件一级响应，实施“四级

包干”、联防联控等措施，11 天完成全区 57 万户、142 万人 3 轮全覆盖排查。果断处置一起国内中高风险地区寄递物流环境样品呈阳性的突发事件，贯彻落实“外防输入、内防反弹”和疫情防控十项基础工作。统筹调度全力保供，保障医疗物资、民生商品、重要原料等供应，鼓励森科制药、益康堂药业等 13 家企业转产口罩、防护服等防疫物资；聚焦疫情防控、居家生活用品等四个类别发布城市机会清单，达成订单金额 1300 万元，确保物资供应不断、社会秩序不乱。

2. 经济运行加快复苏持续走强。扎实开展“送政策、帮企业，送服务、解难题”专项行动，建立工业、服务业等八大行业专班专员，“一对一”帮扶企业，解决问题 861 个，解决率 100%。制定“18 条政策措施”“稳增长政策 19 条”，主动提前半年兑付产业奖补扶持资金 1.03 亿元，为企业减税降费 14.92 亿元，中小企业担保资本金实现翻番，助力企业获得信贷 56.2 亿元，重点项目和企业 2 月底全面复工复产，4 月底基本实现稳产满产。全区经济实现一季度止跌减损、二三季度企稳回升、四季度全力冲刺，地区生产总值由一季度 -2.8%转为二季度增长 1.2%，全年增长 5.2%，全市排名第六。

3. 项目投资支撑有力质效提升。把项目攻坚作为对冲疫情影响、夺取“双胜利”的关键，固定资产投资总额增长 10.9%，其中，民间投资逆势上扬，增长 15.2%，占固定资产投资比重达 70.8%，居全市首位。狠抓项目促建，严格执行重点项目四级管理机制，推进项目加快落地投产，全区 179 个重点项目完成投资 389.5 亿元，超计划投资 12.8%，其中 45 个省市重点项目完成投资 256 亿元；万朵城等 76 个项目顺利开工，苏宁易购等 48 个项目竣工。狠抓项目招引，创新“云签约”模式，举办“泛长三角四川商会联盟第九届（成都）论坛”等强链补链推介活动 44 场，全年新签约项目 55 个、总投资 684.3 亿元，在项目招引攻坚行动中排名全市第三，其中 150 亿元的厚普氢能产业园刷新单个项目投资纪录，疫情之下实现项目招引数量和质量“双提升”。

4. 消费需求稳步回暖加快升级。着力提振内需，高能级商圈加快培育，超线公园、旭辉广场加快建设，以七一、苏宁为主体的商圈成为消费新地标，引进品牌首店 5 个，培育特色小店 2 家，消费人流加速集聚。“绿道＋”“公园＋”消费场景连片构筑，开行乡村旅游巴士专线，串联足球音乐小镇、花厢·洗心篁等多个特色旅游景点，接待旅客 1427 万人次，实现旅游总收入 35.2 亿元，恢复情况好于全市平均水平。积极发展夜间经济、周末经济、假日经济，出台楼宇经济高质量发展扶持政策、汽车零售行业促消费稳增长等消费政策，多样化开展夜间生活节、汽车购物节等消费促进活动，盘活楼宇资源 16 万平方米，限额以上汽车销售企业零售额增长 4.2%，汽车销售逐步回暖；限额以上餐饮业、零售业零售额分别增长 40.4%、11.1%，基本恢复到正常水平。

**（二）现代产业体系加快构建**

1.“工业挑大梁”作用不断增强。规模以上工业增加值增长 6.9%，新增规上企业 33 家，规模以上工业企业利润增长 4.7%。以“四桶水”企业为代表的食品、医药等传统产业支撑有力，产值分别增长 2.7%、5.5%，可口可乐建成两条 12 万罐／小时全球最快生产线，华润生产线扩能、科伦创新制剂生产大楼扩建加快推进。以中车成都为龙头的轨道交通产业链基本构建，时速 160 公里新一代全自动市域列车下线，国内首个 2025 智慧型全自动行车试验平台投用，动车组四级修业务全面开展，轨道交通西部维保服务中心、四川振通检测项目落地，JRCC 认证平台作用逐步凸显。以成飞为龙头的航空产业起势成型，成都航空产业园新签约引进企业 24 家，中国商飞 C919、CR929 机头大部件制造基地签约落地，航发涡轮院研发总部投入使用。家居产业加快转型，成功举办第 21 届成都家具智慧云展，三叶家居成为大运会家具类独家供应商，香迪红馆、香江 CBD 等家居展贸综合体加快提档升级。

2. 服务业发展韧性不断提升。智慧物流加快发展，推进物流去仓储化，传化北中心一期加快建设，优炫西部总部入驻，京东亚洲一号智能物流年处理量破亿单，传化网上油服全国总部营收近 50 亿元，“智慧物流＋总部经济”格局初步成型。规划建设新都油气科创城，安东油气、捷贝通成功签约，创新“油服小镇＋林盘总部”模式。金融业稳中有进，金融机构存、贷款余额分别增长18.6%、20.5%，绿色金融创新试点区建设稳步推进，上线“绿蓉通”金融服务平台，组建规模2亿元的新申绿色创投基金，完成2笔项目7000万元投资。

3. 新经济新业态加速培育。优化新经济企业全生命周期服务，出台《支持新经济高质量发展的若干政策》，荣创新能等9家企业入选2020年成都市新经济企业梯度培育库，引进京东京创5G数字科技产业园、拓米智能制造等高能级项目，新增新经济企业3001家。应用场景供给增加，在全市发布49个新场景71个新产品，促成区内企业达成合作约8000万元；新经济企业获得风险投资件数7件，增长133%，风险投资金额达8866万元，增长491%。先后导入航空产业基金、智能智造产业基金、新能源产业基金28亿元，股权投资新兴战略性项目10个、10.7亿元。

4. 都市现代农业稳步发展。赋能乡村振兴建设，实现粮食产量13.8万吨、蔬菜32.3万吨；生猪存栏15913头，月均增长7.8%，存栏数连续12个月回升。14个乡村振兴重大项目完成投资22亿元，芳华微马等小镇纳入全市重点特色镇，15个川西林盘保护修复项目加快推进，花舞木兰、兴城足球等农商文旅体融合项目签约落地。农业规模化、品牌化、产业化进一步加强，农用地适度规模经营率达81.2%，农产品精深加工率达71.6%，新增“三品一标”4个，主要农作物耕种收综合机械化水平达95.9%。

5. 功能区建设高标准推进。坚持“三圈融合”，与同济大学等专业团队合作，完成三大产业功能区整体策划设计，57.6万平方米高品质科创空间启动建设。完成省级高新技术产业园扩区，面积由8.05平方公里扩大至12.649平方公里，产业承载力显著提升。现代交通产业功能区探索形成“政府＋龙头企业＋配套企业＋科研院校”的发展模式和“整体开发、封闭运行、自求平衡”的园区开发模式，获市委主要领导肯定、在全市推广。启动悦动新城建设，框定15.1平方公里实施片区封闭运行，建成标准厂房53万平方米。功能配套不断完善，人才公寓一期建成租售，轨交活力公园、新经济活力公园等公服配套建成投用，香投·创想城一期、石板滩二小等项目加快建设，产城融合的产业社区加快呈现。

**（三）发展动力加快转换升级**

1. 创新驱动不断增强。高新技术企业150家，实现营业收入190亿元。实施高校“握手”计划，与刘人怀院士团队合作的绿色循环科技园总部建成投产，相关模式和技术在北京推广；上海交大高端数控装备工艺创新研究院、西南石油大学校友企业家联盟成功落户，开展“校企双进”活动12场，推动校企合作项目20个。深化科技创新服务，智汇大实验室成功升级为国家级众创空间，成都医学院科技园成功升级为省级科技园，助力康邻科技等52家企业链接银行贷款7.95亿元。加速人才集聚，实施“香城俊才计划”，创建全市首个中科协“海智计划”基地，引进全球知名高校硕博人才93名，1928名青年人才落户新都。

2. 营商环境不断优化。紧扣全市“创新提能年”主题，出台营商环境2.0、3.0政策，将企业开办整合为1个环节，开办时间缩减至4小时，全年新增市场主体3.4万户，注册资本增长31.6%，“放管服”改革经验得到国务院专家组肯定，入选“赛迪2020年中国营商环境百强区”。推进审批服务便民化，推出102项主题服务，将容缺受理事项范围扩大至117项；实现100%事项“只进一扇门、最多跑一次”。扎实推进23项国家省市改革试点任务，深化构建和谐劳动关系、现代医院管理制度等7项改革经验在全国和省市推广，“社区协商指数”项目获评“2020年度全国民生示范工程”。香投集团资产规模超千亿，取得AA＋主体信用评级，国资国企改革经验获国务院国资委和省政府充分肯定。

3. 开放合作迈出新步伐。深化与重庆九龙坡区战略合作，开展两地交流互访78次，促成中铝西南铝、中铝萨帕等九龙坡区企业与中车、新图新材料等新都区企业开展业务合作。下好成德同城化“先手棋”，在交通设施建设、装备制造产业、旅游线路开发等领域达成17项合作，天府大道北延线项目加快建设，产品互销分别增长22.1%、7.8%。大港区交通一体化进程加快，成金简快速路、金凤凰高架新都段等重点项目加快建设。国际经贸交流持续开展，组织企业参与进博会等系列展会，新增四川坤牧供应链等4家跨境电商企业，实现进出口总额43.5亿元；积极开展中日合作，与未来株式会社、大手集团签订战略协议。

（四）公园营城水平显著提升

1. 城市功能品质不断提档。按照先策划、后规划、再招引的逻辑，推进同仁路、泥巴沱等7个城市片区综合开发，组团打造35平方公里“珠链锦绣·锦水公园”，累计建成香城绿道217公里；面向全球招标形成毗河公园规划方案，天府沸腾小镇、泥巴沱森林公园等4个点位入选2020年首届公园城市网红打卡点。坚持办赛营城，有序推进大运会场馆周边环境整治及市政道路建设项目37个，香城体育中心、西南石油大学体育馆整体完工，成功承办2020年全国射箭锦标赛、全国自由式及单板滑雪旱雪大跳台对抗赛等高规格赛事，尖锋运动公园成为国家冬奥滑雪队训练基地，三河村荣获“2020年全国体育事业突出贡献奖”。“快联内畅贯通”工程加快实施，新都大道、蜀龙大道完成一体化街区改造，金河湾路等7条“断头路”建成通车；新增调优公交线路12条、新增111辆公交车。能源、通信等基础设施加快建设，新建5G基站1125座、燃气管线63公里、充电桩449个。

2. 城市生态环境不断改善。坚持扬尘整治、科技治霾，攻坚臭氧防控，全年空气质量优良天数292天，同比增加14天，增幅排名全市第四，PM2.5、PM10浓度分别下降11.9%、8.2%，空气质量显著提升。深入实施河长制管理，扎实开展西江河综合治理，扩能提标污水处理厂7座，基本实现污水全收集、处理全达标，青白江断面平均水质为Ⅱ类，毗河、西江河断面平均水质为Ⅲ类，水质环境不断改善。全域增绿有力推进，新增绿地50公顷，新增立体绿化面积8000平方米，“5分钟见绿、10分钟见园、20分钟见林”的三级绿化体系加快构建。

3. 城市治理体系不断优化。实施香城细管“九大策略”，以城市治理“精细实”推动城市生活“洁序美”，在506条街道推行“街长制”，治理“堵违脏乱差”问题31.8万个，打造“上班的路”“回家的路”50条，口袋公园、可食地景26个。持续推进“五大行动”，改造老旧院落11个，整治背街小巷6条，五龙山国际化社区等23个示范社区（小区）加快建设。坚持党建引领共建共治共享，深化“三联＋”工作机制，创新“丰行侠”共治共管模式，“随手拍”平台解决群众反映问题7100余个。扎实抓好防风险、保安全、护稳定各项工作，突出信访问题清单任务化解率100%，群体性事件、信访总量分别下降23.8%、10.8%，社区矫正“异地托管”模式入选全国城乡疫情防控优秀案例，连续三年获评“四川省维稳工作先进区”，在全省率先建设省级安全发展示范城市，全区未发生较大以上生产安全事故，安全形势总体平稳向好。

4. 社会民生保障不断完善。完成省、市、区民生实事101项，111个公服“三年攻坚”项目竣工，荣获全国“2020民生示范工程”奖，城乡居民收入分别增长5.9%、8.5%。社保覆盖率持续保持较高水平，城乡居民养老保险、医疗保险参保率分别达90%、98%。抓好稳岗就业，制定“惠企抗疫14条”，落实稳岗补贴、社保减免近11.4亿元，上线“香城职通车”程序，举办线上线下招聘会25场，发布岗位2.7万个，城镇登记失业率控制在1.6%较低水平。落实惠民教育，完成大丰中学等15个学校新（改扩）建，新增学位5000余个，公办学前教育学位占比50%以上。建设健康新都，区第二人民医院迁建等5个项目有序推进，10所医疗卫生机构核酸检测实验室投入使用；养老服务体系更加完善，城乡社区养老服务设施覆盖率分别达100%、80%。低保救助、特困供养、医疗救助等各类救助扎实推进，发放救助金4117.2万元。完成简阳、理塘产业帮扶项目25个，拨付资金1449万元，对口帮扶地区顺利通过脱贫攻坚普查验收。

我们也清醒看到前进道路上的困难和挑战：疫情变化和外部环境存在诸多不确定性，创新活力还需进一步激发，资源集约利用度不高，新动能培育仍需加力加劲，传统产业转型升级任重道远，生态环境保护任务艰巨，社会治理存在短板，民生社会事业发展还不平衡不充分，城市韧性安全水平还不够高。我们将采取有力措施，推动上述问题逐步解决和改善。

## 二、2021年经济社会发展目标建议

2021年是中国共产党成立100周年，是“十四五”规划开局和两个百年目标交汇与转换之年，做好今年各项工作至关重要、意义重大。今年工作的指导思想是：坚持以习近平新时代中国特色社会主义思想为指导，深入贯彻党的十九大和十九届二中、三中、四中、五中全会及中央经济工作会议精神，坚持稳中求进工作总基调，以建设践行新发展理念的公园城市示范区为统领，以推动成渝地区双城经济圈、成德同城化、大港区一体化建设为战略牵引，以深化供给侧结构性改革为主线，以改革创新为根本动力，以实施幸福美好生活十大工程提升市民和市场主体获得感为目的，以“四件大事”为抓手，围绕协同共兴、产业升级、创新驱动、公园营城、共享发展、系统治理“六大任务”攻坚提质，更好统筹发展和安全，巩固拓展疫情防控和经济社会发展成果，扎实做好“六稳”工作，全面落实“六保”任务，以数字化转型为基础，持续增强支撑高质量发展的现代产业体系、创新体系和城市治理体系优势，确保“十四五”开好局起好步，加快打造成都都市圈重要增长极和强劲动力源，以优异成绩庆祝建党100周年。

在综合分析宏观经济形势和自身发展环境的基础上，结合疫情反复性对新都区经济社会发展的影响，建议2021年经济社会发展主要预期目标为：

——经济发展方面，地区生产总值增长7.6%，其中，第一产业增加值增长2.1%，规模以上工业增加值增长8.2%，第三产业增加值增长8.8%；固定资产投资总额增长8.5%；社会消费品零售总额增长10%；常住人口城镇化率75.5%；地方一般公共预算收入增长5%。

——创新驱动方面，先进生产性服务业增加值占服务业增加值比重31%；数字经济核心产业增加值占地区生产总值比重与全市增长保持一致；全社会研发投入增长13%。

——民生福祉方面，城镇常住居民人均可支配收入增长7.8%；农村常住居民人均可支配收入增长8.2%；城镇调查失业率控制在5%以内。

——绿色生态方面，单位地区生产总值能源消耗降低、单位地区生产总值二氧化碳排放降低、主要污染物排放总量降低以市上下达目标为准；空气质量优良天数比率不低于76.5%。

——安全保障方面，粮食播种面积29.01万亩；新建高标准农田、粮食储备量、能源综合保障能力以市上下达目标为准。

## 三、2021年经济社会发展主要工作

### （一）抓实常态化疫情防控，创造有利发展条件

践行“人民至上、生命至上”要求，扎实开展“体检”疫情防控十项基础工作。细化人、物、环境同防举措，全面加强冷链食品、中高风险地区抵蓉物资全链条防控，切实加强隔离酒店防控，严格规范隔离点医疗及生活垃圾收集、转运和处置。严格执行小区院落防控措施，做好医院诊所、交通枢纽、学校等重点区域疫情防控，科学制定大运会疫情防控工作方案，做好相关处置预案。强化防控物资储备，加快构建全员核酸检测能力，有序推动9类重点人群新冠肺炎疫苗接种工作。加快疫情防控定点医院、发热门诊等规范建设，督促落实各项院感防控制度，严格执行发热病人闭环管理要求。纵深推动“六稳”“六保”任务落地落实，为推动新都高质量发展创造有利条件。

### （二）融入双循环发展格局，夯实发展基础

1. 扩大有效投资。加大项目投资力度，围绕产业功能区、城市片区有机更新、民生改善等投资主战场，加大主导产业、“两新一重”等项目投资力度，策划实施一批补短板强功能基础设施项目，力争全年实施重点项目150个以上，49个市重点项目完成投资163亿元。持续开展项目招引攻坚行动，围绕主导产业强链补链，精准绘制招商全景图，力争签约引进重大项目18个，实际到位内资172亿元，增强城市发展支撑力和经济恢复驱动力。持续优化项目服务，深化企业投资项目承诺制改革、工程建设项目审批制改革，完善招商引资落地转换机制，推进科成云、优炫等项目加快建设，尽快形成投资实物量，夯实投资支撑。

2. 推动消费升级。紧扣建设成北消费中心目标，拓展高品质消费空间，推进七一·苏宁商圈提档升

级，带动新老城区传统商圈再现活力；加快旭辉广场、多弗奥特莱斯等项目建设，力争沸腾里、沸腾乡野项目在大运会前投入运营，规划建设五龙山汽车主题公园、东方汽车综合服务园，打造特色商业街区7条、培育特色小店2家、新增首店4家；创新发展社区商业，提升15分钟社区生活服务圈品质，实现社会消费品零售总额增长10%。培育多元化消费场景，深化“公园+绿道+特色小镇+林盘”的串联模式，提升首店经济、夜间经济、后街经济、假日经济等业态品质；以节促展、以城带乡，进一步释放汽车、餐饮、家具家电等消费潜力，力争接待旅客人数、旅游收入均增长10%。

3. 扩大开放格局。抢抓“一带一路”建设、西部陆海新通道建设机遇，深度链接“蓉欧+”，推动轨道交通、航空、家居等适欧适铁产业拓展海外市场，布局发展出口替代型加工业和商贸服务业，支持新图新材料、科伦医贸等外贸企业提能增效，力争进出口总额增长10%以上。强化对外交流合作，以大运会为契机，做好城市营销，积极参加2021中国—东盟博览会、第四届中国国际进口博览会等国际交流展会活动；加快中日（成都）城市建设和现代服务业开放合作示范项目建设。

4. 深化区域合作。深度参与“双城记”，与重庆九龙坡区合力打造跨区域产业生态圈和创新生态链，在轻量化材料、装备制造等产业领域互补配套，建立轨道交通两地市场共享机制，共建航空产业供应链企业交流平台，在巴蜀文旅走廊、TOD综合开发等领域互动合作，共建成渝地区双城经济圈协同发展示范区。深度融入“同城化”，深化与德阳在能源装备、现代物流等领域合作，搭建航空产业人才合作交流平台，与广汉共建油服装备制造产业基地，策划串联大熊猫基地、三星堆、宝光寺、沸腾小镇精品旅游线路；加快天府大道北延线建设进度，开展北延线片区规划编制。深度推进“一体化”，积极融入金青新大港区建设，提高“五个一体化”水平，围绕路港枢纽做大做强轨交、航空等先进制造业，培育涉外、商务、金融服务等专业服务业，推进成南高速E线加快建设，金凤凰高架新都段年底通车，打通区域断头路7条，提升联通大港区通行能力。

**（三）提升产业体系发展能级，厚植竞争优势**

1. 变革经济组织方式。以产业生态圈为引领，以产业功能区为载体，推进经济组织方式变革。推动现代交通产业功能区起势成型，加快石板滩悦动新城崛起发展，年内新改扩建骨干路网16公里，完善“大交通”；加快狄邦肯思学校、新城市民中心等项目建设，力促航空产业园标准化厂房二期建成投用、三期启动建设，完善“大配套”；推动西江河水系沿线整治，完成石木路及兴业大道景观打造，完善“大生态”。高质量编制工业东区片区更新规划，推动智慧物流产业园有机更新，加快物流去仓储化进程，沿毗河生态走廊植入“公园+”消费新场景，推进生态型总部经济集聚区和廖家湾TOD站点建设，新建源上湾等商业综合体4个，盘活闲置楼宇6万余平方米，清理传统低效物流仓储用地700亩以上，提升要素资源集成力和人口经济承载力。推动智能家居产业城提档升级，加快新繁繁邑新城复兴发展，建设商务服务中心，实施新繁北一环、东环路道等4条主干道路改扩建工程，全面完成老成彭路改造，全面提升城市品质。

2. 深耕制造业细分领域。聚焦动车组造修与新制式，做强轨道交通产业。争取CRH6A-A型城际动车组本地化制造落地，推进厚普国际氢能产业园落地建设，加快发展氢能源等新制式轨交装备；前瞻布局川藏铁路先进轨道交通产业园，提升川藏铁路领域新都显示度。聚焦航空燃机与大部件，做大航空产业。推动成都航空产业园建成投运，保障大飞机机头项目顺利投产，加快建设燃机核心装备研制中心，规划建设航空产教园、成都智能制造装备产业园，开拓无人机及通航动力市场。聚焦智能制造与智慧家居，激活家具产业。深化与电子科技大学、深圳室内设计师协会等合作，加速华为智能家居创新中心、中电光谷项目落地，加快西部智能国际工业博览中心建设。聚焦技改扩能与品牌营销，赋能传统优势产业。加快食品、医药等产业关键技术、先进工艺高端化改造以及相关流程、产品、模式创新，引导7家以上企业建设数字车间、灯塔工厂，迈向价值链高端。

3. 突出发展先进生产性服务业。做强专业技术服务，争取动车组240万公里高级修资质，加快“四中心”“四平台”建设，完善NQI体系，支持JRCC做大做强，打造现代交通装备制造创新策源地。做强油气科技服务，依托西南石油大学，构建“一校一城一镇两基地”产业格局，推进捷贝通、华油能源等项目落地建设，打造国际油服产业集聚区。做强特色金融服务，依托蓉欧铁路港发展供应链金融，谋划布局跨境贸易结算中心与青白江自贸区联动；力争新认证绿色企业、绿色项目20个，加大新申绿色创投基金投放力度，构建区域金融服务中心。做强现代物流服务，加快发展城市配送、第四方物流等新模式，延伸发展物流金融、数字物流等新业态，打造综合型智慧物流先行区。规划建设香投大厦、香城孵化中心等甲级写字楼，全面提升楼宇经济承载能力。

4. 大力培育新经济新业态。以数字信息为主攻方向，力促IBM等项目签约落地、拓米智能制造等项目竣工投产，推动永峰科技智能化升级，支持电子竞技、音乐文创等业态蓬勃发展。推进“场景营城·产业赋能”行动，打造餐厨垃圾“无废处置”等应用场景示范项目，健全新经济城市机会清单工作机制，壮大“独角兽/行业领军企业＋准独角兽＋种子企业”发展梯队，力争新增新经济企业1500家，企业接受风险投资件数增长10%，在成都市“双千”发布会发布20个场景、40个产品，入选成都新经济“双百工程”企业1家以上。

**（四）持续深化改革创新，提升发展动能**

1. 深化创新驱动发展。打通协同创新通道，构建环西南石油大学高校知识经济圈，加快西南交大科技园、新都哈工焊接产业园等项目建设；与上海交大、拓璞数控共建“两院两中心”，攻关航空产业“卡脖子”技术难题;学习深圳“6个90%”经验，推行科技攻关“揭榜挂帅”机制，鼓励企业加大研发投入，高新技术企业突破180家。加快创新成果转化，探索建设科技成果评估交易统筹协调与服务平台，从产业契合度、转化成熟度等方面挖掘和支持辖区院校企业科技成果转化，力争万人有效发明专利突破28.5件，科技项目立项突破60项，技术合同交易额突破15亿元。优化创新载体，推进不低于40万平方米高品质科创空间建设，加快向企业综合服务、产业链资源整合、价值再造平台转型；发展总部林盘，推进林盘与产业嫁接，打造环境优美高附加值产业区域。

2. 优化国际营商环境。实施国际化营商环境3.0版，深化“放管服”改革，实行“企业管家”，提供“一对一”精准服务，实现企业办事不出功能区；推进“一网通办、一网统管、一键回应”四级全覆盖，提高利企便民水平。加强市场主体培育，贯彻落实各项减税降费政策，加快推进涉企行政事业性收费零收费，切实降低企业经营成本；构建亲清政商关系，完善领导干部挂钩联系企业制度，大力弘扬和激励企业家精神。启动新一轮五项制度改革，深化国资国企改革，推动区属国有企业由功能平台型企业向专业化现代化企业转型，力争新增1家AA＋信用评级公司；推动产业功能区去行政化改革，加快构建“管委会＋平台公司＋专业公司”体制机制。

3. 做好要素配置保障。落实省市关于构建更加完善的要素市场化配置体制工作要求，引导人才、土地、资本等要素协同向先进生产力集聚。优化人力资源配置，深入实施“香城英才计划”“产业生态圈人才计划”，用活用好人才新政2.0，编制发布《新都区产业人才目录》，引进一批急需紧缺人才、行业领军人才，加大人才在教育、医疗、住房安居等方面保障力度。保障项目用地需求，推进新型产业用地（MO）、标准地供地政策落实，完善产业功能区“亩均论英雄”考评机制，盘活低效闲置用地1000亩以上，开展三个功能区片区开发土地征收工作，扭转“项目等空间”被动局面。缓解企业发展融资难题，加大金融机构对接力度，举办产融对接会10场，用好“壮大贷”“蓉易贷”等金融产品；按照“深耕本土、母子协同”思路进一步做大主导产业细分领域各项基金规模，成就投资回报与产业培育的双赢局面；研究制定经济证券化递增行动计划，助推裕鸢航空等4家企业申报上市。

**（五）营建高品质宜居环境，重塑城市价值**

1. 优化城市空间形态。坚定落实“北改”“中优”部署，把握天府大道北延线经济带、毗河公园产业带、锦城公园生活带未来走势，修编《国土空间规划》。高标准打造以香城中心为核心的新都城区，统筹打造以石板滩悦动新城为核心的东部发展翼、以新繁繁邑新城为核心的西部发展翼，推动重要功能设施沿天府大道蓉北中轴、蓉都大道城市主轴布局，高水平推动清源路等七大片区综合开发，加快形成“一城两翼、一带双轴”的全域空间结构。探索EOD城市开发模式，推动新增商住用地、公服用地向锦城公园两侧集中布局，打造“身在公园、春暖花开”的高品质宜居生活场景。提升城市魅力，深入实施香城细管，广泛发动群众参与治乱拆违、立面整治、植绿增景，理顺道路体系、优化交通组织、推进街区一体化，加快主城区货车分流，开展标志性建筑、精品橱窗、“金角银边”设计。

2. 完善城市基础设施。深入实施“快联内畅贯通”工程，推动成绵高速第二复线、成金简等跨区高快速路启动建设，启动围城路下穿宝成铁路及货运大道隧道节点工程，加快贯通金新路、天歌路等7条断头路，加快学院西路等7条道路改造，提升东西向交通转换效率。推进地铁27号、8号线二期延伸线建设，优化公交线路12条，新（改）建公交站亭20个，新增智慧停车位1000个以上，构建轨道公交慢行“三网融合”的城市动脉。加快布局5G、数据中心、工业互联网等新型基础设施，新建5G基站300个，实现产业功能区和龙头企业“双千兆”网络覆盖。加快布局“一院五馆”等高品质公共服务设施，推进香城体育中心按期交付运营及周边环境改造提升，切实完善城市功能品质。

3. 强化生态文明建设。扎实推进中央环保督察“回头看”及长江经济带生态环境问题整改，做好省督迎检工作。筑牢城北生态屏障，合理规划蓝绿空间，构建“三廊三环三脉”生态格局，启动建设白鹤岛生态湿地公园、泥巴沱森林公园二期等项目，建成泥巴沱体育运动公园，新增绿地面积30万平方米，新建绿道20公里，小游园微绿地5个，打造公园城市示范街区2条。坚决打好大气、水、土壤污染防治“三大战役”，持续开展城市“清尘行动”，严控VOCs和NOx排放，空气质量优良天数比例不低于76.5%；开展重要河道及主要支流入河排污口排查工作，力争地表水考核断面年度水质目标达标率100%；保障辖区内土壤环境持续安全稳定。

4. 提升城市人文魅力。推进文创产业发展，完善文化产业发展扶持政策，加快欧瑞文旅等项目落地，超线公园、国际轮滑中心等项目建设，实现文创产业增加值占地区生产总值比重同比提高0.5个百分点。抓好文化传承，开展历史名人传承创新工程，推动艾芜、宝光等文化资源转化，开展龙藏寺等历史建筑保护修复，加快创建天府旅游名城。提升城市人文气质，加快三河、大丰等各镇街文化馆、图书馆分馆建设，打造升庵书香公园、艾芜耕读公园，推进新老城区重要节点功能重塑、建筑色彩风貌设计。增强办赛营城能力，承办好大运会新都赛事任务；谋划“后大运”经济，加快发展旱雪、乒乓球、轮滑等特色体育，策划举办一批全国性体育赛事，推动体育事业向体育产业升级。

5. 推动城乡融合发展。全面推进乡村振兴，加快发展都市现代农业，开展耕地“非农化”“非耕化”专项整治，抓实“米袋子”“菜篮子”工程。与乡伴文旅集团等专业团队合作，对乡村资源进行集成式运作、连片化打造，加快花舞木兰、兴城足球等项目开工，尖锋运动公园、芳华微马公园等项目建设，川音艺谷、白家大院、泉印心都等精品林盘打造，建设天府大道北延线城乡融合发展示范带。补齐农村基础设施建设短板，实施农村公路建设、旧危桥改造等工程，抓好“美丽蓉城·宜居乡村”示范村和“最美院落”建设。深化农业农村改革，探索构建“政府＋社会资本＋集体经济组织”等联建联营模式，盘活农村闲置农房、院落等资源，强化土地流转风险防控。

**（六）完善均衡化优质公服，增进群众福祉**

1. 完善社会保障体系。坚持就业优先战略，实施“创业新都”行动计划，打造“1239”人力资源服务体系，强化青年大学生等重点群体就业援助和托底帮扶，确保“零就业”家庭动态清零，城镇新增就业5000人，城镇调查失业率控制在5%以内，城乡居民收入增长和经济增长同步。健全多层次社会保障体系，保持城乡居民基本养老保险参保覆盖率90%以上，基本医疗保险参保率99%以上。优化住房保障，坚持“房住不炒”定位，持续推进“租、售、改”三位一体和“双限地”上市，有序推进金色香郡、幸福苑等15个安置小区建设。加强社会救助、法律援助，完善困难家庭救助、困难群众维权、特殊群体儿童关爱保护、量体裁衣式残疾人服务和优抚安置等机制。持续抓好对口帮扶，巩固提升脱贫攻坚成果。

2. 优化公共服务供给。推动教育优质均衡发展，解决“大班额”“择校热”问题，完善现代学校管理制度，稳步提升学前教育、义务教育、高中教育质量，加快实施北星中学、新城小学等19个学校新（改、扩）建项目，确保11所学校竣工，新增学位13650个，全力支持成都医学院晋升医科大学。优化医疗资源配置，深化现代医院管理制度改革，打造中医康养社区，加快实施区第二人民医院、木兰卫生院等6个医疗卫生项目新（迁、扩）建，启动疾控中心创建三甲工作，不断提升公共卫生服务水平。深化养老服务改革，统筹抓好养老基础设施建设及养老产业市场化拓展，发展银发经济，推进“智慧养老”试点及家庭照护床位试点，建设医养融合的养老服务体系。

3. 提升城市治理水平。深化社区发展治理，培养壮大社区服务组织和志愿者队伍，拓展“丰行侠”等社会力量参与渠道，构建党建引领的“一核多元、共享共治”治理体系，加快“一线两廊四片”基层治理项目建设。推进主城区出入口节点改造提升、成绵高速沿线风貌整治等项目建设，开展20个老旧院落、6个背街小巷整治，压实“街长制”管理责任。深化平安新都、法治新都建设，全面深化依法治区，推动法治政府建设率先突破、提质增效。推进扫黑除恶常态化，全面开展“三张清单”专项行动，为建党100周年、大运会举办营造和谐安宁的社会环境。持续以清单制管理推进安全发展示范城市建设，强化城市防灾抗灾减灾能力，坚决守住社会稳定、安全生产、食品药品安全底线，确保城市平安、市民心安。

## 名词解释

**六稳**：稳就业、稳金融、稳外贸、稳外资、稳投资、稳预期。

**六保**：保居民就业、保基本民生、保市场主体、保粮食能源安全、保产业链供应链稳定、保基层运转。

**四级包干**：区领导包镇（街道），镇（街道）干部包村（社区），村（社区）干部包片，网格包楼栋住户。

**十项基础工作**：全面深入开展隔离酒店自查整改、全面加强医疗机构和个体诊所防控、严格监管冷链食品风险、加强交通口岸防控管理、落实好特殊重点机构防控措施、压紧机关企事业单位防控责任、持续做好社区防控工作、持续加强文化旅游消费娱乐场所防控、加强防控物资储备管理、加强预警监测和信息发布。

**JRCC**：交铁检验认证中心（JRCC）是经国家认监委批准（批准号CNCA-R-2017-317），依托西南交通大学轨道交通行业领先背景成立的认证机构。

**绿蓉通**：绿蓉通平台是由新都区为推动金融支持中小微企业发展、优化营商环境打造的24小时线上金融超市。

**三品一标**：无公害农产品、绿色食品、有机农产品和农产品地理标志。

**三圈融合**：把产业功能区建设成为有核心竞争力的高质量主导产业圈、宜居宜业的高品质产业人生活圈和专业化的高效率营商服务圈。

**海智计划**：海外智力为国服务行动计划简称。

**四件大事**：唱好“双城记”、服务新格局、建好示范区、办好大运会。

**两新一重**：新型基础设施建设，新型城镇化建设，交通、水利等重大工程建设。

**TOD**：英文“Transit Oriented Development”的缩写，指以公共交通为导向的发展方式。

**五个一体化**：基础设施一体化、产业链协作一体化、公共服务共享一体化、政策协同一体化、空间布局一体化。

**四中心**：物料中心、检测中心、热表中心和交付中心。

**四平台**：优化工艺流程、维保生产设备、提升核心效率的园区数字化创新服务平台，服务航空产品质量和安全的共享云平台，服务信息采集、分析和存储的科成云大数据平台，服务生产过程能源管理和综合解决方案的川能智网创新平台。

**NQI**：英文“National Quality Infrastructure”的缩写，指国家质量基础设施。

**一校一城一镇两基地**：西南石油大学、国际油服科创城、“油服＋农旅”特色小镇、油气装备制造与技术服务基地。

**双百工程**：新经济百家企业和百名人才的培育培养工作。

**两院两中心**：航空先进制造工艺研究院、高端智能数控装备研究院，全自主可控国产化航空航天零部件加工示范中心、国产化高端数控装备配套产业中心。

**6个90%**：90%以上的创新型企业是本土企业、90%以上的研发机构设立在企业、90%以上的研发人员集中在企业、90%以上的研发资金来源于企业、90%以上的职务发明专利出自于企业、90%以上的重大科技项目发明专利来源于龙头企业。

**五项制度改革**：以绩效为导向的财政预算制度改革、以效率为导向的国资经营评价制度改革、以产出为导向的土地资源配置制度改革、以利民为导向的基本公共服务清单管理和动态调整制度改革、以成长为导向的企业扶持激励制度改革。

**七大片区**：老工业区、沱江、团结、新东、清源路、医学院站、泥巴沱（海都路站）。

**一院五馆**：剧院、图书馆、文化馆、美术馆、博物馆、档案馆。

**三廊三环三脉**：3条市级风廊，分别为成彭通风廊道、成新通风廊道、新青通风廊道；3条市级生态环，分别为环城生态区、五环生态带、二绕生态带；3条重要水系脉络，分别为毗河、青白江、西江河。

**1239**：打造1个中心，即人力资源服务平台；实施2种手段，即人力资源服务大厅与“香城职通车”小程序；延伸3个产业功能区；覆盖9个镇（街道）。

**双限地**：限地价、限房价。

**一线两廊四片**：超线公园、“珠链锦绣”乡村治理示范廊、“烟火沸腾”场景营建示范廊、“锦簇桂东”老旧小区治理示范片、“幸福高堆”农集区治理示范片、“和乐太平”三区融合示范片以及“精治静安”城市有机更新示范片。

**三张清单**：重大风险清单、历史遗留问题清单、突出信访问题清单。

## 附件一

**2020年新都区国民经济和社会发展主要指标完成情况表**

表35

| 指标名称 | 完成情况 | | 计划目标 | | 与目标差距（百分点） |
|---|---|---|---|---|---|
| | 绝对值 | 增速（%） | 绝对值 | 增速（%） | |
| 一、地区生产总值（亿元） | 877.9 | 5.2 | — | 4 | 超1.2个 |
| 第一产业增加值（亿元） | 36.9 | 3.8 | — | 1.8 | 超2个 |
| 第二产业增加值（亿元） | 275.1 | 3.6 | — | 1.2 | 超2.4个 |
| 规模以上工业增加值（亿元） | — | 6.9 | — | 5.5 | 超1.4个 |
| 第三产业增加值（亿元） | 565.9 | 6.5 | — | 5 | 超1.5个 |
| 二、固定资产投资总额（亿元） | — | 10.9 | — | 8 | 超2.9个 |
| 三、社会消费品零售总额（亿元） | 302.7 | -1.7 | — | 5.5 | 短7.2个 |
| 四、一般公共预算收入（亿元） | 67.6 | 12.6 | — | 3 | 超9.6个 |
| 五、城镇化率（%）* | 75 | — | 提高0.5个百分点 | | 完成计划目标 |
| 六、万元地区生产总值能耗降低（%）* | 完成市级下达目标 | | 按市级目标完成 | | 完成计划目标 |

续表35

| 指标名称 | | 完成情况 | | 计划目标 | | 与目标差距（百分点） |
|---|---|---|---|---|---|---|
| | | 绝对值 | 增速（%） | 绝对值 | 增速（%） | |
| 七、主要污染物排放总量降低（t）* | 化学需氧量（t） | 完成市级下达目标 | | 按市级目标完成 | | 完成计划目标 |
| | 氨氮（$NH_3$-N）（t） | | | | | |
| | 二氧化硫（$SO_2$）（t） | | | | | |
| | 氮氧化物（t） | | | | | |
| 八、城镇常住居民人均可支配收入（元） | | 50089 | 5.9 | — | 4.8 | 超1.1个 |
| 九、农村常住居民人均可支配收入（元） | | 29547 | 8.5 | — | 略高于经济增长水平 | 超3.3个 |
| 十、城镇登记失业率（%） | | 1.6 | — | ＜4 | — | 控制在计划目标内 |
| 十一、人口自然增长率（‰） | | 7 | — | ＜7 | — | 控制在计划目标内 |

说明：1. 地区生产总值绝对数按现价计算，增长速度按可比价计算
2. 城镇化率按常住人口计算
3. "★" 指标均为预计完成情况

附件二

## 新都区未完成2020年计划目标的指标说明

2020年，全区实现社会消费品零售总额302.7亿元，下降1.7%，增速位列全市第8，超全国2.2个百分点、全省0.7个百分点、全市0.6个百分点，短区级目标7.2个百分点。主要原因是：服务业中的批零住餐等消费领域受新冠疫情冲击影响最大，目前仍未恢复到正常水平。其中，住宿业增长–32.7%，增速下降38.3个百分点；零售业增长3.9%，增速下降2.9个百分点，汽车销售作为主要支柱行业，虽然在系列促消费活动和稳增长政策推动下，增幅有所回升，但仍未达到预期。

附件三

2021年新都区国民经济和社会发展计划表

表36

| 类型 | 指标名称 | 2021年计划目标 | | 2020年完成情况 | |
|---|---|---|---|---|---|
| | | 总量 | 增长（%） | 总量 | 增长（%） |
| 经济发展 | 一、地区生产总值（亿元） | — | 7.6 | 877.9 | 5.2 |
| | 第一产业增加值（亿元） | — | 2.1 | 36.9 | 3.8 |
| | 规模以上工业增加值（亿元） | — | 8.2 | — | 6.9 |
| | 第三产业增加值（亿元） | — | 8.8 | 565.9 | 6.5 |
| | 二、固定资产投资总额（亿元） | — | 8.5 | — | 10.9 |
| | 三、社会消费品零售总额（亿元） | — | 10 | 302.7 | -1.7 |
| | 四、常住人口城镇化率（%） | 75.5 | — | 75* | — |
| | 五、地方一般公共预算收入（亿元） | — | 5 | 67.6 | 12..6 |
| 创新驱动 | 六、先进生产性服务业增加值占服务业增加值比重（%） | 31 | — | 29.8* | — |
| | 七、数字经济核心产业增加值占地区生产总值比重（%） | 与全市增长趋势一致 | — | — | — |

续表36

| 类型 | 指标名称 | | | 2021年计划目标 | | 2020年完成情况 | |
|---|---|---|---|---|---|---|---|
| | | | | 总量 | 增长（%） | 总量 | 增长（%） |
| | 八、全社会研发投入增长（%） | | | — | 13 | — | 8* |
| 民生福祉 | 九、城镇居民人均可支配收入（元） | | | — | 7.8 | — | 5.9 |
| | 农村居民人均可支配收入（元） | | | — | 8.2 | — | 8.5 |
| | 十、城镇调查失业率（%） | | | 5 | — | 5 | — |
| 绿色生态 | 十一、节能减排和环境保护 | 单位地区生产总值能源消耗降低（%） | | 以市上目标下达为准 | | 完成市上目标任务 | |
| | | 单位地区生产总值二氧化碳排放降低（%） | | | | | |
| | | 主要污染物排放总量降低（%） | 化学需氧量 | | | | |
| | | | 氨氮（NH3-N） | | | | |
| | | | 二氧化硫（$SO_2$） | | | | |
| | | | 氮氧化物 | | | | |
| | | 空气质量优良天数比率（%） | | ≥ 76.5 | — | 79.8 | — |
| 安全保障 | 十二、粮食播种面积（万亩） | | | 29.01 | — | — | — |
| | 新建高标准农田（万亩） | | | 以市上下达目标为准 | | 1.7 | — |
| | 粮食储备量（万吨） | | | | | 完成市上目标任务 | |
| | 十三、能源综合保障能力（万吨标准煤） | | | | | | |

说明：标★号数据为预计数

附件四

## 近5年来主要经济指标走势

（单位:亿元、%）

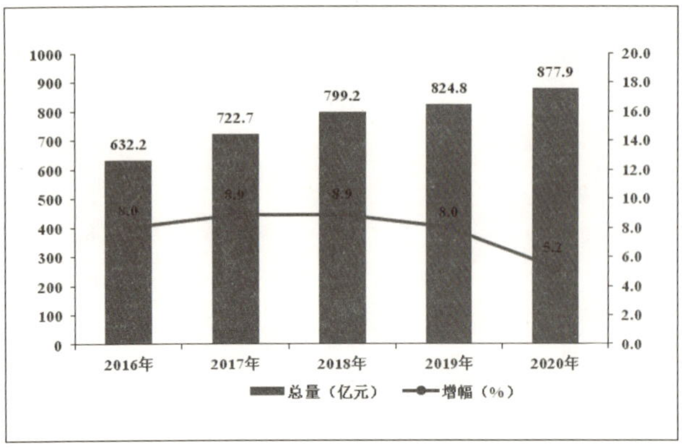


图1　近5年新都区地区生产总值及其增长速度示意图

（单位:亿元，%）

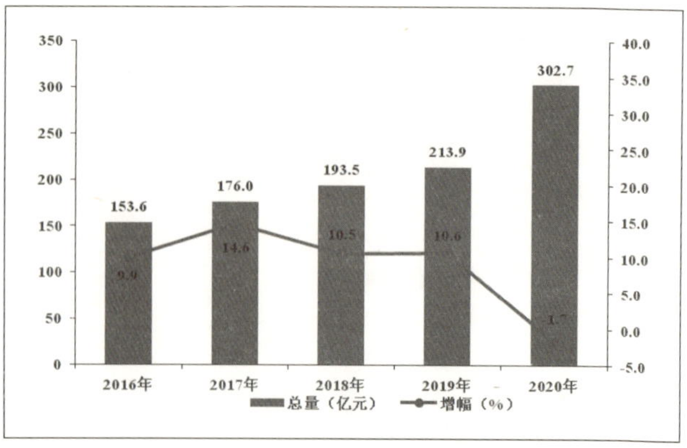


图2　近5年新都区社会消费品零售总额及其增长速度示意图

（单位:%）

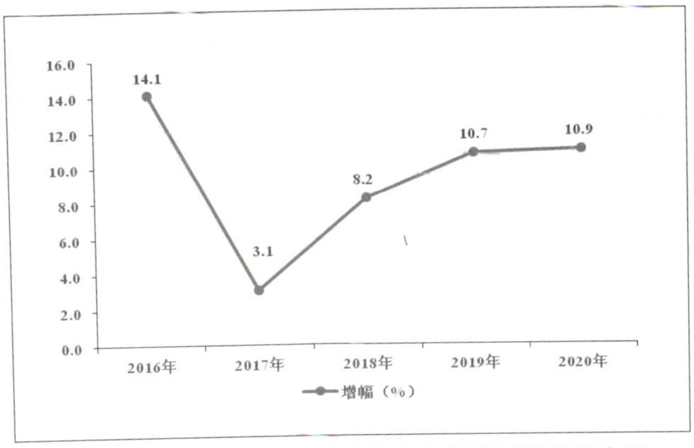


图3 近5年新都区固定资产投资总额增长速度示意图

（单位:元、%）

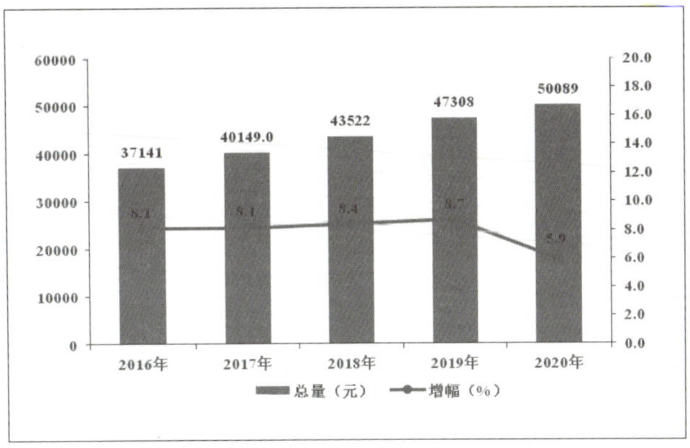


图4 近5年新都区城镇居民人均可支配收入及其增长速度示意图

（单位:元、%）

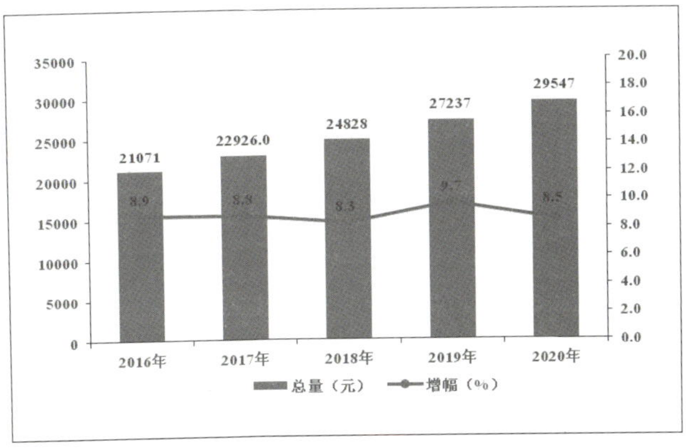


图5 近5年新都区农村居民人均可支配收入及其增长速度示意图

# 成都市新都区 2020 年财政预算执行情况和 2021 年财政预算草案的报告

——2021 年 2 月 22 日在成都市新都区第十八届人民代表大会第五次会议上

成都市新都区财政局

## 一、2020 年财政预算执行情况

2020 年，面对新冠疫情的冲击，经济下行压力加剧，财政平稳运行面临前所未有的困难和挑战。在区委坚强领导下，在区人大、区政协监督支持下，我们坚持以习近平新时代中国特色社会主义思想为指导，全面落实中央和省、市、区委决策部署，坚持稳中求进工作总基调，扎实做好“六稳”工作，全面落实“六保”任务，统筹推进疫情防控和经济社会发展，认真执行区十八届人大四次会议批准的财政预算，顺利完成全年各项目标任务。

**（一）一般公共预算。**2020 年，全区一般公共预算收入完成 67.6 亿元，占预算的 100.5%，增长 12.6%。加上上级补助收入、一般债务转贷收入、调入预算稳定调节基金、调入资金、上年结转等 73.7 亿元，收入总计 141.3 亿元。全区一般公共预算支出完成 104.2 亿元，占预算的 97.8%，增长 17.7%。加上上解市支出、一般债务还本支出、安排预算稳定调节基金等 34.8 亿元，支出总计 139.0 亿元。全区一般公共预算收支平衡，因项目跨年实施需要，结转下年继续使用 2.3 亿元。

**（二）政府性基金预算。**2020 年，全区政府性基金收入完成 75.8 亿元，占预算的 103.2%，增长 20.2%。加上上级补助收入、专项债券转贷收入、调入资金、上年结转等 23.9 亿元，收入总计 99.7 亿元。全区政府性基金支出完成 62.0 亿元，占预算的 73.9%，增长 27.9%。加上上解市支出、专项债券还本支出、调出资金等 36.8 亿元，支出总计 98.8 亿元。全区政府性基金预算收支平衡，年终结余 8529 万元。

**（三）国有资本经营预算。**2020 年，全区国有资本经营预算收入完成 7516 万元，占预算的 100%，增长 19.3%。加上上级补助收入 337 万元、上年结转收入 181 万元，收入总计 8034 万元。全区国有资本经营预算支出完成 1945 万元，占预算的 79.5%。加上调出资金 5571 万元，支出总计 7516 万元。全区国有资本经营预算收支平衡，年终结余 518 万元。

**（四）社会保险基金预算。**已全部由市级统筹，区级不再单独编列，社保基金收支情况以市级反馈数据为准。

特别需要报告的是：2020 年，动支预备费 1842 万元，主要用于新冠肺炎疫情防控、石板滩西江河防汛救灾工作。

以上预算收支数据为年末执行数，待市级批复 2020 年决算情况后，我们将及时将变化情况向区人大常委会报告。

## 二、2020 年财政重点工作和重点投入情况

面对特殊时期的财政收支矛盾，财政部门全面落实区委决策部署，坚定实施更加积极有为的财政政策，切实做好增收节支、减税降费、转变方式、风险防范等重点工作，研究出台一系列统筹支持疫情防控和经济社会发展的政策举措，财政运行逐季

转好，全力保障“六稳”“六保”，为推进经济稳中求进，确保“十三五”圆满收官提供坚实的财力保障。

**（一）围绕固本强基，夯实发展保障基础**

一是全力平衡财政收支。科学把握强化财政收入征管的“时、度、效”，加强和规范财政收入征管，加强税收政策研究，充分挖掘房地产业、头部企业等税收潜力；加快经营性用地供地节奏，加强土地出让款项催缴；合法合规盘活处置长期低效运转、闲置的经营性国有资产，增加财政收入。大力压减一般性支出，部门预算一般性支出在年初压减10%的基础上再压减10%，“三公”经费压减3%；强化预算硬性约束，严控追加预算，开展两次预算中期评估，收回财政资金5.9亿元，清理盘活部门存量资金1.2亿元，坚决取消不必要的支出，集中财力办好大事要事。

二是抢抓机遇向上争取。牢牢把握中央有关应对疫情防控、帮扶市场主体和困难群众，以及支持重大项目建设的政策红利，加大向上争取力度，全年共争取转移支付资金21.6亿元，其中，直达资金6.2亿元、特别国债资金2.9亿元，用于公共卫生体系和重大疫情防控救治体系建设、应急物资保障、困难群众救助、城乡义务教育补助、基本公共卫生服务补助等方面。强化项目储备和包装，积极争取政府债券资金支持，2020年发行新增债券10.2亿元，再融资债券13.3亿元。持续推广政府和社会资本合作，积极申报2020年省级财政支持政府与社会资本合作（PPP）综合补助资金，督促社会资本落实融资贷款利率定价方式转换，推动PPP项目融资适应利率市场化改革。

三是加快推进财政改革。继续推进以绩效为导向的财政预算制度改革，实施预算绩效信息化管理，首次将绩效目标与预算草案同步提交人大审查；建立绩效评估机制，对新出台政策、项目开展事前绩效评估；全面启动重点绩效评价，聚焦产业发展、民生保障、政府购买服务、地方政府专项债等领域，涉及财政资金19.9亿元，涵盖22个项目、7个部门。加强专项资金管理，健全专项资金管理办法，细化专项资金分配方案，提高财政资金使用效益。完成2019年政府财务报告编制。继续稳步推进财政电子票据管理改革。夯实镇级财政管理基础，强化乡镇财政资金监督，全力支持村（社区）体制机制改革。

**（二）围绕提振信心，全力维护社会稳定**

一是全力保障疫情所需。坚持疫情就是命令、防控就是责任，第一时间启动财政应急预案，按照“防控优先、分级保障”的原则，加强资金调度，开辟资金拨付“绿色通道”，简化资金拨付流程，确保全区各部门和镇（街道）疫情防控所需。按照“特事特办、急事急办”的原则，坚决落实疫情防控采购便利化政策，提高防控物资（服务）、工程的政府采购率，全力保障全区疫情防控的时效性。大力支持机场入境管理专班工作，做好境外来蓉人员服务管理。全年，共投入新冠疫情防控资金2.6亿元，主要用于设备和防控物资采购、核酸检测、重症病区改造等。积极落实疫情防控工作各项补助，其中，一线城乡社区工作人员补助1918万元、医务人员临时性补贴36万元、“应检尽检”核酸检测费1184万元。

二是大力支持经济复苏。围绕助力实体经济发展，打好财政政策组合拳，按照“应减尽减”的原则，继续落实落细新出台的减税降费政策，全年新增减税降费14.9亿元。全力推动省市区有关应对疫情稳定经济政策的落地落实，共兑现疫情扶持资金1158万元，提前半年兑付产业奖补扶持资金1.0亿元，惠及企业578户。表彰奖励2019年度经济贡献先进企业71户，进一步提振企业发展信心。继续推广“壮大贷”金融产品，全年共有22户企业通过“壮大贷”获得贷款3.5亿元。积极兑现财政金融互动奖补资金，完善融资担保体系，全年共19家企业获得财政金融互动奖补资金1960万元。

三是全面优化营商环境。发布《成都市新都区政府采购2020年度采购计划清单》，编制完成政府采购新都区营商环境3.0举措。大力推行“互联网+政府采购”融合发展，实现政府采购全过程在线操作。进一步精简采购流程，严格落实向中小微企业预留采购份额、价格评审优惠按最高上限10%执行等政府采购政策，落实精简证明材料、免收投标保证金等措施，全年政府采购授予中小微企业比率达90%以上，合同金额14.9亿元，占采购总金额的 94.0%。将疫情防控紧急采购项目纳入“政采贷”政策支持范围，增补 11 家银行作为“政采贷”政策合作银行，鼓励银行畅通“线上＋线下”双绿色通道，全年向 16 家中小微企业投放“政采贷”2032 万元。

**（三）围绕精准发力，助推经济平稳运行**

一是支持培育新兴增长极。财政投入 6179 万元，大力培植新税源。抢抓成渝地区双城经济圈建设和成德眉资同城化战略机遇，支持深化新都区与德阳市、重庆九龙坡区的区域合作，促进制造业、物流业、旅游业等融合发展。支持实施项目招引攻坚行动，加快新都区宣传和推介力度，积极开展新都区“中日示范项目”发展研究，支持提升新都投资软环境，参与拓米、捷贝通等重点税源企业招引政策制定。成立新都区财源建设工作领导小组，完善财源建设工作机制，牵头做好全区产业政策修订工作，探索建立“存量不动＋增量分成”财税利益分享机制，出台《新都区企业跨区（市）县迁移工作实施办法》，确保重点税源企业迁入（出）后新都区的财税利益。

二是支持构建现代化产业体系。优化财政产业投入结构，聚焦三大产业功能区、传统优势企业以及新兴服务业发展。财政投入 4.2 亿元，加快建设现代交通、智慧物流、智能家居三大产业功能区，着力促进中车机车、一汽解放汽车、传化物流等重点企业做大做强、能质提升，重点保障科伦药业、华润雪花、达利食品等头部企业应对疫情、平稳发展，推动希能能源、鸿昌塑胶、福斯汽车等传统企业技改扩能、持续发展。财政投入 1.3 亿元，大力支持发展新兴服务业，重点保障商贸物流融合发展，积极推动互联网＋城市营销，鼓励企业争创名优产品，拓展国外市场；积极开展“寻年味·潮新都”、首届汽车购物节等以节促销活动，激活城市消费新引擎，继续优化金融资源配置，提升金融服务实体经济能力。

三是支持科技创新和人才培育。财政投入资金 9915 万元，聚焦新经济、培育新动能。大力支持科技创新和高新技术产业发展和成果转化，加快推进云图控股省级工程技术研究中心、西南交大科技园等创新载体建设工作；支持实施高新技术企业倍增工程、新经济“梯度培育”和“双百工程”；深化校企融合发展，支持开展校企“双进”活动，推动实施校企合作项目；保障新经济政策落地落实，兑现各类奖补资金 1410 万元。加大人才引进力度，支持人才队伍建设，支持“蓉漂”活动，落实人才安居系列政策，全年兑付人才政策资助资金 1827 万元，推动创新创业资源要素向新都聚集。

**（四）围绕补短优能，推进公园城市建设**

一是支持强化生态文明建设。财政投入 7.3 亿元，支持坚决打好污染防治攻坚战。支持实施大气污染防治工程，重点开展治污减排、清洁降尘等行动，实施科技治霾，全年空气优良天数达 292 天。支持实施水污染防治工程，继续推进毗河流域水环境治理和西江河生态治理，保障河长制全面落实，加快推进城乡生活污水处理，支持河道水毁堤防灾后重建。支持实施土壤污染防治工程，确保土壤环境质量保持稳定。支持城市容貌综合治理，深入推进“两拆一增”，积极推动生活垃圾分类，新改建公厕 13 座。支持生态环境治理能力现代化建设，保障生态环境治理科研投入，逐步提高污染物处置能力。

二是支持提升城市功能品质。财政投入 17.7 亿元，支持高水平建设重大功能性基础设施和公共服务配套设施。继续实施公交惠民，落实公交运营补贴机制，强化公交场站和地铁站点、客运枢纽、绿道衔接，新开公交线路 2 条，优化调整 10 条。支持构建现代化交通体系，重点保障金凤凰高架新都段、天府大道北延线、地铁 8 号线和 27 号线等建设。支持完善城市公共服务设施，重点保障市容市貌治理、棚户区改造、TOD 项目、大运会跨区配套等建设。保障城市照明工程、毗河绿道、音乐文创公园、两湖湿地等市政设施维护。

三是支持实施乡村振兴战略。财政投入 4.6 亿元，全力推动城乡融合发展。大力支持提升农村人居环境，深入开展“垃圾、污水、厕所”革命，推进“三清四改”专项整治。保障川音艺谷、锦水公园等农商文旅体融合发展重点项目建设，支持打造特色小镇和推动川西林盘保护修复。全面提升农村基础设施建设，新改建农村公路8.2公里，积极保障区域生态供水，推动高标准农田建设。落实耕地地力保护和农机购置等惠民惠农补贴政策。开展农机购置补贴改革试点，全面完成农业水价综合改革。支持持续强化"米袋子""菜篮子"强基行动，狠抓生猪生产，主要农产品市场稳定。推动完善农村金融服务，政策性农业保险品种扩大为12个。支持实施脱贫攻坚战，全年投入简阳、理塘、凉山对口帮扶资金共计1449万元。

四是支持加强社会治理能力。财政投入13.2亿元，重点支持城乡社区治理，维护城市和市民安全。支持建设高品质和谐宜居生活社区，全力保障老旧院落改造、背街小巷整治、平安社区建设等；支持搭建以党建核心引领、协同联动共治的社会治理机制，保障专业化、职业化的社区专职工作队伍建设，切实提升社会现代化、城市精细化治理水平。持续深化平安新都建设，纵深推进扫黑除恶专项斗争，支持深入开展雪亮工程、维稳、禁毒、网格化服务管理等工作。支持加强市场监管，深入开展食品、医药器械、农产品等安全专项整治，支持完善应急保障体系，加强粮油等战略储备管理。支持推进网络理政，保障"蓉易办"平台搭建，切实提升政务服务质量。

**（五）围绕以人为本，切实增进民生福祉**

一是支持优先发展教育事业。财政投入20.0亿元，努力办好人民满意的教育。支持促进教育优质均衡、学位供给充足，确保教育投入实现两个"只增不减"。全面落实各项教育资助政策，积极落实各项教育减免和补助政策，全年减免学杂费、课本作业本费等1.7亿元，惠及学生13.7万人。继续推进现代教育制度改革，强化师资队伍建设，充实师资队伍力量。加强公办幼儿园投入力度，支持通过新建、回收、委托社会资源办学等方式，确保全区公办幼儿园比例达到50%。继续支持加强教育基础设施建设，改善现有办学环境，支持第五幼儿园、新新路小学、大丰中学等新（改扩）建工程，新增学位5000余个。

二是支持加快发展卫生健康事业。财政投入11.5亿元，推进卫生健康事业加快发展。支持基层医疗卫生机构硬件提升工程，不断提升基层医疗卫生机构服务能力，推进区医院、区第二人民医院等迁改建。继续实施免费婚前健康体检、新生儿疾病筛查、计划生育特殊家庭扶助关怀等惠民政策，城乡居民基本医疗保险财政补助标准提高到560元/人/年。加大对公共卫生的投入力度，人均基本公共卫生服务标准增加5元，全部用于新冠肺炎疫情防控工作。支持创建全省结核病综合防治示范区，全面推进国家中医药综合改革试验区建设，建立健全现代医院管理制度，开展紧密型县域医共体国家试点。

三是支持完善社会保障体系。财政投入13.9亿元，支持提升就业、社会保障水平。大力支持高校毕业生、农民工、贫困人口、退役军人等重点群体就业创业，兑现求职创业、技能提升、灵活就业等各类补贴1858万元，惠及8857人次。继续做好高技能人才工作，落实人才发展规划和"香城人才工程"等各项就业创业优惠政策。继续推进城乡居民养老保险制度全覆盖，大力支持残疾群体参加养老保险和医疗保险，由财政出资为19753名持证残疾人购买人身意外伤害保险。全力保障城乡低保人员、特困人员困难救助，为5.5万人次发放补贴4254万元。妥善解决1483名退役士兵社保接续问题。积极推进长期照护保险改革。支持实施康复辅助器具社区租赁试点，已建成7个租赁服务站、5个租赁服务点。

四是支持蓬勃发展文体事业。财政投入8578万元，大力发展文体事业。继续推动文化馆、图书馆总分馆建设，拓展延伸文化服务。围绕"音乐之都"建设，支持办好"快乐周末·百姓舞台""文化巴士·美育香城"等惠民活动，保障"成都文化四季风""四川民歌赛"等文化比赛顺利举办。支持完善各项旅游设施，加快建设成都全域旅游数据中心新都指点平台和旅游中心。全力保障大运会各项筹备工作，积极推动香城体育中心建设，支持引进成都国际轮滑中心等重点文体项目，加快推进尖锋旱雪项目提档升级；支持推进镇级全民健身中心和健身设施建设，努力构建15分钟体育公共服务圈。

**（六）围绕明责严纪，强化财政监管能力**

一是切实加强政府债务风险防控。加强债务风险动态监控，建立健全政府债务风险预警机制，防范化解地方政府债务风险。严格控制新增债务，使用规范举债方式积极向上争取政府债券额度，杜绝任何形式的违法违规举债行为，坚决遏制新增隐性债务。继续推动落实政府债务和隐性债务风险化解方案，建立债务风险台账，提前谋划明确偿债来源，多措并举化解存量债务，逐步降低债务风险。截至2020年底，新都区地方政府债务余额86.0亿元，控制在批准限额89.3亿元以内，尚有限额空间3.3亿元；按时按量完成隐性债务年度化解计划，债务风险总体可控。

二是继续强化财政监督管理。积极配合省委巡视组巡视新都工作，开展对区委巡察移交问题线索核查整改。常态化开展“双随机一公开”监督检查，加强对会计信息质量、严肃财经纪律的检查力度。深化拓展惠民惠农补贴资金“一卡通”问题治理成果，推动全面实现“一卡统”，全年共发放各类惠民补贴资金3.1亿元，受益群众95.6万人次。完成财政暂付款“三年攻坚”行动，全面消化财政暂付款1212万元。强化直达资金执行监管，清理规范预算单位往来款，加强和规范财政专户和预算单位银行账户管理。加强公务卡使用管理，全区183家预算单位实现公务卡全覆盖。继续规范政府采购行为，加强政府采购监督检查，全年共完成采购项目959个，节约采购资金7023万元，节约率4.3%。

三是大力开展财政法治建设。认真贯彻落实区十八届人大四次会议决议，主动向区人大及其常委会报告财政运行情况，全面落实2019年度区级财政预算执行和其他财政收支审计报告反映问题整改工作，自觉接受人大、政协、审计和社会各界监督。积极打造阳光财政，加大财政预决算和“三公”经费公开力度，进一步扩大公开范围，细化公开内容。持续深入推进财政“七五”普法工作，更好地发挥法治引领和规范作用。全年办结人大代表建议3件、政协委员提案5件，反馈满意率均为100%。

需要说明的是：以上财政重点支出统计中，部分项目存在归类口径交叉。

2020年是“十三五”收官之年。五年来，虽然经历诸多困难和挑战，但财政改革发展也取得重大成就。一是财政实力进一步提升。全区一般公共预算收入从50.1亿元提高到67.6亿元，年平均增幅超过8.7%，迈进60亿大关，实现历史性突破。二是财政支出重点更加突出。全区一般公共预算支出从56.4亿元提高到104.2亿元，年均增幅超过21.2%，五年来民生支出超过300亿元、产业支出超过30亿元，财政保障更加有力。三是财政积极政策精准发力。先后平稳实施“营改增”“资源税”等税制改革，减税降费力度空前，五年来累计减免税费超70亿元，极大地减轻企业负担，激发市场活力。四是财政管理水平全面提升。以绩效为导向的预算制度改革扎实推进，预算和绩效实现有效融合。新政府会计制度、电子票据改革、国库集中支付改革等顺利实施，财政管理基础更加牢固。

我们深刻地体会到，财政发展改革的成果来之不易，是区委坚强领导的结果，是区人大监督指导、区政协关心支持的结果，是全区各级各部门、各镇（街道）共同努力的结果。同时，我们也清醒地认识到，随着疫情进入常态化防控，宏观经济环境将更为复杂，新都区财政平衡面临收入质量不高、刚性支出不断增长、绩效状况有待改善等问题，我们将积极应对困难和挑战，采取有力措施，加强财政治理能力和支撑作用，推动问题逐步解决。

## 三、2021年财政预算草案

### （一）2021年财政预算安排的指导思想

坚持以习近平新时代中国特色社会主义思想为指导，深入贯彻党的十九大和十九届二中、三中、四中、五中全会及中央经济工作会议精神，坚持稳中求进工作总基调，以建设践行新发展理念的公园城市示范区为统领，以推动成渝地区双城经济圈、成德同城化、大港区一体化建设为战略牵引，以深化供给侧结构性改革为主线，以改革创新为根本动力，以实施幸福美好生活十大工程提升市民和市场主体获得感为目的，以“四件大事”为抓手，围绕协同共兴、产业升级、创新驱动、公园营城、共享发展、系统治理“六大任务”攻坚提质，更好统筹发展和安全，巩固拓展疫情防控和经济社会发展成果，扎实做好“六稳”工作，全面落实“六保”任务，确保“十四五”开好局起好步。积极的财政政策要提质增效、更可持续，严格落实党政机关“过紧日子”和“三保一优一防”要求，集中财力保障全区重大发展战略实施；进一步深化以绩效为导向的财政预算制度改革，完善能增能减、有保有压的预算分配机制，推动预算和绩效深度融合，全面提升财政资源配置效率和使用效益；增强忧患意识、树立底线思维，加强政府债务管理，坚决守住不发生系统性、区域性风险底线。

**（二）2021 年预算草案**

一般公共预算。2021 年，全区一般公共预算收入安排 71.0 亿元，增长 5.0%。加上预计的返还性收入、一般性转移支付收入、上年结余、动用预算稳定调节基金、调入资金等 41.1 亿元，减去上解市支出 7.7 亿元，相应安排一般公共预算支出 104.4 亿元。

政府性基金预算。2021 年，全区政府性基金收入安排 76.5 亿元。加上上年结转资金 8529 万元，减去上解市支出 1.8 亿元、专项债券还本支出 9000 万元，按照收支平衡和列收列支的原则，相应安排政府性基金支出 74.7 亿元。

国有资本经营预算。2021 年，全区国有资本经营收入安排 7200 万元，加上上级补助收入 273 万元、上年结转收入 518 万元，减去调出资金 2160 万元，相应安排国有资本经营支出 5831 万元。

社会保险基金预算。已全部由市级统筹，区级不再单独编列，社保基金收支情况以市级反馈数据为准。

**（三）2021 年预算安排重点**

坚持从严从紧、有保有压，量力而行、尽力而为的原则，在落实“三保”刚性支出以及既定的重大项目和政策支出基础上，集中财力用于保障全区重大决策部署落实，重点围绕产业发展、建设公园城市、实施民生工程等领域，有效匹配保障资金，增强财政促进经济社会发展的能力。

1. 围绕促进产业升级，支持构建高质量的现代化产业体系。安排产业发展、科技创新等方面的资金 7.2 亿元，支持推动航空产业、轨道交通等先进装备制造业发展壮大，促进智能家居、食品、医药、机电等传统优势产业转型提质。推动现代物流、研发设计、运营维护等生产性服务业聚集。支持科技创新，促进新旧动能转换，加快音乐文创、人工智能、电子竞技等新兴产业蓬勃发展。支持石板滩新城综合开发和三大产业功能区载体建设。

2. 围绕建设公园城市示范区，支持构建高品质宜居环境。安排重大基础设施建设、生态环境、乡村振兴、社会治理等方面的资金 34.7 亿元，支持天府大道北延线、金凤凰高架新都段、地铁 8 号线和 27 号线等重大交通设施建设。巩固提升“三治一增”成效，深入打好污染防治攻坚战。继续保障推进香城细管，改善城乡人居环境、深化城乡社区发展治理和平安新都建设。支持实施乡村振兴战略，加快推进农业农村现代化。

3. 围绕增进群众福祉，支持构建更加完善的民生服务体系。安排民生方面的资金 36.8 亿元，支持教育优先发展、医疗卫生体制改革、就业创业、社会保障、文化体育、城乡社会救助、养老服务等民生工程建设，努力办好民生实事，有效增强基本公共服务均衡供给。全力保障大运会筹办工作，展现新都良好形象。全力保障新冠肺炎疫情防控所需，补齐公共卫生领域薄弱环节和短板，提高应对突发重大公共卫生事件的能力。

**（四）关于区级预算（草案）的补充说明**

1. 预备费安排情况。2021 年安排预备费 1.1 亿元，占一般公共预算支出的 1.1%，用于预算执行中自然灾害等突发事件处理增加的支出及其他难以预见的开支。

2. 政府债务还本支出安排情况。2021 年应偿还到期地方政府债券本金 4.7 亿元，安排债务还本支出 9000 万元，剩余本金拟通过发行再融资债券（借新还旧债券）偿还。

3. 预算（草案）审查批准前的支出安排情况。根据《预算法》要求，在预算（草案）审查批准前，为保障各预算单位正常运转所需，参照 2020 年同期基本支出、项目支出、结转支出等情况，安排相应支出。

## 四、2021年财政工作重点

坚持稳中求进工作总基调，全面贯彻中央、省、市、区决策部署，严格执行《预算法》和《预算法实施条例》有关规定，认真落实区人大审查意见和决议决定，实施提质增效、更可持续的积极财政政策，精准发力做好财政改革发展各项工作，持续提升科学理财、高效保障、防范风险的能力。

### （一）加强财源建设，确保财政稳健运行

一是全力抓好全年收入组织。充分发挥财政部门统筹协调作用，在坚决落实减税政策的同时，做到依法征收、应收尽收，强化重点行业、重点税源动态监控，规范收入征管，加强税收政策研究，促进纳税服务质效提升。牢固树立高效利用和涵养税源意识，坚持优化存量、培育增量，大力发展实体经济和新经济，培育财税新增长点。加快经营性用地供地节奏，确保及时入库。加大国有资源资产的统筹力度，积极拓宽非税收入来源，大力盘活闲置低效国有资源资产，多渠道弥补因各种因素形成的减收。

二是大力优化财政支出结构。继续压减一般性支出，切实降低行政运行成本，严把预算支出关口，大幅压减非刚性、非重点支出，坚决取消不必要的支出，优化财政支出结构，提高资金使用效益。向内挖掘，继续清理各种性质的“余粮”，严格落实结余资金和连续两年未用完的结转资金一律收回要求。进一步优化财政专项资金使用方向，集中财力保障重点产业、重点项目、基本民生和促进消费投资方面的资金投入。继续开展2次预算中期评估，将压减的一般性支出、延期执行或取消的项目支出、调整优化的专项资金等收回，优先用于做好“六稳”工作，落实“六保”任务。不断优化财政应急机制，加强资金保障，全力推进公共卫生体系和应急物资保障体系建设，慎终如始支持抓好常态化疫情防控。

三是积极主动做好对上争取。继续强化项目储备和包装，围绕成渝双城经济圈、成德眉资同城化、公园城市、产业功能区等重大项目建设，提前研究谋划、加强信息沟通、形成工作合力，争取更多的债券资金。进一步加强政策研判，紧盯上级疫情应对政策和经济刺激政策，加大争取上级转移支付的力度，坚持高标准、增强主动性，提升争取工作的“绩效”，争取更多“真金白银”和政策支持，有效缓解财政压力。做好全区PPP项目储备、识别和指导工作，积极争取国家和省市奖补资金。

四是完善财源建设工作模式。建立健全财源建设工作机制，推进财源信息质量提升和数量扩容。建立重点税源企业管理库，对重点税源企业实行分级管理，为涵养税源打下坚实基础。推动重大项目税源分析评价工作，从投资经济贡献水平、带动就业能力、相关产业带动情况等方面进行重点评估，确保新都区税源可持续性发展。加强财税政策分析研究，对当前财税体制和减税降费大背景下带来的企业税负变化进行分析，及时对财政收入进行预判，有效服务科学决策。

### （二）强化创新提能，推进财政重点改革

一是深入实施预算绩效管理。加快建立全方位、全过程、全覆盖的预算绩效管理体系，建立由财政部门牵头，预算单位具体实施，人大、纪委监委、审计等部门共同参与监督的预算绩效管理推进工作机制。充分发挥预算绩效管理信息化平台作用，努力构建线上绩效管理模式，大力提升预算绩效管理水平。全面实施绩效管理改革，将“绩效工具”运用到推动经济社会高质量发展的各项重点支出中，强化绩效目标引领，狠抓事前评估、事中监控、事后评价三个重点环节，严格落实绩效责任，加强绩效管理工作考核，健全绩效结果与预算安排挂钩机制，着力提高财政资源配置效率和使用效益。

二是推进财政管理制度改革。认真贯彻落实《预算法实施条例》，将预算编制工作提前到6月底，进一步规范政府预算收支范围和编制内容，做好政府预算体系内部的有效衔接，做实全口径预算管理，强化预算编制的科学性。配合上级财政部门做好基本公共服务领域共同财政事权和支出责任划分改革，力争建立权责清晰、财力协调、标准合理、保障有力的基本公共服务制度体系和保障机制。推进镇级财税体制改革，建立奖惩分明的考核机制，充分调动镇街（园区）涵养税源的主观能动性。

三是精准实施各项财税政策。继续不折不扣落

实疫情防控、稳定经济的各项政策措施，将支持产业、民生、支农、环保等财政政策落到实处。在持续推进减税降费，保持政策连续性稳定性的同时，规范各类收入征管，坚决防止弱化减税降费政策红利。加大财政科技投入力度，支持科技创新改革。进一步落实直达机制，提高直达资金的管理和执行水平。用好用活政府专项债券，提高债券资金使用效益。

**（三）树牢底线意识，提高财政防风险能力**

一是强化债务风险防范化解。坚决打好防范化解重大风险攻坚战，合理管控政府债务增量，确保隐性债务“只减不增”。严格执行隐性债务风险化解实施方案，加强隐性债务化解监测，通过向上争取再融资债券、年度预算安排、盘活存量国有资产、债务转化等形式，多渠道消化存量债务，确保完成化解目标任务。加强新增债券资金管理，完善“清单制”和定期通报制度，确保债券资金合法合规高效使用，进一步优化专项债券结构。

二是完善财政管理监督机制。全面落实部门在预算编制、执行和资金管理方面的责任，强化部门内控体系建设，确保资金运行安全可控。切实加强库款管理，强化库款运行监测研判，提高库款资金统筹保障能力，确保库款余额保持在合理水平，防范财政资金支付风险。继续清理规范单位往来款。加强会计监管，对重点领域、重点单位开展会计信息质量检查，严格财经纪律执行，对重点部门财经纪律执行情况开展专项检查，进一步强化制度约束、规范财经活动、严肃追责问责。强化政府采购监督管理，严格政府采购信息发布审核，依法打击政府采购违法违规行为，推进建设公平竞争的营商环境。

三是加强财政规范透明运行。坚持依法行政、依法理财，着力推进法治财政建设进程。全面接受人大、政协、审计和社会各界监督，继续配合区人大常委会预算联网并逐步扩大横向联网范围，充分发挥预算联网监督系统作用，提高支出预算和政策审查监督的实效性和针对性。完善预决算公开工作机制，逐步扩大公开范围、细化公开内容，强化对预决算公开的监督检查。加大预算绩效公开力度，公开重点评价结果和分项报告，推动部门将绩效目标、自评报告和部门预决算同步公开。继续深化政府债务信息公开。

让我们紧密地团结在以习近平为核心的党中央周围，在区委的坚强领导下，在区人大、区政协的监督指导下，认真贯彻落实本次大会决议，坚定信心、改革创新、攻坚克难、锐意进取，为奋力开创成都都市圈北部中心高质量发展新局面提供坚强财政保障，以优异的成绩向建党100周年献礼！

**名词解释**

**六稳：**稳就业、稳金融、稳外贸、稳外资、稳投资、稳预期。

**六保：**保居民就业、保基本民生、保市场主体、保粮食能源安全、保产业链供应链稳定、保基层运转。

**三清四改：**清理农村垃圾、清理污水塘沟、清理农业生产废弃物、改造农村户用厕所和公厕、改善庭院居室环境、改善村容村貌、改变不良习惯。

**两个“只增不减”：**保证国家财政性教育经费支出，确保一般公共预算教育支出逐年只增不减，确保按在校学生人数平均的一般公共预算教育支出逐年只增不减。

**四件大事：**唱好“双城记”、服务新格局、建好示范区、办好大运会。

**三保一优一防：**保运转、保民生、保重点、优结构、防风险。

# 成都市新都区人民政府关于成都市新都区第十八届人民代表大会第四次会议以来人大代表建议办理情况的报告

——2021 年 2 月 22 日在成都市新都区第十八届人民代表大会第五次会议上

成都市新都区人民政府办公室

## 一、总体办理情况

2020 年，区政府共办理市、区两级人大代表建议 138 件。其中，市级人大代表建议 7 件，区级人大代表建议 131 件。138 件区级人大代表建议均在规定日期全部办理完毕。区政府在每件人大代表建议的办理过程中，均征求人大代表对办理结果的意见，在 138 件已办结件中，人大代表对答复和办理结果“满意”的 133 件，“基本满意”的 5 件，人大代表的满意和基本满意率达 100%。

## 二、区级人大代表建议具体办理情况

在已办结的 131 件区级人大代表建议中，已解决或基本解决的 51 件，占 38.93%；正在解决或部分解决或已列入分步解决计划的 73 件，占 55.73%；暂时不能解决的 7 件，占 5.34%。

**（一）重点人大代表建议办理情况。**2020 年，区人大常委会办公室确立 10 件人大代表建议作为区人大常委会主任会议组成人员重点督办件。区政府副区长也结合自身分工，领办分管领域的人大代表建议作为重点督办件。

《关于农村户厕改造后配套污水管网、处理设施规划建设的建议》。一是规划方面。新都区已有《成都市新都区农村生活污水治理专项规划（2016—2020）》，正在编制《2020—2022 年新都区农村生活污水治理推进方案》，已组织实施市级农村生活污水试点、省级农村生活污水示范等项目。二是建设方面。纳入市级农村生活污水试点治理项目的龙桥镇山水村、军屯镇五灵村 19 座污水处理站，委托成都香城市政设施管理有限公司进行专业化运管。纳入省级全域治理示范项目的军屯镇升平村、斑竹园街道回南社区等 9 个村（社区），已基本完工。拟启动的 19 个农村污水治理项目，7 个项目已启动建设，12 个项目正进行施工招标。

《关于进一步加强食品安全监管工作的建议》。区市场监管局以创建国家食品安全示范城市为抓手，以校园食品安全综合治理为重点，完善制度机制、落实措施举措、强化监管执法、推进专项治理，加强生产流通餐饮各环节监管，全面提升食品质量安全保障水平，确保群众“舌尖上的安全”。

《关于停车占道及停车难的建议》。因同仁路为双向两车道，设置停车位影响非机动车通行，故无法设置。下一步，区政府将加快实施停车场 PPP 项目，该项目包含全区约 18000 个可经营性车位，采用引进社会资本的方式对停车场（位）进行管理。同时，将结合香城细管工作，实施“片区停车位改造”项目。该项目计划投资约 948 万元，主要包含原有公共停车场提升整治、新增沿道路边停车画线、原有沿街停车位提升整治、非机动车停车提升整治、停车位标识标牌提升、停车场（位）绿化提升等工作。目前，该项目已完成初步设计，正在编制概算。

**（二）道路建设类人大代表建议办理情况。**“出行难”问题是今年人大代表建议的焦点。人大代表对成彭路、新军路等已建成道路提出改造需求；希望加快成金简快速路、龙腾大道北延线等重要道路建设进度；希望打通金新路等城市断头路。

区政府高度重视道路交通体系的建设。成彭路改扩建工程已于2020年5月启动建设，预计2021年完工。新军路扩建方案新增用地涉及占用永久基本农田，且征地拆迁涉及面大，暂不具备实施扩宽改造条件。成金简快速路施工图设计等工作已完成，将配合市级部门抓紧推进项目建设。龙腾大道北延线已纳入成彭快速路项目建设范围，将与成彭快速路同步实施。金新路（北星大道至大成路段）已于2020年4月启动建设，利民路、新水碾路等北星大道周边断头路已纳入大运会道路配套建设计划，预计2021年建成通车。

**（三）医疗卫生类人大代表建议办理情况。**随着新冠肺炎疫情的暴发，医疗卫生类问题成为今年人大代表建议的热点。其中，人大代表尤其关注村级医疗公共服务体系的建设。

村卫生站是乡镇卫生院（社区卫生服务中心）服务的延伸，在分级诊疗、基本公共卫生服务、抗击疫情等方面发挥积极作用。区政府高度重视基层医疗公共服务体系的建设。从实施“十三五”基层硬件提升工程以来，市、区两级共投入1.2亿元对14家乡镇卫生院（社区卫生服务中心）进行改（扩）建；投入1090万元对全区基层医疗机构的诊疗设备进行升级更新；投入2396万元，持续对全区村卫生站进行公有化标准化改造。在全区推进乡村卫生服务一体化管理。新繁街道高院村卫生站、蓟家村卫生站率先通过医保备案，可直接开展刷卡结算等医保业务。条件成熟后，全区实行一体化管理的村（社区）卫生站都将开通医保刷卡，让全区人民获得更优质、价廉的公共卫生和基本医疗服务。

**（四）城市管理类人大代表建议办理情况。**城市管理问题是人大代表长期关注的热点。其中，人大代表尤其关注沿街摆摊、公园城市建设、生态环境治理等问题。

区政府立足助力公园城市建设战略部署，创新提出香城细管城市治理模式。2020年4月，香城细管正式启动，实施“九大策略”，强化九个坚持，解决“谁来管、科学管、怎么管、管什么、立体管、管哪里、超前管、智慧管、逗硬管”九大问题。13个区级部门牵头制定83个专项工作实施方案，编制182个攻坚项目作战图。在市容秩序管控、市政设施管护、生活垃圾分类等方面重点发力，加快构建整洁有序的街区环境、规范合法的经营环境和赏心悦目的生活环境。统筹自然景观、建筑风貌、历史文化等元素，高起点高标准推进公园城市“实施方案＋总体规划＋技术规范＋设计导则”成体系编制工作；制定香城色彩、天际线、视觉系统、园林设计及街区一体化设计导则，加快塑造“园中建城、城中有园、城园相融、人城和谐”的大美公园城市形态。同时，打响治霾、治水、治尘“三大战役”，推动新都“天更蓝，地更绿，水更清”。

## 三、主要做法

**（一）提高认识，夯实办理基础。**在2020年区人大代表建议和区政协提案交接仪式上，区长对建议提案办理工作提出要求。要求各承办单位要主动接受人大、政协监督，以对人民群众高度负责、对地方经济社会发展高度负责的态度做好建议提案办理工作，使建议提案办理过程真正成为解决群众急难愁盼、改进工作的过程。各承办单位紧跟区政府的部署安排，建立健全工作责任制、限时办结制和责任追究制，确保办理工作顺利完成。

**（二）规范流程，保障办理质量。**一是完善制度。修订完善《成都市新都区人民政府办公室人大代表建议和政协提案办理工作规范》，进一步明确办理原则、办理程序和办理责任，完善交办、督办、走访和考核等制度，严格办理标准，使办理工作更具科学性和操作性。二是落实责任。将每一件人大代表建议逐一分解落实到承办单位、分管负责人、职能科室和具体责任人，并同步印发人大代表建议办理工作责任表，确保责任层层压实，建议件件落实。三是加强公开。按照省政府办公厅、市政府办公厅关于人大代表建议办理结果公开要求，各承办单位认真履行公开职责，积极做好办理结果公开工作，除涉密的外，对涉及公共利益、公众权益、社会关切以及需要社会广泛知晓的人大代表建议办理复文，经单位负责人审核通过后，通过中国·成都门户网进行公开。

**（三）追踪办理，破解“不满意”。**一是动态监管。将人大代表建议主要内容、人大代表基本信息、承办单位、完成时限、办理结果等逐一登记，建立人大代表建议办理工作动态台账，实时跟进办理状态，及时发现办理滞后、人大代表不满意的建议。二是督办推进。对办理结果人大代表不满意的建议，下达二次办理督办通知书。《关于对新繁街道北一环道路实施改造的建议》，根据道路管理权属，本应由新繁街道进行办理。结合区人大意见，为调动区级资源，由区交通运输局进行主办，新繁街道进行协办。具体办理过程中，因北一环道路改造已由新繁街道向区住建局申请，结合人大代表本人意愿，转区住建局二次办理。通过区住建局详细的介绍，耐心细致的问题解答，最终得到人大代表理解。三是严格考核。坚持将人大代表建议办理工作纳入目标绩效考核，细化考核细则，将人大代表建议办结率、人大代表满意率等列为重要考核要素，人大代表建议办理工作由“软任务”变成“硬指标”，促进办理工作落到实处。

**（四）加强沟通，提高办理实效。**一是加强与人大代表的沟通。区政府办公室统一制定办理工作联系登记表，要求承办单位严格执行办理前、办理中、办理后的“三访制”，加强与人大代表的沟通，最大限度提升办理效果和人大代表满意度。二是加强承办单位之间的沟通。对于一些全局性、综合性的人大代表建议，主办单位牵头统筹，协办单位积极配合，确保答复准确全面、办理工作落地见效。三是加强与区人大人代工委的沟通。在立案阶段，提前沟通、严格把关；在交办阶段，及时沟通、充分对接；在督办阶段，聚焦难点、协同督办。

## 四、下一步工作计划

2020年，在区人大的关心指导和人大代表的大力支持下，区政府和各承办单位认真开展人大代表建议办理工作，取得一定的成效。但与区人大和代表们的要求相比还存在差距，比如个别承办部门将人大代表建议办理的工作重心放在代表“满意率”上，出现突击性办理；部分承办单位只重视“文来文往”，而忽略人大代表建议办理的核心问题是要解决问题。在今后的工作中，我们将继续努力，不断提高对人大代表建议办理工作重要性的认识，改进办理工作方法，进一步提高办理质量。同时强化对办理工作的组织领导，加大督促检查、跟踪问效和考核奖惩的力度，把答复中的承诺事项尽快落实，力争把办理工作做得更好。

衷心感谢你们长期以来对区政府工作的关心和支持，也真诚欢迎大家继续献计献策，多监督、多提宝贵的意见建议，帮助我们改进工作方式，提升工作水平。我们将以高度的责任感和使命感，努力把各项工作做得更加扎实、更富成效，努力让每个好的人大代表建议真正转化为实实在在的新都变化、真真切切的新都感受，共同为新都高质量发展凝心聚力、贡献力量。

# 中国人民政治协商会议第十一届成都市新都区委员会常务委员会关于十一届四次会议以来提案工作情况的报告

——2021年2月21日在政协第十一届成都市新都区委员会第五次会议上

成都市新都区政协副主席　马宗祥

## 一、提案工作的总体情况

区政协十一届四次会议以来，在中共成都市新都区委坚强领导和区人民政府大力支持下，全体政协委员、政协各参加单位和专门委员会，坚定以习近平新时代中国特色社会主义思想为指导，深入学习贯彻中共十九大和十九届二中、三中、四中、五中全会精神，认真按照省委、市委重大决策部署，紧紧围绕区委区政府中心工作和民生关切，深入调查研究，积极建言献策，广泛凝聚共识，汇聚发展合力。

一年来，共提交提案151件，经审查立案133件，其中个人提案116件、联名提案17件。截至2020年12月31日，立案提案已全部办理完毕，未立案的18件提案作为意见建议送交有关部门参考。从办理结果来看，提案提出的意见建议已经解决的73件，占54.8%；正在解决或列入计划解决的56件，占42.1%；因条件限制暂时不能解决的4件，占3%，委员对提案办理的满意度达99.2%。通过提案办理，相当部分意见建议被采纳，提案成果得到有效转化运用，为助推新都现代化国际范成北新中心城区高质量发展贡献政协智慧和力量。

**（一）委员们立足统筹疫情防控和助推企业复工复产积极建言献策。**面对突如其来的新冠肺炎疫情，委员们第一时间提出针对性建议意见，倾情助力夺取疫情防控和经济社会发展“双胜利”。张鹏委员提出的《关于加强近期入区外籍人士和中国公民疫情防控措施的建议》、张雷委员提出的《关于新冠肺炎疫情下新都区企业复工复产的建议》、谢章波委员提出的《关于进一步加强新都区防疫物资应急保障能力建设的建议》等提案，得到区卫健局、区经信局、区交通运输局、区公安分局等部门的快速响应，并结合部门工作实际及时研究制定工作措施，为新都区打赢疫情防控阻击战，加快企业复工复产做出积极贡献。

**（二）委员们聚焦成渝双城经济圈建设和经济高质量发展积极建言献策。**成渝地区双城经济圈建设是党中央作出的重大战略部署，为推动新都经济高质量发展提供重大战略机遇，引起委员们的强烈共鸣。吴晓明委员提出的《关于促进成渝双城经济圈高速发展制度建设的建议》、俞顺红委员提出的《关于加快推动新都物流产业功能区向供应链运营中心转型的建议》、李湉委员提出的《关于加强新都区航空产业发展战略规划的建议》等提案，契合中央决策部署和新都发展实际，得到区发改局、区经信局、交管委、物管委等部门的高度重视，为研究制定新都区加快推动成渝地区双城经济圈建设和产业发展相关政策措施提供借鉴和参考。

**（三）委员们突出公园城市建设和城乡社区发展治理积极建言献策。**不断提升社区发展治理水平，加快建设美丽宜居公园城市，是推动新都建设公园城市示范区的重要抓手，受到委员们的高度关注。彭觉勇委员提出《关于加快建设毗河城市生态轴的建议》、吴晓明委员提出的《关于加快推动新都区生活垃圾分类处理的建议》、余昌会委员提出的《关于夯实基层应急管理提升社会治理能力的建议》等提案，得到区规划和自然资源局、区住建局、区综合执法局、区委社治委等部门的重视和采纳，在编制毗河公园总体规划方案，推动新都区生活垃圾分类扩面提速和深化城乡基层治理工作中得到运用和实践。

**（四）委员们围绕网络理政水平提升和营商环境持续优化积极建言献策。**强化网络理政体系，优化营商环境，对于新都增强发展竞争力至关重要，在委员中形成广泛共识。兰宜平委员提出的《关于强化网络理政体系建设提升社会治理水平的建议》、吕娜委员提出的《关于新都区优化营商环境的思考与建议》、赖家云委员提出的《关于优化营商环境推动常态化疫情防控中高质量发展的建议》等提案，得到区行政审批局、区国资金融局、区新科局、区税务局等部门的积极跟进，在强化网络理政平台建设和打造新都营商环境 3.0 版相关政策措施中得以吸纳和体现。

**（五）委员们紧扣民生福祉改善和群众关心的热难点问题积极建言献策。**民生诉求和社会关切一直是委员们心心念念、常谈常新的关注焦点，在委员提案中占据重要分量。唐顺发委员提出的《关于加快新都区中小学卫生室或保健室设置的建议》、高贵彬委员提出的《关于加强新都区疾病预防控制中心能力建设的建议》、刘宏刚委员提出的《关于加强农产品质量安全监管的建议》等提案，得到区教育局、区卫健局、区委组织部、区农业农村局等部门的高度认可，在加强新都区教育卫生、食品安全等工作中起到积极的推动作用。

## 二、提案工作主要做法

一年来，区政协常委会高度重视提案工作，把提高提案质量和办理质量作为提案工作重点，创新工作方法，健全工作机制，拓展工作渠道，不断提高提案工作科学化、制度化、规范化水平。

**（一）夯实基础，持续提升提案质量。**一是激发委员履职尽责热情。组织委员参加专题培训、双向民主评议、提案跟踪督办等活动，通过官方网站公开提案办理信息，及时反馈提案成果转化落实情况，增强委员履职成就感和责任感，激发委员履职尽责热情。二是拓宽委员知情明政渠道。有序安排委员参加专题协商会、情况通报会，参与调研、视察和考察等活动，为委员撰写提案锚定方向。三是开展优质提案集中征集。引导委员围绕区委区政府中心工作和人民群众普遍关心的热点难点问题，精心筛选课题，集中撰写提交优质提案。四是严把提案审查立案关口。提案提交前界别小组初审把关，全会期间提案委员会集中审查立案，再提交政协全会审议通过，从而推动提案整体质量不断提升。

**（二）务实创新，持续优化工作机制。**一是建立提案两级交办制度。全会结束后，区政协将立案提案及时向区委办、区政府办进行集中交接，再由“两办”交办到具体承办单位，从而保证提案精准交办，落实到位。二是健全提案办理运行机制。指导各承办单位对提案办理实行从接收、办理、回复、考核等全过程闭环管理，形成各承办单位主要领导负总责，分管领导具体抓，承办科室抓落实的办理运行机制。三是完善提案办理工作规则。不断适应新形势发展变化的需要，协助区政府办研究制定《成都市新都区人民政府办公室人大代表建议政协提案办理工作规则》，为推进新时代提案工作创新发展奠定坚实基础。

**（三）突出重点，持续推动示范引领。**一是动态优化提案信息库，引导政协委员、政协各界别、各参加单位和专委会掌握提案选题方向和重点，以身边的优秀提案带动提案质量的整体提升。二是不断拓宽区领导牵头督办重点提案范围，去年区政协主席会议成员牵头督办重点提案 7 件，区政府分管领导牵头督办重点提案 4 件，有力推动重点提案办理不断向广度和深度拓展。三是深入开展提案双向民主评议工作，组织委员深入镇街、部门、企业和社区开展调研，集中评议提案办理工作，推动承办单位转化落实一批提案成果。四是树立提案激励正确导向，筛选重点提案进行领导督办，遴选优秀提案进行表彰鼓励，精选优质提案进行剖析宣传，提案工作的关注度和影响力不断提升。

**（四）加强协作，持续形成工作合力。**一是区委办、区政府办、区政协办“三办”联动，建立完善联合审查、联合交办、联合督查的工作机制。二是提案主办、协办和督办单位“三方”配合，探索试行提案主办单位与协办单位差异化纳入目标考核的管理制度，各承办单位更加重视提案办理工作，把提案办理工作与部门工作紧密结合，办理实效不断增强。三是将提案工作与重点视察和专题协商“三者”融合，委员提案为政协开展视察、调研等工作提供重点信息和重要参考，政协通过组织视察、调研等活动进一步丰富提案征集、提案办理的形式和内容，形成提案和政协工作有机融合协调推进格局。

一年来，政协提案工作取得一定的成绩。这些成绩的取得，是区委、区政府高度重视、大力支持的结果，是全体政协委员不辱使命、倾情履职的结果，是提案承办单位勇于担当、勤于奉献的结果。在此，我谨代表区政协常委会向所有关心支持区政协提案工作和为此付出辛勤努力的同志们表示衷心感谢！

在总结成绩的同时，我们也清醒地认识到，提案工作还存在一些不足和短板。主要是提高提案质量的导向还需进一步鲜明突出，提案办理协商的平台载体还需进一步丰富拓展，提案成果转化落实机制还需进一步夯实筑牢，提案办理“回头看”和双向评议工作针对性还需进一步把准增强。这些问题我们将在今后的工作中认真对待，积极改进。

## 三、2021 年提案工作思路

2021 年，区政协提案工作要坚定以习近平新时代中国特色社会主义思想为指导，科学把握新发展阶段，深入贯彻新发展理念，服务构建新发展格局，紧扣市委“高质量发展攻坚年”主题，全面深化“一心四区”建设，围绕协同共兴、产业升级、创新驱动、公园营城、共享发展、系统治理“六大任务”，精细谋划，精准发力，推动提案工作再上新台阶。

**（一）强化质效意识，不断提升委员履职水平。**进一步围绕中心服务大局，牢固树立质效意识，认真把准履职方位，重点反映全区改革发展中全局性、前瞻性和战略性问题；进一步做好调查研究，确保提案问题看得准、观点讲得明、对策提得实；进一步把提案工作与政协专委会、界别工作有机结合，及时在调研、视察、协商中挖掘形成提案，让更多更好的联名或集体提案在推动新都经济社会发展中发挥骨干引领作用。

**（二）强化办理协商，促进提案成果高效转化。**进一步健全协商办理机制，压实牵头单位主体责任，充分发挥协办单位作用，形成提案者、主协办单位和有关方面共同参与、多方互动的良好局面；进一步提升办理实效，放大领导督办重点提案的示范效应，通过提案办理协商，共同寻求解决问题的最佳方案和路径，真正办出实效，推动工作落地落实；进一步深化疑难提案、综合性提案协商办理，积极探索办理新模式，推动提案协商与政协履职深度融合，促进提案协商与政协履职成果协同转化。

**（三）强化考核督查，推动提案工作落地见效。**进一步细化、量化提案办理工作考核办法，联合区委办、区政府办督导承办单位优化工作规则流程，不断提升提案办理质量；进一步加强提案办理全程跟踪，坚持在运行中完善、在完善中规范，不断健全提案工作运行机制；进一步加大提案工作宣传力度，广泛运用官方网站、新闻媒体和新媒体等宣传手段，发出委员声音，讲好提案故事，不断扩大提案工作的社会影响力。

2021 年是两个百年目标交会与转换之年，是实施“十四五”规划的起步之年，让我们更加紧密地团结在以习近平为核心的党中央周围，在中共成都市新都区委的坚强领导下，勠力同心，砥砺前行，多建睿智之言，多谋务实之策，为助推大力实施“一心四区”总体部署，奋力开创新都高质量发展新局面作出新的更大贡献。

# 文件目录

2020 年新都区委部分文件一览表

表 37

| 发文字号 | 文件标题 |
| --- | --- |
| 新都委发〔2020〕1 号 | 区委关于调整区委常委工作分工的通知 |
| 新都委发〔2020〕2 号 | 区委关于坚决贯彻落实习近平总书记重要指示精神以“三让一强”行动为抓手，全面加强党的领导为打赢疫情防控阻击战提供坚强政治保证的通知 |
| 新都委发〔2020〕3 号 | 区委区政府印发《关于做大做强轨道交通制造服务业的扶持政策》的通知 |
| 新都委发〔2020〕4 号 | 区委区政府关于表扬 2019 年度经济贡献先进企业的通报 |
| 新都委发〔2020〕5 号 | 区委区政府关于印发《新都区深化构建和谐劳动关系综合配套改革试点实施方案》的通知 |
| 新都委发〔2020〕6 号 | 区委关于撤销和设立调整部分镇（街道）党（工）委及调整部分下属党组织隶属关系的通知 |
| 新都委发〔2020〕7 号 | 区委关于贯彻落实党的十九届四中全会精神建立完善全面体现新发展理念的现代化国际范成北新中心城区现代治理制度机制的决定 |
| 新都委发〔2020〕8 号 | 区委关于调整区委常委工作分工的通知 |
| 新都委发〔2020〕9 号 | 区委区政府关于推进村（社区）体制机制改革的实施方案 |
| 新都委发〔2020〕10 号 | 区委区政府关于推进教育高质量发展的实施意见 |
| 新都委发〔2020〕11 号 | 区委关于印发《配合省委第九巡视组巡视新都区工作方案》的通知 |
| 新都委发〔2020〕12 号 | 区委区政府关于表彰新都区 2019 年建设成北新中心城区全面深化改革创新先进奖先进集体和先进个人的决定 |
| 新都委发〔2020〕13 号 | 区委关于推进 2020 年全面从严治党党风廉政建设和反腐败工作的意见 |
| 新都委发〔2020〕14 号 | 区委区政府关于表扬新都区 2020 年优秀教育工作者的通报 |
| 新都委发〔2020〕15 号 | 区委区政府关于印发《“健康新都 2030”规划纲要》的通知 |
| 新都委发〔2020〕16 号 | 区委区政府印发《关于完善重大疫情防控体制机制健全公共卫生应急管理体系的实施方案》的通知 |
| 新都委发〔2020〕17 号 | 区委关于同意中共成都市新都区应急管理局党组改设党委的批复 |

2020 年新都区委办公室部分文件一览表

表 38

| 发文字号 | 文件标题 |
| --- | --- |
| 新都委办发〔2020〕1 号 | 区委办区政府办关于印发《新都区和中国航发四川燃气涡轮研究院院地融合发展推进工作方案》的通知 |
| 新都委办发〔2020〕2 号 | 区委办区政府办关于印发《新都区“送政策、帮企业、送服务、解难题”专项行动工作方案》的通知 |
| 新都委办发〔2020〕3 号 | 区委办区政府办关于印发《贯彻落实区委十四届十次全会暨区委经济工作会议任务分工方案》的通知 |
| 新都委办发〔2020〕4 号 | 区委办区政府办关于印发《新都区爱国卫生运动“卫生大扫除”工作方案》的通知 |
| 新都委办发〔2020〕5 号 | 区委办区政府办关于印发《加快产业功能区（生态圈）建设推进复工复产稳增长的近期重点工作安排》的通知 |
| 新都委办发〔2020〕6 号 | 区委办区政府办关于开展 2019 年度成都市新都区建设成北新中心城区全面深化改革创新先进奖评选表彰奖励活动的通知 |
| 新都委办发〔2020〕7 号 | 区委办区政府办关于印发《新都区进一步优化提升国际化营商环境工作方案》的通知 |

续表38

| 发文字号 | 文件标题 |
| --- | --- |
| 新都委办发〔2020〕8 号 | 区委办区政府办关于印发《关于贯彻落实市委市政府〈关于统筹推进新冠肺炎疫情防控和经济社会发展工作奋力完成 2020 年经济社会发展目标的意见〉实施方案》的通知 |
| 新都委办发〔2020〕9 号 | 区委办区政府办关于印发《新都区统计造假专项整治工作方案》的通知 |
| 新都委办发〔2020〕10 号 | 区委办区政府办关于印发《新都区街长制管理工作方案》的通知 |
| 新都委办发〔2020〕11 号 | 区委办区政府办关于印发《新都区城市环境品质提升工作方案》的通知 |
| 新都委办发〔2020〕12 号 | 区委办区政府办关于印发《新都区国有企业退休人员社会化管理实施方案》的通知 |
| 新都委办发〔2020〕13 号 | 区委办关于切实做好 2020 年全区调研工作的通知 |
| 新都委办发〔2020〕14 号 | 区委办公室区政府办公室关于印发《新都区项目招引攻坚行动方案》的通知 |
| 新都委办发〔2020〕15 号 | 区委办公室区政府办公会关于印发《新都区城乡防火专项整治实施方案》的通知 |
| 新都委办发〔2020〕16 号 | 区委办公室区政府办公室关于印发《新都区加快推进公园城市示范区建设重点工作任务分工方案》的通知 |
| 新都委办发〔2020〕17 号 | 区委办公室关于印发《区委领导批示文件办理办法》的通知 |
| 新都委办发〔2020〕18 号 | 区委办公室区政府办公室关于印发《2020 年新都区督促检查考核计划》的通知 |
| 新都委办发〔2020〕19 号 | 区委办公室印发《关于进一步加强和改进基层理论宣讲工作的意见》的通知 |
| 新都委办发〔2020〕20 号 | 区委办公会印发《关于当前新都区意识形态领域情况的通报》的通知 |
| 新都委办发〔2020〕21 号 | 区委办关于认真组织学习《习近平谈治国理政》第三卷的通知 |
| 新都委办发〔2020〕22 号 | 区委办区政府办关于印发《新都区落实国家统计督察反馈意见整改方案》的通知 |
| 新都委办发〔2020〕23 号 | 区委办公室区政府办公室关于印发新都区 2020 年省、市、区级民生实事目标任务分解方案的通知 |
| 新都委办发〔2020〕24 号 | 区委办公室关于学习宣传贯彻省委十一届七次全会市委十三届七次全会精神的通知 |
| 新都委办发〔2020〕25 号 | 区委办公室区政府办公室关于印发《贯彻落实市委〈关于坚定贯彻落实成渝地区双城经济圈建设战略部署加快建设高品质发展增长极和动力源的决定〉任务分工方案》的通知 |
| 新都委办发〔2020〕26 号 | 区委办公室区政府办公室关于新都区 2019 年目标绩效考评结果的通报 |
| 新都委办发〔2020〕27 号 | 区委办区政府办关于命名 2020 年度实施乡村振兴战略推进城乡融合发展工作先进镇和示范村（社区）的通知 |
| 新都委办发〔2020〕28 号 | 区委办公室区政府办公室关于做好 2020 年国庆节中秋节期间有关工作的通知 |
| 新都委办发〔2020〕29 号 | 区委办公室关于在全区集中开展“大学习、大调研、大走访”活动的通知 |
| 新都委办发〔2020〕30 号 | 区委办公室关于学习宣传贯彻党的十九届五中全会精神的通知 |

## 2020 年新都区人民政府部分文件一览表

表 39

| 发文字号 | 文件标题 |
| --- | --- |
| 新都府发〔2020〕1 号 | 关于印发《坚决打赢疫情防控阻击战保障中小企业正常运转的 18 条政策措施》的通知 |
| 新都府发〔2020〕2 号 | 关于印发《新都区畜禽养殖禁养区划定调整方案》的通知 |
| 新都府发〔2020〕3 号 | 关于印发《成都市新都区“十三五”期间基层医疗卫生机构硬件提升工程实施方案（修订稿）》的通知 |
| 新都府发〔2020〕4 号 | 关于做好第七次全国人口普查工作的通知 |
| 新都府发〔2020〕5 号 | 关于印发《成都市新都区人民政府常务会议议事决策规则》的通知 |
| 新都府发〔2020〕6 号 | 关于撤销登记庄家井等 33 处一般不扣移动文物的通知 |
| 新都府发〔2020〕7 号 | 关于印发《成都市新都区推进紧密型县域医疗卫生共同体建设试点实施方案》的通知 |
| 新都府发〔2020〕8 号 | 成都市新都区人民政府征收土地公告 |
| 新都府发〔2020〕9 号 | 成都市新都区人民政府征收土地公告 |
| 新都府发〔2020〕10 号 | 成都市新都区人民政府征收土地公告 |
| 新都府发〔2020〕11 号 | 关于印发政府工作报告的通知（主动公开） |
| 新都府发〔2020〕12 号 | 关于做好 2020 年民兵组织整顿工作的通知 |
| 新都府发〔2020〕13 号 | 成都市新都区人民政府征收土地公告（主动公开） |
| 新都府发〔2020〕14 号 | 关于印发《成都市新都区国家基本公共服务标准化专项试点实施方案》的通知 |

续表39

| 发文字号 | 文件标题 |
| --- | --- |
| 新都府发〔2020〕15号 | 关于印发成都市新都区声环境功能区划分方案的通知（主动公开） |
| 新都府发〔2020〕16号 | 成都市新都区人民政府征收土地公告（主动公开） |
| 新都府发〔2020〕17号 | 成都市新都区人民政府土地征收启动公告（主动公开） |
| 新都府发〔2020〕18号 | 成都市新都区人民政府土地征收启用公告（绕城高速天然气高压输储管道项目） |
| 新都府发〔2020〕19号 | 成都市新都区人民政府征收土地公告（2019第1批） |
| 新都府发〔2020〕20号 | 成都市新都区人民政府征收土地公告（2019第16批） |
| 新都府发〔2020〕21号 | 成都市新都区人民政府征收土地公告（2019第10批） |
| 新都府发〔2020〕22号 | 成都市新都区人民政府土地征收启动公告 |
| 新都府发〔2020〕23号 | 成都市新都区人民政府征收土地公告 |
| 新都府发〔2020〕24号 | 关于同意《成都市新都区2019—2020年农村生活污水治理“千村示范工程”工作实施方案》的批复 |
| 新都府发〔2020〕25号 | 成都市新都区人民政府土地征收启动公告（第二批） |
| 新都府发〔2020〕26号 | 成都市新都区人民政府土地征收启动公告（第三批） |
| 新都府发〔2020〕27号 | 关于印发《成都市新都区政府性债务管理办法》的通知（主动公开） |
| 新都府发〔2020〕28号 | 关于调整全区土地使用税年税额标准的通知（主动公开） |
| 新都府发〔2020〕29号 | 成都市新都区人民政府征地补偿安置公告（主动公开） |
| 新都府发〔2020〕30号 | 成都市新都区人民政府征地补偿安置公告（主动公开） |
| 新都府发〔2020〕31号 | 关于公布实施成都市新都区基准地价成果的通知（主动公开） |
| 新都府发〔2020〕32号 | 成都市新都区人民政府征地补偿安置公告（第二批次）（主动公开） |
| 新都府发〔2020〕33号 | 成都市新都区人民政府征地补偿安置公告（第三批次）（主动公开） |
| 新都府发〔2020〕34号 | 关于印发《成都市新都区关于支持新经济高质量发展的若干政策》的通知 |
| 新都府发〔2020〕35号 | 成都市新都区人民政府土地征收启动公告 |
| 新都府发〔2020〕36号 | 成都市新都区人民政府土地征收启动公告 |
| 新都府发〔2020〕37号 | 成都市新都区人民政府土地征收启动公告 |
| 新都府发〔2020〕38号 | 成都市新都区人民政府土地征收启动公告 |
| 新都府发〔2020〕39号 | 成都市新都区人民政府土地征收启动公告 |
| 新都府发〔2020〕40号 | 成都市新都区人民政府土地征收启动公告 |
| 新都府发〔2020〕41号 | 成都市新都区人民政府土地征收启动公告 |

2020年新都区人民政府办公室部分文件一览表

表40

| 发文字号 | 文件题目 |
| --- | --- |
| 新都府办发〔2020〕1号 | 关于做好疫情防控期间城市安全运行保障工作的通知（依申请公开） |
| 新都府办发〔2020〕2号 | 关于转发《成都市人民政府办公厅关于印发成都市行政规范性文件合法性审核实施细则的通知》的通知（主动公开） |
| 新都府办发〔2020〕4号 | 关于印发《成都市新都区香城细管实施方案》的通知（主动公开） |
| 新都府办发〔2020〕5号 | 关于印发《以管资本为主推进职能转变完善国有资产监管体制防止国有资产流失的工作方案》的通知（主动公开） |
| 新都府办发〔2020〕6号 | 关于印发2020年成都市新都区政府工作报告主要目标任务责任分解方案的通知（主动公开） |
| 新都府办发〔2020〕7号 | 关于印发《成都市新都区土地利用规划委员会工作规则》的通知 |
| 新都府办发〔2020〕8号 | 关于印发《新都区农村公路“路长制”工作方案》的通知（主动公开） |
| 新都府办发〔2020〕10号 | 关于印发《成都市新都区市场监管领域部门联合“双随机、一公开”监管联合会议制度》的通知（依申请公开） |
| 新都府办发〔2020〕11号 | 关于成立成都市新都区公园城市规划建设专家咨询委员会的通知（主动公开） |
| 新都府办发〔2020〕13号 | 关于印发《成都市新都区深化集体建设用地开发利用机制创新实施方案》的通知（主动公开） |

# 调研报告

## 抢抓成渝地区双城经济圈建设机遇 推动成渝轨道交通产业协同发展策略研究

中共成都市新都区委书记 许兴国

2020年1月3日，习近平总书记在中央财经委员会第六次会议上明确指出，要大力推动成渝地区双城经济圈建设，在西部形成高质量发展的重要增长极。成渝地区双城经济圈建设上升为国家战略，前所未有地强化了成渝引领西部乃至全国高质量发展的使命担当，也为成渝两地在新时代实现新跨越提供了千载难逢的机遇。目前，川渝两地正加紧谋划实施一批引领性、带动性和标志性重大基础设施、重大产业、重大开放合作和重大公共服务项目，为成渝地区双城经济圈建设夯实基础。轨道交通产业作为成渝两地重点发展产业，在重大产业协同发展上前景广阔、大有可为。成都必须牢牢把握成渝地区双城经济圈建设的历史机遇，从“以全局谋划一域、以一域服务全局”的大格局出发，围绕轨道交通全产业链各环节明确发展思路，加快产业高质量发展，奋力为成渝地区双城经济圈建设做出更大的贡献。

### 一、轨道交通产业协同发展对成渝地区双城经济圈建设的重大意义

**（一）有利于加快建设先进制造产业集群，助力建设具有全国影响力的经济中心。**习近平总书记在中央财经委员会第六次会议上指出，成渝地区要建设成为“具有全国影响力的重要经济中心”。目前，两地已建立起具有各自特色的现代化产业体系，但两地产业，尤其是制造业更多是以本地配套、本地发展为主，整体竞争力还不够强。轨道交通装备制造业是中国制造业最具创新活力、达到世界先进水平的典型代表，也是中国大力发展的战略性新兴产业，成渝两地在该领域均具有坚实的产业发展基础。推动成渝两地轨道交通产业协同发展，有利于打破两地产业各自发展藩篱，实现产业优质资源整合，推动成渝两地轨道交通产业层级提升、能级跃升，协同打造世界级先进制造业集群，为建设具有全国影响力的经济中心提供强有力产业支撑。

**（二）有利于加快推进技术创新成果转化，助力建设具有全国影响力的科技创新中心。**习近平总书记在中央财经委员会第六次会议上指出，成渝地区要建设成为“具有全国影响力的科技创新中心”。轨道交通产业具有技术密集型特点，依托成渝地区丰富的创新资源，推动两地轨道交通产业技术创新成果协同转化，有利于促进两地轨道交通创新要素高效聚集、创新成果不断涌现，助力打造全国重要的创新策源地。

**（三）有利于深度融入“一带一路”建设，助力建设具有全国影响力的改革开放新高地。**习近平总书记在中央财经委员会第六次会议上指出，成渝地区要建设成为“具有全国影响力的改革开放新高

地”。成渝两地拥有通道、平台、枢纽等开放综合优势，蓉欧、渝新欧两条西部中欧班列架设起了面向“一带一路”的产业走廊，依托这些良好的对外开放条件，推进成渝地区轨道交通产业“抱团出海”，有利于推动更多更好的轨道交通产品和服务走出去，加快构建面向“一带一路”、具有国际竞争力的轨道交通产业集群。

## 二、国内轨道交通产业发展现实基础

### （一）轨道交通产业发展现状

1. 业规模

近年来，随着“新基建+交通强国”战略的深入实施和城市化进程的加快，铁路和城市轨道交通迎来快速发展，产业规模不断扩大。铁路运营里程方面，截至2019年末，全国铁路营运里程达13.9万公里。城市轨道交通运营里程方面，截至2019年末，全国城市轨道交通营运里程达6736.2公里。装备制造方面，2018年中国轨道交通装备产业规模超6200亿元，动车组市场规模771.5亿元，城市轨道交通车辆市场规模371.9亿元。运维服务方面，伴随运营里程的持续增长，运营维保后市场步入黄金发展期，2019年中国城市轨道交通运营维保后市场规模约840亿元。

2. 产业布局

吉林、山东、江苏、湖南等地借助自身工业基地的技术优势、区位优势和资源优势，轨道交通产业起步较早，势头较好，具有较强竞争实力，形成以青岛、长春、株洲、南京—常州和成资眉为核心的五大产业集群聚，集了一批轨道交通装备领域的骨干企业。

青岛：拥有中车青岛四方机车车辆股份有限公司、青岛四方庞巴迪铁路运输设备有限公司等整车龙头企业及核心配套企业150余家，拥有第一个国家级创新中心（国家高速列车技术创新中心），高速动车组、城际动车组、高速磁悬浮等系列产品达到国际先进水平，被誉为“机车故乡、动车母港”。2018年，全市轨道交通产业链产值达850亿元。

长春：中车长春轨道客车股份有限公司是中国最大的轨道客车研发、制造、检修及出口基地，是中国地铁、动车组的摇篮，实现城市轨道车辆产品的全覆盖，具备CRH5、CRH380、城际动车组等系列动车组生产实力。

株洲：株洲作为中国最大的电力机车研制基地，集聚轨道交通装备企业300多家，依托中车株洲电力机车有限公司和中车株洲所龙头带动，形成集产品研发、生产制造、售后服务、物流配套于一体的完整产业链条，本地配套率超过70%。到2020年，株洲轨道交通产业总产值预计突破1500亿元。

南京—常州：南京作为南京—常州产业集群的核心，已集聚中电科十四所、中车南京浦镇车辆有限公司等60余家企业，形成特色鲜明的产业体系，构建起从车辆系统、信号系统、售检票系统、电力监控、消防、空调等关键装备研制，到工程总集成、总承包公司等完整的产业链。2018年，南京市轨道交通产业实现主营收入427亿元，同比增长9%。

成都：成都作为成资眉产业集群的核心，已集聚轨道交通企业279家，具备科技研发、勘察设计、工程建设、装备制造、运维服务全产业链发展优势，形成“一校一总部三基地”的空间布局。2018年全市轨道交通全产业链营业收入1213.86亿元，其中21家规上建筑业企业营收808.07亿元，91家规上制造业企业营收262.42亿元，15家规上服务业企业营收143.38亿元。

与其他四大产业集群相比，成都轨道交通产业发展存在以下不足：一是全产业链中制造环节短板突出。全市尚无动车和高铁的整车制造资质，轨道交通装备制造业产值占全产业链产值不足25%。二是产业本地供应配套体系尚不健全。全市整车系统本地配套率不足40%，机电系统本地配套率不足12%，与株洲、青岛（本地配套率均在70%以上）相比差距较大。三是技术创新成果本地转化率较低。成都是全国知名的轨道交通科研教育基地，在技术、人才方面优势突出，但科研成果本地转化不足。

3. 发展趋势

一是新制式、新产品不断涌现。随着大城市对轨道交通快速线路和中低运量层次的需求逐步增加，中国城市轨道交通已经由单一的地铁模式转向地铁、轻轨、单轨、市域快轨、现代有轨电车、跨

国内轨道交通产业重点布局区一览表

表 41

| 布局区 | 发展领域 | 龙头企业、机构 | 代表产品 |
|---|---|---|---|
| 青岛 | 高铁、动车、地铁、新制式 | 中车青岛四方机车车辆股份有限公司、青岛四方庞巴迪铁路运输设备有限公司 | 高速动车组、城际动车组、新制式、高档客车 |
| 长春 | 高铁、动车、地铁、新制式 | 中车长春轨道客车股份有限公司 | 25 型系列客车、混合动力动车组、高寒动车组 |
| 株洲 | 电力机车、电气系统 | 中车株洲电力机车有限公司、中车株洲电力机车研究所有限公司 | 电力机车、动车、城轨、中低速磁悬浮、铁路电气系统、工程机械、牵引电传动系统 |
| 南京—常州 | 工程设计和研发、供电系统、通信／信号／综合自动化 | 中车南京浦镇车辆有限公司、中车戚墅堰机车有限公司 | 车辆系统、车门、信号系统、电传动、列车监控 |
| 成都 | 地铁、有轨电车等整车制造，维保，新制式 | 中车成都机车车辆有限公司、成都长客新筑轨道交通装备有限公司、中国中铁二院工程集团有限责任公司、西南交通大学 | 地铁、有轨电车、配套机电系统 |

座式单轨、磁悬浮和 APM 等多种制式。未来氢能源有轨电车、中高速磁悬浮列车、超级高铁等新制式将迎来重大发展机遇。二是质量、安全运营新需求不断增长。随着城市轨道交通逐步进入网络化运营阶段，强化安全运营、守牢安全底线，为人民群众提供安全可靠、便捷舒适的出行服务，已成为轨道交通高质量发展的重要任务，质量、安全领域具有可持续发展的内生动力，市场潜力巨大。三是智能化新趋势加速发展。随着 5G 等技术的加速应用，轨道交通行业将迎来智能化、智慧化发展时代。针对列车运行，实现全自动驾驶，助力轨道运行高效可靠；针对运营维护，提升智能化监管水平；针对乘客出行，提供更快速、准确的出行信息及票务服务，推动行业创新，改善乘客感受，提高运管效率，将加快推动中国智慧轨交运营的发展。四是新业态加速演变。随着城市 TOD 综合开发深入推进，让人流、物流、商流、资金流沿着城市轨道交通加快汇聚，带动周边商业服务、生活服务、楼宇经济、特色旅游等高端服务业发展，加速了轨道交通新业态、新场景培育。五是“一带一路”建设推动轨道交通走出去。“一带一路”辐射东南亚、南亚、中亚和西亚多个国家，并延伸到东欧、北非，沿线总人口约 44 亿，占全球总人口的 63%，经济总量约 21 万亿美元，占全球经济总量的 29%，沿线区域有着巨大的轨道交通建设需求。据专家预测，未来 5 ~ 10 年，“一带一路”沿线国家轨道交通市场规模将高达数千亿美元。六是轨道交通行业开始逐步进入到建设与运营维护并重阶段。在城市轨道交通方面，截至 2019 年，中国城市轨道交通运维市场规模约为 840 亿元，预计到 2022 年将突破 903 亿元。在动车组高级修方面，截至 2019 年年底，中国动车组保有量约为 3665 组，预计未来 12 年动车组高级修市场空间至少超过 4000 亿元。

### （二）轨道交通各制式应用状况

轨道交通整车制式可分为轮轨和磁浮，轮轨主要包括动车组和城市轨道交通，磁浮主要包括中低速磁浮、高速磁浮、超高速磁浮。城市轨道交通既包含属于轮轨的地铁、轻轨、单轨、有轨电车，又包含中低速磁浮等多种制式车辆。

1. 动车组。2019 年全国动车组产量为 2117 辆，市场规模达 771.5 亿元，预计到 2022 年底通车里程将超 4.4 万公里，动车组市场需求将超 5200 列。

高速列车动车组。高速动车是指主要运行于高速铁路，时速不低于 250 公里／小时的高速列车。代表产品有 CRH1、CRH2、CRH3、CRH5、CRH380 型系列动车组和 CR 系列车组（复兴号动车组）。2019 年，中国拥有高速列车动车组超 3000 列，预计到 2022 年高铁总里程将达 3.4 万公里，车辆需求将达到 4000 列。

城际列车动车组。城际动车包括时速 160 公里、时速 200 公里速度等级的系列化动车组，代表产品有 CRH6A、CRH6F、CRH6S 型系列动车组。2019 年，中国城际铁路运营里程约 7700 公里，拥有城际列车约 900 列，预计到 2022 年全国城际铁路运营里程将达1万公里，城际列车动车组车辆将达到1200列。

高速货运动车组。铁总《2018—2020年货运增量行动方案》提出，到2020年，全国铁路货运量将达到47.9亿吨，必将带动货车与机车采购量的增加。由中车四方与中车唐山联合研制的货运动车组技术逐步成熟，未来货运动车组市场将迎来“新蓝海”。

成渝400＋高铁。为加强成渝地区基础设施建设，推动成渝地区双城经济圈建设，成渝正规划建设中线高铁，时速将达350～400公里，成为“400＋高速动车”的示范线路。

2. 城市轨道。目前，中国共有40个城市开通城轨交通运营线路208条，65个城市的城轨交通线网规划获批。截至2019年底，中国城市轨道交通运营线路累计6736.2公里，城市轨道交通车辆市场规模达371.9亿元，预计到2022年中国城轨累计里程将超过1万公里，车辆市场规模将突破420亿元。

地铁。截至2019年底，中国地铁运营线路累计5180.6公里。预计2020年到2022年，中国将新建地铁里程将超2500公里。

新制式轨道交通。截至2019年底，除地铁外的其他制式城轨线路为1555.6公里，涌现出北京大兴国际机场线、佛山高明氢能源有轨电车等新技术新产品。目前，中国已经开展概念性规划设计的新制式轨道交通线路超2800公里。

3. 磁浮。磁浮是轨道交通未来发展方向，高速磁浮具有在500公里时速以上时不存在轮轨摩擦和受流等技术限制等特点，是下一代长距离运输的必然选择。

中低速磁浮。中低速磁浮轨道交通可伸入城市中心地带，是地铁的有效补充，在短途客运市场所具有技术经济比较优势。目前国内已有10多个城市规划中低速磁浮线路，预计未来20年的建设里程将达到5000～10000公里，市场总规模超万亿元。

高速磁浮。高速磁浮运营时速达500公里以上，具有阻力小、起动制动快、爬坡能力强等优点。在“先进轨道交通”国家重点研发计划的资助下，2016年中国中车已启动时速600公里高速磁悬浮研发。超高速磁浮是目前研制的新一代交通工具，利用低真空环境和超声速外形减小空气阻力，通过磁浮减小摩擦阻力，速度达到1000公里/小时以上。

成渝地区要建设具有国际竞争力的轨道交通产业生态圈，必须要把握全球轨道交通新技术、新制式、新业态发展大势，抢抓成渝地区双城经济圈、“一带一路”、川藏铁路等战略机遇，以创新为引领，前瞻谋划中高速磁浮、货运动车、400＋高速动车、氢能源有轨电车等先进装备制造，大力发展研发、质量、安全、维保等制造服务业，积极培育轨道交通新经济、新业态，建设具有国际竞争力和区域带动力的轨道交通产业生态圈。

## 三、成都和重庆轨道交通产业发展现状比较

### （一）成渝地区市场概况

1. 大铁路和城际轨道。川渝双城经济圈内预计将建设2000～3000公里的城际铁路线；到2022年，全省铁路总里程将达到6000公里，其中高铁建成和在建2300公里以上。成渝中线及省内高铁建设将带动庞大的动车组市场。

2. 城市轨道交通。根据成都市轨道交通规划，预计到2025年末，成都城市轨道交通运营总规模不少于1000公里，列车将达到5000辆以上。根据国家发改委批复的重庆轨道交通第三轮建设规划文件，到2025年重庆城市轨道交通总里程将超过1000公里。新型制式轨道交通方面，到2020年，四川省有轨电车总里程约600公里，到2035年，山地轨道交通总里程数2520公里。

3. 装备维保。成都市地铁及成渝地区动车组列车将逐步进入大规模维保周期。据测算，2020—2035年成都轨道预计返厂大修车辆共计6282辆，截至2035年成都轨道车辆维保市场规模约为250亿元。

### （二）成渝轨道交通产业现状对比

目前，成都已集聚起以中车成都、中铁二院、中铁二局、长客新筑为代表的轨道交通企业279家，具备全产业链发展优势，2019年整车年产能达2000辆。重庆已集聚起以中车长客为代表

的轨道交通企业 40 余家，已拥有地铁、跨座式单轨生产制造和维保能力，2019 年整车年产能达 500 辆。

在产业集群方面，成都较“好”，重庆较“专”。成都拥有全国一流的轨道交通科技研发能力，全国领先的勘察设计服务能力，在制造方面成都同样优势明显，拥有西南地区仅有的动车组四级修资质，拥有多个国家级创新平台。重庆跨座式单轨已形成从技术研发、规划设计、车辆及系统设备制造集成、工程施工到运营管理的完整全产业链，掌握跨座式单轨核心技术且本地配套率高，专业特色明显。

在技术创新成果转化方面，成都较“慢”，重庆较“快”。成都在中高速磁悬浮、空轨等新制式装备研制、安全运营等方面拥有大量的科研成果但本地转化率低，新制式轨道交通示范线路建设较少。重庆轨道交通技术创新成果较少，但形成了较为完善的跨座式单轨技术标准体系，国产化率达 95% 以上。

在对外开放方面，成都重在“工程”，重庆还未“走出去”。因成都目前尚无动车、高铁整车制造资质，对外输出方面主要依托勘察设计和工程建设，对轨道交通装备制造企业“走出去”带动效应较差。重庆跨座式单轨实力强劲但尚未实现对外输出。

从成渝地区双城经济圈轨道交通市场和产业对比来看，成渝地区市场庞大，两地领域不同且各有长短，在产业协同发展中，成渝两地要共同着力推进产业顶层设计协同，强化协同创新，充分发挥两地优势，借力对方市场和资源加快补齐自身短板，实现合作共赢。

## 四、推进成渝轨道交通产业协同发展的策略

### （一）发展思路

抢抓成渝地区双城经济圈建设、“一带一路”建设深入推进、川藏铁路加快建设、山地轨道交通建设等战略机遇，坚持成渝轨道交通发展“一盘棋”理念，加快构建高效分工、错位发展、有序竞争、相互配合的轨道交通现代产业体系，围绕“世界轨道交通之都”总体目标，以“科技创新”为动力，共建世界一流轨道交通创新研发策源地；以“先进制造”为核心，共建中国西部轨

**成都和重庆轨道交通产业综合对比表**

表 42

| 对比方面 | 成都 | 重庆 |
| --- | --- | --- |
| 产业规模 | 2019 年，全市整车年产能已增至 2 000 辆 | 2019 年，整车年产能达 500 辆 |
| 产业链 | 形成集科技研发、勘察设计、工程建设、装备制造、运维服务于一体的全产业链 | 规划设计、装备制造、施工承包的全产业链的全球最大跨座式单轨产业集群 |
| 产品类型 | 地铁、有轨电车、空轨及零部件等 | 跨座式单轨、铝型材零部件等 |
| 产业集群 | 拥有中车成都等 279 家企业 | 拥有重庆中车长客等 40 多家企业 |
| 产业载体 | 金牛科技服务产业功能区、新都现代交通产业功能区、天府智能制造产业园和蒲江川藏铁路维运生活新城 | 鱼复工业园 |
| 科研平台 | 轨道交通国家实验（筹）、牵引动力国家重点实验室等 13 个国家级科技创新平台和 36 个省部级科研基地以及交铁检验认证中心（JRCC）、轨道交通国家质量基础（NQI）创新基地等平台，正积极争取全国第三个国家级创新中心川藏铁路创新中心和中铁高铁技术研究院、四川省山地轨道交通研究院落户 | 国家轨道客车工程研究中心重庆分中心，拥有重庆市轨道交通装备产业技术创新联盟 |
| 人才引培 | 拥有西南交大、中铁二院、中铁科学研究院、四川大学、电子科大、成都轨道交通学院等高校院所 | 重庆交通大学、重庆轨轻学校、重庆铁路技师学院、重庆公共运输职业学院等 |
| 衍生服务 | 产品检测、认证、认可、安全运营 | 城轨维保 |
| 市场规模 | 到 2025 年末，全市城市轨道交通运营总规模不少于 1 000 公里，列车采购将达到 5 000 辆以上 | 到 2025 年末，全市城市轨道交通运营总规模超 1 000 公里 |

道交通先进装备智造引领区；以“对外开放”为导向，共建“一带一路”轨道交通出口服务基地，打造创新动能强劲、企业聚链成网、制造实力领先、要素融合联动的具有国际竞争力和区域带动力的轨道交通产业生态圈。

（二）发展策略

1. 以“科技创新”为动力，共建世界一流轨道交通创新研发策源地

（1）推进成渝地区校院企地协同创新

一是加强与西南交大、重庆交大等专业院校和科研机构的合作，深入开展轨道交通基础研究、应用研究和前沿技术研究，大力推动西南交大“牵引动力国家实验室”的科技成果转化，实现协同创新。二是加强与中车成都公司等领军龙头企业合作，支持龙头企业联合高校院所围绕全自动运行系统、关键系统可靠性等方向开展联合攻关，实现重大技术工程化、产业化。三是加强企业自主创新。推动中车成都公司、中车重庆长客、新誉集团等企业建设研发、设计中心，积极承担国家先进轨道交通装备创新发展工程任务，参与研究制定重大技术创新规划、政策和标准。

（2）建设新制式装备研发设计“策源地”

一是共同争取未来制式车辆的国家重大科研专项。重点围绕中高速磁浮、货运动车、400＋高速动车组，争取国家布局更多大科学装置、重大创新基地平台，协同突破关键核心技术。二是共同开发新制式城市轨道交通。充分利用成渝地区多样性的地形地貌，建设适应不同需求的多种制式轨道交通示范线，开发研制氢燃料有轨电车、山地旅游交通、中低速磁浮等新制式产品。

（3）构建轨道交通创新产业体系

聚焦“创新”强引领，依托西南交大、重庆交大等建设政产学研用投高度融合创新高地，搭建轨道交通技术产品“技术转化—孵化—规模化生产—营销”一体化的产业孵化平台，促进轨道交通“成渝研”“成渝造”。聚焦“质量”培优势，依托西南交大JRCC加快构建轨道交通国家质量基础体系，依托川渝丰富的轨道交通制式，加快建设JRCC认证采信示范线。聚焦“安全”塑核心，共同打造轨道交通安全运营产业园，抢占安全运营后市场。聚焦“维保”培永续，推动西南地区动车组高级修基地、城轨维保基地建设，打造轨道交通西部维保服务中心。聚焦“业态”寻增量，发展轨道交通新经济，培育产业新动能。围绕智慧高铁、无人驾驶、5G、工业旅游、金融服务、数据信息等轨道交通新型业态，打造新经济产业集群。

2. 以“先进制造”为核心，共建中国西部轨道交通先进装备智造引领区

（1）全力打造全制式交通装备制造基地

以成渝地区双城经济圈大铁公交化为契机，争取城际动车组本地化制造落地；依托重庆、成都西部综合交通枢纽优势，开展高铁货运研发，前瞻谋划中高速、超高速磁浮，布局新能源轨交装备；依托川渝城市轨道交通庞大市场，鼓励重庆做精跨座式单轨，成都做大市域列车、中低速磁浮、地铁等产品，实现全制式装备制造。

（2）加快打造轨道交通西部维保基地

补强地铁车辆综合维保及大修、有轨电车维保、高速动车组高级修、城际动车组高级修等关键环节，积极拓展电机等核心部件的高级修服务。一是建设西南动车组高级修基地。利用西南仅有的动车四级修资质，争取五级修资质，建设西南动车组高级修基地。二是建设城市轨道交通维保基地。推动成都轨道集团与中车成都公司深入合作，加快建设地铁及新制式轨道交通维保基地，带动本地维保耗材制造业发展。

（3）积极拓展泛轨交装备

以川渝两地山地轨道交通、川藏线建设为契机，大力发展山地轨道交通装备及施工、养护、检测装备。挖掘川藏铁路建设潜在需求，规划打造铁路工程建设装备制造维保和再制造中心，大力招引铁路工务装备的研发与再制造企业，探索发展隧道智能装备、盾构机/TBM装备等高精尖铁路施工设备的租赁服务。立足整车造修、大部件造修、关键零部件造修三大领域，发展各阶段检测与维修所需装备本地制造能力。围绕安全运营产业发展硬件需求，促进科研成果转化，发展轨道交通运营安全装备制造。

3. 以“对外开放”为导向，共建“一带一路”轨道交通出口服务基地

（1）组建轨道交通整体解决方案供应商

充分利用成渝两地轨道交通产业在研究、勘察设计、工程建设、装备制造、运营维护和金融保障等领域的优势，整合西南交大、中铁二院、中车成都公司、重庆中车长客等标杆院校及龙头企业资源，打造轨道交通整体解决方案供应商。同时充分发挥成都、重庆“金融中心”优势，联合银行、信托公司、基金管理公司、轨道交通关联企业合作发起建立投资基金，为打开“一带一路”沿线市场提供资金支持。

（2）大力发展适铁适欧产业

抢抓西部陆海联运大通道建设机遇，以供应链思维谋划产能转移，实现“布局成渝、出口欧亚”。一方面，鼓励企业“引进来”。积极促进外贸产能向成渝两地转移、集中，推动重点央企在成都轨道交通产业领域的战略布局。聚焦整车造修、大部件造修、关键零部件造修三大领域，吸引外贸业务向成渝两地集中，引进技术含量高、附加值高的产品和项目企业落户成都。另一方面，鼓励企业“走出去”。积极推动成渝两地企业在“一带一路”沿线国家轨道交通重大工程勘察设计、工程总承包、装备出口等方面抢占市场。鼓励中国中车、中车电机、新誉等通过蓉欧铁路、渝新欧铁路开拓海外市场。

## 五、对加快推进成渝轨道交通产业协同发展的几点建议

**（一）建立成渝地区双城经济圈轨道交通产业联合发展机制。**加强组织领导，建立成渝两地“分管领导＋市级部门＋区（市）县”的工作机制，共同争取国家重大项目布局，全局谋划成渝两地轨道交通连接网络，组建整合两地优质资源的轨道交通整体解决方案供应商，组建轨道交通产业联盟，解决涉及两地重大项目推进中的重大问题等有关事项。

**（二）建设多种制式的轨道交通试验线、示范线。**依托成渝地区双城经济圈建设战略机遇和西南交大在磁浮领域领先的科研优势，共同争取600＋高速磁浮试验线落地。充分利用成渝两地之间的科技研发优势和复杂多样的地形地貌，开发氢燃料有轨电车、山地旅游交通、中低速磁浮等多种新制式城轨产品，建设多制式轨道交通示范线，完善两地轨道交通互联互通网络，提升产业制造能级。

**（三）创新成渝两地市场、资源共建共享机制。**成渝两地发挥各自产业、市场优势，开展产业市场互换，实现优势互补、市场共享、双赢发展。鼓励川渝地区跨座式单轨采用重庆造产品，城际动车、市域列车、中低速磁浮、地铁等采用成都造产品，利用庞大的成渝轨交市场做强成渝轨道交通产业。

# 关于健全完善新都区公共医疗防治体系的调研报告

成都市新都区人民代表大会常务委员会主任　戴　军

构建完善的公共医疗防治体系，是全面提升防控和救治能力，切实维护人民健康的有力保障。新冠肺炎疫情发生以来，党中央、国务院高度重视疫情防控工作，习近平总书记多次作出重要指示，要求健全国家公共卫生应急管理体系，建立稳定的公共卫生事业投入机制，加快理顺体制机制、完善基础设施、提升专业能力，增强早期监测预警能力、快速检测能力、应急处置能力、综合救治能力。为全面促进新都区提高公共卫生应急能力，提升医疗防治水平，尽快补齐新都区公共医疗防治体系在疫情期间暴露出的短板，区人大常委会先后深入区人民医院、区疾控中心、成都医学院等地调研，并到成都市龙泉驿区、深圳市罗湖区、杭州市淳安县学习先进经验，努力查找新都区存在的不足、提出对策建议。现将调查研究的具体情况报告如下：

## 一、公共卫生应急能力建设严重不足

### （一）问题现状

1. 缺项较多，增大疫情传播风险。

一是缺少感染性疾病科。按照国家卫生健康委办公厅《关于持续做好抗菌药物临床应用管理工作的通知》要求，新都区 7 所二级及以上综合医院需要按照规定设立感染性疾病科，但目前仅有成都医学院第一附属医院、区人民医院建设了感染性疾病科。

二是缺少集中隔离医学观察场所。新都区目前无公共卫生中心，尚不能在突发大规模传染病疫情时快速改造成“平战结合”的集中隔离及收治场所，设置的 4 处集中隔离医学观察场所和多处入境来（返）新都人员集中隔离观察酒店等均为临时场所，存在一定的疫情传播风险，也难以应对可能在秋冬季节出现反复的疫情调整。

三是缺少规范化建设的发热门诊。按照四川省卫生健康委《关于完善核酸检测发热门诊和医疗机构感染防控工作的通知》要求，新都区三级综合医院、二级综合医院及其他医疗机构应分别在 2020 年 8 月底、9 月底及 10 月底前完成发热门诊整改，但新都区发热门诊建设时前瞻意识不强，仅满足当时需要，目前区内 6 家设置发热门诊的医疗机构均达不到“新国标”要求，急需改造。

2. 短板明显，影响应急处置效能。

一是新冠肺炎疫情防控暴露出医疗卫生应急物资日常储备保障不足。按照《四川省应对秋冬季新冠肺炎疫情应急预案》要求，各医疗卫生单位应按照“平战结合”原则，医疗卫生应急物资储备量原则上不得低于疫情防控最高峰值的 10 天用量，但新都区疾控中心日常采购储备应急物质仅有传染病控制类物资 4 类 68 种，达标率为 77.27%；中毒处置类物资 11 种，达标率为 22%；队伍保障类物资 11 种，达标率为 9.9%；防护物资、消毒药品等应急防控物资储备严重不足，更新不及时，不能有效保障重大疫情的防控工作需要。

二是核酸检测能力不足。区内现有 4 所医疗卫生机构（区疾控中心、成都医学院第一附属医院、区人民医院、区中医院医院）单样核酸检测能力可达 938 份／日、增加班次（三班倒）后可达 1494 份／日。但对比深圳市罗湖区疾控中心日检测量最大可达 1200 份，罗湖医院集团日检测量最大可达 10000 份；特别是罗湖区在“8.14”水贝盒马新冠疫情处置中 12 天完成核酸检测筛查 47 万余份，新都区核酸检测能力还存在较大的差距，新都区现有检测能力难以满足突发公共卫生事件应急处置需求。

**（二）原因分析**

一是财政投入严重不够，每年投入医疗卫生应急经费仅 9 万元，限制卫生应急物资的储备和更新，也制约核酸检测能力的提升。二是“重医轻卫”“重医轻防”的观念没有彻底转变，对全区公共卫生应急管理体系研判不足，公共卫生应急基础设施建设缺乏整体规划，“医防融合”还落实不到位。

**（三）对策建议**

1. 完善公共卫生应急管理体系。以编制新都区“十四五”医疗卫生资源布局规划为契机，将公共卫生应急中心、区人民医院感染病区新建工程、区第二人民医院感染性疾病科病区建设项目、区第三人民医院传染科病区建设等公共医疗卫生“补短板、堵漏洞”项目纳入新都区“十四五”医疗卫生储备项目。调整土地规划，强化土地、建设资金等保障要素落实，确保规划项目能够如期落地落实。

2. 推进二级以上医院发热门诊改造。按照四川省卫生健康委《关于完善核酸检测发热门诊和医疗机构感染防控工作的通知》要求，完成区内二级以上医疗机构发热门诊整改。

3. 加快提升医疗卫生机构检测能力。加快推进全区二级及以上医疗机构实验室建设、改造和设备购置，加强应急核酸检测采样队伍、场地等储备，争取尽早具备大规模新冠病毒核酸检测能力。

（4）强化应急物资储备保障。固化应急物资储备经费投入机制，加大应急物资储备经费投入力度，将突发公共卫生事件应急物资储备经费纳入每年财政预算，准备合理适量的日常运转资金和应急资金，建立突发公共卫生事件应急资金使用制度，保证经费的有效使用。

## 二、全区公共医疗卫生资源总量不足、分布不均

**（一）问题现状**

1. 医疗机构床位不能满足群众需求。截至2019 年，全区医疗机构实有床位 6509 张（其中公立医疗机构床位 5222 张）。新都区常住人口 91.8 万人，实际管理服务人口约 142 万人，按常住人口计算，全区每千人口床位数为 7.09 张，低于四川省（7.54 张）、成都市（8.98 张）平均水平。若按照实际管理服务人口计算，与省、市千人口床位数差距更大，新都区医疗机构床位数存在总量不足，与经济社会发展水平不匹配、与人民群众需求不匹配的现象。

（2）公立医疗机构布局与区域发展结合不紧密。一是基层镇（街道）优质医疗卫生资源缺乏。截至 2019 年末，全区三级以上医疗机构有 4 所，均集中在主城区。二是产业功能区缺乏高品质医疗资源支撑，如现代交通产业功能区核心区石板滩街道辖区内仅有石板滩卫生院 1 所一级甲等综合医院，开放病床仅有 224 张。三是人口增长带来公共卫生服务增量。如大丰街道辖区内现有常住人口 40 余万人，但辖区内仅有 1 所开展公共卫生服务的公立医疗卫生机构，不能满足群众公共卫生服务需求。

**（二）原因分析**

一是公共医疗基础设施建设的土地、资金等要素保障不足，如斑竹园卫生院迁建项目已于 2017 年纳入香投集团新开工项目，但因规划调整、土地等问题原因至今未能开工。二是对新都区经济社会发展和人口数量增长研判不充分，导致区域医疗卫生资源分布不均衡。三是医疗资源设置规划前瞻性不够，基层镇（街道）公立卫生院规划规模较小，与当前分级诊疗制度“基层首诊”需求不适应。

**（三）对策建议**

1. 规划高质量的区域公共医疗防治体系基础设施项目。

科学编制和完善新都区医疗卫生资源布局规划（2019—2035 年），规划建设高品质公共医疗卫生基础设施项目，优化城乡公共医疗卫生资源布局；落实土地、资金等要素保障，确保规划项目能够落地落实；加快规划建设中医医院科研教学楼建设项目。

新都区储备项目一览表

表 43

| | | | | |
|---|---|---|---|---|
| 储备项目（6 个） | | | | |
| 1 | 新都区斑竹园镇卫生院迁建项目 | 拟实施 | 香投集团 | 占地面积约 28 亩，总建筑面积 20000 平方米，业务用房 15000 平方米;规划床位 160 张,其中地下 5000 平方米 |
| 2 | 区人民医院生活配套用房新建工程 | 拟实施 | 香投集团 | 医院生活配套用房面积 22032 平方米 |
| 3 | 成都市新都区人民医院危急重症住院楼与紧急医学救援门急诊医技楼新建工程 | 拟实施 | 暂定:香投集团 | 病房综合楼 19 层（床位 800 张），单层面积 1900 平方米，总体面积 36100 平方米；门诊医技楼 3 层，单层直积 5060 平方米，总体面积 15200 平方米；肿瘤治疗区域在负一楼，面积约 400 平方米；地下停车场负三层，单层面积 8000 平方米，总体面积 24000 平方米,设计车位 500 个 |
| 4 | 新都区公共卫生应急中心 | 拟实施 | 医事服务中心 | 拟建设一所医学隔离中心，占地面积 25 亩，建筑面积 40000 平方米,其中地下 15000 平方米,规划床位 200 张 |
| 5 | 精神专科医院新建项目 | 拟实施 | 医事服务中心 | 拟建设一所精神专科医院，占地面积 32 亩，建筑面积 25000 平方米,其中地下 5000 平方米,规划床位 200 张 |
| 6 | 疾控中心实验室改造工程 | 拟实施 | 区疾控中心 | 改造面积 68 平方米，计划投资 70 万元；计划配置 5 台实验室设备,计划投资 127 万元;总投资 197 万元 |

2. 加快建设 2020 年医疗卫生项目。

2020 年新都区续建、计划开工项目一览表

表 44

| 序号 | 项目名称 | 建设模式 | 项目业主 | 建设规模及内容 |
|---|---|---|---|---|
| 2020 年续建项目（3 个） | | | | |
| 1 | 新都区第二人民医院医疗用房迁建项目 | 续建 | 兴水公司 | 业务用房 66035 平方米，规划床位 700 张，地下车库 13615 平方米,占地面积 77 亩 |
| 2 | 木兰卫生院迁建项目 | 续建 | 兴水公司 | 总建筑面积 10972.2 平方米，包括地上建筑 7472.2 平方米、地下室 3500 平方米 |
| 3 | 新都中心卫生院业务用房扩建工程 | 续建 | 新都中心卫生院 | 扩建业务用房 2000 平方米,装修改造 3800 平方米 |
| 2020 年计划开工项目（4 个） | | | | |
| 4 | 龙桥卫生院改扩建项目 | 新开工 | 代建业主:兴城公司 | 装修门诊大楼等面积 2400 平方米,投资约 400 万元;拆除现有住院楼等面积 2000 平方米，投资约 30 万元;在拆除原址新建综合业务用房 3850 平方米,投资约 2530 万元 |
| 5 | 大丰高堆社区卫生服务中心（医养结合）新建项目 | 拟实施 | 医院事务服务中心 | 业务用房 9400 平方米,其中地下 2500 平方米；规划床位 50 张 |
| 6 | 区人民医院老院区改造项目 | 拟实施 | 兴城公司 | 总改造面积约 18000 平方米,改造后床位 300 张 |
| 7 | 城西社区卫生服务中心就医流程改造工程 | 拟实施 | 城西社区卫生服务中心 | 门诊、儿童计免流程改造 |

## 三、人才紧缺是公共医疗防治体系建设的主要痛点

### （一）问题现状

1. 基层人才队伍建设缺乏有效保障。

一是人才引进政策与基层实际结合不紧密。目前，新都区急需大批专业技术性医疗卫生人才，但新都区出台的有关人才政策，倾向于高、精、尖人才引入，缺乏同基层医疗卫生机构相适宜的技术性人才引进及激励政策。自 2015 年以来，基层医疗卫生机构未能引进符合条件的医疗卫生专业技术人才。

二是缺乏吸附人才的保障机制。新都区基层医疗卫生机构实际共有 1340 人，其中，在编 602 人，

新都区龙泉驿基层医疗保障情况表

表 45

| 单位 | 编外人员保障 | 目标绩效 | 奖励性绩效 |
|---|---|---|---|
| 龙泉驿区基层医疗卫生机构 | 核定编外名额 420 个，财政保障 3 万元 / 人·年 | 编内 3 万余元 / 人·年 | 无绩效总控 |
| 新都区基层医疗卫生机构 | 未核定编外名额，且无经费保障 | 编内 2.9 万元 / 人·年 | 存在绩效总控（无法真正实现多劳多得，优绩优酬，职工积极性难以得到有效调动） |

聘用 738 人，聘用人员占 55.07%。由于缺乏政策或资金保障，聘用人员经费只能由基层医疗卫生机构自筹，增大了基层医疗卫生机构运营中的人力资源成本压力，同时，聘用人员队伍不稳定，人才流失现象突出。对比龙泉驿区对基层医疗机构保障机制，新都区存在一定差距。

2. 医疗卫生机构管理队伍结构老龄化。

区级医疗卫生机构领导班子成员中年龄最大 57 岁，最小 39 岁，平均年龄 51 岁，特别是区中医院、区疾控中心班子平均年龄均为 54 岁。而与四川大学华西医院建立领办型紧密医联体关系的龙泉驿区第一人民医院，由华西医院派驻骨干管理团队及业务团队，其管理团队年轻化特点突出。

3. 乡村医生队伍结构老龄化。

全区现共有乡村医生 447 人，在岗从业 341 人，从业人员中女性年龄 50 岁以上的 41 人，男性年龄 60 岁以上的 37 人，已达退休年龄人员占比 22.87%，队伍老龄化严重。同时，因乡村医生未纳入编制管理，收入较低，难以招引，全区 287 个注册村卫生站中，40 余个村卫生站存在乡村医生空岗问题，难以发挥公共医疗防治体系网底作用。

4. 区疾控中心中坚队伍缺乏保障。

区疾控中心内设科室负责人是全区公共卫生领域日常服务保障和应急响应的中坚力量，但因区疾控中心为公益一类事业单位，自 2016 年参照机关管理以来，内设科室负责人均未享受到中层干部待遇，严重挫伤其工作热情，不利于干部队伍的稳定。据了解，温江区、双流区、青白江区、郫都区、龙泉驿区的疾控机构均已解决了内设科室中层干部的相应待遇。

**（二）原因分析**

一是对卫生健康干部关心关爱不够。医疗卫生行业的特殊性，成熟性专业技术干部成长周期至少需要 15 年才能具备胜任岗位职责所必需的专业知识和管理能力，但事业单位领导人员实行岗位管理，院级领导退出岗位后的政治待遇、经济待遇未能得到保障，在一定程度上造成医院班子有机更新受阻。

二是聚焦卫生健康发展需求的政策体系不够精准，对国家分级诊疗制度要求落实不到位，对群众就近就医需求和基层医疗卫生人才需求研判不足，推动解决基层困难问题的办法还不够多，制约基层医疗机构高质量发展。

三是新都区人民政府于 2014 年与四川大学华西医院签订深化合作办医协议，华西派驻 2 名骨干到区人民医院分别担任业务副院长、院长助理及运营部长，但已于 2016 年工作期满后回到华西，到目前为止，华西未继续派驻主管学科建设和运营管理的骨干到区人民医院担任院级领导。2019 年开始，华西领办型紧密医联体主要以地市级医院为主，对区县级医院原则上不纳入考虑范畴。一系列因素，对区人民医院引入高层次人才带动医院人才队伍建设和学科建设造成一定影响。

**（三）对策建议**

1. 解决卫生技术人才引育“政策”的问题。修订完善卫生人才引进实施细则，因地制宜，不拘一格降人才，尽快引进一批具有较高专业技术水平的医疗卫生人才，努力缓解卫生健康人才队伍高层次人才、紧缺岗位卫生人才和基层卫生人才短缺的问题。要落实人才优待政策，完善人才使用机制，真正留住人才，发挥作用。

2. 解决基层医疗卫生机构“人”的问题。一是以实际服务人口万人比计算基层卫生技术人员数，采取政府购买服务的方式招聘编外人员；二是统筹落实乡村医生队伍建设，探索“镇聘村用”机制。

3. 解决医院领导班子结构老龄化问题。一是明确退出院级领导岗位干部的政治待遇、经济待遇，调动其工作积极性；二是技术骨干类干部，退出院级领导干部岗位后，发挥其专业技术能力特长，调整至适宜的医疗机构执业；三是针对卫健系统行业特殊性，实行干部调动“一事一议”。

4. 解决卫生技术人才的“优绩优酬”的问题。一是在不增加财政负担的前提下，参照公立医院薪酬制度改革，探索在基层医疗卫生机构实现“两个允许”。二是明确区疾控中心内设科室负责人待遇标准，并纳入财政经费保障。

5. 重新建立完善区政府与华西医院的定期沟通协调机制。积极争取华西医院派驻业务骨干，增加华西医院医生来新都区医院坐诊、教学指导频次，进一步深化医联体合作内涵，引入更多的优质医疗资源下沉服务新都区广大市民。参照成都市龙泉驿区和杭州市淳安县成功经验，大力推进区管医院同四川大学华西医院等省市医院合作办医，签订长期合作办医协议，充实合作办医内容，借力借智提升新都区公共医疗卫生水平。

## 四、信息化建设滞后阻碍了公共医疗防治体系高质量发展

### （一）问题现状

习总书记指出，要高度重视新一代信息技术在医药卫生领域的应用，重塑医药卫生管理和服务模式，优化资源配置、提升服务效率。新都区自 2015 年建设完成区域医疗卫生信息平台以来，每年仅投入 40 万元用于系统维护，硬件设备更新不及时，平台应用系统单一，难以整合各信息系统数据，造成互联网医院建设滞后。各医疗机构间信息共享、互联互通不够，重复性的检查、化验给群众增加负担，也制约了医共体建设。

### （二）原因分析

对信息化建设缺乏顶层设计和整合部门间信息系统建设的投入，部门间和行业内的业务集成和数据共享缺乏统一的标准。

### （三）对策建议

以当前新都区开展国家级紧密型县域医共体试点建设为契机，落实财政经费保障，以信息化建设为抓手，以家庭医生签约服务平台建设为切入点，分“三步走”实现区镇村三级医疗机构业务协同和信息共享。

1. 完成基层信息化建设，实现建立信息化引领的医防融合新模式。包括建设家庭医生签约系统，实现签约系统与医院信息系统（HIS）、实验室信息管理系统（LIS）、医学影像存档与通信系统（PACS）以及公卫系统的互联互通，统筹建设区级基层卫生健康基础云等。

2. 完成医共体基础平台建设，实现信息化引领的医共体基础设施创新。包括建设区域健康档案库和病历数据库，建设区域公卫管理平台，建设区域业务协同平台等。

3. 完成医共体医院系统平台化整合，实现统一整合升级医共体相关医院院内系统。建立区域云化电子病历系统，应用信息化升级区域医疗共享中心，通过平台化建设医共体医院运营管理系统（HRP），建设医共体互联网中台和互联网医院等。

# 存量开发与大港区建设背景下新都产业功能区转型更新路径研究

## ——以工业东区为例

成都市新都区人民政府区长 王忠诚

### 一、研究背景

成都市第十三次党代会作出“东进、南拓、西控、北改、中优”的重大部署，标志着成都已进入“增存并举”的发展阶段。新一轮成都国土空间规划实施全域国土开发强度管控，严控建设用地规模总量，其中增量扩张主要在东进、南拓区域，以新都为核心的北改区域，是城市发展存量更新的主战场。据统计，新都、青白江、金牛、成华等北部六区全域开发强度仅21.44%，远低于35%的限定强度。目前，北部六区批而未用的存量土地达82.4平方公里，仅新都区就有11727亩，存量开发潜力巨大。

2020年12月，全市北改工作推进会指出，金青新大港区是牵动引领北改区域协同发展的核心，要以金青新大港区为龙头，持续提升区域发展能级和辐射带动能力，奋力打造成都都市圈重要经济增长极、链接欧亚陆港门户枢纽和产贸结合高质量发展先行区。新都作为大港区的核心组成部分，在大港区中区位条件最好、经济总量最大、产业基础最扎实。按照开放型港口经济辐射发展特征，未来，大港区必然会从“单中心”演化为“多中心”协同发展，“陆港”将是新都未来发展的新动力源和核心变量。

在存量开发与大港区建设背景下，对产业功能区特别是以工业东区为代表的典型的工业集聚区而言，既是有利条件，也是新的挑战，一旦成功借势转型更新，工业东区将展现出新的活力，迈上园区发展的高级形态，带动整个城市更新；反之则将被市场淘汰，成为新都建设都市圈北部中心的负担。值此“十四五”开局之际，新都需要直面空间资源趋紧、工业用地集聚度不高、土地利用绩效水平差异大等问题，以产业功能区建设为抓手，在新一轮城市发展中探索出一条高质量精细化的存量更新之路。

### 二、工业东区的基础与潜力研判

工业东区是新都现代交通产业功能区的重要组成部分，园区面积15.8平方公里，已形成能源装备、机械加工、汽车三大主导产业，食品饮料、医药两大特色产业，以及电子器件、航空动力、电线电缆、现代包装四大基础产业。入驻企业929家，其中规模以上工业企业101家，高新技术企业49家，包括华润雪花、泛华航空、中电锦江、塔牌电缆等。2020年，工业总产值254.44亿元，同比增长7.69%，占整体功能区的45.15%，税收收入10.99亿元，同比增长15.66%，占整体功能区的49.25%，是新都工业发展的核心支撑区域和主要税源地。

“陆港”，是指内陆经济中心城市直接对外开放的通商口岸和现代物流平台。临港产业，则是依托港口资源、国际贸易和近代工业基础，在港口区域内建立并利用港口和区域资源优势而发展起来的工业，主要包括基础产业、核心产业和关联产业三大板块。其中，基础产业包括陆港建设、公路铁路运输业、仓储、装卸搬运、理货、设备租赁，以仓储物流为主；核心产业主要指临港装备制造业，包括运输装备（轨道交通、航空、汽车制造、物流装备）、通讯与电子设备制造（电子信息、智能装备）、专用设备制造（如能源加工）和通用设备制造（机械加工、金属制品）等；关联产业依托“陆港”进出口，能够延长共生产业的价值链，提高区域产业的集聚度，如食品加工、现代医药、先进材料、智能家居等。工业东区产业结构中，产值占比超过10%的工业门类为食品饮料、机械加工、汽车制造、电子器件和能源装备，占比依次为19%、17%、15%、12%、10%，与临港产业体系吻合度较高。综上可见，以适欧适铁临港产业作为工业东区未来发展方向，既是根植于工业东区的产业本底，也是区域经济客观规律使然。

通过研究西部地区“陆港枢纽”西安铁路集装箱中心站、重庆渝新欧铁路起点站周边产业园区发展情况，选取西安国际港务区临港产业园、重庆西永微电子产业园作为参考对象，与工业东区进行对比分析。从用地效益上来看，西安临港产业园地均产值为33亿元/平方公里，重庆西永微电子产业园70亿元/平方公里，工业东区仅15亿元/平方公里，不足前两者的1/2、1/4。从产业门类上来看，工业东区以传统汽车、油气装备、机械加工、食品医药为主，西安国际港务区临港产业园、重庆西永微电子产业园更偏重于高新技术方向，强化电子信息、集成电路、智能终端等领域的发展。工业东区是新都境内距离青白江国际铁路港最近的产业功能区，“陆港”区位优势显著，但长期以来的内卷式发展，造成工业东区与港区脱离、地均效益不高、用地空间制约等问题，未来还需进一步挖掘临港经济价值，促进产业转型升级。

## 三、工业东区发展面临的问题

一是产业重点不显，园区效益不高。产业门类较多，总体分为十大产业三级梯队（图1），但产业之间关联度不高、主导产业带动力不强，“灌木丛”比较多、“大森林”比较少，除个别优质企业外，整体仍处于产业链、价值链中低端。各产业之间发展态势差异较大（图2），汽车行业2019年增速-9.3%，为园区内最低，产业亟待转型升级；食品产业仅有龙头企业（华润雪花、老川东）增速快，但产业集群尚未形成。由于现代产业迭代更新周期已缩短为3～5年，园区大企业（中建铝新材料、

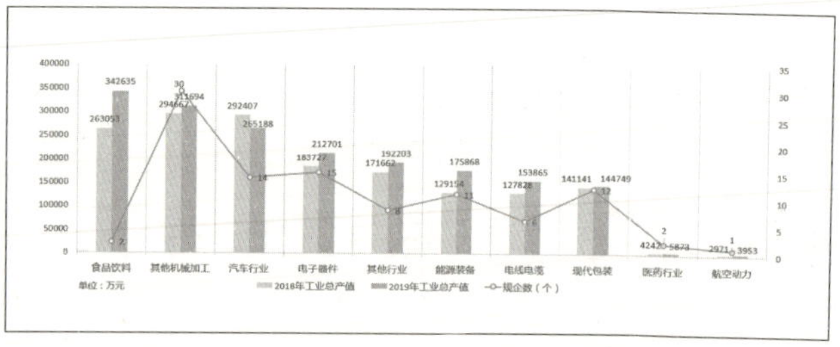


图6　工业东区各产业工业总产值与规模以上企业数量比较示意图

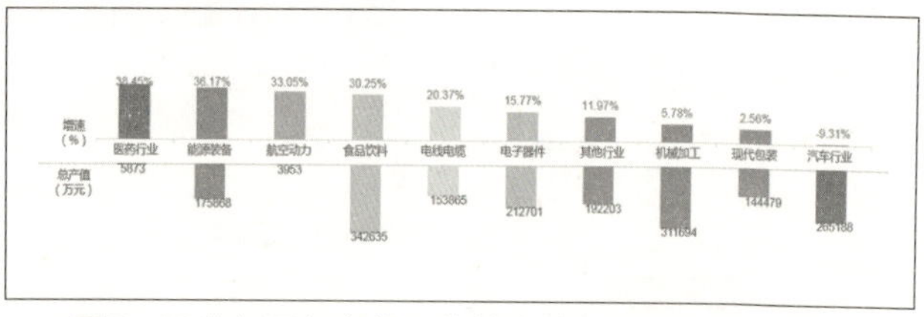


图7　工业东区各产业工业总产值与增速比较示意图

九牧智能厨卫、同仁堂药业等）面临向产业链高端提档升级、中小企业（鲁得贝车灯、银线电杆等）面临减产转产停产的现实困境。从亩均产值和亩均税收贡献上看，亩均产值上亿元企业2家（大有石油钻采工程、天润德环境工程），仅占园区企业数量的0.23%；亩均税收上百万元企业12家，仅占园区企业数量的1.4%；90家规上工业企业，以一般省级工业园亩均税收10万元/亩为标准，企业达标率为46.7%，未到一半。

二是用地布局混杂，空间制约严重。产业空间布局交错混杂、相互割裂，难以形成不同类型的产业集聚区，缺乏相应共享空间。工业东区经过十五年发展已进入存量建设时期，用地发展制约与市场需求矛盾加剧，主要表现为“两个不匹配”：一是供需空间不匹配，现有可用地仅786亩（包含待拆迁用地319亩和待签约用地467亩），而新近引入的投资项目和园区潜在扩产提能项目提出用地需求已超千亩；二是现状可用地小而散，需求地大而聚，清理盘整用地难以满足优质项目大宗连片用地需求。园区内设有110千伏高压线走廊，架空线路共20.5公里，基塔占用土地近600亩，高压线两侧20～30米范围不能建设任何建筑物，也挤占了稀缺的用地空间。

三是对外交通拥堵，内部衔接不畅。园区主要依托下穿京昆高速的兴业大道、新工大道和其他8

处涵道（其中 2 处连接骨干道路通行较多，路宽 6 米、高 2.5 米）与主城区连接，由于道路设计狭窄，缺乏有效的交通组织，加之园区未能实现职住平衡，早晚高峰十分拥堵，通行效率较低。园区内部客货混行，存在 13 条断头路，造成局部交通组织中断，影响园区内交通畅通。

四是生态本底失策，生产生态对立。园区紧邻毗河，内有北流河、南流河、两处沟渠和庆元湖、淘沙湖两处湖泊，生态环境本底较好。但园区长期发展过程中忽视生态环境建设，绿地缺失，河湖水系尚未连片成网。夏季洪涝灾害期间，由于毗河水量增大，仅有的两处沟渠承接路面雨水流排不畅，在地势低洼地带容易形成积水，倒灌进企业厂房，造成园区内涝。

五是基础设施不足，人才去易留难。调研访谈南山控股、中建铝、泛华航空、鸿昌塑胶等园内重点企业，均提出缺乏商业购物设施、休闲健身场所、企业服务综合体、社区服务综合体、人才公寓、公共停车场等必要的公服配套项目，导致企业招工难留工难、产业工人只能在路边摊解决午餐，公共停车场不足带来职工停车难和占道停车区域不断扩大等现象，亟须在新一轮园区更新改造中补短板、促提升。

## 四、工业东区转型更新路径研究

### （一）做优顶层设计，推动功能再定位

工业东区是新都融入大港区一体化的桥头堡和前沿阵地，也是新都工业未来发展的底气和支撑，新一轮战略发展导向应立足“双循环”，坚持既占领临港优势做大外循环，又固守产业本底做强内循环，着力建设国际化外向型适欧适铁智能制造产业新城。围绕总揽性战略定位，强化“临港适欧适铁功能、供应链集成创新功能、自贸区协同改革功能、都市工业转型功能、公园城市提升功能”五大功能性支撑，形成高能级产业平台，激活工业东区在新都乃至金青新大港区的发展动能。

一是聚焦“临港适欧适铁”，构建临港先进智造产业体系。提升新都经济外向度，融入全球产业链、供应链、价值链，“陆港”是最大支点，“智造”是最好方向。立足临港腹地优势和产业基础优势，抢抓链接欧亚陆港门户枢纽建设机遇，瞄准泛欧泛亚市场贸易需求，加快发展装备制造、电子信息、食品饮料三大主导产业，进一步满足“适铁、适欧、适港”的出口导向需求，提升制造的高技术含量、高附加值和高端化智能化水平。

二是创新“供应链服务”，打造进口供应链集成中心。供应链一体化是助推本地产业和区域经济产业发展的重要路径。以大港区为依托，面向电子信息、高端装备等主要行业，着力构建供应链体系，形成与世界接轨的国际资源配置平台，落地进口供应链集成中心。以“一带一路”进口贸易方向，致力于打造集国际采购、加工、分销、展示、交易结算、物流、金融、信息等高效率一体化服务的交易中心和集散平台。与省市高能级供应链平台和龙头企业形成协同服务，为四川“5 + 1”、成都“5 + 5 + 1”现代开放产业体系赋能，实现区域产业链上下游企业联动协作，制造业产业链提质降本增效。

三是探索“自贸联动”，建设自贸协同改革先行区。工业东区与中国（四川）自由贸易区成都青白江铁路港片区仅一路之隔，具备自贸扩区优势区位，将积极创建自贸区协同改革先行区。通过研究自贸区产业功能三大圈层布局特征和区内外功能联动实践，在园区探索“自贸区内保税备货、自贸区外产品直销”的模式，先行建立平行进口商品直营中心，创新贸易服务和消费体验。同时，依托工业东区自身物流园积极申请保税功能试点，延伸保税备货功能；逐步引导服务中介、法律咨询、信息服务、科技创新等适合区内注册、区外经营的生产性服务业集聚，建立涉外投资服务中心和国际企业总部基地等核心项目。

四是发展“都市工业”，吸引高端创新要素集聚。都市工业是现代工业创新创业的一种新形态，是近年来成都大力发展的重点领域，也是未来工业东区有机更新进程中向“存量空间”要“增量价值”的重要抓手。支持科技研发、工业设计、信息技术服务、营销管理、检测认证等都市工业企业落户，大力引进科技型、研发型、销售型、管理型、运营结算型企业及总部类项目，打造以存量空间更新为主的创新科技产业集聚新载体。

五是强化“公园营城”，提升园区功能品质。遵循公园城市规划建设理念，打破园区“有产无城”的现状困境，以人才为中心，围绕人才需要，加快推进人城境业四维更新。优化空间形态、重塑蓝绿网络、完善基础设施、补齐公服配套、提升人文魅力、重塑园区价值，支撑未来产城融合高质量发展。

**（二）推动存量盘整，坚持亩产论英雄**

加快编制工业东区更新提升规划，全面摸清园区更新改造资源家底，整合产业、功能、交通、环境等多元要素，厚植园区比较优势，提升园区整体能级，引领高质量发展。

一是双线控制，低效清退。通过对工业东区整体产业空间进行梳理和综合评估，将目前已清理 28 家企业用地，分为回收、盘活、督促开工和实施技改四大类，共收储 1326 亩用地，需盘活 431 亩用地。从企业地均产值和地均税收来看，地均产值低于 100 万元 / 亩工业地块共 79 幅，占地规模 4024 亩，占比约 39%，涉及规上企业 15 家；地均税收低于 1 万元 / 亩 39 幅，占地规模 2013 亩，占比 20%；地均税收 1 万 ~ 5 万元 / 亩工业地块 63 幅，占地规模 3184 亩，占比 31%。从开发难易程度看，从低到高划分为三个等级，现状可用地 786 亩（包含待拆迁用地和净地）；已回收用地 1238 亩，需盘活用地 431 亩；需先期引导腾退的低效工业用地（地均产值＜100万元 / 亩且地均税收＜1万元 / 亩）1628 亩，盘整 4083 亩可开发空间。下一步，工业东区应大力推进企业梯度清理，以双低门槛（地均产值＜ 100 万元 / 亩；地均税收＜ 1 万元 / 亩）确定先期淘汰企业，列入一级清退企业名录 34 家；以单低门槛（地均税收低于 5 万元 / 亩或地均产值低于 200 万元 / 亩）确定亟需提升的企业，列入二级清退企业名录

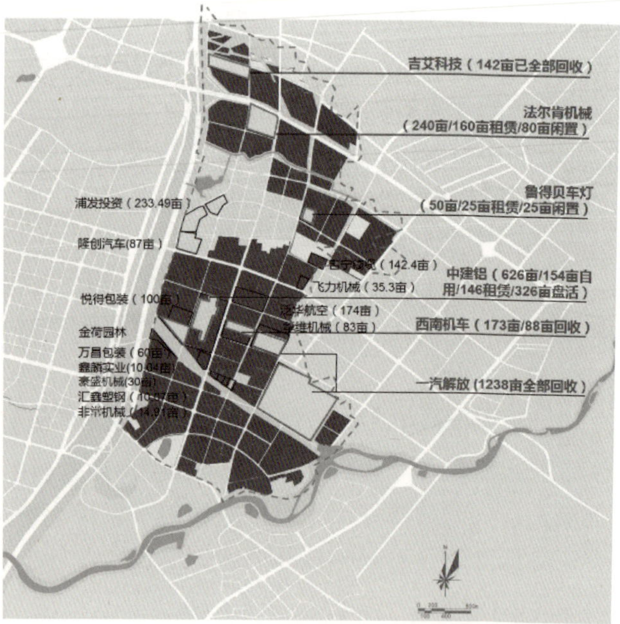


图8　低效闲置用地清理示意图

图9　东区地均产值分析示意图

**工业东区低效工业用地分级盘整表**

表 46

| 类别分级 | | 数量（个） | 数量占比（%） | 面积（亩） | 面积占比（%） |
|---|---|---|---|---|---|
| 地均产值 | 低于 100 万元 / 亩 | 79 | 45 | 4 024 | 39 |
| | 100 ~ 200 万元 / 亩 | 53 | 30 | 1 187 | 11 |
| 地均税收 | 低于 1 万元 / 亩 | 39 | 22 | 2 013 | 20 |
| | 1 ~ 5 万元 / 亩 | 63 | 40 | 3 185 | 31 |

说明：按用地权属统计地均产出，四个园中园（勤恒、金荷、鑫新和、加宇生）按均值计算

图10 东区地均税收分析示意图

图11 东区可用地总体评估示意图

59家，形成按梯队逐步清理的实施路径。加快制定引导激励和退出倒逼双向机制，正面激励主要依靠财政支撑，包括退出专项补偿金、主动退出奖励、二次开发基金池、绿色信贷等；负面倒逼以综合处罚为核心，通过征收土地闲置费、差别化土地使用税征管、多部门联合执法、定期发布低效企业名单等方式，倒逼企业退出。此外，以低效工业用地的退出为切入点，向工业项目全流程管控拓展，建立低效用地前期审核、中期监管和后期退出更新机制。

二是集约促进，精准施策。对园区不少现状企业提出产能扩展新增用地需求的情况，以空间集约节约利用为导向，政府通过深入对接和服务企业制定精细化政策，将增量用地中涉及停车场、职工宿舍以及部分机械设备等允许共享使用的功能空间与主体产能工程相分离，在分散的可用地中实施集中合并设置，从而对多个企业形成共享服务，减小单一企业新增用地规模。

三是因区定策，定向激发。以金青新大港区为依托，制定面向国际化“陆港”发展的产业政策、招商政策和自贸协同创新政策等，以政策机制为保障，激活新的产业发展动能。以高标准、高站位建设高能级、高辐射带动力的项目引擎和功能，如保税备货试点、平行进口直营中心、国际工业品供应链集成平台、智能制造技术研究院、涉外金融中介服务中心、检测认证中心、总部基地等，促进生产制造和区域贸易，激发优质企业集聚。

四是集聚合力，市场调节。采取园中园的模式，如南山控股、鑫新和（石油大学科技园）等，由专业的管理公司运营，为入驻企业“量身定制”研发、生产、办公场所，避免企业拿地后“圈而不建”，土地利用率低等问题，更容易实现“招一个、引一串、带一片”的实效。政府可与企业形成协作，探索税收落地和不落地的相关政策，支撑园中园企业的发展，同时也能加强税收保障。

**（三）统筹人城境业，实现高质量发展**

产业功能区的转型更新不仅是产业的更新，更是“人、城、境、业”四个维度的全方位更新。将公园城市理念融入工业东区转型更新之中，通过优业、营城、优境、聚人融合，推动工业东区城市面貌整体升级，实现高质量可持续发展。

一是优业：重点聚焦，分类引导。构建“3＋X”产业体系，“3”指聚焦智能装备、电子信息和食品饮料三大主导产业，以骨干企业为龙头，着力延长产业链；“X”指适欧适铁的先进制造业方向，以先进性（专利、自主知识产权等）和贡献度（投资强度、亩均产业）作为两大衡量标准，以市场为导向，

低效工业企业分类更新方式情况表

表 47

| 低效工业企业类型 | 更新途径 |
| --- | --- |
| 闲置停产的低效型企业 | 收回、收购、搭建租赁转让信息平台招商引资等措施 |
| 土地开发利用强度较低的企业 | 企业自主更新：增资扩建、招商合作、增加容积率<br>政府引导更新：分割转让，政府免除因转让所应缴纳的部分费用 |
| 地均产业效益低的企业 | 企业自主更新：技改、开发转型、并购重组<br>政府引导更新：转让租赁，由园区统一进行租赁管理，提供融资支撑、税收减免 |
| 设备淘汰或技术落后的不符合产业导向的企业 | 鼓励其进行产业转型升级，或关停并转、回收或置换 |
| 不符合安全生产和环保要求的企业 | 责令实施整改或淘汰，政府回购 |

最大限度发挥产业招引的弹性，罗列允许进入的产业主体门类，制定相应的产业投资准入门槛。加强工业东区与石板滩、工业西区的产业互动，发展石板滩外溢的部分航空拓展服务功能，承接可口可乐、科伦药业等优质龙头企业转移，共建产业生态圈和价值生态链。在产业发展引导基础上，对低效工业企业实施分类引导、优化更新，借鉴上海、广州、深圳等地低效工业更新开发模式，积极探索政府收储改造、原土地使用企业自主更新、新引入市场主体开发改造、政府与企业联合开发等多元模式，对低效工业企业类型进行划分，针对不同情况实施差别化的更新途径。

二是营城：交通优化，形象提升。在大港区层面，梳理路网系统，加强工业东区与成都国际铁路港、新都主城区的交通联系，重点强化货运大道、五环路、兴业大道三条东西向对外交通主干路。在园区内部层面，打通龙虎大道南北向交通，向南延伸至马超东路，疏解内部交通压力。同时，实施客货分离，设置东高路、永达路、兴业路和金泰路四条货运通道。打通 9 条断头路，包括桂锦路、龙虎大道、庆居路、龙江路等，总长度约 4767 米，畅通内部交通。增设五处停车场，有序组织静态交通，减少道路临时停车。沿成渝沿线高速开展重点门户界面公共空间改造工程。鼓励对使用状况较差的小广场、闲置的隔离防护绿地、水系空间、街道界面再设计，通过桥下空间改造、设施连通、植入新的活动事件等吸引物，使原本消极的空间转化为积极有活力的空间，提升工业东区面向新都主城的门户形象。

三是优境：绿廊连通，公园入城。践行公园城市建设理念，充分利用河湖水系和高压线绿廊，形成蓝绿融合的生态休闲网络。以产业组团为单元补充公园绿地，优化园区绿地布局，构建绿道系统，实现区内外绿地绿廊连接贯通，将毗河优质生态要素引入园区。以慢行步道串联产业邻里中心、口袋公园和景观绿廊，形成居民和产业员工日常动线。建设绿色基础设施，打造园区海绵城市体系，植入海绵公园、雨水花园、植草沟、下凹绿地、可渗透铺装等海绵设施，调蓄雨洪，过滤净化水体，利用坑塘、雨水花园等海绵设施设计趣味性的水景和休憩空间。

四是聚人：服务补位，设施共享。按 5 ~ 10 分钟、15 分钟两级社区生活服务圈，合理配置基本公共服务设施，建设“标准化+特色化”的居住社区与产业社区，加快补齐教育、医疗卫生、体育健身、便民服务和产业服务设施五大短板。围绕各产业板块建设产业邻里中心，集中配置停车场、生活服务设施，租赁住房等配套设施，实现商业、医疗卫生、文化体育、娱乐休闲等生活性配套区域内解决。改造提升横穿园区中部的高压走廊绿带，将过去的线性分割转变为联系纽带，建设集文化展示、创意交流、运动休闲等功能于一体的高压工业文化长廊。以小品雕塑、文化景墙等展示古蜀文化考古发掘和近现代工业文化，导入体育公园、集装箱创意集市、智慧步道等激发园区活力，创造多元业态融合、独具魅力的共享长廊。提升数字基础设施服务水平，结合晨明地块打造科创云谷高品质科创空间，落地企业大数据中心和智能管理平台。以企业大数据库为基础，对园区内企业实施信息追踪和动态管理，同时做到快速精准匹配未来招商引资。

# 关于加强协商民主建设的实践与思考

成都市新都区政协主席　方正行

人民政协是社会主义协商民主的重要渠道和专门协商机构，作为基层的政协组织，成都市新都区政协坚持以协商民主建设为抓手，推动履职能力和水平不断提升。

## 一、把加强协商民主建设作为奋进新时代的必修课

“协商民主”不是新事物，党的十八大以来，“社会主义协商民主”得以全面发展和广泛运用，在党和国家以及基层事务中发挥着不可替代的重要作用。紧跟中国社会主义民主政治发展步伐，深入学习把握协商民主的要义内涵，对基层政协落实部署、创新竞进尤为重要。

### （一）探究协商民主之“源”

会商求和，议谏求同，在中国自古有之。子曰：“君子和而不同，小人同而不和”；《尚书·洪范》有云：“女则有大疑，谋及女心，谋及卿士，谋及庶人，谋及卜筮”；历代朝廷也多采取集议、廷议等形式来决策重大问题。

中国共产党自成立以来，始终坚持走民主发展道路。1922 年 7 月，中国共产党二大提出的奋斗纲领是“在中国能脱离世界帝国主义的侵略和推倒封建制度的军阀，建设真正民主主义国家”。毛泽东在革命实践中，形成了创建根据地民主政权、协商建立全国政权思想。1949 年 9 月召开的中国人民政治协商会议第一届全体会议，标志着中国共产党领导的多党合作和政治协商制度正式确立。新中国的成立，为协商民主在全国范围实施和发展奠定了政治前提。1954 年人民代表大会制度建立后，人民政协作为中国共产党领导的多党合作和政治协商机构、作为统一战线组织继续发挥重要作用。改革开放后，社会主义协商民主稳步推进。邓小平指出：“必须使民主制度化、法律化，使这种制度和法律不因领导人的改变而改变，不因领导人的看法和注意力的改变而改变。”1987 年，党的十三大提出建立全国的、地方的、基层的社会协商对话制度。1991 年江泽民首次提出社会主义民主有两种形式，2006 年《中共中央关于加强人民政协工作的意见》，以正式文件形式阐明了社会主义民主的两种形式。2007 年国务院新闻办公室发表《中国的政党制度》白皮书，明确指出，“选举民主与协商民主相结合，是中国社会主义民主的一大特点”，首次正式提出协商民主概念。党的十八大、十八届三中全会更加全面概述了社会主义协商民主，强调“构建程序合理、环节完整的协商民主体系，拓宽国家政权机关、政协组织、党派团体、基层组织、社会组织的协商渠道。”2015 年，中共中央印发《关于加强社会主义协商民主建设的意见》，为协商民主广泛、多层、制度化发展提供了重要保障。党的十九大提出，“发挥社会主义协商民主重要作用。”这为社会主义协商民主的发展进一步指明方向。

通过对社会主义协商民主发展脉络的梳理，我们深刻认识到，社会主义协商民主是中国共产党在马克思主义民主理论、党的群众路线和统一战线等理论指导下逐步建立和发展起来的，可以说与中国共产党相伴而生，是中国特色政治体制改革的伟大探索和实践成果。基层政协加强协商民主建设，就必须将这一伟大创造作为工作法宝，融入当地历史文化，植根于当地民情实情，贯通于当地发展实践，用以解决经济社会诸方面的实际问题。

（二）领会协商民主之“特”

习近平总书记作出“社会主义协商民主是中国社会主义民主政治的特有形式和独特优势”这一重要判断，并指出：协商民主是中国社会主义民主政治中独特的、独有的、独到的民主形式。

协商民主“特”在世界唯一。协商民主是在中国共产党领导下，人民内部各方面围绕改革发展稳定重大问题和涉及群众切身利益的实际问题，在决策之前和决策实施之中开展广泛协商，努力形成共识的重要民主形式。世界上没有任何一个国家、一个政党像中国一样，把协商民主作为重要制度安排，纳入宪法和党章，成立专门协商机构，明确为国家治理体系的重要组成部分，成为“中国之治”的重要特质。

协商民主“特”在系统科学。中国社会主义协商民主，有实践基础上的理论升华，也有理论指导下的实践创新，并用顶层设计的制度化运作，保证其推进的系统化科学化。协商民主既坚持了中国共产党的领导，又发挥了各方面的积极作用；既坚持了人民主体地位，又贯彻了民主集中制的领导制度和组织原则；既坚持了人民民主的原则，又贯彻了团结和谐的要求。

协商民主“特”在广泛多层。习近平总书记就协商民主广泛、多层、制度化发展提出明确要求，“社会主义协商民主，应该是实实在在的、而不是做样子的，应该是全方位的、而不是局限在某个方面的，应该是全国上上下下都要做的、而不是局限在某一级的。”协商内容覆盖了政党、人大、政府、社会等各领域经济社会发展的重大问题和涉及群众切身利益的实际问题。协商主体多元，包括政党协商、政府协商、政协协商、人大协商、人民团体协商，参与主体包括执政党、各民主党派及无党派人士、社会团体、社会各界、社会组织、广大人民群众。协商平台广泛，包括国家政权机关、政协组织、党派团体、基层组织、社会组织、企事业单位、各类智库等。协商方式多样，包括提案、会议、座谈、论证、听证、公示、评估、咨询、网络等。

（三）践悟协商民主之“基”

习近平总书记强调，社会主义协商民主是中国共产党的群众路线在政治领域的重要体现，全心全意为人民服务，始终代表最广大人民根本利益，是我们能够实行和发展协商民主的重要前提和基础。

依靠人民持本心。“一切依靠群众”，是我们党一切工作的力量源泉。协商民主是落实人民当家做主的人民民主一种重要形式。发展协商民主，必须站稳以人民为中心的政治立场，尊重人民主体地位，尊重人民首创精神，紧紧依靠人民推进协商民主，最大程度吸收人民参与协商民主。这就需要我们在工作中保障群众的参与权、知情权，“拜人民为师，向人民学习”，让群众参与到地方政府的公共决策过程中来，尽可能地满足人民群众的合理意愿，通过民主的方式保障群众意愿得以表达和实现。要求我们利用区政协协商体系和组织架构，为畅通民意、广集民智搭台引路，把政协委员联系面广、代表性强的优势发挥好，促进群众所思成为地方政府所行、群众所需成为地方政府所为。

服务群众守初心。“一切为了群众”，是我们党一切工作的根本出发点和目的。“有事好商量，众人的事情由众人商量，是人民民主的真谛。”只有把基层群众参与协商议事、基层治理的作用发挥好，才能促进基层组织决策的科学化、民主化，提升基层群众的获得感，实现基层社会和谐稳定。一方面，必须坚定“求同”，切实树立以人为本的工作理念，弘扬主旋律，传播正能量，使政协组织成为密切党群干群关系的“连心桥”，民情民意汇集畅达的“同心云”，主动高效服务群众的“直通车”，增加群众对党和政府工作的了解和认同，实现凝心聚力，共谋发展。另一方面，必须坚持“化异”，面对基层的各种矛盾和问题、不同利益群体的诉求表达，发出和谐音，化解不平气，宣扬社会主义核心价值观，用道德约束、典型示范，为群众释疑解惑、消除误解、形成共识。

促进民生立信心。习近平总书记在中央政协工作会议暨庆祝中国人民政治协商会议成立70周年大会上指出：“人民政协要把不断满足人民对美好生活的需要、促进民生改善作为重要着力点，倾听群众呼声，反映群众愿望，抓住民生领域实际问题做好工作，协助党和政府增进人民福祉。”这一要求具体明确，是基层政协必须一以贯之的工作重点。

我们坚信，只要有坚强的基层政协组织、优秀的新时代政协委员队伍，就一定能够落实好习近平总书记的要求，就一定让人民群众共享改革发展成果。为此，我们要长抓为民担当的政协委员队伍建设，使之想群众所想、盼群众所盼、急群众所急；长抓为民求真的政协委员队伍建设，使之融入群众中，与群众情感同频、思想共振；长抓为民务实的政协委员队伍建设，使之听真实话，知百姓事，建实在言。

## 二、把加强协商民主建设作为实现新作为的方法论

按照加强协商民主建设的部署要求，新都区政协坚持理论与实践结合，在抓好协商制度制定、规范协商程序的同时，创新协商形式、提升协商实效，全力助推新都经济社会发展。

### （一）抓住一“线”

把增强协商民主的政治性作为主线，把中国共产党领导作为根本政治原则，筑牢政协协商民主的思想政治基础，确保政协协商民主的正确方向。坚持把党的政治思想建设摆在首位，以学习教育为根本手段，引导机关党员干部、政协参加单位和广大政协委员立忠诚之心，铸信念之魂。坚持把习近平新时代中国特色社会思想作为巩固共同思想政治基础的主轴，固化每月 1 次党组中心组理论学习，同时，强化思想政治引领，利用主席会、常委会、委员专题培训等组织开展多层次、全覆盖学习，着力醒脑补钙。严格执行重大问题请示报告制度，党组每年主动向区委汇报 2 次全面工作，政协年度协商计划和民主监督计划、政协工作要点、常委会工作报告、全体会议等重要事项均及时向区委请示、报告。坚持把党的领导作为最大政治，先后组织机关党员干部和部分党员委员赴山东临沂、浙江嘉兴、陕西延安等地开展党性教育和综合素能培训，在锤炼党性中坚守初心，在开阔视野中勇于担当。坚持以提升组织力为关键，不断健全组织，夯实工作基础，组建机关党组和 3 个机关党支部，修订完善《党组议事规则》和《“三重一大”事项议事决策规则》，制定机关党组、党支部工作责任清单。建立实行区政协党组成员联系相关界别党员委员、党员委员联系党外委员制度。

### （二）着力两“点”

紧扣重点。围绕中心、服务大局，区委中心工作部署到哪里，政协履职就跟进到哪里。主动融入全区经济发展大局，紧紧围绕重塑经济地理、构建产业生态圈、提升产业能级、引进重大项目开展协商监督。聚焦区域一体化发展，就“金青新大港区”协同发展、成德大道沿线区域发展等提出对策建议。聚焦区域总体实力提升，密切关注轨道交通、航空动力、现代物流产业发展，就重大项目引进促建、TOD 综合开发、食品产业发展，智慧物流产业园、现代交通产业功能区、服务业综合体建设、医贸产业发展等提出对策建议。聚焦国际化营商环境建设，就民营经济发展政策、加强小微企业扶持指导和法律服务，以及智能制造、音乐文创、电子竞技等新经济发展等提出对策建议。聚焦乡村振兴战略实施，就精品农业发展、天府沸腾小镇和音乐小镇建设、农村人居环境整治等项目推进，一三产业融合、农民工返乡创业、农村文化建设、农村公交线路设置提出对策建议。

聚焦难点。发挥政协智力密集的优势，就群众关切的社会民生中重点、难点、热点工作开展协商监督。致力生态环境优化，围绕打赢污染防治“三大战役”、河（湖）长制工作推进、水环境治理长效机制建设、绿道规划建设、公众环保意识提升、城市大气颗粒物污染防治等工作建言。致力文化传承创新，围绕文体旅产业发展、巴蜀文明传承、天府文化建设、宝光文化挖掘，历史名人文化传承创新工程，图书馆、文化馆、博物馆等文化阵地建设，城市精神挖掘培育、川剧继承发展及升庵文化、客家文化研究、宣传和弘扬，费密祠堂、三益廊桥遗址等古建筑保护利用等建言献策。致力社会治理提升，就扫黑除恶专项斗争开展，城乡社区发展治理、党建引领城乡社区发展治理，宗教活动场所规范化管理，道路改造、道路交通组织，留学生管理等提出对策建议。致力民生福祉改善，就基层医疗机构基础设施和人力资源建设、公民健康档案、医疗基础设施项目推进，基础教育、职业教育发展、中小学生心理健康、现代学校制度改革试点，社会救助体系、养老服务体系、配套公建设施建设管理，促

进就业创业、食药安全等惠民政策落实和改善居住条件、提升市容环境等等提出对策建议。

**（三）走好三“路”**

开放广纳民意之路。在开展协商活动时，积极与政协委员以及民主党派、无党派人士、工商联等沟通协商，认真听取各党派、各团体、各民族、各界别、各阶层、各方面人士的意见建议。特别对涉及专业性强的协商内容，充分发挥专家学者、技术人才、行业协会在提供决策帮助方面的作用，在广泛商量和充分调研的基础上发扬民主、集思广益、统一思想、凝聚共识，不断提高协商的科学化水平。

拓宽畅联民心之路。加强与委员的密切联系。建立完善《主席会成员联系委员制度》，每名主席会成员每年联系委员不少于5名，联系常委4—5名。联系委员工作以约谈和上门走访为主要形式，以关心委员工作生活、了解委员所在企业生产经营情况、帮助委员解决实际困难、与委员就改进政协履职交换意见等为主要内容，构建了政协组织与委员及界别群众面对面、心连心的新型关系，努力畅通委员联系服务群众“最后一公里”。在抗击新冠疫情中，政协班子成员和机关干部主动深入基层、深入一线，开展督导指导，引导工商企业界委员各尽所能，帮扶困难群众和困难企业。积极开展“送政策、帮企业、送服务、解难题”行动，帮助企业攻坚克难，尽快复工复产复能，为打赢抗疫战争贡献了政协力量。

搭建服务委员之路。着力提高委员履职能力，开展集中学、个人学、拓展学、针对学等不同形式的学习培训，构建了委员全员集中培训、专题外训、常委会议会前学法等多层面、多形式的理论学习制度体系。注重发挥界别的优势，通过组织委员利用特长回馈社会，大力激发各界别委员的主体意识和荣誉感，组织医疗卫生界别专家委员开展义诊活动、教育界别委员举办“名师面对面”活动等。增强履职保障，建立完善《委员履职服务管理办法》，探索构建了委员履职评估通报机制，建立知情明政会、委员列席常委会议长效机制。优化专委会设置，设立委员管理办公室和委员服务中心，调整优化职能分工，以制度机制建设为委员提供优质保障服务。

**（四）突出四“化”。**

我们把提质增效贯穿履职全过程和各方面，增强协商民主的实效性，推动政协工作由“量”到“质”的转变。

会议协商突出“常态化”。每次常委会会议的协商议题由秘书长会同相关职能部门或镇（街道）提出，并于会前形成相关材料送达每名常委，让他们有充裕的时间熟悉议题、思考问题、提出对策。注重抓好、抓实全会期间的委员分组讨论。加强同区委办、区政府办的协调沟通，安排好区委、区政府领导参加小组讨论、听取意见建议。就讨论会前的预热、引导委员发言、控制发言时间等方面对小组长提出明确要求，让他们能较好地组织、掌控好小组讨论，达到既坚持原则、顾全大局，又畅所欲言、集思广益的协商目的。

专题协商突出“系统化”。坚持将新都区经济社会发展关键环节作为切入点，精心选择改革发展中涉及的概念新、系统性强、复杂程度高的课题开展专题协商。组织相关领域的“专家”委员深入调研，摸情况、找论证，在专题协商会上同区委、区政府领导及区级相关部门负责人面对面交流，集思广益、中肯建言。

对口协商和界别协商突出“专业化”。各专委会和界别委员小组结合自身特点和部分“专家委员”的智力优势，依托视察调研、提案和社情民意督办等活动积极发挥作用，积极与相关镇（街道）、部门开展协商，形成了协商议政的崭新格局。

提案办理协商突出“程序化”。确立了办前协商、了解意图，办中协商、征求意见，办后协商、促进落实的提案办理“三步工作法”。

## 三、把加强协商民主建设作为开拓新境界的真本领

加强协商民主建设空间无限，前景可期。下一步，我们将更加深入思考摸索，以构建程序合理、环节完整的协商民主工作机制为目标，推动政协工作高质量发展。

**（一）进一步优化协商主体。**优化协商主体重点在增强其代表性，明确其承担的职责和任务。党委政府领导是协商民主能否开展、开展效果的决定

者，邀请他们参加协商，就是要听取各方意见建议，引起重视，督促办理反馈。协商议题涉及的政府部门是意见建议办理的主体，要邀请议题主要、相关的政府部门主要负责同志、分管负责同志一并参加协商讨论，与委员充分沟通，现场回应部分意见建议，高质量办理落实。民主党派、政协委员是协商民主的主要参与者，要优选具有专长的政协委员深度调研、对话访谈，收集民意、深入思考，提出有针对性、前瞻性、现实性的意见建议。在此基础上，还应邀请相关领域、行业的专家参与协商，对协商议题进行政策理论把关，推动实践高度与深度的结合；要邀请一定比例、直接相关的普通群众参与协商，反映诉求，了解政策和实情，促进党政要求与群众需求的结合。

**（二）进一步遴选协商议题。**协商议题的提出要问需于民。认真落实提出议题的规定，认真听取各方面意见建议。协商议题的选题要建立机制，通过常委会议、专委会议以及座谈会、函件、网络等形式征集议题，积极探索由界别、委员联名、委员小组提出议题。协商议题的选题要侧重“助力性”议题，即对重大工作、重点项目推进中的进度、措施进行监督，针对工作中的问题、短板开展协商，以利工作深入深化；侧重“超前性”议题，即对党委政府即将推进的重点工作、重要规划等开展调研论证、预测预警，对经济社会发展中的新情况、新问题等开展协商，提供有价值的对策，未雨绸缪地做好应对；侧重“补白性”议题，即对党委政府工作尚难兼顾，又直接关系发展大局、涉及群众切身利益的工作开展协商，更好地推进统筹发展、和谐发展。

**（三）进一步规范协商过程。**协商过程要始终按照科学合理、有序务实、平等协商的要求，健全信息化知政、民主化问政、平等化议政的机制，提高协商过程的规范化水平。要保障协商主体的知情权，更好地推进协商主体的观点、建议和意见深入交流，促使协商主体履职尽责。要保障协商主体的发言权，保证观点的充分表达和意见的理性讨论。要明确协商会议的发言程序，合理安排重点发言、补充发言、自由发言，并留足发言和回应时间，提高协商对话质量。

**（四）进一步用好协商成果。**注重协商成果的实效性，体现制度效力，保障协商共识能够有效地服务于党委政府决策。协商成果要及时、限时送达党委政府和有关部门，接受送达的单位应当高度重视专题协商建议的办理工作，并按照专题协商建议文件中规定的时间对有关问题的落实情况进行反馈，不采纳协商意见的需要说明具体理由。协商成果要跟踪问政，政协对协商建议不能一送了之，应当加强与接受专题协商建议单位的沟通和联系，适时组织协商主体对协商建议的落实情况进行跟踪、强化落实过程监督，并对落实效果开展定性或定量评估。对协商意见建议的落实情况，要通过会议、文件、媒体、网络等渠道向社会或特定范围公开。

# 统计资料

## 2020年成都市新都区国民经济和社会发展统计公报

成都市新都区统计局　国家统计局新都调查队

2020年，面对严峻复杂的宏观形势及新冠肺炎疫情的严重冲击，新都区坚持以习近平新时代中国特色社会主义思想为指导，深入贯彻落实中共十九大和十九届二中、三中、四中、五中全会精神，坚持稳中求进工作总基调，突出“创新提能年”主题，锐意进取、艰苦奋斗，统筹推进疫情防控和经济社会发展，经济运行稳中有进、稳中提质，民生福祉不断增强，社会事业全面发展，生态环境不断优化，“十三五”实现圆满收官。

### 一、综合

#### （一）地区生产总值

综合实力不断增强。根据成都市区（市）县地区生产总值（GDP）统一核算结果，2020年新都区实现GDP877.9亿元，按可比价格计算，同比增长5.2%（简称“增长”，下同）。其中，第一产业实现增加值36.9亿元，增长3.8%；第二产业实现增加值275.1亿元，增长3.6%；第三产业实现增加值565.9亿元，增长6.5%。三次产业结构为4.2∶31.3∶64.5，三次产业对经济增长的贡献率分别为2.8∶29.0∶68.2。

2020年新都区地区生产总值及其增长速度表

表48

| 指标 | 2020年（亿元） | 比2019年增长（%） |
|---|---|---|
| 地区生产总值 | 877.9 | 5.2 |
| 第一产业 | 36.9 | 3.8 |
| 第二产业 | 275.1 | 3.6 |
| 第三产业 | 565.9 | 6.5 |

#### （二）财政税收

财政运行总体向好。全年完成地方一般公共预算收入67.6亿元，增长12.6%。其中，税收收入45.0亿元，增长6.3%。分税种看，实现增值税收入14.2亿元，下降1.5%；企业所得税收入5.7亿元，增长27.7%。一般公共预算支出104.2亿元，增长17.7%。

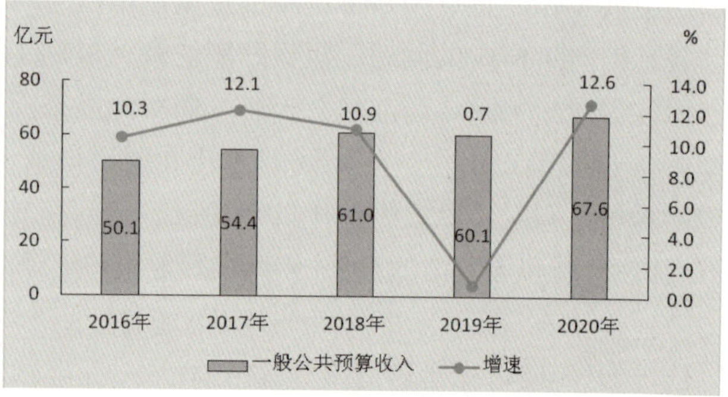


图12　2016—2020年新都区一般公共预算收入及其增长速度示意图

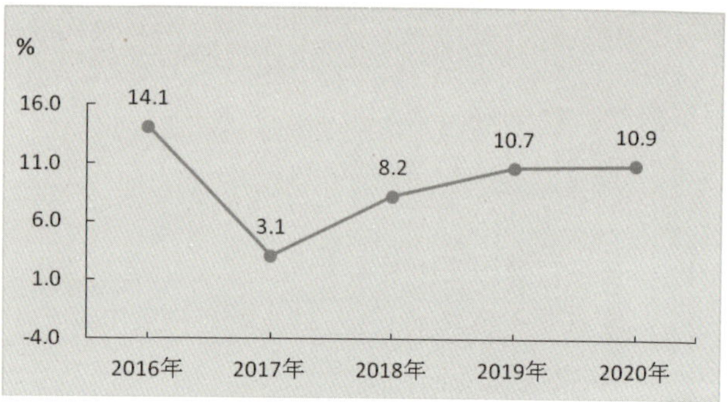


图13　2016—2020年新都区固定资产投资增长速度示意图

（三）固定资产投资

投资水平持续增长。固定资产投资实现增长10.9%。分产业看，第一产业投资增长3.7%；第二产业投资下降11.6%，其中工业投资下降11.6%；第三产业投资增长22.5%。

（四）物价

价格水平上涨较为平稳。全年居民消费价格指数（CPI）上涨2.5%。其中，食品烟酒类价格上涨10.2%，教育文化和娱乐业上涨1.9%，生活用品及服务业上涨1.4%，医疗保健类上涨0.5%。工业生产者购进价格（IPI）下降1.9%。

2020年居民消费价格指数一览表

表49　（2019年=100）

| 指标 | 指数 |
| --- | --- |
| 居民消费价格 | 102.5 |
| #食品烟酒 | 110.2 |
| 衣着 | 99.8 |
| 居住 | 97.6 |
| 生活用品及服务 | 101.4 |
| 交通和通信 | 95.5 |
| 教育文化和娱乐 | 101.9 |
| 医疗保健 | 100.5 |
| 其他用品及服务 | 101.7 |

## 二、国民经济各行业

（一）农林牧渔业

农林牧渔业生产平稳。以“米袋子”“菜篮子”强基行动为总抓手，全年实现农林牧渔业总产值59.0亿元，按可比价格计算，增长4.1%。粮食产量13.8万吨，油料产量1.6万吨，蔬菜及食用菌产量32.2万吨。生猪出栏3.0万头，下降28.1%。肉类产量7929吨，下降10.9%。

种植结构持续优化。全年农作物播种面积56.3万亩，增长0.7%。粮食播种面积28.9万亩，与2019年同期持平。经济作物播种面积27.4万亩，增长1.4%。其中，油料作物播种面积10.0万亩，下降2.8%；蔬菜及食用菌播种面积14.2万亩，增长3.8%。

（二）工业和建筑业

工业发展稳步提升。全年规模以上工业按可比价格计算，实现增加值增长6.9%。其中，机电装备产业、家具产业、食品饮料产业、医药产业、包装印刷产业五大重点产业增加值增长6.2%。规模以上工业企业产品产销率96.5%。

2020年规模以上工业企业主要产品产量及其增长速度一览表

表50

| 产品名称 | 单位 | 产量 | 比2019年±% |
| --- | --- | --- | --- |
| 大米 | 万吨 | 2.8 | -4.1 |
| 啤酒 | 亿升 | 14.1 | -1.1 |
| 饮料 | 万吨 | 54.5 | 17.7 |
| 家具 | 万件 | 62.5 | -3.8 |
| 木质家具 | 万件 | 60.8 | -3.4 |
| 塑料制品 | 万吨 | 4.9 | -1.9 |
| 钢材 | 万吨 | 11.2 | 14.6 |
| 金属切削工具 | 万件 | 2574.0 | -2.3 |
| 商品混凝土 | 万立方米 | 211.8 | -0.9 |
| 膨化食品 | 万吨 | 2.9 | -1.8 |
| 传感器 | 万只 | 223.9 | -2.1 |
| 钢结构 | 万吨 | 7.0 | 4.0 |
| 金属包装容器 | 吨 | 2333.0 | -4.1 |
| 工业仪表 | 万台（个） | 16.1 | 23.4 |
| 电子元件 | 万只 | 58.0 | -27.5 |
| 电力电缆 | 万千米 | 76.9 | 9.3 |
| 家用电热水器 | 万台 | 2.0 | -12.7 |
| 城市轨道车辆 | 辆 | 294.0 | -47.9 |

建筑业发展在合理区间。全年建筑业实现增加值64.8亿元，按可比价格计算，下降3.4%。施工总承包和专业承包建筑企业竣工产值32.9亿元。房屋施工面积569.5万平方米，竣工面积132.8万平方米，房屋竣工率23.3%。

（三）房地产业

房地产市场增长有力。全年房地产开发投资增

2020年新都区房地产开发和销售主要指标及其增长速度一览表

表51

| 指标 | 单位 | 2020年 | 比2019年增长（%） |
| --- | --- | --- | --- |
| 房地产投资 | 亿元 | — | 19.1 |
| 住宅投资 | 亿元 | — | 9.3 |
| 商品房竣工面积 | 万平方米 | 47.1 | -48.9 |
| 住宅 | 万平方米 | 26.6 | -30.4 |
| 商品房销售面积 | 万平方米 | 282.5 | 40.4 |
| 住宅 | 万平方米 | 195.9 | 40.1 |
| 商品房销售额 | 亿元 | 271.6 | 41.6 |
| 住宅 | 亿元 | 222.6 | 44.6 |
| 商品房新开工面积 | 万平方米 | 272.2 | -5.4 |
| 住宅 | 万平方米 | 166.9 | 20.4 |

长19.1%。商品房销售面积282.5万平方米，实现销售额271.6亿元。其中，住宅销售面积195.9万平方米，实现销售额222.6亿元；商品房新开工面积272.2万平方米。

（四）旅游业

旅游市场平稳恢复。全年共接待游客1426.9万人次，恢复至上年同期的80.2%；实现旅游收入35.2亿元，恢复至上年同期的80.0%。年末全区共有A级景区数6个，A级景区旅游人数382.6万人次，下降56.4%。

（五）交通运输邮政仓储业

交通运输发展平稳。实现交通运输邮政仓储业增加值46.1亿元，增长7.3%。全年完成邮政业务总量1.4亿元，增长41.4%。电信业务总量14.8亿元。年末固定电话用户36.6万户，移动电话用户197.9万户。互联网宽带接入用户61.8万户。

（六）批发零售业和住宿餐饮业

消费需求稳步释放。挖潜力、促销费、惠企业政策持续推出，全年实现社会消费品零售总额302.7亿元，下降1.7%。按消费形态分，商品零售额252.2亿元，下降2.0%；餐饮收入50.5亿元，下降0.1%。按经营地分，城镇实现零售额278.8亿元，下降1.7%。乡村实现零售额23.8亿元，下降1.2%。

（七）金融业、证券业和保险业

金融信贷规模持续扩大。年末辖区金融机构各项人民币存款、贷款余额分别为1201.2亿元、584.2亿元，分别比上年末增长18.6%、20.5%。全年保费收入10.0亿元。其中，财产保险公司保费收入4.5亿元，人身保险公司保费收入5.5亿元。各类保险赔偿与给付支出2.8亿元。其中，财产保险公司赔偿与给付支出2.1亿元，人身保险公司赔偿与给付支出0.7亿元。

2020年末新都区全部金融机构存贷款余额及其增长速度一览表

表52

| 指标 | 2020年末（亿元） | 比2019年增长（%） |
|---|---|---|
| 金融机构人民币存款余额 | 1201.2 | 18.6 |
| 住户存款 | 837.2 | 12.9 |
| 非金融企业存款 | 236.0 | 44.8 |
| 金融机构人民币贷款余额 | 584.2 | 20.5 |
| 住房贷款 | 242.4 | 15.0 |
| 企（事）业单位及非银行业金融机构贷款 | 341.8 | 24.8 |

## 三、招商引资和对外经济

招商引资力度持续增强。主动融入成渝地区双城经济圈建设，与重庆九龙坡区结对共建协同发展示范区。融入成德眉资同城化发展不断深入，与德眉资产品互销分别增长22.1%、7.8%。举办泛长三角四川商会联盟第九届论坛等强链补链推介活动44场，达成合作意向35项。新引进重大项目16个，总投资316亿元。实际到位内资161.6亿元，利用外资实际到位15.7亿元。实现进出口总额43.5亿元，增长10.4%。香投集团成功发行西南地区首单1.3亿欧元境外债。

## 四、人民生活和民生保障

（一）居民收入

居民收入增长平稳。城镇常住居民人均可支配收入50089元，增长5.9%；人均消费性支出29045元，下降4.0%。城镇居民恩格尔系数36.9%。农村常住居民人均可支配收入29547元，增长8.5%；人均消费性支出19729元，增长4.3%。农村居民恩格尔系数37.1。城乡人均收入倍差1.7，比上年缩小0.04。

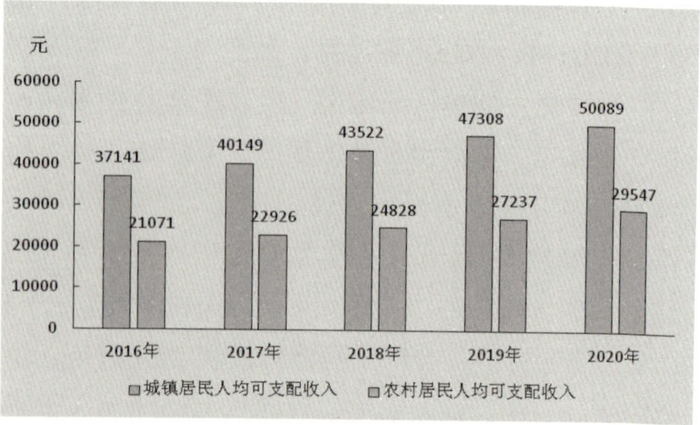


图14 2016—2020年新都区城镇及农村居民人均可支配收入示意图

（二）社会就业

社会就业保持稳定。全年城镇新增就业7069

人。城乡失业人员实现再就业 4013 人，比上年同期增加 358 人，其中就业困难人员实现再就业 284 人。年末城镇登记失业率 1.6%，比上年增加 0.1 个百分点。

（三）社会保障

社会保障持续完善。城乡居民养老保险、基本医疗保险参保率分别达 90%、98% 以上。年末参加城镇基本养老保险人数 41.0 万人。参加城镇基本医疗保险人数 42.6 万人（其中，参保职工 24.2 万人）。参加失业保险人数 21.0 万人。参加城乡居民养老保险人数 19.9 万人。全年 8865 人次城镇居民得到政府最低生活保障，比上年同期减少 657 人次，33788 人次农村居民得到政府最低生活保障，比上年同期减少 3712 人次，财政民生保障资金投入 2673.8 万元，其中投入农村 2047.5 万元。新增社区养老服务设施 14 个、老年人就餐服务点 9 个。年末有各类社会福利机构 4 个，拥有床位 1146 张，年末在院人数 492 人；社区养老服务机构和设施 209 个，拥有床位 1615 张，年末在院人数 678 人。

## 五、社会事业

（一）教育

教育事业持续进步。新建、改扩建学校（幼儿园）15 所，新增学位 5000 余个。年末共有各类学校 335 所。其中，幼儿园 251 所，普通小学 33 所，普通中学 43 所，特殊教育学校 1 所，中等职业教育学校 4 所（含职高），大学 3 所。在校学生 29.0 万人（含幼儿园）。其中，幼儿园 5.4 万人，小学 8.5 万人，初中 3.2 万人，高中 1.2 万人，职高 0.8 万人，特殊教育学生 255 人，专科、本科、硕士研究生及博士研究生 9.8 万人。

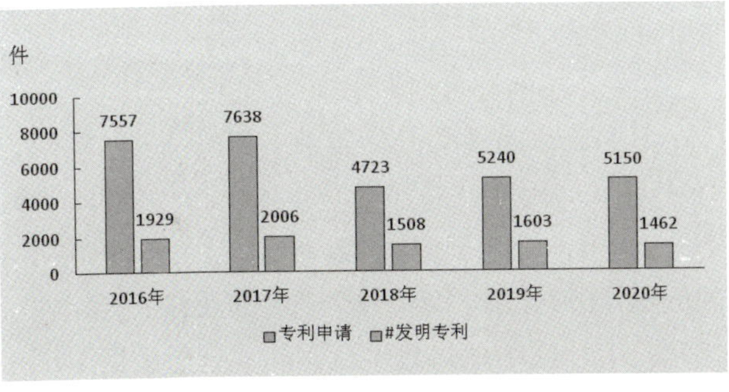


图15　2016—2020年新都区专利申请及发明专利数示意图

（二）科学技术

科技能力不断提升。组织实施重大科技项目 82 项，获专项资金支持 2252.6 万元。全年共申请专利 5150 件，下降 1.7%。其中，发明 1462 件，实用新型 2861 件。专利授权 4016 件，增长 22.7%。其中，发明 621 件，实用新型 2576 件。全区高新技术产业 166 家，增长 53.7%。

（三）文化和体育

文体事业持续发展。年末有博物馆 2 个，文化馆 1 个，公共图书馆 1 个，馆藏图书 45.0 万册（不含电子图书）。广播电视台 1 座，制作广播电视 1 套，制作电视节目 2 套，有线电视用户 15.9 万户。全年区级开展文艺演出 186 场，观众达 24.0 万人次。全民健身路径 721 条，新增 35 条，社会体育指导员 1830 人，新增 380 人，各部门举办全民健身活动 380 次，全区公共体育馆免费开放 50 万人次，文化惠民活动举办 468 场，获全国体育事业突出贡献奖，获批国家基本公共服务标准化试点先行区。

（四）卫生健康

医疗卫生服务水平提升。现代医院管理制度改革等 3 项国家级试点稳步推进，区第二人民医院等 5 个迁（改扩）建项目加快推进，家庭医生签约服务实现区域全覆盖。年末共有卫生机构 675 个。其中，医院 25 个，基层医疗卫生机构 645 个（其中，卫生院 11 个），专业公共卫生机构 3 个（其中，疾病预防控制中心 1 个，妇幼保健院 1 个），其他卫生机构 2 个。各类卫生机构床位数 6577 张。其中，医院、基层医疗卫生机构床位数共 6414 张。全区共有卫生技术人员 8926 人。其中，执业（助理）医师 3459 人，注册护士 4168 人，药剂人员 519 人。全年总诊疗 633.4 万人次。

## 六、城市治理和城市环境

（一）基础设施

城市建设不断完善。城市道路管护面积。全年供水总量 1.3 亿立方米，其中居民生活用水 0.7 亿立方米。生活污水（县城）处理率 95.2%。全年天然气供应量 3.7 亿立方米，年末家庭用天然气户数 55.7 万户。城乡生活垃圾分类覆盖率达 95.5%。

交通路网不断完善。全年新改建公路10.0公里，年末公路总里程1422.0公里，等级公路1360.4公里。其中，高速公路里程61.6公里。年末机动车拥有量39.7万辆，增长6.3%。其中，私人汽车拥有量33.8万辆，增长5.0%。年末营业车辆数3.4万辆。其中，载货汽车3.4万辆。

公共交通持续发展。年末全区公交线路长度1377.6公里，增长0.3%，公交车线路93条，公共营运汽车912辆。全年公交客运总量4825.4万人次。

（二）安全

安全保障持续巩固。全区生产安全事故11起、死亡11人，分别下降45.0%、42.1%，未发生较大及以上生产安全事故。全年立案交通事故46起，与2019年同期持平；死伤人数52人，下降5.5%，直接经济损失7.6万元，增长7.8%。火灾事故132起，下降59.3%，直接财产损失215.8万元，增长126.2%。

（三）环境保护

生态环境不断改善。全区地表水考核断面水质、集中式饮用水水源地水质达标率均为100%。全年空气质量优良天数292天，优良天数比例79.8%，较上年增加14天。PM2.5平均浓度下降11.9%。完成11座污水处理厂扩能提标工程建设工作，建成污泥资源化中心一座（远期日处理能力300吨，近期200吨）。

## 七、重大战略部署

（一）公园城市

香城细管持续推进。新增绿地50公顷，26个口袋公园、可食地景建成开放，泥巴沱两岸滨河绿道整体贯通。创新制定城市色彩、视觉系统设计导则，改造老旧院落11个，整治背街小巷6条，打造“上班的路、回家的路”50条。

（二）乡村振兴

乡村振兴有力推进。全年完成1000亩玉米扩种任务。总投资100亿元的花舞木兰、兴城足球项目等签约落地，35平方公里的“珠链锦绣·锦水公园”加快打造，天府沸腾小镇入选全省十大文旅产业地标。乡村旅游人数906.2万人次，实现旅游收入10亿元。

（三）产业功能区建设

产业功能区建设持续深入。引入国内优秀团队对功能区进行全方位梳理，与中国五矿集团合作建设57.6万平方米高品质科创空间。先后导入航空产业基金、智能制造产业基金、新能源产业基金28亿元。建成标准厂房14.7万平方米，新建人才公寓28.5万平方米。w24家企业签约入驻成都航空产业园，苏州阿诺等行业冠军企业汇聚成都智能制造装备产业园，7个高能级项目助力物流、家具产业转型，科成云项目建设加快，拓米3D手机玻璃盖板项目即将投产，国内首个2025智慧型全自动行车实验平台建成投用。

（四）新经济新动能

新经济新动能增势蓄力。深入实施新经济“双百工程”和新经济企业梯度培育，2020年举办“创想未来·链动香城——2020成都市创交会链博会配套活动暨新都区新经济新产品新场景发布会”、协办“供应全球链通未来”双千发布会、参与成都市10场“双千”发布会发布新产品71个、新场景49个。新注册新经济企业3001户，培育“双百”企业及新经济梯度企业9家。

（五）国际化营商环境建设

营商环境持续优化。在全市率先实施营商环境3.0政策，减税降费6.1亿元。“放管服”改革持续深化，获国务院专家组肯定，成功入选“2020年中国营商环境百强区”。企业开办整合为1个环节、压缩至0.5个工作日。推动高频次审批服务事项下沉至功能区和镇（街道），192项服务事项实现“多点办”“就近办”，行政审批事项达100%。市场主体快速涌现，全年新增市场主体3.4万个（户），增长13.1%，民间投资增长15.2%，占固定资产投资比重达70.8%。

（六）社会治理

社会治理持续提升。整治“违脏乱差”等问题31.8万个，新增公共停车位3862个，在506条街道全面推行“街长制”，“随手拍”平台解决群众反映问题7100余个。实现39个业务迁移上云，创新推出云上社区治理指数平台，建成智慧应用10个，汇聚360大类539万条数据。新增消防水源347处，建立“多人投诉、重复信访”快速响应机制，群体性事件、信访总量分别下降23.8%、10.8%。

注：

1. 公报中各项数据为初步统计数据，部分部门数据尚未最终核定。部分数据因四舍五入的原因，存在着总计与分项合计不等的情况。

2. 公报中地区生产总值、各行业总产值、增加值的绝对数按当年价格计算，增长速度按可比价格计算。

3. 根据第四次全国经济普查结果，对2016—2018年地区生产总值、三次产业及相关专业增加值等相关指标的历史数据进行了修订。

4. 根据第四次全国经济普查结果，对2016—2019年社会消费品零售总额历史数据进行了修订。

5. 2020年常住人口及相关指标数据，待第七次全国人口普查数据发布后另行公布。

6. 公报中，对外开放、交通、邮政、旅游、金融、财政、科学技术、教育、卫生、文化、体育、城市建设、环境保护、安全生产、社会保障等数据来源于相关区级部门。

7. 保险资金来源于中国人民财产保险股份有限公司成都市新都支公司、中国人寿保险股份有限公司成都市新都支公司、中国平安财产保险股份有限公司新都支公司、中国太平洋财产保险股份有限公司成都市新都支公司。

8. 公报中空气质量数据2016年至2018年采用国家认可的标况数据，2019年至2020年采用国家认可的实况数据。

# 索 引

# INDEX

## 编制说明

一、本索引为《新都年鉴（2021）》的内容分析索引。通过本索引所选的主题词条，可以对具有独立检索意义的完整资料进行检索。

二、本索引按汉语拼音字母（同音字按声调）顺序排列。索引词条用宋体字标明。数字表示该词条内容所在页码，后面的拉丁字母（a、b）表示栏别（从左到右）。

三、内文中的“大事记”“附录”类目以及随文表格、照片和彩色图片未作索引。

## A



## B



## C

## D



## E



## F

## G

## H



## J

## K



## L

## M



## N



## P



## Q

## R



## S

## T



## W

## X

## Y



## Z